Managementwissen für Studium und Praxis

Herausgegeben von

Professor Dr. Dietmar Dorn und
Professor Dr. Rainer Fischbach

Bisher erschienene Werke:

Bontrup, Volkswirtschaftslehre
Bradtke, Mathematische Grundlagen für Ökonomen
Busse, Betriebliche Finanzwirtschaft, 4. Auflage
Clausius, Betriebswirtschaftslehre I
Dorn · Fischbach, Volkswirtschaftslehre II, 2. Auflage
Fank, Informationsmanagement
Fank · Schildhauer · Klotz, Informationsmanagement: Umfeld – Fallbeispiele
Fiedler, Einführung in das Controlling
Fischbach, Volkswirtschaftslehre I, 10. Auflage
Frodl, Dienstleistungslogistik
Hardt, Kostenmanagement
Koch, Marktforschung, 2. Auflage
Koch, Gesundheitsökonomie: Kosten- und Leistungsrechnung
Krech, Grundriß der strategischen Unternehmensplanung
Kreis, Betriebswirtschaftslehre, Band I, 5. Auflage
Kreis, Betriebswirtschaftslehre, Band II, 5. Auflage
Kreis, Betriebswirtschaftslehre, Band III, 5. Auflage
Lebefromm, Controlling – Einführung mit Beispielen aus SAP®/R3®
Lebefromm, Produktionsmanagement, 3. Auflage
Mensch, Kosten-Controlling
Piontek, Controlling
Piontek, Global Sourcing
Posluschny, Kostenrechnung für die Gastronomie
Reiter · Matthäus, Marketing-Management mit EXCEL
Schaal, Geldtheorie und Geldpolitik, 4. Auflage
Scharnbacher · Kiefer, Kundenzufriedenheit, 2. Auflage
Stahl, Internationaler Einsatz von Führungskräften
Steger, Kosten- und Leistungsrechnung

Geldtheorie und Geldpolitik

Von
Professor
Dr. Peter Schaal

4., überarbeitete und erweiterte Auflage

R. Oldenbourg Verlag München Wien

Die Deutsche Bibliothek - CIP-Einheitsaufnahme

Schaal, Peter:
Geldtheorie und Geldpolitik / von Peter Schaal. – 4., überarb. und erw. Aufl. – München ; Wien : Oldenbourg, 1998
(Managementwissen für Studium und Praxis)
ISBN 3-486-24573-2

Rosenheimer Straße 145, D-81671 München
Telefon: (089) 45051-0, Internet: http://www.oldenbourg.de

Gedruckt auf säure- und chlorfreiem Papier
Druck: Grafik + Druck, München
Bindung: R. Oldenbourg Graphische Betriebe GmbH, München

ISBN 3-486-24573-2

Inhaltsverzeichnis

Verzeichnis der Abkürzungen

AktG = Aktiengesetz vom 6.9.1965

AWG = Außenwirtschaftsgesetz in der Fassung vom 29.3.1976

AWV = Verordnung zur Durchführung des Außenwirtschaftsgesetzes (Außenwirtschaftsverordnung) in der Fassung vom 19.5.1976

BbkG = Gesetz über die Deutsche Bundesbank vom 1.8.1957 in der Fassung vom 1.2.1972 (Bundesbankgesetz)

BSP = Brutto-Sozialprodukt

BIP = Brutto-Inlandsprodukt

ECU = European Currency Unit, Europäische Währungseinheit = Euro ab 1.1.1999

EG = Europäische Gemeinschaft

EU = Europäische Union

ERE = Europäische Rechnungs-Einheit

EWF = Europäischer Währungsfonds

EFWZ = Europäischer Fonds für währungspolitische Zusammenarbeit (als Übergangslösung bis zur Errichtung des EWF)

EWS = Europäisches Währungssystem

EWI = Europäisches Währungs-Institut

ESZB = Europäisches System der Zentralbanken

EZB = Europäische Zentralbank

Ecofin = Europäischer Rat der nationalen Wirtschafts- und Finanzminister

EWU = Europäische Währungsunion

EZBR = Europäischer Zentralbankrat

IBRD = International Bank for Reconstruction and Development, Weltbank

IMF = International Monetary Fund, Weltwährungsfonds

KWG = Gesetz über das Kreditwesen vom 15.7.1961 (Kreditwesengesetz)

Libor = London Interbank Offered Rate, Zins für Geld unter Banken am Londoner Euro-Geldmarkt-Platz; meist gilt 6-Monats-Libor als Bezugsgröße für variable Zinssätze

StabG = Gesetz zur Förderung der Stabilität und des Wachstums der Wirtschaft vom 8.6.1967 (Stabilitätsgesetz)

SZR = Sonderziehungsrecht, auch SDR: Special Drawing Right

Vorwort (zur vierten Auflage)

Der Maastrichter Vertrag sieht die Errichtung einer „Europäischen Währungsunion" (EWU) mit einer gemeinsamen Währung (Euro), Zentralbank (EZB) und Geldpolitik vor. Im Hinblick darauf mußten in Deutschland die gesetzlichen Bestimmungen des Bundesbank-Gesetzes wie auch die Geldpolitik der Bundesbank in den letzten Jahren ihrer selbständigen Existenz bis zum 31.12.1998 angepaßt werden. Insbesondere diese Veränderungen und ihre Bedeutung für die Geldpolitik waren in dieser 4. Auflage zu berücksichtigen.

Vorwort (zur dritten Auflage)

Durch den raschen Absatz der zweiten Auflage konnte ich mich darauf beschränken, den gesamten Text gründlich und kritisch durchzusehen.

Vorwort (zur zweiten Auflage)

Die erste Auflage dieses Buches mit dem Titel „Monetäre Theorie und Politik" hat bei Studenten und Praktikern eine erfreuliche Akzeptanz gefunden. Es hat sich allerdings gezeigt, daß dieser Titel das dargestellte Fachgebiet in einer im deutschen Sprachraum nicht allgemein üblichen Weise bezeichnet. Daher wird die zweite Auflage dieses Buches mit dem Titel „Geldtheorie und Geldpolitik" vorgelegt.

Seit Erscheinen der ersten Auflage sind einige Jahre vergangen, in denen sich im Bereich der Währungspolitik durch internationale Abkommen und im Bereich der international stärker zusammengewachsenen Finanzmärkte durch die Einführung von Finanzinnovationen erhebliche Veränderungen ergeben haben. Durch Verabschiedung der „Einheitlichen Europäischen Akte" soll der politische Wille zur Schaffung eines Gemeinsamen EG-Binnenmarktes bis Ende 1992 realisiert und komplementär das „Europäische Währungssystem" zu einer europäischen Währungsunion weiterentwickelt werden.

Diese Entwicklungen haben die Grundsätze der Geldtheorie und Geldpolitik entsprechend der Darstellung der ersten Auflage nicht verändert. Sie haben aber eine theoretische Auseinandersetzung mit ihren möglichen Rückwirkungen auf die Geldpolitik notwendig gemacht. Aus diesem Grunde wurden das Kapital 13 „Finanzinnovationen und neuere geldpolitische Ansätze" und das Kapitel 14 „Geldpolitische Perspektiven der Europäischen Gemeinschaft" hinzugefügt. Im Anhang wurden die wesentlichen Finanzinnovationen dargestellt.

An dieser Stelle sei allen gedankt, die durch Diskussionen und fachkundige Ratschläge geholfen haben, zu den in den zusätzlichen Kapiteln formulierten Erkenntnissen zu gelangen. Besonders erwähnt seien in diesem Zusammenhang Herr Dr. Werner Steuer, Geschäftsführer der Gemeinschaft zum Schutz der deutschen Sparer, und die Herren A. G. Best und G. D. Weir vom Bankhaus Schröder, Münchmeyer, Hengst & Co. Aber auch Herrn Dipl.-Volksw. Martin Weigert vom R. Oldenbourg Verlag gebührt wieder besonderer Dank für die freundliche und effiziente verlegerische Betreuung.

Vorwort (zur ersten Auflage)

Der Bereich der monetären Ökonomie ist sehr weit. Er umfaßt alle mikro- und makroökonomischen Beziehungen zwischen der Geldwirtschaft und der Güterwelt innerhalb einer Volkswirtschaft und gegenüber ausländischen Volkswirtschaften. Seit der Geldlehre von J. M. Keynes hat die Geldtheorie einen erheblichen Aufschwung genommen und zu einer umfangreichen Literatur unterschiedlicher Lehrmeinungen geführt.

Trotz der vielfältigen Bemühungen, die verschiedenen geldtheoretischen Ansätze durch empirische Tests zu verifizieren, ist es bisher nicht gelungen, eine allgemeingültige geldtheoretische Konzeption zu etablieren und auf deren Grundlage ein allgemeingültiges und stets erfolgversprechendes geldpolitisches Rezept den Zentralbanken zu empfehlen. Der Grund hierfür ist, daß unterschiedliche institutionelle Rahmenbedingungen, internationale Wirtschaftsbeziehungen, Bankenstrukturen und Verhaltensweisen der Wirtschaftssubjekte in der gleichen Periode den einzelnen Volkswirtschaften als auch im Zeitablauf innerhalb einer Volkswirtschaft gegeben sein können. Aus diesem Grunde können gleichzeitig in verschiedenen Volkswirtschaften wie auch in verschiedenen Perioden in einer bestimmten Volkswirtschaft sehr unterschiedliche geldtheoretische Ansätze eine befriedigende Erklärung geldwirtschaftlicher Funktionalzusammenhänge und geldpolitischer Wirkungen liefern. Infolgedessen müssen in diesem Buch die **verschiedenen geldtheoretischen Ansätze** gleichrangig nebeneinander behandelt werden.

In jüngster Vergangenheit hat sich bei den Regierungen der westlichen Industrienationen die Erkenntnis durchgesetzt, daß nicht fiskalpolitisches „demand management“, sondern in Verbindung mit einer **angebotsorientierten Wirtschaftspolitik** (supply side economics) zur Stärkung des Wirtschaftswachstums und der internationalen Wettbewerbsfähigkeit in erster Linie die **Geldpolitik** die **Hauptlast gesamtwirtschaftlicher Stabilisierung** zu tragen habe. So sieht in den USA die Reagan-Administration die Geldpolitik als den entscheidenden wirtschaftspolitischen Bereich an, mit dem – unterstützt durch die Finanzpolitik – eine „stetige, ausgewogene und nicht-inflationäre Ausweitung der Geldmenge“ (Unterstaatssekretär Beryl Sprinkel) angestrebt wird, um die Inflationsmentalität zu brechen, eine geringere Inflationsrate und Arbeitslosenquote sowie eine höhere Wachstumsrate zu erreichen.

Das vorliegende Buch ist aus langjährigen Erfahrungen in Vorlesungen und Seminaren über Geldtheorie und Geldpolitik entstanden. Es soll Studenten wie auch Praktiker ohne Vorkenntnisse in die monetäre Ökonomie einführen und die herrschende Lehre der Geldtheorie und Geldpolitik vermitteln.

Ausgehend von der historischen Entwicklung wird auf die heutigen Gegebenheiten in der Bundesrepublik Deutschland und im internationalen Rahmen abgestellt und die **Praxis der Geldwirtschaft** erklärt. Hierzu werden die Begriffe und Definitionen der Deutschen Bundesbank verwendet. Besonderes Gewicht wurde auf die Darstellung der Funktionsweise **nationaler und internationaler Geld- und Kapitalmärkte**, der **Determinanten der Zinsbildung** auf diesen monetären Märkten und der **internationalen Währungsbeziehungen** gelegt. Einen weiteren Schwerpunkt dieses Buches bildet die **Inflationstheorie**. Schließlich werden die **Geldpolitik** als Ordnungs- und Prozeßpolitik, ihre Träger, Ziele und Instrumente sowie die verschiedenen, in der Praxis auch angewendeten **geldpolitischen Strategien** behandelt.

Allen, die durch Diskussionen und Hinweise zur Entstehung dieses Buches beigetragen haben, möchte ich an dieser Stelle danken. Unter Ihnen gebührt mein besonderer Dank Herrn Dipl.-Volksw. Martin Weigert, der von Seiten des Verlages R. Oldenbourg durch eine ausgezeichnete Betreuung eine kurzfristige Veröffentlichung dieses Buches ermöglicht hat.

1. Kapitel: Geld

1.1 Entstehung des Geldes

Geld ist zur Aufrechterhaltung wirtschaftlicher Beziehungen zwischen den Menschen nicht notwendig, es ist nur zweckmäßig. Viele Jahrtausende haben die Menschen Tauschhandel betrieben. Sie hatten eine bestimmte Wertvorstellung der von ihnen angebotenen Waren und der von ihnen im Austausch dafür gewünschten Waren hinsichtlich ihrer Art, Menge und Qualität. Dies gilt bis zur heutigen Zeit in primitiven Kulturen. Die Entstehung des Geldes ist offenbar mit der Erreichung höherer Kulturstufen der Menschheit verbunden.

Der Ursprung des Geldes geht auf das Bedürfnis der Menschen nach einer Vereinfachung des Warenaustausches sowie auf sakrale und soziale Ursachen zurück. Einen ausschließlich sakralen Charakter der Frühformen des Geldes sieht der Religionssoziologe **B. Laum** in den „Idolen" agrarischer Frühkulturen. Diese „Idole" in Form von Statuen und Symbolen wurden den Göttern als Opfer- und Sühnegaben dargebracht, um diese zu versöhnen und die von ihnen abhängigen Naturgewalten zur Erreichung guter Ernteerträge günstig zu stimmen. Dadurch erhielten die „Idole" einen bestimmten inneren Wert, der sich in eine Relation zu allen Gütern setzen ließ (1, S. 95 f.). **Laum** bezeichnete diese Frühform des Geldes als „heiliges" oder „sakrales Geld".

Demgegenüber sieht **W. Gerloff** die Entstehung des Geldes in überhaupt keinem wirtschaftlichen oder sakralen, sondern ausschließlich sozialen Zweck begründet (2, S. 272). Er erklärt den sozialen Ursprung des Geldes aus den zwischenmenschlichen Beziehungen und dem letztlich auf den Sammeltrieb der Menschen beruhenden Bedürfnis, Güter zu besitzen und zur Schau zu stellen (2, S. 243). Daher haben in den frühen Kulturen Schmuckgegenstände aus Edelmetallen wie Armreifen, Spiralen und Ringe als „Schmuckgeld" oder, wie **G. Schmölders** (3, S. 16) es auch bezeichnet, als „Prestigegeld", „Prunkgeld" oder „Protzgeld" Geldcharakter erlangt. In vielen Kulturen wurden jedoch auch Gegenstände als Wertmaßstab mit Geldcharakter verwendet, die selbst nur geringwertig waren. So galten z. B. auf der Insel Yap im Stillen Ozean große Mühlsteine, bei den Kwakiutl-Indianern zeremonielle Strohmatten, in Dahomey Kauri-Schnecken oder künstlerisch gestaltete, symbolhafte Figuren in Babylon, Assur und in den präkolumbianischen Kulturen Lateinamerikas als „Geld". Ohne selbst etwas wert zu sein waren diese Gegenstände als Ergebnis sozialer Beziehungen zwischen den Menschen ein Maßstab, eine Recheneinheit, in der sich die Werte aller Güter ausdrücken ließen. „Da Geld ein soziologisches Phänomen ist – eine Form von sozialen Wechselbeziehungen zwischen Menschen – tritt seine wahre Natur desto deutlicher hervor, je vertraulicher und abhängiger die sozialen Bindungen werden" (4, S. 28).

Historisch wird den Sumerern (3100 – 1955 v.Chr.) die „Erfindung" des Geldes zugeschrieben, dessen Voraussetzung die ebenfalls von den Sumerern erfundene Keilschrift und ein auf der Zahl 12 basierendes unendliches Zahlensystem war. Als Bezugsgröße des Geldes wählten die Sumerer die Edelmetalle Gold und Silber, wobei das Gold dem Sonnengott und das Silber der Mondgöttin geweiht waren. Aus dem $13^1/_3$-maligen Umlauf des Mondes um die Erde entsprechend den Mondmonaten eines Sonnenjahres wurde aus sakralen Motiven ein entsprechendes Wertverhältnis zwischen Silber und Gold festgelegt, das sich bis in das 16. Jahrhundert kaum verändert hat. Gold und Silber waren bei den Sumerern jedoch nicht als Geld im Umlauf verwendet, sondern wurden unter der Obhut der Priester im Tempel aufbewahrt. Die Priester setzten die Tauschwerte der Waren, also deren Preise, in Einheiten dieser Edelmetalle fest und bestätigten die Abrechnungen schriftlich auf Tontäfelchen unter Verwendung von Rollsiegeln, manchmal auch von Stempelsiegeln. „Die Sumerer schufen ‚das‘ Geld; sie hatten jedoch kein ‚Geld‘. Sie schufen wohl die Rechnungseinheit, nicht aber das Geldstück, die Münze. Bei den Abrechnungen hieß es zwar, daß die einzelnen Gegenstände so und so viel Silber ‚wert‘ seien, aber Silber trat nicht in Erscheinung" (5, S. 13).

Die weitere Entwicklung des Geldes zu einem Zahlungsmittel, das selbst einen bestimmten Wert repräsentierte und für das man Waren kaufen und verkaufen konnte, stellte das **„Warengeld“** dar. Dieses soll zuerst in Babylon in Gestalt einer silbernen Ente mit einem bestimmten Gewicht entstanden sein (5, S. 14). Als „Warengeld“ fanden aber auch andere Gegenstände Verwendung, so in afrikanischen Ländern Felle, Elfenbein, Salztafeln und Kattun. In einem Bericht der National Geographic Society über die Bedeutung des Salzes (6, S. 384) wird erwähnt, daß man noch gegen Ende des vorigen Jahrhunderts in Äthiopien für 120 Salztafeln ein hübsches junges Mädchen kaufen konnte und auch heute noch in den Wüstenzonen Afrikas Salztafeln als seltenes und wertvolles Gut ebenso wie Geld Verwendung finden. Die Tatsache, daß bei vielen Völkern auch Vieh als „Warengeld“ verwendet wurde, geht aus der Identität des Wortes „pecunia“ bei den Römern und „skotu“ bei den Slaven für Geld und Vieh hervor.

Als besondere Form des Warengeldes entwickelten sich bestimmte **Stücke von Metallen oder Edelmetallen** als Zahlungsmittel: Eisenstücke bei Lykurg in Sparta, Zinnstücke bei Chinesen und Malayen, Silberstücke (Schekel) bei den Juden z.Zt. Jeremias und silberne Schiffchen bei den Mongolen. Währungsbezeichnungen wie das britische „Pfund Sterling“ (Silber), die altdeutsche „Mark Silber“ und der russische „Rubel“ (abgeleitet von „abhacken“) deuten auf diesen Ursprung hin.

Der Zahlungsverkehr mit diesen Metallstücken bereitete jedoch Schwierigkeiten. Sie mußten nachgewogen und auf ihre Reinheit geprüft werden. Zudem waren sie von ihrer Gestalt oft sehr unhandlich. Es erscheint daher logisch, daß man nach einem „genormten“ Zahlungsmittel suchte. Dieses war die **Münze** aus Edelmetall, die im 7. Jahrhundert v.Chr. von den Lydern erfunden worden sein soll. Der lydische König Krösos garantierte durch Einprägen des königlichen Siegels in Gold- und Silberscheiben deren Gewicht und Feingehalt und damit deren Wert. Dadurch förderte er ganz wesentlich den über sein Land abgewickelten Handel zwischen Europa und Asien. Um den Wert der Münzen zu markieren, wurde ihnen – wie unter den römischen Königen – ein Gewichtsstempel eingeprägt. Mit einem Gewichtsstempel versehene Gold- und Silberbarren wurden noch 1910 zum Saldenausgleich zwischen Banken benutzt (7, S. 73). Die Weiterentwicklung dieser vollwertig ausgeprägten Münzen, sogenannter **Kurantmünzen**, erfolgte durch eine beiderseitige Prägung dieser Münzen unter Verwendung einer Abbildung des Königs, Gottes oder Tieres als häufigste Motive und durch eine Prägung des Randes der Münze mit einem Ornament oder Spruch, um sie vor einer Gewichtsverminderung durch Abschaben zu schützen.

Das Recht zur Ausprägung von Münzen behielt sich in den meisten Ländern der Landesfürst oder Staat als **Münzregal** vor. Dadurch übernahm er die Garantie für den Edelmetallgehalt und den aufgeprägten Wert der Münzen. Schon bald bemerkten jedoch die Landesfürsten, daß dieses Münzregal eine gute Einnahmequelle darstellte, wenn der Feingehalt der Münzen an Edelmetall geringer als der aufgeprägte Wert war. Wurde aus diesem Grunde der Edelmetallgehalt drastisch verringert, wie z. B. im 17. Jahrhundert durch die „Kipper und Wipper", so trat eine Geldwertverschlechterung und damit eine Inflation ein. Im Gegensatz zu den **Kurantmünzen**, bei denen nur eine Prägekostendifferenz zwischen dem Münzwert und dem Wert des Edelmetallgehaltes zulässig ist, werden die unterwertig ausgeprägten Münzen, deren Edelmetall- oder Metallwert wesentlich geringer als ihr aufgeprägter Wert ist, als **Scheidemünzen** bezeichnet. Das Münzregal und das damit verbundene Recht der Einnahme des Prägegewinnes von Scheidemünzen sind bis zum heutigen Tage dem Staat erhalten geblieben, in der Bundesrepublik durch das „Gesetz über die Ausprägung von Scheidemünzen" vom 8.7.1950. Die Bundesbank handelt hier nur als Agent des Staates und seiner Regierung, indem sie die Münzen in Umlauf bringt und den Münzgewinn an den Staat abführt, der ihn als Einnahme im Etat verbucht.

Nach der Verwendung von Scheidemünzen erfuhr das Geldwesen einen weiteren Entwicklungsschritt durch die Entmaterialisierung des Geldes in Gestalt des **Papiergeldes** als **Banknoten**. In Deutschland wurden **Reichsbanknoten** neben Reichsgoldmünzen erstmalig ab 1.1.1910 aufgrund der Bankgesetznovelle vom 1.6.1909 eingeführt. Allgemeine Bedeutung erlangte das Papiergeld in Europa aber erst nach dem ersten Weltkrieg und verdrängte die noch umlaufenden Edelmetallmünzen. Papiergeld soll es allerdings schon im 19. Jahrhundert v.Chr. in China gegeben haben (8, S. 16). Im 19. Jahrhundert unternommene Versuche, Papiergeld in den britischen Kolonien Nordamerikas und in Frankreich einzuführen, waren jedoch gescheitert.

Die 1910 eingeführten deutschen Reichsbanknoten konnten jederzeit in Goldmünzen eingetauscht werden. In manchen Ländern – so in Großbritannien – wurde dieses Umtauschrecht der Banknoten in Goldmünzen ausdrücklich auf den Banknoten vermerkt. Insofern stellten diese Banknoten nur ein Zertifikat für die Auszahlung von Goldmünzen und damit ein Substitut für diese dar. Sie werden daher als **„unechtes Papiergeld"** bezeichnet. Erst nach der Aufhebung dieses Umtauschrechtes der Banknoten in Goldmünzen entstand das sogenannte **„echte Papiergeld"**. Dies geschah in Deutschland durch die Reichsbank am 31.7.1914 (9, S. 45). „Echtes Papiergeld" repräsentiert selbst keinen materiellen Wert mehr. Seine Geldeigenschaften werden allein vom Staat garantiert.

Entstanden ist das Papiergeld aus Bescheinigungen von Geldwechslern im alten Griechenland über eine bei ihnen deponierte Summe von Goldmünzen. Eine solche Bescheinigung konnte auf die damals risikoreichen Reisen mitgenommen und bei einem Münzwechsler an einem anderen Ort wieder gegen Goldmünzen eingetauscht oder auch selbst als Zahlungsmittel verwendet werden. Aus dieser Bescheinigung entstand im 13. Jahrhundert in Italien der **Wechselbrief**, in dem sich ein Geldhändler verpflichtete, einem namentlich genannten Begünstigten an einem bestimmten anderen Ort einen bestimmten Betrag einer bestimmten Währung auszuzahlen. Aus diesen Wechselbriefen entwickelten sich später die **Depositenscheine** italienischer Banken, die die gleichen Funktionen erfüllten. In England dienten dem gleichen Zweck Depotquittungen von Goldschmieden (goldsmith's notes) über hinterlegte Edelmetalle und Schmuckstücke. Schließlich übernahm der Staat auf der Grundlage eines Zahlungsversprechens die Ausgabe von Banknoten.

Die nächste und höchste Entwicklungsstufe erreichte das Geldwesen durch die Schaffung substanziell nicht existierenden Geldes in Form von **Giralgeld** als **Buchgeld** und dessen besondere Ausprägung als **Computergeld**. Giralgeld existiert nur in der Form von Buchungsvorgängen durch Gutschriften und Lastschriften und ist an keine Banknoten oder andere Geldzeichen gebunden. Obwohl bargeldlose Zahlungen bereits von den römischen Bankiers vermittelt wurden, ist in Deutschland erst 1868 von den Kreditgenossenschaften begonnen worden, einen überregionalen bargeldlosen Überweisungs- und Giroverkehr aufzubauen. Nach diesen folgten die Großbanken mit ihrem expandierenden Filialsystem und die Sparkassen mit ihren Girozentralen. In diesem Bankensystem konnten bargeldlose Zahlungen geleistet werden, die auf Buchungsnoten und Kontoauszügen ausgewiesen wurden. Nach Einführung der elektronischen Datenverarbeitung in das Bankwesen werden Zahlungsvorgänge, Buchungen, Zins- und Gebührenberechnungen vom Computer durchgeführt und gespeichert, ohne Buchungsbelege (Buchgeld) erstellen zu müssen. Geld-und Geldbewegungen (Computergeld) werden von Magnetspeichern erfaßt und nur auf Abruf ausgedruckt. Buchgeld und Computergeld unterscheiden sich also nur durch ihre technische Erfassung, nicht aber in ihrem Wesen als **Giralgeld**.

Diese Entwicklungsstufen, die das Geld durchlaufen hat, drängen die Vermutung auf, daß die historische Entwicklung des Geldes mit der wirtschaftlichen Entwicklung der Menschen einhergegangen ist. Aus dieser Idee entstand die **Lehre der Entwicklungsstufen**, unter denen z.B. **B. Hildebrand** (1812 – 1878) zwischen den wirtschaftlichen Entwicklungsstufen der Naturalwirtschaft, der Geldwirtschaft und der Kreditwirtschaft unterschied. Während in der **Naturalwirtschaft**, die in Deutschland bis zum 11. Jahrhundert zu finden gewesen sei, bei einer dominierenden Agrarproduktion durch Großgrundbesitz in Verbindung mit Leibeigenschaft Arbeitsleistungen in Ware bezahlt und Tauschhandel ohne Verwendung von Geld betrieben wurde, sei die **Geldwirtschaft** die herrschende Wirtschaftsform seit dem 15. Jahrhundert geworden. Sie sei einhergegangen mit der Abschaffung der Leibeigenschaft und Hörigkeitsverhältnisse, der Ablösung der Staatseinkünfte aus staatlichen (königlichen oder fürstlichen) Domänen durch die Erhebung von Steuern und der wirtschaftlichen Bedeutung des aufkommenden Bürgertums. Schließlich habe sich in Deutschland seit Mitte des 19. Jahrhunderts die **Kreditwirtschaft** als notwendige Folge der Massenproduktion in Großbetrieben und der dazu notwendigen Kapitalkonzentration entwikkelt.

Sicherlich ist mit höheren wirtschaftlichen Entwicklungsstufen und ihren vielfältigen Zahlungsvorgängen und Kreditbeziehungen im Inland und mit dem Ausland Geld – wenn auch nicht notwendigerweise in Form von Geldzeichen – erforderlich. Es ist jedoch zu bedenken, daß auch hochentwickelte Staatsgebilde wie der Inkastaat bis zur spanischen Conquista und der Hinrichtung des letzten Inka Atahualpa am 29.8.1533 und der Jesuiten-Staat in Paraguay im 16. und 17. Jahrhundert ohne Geld auskommen konnten.

1.2 Funktionen des Geldes

Die Fähigkeit eines Mediums, als Geld verwendet zu werden, hängt von der Erfüllung der wesentlichen **Geldfunktionen** ab. Diese lassen sich zu **drei Komplexen** zusammenfassen: Geld als **Wertmesser**, Geld als **Wertspeicher** und Geld als **Wertüberträger**.

Die **Funktion des Geldes als Wertmesser** geht bereits auf die Frühformen des Geldes, auf das „sakrale Geld" und auf das „Protzgeld" zurück. Bestimmte Objekte wurden von einer menschlichen Gesellschaft als Werteinheit und Rechengröße oder „numèraire" (**L. Walras**, 1834 – 1910) allgemein akzeptiert. Obwohl dieses bestimmte Objekt keinen eigenen Wert zu besitzen brauchte, konnte in Einheiten desselben der Wert bestimmter Waren und Leistungen ausgedrückt werden. Die in diesen Werteinheiten ermittelten oder bestimmten Werte waren deren Preise. Daher leitet sich aus der Wertmesserfunktion die **Preisausdrucksfunktion** des Geldes ab. Da sich mit Hilfe des Geldes die Preise aller Güter messen lassen, können auch deren **Wertrelationen** und das **Preissystem** bestimmt werden. Schließlich bedingt die Wertmesserfunktion des Geldes, daß der Wert aller in einem Jahr erzeugten Güter einer menschlichen Gemeinschaft – z.B. in einer Volkswirtschaft – zusammenaddiert und damit deren Gesamtleistung als **Sozialprodukt** ermittelt werden kann.

Die **Funktion des Geldes als Wertspeicher** hat sich aus seiner Wertmesserfunktion entwickelt. Denn die Möglichkeit, die Werte aller Güter durch das Medium „Geld" auszudrücken, schließt auch die Möglichkeit ein, die Werte einzelner Güter zu addieren und somit die Größe eines Vermögens auszudrücken. Daher wird die Wertspeicherfunktion des Geldes auch als **Thesaurierungsfunktion** bezeichnet. Auf diese Bedeutung weist bereits der römische Begriff „pecunia" hin, der nicht nur Vieh und Viehherde, sondern im übertragenen Sinne auch Vermögen bedeutet. Gleiches gilt heute noch für die Größe der Rentierherde bei den Lappen oder die Größe der Zebuherde bei den Massai Ostafrikas. Im Verlaufe der weiteren Entwicklung des Geldwesens stellte Geld eine von vielen anderen Möglichkeiten der Ansammlung und Haltung von **Vermögen** dar. Geld ist aber bis heute die liquideste Form der Vermögenshaltung. Daraus ergibt sich die **Liquiditätsfunktion** des Geldes, mit der das geringste Risiko der Vermögenshaltung verbunden ist. Dies gilt allerdings nur für eine inflationsfreie Wirtschaft oder für eine Wirtschaft mit einer geringen Inflationsrate, in der die **Geldillusion** – also das Rechnen in nominellen Preisen und Werten – erhalten bleibt. Die Liquiditätsfunktion des Geldes beinhaltet gleichzeitig auch die Fähigkeit der Wirtschaftssubjekte, jederzeit ihren Zahlungsverpflichtungen nachkommen zu können. In einer arbeitsteiligen Volkswirtschaft ermöglicht schließlich das Geld durch seine Wertspeicherfunktion, den Gegenwert produzierter Waren und Leistungen durch Konsumverzicht zu **sparen** und auf andere Wirtschaftssubjekte zum Zwekke der **Investition** in produktive oder finanzielle Anlagen oder zur Finanzierung des **Konsums** für einen bestimmten Zeitraum als Kredit zu übertragen.

Die **Funktion des Geldes als Wertüberträger** hat sich mit der Arbeitsteilung und Spezialisierung im größeren Raum der Volkswirtschaft entwickelt. Sie setzt die beiden vorerwähnten Geldfunktionen voraus. Durch die Existenz des Geldes als **neutrales Tauschmittel** kann der Tauschakt von Waren und Leistungen gegen andere Waren und Leistungen räumlich und zeitlich, quantitativ und qualitativ in zwei voneinander unabhängige Teile zerlegt werden. Bei der Bewertung, Berechnung und Übertragung der Tauschwerte fungiert das Geld gleichzeitig auch als **allgemeine Recheneinheit**. Diese Funktion des Geldes als Wertüberträger über Zeit und Raum (L. v. Mises) bildete die Voraussetzung für die Ausweitung des internationalen Handels, für die Kreditvergabe an andere Wirtschaftssubjekte durch Übertragung von Kaufkraft für eine bestimmte Zeit gegen Zahlung von Zinsen als Entgelt für die Kapitalnutzung und für die Zahlung von Steuern an den Staat als Entgelt für dessen Leistungen. Aus dieser Geldfunktion ergibt sich auch die davon abgeleitete Eigenschaft des Geldes der **Fungibilität**, d.h. der jederzeit gleichbleibende und gegeneinander austauschbaren Werteinheit, der **Teilbarkeit**, d.h. der weiteren Unterteilung der Recheneinheit in kleinere Werteinheiten, durch die sich der Wert aller Güter sehr genau ausdrücken läßt, der **Haltbarkeit**, d.h. der Erhaltung des abstrakten Geldwertes im Zeitablauf und international und der **Seltenheit**, d.h. der natürlich gegebenen (bei Kurantmünzen) oder künstlich geschaffenen Seltenheit der Geldzeichen und des Giralgeldes. Voraussetzung für diese Wertübertragungsfunktion des Geldes ist allerdings die **Massengewohnheit der Annahme** als psychologisches Phänomen. Denn sie ist gebunden an die Gewißheit der Menschen, in einer Volkswirtschaft immer Ware oder Leistungen gleichbleibenden Wertes für das Geld kaufen zu können. Ist diese Voraussetzung erfüllt, so **vermindert** Geld auch die **Kosten des Güteraustausches**, weil dadurch Vorratshaltung, Zeitaufwand, Stückelung der Güter und Festlegung der Austauschverhältnisse zwischen einer Vielzahl verschiedenartiger Güter rationalisiert wird. Bezogen auf die historische Entwicklung ist anzumerken, daß die Wertüberträgerfunktion des Geldes auch dazu beigetragen hat, das sogenannte Trucksystem abzuschaffen, in dem abhängig Beschäftigte – insbesondere Landarbeiter – in Form von Naturalgütern entlohnt wurden. Diese natürlichen Eigenschaften des Geldes werden begleitet von seiner Eigenschaft als **gesetzliches Zahlungsmittel**, die jedermann in einer Volkswirtschaft zwingt, Geld als Wertüberträger zur Abgeltung von Schulden anzunehmen.

1.3 Wesen des Geldes

Das Wesen des Geldes wird maßgeblich von seinen Funktionen bestimmt. Denn alle Medien, welche die Geldfunktionen erfüllen, sind ex definitione als Geld anzusehen. **G. Schmölders** (3, S. 19 f.) definiert Geld als ein „dokumentiertes Wertversprechen allgemeiner Geltung“, dessen Geltungsbereich auf den „Kreis der Zahlungsgemeinschaft“ – also auf ein Staatsgebiet oder eine Währungsunion mehrerer Staaten – begrenzt ist. Die Erfüllung der Geldfunktionen als formales Kriterium reicht jedoch allein zur Erklärung des Wesens des Geldes nicht aus. Vielmehr ist weiterhin zu fragen, **warum** das Geld seine Funktionen erfüllt und **wodurch** sein Wert gewährleistet ist. Diese Fragen versuchen die **Geldtheorien** unter qualitativ-statischem Aspekt (A. Zottmann) zu geben, die in metallistische und nominalistische Theorien unterschieden werden.

Die **metallistische oder Waren-Theorie des Geldes** begründet das Wesen des Geldes durch seinen substanziellen Wert. Diese Auffassung bezog sich zunächst auf vollwertig ausgeprägte Gold- und Silbermünzen und wurde von den Merkantilisten, den Physiokraten und den meisten Anhängern der historischen Schule vertreten. Dieser Metallismus vermochte jedoch das Wesen des später aufkommenden Papiergeldes nur noch dadurch zu erklären, daß Banknoten jederzeit in vollwertig geprägte Edelmetallmünzen umgetauscht werden konnten. Als später auch die Goldeinlösungspflicht der Banknoten abgeschafft wurde, ließ sich nach dieser Auffassung nur noch eine (teilweise) Deckung der umlaufenden Banknoten durch die aus Gold bestehenden oder in Gold umtauschbaren Währungsreserven theoretisch konstruieren. Die metallistische Geldtheorie ging von der falschen Voraussetzung aus, daß sich das Wesen des Geldes allein von dem Wert herleitet, den es selbst materiell darstellt oder repräsentiert. Sie verkannte, daß auch andere als Geld verwendete Medien Geldfunktionen erfüllen können und lediglich ein Mittel zum Zweck einer besser funktionierenden arbeitsteiligen Volkswirtschaft eine zirkulatorische Bedeutung besitzen.

Ebenfalls der **Waren-Theorie des Geldes** zuzurechnen ist die von **O. Veit** (10) begründete **„reale Theorie des Geldes“**. Diese ist jedoch nicht mit dem Metallismus gleichzusetzen, sondern erklärt den Waren-Charakter des Geldes aus dem Liquiditätsbedürfnis der Wirtschaftssubjekte. Demnach besitzen alle Güter einen bestimmten Grad der Liquidität entsprechend ihrer Verkäuflichkeit. Zu den Gütern wird auch das Geld gerechnet, das den höchsten Grad der Liquidität aufweist. Das Geld wird nach dieser Auffassung als ein besonderes Gut nachgefragt, um das besondere Bedürfnis der Wirtschaftssubjekte nach einer ständigen Zahlungsbereitschaft zu befriedigen. Damit wird das Wesen des Geldes aus seiner Zahlungsmitteleigenschaft erklärt.

Demgegenüber leitet der **Nominalismus** das Wesen des Geldes nicht aus seiner Substanz, sondern aus seinem abstrakten, allgemein anerkannten Wert her. „Ob das ‚Geld‘ stofflich aus Kaurimuscheln, Edelmetallen, Zigaretten oder bedrucktem Papier besteht, ist für sein Wesen, seine Funktion und sein Funktionieren von untergeordneter Bedeutung; die Wahl des Stoffes hängt höchstens von dessen natürlicher oder obrigkeitlich normierter Knappheit, vor allem aber von dem ihm allgemein entgegengebrachten Vertrauen ab, das seine Grundlage keineswegs im Wert des Geldstoffes selbst zu haben braucht“ (3, S. 17). Der Nominalismus ist jedoch nicht erst mit dem Aufkommen des Papiergeldes entstanden, sondern mindestens ebenso alt wie der Metallismus.

Die älteste nominalistische Erklärung für das Wesen des Geldes gibt die **Konventionstheorie**. Sie wurde von **Aristoteles** begründet, im Mittelalter von den **Scholastikern** und später von **J. Locke, G. Montanari** und **B. Davanzati** vertreten. Diese Auffassung geht davon aus, daß das Geld keinen Warencharakter besitzt und keinen materiellen Wert repräsentiert. Vielmehr unterstellt die Konventionstheorie, daß alle Menschen einer Gemeinschaft – normalerweise die eines Staates – die Übereinkunft (Konvention) getroffen haben, ein bestimmtes Medium als Geld anzusehen, dessen Substanz und Form unerheblich ist. Insofern ist es gleichgültig, ob Kaurischnecken, Goldmünzen, Banknoten aus Papier oder Seide oder Kassenscheine als Geld festgelegt werden. Die Übereinkunft der Menschen, bestimmte Geldzeichen eines bestimmten nominalen Wertes (Nominalismus!) zu benutzen, wird von Zweckmäßigkeitserwägungen für den Warenhandel und ein rationales Wirtschaften getragen.

Mit seiner **„staatlichen Theorie des Geldes“** entwickelte **G. F. Knapp** in seinem gleichnamigen Buch (1905) eine andere Form des Nominalismus (11). Knapp betrachtet das Geld als ein „Geschöpf der Rechtsordnung“, das durch einen Rechtsakt des Staates geschaffen wird. Er unterscheidet hierbei zwischen **„valutarischem Geld“**, dessen Annahme als Zahlungsmittel der Staat erzwingt, und **„akzessorischem Geld“**, das auch gesetzliches Zahlungsmittel sein kann, dessen Annahme aber nicht für jedermann obligatorisch ist. Zu letzterem gehören in der Bundesrepublik die Scheidemünzen, die nach dem „Gesetz über die Ausprägung von Scheidemünzen“ vom 8.7.1950 nur bis zu einem Betrag von 20 DM, Pfennige bis zu 5 DM, angenommen werden müssen. Nach dieser „staatlichen Theorie“ ist Geld also nur ein Zahlungsmittel, das der Staat formal-juristisch geschaffen hat und dessen Geldfunktionen er garantiert. Diese enge Auslegung des Geldbegriffes von **Knapp** umfaßt nur das Bargeld. Alle anderen als Zahlungsmittel verwendeten Medien – also auch das Giralgeld – werden von **Knapp** als Geldsurrogate betrachtet. Da Geldsurrogate durchaus Geldfunktionen in der Praxis erfüllen können, vermag die „staatliche Theorie“ nicht **allgemein** das Wesen des Geldes zu erklären.

Dies kann jedoch die **„Funktionstheorie des Geldes“**, indem sie konstatiert, daß in der Praxis ein Medium immer dann Geld **ist**, wenn es die wesentlichen Geldfunktionen als Wertmesser, Wertspeicher und Wertüberträger de facto erfüllt. Diese Auffassung wurde insbesondere von **J. A. Schumpeter, L. v. Mises, F. v. Wieser, C. Menger** und **A. Wagner** vertreten. Die Funktionstheorie ist in der Lage, formal das Geld aus der Erfüllung seiner Funktionen zu erklären. Sie gibt aber keine Begründung, **warum** diese Geldfunktionen von einem Medium erfüllt werden.

Die **„Anweisungstheorie des Geldes“**, auch **„Zeichentheorie“** genannt, wird ebenfalls auf **Aristoteles** zurückgeführt. Sie wurde später von **A. Müller** (1809) sowie **F. Bendixen, J. A. Schumpeter** und **Th. Wessels** wieder aufgegriffen. Nach dieser nominalistischen Theorie wird das Geld als eine Anweisung (Zertifikat) auf die realen, in einer Volkswirtschaft in einem Jahr produzierten Güter, m. a. W. auf das reale Bruttoinlandsprodukt, verstanden. Stellt man sich anschaulich vor, daß dem Bruttoinlandsprodukt in Gestalt eines Güterberges als Äquivalent die Geldmenge in Gestalt eines entsprechenden Geldberges gegenübersteht, so ist nach der Anweisungstheorie jede Geldeinheit als ein bestimmter Bruchteil des Geldberges ein Anrechtschein auf einen entsprechenden Anteil am realen Bruttoinlandsprodukt als äquivalenten Bruchteil des Güterberges anzusehen. Die Anweisungstheorie erscheint unter den vier nominalistischen Theorien am plausibelsten. Sie besitzt jedoch die Schwäche, den Geldwert nicht bestimmen zu können. Ihre Grundidee wurde später von den Monetaristen in modifizierter Form wieder aufgegriffen.

Somit wird deutlich, daß keine der vorgenannten Theorien das Wesen des Geldes vollkommen erklären kann, aber jede einen bedeutenden Aspekt hervorhebt. Diese verschiedenen Aspekte versucht **G. Schmölders** zusammenzufassen. „Das Wesen des Geldes liegt im psychischen Bereich, in der allgemeinen Anerkennung verbindlicher Wertordnungen, kurz im menschlichen Wertbewußtsein, das sich in den verschiedenen Symbolen der Geldzeichen objektivieren kann und diesen Funktionen des Wertmaßes, der Recheneinheit und des Zahlungsmittels verleiht. Diese Geldfunktionen werden nicht vom Staat bestimmt oder erzwungen, sondern nur bestätigt und geregelt“ (12, S. 601). Oder, auf eine kurze Formel gebracht, **ist Geld unabhängig von seiner äußeren Form und von der Wirtschaftsordnung ein gesetzlich bestimmtes und/oder allgemein akzeptiertes**

Zahlungsmittel, das Werte auszudrücken, aufzubewahren und zu übertragen vermag und das in einer engen Wertbeziehung zum realen Bruttoinlandsprodukt steht.

Die geldtheoretische Auseinandersetzung zwischen Metallismus und Nominalismus hatte selbst in jüngerer Zeit noch praktische Relevanz. Besondere Bedeutung erlangte die Kontroverse zwischen den Banking-Theoretikern und den Currency-Theoretikern über die Frage der Golddeckung der umlaufenden Banknoten, die nachfolgend noch behandelt wird. Aber auch die z.Zt. noch diskutierte Frage, welche Rolle das Gold als Währungsgold im internationalen Währungssystem in der Zukunft spielen soll, ob es „demonetisiert" oder verstärkt als Reservemedium der einzelnen Länder herangezogen wird, ist Ausdruck dieser Überlegungen.

1.4 Bargeld, Giralgeld und Geldsurrogate

Nach Darstellung der historischen Entwicklung des Geldes, der Geldfunktionen, des Wesens und Begriffes des Geldes allgemein sind nun die heute gegebenen **Formen des Geldes** zu erörtern. Entsprechend der Definition des Geldes als Zahlungsmittel, das Werte auszudrücken, aufzubewahren und zu übertragen vermag, ist der Geldbegriff weit gefaßt. Er umfaßt Bargeld, Giralgeld und Geldsurrogate, die alle untereinander substituierbar sind und in enger Wechselbeziehung zur Güterwirtschaft, dem realen Sektor der Volkswirtschaft, stehen. Diese Wechselbeziehungen kommen durch Veränderungen des Geldangebotes und der Geldnachfrage auf den verschiedenen Geldmärkten zum Ausdruck.

Nach einer Unterteilung des Geldes von **A. Forstmann** (13) lassen sich **Warengeld**, das aus Tauschprozessen, **Kreditgeld**, das aus Kreditvergabe und **autonomes Geld**, das aus Kreditschöpfung entstanden ist, unterscheiden. Da autonomes Geld gleichzeitig Kreditgeld ist und Kreditgeld letzten Endes wieder zu Tauschprozessen führt und in Warengeld umgewandelt wird, erscheint die Unterscheidung nach diesen Kriterien nicht zweckmäßig.

Daher hat sich eine andere Unterscheidung des Geldes als Warengeld und Kreditgeld durchgesetzt. Unter dem Begriff des **Warengeldes** im historischen Sinne werden vollwertig ausgeprägte Kurantmünzen verstanden, die heute in den meisten Volkswirtschaften nicht mehr existieren oder nur noch eine untergeordnete Bedeutung besitzen. Demzufolge ist alles umlaufende Geld heute **Kreditgeld**, dessen Zahlungswert höher als sein materieller Wert ist (Ausnahmen: 1 DPfg-Stücke und früher zeitweilig 5 DM-Stücke) und dessen Emittenten ein Zahlungsversprechen in Höhe des Geldwertes geleistet haben.

Unter dem Kreditgeld hatte bis zum Ende des 19. Jahrhunderts das **Bargeld** die größte Bedeutung, die allerdings laufend, insbesondere nach Einführung der bargeldlosen Lohn- und Gehaltszahlung seit Anfang der fünfziger Jahre zurückgegangen ist. **Bargeld** in Form von Banknoten (Papiergeld) und Scheidemünzen (unterwertig geprägte Münzen) ist in allen Ländern **gesetzliches Zahlungsmittel**. Darunter sind **Banknoten** immer das einzige **unbeschränkte gesetzliche Zahlungsmittel**, so auch in der Bundesrepublik gem. § 14 BBkG. Dies bedeutet, daß Banknoten jederzeit von jedermann in jeder Höhe als Zahlungsmittel akzeptiert werden müssen. **Scheidemünzen** können dagegen einer beschränkten Annahmepflicht unterliegen wie in der Bundesrepublik, wo die Annahmepflicht von Pfennigen auf 5 DM und von anderen Münzen auf 20 DM begrenzt ist. Damit stellen Münzen in der Bundesrepublik ein **beschränktes gesetzliches Zahlungsmittel** dar.

Historisch entstanden aus dem königlichen Münzregal obliegt die Prägung und Ausgabe von Scheidemünzen in den meisten Ländern dem Staat (Regierung). Da der Prägegewinn der Scheidemünzen (Differenz zwischen Wert und Herstellkosten der Scheidemünzen) dem Staat zufließt, besteht die Gefahr, daß sich der Staat durch eine exzessive Ausgabe von Münzen zusätzliche Einnahmen verschafft und damit die Geldmenge ohne Einflußmöglichkeit der Zentralbank zu stark expandiert. Aufgrund dieser Befürchtung war im „Gesetz über die Ausprägung von Scheidemünzen" festgelegt worden, daß Münzen nur bis zu einem Höchstbetrag von 30 DM pro Einwohner in der Bundesrepublik in Umlauf gebracht werden durften. Mit der geringer werdenden Bedeutung des Bargeldes allgemein und der Münzen im besonderen – evident durch einen sinkenden Münzenanteil am Geldvolumen – entfiel die Sorge einer zu hohen Geldschöpfung durch Münzprägung. Aus diesem Grunde wurde die Begrenzung der Münzausgabe auf 30 DM je Einwohner durch die „Änderung des Gesetzes über die Ausprägung von Scheidemünzen" vom 18.1.1963 aufgehoben.

Es ist möglich, daß in einzelnen Ländern neben Banknoten und Münzen des jeweiligen Landes auch die Banknoten und Münzen eines anderen Landes oder bestimmte Papiere als Geldsurrogate als gesetzliches Zahlungsmittel gelten. So war z.B. in der Republik Irland das britische Pfund Sterling bis zum 30.3.1979 in einer festen Parität (1 irisches = 1 britisches Pfund Sterling) gesetzliches Zahlungsmittel. Im deutschen Reich wurde z.B. ein Geldsurrogat, nämlich auf 5 und 10 Mark lautende Reichskassenscheine ab 4.8.1914 bis zum Kriegsende als gesetzliches Zahlungsmittel (zum Zwecke der Kriegsfinanzierung) erklärt.

Trotz des starken Vordringens der Geldsurrogate hat **Bargeld** seine Bedeutung im Zahlungsverkehr behalten. Dies mag darin begründet sein, daß in vielen Bereichen der Wirtschaft (Dienstleistungen, Einzelhandel), aber auch bei Schwarzarbeit, Steuerhinterziehung (Lieferungen und Leistungen „ohne Rechnung") und organisierter Kriminalität Zahlungen bar geleistet werden. Immerhin hat sich die **Bargeldquote** zwischen 1987 und 1997 bei ca. 11% der Geldmenge M_3 stabilisiert. Zugleich ist die Bargeldquote der Zentralbankgeldmenge von 66% (1987) auf 87% (1997) gestiegen, weil zwischenzeitlich die Mindestreservesätze und damit das Reservevolumen erheblich gesenkt worden sind. Somit wird die Veränderung der Zentralbankgeldmenge deutlich von der Entwicklung der Bargeldmenge dominiert.

Bargeld wird zunehmend zur Kassenhaltung (Liquidität, Transaktionskasse, Wertüberträgerfunktion) verwendet, während **Giralgeld** (Sichtdepositen, Termingeld, Spargelder mit 3monatiger Kündigung) sowohl dem Zahlungsverkehr (Transaktionskasse, Wertüberträgerfunktion) als auch zunehmend der Wertaufbewahrung (Wertspeicherfunktion) dient.

Eine wesentlich größere und ständig wachsende Bedeutung in den entwickelten Volkswirtschaften besitzt das **Giralgeld**, das auch als Buchgeld, Depositengeld oder bei Magnetspeicherung von Geldbeträgen als Computergeld bezeichnet wird. Giralgeld besteht aus Sicht- oder Terminguthaben bei Banken, die als nicht-gesetzliches Zahlungsmittel im bargeldlosen Zahlungsverkehr mittels Überweisungsauftrag, Scheck oder Wechsel verwendet werden. Entsprechend der Herkunft des Giralgeldes läßt sich girales Zentralbankgeld vom Giralgeld der Geschäftsbanken unterscheiden. **Girales Zentralbankgeld** entsteht durch Sichtguthaben der Öffentlichen Hand, von Geldinstituten, Unternehmen und privaten Haushalten bei der Zentralbank, durch Freigabe von Pflichtguthaben der Banken (Senkung der Mindestreserven), durch Lombardkredite gegen eingereichte Pfänder der Banken (Wertpapiere, Goldbarren), durch Gewährung von Wechseldiskontkrediten an die Banken oder durch Ankauf bestimmter Wertpapiere (Offenmarktgeschäfte) durch die Zentralbank. **Giralgeld der Geschäftsbanken** entsteht durch Einlagen privater Haushalte, Unternehmen, öffentlicher Institutionen und anderer Banken bei den Geschäftsbanken auf Giro- und Terminkonten, die die Banken vermindert um die Mindestreserven und vermehrt um den Giralgeldschöpfungsmultiplikator als Kredit anbieten können. Es entsteht aber auch durch Umlagerung von Geldkapital (z. B. längerfristige Spargelder, Geldmarktpapiere) in Geld (M_3 = Bargeld, Sicht-Depositen, Termingelder mit Befristung bis unter 4 Jahren, Spargelder mit 3monatiger Kündigungsfrist).

Neben dem Giralgeld gewinnen die **Geldsurrogate**, die auch als **Geldsubstitute, near money assets, near monies, geldnahe Titel** oder **liquide Anlagen** bezeichnet werden, eine wachsende Bedeutung. Bei diesen handelt es sich um verbriefte oder nicht verbriefte Geldforderungen, die jederzeit oder nach bestimmten Fristen in girale oder bare Zahlungsmittel umgewandelt werden können. Die **Qualität der Geldsurrogate** wird durch vier Kritieren bestimmt:

- **Akzeptanz** als Zahlungsmittel,
- durch den **Liquidierungsgrad** der Umwandlung in Bar- oder Giralgeld entsprechend den Möglichkeiten und Fristen,
- durch das **Risiko** des Wertverlustes dieser Umwandlung in Geld und
- durch die Höhe der **Verzinsung** dieses Geldsurrogates.

Unter Berücksichtigung dieser drei Kriterien ist in der Praxis zu beobachten, daß sich die Geldnähe der Geldsurrogate mit einem sinkenden Liquidierungsgrad infolge längerer Fristenbindung und schwierigerer Umwandelbarkeit in Geld, steigendem Risiko und steigender Verzinsung verringert. Neben den Geldanlagen als Termin- und Spareinlagen, in verbriefter Form als Geld- und Kapitalmarktpapiere, in realen Werten in Form von Goldbarren, Münzen, Briefmarken, Kunstwerken, Grundstücken, Häusern u.ä. haben in den letzten Jahren auch die Kreditkarten (z. B. Diners Club, American Express, Carte Blanche und Bank-Kreditkarten und elektronische Zahlungssysteme) eine wachsende Bedeutung als Geldsurrogate erlangt.

Neben den Kreditkarten werden zunehmend auch **Bankkarten** (Euroscheckkarten) zur direkten Bezahlung an einer Kasse mit entsprechenden Endgeräten **(direct cash,** direkter Einzug des Rechnungsbetrages vom Girokonto) oder zur Bezahlung mit einem Geldbetrag, der vorher elektronisch auf einen in die Bankkarte integrierten Microchip aufgeladen wurde **(electronic cash,** debit card, prepaid card, elektronische Geldbörse), verwendet. Hinzu kommt das **„Computernetzgeld“**, das in der Software von Computernetzwerken wie dem Internet gespeichert und zur Zahlungszwecken übertragen werden kann. Diese beiden Formen elektronischer Zahlungsmittel werden als **„digitales Geld“** bezeichnet.

Neben diesen vorgenannten Geldsurrogaten, die durch die Geschäftsbanken oder paramonetäre Institutionen (z. B. Versicherungsunternehmen, Finanzierungsgesellschaften, Investmentgesellschaften, Finanzholdings, Transnationale Unternehmen, Kreditkartenunternehmen) gesteuert werden, kommt nach **G. Schmölders** (3, S. 93) den „autonomen Geldkreisläufen" innerhalb der Institutionen der Öffentlichen Hand und innerhalb der „konzernverflochtenen Unternehmungswirtschaft" eine besondere Bedeutung zu. Denn in diesen Bereichen kann Liquidität kurzfristig verlagert werden, ohne daß Konten bei Geldinstituten bewegt, die umlaufende Geldmenge verändert oder Kredite in statistisch meßbarer Form in Anspruch genommen werden. Diese Liquiditätsverlagerungen bezeichnet Schmölders als „innerbetriebliches Buchgeld", das in den letzten Jahren durch die multinationalen Konzerne und die internationale Kooperation der Unternehmen und Banken erheblich an Bedeutung gewonnen hat. Es entzieht sich weitgehend der Beeinflußbarkeit durch die Geldpolitik der Zentralbank und mindert die Effizienz geldpolitischer Maßnahmen.

1.5 Geldmengendefinitionen

Zur Erfassung und Analyse der Geldmenge werden in den meisten Ländern mehrere **Geldmengendefinitionen**, auch **Geldmengenaggregate** oder **Geldvolumina** genannt, unterschieden und statistisch erfaßt. Ihre absolute Höhe, relative Veränderung im Zeitablauf und Verschiebung gegeneinander wie auch gegenüber dem realen Sektor der Volkswirtschaft dient der **monetären Analyse**.

Neben der Verwendung der verschiedenen Geldmengenaggregate zur **monetären Analyse** benutzen viele Zentralbanken bestimmte Geldmengenaggregate auch als **geldpolitische Variable,** nämlich als monetäre Zielgröße, Steuergröße und Kontrollgröße. Als **monetäre Zielgröße** oder **Geldmengenziel** (auch **monetäre Zwischenzielgröße** genannt zur Erreichung des realen End-Ziels eines möglichst hohen, inflationsfreien, realen Wirtschaftswachstums) wird von der Zentralbank eine Geldmengenexpansionsrate des bestimmten Aggregates in Pozent pro Jahr für ein oder mehrere Jahre der Zukunft festgelegt, das mit dem geschätzten Wachstum des realen Bruttoinlandsprodukts oder des makroökonomischen Potentials kompatibel erscheint **(monetary targeting).** Um die tatsächliche Entwicklung der Geldmenge möglichst stetig auf dem Kurs des Geldmengenziels zu halten, muß die Zentralbank mit Hilfe ihres geldpolitischen Instrumentariums ständig auf die Entwicklung der Geldmenge Einfluß nehmen, sie also als **monetäre Steuergröße** benutzen. Schließlich muß die Zentralbank die tatsächliche Entwicklung der Geldmenge in der Vergangenheit überprüfen, deren Abweichungen vom Kurs des Geldmengenziels analysieren und daraus Konsequenzen für geeignete geldpolitische Maßnahmen ziehen. Daher stellt die Geldmengenexpansionsrate auch eine **monetäre Kontrollgröße** dar.

Die Abgrenzung der einzelnen Geldmengenaggregate ist in den einzelnen Ländern sehr unterschiedlich, wodurch ein internationaler Vergleich sehr erschwert wird. Bedingt ist dies durch die unterschiedliche Struktur des Bankensystems, der Geldsurrogate, der Geldmärkte und der monetären Ordnungspolitik in Gestalt der bank- und geldrelevanten Gesetze in den einzelnen Ländern. Eine Ausnahme bildet die Geldmengendefinition M_1, die in allen Ländern in statistisch ähnlicher Weise ermittelt und dadurch etwa international vergleichbar wird.

Aber auch hier gibt es gewisse statistische Unterschiede der Erfassung, z. B. in der Frage, ob die Bargeldbestände der Banken in M_1 einbezogen werden oder nicht.

Als die am engsten abgegrenzte Geldmengendefinition wird die **Geldbasis (monetary base)** benutzt. Sie setzt sich üblicherweise (14, S. 4 f.) aus folgenden Geldmengenaggregaten zusammen:

- aus den **Mindestreserven** zu den jeweils geltenden oder (in einer anderen Abgrenzung) zu konstanten (Mindest-)Reservesätzen, d. h. dem Volumen der vorgeschriebenen, meist unverzinslichen Pflichteinlagen der Banken bei der Zentralbank,
- aus den **Überschußreserven**, d.h. den über das Mindestreserve-Soll (Höhe der den Reservesätzen entsprechenden Pflichteinlagen der Banken bei der Zentralbank) hinausgehenden freiwilligen Einlagen der Banken bei der Zentralbank,
- aus dem **Bargeldumlauf**, der sich aus den Bargeldbeständen der Geschäftsbanken, der Unternehmen, privaten Haushalte und Öffentlichen Hand ergibt.

Die **Deutsche Bundesbank** benutzt allerdings eine noch engere Definition der **Zentralbankgeldmenge**, die sich aus nur zwei monetären Aggregaten zusammensetzt (15, S. 28):

- aus den **Mindestreserven,** berechnet als Mindestreserve-Soll auf Inlandsverbindlichkeiten zu konstanten Reservesätzen auf der Basis August 1995 entsprechend: 100% des Bargeldes, 2% der Sichteinlagen, 2% der Termineinlagen und 1,5% der Spareinlagen.
- aus dem **Bargeldumlauf** ohne Kassenbestände der Geschäftsbanken an inländischen Banknoten und Münzen.

Die Zentralbankgeldmenge stellt selbst nicht die umlaufende Geldmenge insgesamt dar. Bargeld und die Höhe der Mindestreserven spiegeln vielmehr als ein bestimmter Anteil in Höhe der Mindestreservesätze die umlaufende Geldmenge und deren Veränderungen wider.

Die **Geldmengendefinition M_1** als Geldvolumen im engeren Sinne umfaßt den **Bargeldumlauf** ohne die Kassenbestände der Geldinstitute und ohne die Guthaben der Banken und Öffentlichen Hand bei der Zentralbank, aber einschließlich des im Ausland befindlichen Bargeldes sowie die **Sichteinlagen** inländischer Nicht-Banken bei den Geschäftsbanken. Die Korrektur der Bargeldmenge erfolgt zu dem Zweck, das monetäre Gebaren der Privatwirtschaft in der Bundesrepublik besser beobachten zu können.

Die **Geldmengendefinition M_2** beinhaltet in der Bundesrepublik die Geldmenge M_1 zuzüglich des **Quasi-Geldes**, unter dem alle Termingelder des Bankensystems mit einer Befristung bis zu unter vier Jahren verstanden werden.

Als eine noch weiter abgegrenzte **Geldmengendefinition** ermittelt die Deutsche Bundesbank seit März 1975, zurückberechnet bis Anfang 1973, das **Geldmengenaggregat M_3**. Es besteht aus der Geldmenge M_2 zuzüglich der Spareinlagen mit 3monatiger Kündigungsfrist. In der Bundesrepublik hat sich gezeigt, daß die Geldmenge M_3 - trotz ihres erheblich größeren Volumens - im Zeitablauf eine sehr ähnliche Entwicklung wie die Zentralbankgeldmenge aufweist. Dies rührt daher, daß die Geldmenge M_3, ebenso wie die Zentralbankgeldmenge, nicht durch kurzfristige Veränderungen der Struktur der Bankeinlagen zwischen täglich fälligen, Termin- und Spargeldern betroffen wird.

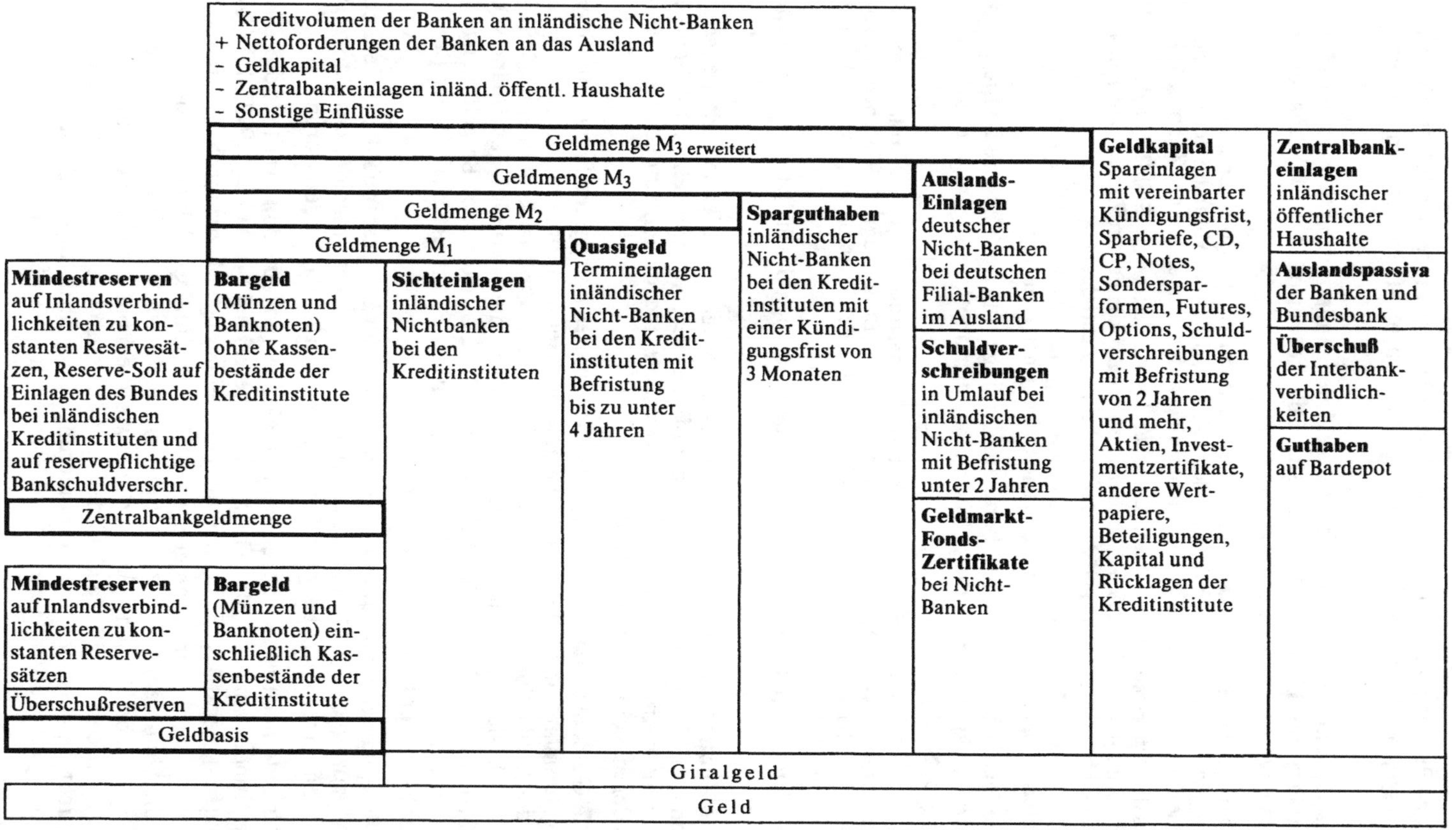

Abb. 1 Geldarten und Geldmengendefinitionen

Seit 1990 ermittelt die Bundesbank zusätzlich zur Verfeinerung ihrer monetären Analyse die **Geldmengendefinition $M_{3\ erweitert}$**. Sie umfaßt die Geldmenge M_3 zuzüglich Einlagen inländischer Nichtbanken bei Auslandsfilialen und Auslandstöchtern inländischer Kreditinstitute zuzüglich Inhaberschuldverschreibungen im Umlauf mit Restlaufzeit bis unter zwei Jahren zuzüglich (ab August 1994) Zertifikate in- und ausländischer Geldmarktfonds in den Händen inländischer Nicht-Banken, bereinigt um die Bankeinlagen und Bankschuldverschreibungen mit Laufzeit unter zwei Jahren der inländischen Geldmarktfonds.

Den Zusammenhang zwischen den verschiedenen Geldmengenaggregaten zeigt **Abbildung 1**. Als Geld im weitesten Sinne sind die Positionen der von der Deutschen Bundesbank statistisch erfaßten Passivseite der gesamtwirtschaftlich konsolidierten Bilanz des Bankensystems in Form von Bar- und Giralgeld aufzufassen. Außer den Mindestreserven und dem Bargeld als Zentralbankgeldmenge und den stufenweise jeweils weiter abgegrenzten Geldmengenaggregaten M_1, M_2 und M_3 sind das Geldkapital, die Zentralbankeinlagen inländischer Öffentlicher Haushalte, die Auslandspassiva der Geschäftsbanken und der Bundesbank, der Überschuß der Interbankverbindlichkeiten und die Guthaben privater Unternehmen und Haushalte auf Bardepot in diesen weitgefaßten Begriff des Geldes einzubeziehen. Das Bardepot wurde durch das Bardepotgesetz („Gesetz zur Änderung des Außenwirtschaftsgesetzes vom 23.12.1971") mit Wirkung vom 1.1.1972 eingeführt und stellt für den privaten Nicht-Banken-Sektor ein Pendant zur Mindestreservepflicht der Banken dar, indem er verpflichtet werden kann, einen bestimmten Anteil im Ausland aufgenommener Kredite (entsprechend dem Bardepot-Satz) auf Sonderkonten der Bundesbank zinslos zu hinterlegen. Eine Bardepotpflicht bestand von März 1972 bis Juli 1974.

Das für geldpolitische Zwecke benutzte Geldmengenaggregat M_3 wird von der Deutschen Bundesbank auch aus dem Kreditvolumen der Geschäftsbanken an inländische Nicht-Banken zuzüglich der Netto-Forderungen der Banken an das Ausland abzüglich des Geldkapitals, der Zentralbankeinlagen inländischer Öffentlicher Haushalte und sonstiger Einflüsse ermittelt (15, S. 30).

Die Vielfalt möglicher und statistisch ermittelter Geldmengenaggregate (Geldmengendefinitionen) zeigt, daß es keinen absoluten oder „richtigen" Geldmengenbegriff gibt. Die Wahl eines bestimmten Geldmengenaggregates ist auch abhängig vom Zweck der monetären Analyse. So weist **O. Issing** (14, S. 6 ff.) mit Recht darauf hin, daß die verschiedenen Geldmengenaggregate primär bestimmte Geldfunktionen widerspiegeln. Die Geldmenge M_1 besteht aus Geld, mit dem Zahlungsvorgänge abgewickelt werden, so daß hier die Zahlungsmittelfunktion des Geldes im Vordergrund steht. Da auch die in der Geldmenge M_2 zusätzlich enthaltenen Termingelder von den Wirtschaftssubjekten wegen ihrer höheren Verzinsung bei den Banken eingelegt, aber mit den Fristen künftiger Zahlungsverpflichtungen in Einklang gebracht werden, läßt sich auch diese der Zahlungsmittelfunktion zuordnen. Werden dagegen in der Geldmenge M_3 auch die Sparguthaben mit 3monatiger Kündigungsfrist berücksichtigt, so erhält in dieser die Wertaufbewahrungsfunktion des Geldes ein stärkeres Gewicht. Zwischen den einzelnen Geldmengenaggregaten bestehen aber sehr starke Substitutionsbeziehungen, die insbesondere durch eine Veränderung der Zinsstruktur, der Risikostruktur, der Laufzeitenstruktur des Geldes und der Geldsurrogate und der Inflationsrate beeinflußt werden.

Die **Deutsche Bundesbank** hat erstmalig für das Jahr 1975 die **Zentralbankgeldmenge** als Indikator, Zielgröße und Kontrollgröße ihrer Geldmengenpolitik bestimmt. Sie begründet die Bevorzugung der Zentralbankgeldmenge als monetäre Steuergröße gegenüber den anderen Geldmengenaggregaten M_1 und M_2 in ihrem Geschäftsbericht 1975 (16, S. 11) damit, „daß keines dieser beiden Aggregate so wie die Zentralbankgeldmenge alle Voraussetzungen befriedigend erfüllte, die eine Zielgröße erfüllen muß: (1) hinlänglich von der Notenbank kontrollierbar zu sein, (2) die Grundtendenz der monetären Entwicklung richtig wiederzugeben und (3) in engem Zusammenhang mit der wirtschaftlichen Entwicklung zu stehen. Bei dem zuletzt genannten Kriterium schneiden zwar alle Abgrenzungen je nach dem gewählten Ansatz mehr oder weniger gut ab. Die zinsbedingten Verlagerungen zwischen Sicht- und Spareinlagen einerseits, Termingeldern andererseits haben aber in den letzten Jahren einen Umfang gehabt, der bei M_1 und M_2 die Grundtendenz der monetären Entwicklung völlig überspielte. ... M_1 und M_2 haben sich seit Mitte 1973 fast ständig konträr entwickelt." Aber auch in der noch weiteren Geldmengendefinition M_3 können sich bei einer Veränderung der Zinsstruktur erhebliche Verschiebungen gegenüber anderen Geldsurrogaten ergeben. Aus diesem Grunde verkündete die Deutsche Bundesbank erstmalig am 5.12.1974 ein monetäres Wachstumsziel der Zentralbankgeldmenge M_Z von 8% für den Jahresverlauf 1975.

Vom Jahre 1988 an benutzt die Deutsche Bundesbank als **geldpolitische Ziel-, Steuer- und Kontrollgröße** die **Geldmenge M_3.** Obwohl diese ein wesentlich breiteres Geldmengenaggregat als die Zentralbankgeldmenge darstellt, haben sich beide Geldmengen auf längere Sicht weitgehend parallel entwickelt. Allerdings wird die Geldmenge M_3 nicht so stark wie die Zentralbankgeldmenge von Veränderungen des gesamten Bargeldumlaufs sowie von zins- und wechselkursbedingten Umlagerungen der monetären Komponenten beeinflußt. Denn in der Zentralbankgeldmenge wurden die Bargeldkomponente mit ca. 50% und die anderen Giralgeldkomponenten mit einer konstanten Gewichtung (entsprechend den Mindestreservesätzen von Januar 1974: 16,6% der Sichtguthaben, 12,4% der Termingelder und 8,1% der Spareinlagen) berücksichtigt.

Entsprechend der anderen Organisation des Geldwesens, der monetären Institutionen, des Bankensystems, der Zahlungsgewohnheiten und der Finanzinnovationen, aber auch bedingt durch die unterschiedlichen geldpolitischen Konzeptionen und Strategien der Zentralbanken werden in anderen Ländern unterschiedliche Geldmengenaggregate für geldpolitische Zwecke statistisch ermittelt. Auch dort werden im Zeitablauf die Geldmengenaggregate statistisch neu abgegrenzt oder ein Wechsel der Geldmengenaggregate für geldpolitische Zwecke vorgenommen.

In den **USA** verwendet das **Federal Reserve System** jetzt die neu definierte Geldmenge **M_2** als geldpolitische Ziel-, Steuer- und Kontrollgröße. Sie umfaßt **M_1** (Bargeldumlauf, Sicht-Depositen, Reiseschecks im Umlauf und andere Scheck-Konten, also NOW Accounts = Negotiable Order of Withdrawal und ATS Accounts = Automatic Transfer Services), sowie zusätzlich Repos der Banken mit Nicht-Banken (Repurchase Agreements = Verkauf von Geldmarktpapieren und Rückkauf am nächsten Tag), Euro-Dollars über Nacht (Depositen auf Konten von U.S. Banken in der Karibik mit Fälligkeit am nächsten Tag), Fonds-Anteile und Einlagen auf Geldmarkt-Fonds-Konten (Money Market Mutual Funds), Einlagen auf Sparkonten und kleine Termingeld-Einlagen bis zu 100.000 $).

In der **Europäischen Union** ist die geldpolitische Bedeutung jeweils verschiedener Geldmengenaggregate, die auch sehr verschieden statistisch abgegrenzt sind, sehr unterschiedlich. Einige Länder legen **Geldmengenziele** fest. Diese sind neben Deutschland (für M_3), die Länder **Griechenland** (für M_3), **Spanien** (für ALP = alle liquiden Bankeinlagen der Nicht-Banken), **Frankreich** (für M_3), Italien (für M_2) und **Großbritannien** (für Mo und M4). Manche Länder bestimmen ausschließlich oder zusätzlich zum Geldmengenziel ein **Inflationsziel,** so **Spanien, Finnland, Schweden** und **Großbritannien.** Diese vier Länder weisen seit ihrer Verfolgung des Inflationsziels einen deutlichen monetären Stabilitätsforschritt auf. Allerdings ist zu beachten, daß eine Korrektur der Geldpolitik beim Nicht-Erreichen des Inflationsziels erst am Symptom kurieren kann, während die Geldmengenpolitik schon bei der Geldmengensteuerung bereits die Ursache in der Entstehung eines Inflationspotentials in statu nascendi zu korrigieren in der Lage ist. Neben diesen beiden monetären Zielen verfolgen viele Zentralbanken inoffiziell auch noch **Zinsziele** und **Wechselkursziele.**

Für die künftige **Europäische Zentralbank** ist es noch offen, ob im Währungsgebiet der **Europäischen Währungsunion** überhaupt und ggf. in welcher statistischen Abgrenzung ein Geldmengenziel oder ein Inflationsziel oder ein anderes monetäres Ziel verfolgt werden soll.

Die Beobachtung der Entwicklung des Geldvolumens in den verschiedenen Geldmengendefinitionen reicht allein zur monetären Analyse nicht aus, weil nicht erkennbar wird, wie intensiv die jeweilige Geldmenge in der Volkswirtschaft genutzt wurde. Das Maß dafür ist die **Umlaufsgeschwindigkeit des Geldes**, die sich als Kehrwert des durchschnittlichen Kassenhaltungskoeffizienten ($V = \frac{1}{k}$) oder als Quotient des Bruttosozialproduktes und der Geldmenge ($V = \frac{Y}{M}$) ausdrücken läßt. In letzterem Fall spricht man auch von der **Einkommenskreislaufgeschwindigkeit des Geldes**. Diese läßt sich auf die verschiedenen Geldmengenaggregate beziehen.

In der Praxis der letzten Jahre ist zu beobachten, daß in der Regel im Konjunkturaufschwung die Wirtschaftssubjekte die vorhandene Geldmenge intensiver nutzen, indem sie ihre durchschnittlichen Kassenbestände verringern, wodurch sich die Umlaufsgeschwindigkeit des Geldes erhöht. Umgekehrt geht üblicherweise mit einer sinkenden Ausgabenneigung der Wirtschaftssubjekte in der Rezession die Nutzung der vorhandenen Geldmenge bei steigenden durchschnittlichen Kassenbeständen und einer sinkenden Geldumlaufsgeschwindigkeit zurück (19, S. 22).

Diese allgemeine empirisch belegbare und logisch erscheinende Regel kann jedoch durch zwei Einflußfaktoren durchbrochen werden: eine prozyklische Geldmengenpolitik kann die normale Entwicklung konterkarieren und die Kassenhaltungsgewohnheiten der Wirtschaftssubjekte können sich aufgrund veränderter Zinssätze, Zinsstruktur und Zinserwartungen, Einkommenshöhe und Einkommenserwartungen, Vermögenshöhe und Vermögensstruktur, Steuersätze, Inflationshöhe und Inflationserwartungen im Zeitablauf ändern.

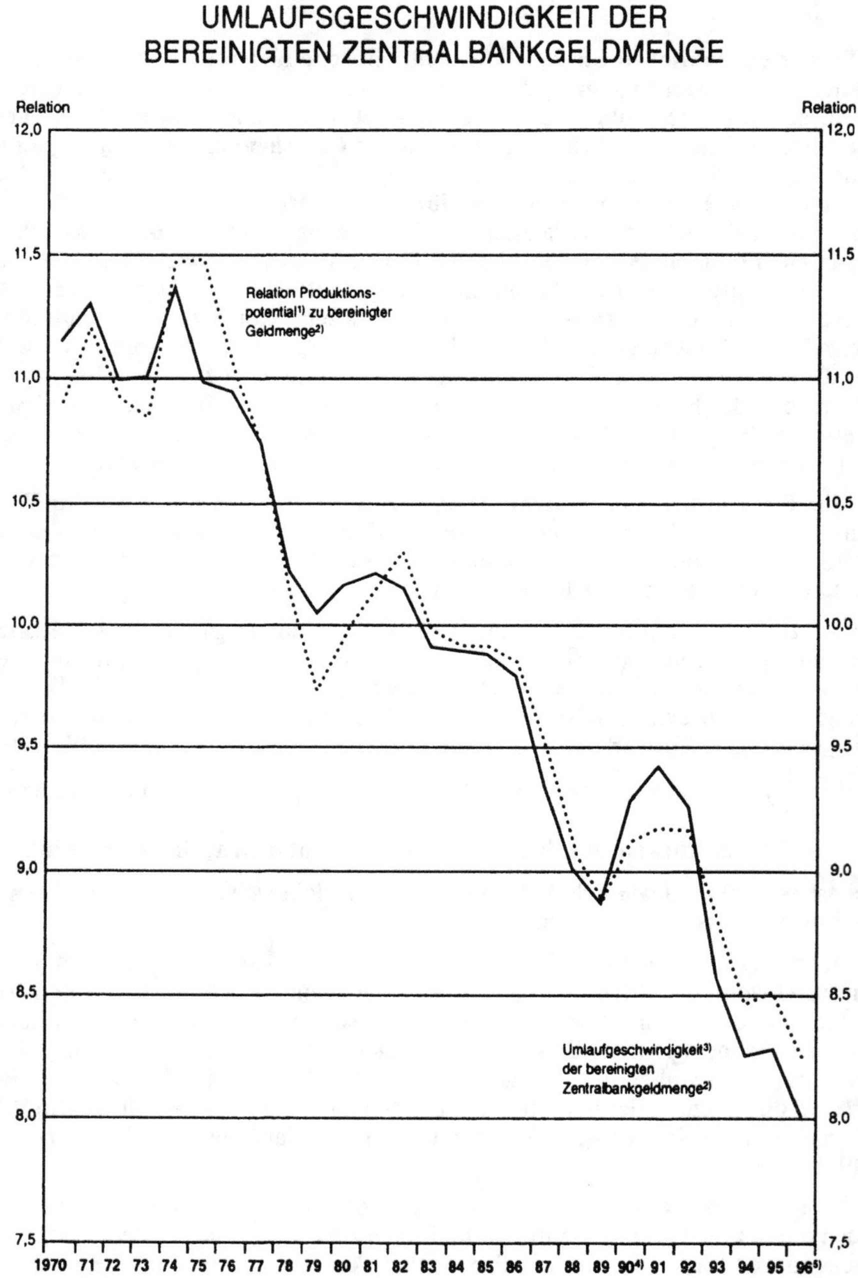

1) Produktionspotential bei Normalauslastung in jeweiligen Preisen; ab 2. Halbjahr 1990 für die neuen Bundesländer und Berlin-Ost Bruttoinlandsprodukt in jeweiligen Preisen anstelle des Produktionspotentials.– 2) Bargeldumlauf und Zentralbankguthaben der Banken (ab Juni 1978 einschließlich Deutsche Bundespost/Postbank), bereinigt um den Effekt von Mindestreservesatzänderungen. Quelle für Grundzahlen: Deutsche Bundesbank. – 3) Relation Bruttoinlandsprodukt in jeweiligen Preisen zu bereinigter Zentralbankgeldmenge. – 4) Ab Juli 1990 Deutschland. – 5) Eigene Schätzung

SR 96-10-0526

Abb. 2 Entwicklung der Umlaufsgeschwindigkeit des Geldes

Die Entwicklung der Umlaufsgeschwindigkeit des Geldes, berechnet als Relation des Bruttosozialproduktes wie auch des Produktionspotentials zur Zentralbankgeldmenge, zeigt nach Darstellung des Sachverständigenrates die **Abbildung 2** (20, S. 90). Der Kurvenverlauf der Geldumlaufsgeschwindigkeit entspricht bis 1975 etwa dem Konjunkturverlauf nach dem Muster der allgemeinen Regel. Seit 1976 ist jedoch trotz einer tendenziell ansteigenden Konjunkturentwicklung eine ständig sinkende Geldumlaufsgeschwindigkeit festzustellen. Der Grund für diese anormale Entwicklung kann in verschiedenen Einflüssen vermutet werden: starke Devisenzuflüsse, Freigabe blockierter Sparmittel, Rückgang der Inflationserwartungen und niedriges Zinsniveau, die alle die Haltung liquider Mittel fördern. „Schließlich ist es auch denkbar, daß Verschiebungen in der Einkommensverteilung und Einkommensverwendung eine dauerhaft höhere Neigung zur Kassenhaltung bewirken. Auffällig sind die gerade in letzter Zeit sehr hohen Zuwachsraten beim Bargeldumlauf, der in den letzten Jahren 1964 bis 1974 mit einer einzigen Ausnahme (1972) etwas schwächer gewachsen war als das Bruttosozialprodukt, während nun eher das Gegenteil gilt. Hierbei könnte u.a. eine Rolle spielen, daß im Verlauf der letzten Jahre die Rentnereinkommen, über die in relativ hohem Maße in bar disponiert wird, überproportional gestiegen sind. Auch ist nicht von der Hand zu weisen, daß in manchen Bereichen die Barzahlung wieder zugenommen hat, besonders in ‚grauen Zonen' des Wirtschaftsverkehrs, in denen Leistungen ohne Steuern und Sozialabgaben erbracht und bar abgerechnet werden. Überdies ist es denkbar, daß die Haltung von D-Mark-Noten im Ausland stärker zugenommen hat. (19, S. 24). Im Jahre 1979

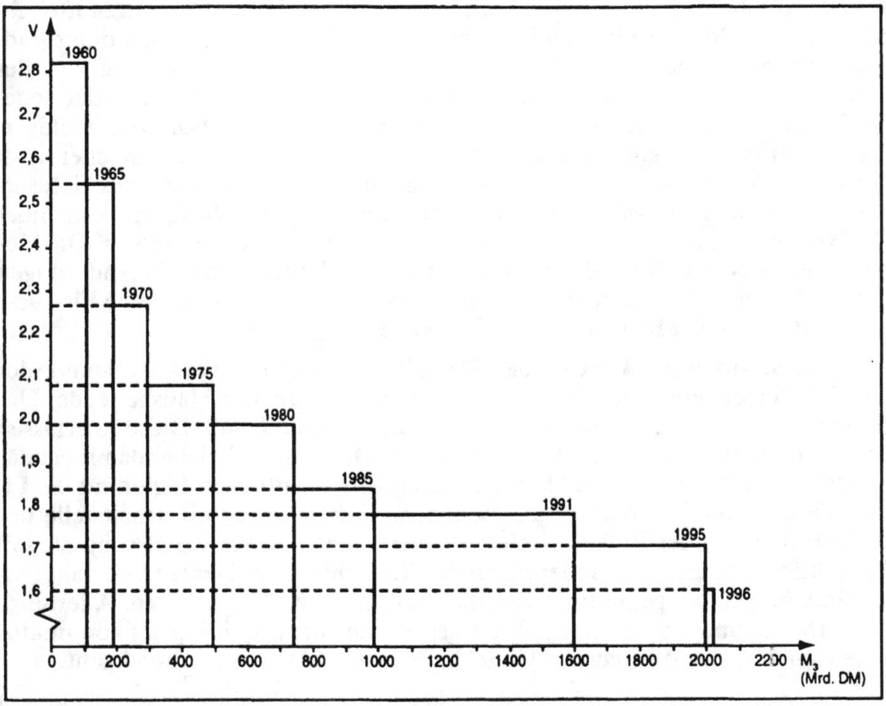

Abb. 3 Entwicklung der effektiven Geldmenge ($M_3 \cdot V$)

(Kurve der Quartalswerte in Abb. 2) hat die Geldumlaufsgeschwindigkeit sich wieder erhöht, weil wegen gestiegener Zinsen und veränderter Zinsstruktur mehr liquide Mittel zinsbringend insbesondere auf den Kapitalmärkten angelegt wurden (20, Ziff. 196).

Die Entwicklung des nominalen Bruttosozialproduktes Y_n, der Geldmengenaggregate M_z, M_1, M_2, M_3 sowie der auf diese bezogenen Geldumlaufsgeschwindigkeit (V) und die der Liquidität des Bankensystems (L_b) von 1971 bis 1979 zeigt **Tabelle 1** (21). Das verfügbare Geldvolumen G_z in den einzelnen Jahren ergibt sich als Produkt der Geldmenge M_z und der Geldumlaufsgeschwindigkeit V_z ($G_z = M_z \cdot V_z$). Unter Verwendung der empirischen Werte der Tabelle 1 läßt sich das verfügbare Geldvolumen G_z für die einzelnen Jahre in der Bundesrepublik als größer werdende Rechtecke in **Abbildung 3** darstellen.

1.6 Liquidität

Liquidität ist die Fähigkeit eines Wirtschaftssubjektes, jederzeit seinen Zahlungsverpflichtungen nachkommen zu können. Sie setzt voraus, daß ein Wirtschaftssubjekt Vermögenstitel besitzt, die in Form von Bargeld, Giralgeld, Geldsurrogaten oder Vermögensanlagen gehalten werden oder jederzeit über einen bestimmten Kredit verfügen kann. Der **Liquiditätsgrad** dieser Vermögenstitel ist jeweils von ihrer Umwandelbarkeit in und Verwendung als Zahlungsmittel abhängig. Bargeld und Giralgeld repräsentieren den höchsten Liquiditätsgrad. Geldsurrogate müssen für Zahlungszwecke üblicherweise in bares oder girales Geld bei der Zentralbank (Zentralbankgeld), den Geschäftsbanken oder anderen Wirtschaftssubjekten umgetauscht werden. Der Liquiditätsgrad der Geldsurrogate verringert sich in dem Maße, in dem es schwieriger und risikoreicher wird, diese in Geld umzuwandeln. Die Schwierigkeit der Liquidierung eines Geldsurrogates (Vermögenstitels) nimmt mit abnehmender Marktfähigkeit, sinkender Realverzinsung, steigender Fristentbindung und steigendem Risiko zu. Die Höhe des Risikos eines Vermögenstitels ist in seiner Natur wie auch in Änderungen der Marktsituation begründet, die sich insbesondere durch spekulative Einflüsse und geldpolitische Maßnahmen ergeben kann.

Die **gesamtwirtschaftliche Liquidität** ergibt sich theoretisch aus der Summe der Liquiditäten der einzelnen Wirtschaftssubjekte: der privaten Haushalte, der Unternehmen, der Geschäftsbanken und der Öffentlichen Hand. Diese zu erfassen ist aber in der Praxis statistisch nicht möglich. Man muß sich daher damit begnügen, als repräsentativen Indikator der gesamtwirtschaftlichen Liquidität die **Liquidität der Geschäftsbanken** anzusehen, weil die Banken als Schaltstelle des Geldkreislaufs in der Volkswirtschaft fungieren und die Wirtschaftssubjekte mit Liquidität versorgen. Veränderungen der Bankenliquidität lassen sich daher als Veränderungen der gesamtwirtschaftlichen Liquidität interpretieren. Allerdings ist hierbei zu unterscheiden, ob eine Veränderung der Liquidität auf konjunkturelle Einflüsse der Wirtschaft oder geldpolitische Maßnahmen zurückgeht.

In **Abbildung 4** ist dargestellt, aus welchen einzelnen Positionen von Geld und Geldsurrogaten sich die gesamte Bankenliquidität im weiteren Sinne zusammensetzt. Obwohl viele Positionen von der Bankenstatistik erfaßt werden, enthält diese keine Zahl der gesamten Bankenliquidität. Die Deutsche Bundesbank veröffentlicht vielmehr seit Juni 1973 rückwirkend ab 1972 in der Statistik ihrer „Monatsberichte“ die **„freien Liquiditätsreserven der Banken“**. Diese setzen sich aus den **Überschußreserven** der Banken, den inländischen Geldmarktpapieren der Banken, deren Ankauf die Bundesbank jederzeit zugesagt hat **(Offenmarkttitel)** und den **unausgenutzten Rediskontkontingenten** zentralbankfähiger Handelswechsel zusammen. Offenmarkttitel und zentralbankfähige Handelswechsel sind somit Geldsurrogate höchsten Liquiditätsgrades, da sie jederzeit in Geld (Zentralbankgeld) umgewandelt werden können.

  Überschußreserven (Zentralbankguthaben der Geschäftsbanken minus Mindestreserven)

+ inländische Geldmarktpapiere (Offenmarkttitel), deren Ankauf jederzeit die Zentralbank zugesagt hat

+ unausgenutzte Rediskontkontingente (Volumen der von der Zentralbank noch jederzeit angekauften, zentralbankfähigen Handelswechsel)

= freie Liquiditätsreserven der Banken (in der Definition der Deutschen Bundesbank)

+ unausgenutzter Lombardspielraum (Volumen der von der Zentralbank noch jederzeit beliehenen Geld- und Kapitalmarktpapiere der Geschäftsbanken)

+ unausgenutzter Sonderlombardspielraum (Volumen der von der Zentralbank noch jederzeit befristet beliehenen Geld- und Kapitalmarktpapiere der Geschäftsbanken)

+ Wertpapierpensionsgeschäfte (befristet oder bis auf Widerruf getätigte Käufe von Handelswechseln und anderen Geld- und Kapitalmarktpapieren durch die Zentralbank in Verbindung mit einer festen Rückkaufvereinbarung mit den Geschäftsbanken)

+ Volumen der Devisen-Swapgeschäfte der Zentralbank (Ankauf von Devisen der Geschäftsbanken durch die Zentralbank mit Rückkaufvereinbarung zum Swap-Satz)

+ Volumen der Devisen-Pensionsgeschäfte (befristet oder bis auf Widerruf getätigte Käufe von ausländischen Devisen durch die Zentralbank von den Geschäftsbanken in Verbindung mit einer festen Rückkaufvereinbarung mit den Geschäftsbanken)

= Liquiditätsreserven der Banken durch die Bereitstellung von Zentralbankgeld

---

+ Geldsurrogate (jederzeit durch Verkauf an andere Banken und Private liquidierbare Geld- und Kapitalmarktpapiere der Geschäftsbanken)

+ Saldo der Interbankverbindlichkeiten und Kreditlinien bei inländischen Banken

+ Einlagen der öffentlichen Haushalte bei den Geschäftsbanken

+ Guthaben und Kreditlinien der Geschäftsbanken bei ausländischen Banken und mögliches Volumen aufzunehmender Eurogeldmarktkredite durch die Geschäftsbanken

---

= Bankenliquidität (im weiteren Sinne)

Abb. 4 Die Ermittlung der Bankenliquidität

Die **„Liquiditätsreserven der Banken durch die Bereitstellung von Zentralbankgeld“** umfassen ein weiter abgegrenztes Volumen tatsächlich vorhandener Bankenliquidität. Sie setzen sich neben den **„freien Liquiditätsreserven der Banken“** aus dem **unausgenutzten Lombardspielraum** der Banken, d.h. dem Volumen der noch von der Zentralbank jederzeit beliehenen Geld- und Kapitalmarktpapiere der Banken (Pfandleihe von Wertpapieren), dem **unausgenutzten Sonderlombardspielraum**, der den Banken von der Zentralbank temporär bei kurzfristigen Liquiditätsengpässen zusätzlich zum Lombardspielraum zur Verfügung gestellt wird, aus **Wertpapierpensionsgeschäften**, d.h. bis auf Widerruf oder für einen bestimmten Zeitraum von der Zentralbank getätigte Käufe von Handelswechseln (Wechselpensionsgeschäfte, meistens in Form von 10-Tage-Geschäften) und anderen Geld- und Kapitalmarktpapieren in Verbindung mit einer festen Rückkaufvereinbarung mit den Banken, dem Volumen der **Devisen-Swap-Geschäfte** der Zentralbank, die aus einem Ankauf der Devisen der Banken durch die Zentralbank mit einer festen Rückkaufvereinbarung mit den Banken zu einem bestimmten Zeitpunkt und einem bestimmten Kauf- und Rückkauf-Wechselkurs sowie schließlich einem bestimmten Volumen an **Devisen-Pensionsgeschäften**, d.h. bis auf Widerruf oder eine bestimmte Zeit getätigte Käufe von Devisen durch die Zentralbank in Verbindung mit einer festen Rückkaufvereinbarung mit den Banken.

Die weiteste Abgrenzung des Volumens der **gesamten Bankenliquidität** besteht neben den **„Liquiditätsreserven der Banken durch die Bereitstellung von Zentralbankgeld"** aus **jederzeit veräußerlichen Geld- und Kapitalmarktpapieren** der Banken, aus **aufgenommenen Krediten und Kreditlinien** bei anderen Banken des In- und Auslandes einschließlich der Euro-Geldmarktkredite sowie aus den Einlagen der Öffentlichen Hand.

Die Erfassung der Quellen der Veränderung der Zentralbankgeldmenge und der freien Liquiditätsreserven der Banken zeigt **Abbildung 5.** Hier lassen sich besonders die Einflußfaktoren der Geldpolitik (Positionen 3, 4 und 5), der Finanzpolitik (Position 2) und des Geldverkehrs mit dem Ausland (Position 1) erkennen. Aus Abbildung 5 läßt sich auch der Unterschied zwischen den Veränderungen tatsächlich vorhandener, **aktueller Liquidität** (Positionen 1 bis 4) und den Veränderungen **potentieller Liquidität** (Position 5), auf die die Banken bei Bedarf bei der Zentralbank zurückgreifen können, unterscheiden.

Die Liquiditätsreserven der Banken wirken als Puffer zwischen quantitativ angesetzten geldpolitischen Maßnahmen und der Veränderung des Kreditvolumens der Banken. Ein zuverlässiger Zusammenhang zwischen Geldpolitik und Kreditvolumen besteht allerdings nur bei restriktiven geldpolitischen Maßnahmen und nicht vorhandenen Liquiditätsreserven der Banken. „Ein restriktives Verhalten der Notenbank muß also nur dann zwangsläufig auf die Zentralbankgeldmenge und damit auf die monetäre Entwicklung durchschlagen, wenn die Banken ohne freie Liquiditätsreserven sind" (22, S. 19). Eine expansive Geldpolitik wird dagegen zunächst zu einer Erhöhung der freien Liquiditätsreserven der Banken führen, ohne Gewißheit, ob diese auf eine erhöhte Kreditvergabe der Banken und eine steigende Gesamtnachfrage durchschlagen wird. „Zunahmen des Zentralbankgeldes und der freien Liquiditätsreserven sind keineswegs äquivalent: Ein Anstieg des Zentralbankgeldes signalisiert eine definitive monetäre Expansion, eine Zunahme der freien Liquiditätsreserven dagegen lediglich die **Möglichkeit** einer solchen Expansion" (22, S. 19).

Inwieweit sich eine Erhöhung der Zentralbankgeldmenge und der freien Liquiditätsreserven der Banken auf eine Erhöhung des Kreditvolumens der Banken auswirkt, hängt vom Verhalten der Banken und der Nicht-Banken ab. Das Ver-

Erhöhung der Zentralbankgeldmenge ($+\Delta M_z$) und der freien Liquiditätsreserven der Banken ($+\Delta L$)	Verringerung der Zentralbankgeldmenge ($-\Delta M_z$) und der freien Liquiditätsreserven der Banken ($-\Delta L$)
1. Erhöhung der Währungsreserven durch Devisenzuflüsse	1. Verringerung der Währungsreserven durch Devisenabflüsse
2. Verringerung der Nettoposition der öffentlichen Haushalte, Bundesbahn und Bundespost durch:	2. Erhöhung der Nettoposition der öffentlichen Haushalte, Bundesbahn und Bundespost durch:
a) Verringerung ihrer Zentralbankguthaben	a) Erhöhung ihrer Zentralbankguthaben
b) Erhöhung ihrer Kreditaufnahme bei der Zentralbank	b) Verringerung ihrer Kreditaufnahme bei der Zentralbank
c) Auflösung von Sondereinlagen	c) Bildung von Sondereinlagen
3. Verringerung der Mindestreserven durch:	3. Erhöhung der Mindestreserven durch:
a) Senkung der Reservesätze	a) Erhöhung der Reservesätze
b) Verringerung des Mindestreservevolumens bei konstanten Reservesätzen	b) Erhöhung des Mindestreservevolumens bei konstanten Reservesätzen
4. Verringerung des Bardepots durch:	4. Erhöhung des Bardepots durch:
a) Senkung der Bardepotsätze	a) Erhöhung der Bardepotsätze
b) Verringerung des Bardepotvolumens bei konstanten Bardepotsätzen	b) Erhöhung des Bardepotvolumens bei konstanten Bardepotsätzen
5. Erhöhung der Zentralbankkredite an die Geschäftsbanken durch:	5. Verringerung der Zentralbankkredite an die Geschäftsbanken durch:
a) Erhöhung der Rediskontkontingente	a) Verringerung der Rediskontkontingente
b) Erhöhung des Lombardspielraums und des Sonderlombardspielraums	b) Verringerung des Lombardspielraums und des Sonderlombardspielraums
c) Erhöhung des Netto-Ankaufsvolumens von Offenmarkttiteln durch die Zentralbank einschließlich der Offenmarktoperationen mit Rückkaufsvereinbarung (10-Tage-Geschäfte)	c) Verringerung des Netto-Ankaufsvolumens oder Erhöhung des Nettoverkaufsvolumens von Offenmarkttiteln durch die Zentralbank einschließlich der Offenmarktoperationen mit Rückkaufvereinbarung (10-Tage-Geschäfte)

Abb. 5 Bestandsveränderung der Zentralbankgeldmenge und der „freien Liquiditätsreserven der Banken" am Ende der Periode

halten der Nicht-Banken im Hinblick auf ihre Verschuldungsbereitschaft wird von ihrer Erwartungsstruktur – letzten Endes von ihren Gewinnerwartungen – geprägt. Das Verhalten der Banken im Hinblick auf ihre Kreditvergabebereitschaft hängt von der Fristenstruktur ihrer Einlagen und Kredite, von Veränderungen der durchschnittlichen Tilgungsraten, von der Zinsstruktur und durchschnittlichen Zinsmarge, den Kreditwünschen des Auslandes, des Staates und inländischer Wirtschaftssubjekte sowie von den vorhandenen freien Liquiditätsreserven der Banken ab.

Innerhalb des letzten Jahrzehnts haben sich die Rahmenbedingungen des Geldwesens und der Geldpolitik in Deutschland erheblich geändert. Die Mindestreservesätze wurden in Anpassung an das Niveau der anderen EU-Länder und zur Vorbereitung der Europäischen Währungs-Union erheblich gesenkt (auf 2,0% der Sicht- und Termin-Einlagen und 1,5% der Spareinlagen). Bankschuldverschreibungen mit einer Laufzeit von weniger als zwei Jahren wurden ab Mai 1986 der Mindestreservepflicht unterworfen. Seit 1994 wurden die Einlagenpflicht der Öffentlichen Hand bei der Bundesbank aufgehoben (d.h. § 17 BbkG ersatzlos gestrichen) und Geldmarkt-Fonds (gem. 2. Finanzmarkt-Förderungs-Gesetz) zugelassen. Geldmarkt-Fonds-Zertifikate wurden ab Januar 1995 mit einem Vermögenssteuersatz von 0,5% (gegenüber einem regulären Satz von 1,0%) besteuert. Obwohl Geldmarkt-Papiere, Geldmarkt-Fonds und Fonds-Zertifikate keine „Zahlungsmittelnähe“ (Wertüberträger-Funktion), sondern eher einen zins-sensitiven Vermögensanlage-Charakter (Wertspeicher-Funktion) besitzen, wurden sie ab August 1994 in der Geldmenge $\mathbf{M_{3\,erweitert}}$ berücksichtigt.

Die Lombard-Linien der Banken bei der Bundesbank werden nur noch als „Sicherheitsventil“ zur Erhaltung der Liquidität der Banken benutzt und besitzen nur noch eine geringe quantitative Bedeutung. Die durchschnittliche Quote der Überschußreserven (in % des Reserve-Solls) ist tendenziell ebenfalls erheblich zurückgegangen. Demgegenüber werden die Rediskont-Kontingente üblicherweise an ihrer technischen Grenze voll ausgenutzt. Gleichzeitig haben die Offenmarkt-Operationen, Wertpapier- und Wechselpensionsgeschäfte der Bundesbank für die Geldmengensteuerung der Bundesbank erheblich an Bedeutung gewonnen. Dies bedeutet, daß die geldpolitische Steuerung der Bankenliquidität in Form von **potentiellem Zentralbankgeld** (aus freien Rediskontkontingenten, freien Lombardlinien, fest zugesagten Offenmarkt-Geschäften, Überschuß-Reserven) **zugunsten von verfügbarem Zentralbankgeld** (aus Offenmarkt-Geschäften) verlagert wurde.

Die Liqudität der Banken wird außer durch die Geldpolitik der Bundesbank auch von der Dynamik der Finanzmärkte beeinflußt. Dies erfolgt insbesondere durch Geldzufluß aus dem Ausland oder Geldabfluß an das Ausland (Erhöhung bzw. Verringerung der Netto-Forderungsposition des inländischen Bankensystems gegenüber dem Ausland), durch Veränderung der Einlagen der öffentlichen Hand auf Konten der Bundesbank, durch Verlagerungen von Finanzanlagen der Nicht-Banken von Anlagen in Geldkapital in solche, die zu M_3 zählen, und umgekehrt.

Die Banken selbst haben die Möglichkeit, durch Erhöhung ihres Kreditvolumens an Nicht-Banken vorhandene Liquidität in Form potentiellen Zentralbankgeldes zu monetisieren, also in umlaufendes Geld umzuwandeln, sich zusätzliches Geld aus dem Ausland zu beschaffen oder durch Emission von Bankschuldverschreibungen auf die Liquidität der Nicht-Banken zurückzugreifen. (Vgl. Kap. 4.2.1). Schematisch läßt sich dieser Zusammenhang zwischen Geldpolitik, Bankenliquidität und Geldmenge wie folgt darstellen:

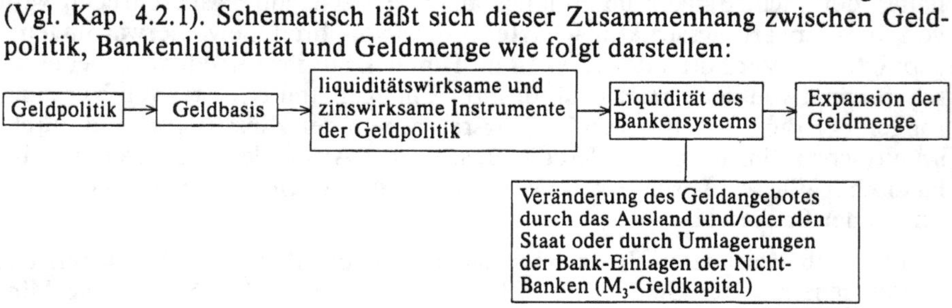

Um diesen veränderten Rahmenbedingungen Rechnung zu tragen, hat die Bundesbank seit Januar 1995 ihre Liquiditätsrechnung umgestaltet. Sie weist in ihrem Monatsbericht Januar 1995 (S. 19) darauf hin, daß ihre bis dahin durchgeführte Liquiditätsrechnung „suggerierte, daß der Liquiditätsausgleich am Geldmarkt in erster Linie von den Kreditinstituten mit einer aktiven Gestaltung ihrer Refinanzierung und ihrer Überschußguthaben bei der Bundesbank bewerkstelligt wurde. Dies ist jedoch seit Mitte der achtziger Jahre nicht mehr der Fall. Seither nimmt die Bundesbank den Geldmarktausgleich über ein aktives Liquiditätsmanagement weitgehend selbst vor. Wichtigstes Instrument sind dabei die wöchentlich angebotenen Wertpapierpensionsgeschäfte." Seitdem wird der „Zentralbankgeldbedarf der Banken und liquiditätspolitische Maßnahmen der Deutschen Bundesbank" in folgender Form statistisch ermittelt:

I. Bereitstellung bzw. Absorption von Zentralbankguthaben durch Veränderung
   - der Bestände an Zentralbankgeld
   - der Auslandsposition der Bundesbank
   - der Nettoguthaben inländischer Nichtbanken
   - des Float
   - der Überschußguthaben
   - der Sonstigen Einflüsse

II. Dauerhafte Mittelbereitstellung bzw. -absorption durch:
   - Änderung der Refinanzierungslinien
   - Rückgriff auf unausgenutzte Refinanzierungslinien
   - Offenmarktoperationen
     - in langfristigen Titeln
     - in Liquiditätspapieren
   - Gewinnausschüttung der Bundesbank

III. Veränderung der kurzfristigen Liquiditätslücke (I. + II.)

IV. Deckung des verbleibenden Fehlbetrags bzw. Absorption des Überschusses durch:
   - Wertpapierpensionsgeschäfte
   - sehr kurzfristige Ausgleichsoperationen
     - Schnelltender
     - Devisenswap- und -pensionsgeschäfte
     - kurzfristige Schatzwechselabgaben
     - § 17-Verlagerungen (jetzt nicht mehr gültig, nur noch Veränderungen der Einlagen der Öffentlichen Hand auf Konten der Bundesbank)
     - Wechselpensionsgeschäfte
     - Veränderung der Lombardkredite

In dieser neuen Liquiditätsrechnung werden unter I. die marktbedingten Veränderungen der Zentalbankgeldmenge und der Bankenliquidität durch die laufenden Transaktionen erfaßt. In II. wird die langfristige Beeinflussung der Bankenliquidität und Geldmenge durch längerfristig wirkende geldpolitische Instrumente der Bundesbank dargestellt. Der Saldo dieser beiden Positionen I. und II. ergibt die kurzfristige Liquiditätslücke des Bankensystems, welche die Bundesbank mit kurzfristig wirkenden geldpolitischen Instrumenten ausgleicht, um die Banken stets mit einer für den Bankbetrieb notwendigen Liquidität auszustatten. Diese Maßnahmen und ihr monetärer Effekt werden unter IV. statistisch erfaßt. Die so strukturierte monatliche Statistik der Bundesbank enthält die Veränderungen der einzelnen Positionen in Mrd. DM. Sie weist aber darüber hinaus noch den Geldmengen-Effekt der ermittelten marktbedingten Transaktionen und der geldpolitischen Maßnahmen durch den jeweiligen Bestand der Zentralbankgeldmenge aus.

Abschließend sei darauf hingewiesen, daß für jede einzelne Bank aus Sicherheitsgründen zum Schutz ihrer Einleger und Gläubiger eine bestimmte Liquidität stets sichergestellt sein muß. Aus diesem Grunde werden in den meisten Ländern, so auch in der Bundesrepublik, Richtlinien für die Liquidität jeder Bank erlassen. In der Bundesrepublik gelten die vom Bundesaufsichtsamt für das Kreditwesen im Einvernehmen mit der Deutschen Bundesbank verabschiedeten **„Grundsätze über das Eigenkapital und die Liquidität der Kreditinstitute“** vom 20.1.1969, geändert durch die Bekanntmachung vom 22.12.1972 (25, S. 13) entsprechend § 11 Kreditwesen-Gesetz (KWG). Diese „Grundsätze“ bestimmen die als notwendig angesehenen Deckungsrelationen zwischen den Bilanzpositionen, nach denen sich beurteilen läßt, „ob das Eigenkapital eines Kreditinstituts angemessen ist und ob die Liquidität eines Kreditinstituts ausreicht“ (25, S. 13; § 10, Abs. 1, § 11 Kreditwesengesetz). Grundsatz I regelt das Verhältnis zwischen Eigenkapital und Kreditvolumen, Grundsatz II das Verhältnis zwischen den Anlagen abzüglich Wertberichtigungen und langfristigen Finanzierungsmitteln auf Grundsatz III das Verhältnis zwischen Krediten und Anlagen abzüglich Wertberichtigungen einer Bank und ihren Finanzierungsmitteln.

Die durch die „Grundsätze“ bezeichnete Liquidität der einzelnen Bank umfaßt also mehr Positionen als der gesamtwirtschaftliche Liquiditätssaldo. So weist **C. Köhler** (26, S. 30) darauf hin, daß z.B. Mitte 1975 die bei sieben Bankengruppen gemessene einzelwirtschaftliche Liquiditätsquote (gemessen am Geschäftsvolumen der Bank) 33,7%, die gesamtwirtschaftliche (Brutto-) Liquiditätsquote aber 5,9% betrug. Demzufolge besteht eine „Liquiditätsillusion“, weil Bankaktiva, die aus der Sicht der einzelnen Bank Liquidität darstellen, aus gesamtwirtschaftlicher Sicht nicht als solche zu betrachten sind (26, S. 31). Es kann daher sein, daß eine expansiv oder restriktiv gerichtete Geldpolitik einen stärkeren Einfluß auf die gesamtwirtschaftliche Liquiditätsquote nehmen muß, um auch fühlbar auf die einzelwirtschaftliche Liquidität der einzelnen Bank durchschlagen zu können.

Die für die einzelne Bank geltende Legaldefinition der **„Grundsätze“** findet in der Praxis des Bankwesens ihr Gegenstück in der **„goldenen Bankenregel“** in allgemeiner Form. Diese besagt, daß die Aufrechterhaltung der ständigen Zahlungsbereitschaft einer Bank nur sichergestellt ist, wenn die Laufzeiten der gewährten Bankkredite ebenso bemessen sind wie die der Einlagen der Bankkunden (Fristenkongruenz). Demnach dürften z.B. täglich fällige Gelder auf Girokonten von den Banken nur als Tagesgeld ausgeliehen werden. In der Praxis können aber die Banken auch einen Teil kurzfristig angelegter Gelder längerfristig ausleihen aufgrund der Erfahrung, daß die Einleger einen bestimmten „Bodensatz“ täglich fälliger Gelder auf Girokonten ständig stehen lassen. Die **„modifizierte goldene Bankenregel“** läßt sich also wie folgt formulieren: Die Banken müssen Volumen und Laufzeiten ihrer Kredite so bemessen, daß sie unter Berücksichtigung ihrer Erfahrungswerte der tatsächlichen Fälligkeit ihrer verschiedenen Einlagen nach Fristen und Volumen sowie unter Berücksichtigung ihrer maximalen Refinanzierungsmöglichkeiten bei der Zentralbank, bei anderen Banken und aus ausländischen Quellen stets zahlungsfähig bleiben.

2. Kapitel: Kredit

2.1 Begriff und Entstehung des Kredits

Entsprechend der Herkunft des Wortes „Kredit" von „credere" (latein.: glauben, vertrauen) bezeichnet schon 1910 **J. Conrad** den Kredit als „das Vertrauen, welches jemand genießt, daß er seinen Verpflichtungen nachkommen wird; und unter „Kredit haben" versteht man die Möglichkeit, aufgrund dieses Vertrauens gegen das Versprechen der Gegenleistung Vermögensteile (oder auch Dienste) anderer freiwillig zur Benutzung zu erhalten" (7, S. 114). Kredit läßt sich auch als zeitweilige Überlassung von Kaufkraft definieren, wobei der Gläubiger dem Kreditnehmer das Vertrauen entgegenbringt, daß jener nach Ablauf der vereinbarten Frist den Kredit in der vereinbarten Form (Geld, Ware, Leistung) einschließlich eines Zinses und/oder Disagios in vereinbarter Höhe als Entgelt für die wirtschaftliche Nutzung während der Laufzeit zurückerstatten wird.

Üblicherweise wird sich der Gläubiger vor Gewährung eines Kredits an einen Kreditnehmer bei diesem wirtschaftlich absichern, indem er sich vom Kreditnehmer Vermögensteile, Forderungen, Waren oder wirtschaftlich nutzbare Rechte für den Fall der Zahlungsunfähigkeit bei Fälligkeit des Kredits zur Sicherheit übereignen läßt.

Eine Kreditvergabe setzt keine Geldwirtschaft voraus und ist an keine bestimmte Wirtschaftsordnung gebunden. Es ist daher zu vermuten, daß der Kredit älter als das Geld und die Geldwirtschaft ist. So erhielt in einer Naturaltauschwirtschaft ein Bauer, dem ein Stammesgenosse im Frühjahr ein Haus baute und der diesen im Herbst aus seinem Ernteertrag mit einer bestimmten Menge Gerste „bezahlte" für diesen Zeitraum einen Kredit. In gleicher Weise ist ein nicht negoziierter Handelswechsel als ein Kredit zu verstehen, der keine Geldwirtschaft voraussetzt.

Eine arbeitsteilige, hochentwickelte Volkswirtschaft ist jedoch ohne Geld als neutrales Tauschmittel nicht funktionsfähig. Dadurch ist Geld die Voraussetzung für eine moderne „Kreditwirtschaft" (A. Hahn). Dennoch ist auch in dieser der Kreditbegriff nicht gleich dem Geldbegriff zu setzen, weil der **Kredit** in einer bestimmten Form und für einen bestimmten Zweck und Zeitraum als Kreditgeschäft abgeschlossen wird, **Geld** dagegen eine bestimmte Kaufkraft in Relation zum Bruttosozialprodukt repräsentiert. Obwohl **Kapital** als Kredit übertragen werden kann, ist auch der Kredit- vom Kapitalbegriff zu unterscheiden. Denn durch **Kredit** wird Kapital an ein anderes Wirtschaftssubjekt für einen bestimmten Zeitraum zur wirtschaftlichen Nutzung übertragen, um anschließend wieder zurückübertragen zu werden. **Kapital** wird durch Konsumverzicht von Gütern, also durch Sparen gebildet und kann entweder von einem Wirtschaftssubjekt selbst genutzt (Eigenkapital) oder in Form des Kredits an andere Wirtschaftssubjekte zur temporären wirtschaftlichen Nutzung übertragen werden.

Trotz dieser begrifflichen Unterschiede ist der Übergang zwischen dem Geld- und Kreditbegriff fließend. Durch Einsatz geldpolitischer Instrumente wird nicht nur auf das Geldwesen, sondern auch auf die Kreditvergabe des Bankensystems

Einfluß genommen. Aus diesem Grunde werden in der Praxis die Bezeichnungen „Geldpolitik" und „Kreditpolitik" synonym verwendet. Insofern läßt sich auch der Kredit als monetäres und zugleich realwirtschaftliches Geschäft interpretieren: „die formale Seite des Kreditgeschäftes als monetäres Phänomen und die materielle Seite als güterwirtschaftlich wirksame Disposition von Kaufkraft" (12, S. 1060).

2.2 Beziehungen zwischen Kreditgebern und Kreditnehmern

Die in einer Volkswirtschaft umlaufende Geldmenge stellt die monetäre Basis der möglichen Kreditvergabe dar. Bedeutendster Kreditgeber sind die Geschäftsbanken, die als „Schaltstelle" im Geldkreislauf fungieren. Sie können ein bestimmtes Geldvolumen in einer Periode mehrfach als Kredit vergeben sowie zusätzliches Geld und zusätzlichen Kredit schöpfen (vgl. Kapitel 4.4: Geld- und Kreditschöpfung). Die monetäre Basis wird von der Zentralbank bereitgestellt, über die letztlich auch das Kreditvolumen finanziert wird. Hierbei ist es gleichgültig, ob als Kreditgeber die Zentralbank selbst, der Staat, die Banken oder die Nicht-Banken fungieren. Allerdings ist der von den Nicht-Banken finanzierte Warenkredit der Nicht-Banken von der monetären Basis unabhängig, sofern sich diese nicht bei den Banken refinanzieren. Dessen Gewicht am Gesamtkreditvolumen ist jedoch sehr gering.

Zentralbank, Staat, Banken und Nicht-Banken können grundsätzlich als Kreditgeber und Kreditnehmer des Inlandes und des Auslandes auftreten. Die in der Praxis anzutreffenden Kombinationen und Kreditbeziehungen zwischen diesen einzelnen Kreditgebern und Kreditnehmern lassen sich anhand der **Abbildung 8** verdeutlichen.

I-a Die **inländische Zentralbank** ist die **Hausbank des Staates** und muß diesem in den meisten Ländern auf dessen Verlangen einen gesetzlich in der Höhe und/oder zeitlich begrenzten oder einen unbegrenzten zinslosen Kredit gewähren, um ein Defizit im Budget des Staates zu finanzieren. Besteht in einem Lande eine gesetzliche Begrenzung des Zentralbank-Kredits an den Staat (wie in der Bundesrepublik), so besteht die Möglichkeit der indirekten Kreditgewährung, indem die Zentralbank staatliche Schuldverschreibungen (oder Kassenobligationen, Schatzwechsel, Schatzanweisungen, Schatzbriefe, Bonds, Schuldverschreibungen staatlicher Finanzierungsinstitute) übernimmt. Durch die Finanzierung staatlicher Budget-Defizite schafft die Zentralbank zusätzliches Geld durch zusätzlichen Kredit, der in vollem Umfang ausgabenwirksam und damit auch kreislaufwirksam wird.

Die **Zentralbank** stellt immer den **inländischen Banken** innerhalb eines bestimmten, von ihr festgesetzten Rahmens über die Rediskontkontingente, den Lombardspielraum und das Volumen der Offenmarkttitel, die sie jederzeit anzukaufen bereit ist, Zentralbankgeld zur Verfügung. Wird dieses potentielle Zentralbankgeld von den Banken in Anspruch genommen und zur Kreditgewährung benutzt, so dehnt sich entsprechend das Geld- und Kreditvolumen aus. So lange es jedoch von den Banken nicht genutzt wird, stellt es eine nicht kreislaufwirksame Liquiditätsreserve der Banken dar.

I-b Die **inländische Zentralbank** kann **ausländischen Zentralbanken** im Auftrage ihrer Regierung aufgrund bilateraler (z.B. Bundesrepublik – Italien), multilateraler (z.B. an Länder des Zehner- oder Zwanziger-Clubs allein oder gemeinsam mit anderen

<table>
<tr><td colspan="3" rowspan="2"></td><td colspan="2">Kreditnehmer</td></tr>
<tr><td>a. Inland</td><td>b. Ausland</td></tr>
<tr><td rowspan="8">Kreditgeber</td><td rowspan="4">Inland</td><td>I Zentralbank</td><td>Staat
Banken</td><td>Zentralbanken
Banken</td></tr>
<tr><td>II Staat</td><td>Nicht-Banken*</td><td>Staaten**</td></tr>
<tr><td>III Banken</td><td>Nicht-Banken*
Banken
Staat</td><td>Nicht-Banken*
Banken
Staaten**</td></tr>
<tr><td>IV Nicht-Banken*</td><td>Nicht-Banken*
Banken
Staat</td><td>Nicht-Banken*
Banken
Staaten**</td></tr>
<tr><td rowspan="4">Ausland</td><td>V Zentralbanken</td><td>Staat über
Zentralbank</td><td></td></tr>
<tr><td>VI Staaten**</td><td>Staat über
Zentralbank</td><td></td></tr>
<tr><td>VII Banken</td><td>Banken
Staat
Nicht-Banken*</td><td></td></tr>
<tr><td>VIII Nicht-Banken*</td><td>Banken
Staat
Nicht-Banken*</td><td></td></tr>
</table>

* Unternehmen, private Haushalte, nicht-staatliche und gemeinnützige Institutionen, Finanzintermediäre
** Öffentliche Hände einschließlich internationaler und supranationaler Institutionen

Abb. 8 Die Beziehungen zwischen Kreditgebern und Kreditnehmern

Zentralbanken) oder internationaler Abkommen (z.B. an andere Mitgliedsländer des Internationalen Währungsfonds) Währungskredite in eigener oder Drittland-Währung (z.B. in US-Dollars) aus ihren Währungsreserven geben. Primär ist ein solcher Währungskredit im Inland kreislaufunwirksam. Führt dieser Kredit jedoch zu einer höheren Nachfrage des Auslandes im Inland, so wird in Höhe der Zahlungen des Auslandes an die inländischen Exporteure der Währungskredit als zusätzliches Geld kreislaufwirksam.

Kredite der **Zentralbank** an **ausländische Banken** sind denkbar z.B. an ausländische staatliche Entwicklungsbanken. In den meisten Ländern werden aber solche Kredite nicht von der Zentralbank, sondern vom Staat oder staatlichen Kreditinstituten gegeben.

II-a Der **Staat** gewährt in vielen Ländern zinslose oder zinsgünstige Kredite an **Nicht-Banken** im Rahmen der regionalen und sektoralen Strukturpolitik. Er vergibt diese Kredite über bestimmte Behörden oder bedient sich staatlicher oder halbstaatlicher Spezialkreditinstitute. In der Bundesrepublik vergibt der Staat z.B. im Rahmen des ERP-Programms als einem Sondervermögen des Bundes über die Kreditanstalt für Wiederaufbau, Frankfurt/M., die Lastenausgleichsbank, Bad Godesberg und die Berliner Industriebank, Berlin, verbilligte Kredite an Unternehmen in Gebieten der regionalen Aktionsprogramme und als Struktur- und Anpassungshilfen (27, S. 75 f.). Diese Kredite werden meistens anstelle von normalen Bankkrediten oder zusätzlich zu diesen gegeben. Sie erhöhen dann den Geldumlauf und die Gesamtnachfrage, wenn sie durch zusätzliches Geld der Zentralbank finanziert worden sind.

II-b Der **Staat** kann direkt bilateral oder multilateral oder indirekt über internationale Institutionen an andere **Staaten** Kredite als Währungskredite, Warenkredite, Entwicklungshilfekredite oder Wiederaufbaukredite geben. Solche Kredite können den inländischen Geldkreislauf und die Gesamtnachfrage dann negativ beeinflussen, wenn der Staat durch diesen temporären Ressourcentransfer in das Ausland seine inländischen Ausgaben entsprechend reduziert. Geldkreislauf und inländische Nachfrage werden positiv beeinflußt, wenn ohne Verminderung der inländischen Staatsausgaben der Auslandskredit zusätzliche Exporte induziert.

III-a Die **Banken** sind die bedeutendsten Kreditgeber an inländische **Nicht-Banken**, denn sie finanzieren insbesondere die Kreditwünsche der Unternehmen und privaten Haushalte und damit die wirtschaftliche Aktivität.
Banken gewähren aber auch Kredite an andere **Banken**, insbesondere über den „Geldmarkt unter Banken" mit dem Schwerpunkt auf kurzen Laufzeiten von Tagesgeld bis zu Dreimonatsgeld. Langfristige Kredite an andere Banken geben sie als Direktkredit oder durch den Erwerb von Bankschuldverschreibungen. Schließlich können die **Banken** auch Kredite an den **Staat** vergeben: entweder als Direktkredite oder durch Übernahme staatlicher Schuldverschreibungen oder anderer Finanzierungspapiere der Öffentlichen Hand.

III-b Die inländischen **Banken** vergeben im **Ausland** an die gleichen Gruppen von Kreditnehmern Kredite wie im Inland. Unter den **Nicht-Banken** kommen als Kreditnehmer im Ausland praktisch nur multinationale Konzerne und Großunternehmen in Frage, wobei meistens zur Minderung des Kreditrisikos ein internationales Bankenkonsortium gebildet wird. An ausländischen **Banken** geben Banken Direktkredite – meist als Liquiditätshilfe im Rahmen einer bilateralen Kooperation (wie z.B. zwischen der Commerzbank und der Crédit Lyonais, Banco di Roma und Banco Hispano Americano) – oder über den Euro-Geldmarkt und den Euro-Kapitalmarkt. An ausländische **Staaten** geben Banken entweder Direktkredit – zur Aufbringung der erforderlichen hohen Summen und zur Minderung des Risikos meist als Bankenkonsortium – oder sie verpflichten sich, für einen bestimmten Betrag staatliche Auslandsanleihen zu übernehmen. Oft fungieren inländische Banken auch nur als Kreditmittler, indem sie ausländische Staatsanleihen fest übernehmen oder für den ausländischen Staat selbst emittieren, um sie anschließend beim Publikum zu plazieren.

IV-a Die **Nicht-Banken** kommen als Kreditgeber anderer Nicht-Banken, der Banken und des Staates im Inland in Frage. **Nicht-Banken** können von anderen Nicht-Banken Kredite erhalten, indem Unternehmen anderen Unternehmen oder privaten Haushalten Lieferantenkredite gewähren und indem Unternehmen oder private Haushalte Anleihen von Unternehmen kaufen. Nicht-Banken gewähren den **Banken** oder dem **Staat** Kredit, indem sie von den Banken Bankschuldverschreibungen, Pfandbriefe oder Sparbriefe und vom Staat Anleihen, Kassenobligationen, Schatzwechsel, Schatzanweisungen oder Schatzbriefe übernehmen.

IV-b Zwischen inländischen **Nicht-Banken** als Kreditgebern und ausländischen **Nicht-Banken**, **Banken** und **Staaten** als Kreditnehmern sind die gleichen Kreditbeziehungen wie im Inland möglich. Wegen der höheren Kreditrisiken an ausländische Kreditnehmer werden üblicherweise deren Anleihen oder an diese gegebenen Direktkredite mit besseren Konditionen (Zinshöhe und Disagio) als solche vergleichbarer inländischer Kreditnehmer ausgestattet.

V-a **Ausländische Zentralbanken** können dem (inländischen) **Staat** – meist über dessen eigene Zentralbank – Kredite zur Verfügung stellen, wenn eine solche Kreditgewährung innerhalb bestimmter Grenzen zwischen den Regierungen zweier Länder bilateral (z.B. zwischen der Bundesrepublik und Italien) oder multilateral durch Kreditabkommen zwischen den Regierungen mehrerer Länder (z.B. im Zwanzigerclub des Weltwährungsfonds) vereinbart worden ist.

VI-a **Ausländische Staaten** können dem (inländischen) **Staat** – meist über die beiden Zentralbanken – aufgrund besonderer Vereinbarungen bestimmte Kredite einräumen. Solche Kredite werden fallweise mit einem oder einer Gruppe mehrerer Staaten ausgehandelt.

VII-a **Ausländische Banken** können inländischen **Banken**, **Nicht-Banken** und dem **Staat** Kredite einräumen. Inländische Banken können von ausländischen Banken Direktkredite mit fallweise ausgehandelten Bedingungen, aufgrund einer vereinbarten ständigen Kooperation oder über den Euro-Geldmarkt und Euro-Kapitalmarkt erhalten. Unter den inländischen Nicht-Banken werden i.a. nur multinationale Konzerne und Großunternehmen von ausländischen Banken Kredite erhalten. Dem Staat werden ausländische Banken meist als Konsortium Kredite gewähren.

VIII-a **Ausländische Nicht-Banken** sind ebenfalls in der Lage, inländischen Banken durch Kauf ihrer Bankschuldverschreibungen, dem (inländischen) Staat durch Kauf von Staatsanleihen oder anderen staatlichen Schuldtiteln und inländischen Großunternehmen durch Kauf ihrer Industrieobligationen Kredite einzuräumen.

Kredite halten gespartes Geld im Umlauf und machen es nachfragewirksam. Eine Ausdehnung des Kreditvolumens läßt die Gesamtnachfrage steigen. Dies wirkt sich gesamtwirtschaftlich günstig aus, wenn Unterbeschäftigung mit Arbeitslosigkeit und suboptimal ausgelasteten Produktionskapazitäten gegeben ist. Denn in diesem Fall steigen bedingt durch die Kreditexpansion die Beschäftigung, das Einkommen, die Gesamtnachfrage und der Auslastungsgrad der Produktionskapazitäten. Herrscht jedoch Vollbeschäftigung bei voll oder annähernd voll ausgelasteten Produktionskapazitäten, so kann die durch die Kreditexpansion finanzierte zusätzliche Gesamtnachfrage vom Angebot nicht mehr befriedigt werden. Der entstehende Nachfrageüberhang kann nur noch über entsprechend steigende Güterpreise, also durch Inflation, ausgeglichen werden.

2.3 Geldmengen und Kreditvolumen

Zwischen den monetären Aggregaten einer Volkswirtschaft – der Geldbasis, dem Geldvolumen einer bestimmten Geldmengendefinition und dem Kreditvolumen – bestehen enge Wechselbeziehungen, die von Veränderungen der Geldbasis bestimmt werden. Aus diesem Grunde wird die **Geldbasis** (Zentralbankgeldmenge in der Abgrenzung: Mindestreserven, Überschußreserven und Bargeldumlauf) auch als „high-powered money" oder in der deutschen Übersetzung als „wirksame Geldmenge" bezeichnet, die mit einem Geldmultiplikator vervielfacht die anderen **Geldmengenaggregate** ergibt (28, S. 94). Dieser Zusammenhang ist jedoch im Zeitablauf nicht stabil und unterschiedlich bei einzelnen Geldmengenaggregaten. Dies rührt daher, daß sich die unterschiedlich weit abgegrenzten Geldmengenaggregate M_1, M_2 und M_3 aus Geldvolumina zusammensetzen, die sich aufgrund von Veränderungen der Zinsrelationen der verschieden befristeten Termin- und Spargelder und Verhaltensänderungen des Publikums kurzfristig gegeneinander verlagern können. Die Deutsche Bundesbank stellt allerdings fest, daß sich in der Bundesrepublik die Zentralbankgeldmenge und das Geldmengenaggregat M_3 weitgehend parallel entwickelt haben (616, S. 12). **M. Willms** kommt in einer empirischen Untersuchung zu dem Ergebnis, daß im Zeitraum von 1969 bis 1977 das Wachstum der Zentralbankgeldmenge alle anderen Geldmengenaggregate dominiert hat, wobei „96% des Wachstums der Zentralbankgeldmenge in M_1 und 85% in M_3 reflektiert" wurden (29, S. 104). **Willms** stellt weiter fest, daß durch das Publikumsverhalten bedingte Verlagerungen zwischen den Geldmengenaggregaten den über die Zentralbankgeldmenge gesteuerten Geldangebotsprozeß nicht längerfristig zu stören vermag. „Sie stellen lediglich kurzfristige Abweichungen dar und sind nicht in der Lage, einer Richtungsänderung des Wachstums der Zentralbankgeldmenge auch nur mittelfristig entgegenzuwirken" (629, S. 111).

Der Zusammenhang zwischen Veränderungen der **Geldbasis** und Veränderungen des **Kreditvolumens** der Geschäftsbanken oder – anders ausgedrückt – die Transmission monetärer Impulse von der Geldbasis auf das Kreditvolumen ist erheblich weniger eng als zwischen der Geldbasis und den anderen Geldmengenaggregaten. Dies erklärt sich aus dem unterschiedlichen Charakter des Geldes und des Kredits. Während **Geld** für seinen Besitzer mikroökonomisch ein Vermögensgut (30, S. 17) und makroökonomisch eine Reservegröße, „die Planungsfehler und Unvorhergesehenes auffängt" (31, S. 173) darstellt, ist der **Kredit** „die Forderung auf das für eine bestimmte Zeit geliehene Geld" (30, S. 17) unter Verzicht auf die eigene Geldnutzung gegen Erhalt eines Zinses. „Das Kreditvolumen hängt als Finanzierungsgröße mit den Ausgaben der Wirtschaftssubjekte und mit ihrer Planung eng zusammen" (31, S. 172).

Geld steht den privaten Haushalten und Unternehmen, den Banken und dem Staat in Form von Kassenbeständen und Geldanlagen unterschiedlichen Liquiditätsgrades für Zahlungszwecke zur Verfügung. **Geld und Geldanlagen** (Liquidität) reichen vom **Bargeld** und **täglich fälligen Geldern auf Girokonten** (Geldmenge M_1) über **Termingelder mit einer Befristung bis zu unter vier Jahren** (die einschließlich der Geldmenge M_1 die Geldmenge M_2 ergeben), die **Spargelder mit gesetzlicher Kündigungsfrist** (die einschließlich der Geldmenge M_2 die Geldmenge M_3 ergeben) bis zu den **Geldvermögensbeständen** (near money assets), die (nach der Abgrenzung der Deutschen Bundesbank) **Termingelder mit einer Befristung ab vier Jahren** sowie **alle Sparanlagen ohne diejenigen mit gesetzlicher Kündigungsfrist** bei Banken, Versicherungen, Bausparkassen, am Wertpapiermarkt und im Ausland umfassen. Dies ist das **Geldvolumen** im weitesten Sinne. Das **Kreditvolumen** ist dagegen abhängig von der konjunkturbedingten Entwicklung der volkswirtschaftlichen Gesamtnachfrage.

Der Zusammenhang zwischen **monetären Impulsen** und den davon ausgelösten **Veränderungen des Geld- und Kreditvolumens** läßt sich schematisch in **Abbildung 9** darstellen. Ein **expansiver monetärer Impuls** kann gewollt durch die Geldpolitik der Zentralbank oder ungewollt durch Geldzuflüsse aus dem Ausland oder durch Auflösung von Kassenbeständen des Staates ausgelöst werden. Dieser Impuls hat zunächst eine Erhöhung der Geldbasis zur Folge, die auf ein **steigendes Geldvolumen** – allerdings entsprechend dem Geldanlageverhalten des Publikums in unterschiedlichen Steigerungsraten der verschiedenen Geldmengenaggregate sowie auf die **Liquiditätsreserven der Banken** durchschlägt. Die steigenden Liquiditätsreserven erlauben den Geschäftsbanken ein **höheres Kreditangebot** bei tendenziell sinkenden Zinsen und Bonitätsanforderungen.

Ob dieses steigende Kreditangebot der Banken tatsächlich zu einem steigenden Kreditvolumen führt, hängt davon ab, ob ein Konjunkturaufschwung oder positive Konjunkturerwartungen die Gesamtnachfrage – in erster Linie bedingt

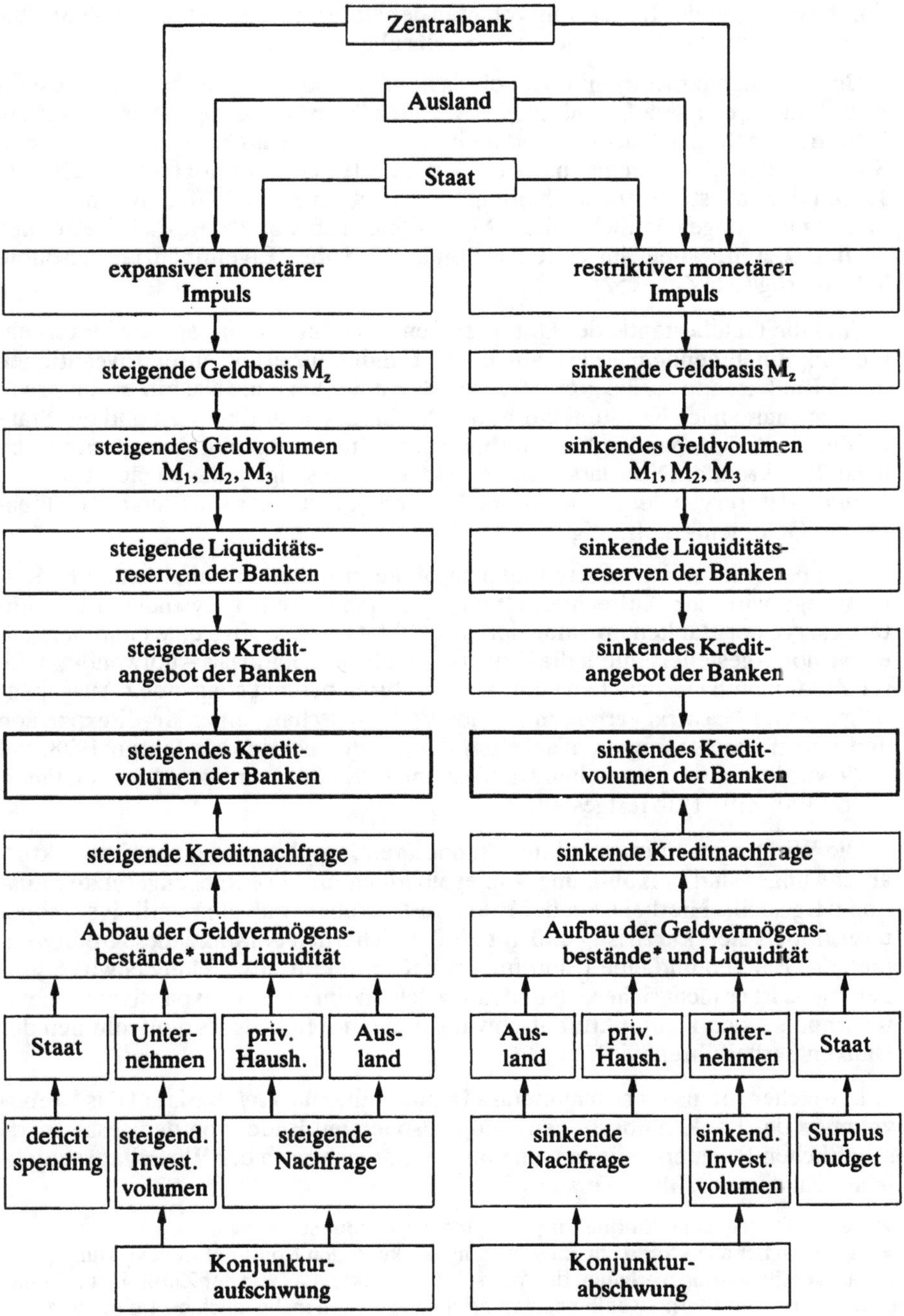

* Termingelder ab 4 Jahren + alle Spareinlagen ohne gesetzliche Kündigungsfrist bei Banken, Versicherungen, Bausparkassen, Wertpapiermarkt und im Ausland

Abb. 9 Die Quellen und Beziehungen zwischen monetären Impulsen und den Veränderungen des Geld- und Kreditvolumens

durch ein steigendes Investitionsvolumen der Unternehmen – steigen läßt und die eigene Liquidität der Unternehmen bereits abgebaut ist.

Bei beginnender Konjunkturerholung können also die Wirtschaftssubjekte zunächst auf ihre **eigene Liquidität einschießlich ihrer Geldanlagen** zurückgreifen. Dadurch erhöht sich trotz steigender Gesamtnachfrage das Kreditvolumen nicht. So war es den „Unternehmen über akkumuliertes Geldvermögen aus mehreren Jahren der Investitionszurückhaltung" möglich, im Jahre 1978 „ihre Investitionen sogar in ungewöhnlich hohem Maße ohne Aufnahme zusätzlicher Kredite" zu finanzieren, wobei im ersten Halbjahr 1978 ihre Eigenfinanzierungsquote 97% betrug (32, Ziff. 152).

Sind die Geldbestände der Unternehmen erschöpft, so müssen die Unternehmen in zunehmendem Maße auf eine Fremdfinanzierung ihrer Investitionen durch Bankkredite zurückgreifen. Aber auch eine steigende Nachfrage der privaten Haushalte nach Konsumgütern, des Auslandes nach Exporten und des Staates durch „deficit spending" (kreditfinanzierte Staatsausgaben) erfordern zusätzliche Bankkredite. Diese lassen das **Kreditvolumen** steigen, das zunächst aus den Liquiditätsreserven der Banken ohne Notwendigkeit einer wachsenden Geldbasis und Geldmenge befriedigt werden kann.

Erst bei einer weiteren Kreditexpansion aufgrund einer anhaltenden Kreditnachfrage wird zur Aufrechterhaltung einer mindestens notwendigen Liquiditätsreserve der Banken im Sinne der „Liquiditäts-Grundsätze eine Geldmengenexpansion – gesteuert durch die Expansionsrate der Geldbasis – notwendig. Dieser Zusammenhang zwischen einer konjunkturell bedingt steigenden Ausgabenneigung und **Nachfrageerhöhung** in der Volkswirtschaft, einer **Kreditexpansion** und einem beschleunigten **Wachstum der Geldmenge** in den Jahren 1978 und 1979 wurde von der Deutschen Bundesbank (15, S. 34) und dem Sachverständigenrat (20, Ziff. 191) festgestellt.

Die Wirkungen eines restriktiven monetären Impulses und eines Konjunkturabschwunges sind in **Abbildung 9** spiegelbildlich für die entgegengesetzte Situation dargestellt. Hierbei ist in der Praxis festzustellen, daß ein restriktiver monetärer Impuls stets kurzfristig und mit großer Sicherheit ein sinkendes Kreditvolumen der Banken und eine Dämpfung der Konjunkturentwicklung bewirkt. Andererseits ist es nicht sicher, ob und mit welchem time-lag ein expansiver monetärer Impuls einen Konjunkturaufschwung und ein steigendes Kreditvolumen der Banken herbeiführen wird.

In welcher Intensität sich **monetäre Impulse** über die **Geldbasis** auf das **Kreditvolumen** der Banken übertragen, hängt also letzten Endes von den gesamtwirtschaftlichen Rahmenbedingungen und Verhaltensweisen der Wirtschaftssubjekte ab. Zu diesen zählen in erster Linie:

- die jeweils gegebene **Konjunkturphase** und der **Konjunkturverlauf**
- **psychologische Faktoren** der Einschätzung der künftigen Konjunkturentwicklung,
- das **Kreditnachfrageverhalten** der Wirtschaftssubjekte, das von der Zinshöhe und Zinsstruktur sowie alternativen Finanzierungsmöglichkeiten maßgeblich beeinflußt wird,
- die **Geldschöpfungskapazität** der Banken, die im Zeitablauf sehr variabel sein kann (31, S. 177).

Dadurch bedingt ist der Zusammenhang zwischen Veränderungen der Geldbasis und Veränderungen des Kreditvolumens nicht sehr eng. Nur drastische Veränderungen der Geldbasis bei engem Liquiditätsspielraum der Wirtschaftssubjekte und Banken lassen eine Übertragung des monetären Impulses auf das Kreditvolumen der Banken und damit einen engeren Zusammenhang zwischen Geldbasis und Kreditvolumen erwarten.

2.4 Arten des Kredits

Kredite lassen sich nach unterschiedlichen Gesichtspunkten zu Kreditvolumina gleicher Art zusammenfassen. Ein wesentlicher Gesichtspunkt zur Einteilung der Kredite ist die Unterscheidung nach verschiedenen **Kreditgebern** und **Kreditnehmern**. Kreditgeber und Kreditnehmer lassen sich jeweils zu vier Gruppen zusammenfassen: Zentralbank, Banken, Nicht-Banken und Staat, deren Kreditbeziehungen in Kapitel 2.2 behandelt und in **Abbildung 8** dargestellt wurden. In dieser Darstellung wurde auch bereits ein weiteres Kriterium der Einteilung der Kredite nach ihrer Form berücksichtigt. Denn die **Form des Kredits** ist sehr eng mit dem **Kreditgeber** verbunden. So werden einige Arten von Krediten in einer bestimmten Form nur von bestimmten Kreditgebern gewährt, so z.B. der Lieferanten-Kredit von Nicht-Banken an andere Nicht-Banken durch Stundung des Rechnungsbetrages gegen Eigentumsvorbehalt. Andere Kredite sind nicht spezifisch an einen bestimmten Typ des Kreditgebers und der Form gebunden, so z.B. Darlehen an Nicht-Banken, die in unterschiedlicher Form von Banken, Nicht-Banken und dem Staat gewährt werden können.

In der Form des Kredits lassen sich auch **Naturalkredit** als zeitweilige Überlassung von Sachgütern zur Nutzung und **Geldkredit** als zeitlich begrenzte Überlassung eines bestimmten Geldbetrages, verzinslich oder unverzinslich, frei verfügbar oder an bestimmte Bedingungen oder Auflagen gebunden, unterscheiden. Eine besondere Form des Kredits ist der **Aval-Kredit** oder die **Kreditleihe**, bei der eine natürliche oder juristische Person sich mit seiner eigenen Kreditfähigkeit für die Kreditaufnahme eines anderen als Eventualverbindlichkeit bei einem anderen Kreditgeber verbürgt. Als weitere Unterscheidungsmerkmale der Form des Kredits sind der dringlich **gesicherte** und der **ungesicherte Kredit**, der **verbriefte** und der **nicht verbriefte Kredit**, der **Waren-** und der **Finanzkredit** anzusehen.

Ein anderes wesentliches Kriterium der Einteilung der Kredite ist deren Laufzeit (Fristigkeit). Entsprechend dieser wird zwischen kurz-, mittel- und langfristigen Krediten unterschieden. Obwohl es keine allgemeingültige Abgrenzung dieser Perioden gibt, hat es sich in Anlehnung an die Praxis der Deutschen Bundesbank eingebürgert, als **kurzfristige Kredite** solche mit einer Laufzeit bis zu unter einem Jahr, als **mittelfristige Kredite** solche mit einer Laufzeit von einem Jahr bis zu unter vier Jahren und als **langfristige Kredite** solche mit einer Laufzeit von vier und mehr Jahren zu bezeichnen.

Eine zusammengefaßte Darstellung der Einteilung der Kredite nach **Kreditgebern**, **Kreditart** und **Fristigkeit** gibt **Abbildung 10**. Hier sind die einzelnen im Kapitel 2.2 schon kurz erwähnten Kreditarten den entsprechenden Kreditgebern und Fristen zugeordnet. Die einzelnen Kreditarten sind Gegenstand der Geld-, Kredit- und Kapitalmärkte, die ausführlich im Kapitel 7 behandelt sind.

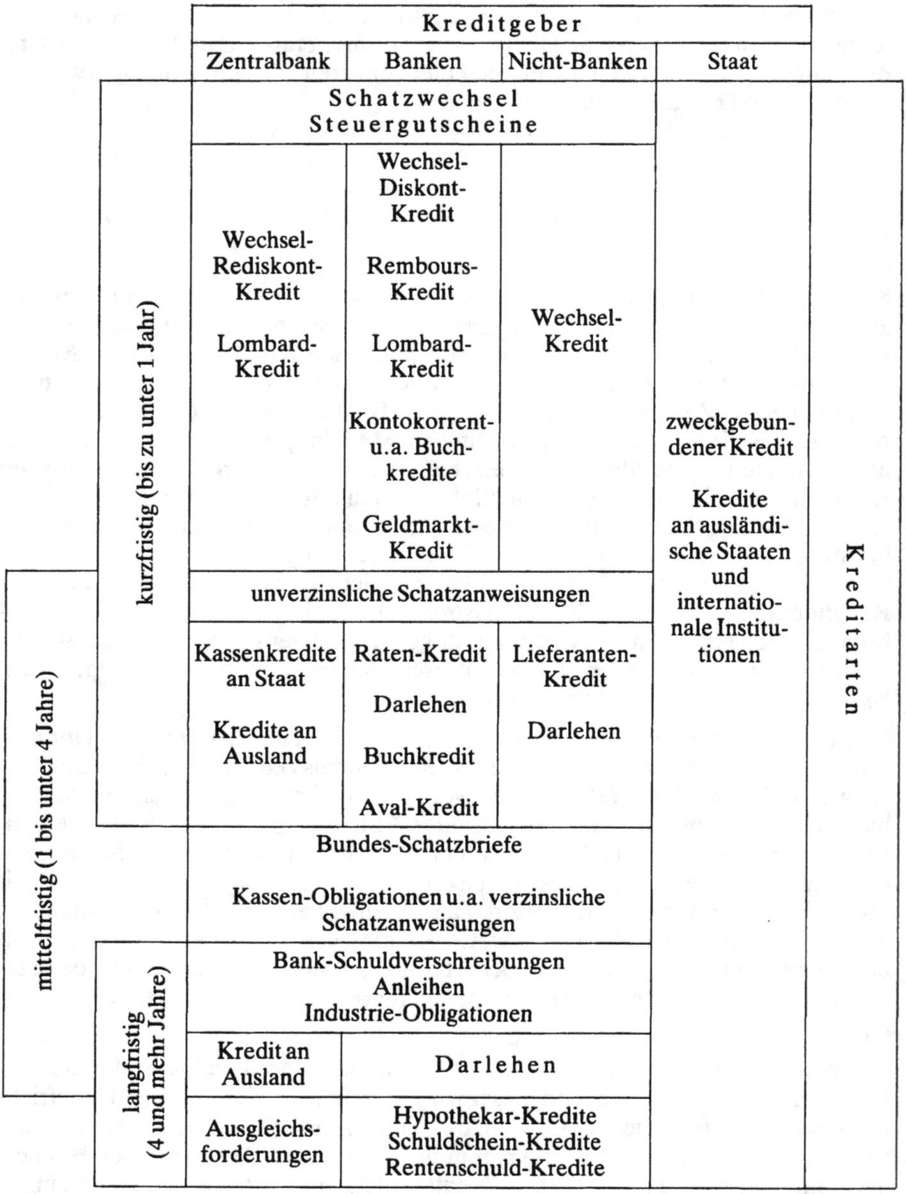

Abb. 10 Kredite nach Kreditgebern, Art und Fristigkeit

Kredite lassen sich schließlich noch nach dem Gesichtspunkt ihrer Verwendung und Wirkung einteilen. Entsprechend ihrer **Verwendung** sind **Anlagenkredite** (Produktionskredite) zur Finanzierung neuer Produktionsanlagen, **Betriebskredite** zur Finanzierung des Umlaufvermögens, **Lagerkredite** zur Finanzierung des Warenlagers von Vorprodukten und/oder Fertigwaren, **Exportkredite** zur Finanzierung von Exportgeschäften und **Konsumentenkredite** zur Finanzierung von Konsumgüterkäufen der Verbraucher, die bei ihrer Tilgung in Raten auch als **Ratenkredite** bezeichnet werden, zu unterscheiden.

Als Kriterien der Erfassung der Kredite nach ihrer **Wirkung** lassen sich die **Kapazitätserweiterung** der Produktionsanlagen, die **Rationalisierungswirkung** durch Kostenminderung, die **Umweltverbesserung** oder gesamtwirtschaftlich die **inflatorische** oder **geldwert-neutrale** Wirkung anführen.

Eine weitere gesamtwirtschaftliche Unterscheidung des Kredits erfolgt theoretisch nach seiner Entstehung: **Kredit**, der **aus echten Ersparnissen** der Wirtschaftssubjekte in einer Periode durch Konsumverzicht entstanden und über Banken und andere Kreditvermittler zur produktiven Nutzung an andere Wirtschaftssubjekte weitergeleitet wurde und **„zusätzlicher Kredit“**, der ohne vorherigen Konsumverzicht durch Kreditschöpfung geschaffen wurde und das nachfragewirksame Geldvolumen zusätzlich erhöht.

2.5 Volkswirtschaftliche Bedeutung des Kredits

Durch die Gewährung von Kredit wird Kaufkraft auf solche Wirtschaftssubjekte übertragen, die dafür Sachgüter erwerben und produktiv nutzen wollen. Dies veranlaßt **A. Forstmann** zu der Feststellung, daß durch die Kreditgewährung „mittelbar die Verfügungsmacht über Realkapitalien vom Kreditgeber auf den Kreditnehmer übertragen wird“ (33, S. 231). Dadurch führt der **Kredit** zu einer **besseren Nutzung der vorhandenen Geldbestände** über deren produktive Verwendung.

Kredit kann Verwendung finden zur Finanzierung produktiver Anlagen, deren Rentabilität höher als der zu zahlende Zins ist oder zur Finanzierung von Warengeschäften. Beide Verwendungen beeinflussen produktiv die Gesamtnachfrage, Produktion und Beschäftigung.

Die Art des Kredits und die Form der Kreditgewährung sind unerheblich. Von Bedeutung für den Kreditnehmer ist jedoch die Laufzeit der Kredite. Für die Finanzierung von Warengeschäften reichen kurzfristige Kredite aus. Für die Finanzierung von Investitionen in produktive Anlagen sind langfristige Kredite notwendig, deren Laufzeit nicht von der Lebensdauer der jeweiligen Anlage, sondern von der Möglichkeit der Tilgung und Zinszahlung bestimmt wird.

Schon **J. Law** (Anfang des 18. Jahrhunderts) und später **J. M. Keynes** (1936) hatten darauf hingewiesen, daß das Kreditvolumen unabhängig von den bereits gebildeten Ersparnissen sei, also „zusätzlicher Kredit“ geschaffen werden könne. Dieser entsteht durch die Erhöhung der Geldbasis und den Kreditschöpfungsprozeß des Bankensystems (vgl. Kapitel 6.2). Eine wachsende Volkswirtschaft erfordert zur Finanzierung zusätzlicher Produktionsanlagen und zusätzlicher Gütersumsätze ein wachsendes Kreditvolumen. Dieses kann aus wachsenden Ersparnissen und/oder aus „zusätzlichen“, geschöpften Krediten finanziert werden. „Die zusätzliche Kreditgewährung ist somit Antrieb und Ausdruck wirtschaftlichen Wachstums“ (23, S. 73). Auf diesen Tatbestand wies auch **J. Schumpeter** (1911) hin. Schumpeter unterschied zwischen dem **„Betriebskredit“**, der als „technisches Hilfsmittel der Zirkulation“ den monetären Gegenwert vorhandener Güter und erbrachter Leistungen darstellt und dem **„zusätzlichen (geschöpften) Kredit“** an die Unternehmer, der neue Produktionsanlagen und damit die wirtschaftliche Entwicklung (Wachstum) sowie die „Durchsetzung neuer Kombinationen“ (Innovation) finanziert (34, S. 151 ff.). Schumpeter glaubte, daß ein solcher „zusätzlicher Kredit“ stets mit einer „Kreditinflation“ verbunden sei, weil zusätzliche Güter dem Wirtschaftskreislauf entzogen und konsumiert, durch den zusätzlichen Kredit geschaffenes Geld kreislaufwirksam bleiben und demzufolge die Preise steigen würden (34, S. 158).

Diese Auffassung trifft jedoch nur dann zu, wenn sich die Volkswirtschaft im Zustand der Vollbeschäftigung mit vollausgelasteten Produktionskapazitäten befindet. In diesem Fall wird der „zusätzliche Kredit“ eine zusätzliche Nachfrage finanzieren, die tendenziell die Angebotsmöglichkeiten übersteigt und daher inflationär wirkt. Herrscht demgegenüber jedoch in der Volkswirtschaft Unterbeschäftigung bei suboptimal ausgelasteten Kapazitäten, so wirkt der „zusätzliche Kredit“ nicht inflationär, sondern in Richtung auf eine höhere Beschäftigung und einen höheren, kostengünstigeren Auslastungsgrad der Produktionskapazitäten.

In der Praxis läßt sich in der monetären Analyse kein Unterschied zwischen dem aus Ersparnissen stammenden „vermittelten Kredit“ (A. Forstmann) und dem „zusätzlichen (geschöpften) Kredit“ feststellen, sondern nur die Höhe und der Zuwachs des Kreditvolumens in einer Periode. Ex post läßt sich weiterhin feststellen, welcher Anteil der Wertschöpfung in den einzelnen Sektoren durch Kredit finanziert wurde und welchen Beitrag die Erhöhung des Kreditvolumens zum Wirtschaftswachstum geleistet hat. Die gesamtwirtschaftliche Wirkung des Kredits hängt also davon ab, ob durch ihn zusätzliche Ressourcen mobilisiert, eine höhere Gesamtproduktion, Beschäftigung und Inovation finanziert wurde oder ob er lediglich zu einem inflationär wirkenden Nachfrageüberhang in der Volkswirtschaft beigetragen hat.

3. Kapitel: Währung

3.1 Währungsbegriffe

Der Begriff der „Währung“ umfaßt das **Geldwesen eines Währungsgebietes**, das meistens aus einem Staatsgebiet, manchmal auch aus einem Territorium zusammengeschlossener Staaten einer Währungsunion besteht. Demzufolge beinhaltet der Währungsbegriff auch das **Geld** eines Währungsgebietes als das in diesem gültige gesetzliche Zahlungsmittel. Daher wird der Währungsbegriff auf drei Bereiche bezogen: als Bezeichnung der nationalen Währungseinheit, auf die Geldverfassung eines Währungsgebietes und auf die Beziehungen zwischen den Geldwesen zweier oder mehrerer Währungsgebiete.

Die Währung im Sinne der **nationalen Währungseinheit**, d.h. der Geldeinheit eines Staates oder einer Währungsunion mehrerer Staaten als Währungsgebiet ist im Außenhandel und im internationalen Geld- und Kapitalverkehr von Bedeutung. Export- und Importkontrakte werden in einer bestimmten Währung abgeschlossen, wobei der Gegenwert des Warengeschäftes in der Vertragswährung in das Land des Zahlungsempfängers oder in ein von diesem bestimmtes Drittland überwiesen wird. Geld- und Kapitalanlagen werden üblicherweise auf dem Geld- und Kapitalmarkt in der Währung des Empfängerlandes oder in anderen Währungen angelegt. Zu diesem Zwecke können in manchen Ländern bei den Banken Devisen-Ausländerkonten in Fremdwährungen eröffnet oder auf Fremdwährungen lautende Wertpapiere erworben werden.

Nach ihrer internationalen Bedeutung und Verwendungsfähigkeit lassen sich die Währungen, in Leitwährungen und andere Währungen unterscheiden. **Harte Währungen** sind durch ihre **Konvertibilität** gekennzeichnet, d.h. sie sind ohne jede Beschränkung jederzeit an jedem Ort der Welt in jede andere Währung umtauschbar. Dementsprechend sind **weiche Währungen** solche, die nicht in andere Währungen umtauschbar sind, deren Ausfuhr aus dem Währungsgebiet verboten ist oder deren Zahlungsverkehr mit dem Ausland vielfältigen administrativen Beschränkungen unterliegt. Hartwährungsländer sind vorwiegend marktwirtschaftlich orientierte Industrieländer mit hohen konvertierbaren Währungsreserven. Weichwährungsländer sind dagegen vorwiegend Entwicklungsländer und zentralverwaltungswirtschaftlich orientierte Länder mit geringen oder nicht konvertierbaren Währungsreserven, die häufig chronische Zahlungsbilanzdefizite aufweisen. Eine **Leitwährung** ist immer eine harte Währung, die wegen der wirtschaftlichen Stärke dieses Landes und seiner Bedeutung im Welthandel ein besonderes Vertrauen in der Welt genießt.

Als Leitwährungen fungieren heute vor allem der US-Dollar, der die bedeutendste Weltleitwährung darstellt und an den 41 Ländern ihre Währungen binden, der französische Franc, an den 14 Länder – insbesondere diejenigen der Westafrikanischen und der Zentralafrikanischen Währungsunion der CFA-Franc-Zone (Communauté Française Africaine) – ihre Währungsparität koppeln und das britische Pfund Sterling (Sterling-Block), dessen Bedeutung als Leitwährung in den letzten Jahrzehnten erheblich zurückgegangen ist und an das heute nur noch drei Länder ihre Währungsparität binden (35, S. 41).

Der Währungsbegriff wird weiterhin auf die **Geldverfassung eines Währungsgebietes** angewendet. Die Geldverfassung ist üblicherweise in der Verfassung (Grundgesetz), in einem besonderen Währungsgesetz, einem Gesetz über die Währungsbehörde, das Schatzamt, einen Währungsausgleichsfonds oder eine Währungsunion, wie z.B. derjenigen zwischen Belgien und Luxemburg oder der „East Caribbean Currency Authority“ für die Inselstaaten Montserrat, Antigua, St. Christoph, Nevis Anguilla, Dominica, Grenada, St. Lucia und St. Vincent, fixiert. Die Geldverfassung eines Staates oder einer Währungsunion legt für das Währungsgebiet Träger, Ziele und Instrumente der inneren und der äußeren Währungspolitik fest. Sie bestimmt also die Grundsätze der Geldpolitik innerhalb der Volkswirtschaft als auch die Teilnahme an internationalen Währungsabkommen und Währungssystemen mit entsprechenden Währungsbeistands- und Interventionsverpflichtungen.

Die Anwendung des Währungsbegriffes auf die **Beziehungen zwischen den Geldwesen zweier oder mehrerer Währungsgebiete** findet ihren Ausdruck im internationalen Währungssystem, in internationalen oder bilateralen Währungsabkommen. Diese verpflichten einen Staat und dessen Währungsbehörde, die vereinbarten Regeln der zwischenstaatlichen Währungsbeziehungen einzuhalten. Diese Regeln betreffen den Wechselkursmechanismus und die Interventionsverpflichtungen der Währungsbehörden am Devisenmarkt, den Ausgleich der Zahlungsbilanzsalden in Verbindung mit Währungskrediten und die Übertragung eines Teils der Währungsreserven auf einen gemeinsamen, internationalen Währungsausgleichs- oder Reservefonds. Dabei ist es möglich, daß ein Staat gleichzeitig mehreren, verschiedenartigen Währungsabkommen angehört. Die Beziehungen zu den Geldwesen anderer Währungsgebiete können aber auch durch diskretionäre Maßnahmen der Währungsbehörde eines Landes – z.B. durch Devisenkontrollen, spezielle Mindestreservevorschriften für Auslandsguthaben, Beschränkungen der Geld- und Kapitalanlage im oder aus dem Ausland – reglementiert werden. Solche Interventionen der Währungsbehörde können sogar dazu führen, daß eine bis dahin konvertierbare Währung temporär unkonvertierbar gemacht wird.

3.2 Gebundene Edelmetallwährungen

In der historischen Entwicklung des Geldes begründete das Aufkommen von Münzen aus Edelmetall nationale Währungen, die sich zueinander in einem automatisch funktionierenden Währungssystem in Beziehung setzten ließen. Diese aus Edelmetall bestehenden oder an Edelmetall gebundenen Währungen haben fast 3000 Jahre existiert und das internationale Währungssystem bestimmt. Als die für diese Währungen benutzten Edelmetalle haben sich von Anfang an Gold und Silber durchgesetzt, wobei i.a. das Gold die dominierende Rolle übernahm.

Die vollwertig ausgeprägten Edelmetallmünzen waren **Kurantmünzen** und damit **Warengeld**. Bei ihnen entsprach dem Zahlungswert der Währungseinheit der Warenwert des in der Münze enthaltenen Edelmetalls. Es war lediglich zulässig, vom Edelmetallgehalt der Münzen ein bestimmtes Fehlgewicht als Äquivalent für die Prägekosten abzuziehen. So wies vor 1914 das 20-Mark-Stück des Deutschen Reiches, das 7,96495 g wiegen sollte, als Äquivalent der Prägekosten ein Fehlgewicht von 1,5‰ oder 0,0195 g auf (37, S. 665).

Sind Gold- und Silbermünzen gleichzeitig im Umlauf, so ist eine **Bimetallwährung** gegeben, die bei einem gesetzlich fixierten Wertverhältnis zwischen Gold- und Silbermünzen als **Doppelwährung** und bei einem nicht gesetzlich fixierten, sondern am freien Markt gebildeten Wertverhältnis als **Parallelwährung** bezeichnet wird. Ändert sich in einer Bimetallwährung das Wertverhältnis der in gleichwertigen Gold- und Silbermünzen enthaltenen Gold- und Silbermengen oder wird der Edelmetallgehalt einer Gold- oder Silbermünze verringert während gleichzeitig Münzen mit dem höheren Edelmetallgehalt umlaufen, gilt das **Gresham'sche Gesetz**. Dieses nach dem englischen Kaufmann Thomas Gresham (1519-1579) benannte „Gesetz" besagt, daß bei einer Doppelwährung das schlechte Geld das gute Geld verdrängt. Dies bedeutet, daß die Münzen mit dem relativ höherwertigen Edelmetallgehalt (bei gleichem Nominalwert) gehortet werden, während die Münzen mit dem relativ geringeren Edelmetallwert (gleichen Nominalwertes) im Umlauf bleiben. Daher ist eine Goldwährung nur funktionsfähig, wenn Goldmünzen alleiniges gesetzliches Zahlungsmittel darstellen, in das die Zentralbank jederzeit andere Formen des Geldes in Gestalt von Banknoten, Scheidemünzen oder Giralgeld in der gesetzlich festgelegten Goldparität umtauschen muß und wenn die freie Ausprägbarkeit der Goldmünzen aus Gold wie auch das Einschmelzen der Goldmünzen in Goldbarren durch jedermann gewährleistet ist.

Auch bei einer Goldumlaufswährung ist es nicht notwendig, daß die gesamte umlaufende Geldmenge durch Gold gedeckt ist. Denn neben Goldmünzen waren in der Praxis auch Scheidemünzen und Banknoten sowie Geldsurrogate im Umlauf. Da nicht damit zu rechnen ist, daß gleichzeitig alle nicht aus Goldmünzen bestehenden Zahlungsmittel zur Einlösung in Goldmünzen bei der Zentralbank eingereicht werden, ist nur eine teilweise Deckung der umlaufenden Geldmenge durch Gold notwendig. Über die Art und Höhe der Golddeckung des umlaufenden Geldes entwickelte sich ein theoretischer Streit zwischen den Anhängern des **„Currency-Prinzips"**, vor allem Ricardo, Overstone und Torrens und den Anhängern des **„Banking-Prinzips"**, das vor allem von Tooke, Fullarton und Bendixen vertreten wurde.

Die **Currency-Theoretiker** waren der Auffassung, daß die Nachfrage nach Geld in der Wirtschaft unbegrenzt sei und daher zur Verhinderung einer Inflation die Geldmenge dadurch künstlich knapp gehalten werden müsse, daß grundsätzlich alle umlaufenden Banknoten durch Geld der Zentralbank zu decken seien. Nach dieser Auffassung gestand man jedoch zu, daß eine bestimmte an den Staat ausgeliehene und von diesem in Umlauf gebrachte Grundgeldmenge sich auf das Vertrauen auf den Staat gründe (fiduciary issue) und daher von der Golddekkungspflicht befreit sein könne, an deren Stelle die Ausgabe eines entsprechenden Volumens von Staatspapieren tritt. Diese Auffassung der Currency-Theorie setzte sich in Großbritannien durch und fand Ausdruck in der **Peel'schen Bank Act** von 1844. Dieser bestimmte, daß nur ein Grundbetrag von Banknoten in Höhe von 14 Mill. Pfund Sterling gegen Deckung durch Staatsschuldverschreibungen als „fiduciary issue" in Umlauf gesetzt werden durften. Obwohl im Laufe der Zeit modifiziert und temporär außer Kraft gesetzt, galt das Currency-Prinzip in

Großbritannien bis zum 28.2.1939, wo es durch den **Bank Notes Act** endgültig außer Kraft gesetzt wurde.

Demgegenüber stellte die **Banking-Theorie** eine entgegengesetzte Auffassung dar. Sie geht davon aus, daß die Wirtschaft nur eine solche Geldmenge nachfragt, die sie zur Finanzierung des Warenumsatzes tatsächlich benötigt. Daher sei es zweckmäßig, daß nur ein bestimmter prozentualer Anteil der umlaufenden Banknoten durch Gold gedeckt werde, während der restliche Teil des umlaufenden Geldes durch Handelswechsel zu decken sei. Die Auffassung beruht auf dem **„Fullarton'schen Rückströmungsprinzip"**. Dieses besagt, daß Banknoten, die durch Ankauf von Handelswechseln seitens der Zentralbank in den Umlauf gelangt sind, bei Fälligkeit der Wechsel nach spätestens drei Monaten wieder an die Zentralbank zurückfließen und die Geldmenge entsprechend verringern (self liquidating). Da staatliche Verschuldungspapiere nicht wieder automatisch einen Geldrückfluß an die Zentralbank zur Folge haben, sind sie zur Deckung der Geldmenge nach dieser Auffassung ungeeignet. Dieses Banking-Prinzip setzte sich in Kontinental-Europa durch. Im Deutschen Reich wurde die Deckung der Banknoten zu einem Drittel in Gold und zu zwei Dritteln durch gute Handelswechsel festgelegt.

Die Auswirkungen beider Prinzipien der Goldwährung waren unterschiedlich. Bei Anwendung des **Currency-Prinzips** verursachte ein Goldzufluß eine dazu proportionale Vermehrung der Geldmenge und umgekehrt ein Goldabfluß eine proportionale Verminderung der Geldmenge. Die Anwendung des **Banking-Prinzips** hatte dagegen bei einem Zu- oder Abfluß von Gold eine überproportionale Vermehrung oder Verminderung der umlaufenden Geldmenge zur Folge. Beiden Prinzipien des Goldstandards gemeinsam war die mechanisch funktionierende **„Goldautomatik"**, die sowohl innerhalb der Volkswirtschaft eine Stabilisierung der Geldversorgung und des Preisniveaus als auch zwischen den Volkswirtschaften eine Stabilisierung der Wechselkurse bewirkte.

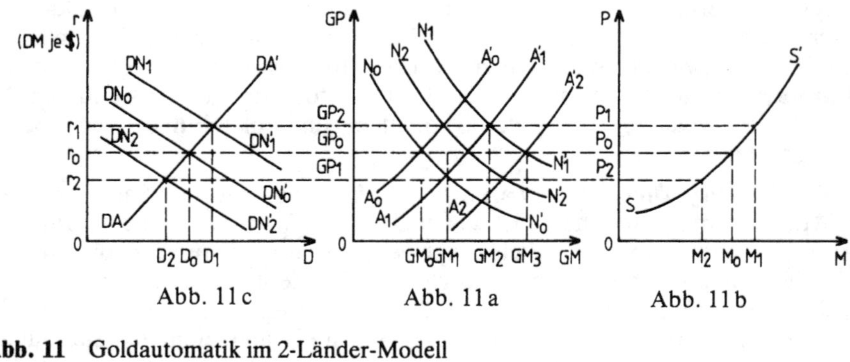

Abb. 11 Goldautomatik im 2-Länder-Modell

Die Funktionsweise der **„Goldautomatik"** innerhalb einer Volkswirtschaft und zwischen mehreren Volkswirtschaften im 2-Länder-Modell läßt sich in **Abb. 11** darstellen. Ausgangspunkt der Betrachtung bildet der in **Abb. 11a** wiedergegebene Goldmarkt in der Gleichgewichtssituation. Am Schnittpunkt der Goldangebotskurve A_0-A_0' mit der Goldnachfragekurve N_0-N_0' ist ein Goldpreis GP_0 gegeben, der der **„Goldparität"** entspricht, d.h. der Preis des Goldes am

Markt für Barrengold ist gerade so hoch wie der Nominalwert des Goldwertes einer Münze. Beim Goldpreis GP_0 wird eine Goldmenge von GM_0 am Goldmarkt umgesetzt.

Innerhalb einer Volkswirtschaft ist bei der Goldparität GP_0 ein stabiles Preisniveau P_0 bei einer umlaufenden Geldmenge M_0 gemäß **Abb. 11b** realisiert. Wird nun unterstellt, daß sich das Goldangebot (aus dem Ausland, von der Zentralbank oder durch Auflösung privater Goldhorte) erhöht, so verschiebt sich in **Abb. 11a** die Goldangebotskurve von A_0-A_0' auf A_1-A_1', so daß an deren Schnittpunkt mit der Goldnachfragekurve N_0-N_0' ein auf GP_1 gesunkener Goldpreis entsteht. Damit unterschreitet der Goldpreis die gesetzlich fixierte Goldparität, so daß das in den Goldmünzen enthaltene Gold einen höheren Wert besitzt als das auf dem Goldmarkt gehandelte Barrengold. Infolgedessen werden zur Ausnutzung des Agios zwischen Goldparität und Barrengoldpreis aus Barrengold neue Goldmünzen geprägt. Dadurch steigt entsprechend dem Verlauf der Geldangebotskurve S-S' in **Abb. 11b** die umlaufende Geldmenge von M_0 auf M_1 an, wobei sich gleichzeitig durch den tendenziell wachsenden Nachfrageüberhang das Preisniveau von P_0 auf P_1 erhöht. Ein steigendes Preisniveau bedeutet aber **Inflation** – oder anders ausgedrückt – eine sinkende Kaufkraft des Geldes. Mit steigender Nachfrage nach Gütern und steigendem Preisniveau erhöht sich aber auch die Nachfrage nach Barrengold. Auf dem Goldmarkt **(Abb. 11a)** verschiebt sich entsprechend die Nachfragekurve von N_0-N_0' auf N_1-N_1' und schneidet die Goldangebotskurve A_1-A_1' bei dem auf GP_2 gestiegenen Goldpreis und der auf GM_2 gestiegenen Umsatzmenge Barrengold. Dieser Goldpreis liegt aber höher als die Goldparität. Es wird nun gewinnbringend, Goldmünzen einzuschmelzen und als Barrengold auf dem Goldmarkt zu verkaufen. Dadurch erhöht sich das Angebot auf dem Goldmarkt. Die Goldangebotskurve in **Abb. 11a** verschiebt sich von A_1-A_1' auf A_2-A_2' und bewirkt am Schnittpunkt mit der Goldnachfragekurve N_1-N_1' einen auf die Goldparität GP_0 gesunkenen Goldpreis bei einem auf GM_3 gestiegenen Goldumsatz. Mit der durch das Einschmelzen von Goldmünzen auf M_0 in **Abb. 11b** verringerten Geldmenge ist auch das Preisniveau wieder auf P_0 gesunken. Da aber dieser Prozeß nicht an diesem Punkt haltmacht, werden weiterhin Goldmünzen eingeschmolzen, so daß die angebotene Geldmenge entsprechend dem Verlauf der Geldangebotskurve S-S' in Abb. 11b weiterhin bis auf die Geldmenge M_2 und das Preisniveau P_2 schrumpft. Es findet eine **Deflation** statt. Mit der Güternachfrage geht aber auch die Nachfrage nach Goldbarren von N_1-N_1' auf N_2-N_2' zurück, so daß sich bei GP_1 ein neuer Goldpreis unterhalb der Goldparität einstellt. Innerhalb der Volkswirtschaft unterschreitet der Goldpreis nicht GP_1 und entsprechend überschreitet nicht das Preisniveau P_1 sowie umgekehrt überschreitet der Goldpreis nicht GP_2 und entsprechend unterschreitet nicht das Preisniveau P_2, weil der über der Goldparität liegende Goldpreis GP_2 ein massives Einschmelzen von Goldmünzen und eine entsprechende Verringerung der Geldmenge bewirkt, während andererseits ein unter der Goldparität liegender Goldpreis GP_1 in großem Umfang ein Prägen neuer Goldmünzen und damit eine entsprechende Vermehrung der Geldmenge auslöst.

Zwischen zwei Volkswirtschaften bewirkte die **Goldautomatik**, daß der Wechselkurs der Währungen dieser Länder nur innerhalb einer engen Marge zwischen dem „oberen" und dem „unteren Goldpunkt" um die Goldparität schwanken konnte. Die **Goldparität** ist in **Abb. 11c** am Schnittpunkt der Devisenangebotskurve DA-DA' mit der Devisennachfragekurve DN_0-DN_0' beim Wechselkurs r_0

(Mark je Dollar) beim Umsatz der ausländischen Währung (Dollar) D_0 gegeben, bei dem der Gold- und Zahlungswert der inländischen (Mark) und der ausländischen Währung (Dollar) sich einander entsprechen. Erhöht sich nun auf dem inländischen Goldmarkt das Goldangebot (wie in Abb. 11a dargestellt) mit der Folge eines sinkenden Goldpreises und (wie in Abb. 11b gezeigt) eines steigenden Preisniveaus entsprechend einer sinkenden Kaufkraft des Geldes, so muß auch der Wert der inländischen gegenüber der ausländischen Währung sinken. Dies kommt darin zum Ausdruck, daß die Nachfrage nach Auslandswährung (Dollar) steigt und sich die Devisennachfragekurve in Abb. 11c von DN_0-DN_0' auf DN_1-DN_1' verschiebt. Entsprechend steigt der Wechselkurs der ausländischen Währung von r_0 auf r_1. Ist der Wechselkurs r_1 identisch mit dem **„oberen Goldpunkt"**, so kann der Wechselkurs nicht weiter ansteigen, denn beim Erreichen dieses „oberen Goldpunktes" ist es günstiger, unter Berücksichtigung der Transport- und Versicherungskosten sowie der entgangenen Zinsen während der Transportzeit Gold in das Ausland zu bringen, dort zu verkaufen und mit dem Erlös in ausländischer Währung die ausländischen Verbindlichkeiten zu begleichen. „Im Verkehr zwichen Berlin und London betrugen diese Versendungskosten für Gold im Werte von ein Pfund Sterling (= 20,42 Mark) in der Regel nicht mehr als 8 Pfennige; ein Sterling-Kurs von mehr als 20,50 (oberer Goldpunkt) löste also bereits Goldversendungen aus. Dafür sorgte die berufsmäßige internationale Gold arbitrage, die jederzeit gerüstet war, Goldversendungen in der einen oder anderen Richtung vorzunehmen, wenn der Wechselkurs einer fremden Währung, ausgedrückt in der eigenen Währung, den durch die Versendungskosten bestimmten unteren oder oberen „Goldpunkt überschritt" (3, S. 173). Floß Gold aus dem Inland mit einer schwächer werdenden Währung ab, so mußte die Zentralbank zur Erhaltung der Deckungsrelationen der umlaufenden Banknotenmenge durch Gold den Geldumlauf einschränken. Dadurch verringerte sich die Devisennachfrage, so daß sich in **Abb. 11c** die Devisennachfragekurve DN_0-DN_0' so lange nach links verschob, bis sie maximal DN_2-DN_2' am Schnittpunkt mit der Devisenangebotskurve DA-DA' den Wechselkurs r_2 als **„unteren Goldpunkt"** erreichte. An diesem setzten Goldversendungen vom Ausland ein, weil es für ausländische Schuldner günstiger war, unter Berücksichtigung der Transportkosten Gold in das Inland zu versenden und dort gegen Inlandswährung zu verkaufen.

Die **Goldautomatik** sorgte also dafür, daß die Wechselkurse zwischen zwei Währungen nur innerhalb einer engen Bandbreite um die Goldparität schwanken konnten, eine automatische Geldmengenregulierung stattfand und ein automatischer Zahlungsbilanzausgleich zustande kam. Voraussetzung für das Funktionieren der Goldautomatik war jedoch, daß alle an diesem System beteiligten Länder und ihre Zentralbanken die „Spielregeln" des Goldwährungssystems einhielten. Diese bestanden in einem absolut von staatlichen Eingriffen freien internationalen Waren-, Dienstleistungs-, Kapital- und Goldverkehr, in einem Verzicht der Zentralbanken auf jeglichen Eingriff in das Geldwesen und die internationalen Währungsbeziehungen, in einer freien Beweglichkeit der Preise und des Preisniveaus nach oben und nach unten sowie in der freien Ausprägbarkeit und Einschmelzung von Goldmünzen durch jedermann.

Das System der Goldwährung wies Vorteile wie auch Nachteile zugleich auf. Vorteile waren die Wechselkursstabilität innerhalb einer engen Bandbreite, die internationale Konvertibilität der Währungen in Verbindung mit einem unbehinderten internationalen Güteraustausch, die automatische Steuerung der umlaufenden Geldmenge und des Kreditvolumens und die Stabilisierung des Preisniveaus. Als Nachteile dieses Systems der Goldautomatik sind vor allem die Unmöglichkeit einer monetären antizyklischen Konjunkturpolitik und der Geldpolitik zu nennen. Aus diesem Grunde war es auch im Goldwährungssystem nicht möglich, bestimmte wirtschaftspolitische Ziele – darunter insbesondere das der Vollbeschäftigung – anzustreben.

Der erste Schritt in Richtung auf eine Demonetisierung des Goldes erfolgte durch die Aufgabe der Goldumlaufswährung, zunächst durch die von **David Ricardo** 1816 vorgeschlagene **„Goldbarrenwährung"**. In dieser liefen keine Goldmünzen mehr als Zahlungsmittel um. Die Zentralbank war nur noch verpflichtet, unbeschränkt Goldbarren gegen gesetzliche Zahlungsmittel zur amtlich festgesetzten Goldparität an das Publikum abzugeben und von diesem anzukaufen.

Die **„Goldkernwährung"** verzichtete auch auf die Einlösbarkeit der umlaufenden Zahlungsmittel in Goldbarren. Sie garantierte lediglich den Zentralbanken anderer Staaten die Einlösbarkeit ihrer Forderungen in Goldbarren. Eine besondere Variante der Goldkernwährung stellte die **„Golddevisenwährung"** dar, die auch als **„manipulierte Goldwährung"** bezeichnet wird. Grundlage dieser Währung sind Golddevisen, d.h. Währungsreserven eines Landes, die teilweise aus Gold und teilweise aus solchen ausländischen Währungen bestehen, die jederzeit bei ausländischen Zentralbanken in Goldbarren konvertiert werden können. Golddevisen stehen der Zentralbank zur Verfügung, um Forderungen ausländischer Zentralbanken abzudecken oder – anders ausgedrückt – Zahlungsbilanzdefizite durch eine Verminderung der Devisenbestände auszugleichen.

3.3 Manipulierte Währungen

Manipulierte Währungen – auch freie oder Papierwährungen genannt – unterscheiden sich von Edelmetall-gebundenen automatischen Währungen dadurch, daß die umlaufende Geldmenge von der Zentralbank nach deren freiem Ermessen zur Erreichung geldpolitischer Ziele gesteuert wird. Hierbei gelten keinerlei Deckungsregeln der umlaufenden Geldmenge durch Edelmetalle, Güter oder Währungsreserven.

Die Aufgabe des Goldwährungssystems war nicht nur bedingt durch den Ausbruch des ersten Weltkrieges, sondern auch durch Fortfall der Prämissen der Goldautomatik und durch die offenkundig werdenden Nachteile dieses Währungssystems. Als wichtigste Prämissen entfielen die bis dahin gültigen „Spielregeln" der Goldwährung. Viele der bedeutenden am Welthandel beteiligten Länder gaben das Goldwährungssystem auf. Darüber hinaus entfiel die Flexibilität des Preisniveaus nach unten, bedingt durch feste, zwischen Gewerkschaften und Unternehmensverbänden vereinbarte Tariflöhne. Eine Geldmengenkontraktion infolge eines über die Goldparität steigenden Goldpreises hatte nicht mehr ein sinkendes Preisniveau (Deflation), sondern ein sinkendes Beschäftigungsniveau, d.h. steigende Arbeitslosenzahlen, zur Folge. Schließlich war es nur ein Zufall, wenn die Goldproduktion der Welt und die Verteilung des Goldes auf die einzelnen Länder gerade dem Wachstum der Güterproduktion in diesen Ländern entsprach. Das starke Wirtschaftswachstum und die Zunahme des internationalen Handels hätten bei einer dazu unterproportional steigenden Goldproduktion eine erhebliche deflatorische Preisentwicklung zur Folge haben müssen. Weiterhin hätten zufällige Schwankungen der Goldproduktion, z.B. durch Entdeckung neuer Goldvorkommen, zufallsbedingte Schwankungen der Geldmenge und dadurch monetäre Störungen verursacht. Als Beispiel dafür ist die spanische „Conquista" Lateinamerikas anzuführen, in deren Gefolge die zu Barren eingeschmolzenen goldenen Kultgegenstände der Inkas, Mayas und Azteken von den Spaniern nach Europa gebracht und die umlaufende Geldmenge entsprechend aufgebläht wurde. Diese besonders zwischen 1520 und 1660 spürbaren Goldzuflüsse und die gleichzeitig feststellbare „säkulare" Inflation bewogen **Jean Bodin** (1530-1596) zur Begründung seiner naiven Form der **„Quantitätstheorie"**. Er war es, der „in einer Kampfschrift gegen Malestroit als erster die These verfocht, die Preissteigerung des 16. Jahrhunderts übertreffe weit die Verschlechterung des Geldes; sie sei zurückzuführen – neben der Wirkung der Monopole, dem in allen Schichten zunehmenden Luxus und der Bereicherung durch den Levantehandel – auf den riesigen Zufluß von Edelmetallen aus der Neuen Welt" (38, S. 48).

Da manipulierte Währungen keinerlei Bindungen aufweisen und ihre Herstellung sehr geringe Kosten verursacht, ist es mit diesen erst möglich, Geldpolitik zu betreiben und mit dieser wirtschaftspolitische Ziele anzustreben. Dieses Bemühen kann jedoch auch zu Lasten der Geldwertstabilität gehen und entsprechend Inflation erzeugen, zumal es keine absolut zuverlässigen Maßstäbe für die Steuerung und richtige Dosierung der Geldmenge gibt. Hinzu tritt die Tatsache, daß von den im Ausland ebenfalls manipulierten Währungen monetäre Störungen auf das Inland ausgehen können. Der Vorteil der manipulierten Währung besteht jedoch in der Möglichkeit der Zentralbank, die umlaufende Geldmenge den Bedürfnissen der Wirtschaft anzupassen.

Inwieweit es der Zentralbank gelingt, mit ihrer diskretionär betriebenen Geldpolitik die Volkswirtschaft jederzeit mit einer genau richtig dosierten Geldmenge zu versorgen, hängt von der inländischen Geldverfassung und dem internationalen Währungssystem ab. Die **Geldverfassung eines Landes** in Gestalt des Zentralbankgesetzes und anderer das Geldwesen betreffender Gesetze regelt insbesondere den Autonomiegrad der Zentralbank, deren Vollmachten, geldpolitische Ziele und Instrumente. Ist der Zentralbank gesetzlich Unabhängigkeit von der Regierung und anderen Institutionen des Staates zugesichert, so ist sie in der Lage, mit ihrer Geldpolitik die Geldversorgung der Volkswirtschaft so zu dosieren, daß monetäre Stabilität erreicht werden kann. Ist die Zentralbank jedoch von Weisungen der Regierung abhängig, so ist in der Praxis die Gefahr gegeben, entsprechend den wirtschafts- und finanzpolitischen Zielen der Regierung eine zu hohe Geldversorgung der Volkswirtschaft zur Finanzierung der Ausgabenprogramme der Regierung vornehmen zu müssen. Das **internationale Währungssystem** ist ebenfalls durch internationale Abkommen verfassungsrechtlich abgesichert und verpflichtet die Mitgliedsstaaten und ihre Zentralbanken zu bestimmten, in den Abkommen geregelten Aktionen. Hierbei können das binnenwirtschaftliche monetäre Ziel der Geldwertstabilisierung mit dem außenwirtschaftlichen der Wechselkursstabilisierung miteinander in Konflikt geraten.

3.4 Entwicklung des internationalen Währungssystems

3.4.1 Deutsche Währungsgeschichte

Vor der Gründung des deutschen Reiches am 18.1.1871 waren in Deutschland wie auch in den übrigen Staaten Europas gleichzeitig Kurantmünzen, Scheidemünzen und Geldsubstitute im Umlauf. Das ursprünglich königliche Münzregal war auf privilegierte staatliche und private Emissionsbanken übertragen worden. Als dominierende Währungseinheit hatten sich jedoch weitgehend Kurantmünzen aus Gold durchgesetzt, über die sich – entsprechend ihrem Goldgehalt – die Paritäten zwischen den einzelnen Währungen eindeutig bestimmen ließen.

Innerhalb Deutschlands hatten sich bestimmte Währungsgebiete herausgebildet. Im größten Teil Nord- und Mitteldeutschlands galt der Taler, in Süddeutschland und einigen mitteldeutschen Staaten der Gulden, in Elsaß-Lothringen galten Franken und als Verrechnungseinheit der Zahlungsgemeinschaft des Hamburger Großhandels wurde der Banco als Geldsubstitut benutzt (8, S. 86). Einen Eindruck über die Vielfalt umlaufender und im Zahlungsverkehr benutzter Währungen gibt die Zusammensetzung einer Geldsendung, die eine Bank in einem kleinen Landstädtchen der Provinz Rheinhessen erhielt:

- Silber: Doppeltaler, Kronentaler, 2½-, 2-, ½-Guldenstücke, ⅓-, ⅙-, 1/12-Reichstaler, 5-, 2-, 1-Frankenstücke.
- Gold: Pistolen, doppelte und einfache Friedrichdors, halbe Sovereigns, russische Imperialen, Dollars, Napoleons, holländische Wilhelmdors, österreichische und württembergische Dukaten, hessische 10-Gulden-Stücke und endlich ein dänisches Goldstück. (9, S. 13).

Unmittelbar nach der Reichsgründung wurde am 4.12.1871 durch das **„Gesetz betreffend die Ausprägung von Goldmünzen“** in Deutschland eine einheitliche auf Mark lautende Reichsgoldwährung geschaffen, die einem Drittel des Wertes des alten Reichstalers oder einem 1392. Teil eines Pfundes Feingold entsprachen. Die Parität einer neuen Goldmark betrug ein Drittel Taler. Da neben den Goldmünzen noch bis zum Jahre 1909 nicht frei ausprägbare Silbertaler, deren Gold-Silber-Parität mit 1:15,5 festgelegt war, umliefen, wurde zunächst eine **„hinkende Goldwährung“** geschaffen. Neben der neuen Goldmark blieben zunächst noch die anderen Währungen im Umlauf, die erst durch das Münzgesetz vom 9.7.1873 aus dem Verkehr gezogen und die Goldmark nur noch allein als gesetzliches Zahlungsmittel zugelassen wurde. Im Umlauf befanden sich 10-Mark-Goldstücke mit 3,85 g und 20-Mark-Goldstücke mit 7,16 g Feingoldgehalt.

Von großer ordnungspolitischer Bedeutung für das deutsche Währungssystem was das Bankgesetz vom 10.3.1875, welches das neue deutsche Währungssystem begründete. Es fixierte die Goldparität (1 Pfund Barrengold = 1392 Mark in Banknoten oder 1 Mark = 0,3384 g Gold) und realisierte das Konzept der Banking-Theorie in Deutschland, indem es der soeben gegründeten Reichsbank und den noch bestehenden 32 privaten Notenbanken bestimmte (steuerfreie) Notenkontingente zuwies, in deren Rahmen Banknoten (Papiergeld) emittiert werden durften, die zu einem Drittel durch Gold gedeckt sein mußten. Überschritt die Notenemission dieses Kontingent, so mußte für das das Notenkontingent überschreitende Geldvolumen eine Steuer von 5% an den Staat abgeführt werden. Mit der Umwandlung der Preußischen Bank in die Deutsche Reichsbank wurde dieser zwar eine dominierende Rolle, nicht aber das Notenmonopol eingeräumt.

Denn das Recht der Ausgabe von Banknoten besaßen gleichzeitig noch 32 private Notenbanken, deren Zahl jedoch bis 1900 auf 7 und 1924 auf 4 schrumpften. Erst im Jahre 1934 wurden sie völlig liquidiert. Die letzten, von diesen Privatbanken emittierten Banknoten wurden 1937 aus dem Verkehr gezogen.

Dieses Bankgesetz von 1875 begründete gleichzeitig aber auch einen bedeutenden Schritt zur Stärkung der Zahlungsmittelfunktion des Papiergeldes. Durch das Gesetz vom 20.2.1906 wurde nur noch die Deutsche Reichsbank ermächtigt, kleinere Banknoten zu 20 und 50 Mark auszugeben. Schließlich bestimmte das Münzgesetz vom 1.6.1909, daß ab 1.1.1910 Banknoten neben Goldmünzen gesetzliches Zahlungsmittel sind. Neben diesem Geld liefen gleichzeitig aber auch als ein Geldsurrogat Reichskassenscheine um, die vom 10.1.1882 bis 1890 in einem Volumen von 120 Mio. Mark in Umlauf gebracht wurden und nur von öffentlichen Kassen als Zahlungsmittel akzeptiert werden mußten.

Mit dem Ausbruch des ersten Weltkrieges ging die Ära der Goldwährung zu Ende. So wurde auch in Deutschland durch Gesetz vom 4.8.1914 die Goldeinlösungspflicht der Banknoten aufgehoben und zugleich Reichsbanknoten und Reichskassenscheine als alleinige gesetzliche Zahlungsmittel deklariert. Zugleich wurde der Fortfall der Notensteuer bestimmt und die Deckungsfähigkeit von Reichsschatzwechseln und Reichsschatzanweisungen mit einer Laufzeit von bis zu drei Monaten Handelswechseln gleichgestellt und Darlehnskassen errichtet, die zur Ausgabe von Darlehnskassenscheinen ermächtigt wurden. Diese Maßnahmen begründeten eine Loslösung der Banknotenemission und damit des Geldvolumens von jeglicher realen Deckung durch Gold oder Handelswechsel als Ausdruck getätigter Warengeschäfte. Damit waren die Voraussetzungen für die Kriegsfinanzierung aus der Notenpresse geschaffen. Zugleich waren damit aber auch die monetären Bedingungen einer staatlich-nachfrageinduzierten Inflation gegeben. So stieg denn auch der Zahlungsmittelumlauf während des ersten Weltkrieges von 1914 bis November 1918 von 6 auf 28,4 Mrd. Mark und bis November 1923 weiter auf 400 Trillionen Mark (8, S. 90). Während dieser **„galoppierenden Inflation“** stieg gleichzeitig auch die Umlaufsgeschwindigkeit des Geldes in einem ungeheuren Maße, so daß sich die wirksame Geldmenge um ein Vielfaches dieses Betrages erhöhte.

Zur Währungsstabilisierung wurde neben der Deutschen Reichsbank durch Verordnung vom 15.10.1923 die **Deutsche Rentenbank** und die von dieser emittierte **Rentenmark** geschaffen, um die Inflationsmentalität der Bevölkerung zu brechen und das Vertrauen in die Währung wieder herzustellen. Das psychologische Mittel hierzu war die nominelle Deckung des neu herausgegebenen Geldvolumens der Rentenmark durch eine staatliche Beleihung aller staatlichen, gewerblich genutzten und landwirtschaftlichen Grundstücke, deren Eigentümer im Gegenwert der Grundschuld **Rentenpfandbriefe** erhielten, die mit 6% p.a. verzinst wurden. Diese Rentenpfandbriefe fungierten als **Geldsurrogat**. Sie waren keine gesetzlichen Zahlungsmittel, mußten aber von allen öffentlichen Kassen als Zahlungsmittel angenommen werden. Die Parität der neu geschaffenen Rentenmark zur gleichzeitig noch umlaufenden Mark der Deutschen Reichsbank wurde mit 1:1 Billion festgesetzt und durch das Bankgesetz vom 30.8.1924 legalisiert. Dieses Bankgesetz bestimmte weiterhin, daß die Deutsche Reichsbank als eine von der Regierung unabhängige Notenbank fungieren sollte und mit einer 50-jährigen Befugnis der alleinigen Banknotenemission ausgestattet Reichsmark auszugeben und gegen die Rentenmark im Verhätnis 1:1 umzutauschen hatte.

Schließlich etablierte dieses Bankgesetz eine **Goldkernwährung**, die nur noch eine Deckung der umlaufenden Banknoten zu 40% durch Goldbarren oder Devisen vorsah. Die restlichen 60% der umlaufenden Banknoten waren durch Handelswechsel mit 3 guten Unterschriften zu decken. Wurde die 40%-Deckung unterschritten, so war eine gestaffelte Notensteuer für den Betrag der Unterdekkung vorgesehen. Außerdem wurde eine neue **Goldparität** von 1 kg Feingold = 2790 Reichsmark festgelegt. Am 1.9.1924 trat der **Dawes-Plan** in Kraft, der die inflationär wirkenden Reparationszahlungen des Deutschen Reiches erheblich reduzierte, indem bis 31.8.1925 200 Mio. Reichsmark Barzahlung verlangt und 800 Mio. Reichsmark durch die Dawes-Anleihe finanziert werden sollten.

Eine Erschütterung der so stabilisierten deutschen Währung erfolgte durch die **Weltwirtschaftskrise**. Nachdem sich seit 1925 in Europa und den USA ein konjunktureller Aufschwung eingestellt hatte, der für Deutschland eine Wiedereingliederung in den Welthandel und einen freien Devisenverkehr bedeutete, begann mit dem „schwarzen Freitag" am 25.10.1929 an der New Yorker Wertpapierbörse an der Wall Street ein Zusammenbruch der Aktienkurse. Die Spekulationskrise in den USA griff auf Europa und Deutschland über. „In den Strudel wurde der internationale Kapitalverkehr hineingerissen, zunächst und vor allem Deutschland, das eine hohe ausländische kurzfristige Verschuldung im Zuge seiner Reparationszahlungen eingegangen war. Die Deutsche Reichsbank verlor nach den Dezember-Wahlen 1930 in wenigen Wochen mehr als eine Milliarde Reichsmark von ihren Gold- und Devisenbeständen." (40, S. 8). Dieser Devisenabfluß setzte sich in den folgenden Monaten fort. Der Zusammenbruch der Österreichischen Creditanstalt im Mai 1931 setzte ein Signal für die ausländischen Gläubiger, ihre an deutsche Banken gegebenen, überwiegend kurzfristigen Kredite aus Deutschland zurückzuziehen. Dieser Abzug ausländischer Gelder löste wiederum einen Run auf die Bankeinlagen aus, der zu einem Zusammenbruch des deutschen Kreditsystems führte. Signifikante Ereignisse waren am 10.6.1931 der Zusammenbruch der Bremer „Nordwolle" und am 10.7.1931 der Zusammenbruch der „Darmstädter Nationalbank".

Dieser Depression versuchte die Regierung Brüning durch mehrere deflationär wirkende Notverordnungen entgegenzuwirken. In der Notverordnung vom 8.12.1931 wurde eine Senkung der kartellmäßig gebundenen Preise um 10%, Preissenkungen anderer Güter nach den Vorschriften eines Preiskommissars, Mietsenkungen um 10%, Senkungen der Tariflöhne auf die Basis von 1927, eine Kürzung der Beamtengehälter und ein Fortfall der Hauszinssteuer verfügt. Am 13.7.1931 hatte die Bankenkrise Reichskanzler Brüning veranlaßt, Bankfeiertage zu verordnen und eine Garantie des Reiches für alle Bankeinlagen zu übernehmen. Gleichzeitig wurde am 15.7.1931 eine Devisenzwangswirtschaft eingeführt, die eine Zentralisierung des gesamten Devisenhandels der Reichsbank und eine Ablieferungspflicht von Gold und Devisen zur Folge hatte.

Die Voraussetzungen einer autonomen staatlichen Geldschöpfung zur Finanzierung der ab März 1933 beginnenden Arbeitsbeschaffungsprogramme wurden zunächst durch die Ausgabe von 700 Mio. Reichsmark (RM) Steuergutscheinen und 3 Mrd. RM Arbeitsbeschaffungswechsel, später dann ab 1936 durch Mefo-Wechsel (Wechsel einer staatlichen Scheinfirma: Metallurgische Forschungsanstalt GmbH, Frankfurt/M) aufgrund des Bankgesetzes vom 27.10.1933 und des Kreditermächtigungsgesetzes vom 19.2.1935 geschaffen. Nach diesen Gesetzen wurde der Reichsbankpräsident von der Regierung bestimmt und dem Reichsfinanzminister gestattet, sich von der Reichsbank Kredit in unbegrenzter Höhe aus der Notenpresse zu verschaffen. Diese Veränderung der Geldordnung löste die Währung von jeglicher Deckung und ließ dadurch das Volumen des Banknotenumlaufs von 4,2 Mrd. RM Ende 1933 auf 73 Mrd. RM bis zum Kriegsende 1945 anwachsen (8, S 94). Die schnelle Ausdehnung des Geldvolumens zur Kriegsfinanzierung schuf sehr schnell einen Kaufkraftüberhang, der inflationär wirken mußte. Zur Verhinderung der Inflation wurde am 28.6.1936 ein Lohnstopp und am 26.11.1936 ein Preisstopp verordnet mit der Folge einer **„verdeckten Inflation"**, die in einer Verknappung aller Güter und deren staatlicher Bewirtschaftung zum Ausdruck kam. Das Geld verlor seine Funktionen und der Warenverkehr wurde großteils auf die Naturaltauschwirtschaft zurückgeführt.

Nach Kriegsende wurde 1946 von der amerikanischen Militärregierung eine Währungsreform vorbereitet, die am 21.6.1948 durch das Inkrafttreten des Währungsgesetzes, des Emissionsgesetzes und des Umstellungsgesetzes (Kontrollratsgesetze) durchgeführt wurde. Kurz zuvor wurde die „Bank deutscher Länder" als zweistufige Zentralbank nach amerikanischem Vorbild geschaffen. Die Umstellung auf die neue Deutsche Mark (DM) erfolgte im Verhältnis 1:1 für Löhne, Gehälter, Pensionen, Renten, Mieten und Pachtzinsen. Altsparguthaben wurden im Verhältnis 100:6,5 und alle sonstigen Geldforderungen im Verhältnis 10:1 umgestellt. Außerdem erhielt jeder Bürger ein Kopfgeld von 40 DM, das im August 1948 um weitere 20 DM erhöht wurde. Unternehmen erhielten einen „Geschäftsbetrag" von 60 DM je Arbeitnehmer. Das so geschaffene Geldvolumen betrug 13 Mrd. DM.

In der sowjetischen Besatzungszone wurde auf Befehl der sowjetischen Militärverwaltung Nr. 111 vom 23.6.1948 ein Umtausch von Geldnoten bis zu 70 RM und von Sparguthaben bis zu 100 RM im Verhältnis 1:1 vorgenommen. Sparguthaben bis zu 1000 RM wurden im Verhältnis 5:1, bis zu 5000 RM im Verhältnis 10:1 und darüber hinaus nur nach Prüfung des rechtmäßigen Erwerbs umgetauscht. Zugleich wurde die „Deutsche Notenbank" in Ost-Berlin gegründet.

Nach Abschaffung der Güterbewirtschaftung und Preisbindung am 24.6.1948 ging Westdeutschland zur freien Marktwirtschaft über. Durch das **„Gesetz über die Ausprägung von Scheidemünzen"** vom 8.7.1950 wurde der Bundesregierung das Recht übertragen, Scheidemünzen zu prägen und in Umlauf zu bringen und den Münzgewinn (Differenz zwischen Nominalwert und Prägekosten der Münzen) einzubehalten. Das Ausgabevolumen der Scheidemünzen war begrenzt auf 30 DM je Kopf der Bevölkerung. Diese Bestimmung wurde durch die Änderung dieses Gesetzes vom 18.1.1963 aufgehoben, weil die Gefahr einer autonomen Geldschöpfung des Staates (Bundesregierung) durch die Ausgabe von Scheidemünzen als nicht gegeben angesehen wurde.

In den folgenden Jahren wurde die Devisenbewirtschaftung abgebaut und der Geld- und Kapitalmarkt liberalisiert. Am 1.8.1957 trat das **„Gesetz über die Deutsche Bundesbank"** (BdkG) in Kraft, das 1972 mit geringfügigen Änderungen versehen heute noch gilt. Vordringlichste Aufgabe der Deutschen Bundesbank ist gem. § 3 BbkG „die Währung zu sichern". Zur Erfüllung dieser Aufgabe ist die Deutsche Bundesbank

- mit dem Monopol der Banknotenausgabe (§ 14 BbkG) und
- einem geldpolitischen Instrumentarium (§§ 15, 17, 19, 21 BbkG) ausgestattet,
- mit der Kassenführung der Öffentlichen Hände (§ 20 BbkG),

- mit Devisentransaktionen im Rahmen ihrer Währungspolitik (§ 19, Ziff. 8 und 9 BbkG),
- mit statistischen Erhebungen im Bankensystem (§ 18 BbkG) und
- mit der Bankenaufsicht zusammen mit dem Bundesaufsichtsamt für das Kreditwesen (§ 3 BbkG) beauftragt.

Als Voraussetzung einer erfolgreichen Geldpolitik zur Währungssicherung ist die Bundesbank „von Weisungen der Bundesregierung unabhängig" (§ 12 BbkG), aber gleichzeitig zu einer engen Kooperation und Konsultation mit dieser in allen währungspolitischen Fragen verpflichtet (§ 13 BbkG).

Nachdem durch Fortfall aller Devisenverkehrsbeschränkungen am 29.12.1958 die volle **Konvertibilität** der DM, im Hinblick auf Wertpapiere und Gold am 31.1.1959 hergestellt und gleichzeitig der internationale Kapitalverkehr liberalisiert worden war, ergab sich daraus die Möglichkeit monetärer Störungen der Volkswirtschaft durch spekulative Geldbewegungen vom oder zum Ausland, die durch die Geldpolitik der Bundesbank neutralisiert werden mußten. Spekulative Geldzuflüsse aus dem Ausland ergaben sich besonders immer dann, wenn feste Wechselkurse bestanden und die DM infolge relativ geringer Inflationsraten und steigender Aktivsalden der Leistungsbilanz aufwertungsverdächtig wurde.

Die wesentlichen Daten zur Währungsgeschichte der Bundesrepublik seit der Währungsreform 1948 sind in **Tabelle 3** zusammengefaßt. Sie lassen zwei Schwerpunkte erkennen:

- Durch die intensive außenwirtschaftliche Verflechtung der Bundesrepublik mit den Industrieländern der Welt, insbesondere denen Europas, haben stets Veränderungen des Weltwährungssystems oder des europäischen Währungssystems erhebliche Rückwirkungen auf die deutsche Währung gezeitigt.
- Die in der Bundesrepublik in der Vergangenheit stets unter dem Primat der Währungsstabilität betriebene Geldpolitik hatte geringere Inflationsraten als in den meisten westlichen Industrieländern zur Folge, was einen Aufwertungsdruck auf die DM erzeugte.

Im Rahmen des Weltwährungssystems von Bretton Woods bestanden für die DM feste Wechselkurse mit einer sehr engen Bandbreite von 1% über einen Zeitraum von 20 Jahren, in dem nur einmal im Jahre 1961 eine Aufwertung der DM um 5% notwendig wurde. Infolge massiver spekulativer Devisenzuflüsse im Jahre 1969 – die sich letztlich dadurch ergeben hatten, daß sich bei starren Wechselkursen die Kaufkraftparitäten zugunsten der DM verändert hatten – mußte die Deutsche Bundesbank ihre Interventionen am Devisenmarkt (Dollar-Käufe) und sich frei bildende Wechselkurse ausländischer Währungen an den deutschen Devisenbörsen zulassen. Dieses System flexibler Wechselkurse wurde etwa drei Wochen aufrecht erhalten. Dann beschloß die Bundesregierung, zum Ausgleich des Inflationsgefälles zwischen der DM und den Währungen der bedeutendsten Industrieländer eine Aufwertung der DM gegenüber dem US-Dollar und Gold um 9,3% durchzuführen und wieder zu festen Wechselkursen zurückzukehren. Gleichzeitig verpflichtete sie sich, anstelle der nun vereinbarten Bandbreite von 2% eine solche von 1,64% gegenüber dem US-Dollar als derzeit einziger Interventionswährung einzuhalten.

Diese Aufwertung erwies sich jedoch schon nach kurzer Zeit als nicht ausreichend. Ausgehend von der wieder zunehmenden Schwäche des US-Dollars und dem Verfall des Weltwährungssystems von Bretton Woods zwangen bereits im folgenden Jahre 1971 erneute Spekulationswellen des US-Dollars gegen die DM zur Aufgabe des Systems fester Wechselkurse und einem freien „floating" der

21. 6.1948	Im Zuge der westdeutschen Währungsreform wird die Parität der DM zum US-Dollar als Weltleitwährung mit 1 $ = 3,33 DM festgesetzt. Bandbreite 1%.
19. 9.1949	Die DM wird gegenüber dem US-Dollar um 20,6% abgewertet. 1 $ = 4,20 DM. Bandbreite 1%.
30. 1.1953	Wegen fester Dollar-Parität der DM und fester Goldparität des US-Dollars (1 Feinunze Gold = 35,00 $) legt die Bundesrepublik auch direkt die Goldparität der DM mit 1 DM = 0,211588 g Feingold fest.
6. 3.1961	Aufwertung der DM gegenüber US-Dollar und Gold um 5,0%. 1 $ = 4,00 DM. 1 DM = 0,222168 g Feingold. Bandbreite 1%.
30. 9. bis 24.10.1969	Flexible Wechselkurse der DM.
27.10.1969	Aufwertung der DM gegenüber US-Dollar und Gold um 9,3%. 1 $ = 3,66 DM. 1 DM = 0,242806 g Feingold. Bandbreite 1,64%.
10. 5. bis 17.12.1971	Flexible Wechselkurse der DM.
21.12.1971	Aufwertung der DM gegenüber dem US-Dollar um 13,57%. 1 $ = 3,2225 DM. Bandbreite 4,5%.
12. 2.1973	Durch Abwertung des US-Dollars um 10% erfolgt eine Aufwertung der DM um 11,1%. 1 $ = 2,9003 DM.
19. 3.1973	Bundesrepublik Deutschland, Frankreich, Benelux, Dänemark, Norwegen und Schweden gehen zum „Gruppenfloating" über, wobei die DM gegenüber dem Sonderziehungsrecht (SZR) um 3,0% aufgewertet wird. 1 SRZ = 3,39687 DM. Bandbreite 2,25%. Flexible Wechselkurse der DM gegenüber allen nicht am „Gruppenfloating" beteiligten Währungen.
29. 6.1973	Aufwertung der DM gegenüber dem Sonderziehungsrecht und den am „Gruppenfloating" beteiligten Währungen um 5,5%. 1 SZR = 3,21979 DM.
18.10.1976	Aufwertung der DM gegenüber dem Sonderziehungsrecht und den am „Gruppenfloating" beteiligten Währungen um 2,0%. 1 SZR = 3,15665 DM.
13. 3.1979	Überleitung des „Gruppenfloating" zum „Europäischen Währungssystem" (EWS). Beteiligte Länder: Bundesrepublik Deutschland, Belgien/Luxemburg, Niederlande, Dänemark, Frankreich, Irland, Italien. Neue europäische Leitwährung: 1 ECU = 2,51064 DM. Bandbreite 4,5%. Sonderregelung für Italien: Bandbreite 12%.
23. 9.1979	Aufwertung der DM gegenüber allen EWS-Währungen um 2,0%. Gleichzeitig Abwertung der dänischen Krone um knapp 3%. 1 ECU = 2,48557 DM.
17. 9.1984	Die griechische Drachme wird in den Währungskorb der ECU aufgenommen.
19. 6.1989	Die spanische Peseta tritt dem WKM des EWS mit einer Bandbreite von ± 6% bei.
21. 9.1989	Die Korbgewichte der am EWS beteiligten Währungen werden zum letzten Mal neu festgesetzt und anschließend bis zur Einführung des Euro nicht mehr verändert.
1.11.1989	Die spanische Peseta und der portugiesische Escudo werden in den Währungskorb der ECU aufgenommen.
1. 7.1990	Durch den Staatsvertrag mit der DDR wird die deutsch-deutsche Währungsunion geschaffen. Die DM wird einzige Währung im wiedervereinigten Deutschland.
8.10.1990	Das britische Pfund tritt dem WKM des EWS wieder mit einer Bandbreite von ± 6% bei.

7. 2.1992	Der Maastrichter Vertrag über die Europäische Union (Wirtschafts- und Währungsunion) wird unterzeichnet und tritt am 1.11.1993 in Kraft. Die monetäre Integration zur EWU soll in 3 Stufen erfolgen: 1. Stufe: Konvergenzstufe, 1.7.1990-31.12.1993 2. Stufe: Koordinationsstufe, 1.1.1994-31.12.1998 3. Stufe: Integrationsstufe, spätestens am 1.1.1999.
6. 4.1992	Der portugiesische Escudo tritt dem WKM des EWS mit einer Bandbreite von ± 6% bei.
17. 9.1992	Das britische Pfund Sterling und die italienische Lira verlassen den WKM des EWS und gehen zum Floating über.
1.11.1992	Das novellierte Bundesbank-Gesetz zur Vorbereitung der EWU tritt in Kraft. Es gibt nur noch 9 Landeszentralbanken. Es dürfen keine Kassenkredite der Bundesbank an die öffentliche Hand mehr vergeben werden: § 20 BbkG entfällt. Die Einlagenpflicht von Kassenbeständen der öffentlichen Hand bei der Bundesbank wird aufgehoben. § 17 BbkG entfällt.
1. 1.1993	Die bisher übliche Überprüfung der Gewichte der einzelnen Währungen im Währungskorb der ECU alle 5 Jahre entfällt.
2. 8.1993	Nach vorausgegangenen spekulativen Turbulenzen gegen einzelne EWS-Währungen wird die Bandbreite durch den Europäischen Rat von bisher ± 2,25% auf ± 15% „vorläufig“ erweitert.
1. 1.1995	Der österreichische Schilling, die schwedische Krone und die finnische Markka werden auf Beschluß des Europäischen Rates nicht in den Währungskorb der ECU aufgenommen. Dadurch bleiben die beteiligten Währungen und deren Korbgewichte in der ECU unverändert.
9. 1.1995	Der österreichische Schilling nimmt am WKM des EWS teil.
14. 4.1996	Der Ecofin beschließt in Verona den Übergang zur dritten Stufe und Gründung der EWU am 1.1.1999 und damit die Einführung der neuen Währung Euro und Cent. Euro-Banknoten und Cent-Münzen sollen spätestens ab 1.7.2002 einziges gesetzliches Zahlungsmittel im Währungsgebiet der EWU sein.
14.10.1996	Die finnische Markka nimmt wieder am WKM des EWS teil.
25.11.1996	Die italienische Lira nimmt wieder am WKM des EWS teil.
5.12.1996	Die Bundesbank befreit Wertpapierpensionsgeschäfte (Repo-Geschäfte) unter Banken mit einer Laufzeit von weniger als einem Jahr von der Mindestreservepflicht mit Wirkung ab 1.1.1997.
19.12.1996	Die Bundesbank formuliert erstmalig ein Geldmengenziel für M_3 für 2 Jahre von jeweils „etwa 5%“.
16. 3.1998	Aufwertung des irischen Punt um 3% gegenüber der ECU. Die griechische Drachme nimmt am WKM des EWS teil.
2. 5.1998	Der Europäische Rat fixiert vorzeitig und unwiderruflich die bestehenden Leitkurse als feste Umrechnungskurse in Euro.
2. 6.1998	Die EZB, Sitz Frankfurt/Main, nimmt vorzeitig ihre Tätigkeit auf.

Tab. 3 Daten zur Währungsgeschichte der Bundesrepublik

wichtigsten Währungen. Dieser Zustand flexibler Wechselkurse der DM wurde etwa sieben Monate im Jahre 1971 aufrechterhalten.

Im Gefolge des „Smithsonian Agreement“ zur Wiederherstellung eines Weltwährungssystems fester Wechselkurse wurde die DM am 21.12.1971 gegenüber dem US-Dollar um 13,57% aufgewertet und zugleich eine größere Bandbreite von 4,5% festgelegt. Vor allem unter dem Eindruck des von -2,2 (1971) auf -6,4 Mrd. $ (1972) angestiegenen Handelsbilanzdefizits der USA setzte ab Ende 1972 eine internationale Spekulation gegen den US-Dollar ein, die schon 14 Monate nach der Aufwertung der DM von 1971 die USA am 12.2.1973 dazu zwang, den US-Dollar gegenüber allen anderen Währungen um 10% abzuwerten. Diese entsprach einer Aufwertung der DM um 11,1%. Binnen kürzester Frist stellte sich jedoch heraus, daß diese Dollar-Aufwertung nicht ausreichte, um dem spekulativen, weiter anhaltenden Devisenzufluß in die Bundesrepublik Einhalt zu gebieten. Dieser zwang die Deutsche Bundesbank, am 1.3.1973 durch Devisenmarktinterventionen ausländische Devisen (vor allem US-Dollars) im Gegenwert von 7,5 Mrd. DM aus dem Markt zu nehmen (41, S. 6) und vom 2. bis 18.3.1973 die Devisenbörsen zu schließen.

Am 19.3.1973 schlossen sich die Bundesrepublik Deutschland mit Frankreich, Dänemark, Benelux, Norwegen und Schweden zu einem **Währungsblock** zusammen, innerhalb dessen feste Wechselkurse vereinbart wurden, der aber gemeinsam gegenüber den Währungen anderer Länder flexible Wechselkurse im **„Gruppenfloating“** gelten ließ. Zum gleichen Zeitpunkt wurde die DM gegenüber dem Sonderziehungsrecht (SZR) um 3% aufgewertet. Aber schon etwa 3 Monate später wurde wegen der wachsenden Stärke der DM im europäischen Währungsblock am 29.6.1973 eine Aufwertung der DM gegenüber dem SZR um 5,5% notwendig. Aus dem gleichen Grunde mußte am 18.10.1976 eine weitere Korrektur durch eine Aufwertung um 2,0% gegenüber dem SZR vorgenommen werden. Als schließlich am 13.3.1979 das „Europäische Währungssystem“ (EWS) unter Beteiligung der Bundesrepublik Deutschland, Benelux, Dänemark, Frankreich, Irland und Italien ins Leben gerufen wurde, war eine weitere Korrektur der Währungsrelationen nicht notwendig. Zur Erhöhung der inneren Flexibilität dieses Währungsblocks wurde lediglich eine Erweiterung der Bandbreite auf 4,5% vereinbart und als Sonderregelung für Italien eine Bandbreite von 12% zugelassen. Eine Aufwertung der DM gegenüber den anderen Währungen des EWS mußte jedoch am 23.9.1979 um 2,0% durchgeführt werden.

3.4.2 Weltwährungssystem

3.4.2.1 Gold-Devisen-Standard

Die Ära der Goldwährung war mit dem Ausbruch des ersten Weltkrieges zu Ende gegangen und damit ein Weltwährungssystem, das allein auf der „Goldautomatik“ beruhte. Bedingt durch die Kriegswirtschaft gaben gleichzeitig die meisten europäischen Länder feste Deckungsrelationen und Paritäten ihrer Währung zum Gold auf und verboten den privaten Goldhandel. Die Währungen wurden nun manipuliert, um durch Goldverkäufe an das Ausland und aus der Notenpresse Kriegsfinanzierung zu betreiben. Als notwendige Ergänzung wurde eine Devisenbewirtschaftung durchgeführt.

Der Ausbruch des ersten Weltkrieges hatte zwar abrupt das Ende des Goldwährungssystems verursacht, aber das Ende wäre auch ohne dieses Ereignis vorprogrammiert gewesen. Denn der Industrialisierungsprozeß und Strukturwandel der Volkswirtschaften, das nach unten kaum noch flexible Preisniveau und die nachdrückliche Verfolgung binnenwirtschaftspolitischer Ziele – insbesondere der Erreichung der Vollbeschäftigung – mußten der Goldautomatik, die allein das außenwirtschaftliche Gleichgewicht mit oft deflatorischen Folgen herstellte, in zunehmendem Maße den Boden entziehen.

Trotzdem versuchten nach Beendigung des ersten Weltkrieges mehrere Länder den alten Goldstandard trotz kriegsbedingter Inflation zur alten Goldparität wiederherzustellen. Allerdings führten sie diesen im Hinblick auf die zu geringen Goldreserven nicht mehr in Form der Goldumlaufswährung, sondern in Form der Goldkernwährung ein, indem sie zum **Gold-Devisen-Standard** übergingen. Dieser bedeutet, daß ein Land seine Währungsreserven in Gold oder in goldkonvertierbaren Devisen hält, aber die Zentralbank keinen Umtausch von Banknoten in Gold mehr vornimmt. In diesem Sinne empfahl die Weltwährungskonferenz von Genua am 10.4.1922 die Wiedereinführung der Goldwährung. Dieser Empfehlung folgte am 30.8.1924 Deutschland, indem es eine **„denaturierte Goldwährung“** durch Festlegung einer nominellen Goldparität von 0,3484 g Gold je Reichsmark einführte und gleichzeitig die Reichsbank verpflichtete, 40% des Notenumlaufs in Gold oder in goldkonvertierbaren Devisen zu halten. Großbritannien kehrte 1925 und Frankreich 1928 zur **Goldkernwährung** in Gestalt der **Goldbarrenwährung** zurück, die einen Handel mit Goldbarren unter Banken im In- und Ausland unter Ausnutzung der Goldarbitrage zuließ. Auch die USA hielten an der seit 1900 bestehenden Goldparität von 20,67$ je Feinunze Gold weiter fest.

Mit dem Ausbruch der Weltwirtschaftskrise fand auch der Gold-Devisen-Standard sein Ende und zwang zuerst Großbritannien am 21.9.1931, wegen erheblicher Goldabflüsse die Goldeinlösungspflicht des Pfund Sterling aufzuheben und zu einer **manipulierten Währung** ohne feste Goldparität überzugehen. Es blieb in Europa nur noch eine als **„Goldblock“** bezeichnete Ländergruppe, bestehend aus Belgien, den Niederlanden, Frankreich, Italien, Polen und der Schweiz übrig, die sich am 8.7.1933 gegenseitig verpflichteten, den Goldstandard zu festen Goldparitäten weiter aufrecht zu erhalten. Das infolge der Weltwirtschaftskrise in den USA gesunkene Preisniveau in Verbindung mit einer sehr hohen Arbeitslosigkeit veranlaßte Präsident Roosevelt im Zuge seiner Wirtschaftspolitik des „New Deal“ den Dollar gegenüber dem Gold am 31.1.1934 um 41% abzuwerten und die neue Goldparität mit 35 Dollar je Feinunze Gold neu festzusetzen. In Europa brach schon 1936 der „Goldblock“ auseinander. Zur Aufrechterhaltung einer minimalen internationalen Währungsordnung schlossen die Länder der bedeutendsten Weltwährungen, nämlich die USA (Dollar-Block), Großbritannien (Sterling-Block) und Frankreich (Franc-Block) am 26.9.1936 das **„Tripartite Agreement“**, dem sich später Belgien, die Niederlande, die Schweiz und Italien anschlossen. In diesem sehr labilen Abkommen, das jederzeit mit einer Frist von 24 Stunden gekündigt werden konnte, verpflichteten sich die Mitgliedsländer, keine Abwertungen zur Erlangung eines Exportvorteils (als beggar-my-neighbour policy) vorzunehmen, sich in allen Fragen der Währungspolitik zu konsultieren und zur Glättung von Wechselkursschwankungen mit Hilfe von nationalen Stabilisierungsfonds an den Devisenmärkten zu intervenieren.

3.4.2.2 Bretton-Woods-System

Zur Vorbereitung der Weltwährungskonferenz, die vom 1. bis 22.7.1944 in Bretton Woods, New Hampshire/USA, zur Schaffung eines neuen Weltwährungssystems abgehalten wurde, sind von britischer Seite der Keynes-Plan und von amerikanischer Seite der White-Plan am 7.4.1943 vorgelegt worden. Beide Expertisen bildeten die Diskussionsgrundlage der Weltwährungskonferenz, deren

Elemente als Kompromiß in die gefaßten Beschlüsse dieser Konferenz eingingen.

Die Idee des **Keynes-Plans** basierte auf einer **Clearing-Union**, bei der alle Länder eine Quote in Höhe von 75% ihrer durchschnittlichen jährlichen Ein- und Ausfuhr erhalten und über die sie ihre Zahlungsbilanzsalden in einer neu geschaffenen Verrechnungseinheit, dem **Bancor**, ausgleichen sollten. Der Bancor sollte in einer bestimmten Goldparität (Goldgewicht) definiert sein. Zugleich sollten feste Paritäten (Wechselkurse) zum Bancor festgelegt und somit ein System fester Wechselkurse begründet werden. Eine einmalige Abwertung von 5% war zulässig, darüber hinausgehende Abwertungen waren von der Zustimmung der Clearing-Union abhängig. Als Reservemedien waren Gold und Bancor vorgesehen, wobei Gold in Bancor, aber nicht Bancor in Gold umgetauscht werden durften. Keynes hatte in seinem System auch die Finanzierung von Zahlungsbilanzdefiziten der Mitgliedsländer durch Währungskredite der Clearing-Union vorgesehen, deren Höhe auf drei Viertel des durchschnittlichen Außenhandelsvolumens der Jahre 1936 bis 1938 für jedes Land begrenzt sein sollte. Diese Quote durfte jedoch nur bis zu 25% durch entstehende Zahlungsbilanzdefizite in Anspruch genommen werden. Wurde diese Grenze überschritten, so waren eine Abwertung der betreffenden Währung, Kapitalverkehrskontrollen und restriktive währungspolitische Maßnahmen vorgesehen. Diese Modalitäten sollten nach Auffassung von Keynes zu einer Verbesserung und dauerhaften Funktionsfähigkeit des Weltwährungssystems beitragen und auf Grundsätzen beruhen, die **F. E. Aschinger** (42, S. 20) wie folgt umreißt:

1. Das System soll alle Länder umfassen und multilateral sein.
2. Die Festsetzung der Wechselkurse soll durch ein ordnungsgemäßes, allgemein anerkanntes Verfahren erfolgen, damit einseitige Aktionen und kumulative Abwertungen verhindert werden.
3. Der Umfang der internationalen Liquidität sollte bewußt nach den wirtschaftlichen Bedürfnissen des Welthandels ausgerichtet werden.
4. Es soll ein Anpassungsmechanismus geschaffen werden, durch welchen sowohl auf Defizit- als auch auf Überschußländer ein Druck ausgeübt werden kann.
5. Jedem Land soll eine seiner Bedeutung im Welthandel entsprechende Zahlungsreserve gesichert werden.
6. Mit der Durchführung des Systems soll eine zentrale Institution unpolitischen Charakters betraut werden; diese soll jedoch die Einmischung in die innere Politik der einzelnen Länder auf ein Minimum beschränken.

Da im Keynes-Plan nur die Schuldner-Position eines Landes ohne Regelung der Fristen und Modalitäten zur Rückzahlung eines Währungskredits der Clearing-Union, nicht aber die Gläubiger-Position eines Landes enthalten waren, befürchteten die USA von einem solchen Weltwährungssystem inflationäre Auswirkungen und stellten daher ihren White-Plan gegenüber.

Der **White-Plan** basierte auf der Schaffung eines internationalen Währungsfonds, der sich aus Beiträgen der Mitgliedsländer – je nach wirtschaftlicher Situation 10 bis 25% in Gold, 25 bis 40% in nationaler Währung – und zu 50% aus Anleihen zusammensetzen sollte. Währungskredite, aber nur zur Deckung von Leistungsbilanzdefiziten, waren bis zur Höhe der Beitragsquote jedes Landes möglich. Mußte ein Land seine Quote zur Finanzierung seines Zahlungsbilanzdefizits überschreiten, so sollte ein Währungskredit nur möglich sein, wenn sich das Land zu entsprechenden restriktiven Maßnahmen zur Wiederherstellung seines Zahlungsbilanzgleichgewichtes verpflichtete. Im Gegensatz zum Keynes-Plan waren gleichzeitig mit den Verschuldungsgrenzen auch Kreditgrenzen für die Gläubiger-Länder vorgesehen. Schließlich spielte im White-Plan das Gold als zentrales Reservemedium, das nur um bestimmte Kreditfazilitäten erweitert wurde, eine wesentliche Rolle.

Die Beschlüsse der **Weltwährungskonferenz von Bretton Woods** enthielten Elemente des Keynes-Plans und des White-Plans, wobei sich jedoch diejenigen des White-Plans stärker durchsetzten. Zu diesen gehörten die Konzeption des Währungsfonds (anstelle einer Clearing-Union) und die Begrenzung der Kreditverpflichtung eines Gläubiger-Landes (anstelle ihrer Unbegrenztheit im Keynes-Plan). Die in Artikel I dieses Abkommens über den Internationalen Währungsfonds genannten **währungspolitischen Ziele** decken sich jedoch mit beiden Plänen. Sie beinhalten die Herstellung der vollen Konvertibilität aller Währungen in Verbindung mit einem Abbau aller monetären Restriktionen des internationalen Geld-, Kapital- und Güterverkehrs. In diesem Sinne werden die einzelnen währungspolitischen Ziele im **„Abkommen über den Internationalen Währungsfonds"** genannt.

- internationale währungspolitische Zusammenarbeit,
- ausgeglichenes Wachstum des Welthandels mit einem hohen Beschäftigungsgrad, einem hohen Realeinkommen und einer Erhöhung des Produktionspotentials „als oberste Ziele der Wirtschaftspolitik",
- Förderung der zwischenstaatlichen Währungsstabilität und Verhinderung von Abwertungen,
- Errichtung eines multilateralen Zahlungsssstems und Beseitigung von Devisenverkehrsbeschränkungen,
- Beseitigung von Zahlungsbilanzungleichgewichten innerhalb einer möglichst kurzen Frist durch Bereitstellung von Währungskrediten aus dem Weltwährungsfonds (International Monetary Fund).

In diesem Weltwährungssystem von Bretton Woods rangieren also die binnenwirtschaftlichen Ziele der Vollbeschäftigung und des Wirtschaftswachstums vor dem Ziel des außenwirtschaftlichen Gleichgewichts, dessen Herstellung vordem die alleinige Aufgabe der Goldautomatik gewesen war. Obwohl demzufolge Zahlungsbilanzungleichgewichte der Mitgliedsländer hingenommen werden, sind Vorkehrungen getroffen, diese durch entsprechende Anpassungsmaßnahmen möglichst kurzfristig wieder zu beseitigen. Zur Erreichung dieser währungspolitischen Ziele sah das Währungsabkommen bestimmte Regeln vor, die sich in den drei Komplexen:

Wechselkursregelung,
Reserveregelung,
Anpassungsregelung

zusammenfassen lassen. Als Institutionen, die die Einhaltung dieser Regeln und die Erreichung dieser Ziele sicherstellen sollten, wurden gleichzeitig mit dem „Abkommen über den Internationalen Währungsfonds" der „International Monetary Fund" (Weltwährungsfonds) und die „International Bank for Reconstruction and Development" (Weltbank) ins Leben gerufen. Der **International Monetary Fund** (IMF) ist mit der Verwaltung der von den Mitgliedsländern eingezahlten Quoten und Beiträge sowie mit der Vergabe von Währungskrediten unter Einhaltung der vorgenannten Regelungen betraut. Die **International Bank for Reconstruction and Development** (IBRD) erhielt die Aufgabe, aus ihren Mitteln, die sich aus Einzahlungen der Mitgliedsländer und dem Erlös begebener Anleihen zusammensetzen, Kredite zum Wiederaufbau der vom Kriege zerstörten Industrien einzelner Länder und zur Industrialisierung von Entwicklungsländern zu vergeben, um „eine ausgewogene Ausdehnung des internationalen Handels und die Aufrechterhaltung des Gleichgewichts der Zahlungsbilanzen durch die Anregung internationaler Investitionen zwecks Entwicklung der Produktionsquellen von Mitgliedern zu fördern ..." (Art. I (3) IBRD-Abkommen).

Die **Wechselkursregelung** basierte auf einem System fester Wechselkurse. Die Parität jeder Währung wurde in einem bestimmten Goldgewicht oder in US-Dollars festgelegt, wobei ein US-Dollar 0,8886708 g Feingold (oder eine Troy-Unze Feingold 35,00 US-Dollars) entsprach. Gleichzeitig wurde eine **Bandbreite** von 1% oder ±0,5% um die Parität (central rate) fixiert, innerhalb derer Wechselkursschwankungen aufgrund von Angebots- und Nachfrageänderungen auf dem Devisenmarkt zugelassen wurden. Stieg die Nachfrage (schrumpfte das Angebot) einer ausländischen Währung (z.B. dem US-Dollar) auf dem Devisenmarkt so stark, daß deren Wechselkurs die obere Grenze der Bandbreite, den **oberen Interventionspunkt**, erreichte, so mußte die Zentralbank zur Stabilisierung des Wechselkurses die betreffende ausländische Währung (z.B. US-Dollars) aus ihren Devisenreserven (oder aus einem Währungskredit) in unbeschränktem Umfang abgeben und erhielt dafür eigene Währung. Im umgekehrten Falle war die Zentralbank eines Landes beim Absinken des Wechselkurses einer ausländischen Währung (z.B. des US-Dollars) am Devisenmarkt bis zur unteren Grenze der Bandbreite, dem **unteren Interventionspunkt**, verpflichtet, diese in unbeschränktem Umfang gegen Zahlung in eigener Währung anzukaufen, wodurch sich die Währungsreserven dieses Landes entsprechend erhöhten.

Im Bretton-Woods-System war der US-Dollar als **Weltleitwährung** allgemein anerkannt, weil die USA die größten Währungsreserven, darunter die höchsten Goldreserven, der Welt besaßen, eine wirtschaftliche Vorrangstellung einnahmen und sich als einziger Staat zur unbedingten **Goldkonvertibilität** verpflichtet hatten. Diese bedeutete, daß die USA sich bereit erklärten, jederzeit auf Verlangen ausländischer Zentralbanken deren Forderungen gegen die USA in Dollars oder anderen Währungen in Gold zu einer festen Parität (eine Unze Gold = 35 US-Dollars) einzutauschen. Da in diesem System alle Währungen in US-Dollars und diese wiederum in Gold eintauschbar waren, wird es auch als **Gold-Devisen-Standard** bezeichnet.

In seiner Eigenschaft als Weltleitwährung übernahm der US-Dollar gleichzeitig vier Funktionen innerhalb des Weltwährungssystems (43, S. 159):

- die Funktion als internationale **Interventionswährung**:
  die nationalen Zentralbanken benutzten fast ausschließlich US-Dollars als „monetäre Manövriermasse" für Interventionen an den Devisenbörsen zur Stabilisierung der Währungen innerhalb der festgelegten Bandbreite;

- die Funktion als internationale **Reservewährung**:
  obwohl Gold als primäre Währungsreserve dominierte (der Goldanteil an den Währungsreserven aller Länder betrug 1950 69% und 1960 63%), entwickelte sich der Dollar zur bedeutendsten Währungsreserve aller Länder,

- die Funktion als internationale **Ausgleichswährung**:
  Zahlungsbilanzdefizite und Zahlungsbilanzüberschüsse der einzelnen Länder wurden fast ausschließlich durch Zahlungen in Dollars verrechnet,
- die Funktion als internationale **Transaktionswährung**:
  Exportgeschäfte, Auslandsinvestitionen, internationale Finanztransaktionen und Entwicklungsprojekte wurden fast ausschließlich in Dollars als Kontraktwährung abgewikkelt.

Die **Reserveregelung** bezieht sich auf die Ausstattung des International Monetary Fund (IMF) mit Währungsreserven wie auch auf die Vergabe von Währungskrediten durch diesen an seine Mitgliedsländer zur Finanzierung von Zahlungsbilanzdefiziten. Die Ausstattung des IMF mit Fondskapital erfolgte in der Weise, daß jedem Mitgliedsland eine Quote (= Subskription) zugeteilt wurde, die zu 25% in Gold und zu 75% in der eigenen Währung eingezahlt werden mußte. Diese Quoten der Mitgliedsländer wurden vom IMF laufend überpüft und spätestens alle fünf Jahre durch Erhöhung neu festgesetzt. Ergab sich für ein Mitgliedsland ein Zahlungsbilanzdefizit, das es nicht aus seinen eigenen Währungsreserven abdecken konnte, so stand ihm ein „automatisches" oder „unbedingtes" Ziehungsrecht in der „Goldtranche" – ab 1978 als **„Reservetranche"** bezeichnet – beim IMF zur Verfügung. Dieses entsprach der Einzahlung des Mitgliedslandes in den IMF in Gold (25% der Quote) zuzüglich der Bestände des IMF an seiner eigenen Währung, über die andere Mitgliedsländer bereits verfügt hatten. Die Ziehung in der Reservetranche stellte einen Währungskredit, rechtlich einen Kauf benötigter Fremdwährung (46, S. 10) dar. Sie war auf 200% der Quote begrenzt und bedurfte keiner Rechtfertigung durch das Mitgliedsland.

Darüber hinaus besaßen die Mitgliedsländer Ziehungsrechte in der **„Kredittranche"** in Höhe von viermal 25% ihrer Quote, deren Ziehung sie beim IMF beantragen mußten. Bei der Genehmigung der ersten Kredittranche verfuhr der IMF relativ großzügig. Bei den „höheren" Kredittranchen stellte der IMF jedoch Bedingungen, die vom kreditsuchenden Land nach Vorlage eines Stabilisierungsprogramms zur Wiederherstellung seines außenwirtschaftlichen Gleichgewichts erfüllt werden mußten (Konditionalität). Die Ziehungen in beiden Tranchen waren verzinslich zu einem Satz, der vom Marktzinsniveau und von der Laufzeit abhing. Diese Reserveregelung bei Gründung des IMF als Bestandteil des Bretton-Woods-Systems gilt auch heute noch.

Da schon bei Gründung des IMF die Sorge bestand, daß dessen Fondsmittel längerfristig nicht ausreichen würden, um in einem wachsenden Welthandel auch steigende Zahlungsbilanzdefizite durch Währungskredite des IMF zu finanzieren, war in Art. XXIV (IMF-Abkommen) die Schaffung zusätzlicher Liquidität in Gestalt von **Sonderziehungsrechten** (SZR) ab Jan. 1970 vorgesehen worden. „Die Grundidee war die Schaffung eines Reserveaktivums für Währungsbehörden durch Gratisverteilung. Dieses Aktivum sollte keine Verbindlichkeit des emittierenden Instituts sein und keinerlei Deckung haben, d.h. das emittierende Institut sollte keine Aktiva besitzen, die sozusagen hinter den Sonderziehungsrechten stünden: kein Gold, keine Devisen, keine Wertpapiere, keine Forderungen irgendwelcher Art." (45, S. 68). Somit sollten die SZR auch eine Loslösung der Reservehaltung vom Gold und US-Dollar ermöglichen.

Die **Anpassungsregelung** des Bretton-Woods-Systems sah vor, daß ein Mitgliedsland des IMF seine Währungsparität nur dann ändern konnte, wenn ein **„fundamentales Ungleichgewicht"** der Zahlungsbilanz vorlag. Um zu vermeiden, daß ein Land eine Abwertung seiner Währung einseitig zu Erlangung eines Vorteils im internationalen Wettbewerb erklären konnte, waren Wechselkursänderungen bis zu 10% nur nach vorheriger Konsultation mit dem IMF und bei Paritätsänderungen über 10% nur nach vorheriger Genehmigung des IMF möglich. Verstieß ein Land gegen diese Vorschrift, so konnte es aus dem IMF ausgeschlossen und ihm seine Quote entzogen werden. Damit sollte dem IMF ein Mittel in die Hand gegeben werden, solche Länder zu disziplinieren, die in Verfolgung binnenwirtschaftlicher Ziele der Vollbeschäftigung und eines hohen Wirtschaftswachstums eine hohe Inflationsrate und als deren Folge die Entstehung eines Zahlungsbilanzdefizits zuließen.

Da eine Anpassung über den Wechselkurs schwierig und nur als ultima ratio zulässig war, konnte ein Zahlungsbilanzdefizit, das primär aus einer defizitiären Handelsbilanz entstand, nur abgebaut werden, wenn sich das betreffende Land gegenüber dem IMF verpflichtete, eine restriktive und deflatorisch wirkende Wirtschaftspolitik zum Abbau seines Handelsbilanzdefizits zu betreiben. Allerdings können Währungskredite des IMF „ihren Zweck, den Anpassungsprozeß zu erleichtern und allzu harte Maßnahmen unnötig zu machen, nur dann erreichen, wenn sie nicht zu groß sind. Sind sie allzu umfangreich, so droht die monetäre Disziplin in den Defizitländern untergraben zu werden." (42, S. 49).

Neben der Wechselkurs-, Reserve- und Anpassungsregelung sollte das Bretton-Woods-System zur Förderung des Welthandels und internationalen Zahlungsverkehrs dazu beitragen, die **Konvertibilität** der Währungen herzustellen. Diese später als „externe" bezeichnete Konvertibilität (44, S. 28) („external" or „non-resident convertibility") wird schon in Art. VIII des IMF-Abkommens gefordert und dann als gegeben angesehen, wenn:

- Zahlungen für laufende internationale Geschäfte in einem Lande keinen Beschränkungen unterliegen,
- ein Land keine diskriminierenden Wechselkursregelungen oder multiple Wechselkurse festlegt,
- ein Land auf seine Währung lautende Guthaben eines anderen Landes jederzeit gegen Zahlung von Devisen aus seinen Währungsreserven kauft.

Demgegenüber wurde später vom IMF der Begriff der **„De-facto-Konvertibilität"** entwickelt, der auf Währungen anzuwenden ist, die nicht in Übereinstimmung mit Art. VIII „extern" konvertierbar sind, aber doch trotz bestehender Beschränkungen für internationale Zahlungen verwendet werden können, so auch zur Rückzahlung von Währungskrediten an den IMF. Ob eine Währung als de facto konvertierbar anzusehen ist, wurde der Entscheidung des IMF überlassen (44, S. 32). Später wurde der Begriff der de facto konvertierbaren Währung im IMF-Abkommen in der Fassung vom 30.4.1976 in Art. XXX. f) definiert: „Unter frei verwendbarer Währung ist die Währung eines Mitglieds zu verstehen, die nach Feststellung des Fonds bei Zahlungen für internationale Geschäfte verbreitet Verwendung findet und auf den wichtigsten Devisenmärkten stark gehandelt wird." Währungen, auf die diese Definition zutrifft, haben in den letzten Jahren zu Lasten des US-Dollars als Reservewährung, aber auch als Interventions-, Ausgleichs- und Transaktionswährung erheblich an Bedeutung gewonnen.

3.4.2.3 Status quo nach dem Zusammenbruch des Bretton-Woods-Systems

Das Weltwährungssystem von Bretton Woods hatte 20 Jahre lang gut funktioniert und zur Liberalisierung des internationalen Zahlungsverkehrs durch Herstellung der Konvertibilität der wichtigsten Weltwährungen und dadurch zur Entwicklung des Welthandels und der internationalen Arbeitsteilung wesentlich beigetragen. Es gründete sich auf die unbedingte Goldkonvertibilität des US-Dollars, dessen Konvertibilität in alle anderen Währungen und auf das Vertrauen der Welt auf die Stärke und Wertstabilität der amerikanischen Währung. So lange dieses Vertrauen bestand, blieb auch das Bretton-Woods-System funktionsfähig.

Das Ende dieses Währungssystems, das formell durch die am 11. August 1971 vom amerikanischen Präsident Nixon erklärte Aufhebung der Goldkonvertibilität des US-Dollars eintrat, kam nicht unerwartet. Vorausgegangen waren mehrere heftige Spekulationswellen gegen den Dollar, die auf einem Vertrauensschwund beruhten. Dieser ergab sich wiederum aus ökonomischen Fakten, die als **Ursachen des Zusammenbruchs** des Bretton-Woods-Systems anzusehen sind. Sie lassen sich in den folgenden Thesen zusammenfassen.

in Mrd. SZR*)	1950	1960	1970	1971	1978
1. Gold als Währungsreserve					
USA	22,8	17,8	11,1	10,2	9,7
alle anderen Länder	10,5	20,0	25,7	26,1	26,3
alle Länder der Welt	33,3	37,8	37,0	35,9	35,7
International Monetary Fund	1,5	2,4	4,3	4,7	4,1
Welt insgesamt	34,8	40,2	41,3	40,6	39,8
2. andere Währungsreserven					
USA	1,4	1,6	3,4	1,9	5,4
alle anderen Länder	13,6	20,5	53,0	85,3	238,4
Welt insgesamt	15,0	22,1	56,4	87,2	243,8
3. Währungsreserven der Welt insgesamt (ohne Goldbestände des International Monetary Fund)	48,3	59,9	93,4	123,1	279,5
4. Weltumsatz (gesamte Exporte)	57,1	114,6	283,7	292,3	912,3

Quelle: International Monetary Fund: International Financial Statistics Yearbook 1979, Washington, D.C. 1979

*) 1 SZR = 35 US-$ je Feinunze Gold; bis 1970: 1 SZR = 1 US-$

Tab. 4 Weltwährungsreserven und Weltumsatz

1. Das Weltwährungssystem von Bretton-Woods basierte auf festen Wechselkursen bei Konvertibilität der Währungen **ohne** eine gleichzeitige Verpflichtung der Länder zu einer gleichgerichteten Binnenwirtschafts- und Konjunkturpolitik, um dadurch eine synchrone wirtschaftliche Entwicklung zu erreichen. Ein solches System besitzt eine permanente Tendenz zu Zahlungsbilanzungleichgewichten (47, S. 26). Solche traten auch in der Praxis bei vielen Ländern auf, bedingt durch unterschiedlich hohe Inflationsraten, falsche Währungsparitäten und dadurch verzerrte internationale Güterströme. Diese bewirkten wiederum destabilisierende internationale Geldbewegungen.

2. Die wirtschaftliche Vormachtstellung der USA und die Goldkonvertibilität des Dollars hatten diesen zur internationalen Interventions-, Reserve-, Ausgleichs- und Transaktionswährung gemacht. Mit der wiederholten Entstehung von Handelsbilanzdefiziten der USA, die wiederum Kapitalabflüsse, Zahlungsbilanzdefizite und einen Vertrauensschwund gegenüber dem Dollar induzierten, führten zu einem massiven Verlust der amerikanischen Währungsreserven, insbesondere ihrer Goldvorräte. Wie **Tabelle 4** erkennen läßt verminderten sich die Goldvorräte der USA von 22,8 Mrd. SZR (1950) auf 10,2 Mrd. SZR (1971), dem Jahr des Zusammenbruchs des Bretton-Woods-Systems. Zugleich betrieben andere Länder – in erster Linie Frankreich – eine Goldthesaurierungspolitik, die die französischen Goldreserven im gleichen Zeitraum von 0,66 auf 3,52 Mrd. SZR anwachsen ließ. Im gleichen Zeitraum wuchs die Bedeutung anderer starker Währungen in der Welt (vor allem der DM, des japanischen Yen, des schweizer und französischen Franc) und des Währungsblocks der Europäischen Gemeinschaft erheblich an.

3. Durch die Eigenschaft des Dollars als internationale Reservewährung war es den USA möglich, zur Abdeckung ihrer Zahlungsbilanzdefizite ein **deficit spending** durch Geldschöpfung von Dollars zu betreiben, um mit diesen ohne störenden Einfluß auf die inländische Geldversorgung ihre Zahlungsverpflichtungen gegenüber dem Ausland abzudecken. Die Notwendigkeit hierzu wurde noch dadurch verstärkt, daß durch die amerikanische **Regulation Q**, welche die Verzinsung von Geld- und Kapitalanlagen künstlich niedrig hielt, Geld- und Kapitalexporte aus den USA induziert wurden. Diese erhöhten die internationale Liquidität und alimentierten das sprunghafte Wachstum der Euro- und Asien-Geld- und Kapitalmärkte. Allein die Eurogeldmärkte erreichten 1972 ein Volumen von ca. 70 Mrd. $ (43, S. 160).

4. Schließlich waren Konstruktionsmängel des Bretton-Woods-Systems für dessen Scheitern verantwortlich. In diesen waren die originäre Währungsreserve und der Wertmaßstab das Gold, das diese Funktionen nur so lange erfüllen konnte wie die Goldversorgung ausreichend und die Goldkonvertibilität des Dollars zu einer festen Parität aufrechterhalten werden konnte. Ferner war der Begriff des „fundamentalen Zahlungsbilanzungleichgewichts" im IMF-Abkommen nicht definiert. Daher waren es auch nicht möglich, diesen Zustand für ein Land eindeutig zu bestimmen. Es fehlten auch Maßstäbe, an denen sich Auflagen des IMF zur Disziplinierung der Binnenwirtschaftspolitik eines Landes mit einem „fundamentalen Zahlungsbilanzungleichgewicht" orientieren konnten. Andererseits gelang es auch Ländern mit chronischen Zahlungsbilanzdefiziten diese auch längerfristig von anderen Gläubigerländern über den IMF oder direkt finanziert zu erhalten. Schließlich erfolgten die Interventionen am Devisenmarkt zur Stabilisierung der Wechselkurse asymmetrisch: Nur Defizitländer mußten am Devisenmarkt zur Stützung ihrer Währung durch Abgabe von Dollars intervenieren; Länder mit Zahlungsbilanzüberschüssen waren dazu nicht verpflichtet. Die USA selbst betrieben eine Politik des „benign neglect" und verzichteten auf Interventionen an den Devisenmärkten zur Stabilisierung des Dollar-Wechselkurses. Somit oblag die Stabilisierung der fixen Wechselkurse innerhalb der Bandbreite ihrer Währungsparitäten allen anderen Ländern. Schließlich stellten die vom IMF kontrollierten Ziehungsrechte und Kreditfazilitäten nur einen kleinen Teil der internationalen Liquidität und Kreditvergabe dar. Die internationalen Geld- und Kapitalbewegungen, die durch die internationale Dollar-Liquidität alimentiert wurden und sich in den Kapitalbilanzen der Länder niederschlugen, waren im IMF-Abkommen überhaupt nicht erwähnt und nicht durch Vorschriften geregelt.

Nach dem Zusammenbruch des Bretton-Woods-Systems aufgrund seiner Konstruktionsmängel und seiner einseitigen Ausrichtung am **Gold-Devisen-Standard** wurde in mehreren Weltwährungskonferenzen ohne Erfolg versucht, eine Reform und Neuordnung des Weltwährungssystems durchzuführen. Daher stellen die bisherigen Reformansätze eine pragmatische Fortschreibung des Bretton-Woods-Systems dar, die durch eine Tendenz zur Demonetisierung des Goldes, zu einer Diversifizierung der Währungsreserven, zu einer Verbesserung der Währungsbeistandskredite und zu einer Flexibilität der Wechselkurse gekennzeichnet ist.

Eine grundlegende Reform scheiterte an den unterschiedlichen Auffassungen der Mitglieder des IMF über die künftige Bedeutung des Goldes, über Währungskredite und Anpassungsmechanismen bei Zahlungsbilanzungleichgewichten und über das künftige Wechselkursregime. Somit stellt der status quo, geregelt im 2. Abkommen über den Internationalen Währungsfonds (IMF) in der Fassung vom 30.4.1976 eine pragmatische Regelung als modus vivendi dar. Dieser läßt sich nach den wesentlichen Komplexen des bestehenden Weltwährungssystems zusammenfassen.

Über die Rolle des **Währungsgoldes** in einem reformierten Weltwährungssystem bestanden erhebliche Meinungsunterschiede zwischen den Mitgliedern des IMF, die in den Auffassungen der USA und Frankreichs polarisiert waren. Die USA forderten eine völlige Demonetisierung des Goldes mit dem Hinweis darauf, daß Gold wegen seiner natürlichen Knappheit als Reservemedium ungeeignet sei, Goldpreiserhöhungen einzelner Länder begünstigen und das System destabilisieren würden. Hinter dieser Position, die auch von der Bundesrepublik Deutschland eingenommen wurde, stand wohl auch die Befürchtung, daß viele Länder eine Rückkehr zur Goldkonvertibilität des US-Dollars und einen Umtausch ihrer Dollar-Reserven in Gold fordern würden. Auf der anderen Seite vertrat Frankreich die Auffassung, daß das Gold wichtigstes Reservemedium bleiben müsse, weil es sich bisher als bestes Wertaufbewahrungsmittel erwiesen und für den Realtransfer volkswirtschaftlicher Guthaben oder Schulden am besten geeignet gezeigt habe (47, S. 57 ff.). Diese französische Position wird besonders durch die Vorschläge von **Jacques Rueff** (48, S. 55 ff) verdeutlicht. Dieser forderte (1973) eine beträchtliche Aufwertung des Währungsgoldes von 42,22 auf 70 $ je Feinunze und die Überlassung des dadurch entstehenden Buchgewinnes von Währungsreserven der westlichen Industrieländer an die USA als langfristige Währungskredite sowie die Vermeidung der Entstehung von Dollarüberschüssen durch Verbot der nationalen Geldschöpfung für den Erwerb ausländischer Währungen (48, S. 54. f). Im Verlaufe der Währungskonferenzen hat sich die amerikanische Position durchgesetzt. Nach einer Spaltung des Goldmarktes (17.3.1968) in einen solchen für Währungsgold mit eine festen Parität von 35 $ je Feinunze und einen völlig freien Goldmarkt für Handelsgold wurde Währungsgold im Gefolge der Dollarabwertungen auf 38 $ (21.12.1971) und 42,22 $ (14.2.1973) im Preis erhöht und schließlich in der Weltwährungskonferenz von Kingston (Jamaica) am 7.1.1976 der offizielle Preis für Währungsgold völlig abgeschafft. Damit war es den Mitgliedsländern des IMF gestattet, Gold zu freien Marktpreisen zu kaufen oder zu verkaufen und ihre Bestände an Währungsgold zu einem frei gewählten Preis (maximal dem Marktpreis) zu bewerten. Seitdem dürfen Währungsparitäten nicht mehr in Gold angegeben werden. Schließlich wurde vereinbart, daß ein Sechstel des Goldbestandes des IMF (ca. 25 Mill. Unzen), der aus den Goldeinzahlungen der Mitgliedsländer (Goldtranche) stammte, an diese zum früheren offiziellen Goldpreis zurückerstattet wird (Restitution). Ein weiteres Sechstel sollte innerhalb von vier Jahren in Auktionen zum Marktpreis verkauft werden, wobei der erzielte Mehrerlös gegenüber dem Buchwert zu 28% den Entwicklungsländern proportional zu ihrer IMF-Quote als Gratiszuwendung und zu 78% über einen neu geschaffenen IMF-Treuhandfonds (Trust Fund) den ärmsten Entwicklungsländern mit defizitiären Zahlungsbilanzen als zinslose langfristige Währungskredite zur Verfügung gestellt werden sollten (46, S. 16). Diese Goldverkäufe waren in 40 Auktionen bis Ende 1979 mit Nettoerlösen von 3,45 Mrd. $ fast abgewickelt (49, S. 64). Es ist vorauszusehen, daß die restlichen zwei Drittel der Goldbestände des IMF in der Zukunft ebenfalls veräußert werden, deren Gegenwert dem IMF für Zwecke der Währungskredite und Zahlungsbilanzhilfen zur Verfügung stehen wird. Damit ist der Weg einer völligen Demonetisierung des Goldes vorgezeichnet. Es ist jedoch fraglich, ob die einzelnen Zentralbanken jemals auf Gold als Währungsreserve verzichten werden.

Die **Währungsreserven des IMF** bestehen aus Gold, den Währungen der Mitgliedsländer und (seit 1970) den Sonderziehungsrechten (SZR). Jedes Mitgliedsland des IMF erhält eine Quote zugeteilt (Subskription), nach der sich seine Ziehungsrechte und Stimmrechtsanteile bemessen. Ursprünglich mußten die Mitgliedsländer 25% ihrer Quote in Gold und 75% in eigener Währung einzahlen. Auf Beschluß des Gouverneurrats des IMF vom 3.9.1969 wurden SZR erstmalig im Januar 1970 auf der Grundlage eines Prozentsatzes der Quoten den einzelnen Mitgliedsländern zugeteilt. SZR besitzen Geld- und Kreditcharakter (42, S. 259). Der **Geldcharakter** entsteht dadurch, daß SZR ein neues und zusätzliches Geld darstellen. Überschußländer müssen gegen SZR Güter und Leistungen exportieren, „deren Rückfluß sie nicht oder nur teilweise erwarten können" (42, S. 259). Der **Kreditcharakter** der SZR ergibt sich aus der Rekonstituierungspflicht der Mitgliedsländer, nämlich bei Beanspruchung der ihnen zugeteilten SZR über das langfristige Durchschnittslimit 70% in entsprechendem Umfang SZR gegen Abgabe konvertierbarer Währung zu erwerben.

Nachdem zunächst das SZR der Goldparität des US-Dollars entsprach (0,8886708 g Feingold), wurde nach dem „Smithsonian Aggreement" vom 18.12.1971 infolge der Abwertung des Dollars gegenüber dem Gold die Dollarparität des SZR gelöst, wodurch der **Wert des SZR** gegenüber dem Dollar anstieg. Seit 1.7.1974 bewertet der IMF das SZR nach der **„Standardkorb-Methode"** (revidiert am 31.3.1978), nach der die Währungen der 16 Länder, ab 1.1.1981 der 5 Länder mit dem höchsten Anteil ihrer Exporte am Weltexport gewichtet mit diesem bestimmte Währungsbeträge ergeben, die bewertet mit dem durchschnittlichen Wechselkurs am Devisenkassamarkt im 4. Quartal 1980 bestimmte Gewichtsanteile ergeben. Unter diesen rangiert der US-Dollar mit 42% an erster und die DM mit 19% an zweiter Stelle, gefolgt von Yen, Französ. Franc und Pfund Sterling mit jeweils 13%. Die US-Dollar-Mittelkurse der im Währungskorb enthaltenen Währungen werden an jedem Geschäftstag an den Devisenbörsen von London und Tokio festgestellt und mit den jeweils festen Währungsbeträgen multipliziert, deren Summe den Wert des SZR ergibt.

Benötigt ein Mitgliedsland des IMF einen **Währungskredit**, so kann ihm der IMF einen solchen aus Fondsmitteln in Form von SZR oder Währungen anderer Mitgliedsländer zur Verfügung stellen, wenn dieser Kredit 200% seiner Quote nicht übersteigt. Das Verfahren hierfür bestimmt das Abkommen über den IMF, Abschnitt 3 (d). „Für die Auswahl der zu verkaufenden Währungen beschließt der Fonds Geschäftsgrundsätze und Verfahren, bei denen in Konsultation mit den Mitgliedern die Zahlungsbilanz- und Reservesituation der Mitglieder sowie die Entwicklung der Devisenmärkte ebenso berücksichtigt werden wie das Ziel des Ausgleichs der Fondspositionen im Zeitverlauf."

Gerät ein Mitgliedsland des IMF in ein Zahlungsbilanzdefizit, so kann es ohne Begründung und Auflagen 25% seiner Quote im Rahmen seiner **„Reservetranche"** (früher: „Goldtranche") einen Währungskredit erhalten. Dieser setzt sich zusammen aus der geleisteten Zahlung von Gold, SZR und Fremdwährungen plus vom IMF für Ziehungen anderer Länder eingesetzten Beträge der Währung dieses Landes. Hinzu treten vier **„Kredittranchen"** von jeweils 36,25% der Quote jedes Mitgliedslandes, die nach Vorlage eines Stabilisierungsprogramms und Erfüllung wirtschaftspolitischer Auflagen des IMF in Anspruch genommen werden dürfen. Das Volumen dieser drei Kredittranchen **(stand-by arrangements)** kann in besonderen Fällen nach Zustimmung durch den IMF überschritten werden, um als **„extended fund facility"** mittelfristige Stabilisierungsprogramme zur Wiederherstellung des Zahlungsbilanzgleichgewichts zu finanzieren. „The extended facility ... was established in September 1974 to provide medium-term assistance to members to meet balance of payments deficits for longer periods and in amounts larger in relation to quotas than under existing tranche policies" (35, S. 73).

Durch die 1963 geschaffene, 1966 und 1975 erweiterte **„kompensierende Finanzierung von Exporterlösschwankungen" (compensatory financing facility)** kann ein zusätzlicher Währungskredit bis zu 75% der Quote gewährt werden, wenn ein Rohstoffexportland ohne eigenes Verschulden ein erhebliches Absinken seiner Exporterlöse hinnehmen muß.

Seit Juni 1969 besteht eine weitere zusätzliche Ziehungsmöglichkeit bis zu 50% ihrer Quote für solche Rohstoffländer, die Einzahlungen zur **Finanzierung internationaler Rohstofflager (buffer stock facility)** zu leisten haben.

Seit September 1974 können Sonderkredite im Rahmen der **„erweiterten Fondsfazilität" (supplementary financing facility)** bis zu 140% der Quote in Anspruch genommen werden. Voraussetzungen sind ein erhebliches Zahlungsbilanzungleichgewicht im Verhältnis zum Außenhandelsvolumen und zur Quote und die Inanspruchnahme eines Beistandskredits in der Kredittranche.

Darüber hinaus wurde 1974 vom IMF eine **„Ölfazilität" (oil facility)** geschaffen, die zusätzliche Währungskredite solchen Ländern zu Verfügung stellte, die durch die Verteuerung der Ölimporte in ein Zahlungsbilanzdefizit geraten waren. Schließlich wurde im Sommer 1977 die sogen. **„Witteween-Fazilität"** geschaffen, die solchen Ländern zusätzliche Währungskredite zur Verfügung stellt, deren Finanzierungsbedarf nicht durch die normalen Kredittranchen gedeckt werden kann.

Das **Wechselkursregime** ging ursprünglich im Bretton-Woods-System von festen Wechselkursen aus, die nur eine Abweichung der fixierten Paritäten zum US-Dollar von ± 1%, gegenüber anderen Währungen von ± 2% zuließ. Die Parität konnte in US-Dollars oder Gold ausgedrückt werden. Eine Änderung der Parität war nur im Falle eines „fundamentalen Ungleichgewichtes der Zahlungsbilanz" nach vorheriger Genehmigung durch den IMF möglich. Paritätsänderungen bis zu 10% der ursprünglich festgesetzten Parität durfte der IMF nicht widersprechen. Dieses Prinzip fester Wechselkurse sollte einer „beggar-my-neighbour-policy-" vorbeugen, um zu verhindern, daß einzelne Länder sich durch kompetitive Abwertungen einen Exportvorteil verschaffen. Feste Wechselkurse beinhalteten aber gleichzeitig auch das Prinzip der **„adjustable pegs"**, nach dem durch eine Veränderung der Währungsparitäten strukturell bedingte Zahlungsbilanzungleichgewichte, die nicht durch binnenwirtschaftliche Anpassungsmaßnahmen über das Kosten- und Preisniveau behoben werden konnten, zu korrigieren waren.

Nach mehreren Spekulationswellen gegen den US-Dollar mußten die Wechselkurse 1971 vorübergehend freigegeben werden, so daß sich die Paritäten im „Floating" (flexible Wechselkurse) am freien Devisenmarkt einstellten. Das „Smithsonian Aggreement" vom 17./18.12.1971 versuchte das alte System zu retten, indem die durch „Floating" am Devisenmarkt gebildeten Wechselkurse als neue feste Währungsparitäten fixiert und mit einer größeren Bandbreite von 4,5% (± 2,25%) versehen wurden. Wegen der unterlassenen Wiederherstellung der Goldkonvertibilität des US-Dollars konnte jedoch bei diesem „Realignment" der Währungsparitäten nicht wieder das notwendige Vertrauen in die amerikanische Weltleitwährung hergestellt werden. Unter dem Druck eines steigenden amerikanischen Zahlungsbilanzdefizits und der daraus resultierenden Vertrauenskrise gegen den Dollar brach das soeben erst geschaffene System fester Wechselkurse wieder zusammen. Am 19.3.1973 gingen die Industrieländer wieder zum „Floating" über, wobei sich gleichzeitig die meisten europäischen Länder zu einem Währungsblock mit untereinander festen Wechselkursen mit einer Bandbreite von 4,5% (± 2,25%) zusammenschlossen. Seit Juli 1973 setzte sich die Auffassung durch, daß die Zentralbanken am Devisenmarkt bei floatenden Währungen wieder intervenieren sollten, um „geordnete Marktverhältnisse" (orderly market conditions) aufrechtzuerhalten (50, S. 63), ohne dadurch grundlegenden Tendenzen der Marktbewegung der einzelnen Währungen – insbesondere des US-Dollar – entgegenzuwirken. Damit verloren die mit dem IMF vereinbarten Paritäten ab 1.4.1978 ihre Geltung. Im revidierten Abkommen über den IMF wurden „Wechselkursregelungen auf der Grundlage **stabiler, aber anpassungsfähiger Paritäten"** legalisiert. Somit bestehen gleichzeitig für die Mehrzahl der Währungen flexible Wechselkurse (Floating) oder flexible Wechselkurse, deren starke Schwankungen durch Interventionen der Zentralbanken geglättet werden (schmutziges Floating) und feste Wechselkurse zwischen solchen Ländern, die sich zu einem Währungsblock zusammengeschlossen haben: das Europäische Währungssystem (EWS), die Westindischen Assoziierten Staaten, die Vereinigten Arabischen Emirate und die zentralafrikanischen Länder der CFA (Communauté Française Africaine) Franc-Zone.

Die gegenwärtige Situation des Weltwährungssystems ist ferner dadurch gekennzeichnet, daß sich seit Anfang der fünfziger Jahre die Euro- und Asien-Geld- und Kapitalmärkte mit einem riesigen Volumen entwickelt haben, die eine von den Währungsbehörden nicht kontrollierte und leicht bewegliche Manövriermasse darstellt, die kurzfristig zu erheblichen internationalen Geldströmen werden kann.

3.4.2.4 Reformpläne des Weltwährungssystems

Eine grundlegende Reform des Weltwährungssystems ist bisher nicht gelungen. Die Demonetisierung des Goldes wurde vom IMF und den USA eingeleitet. Dennoch blieb es ein bedeutendes Reservemedium der Zentralbanken und begünstigte nach Aufhebung aller Beschränkungen des Währungsgoldes die Länder, die über hohe Goldbestände verfügten. Denn sie können nun ihre Goldreserven zu Marktpreisen bewerten oder sie gegen Reservewährungen verkaufen und dadurch ihre Währungsreserven ganz erheblich erhöhen. **Tabelle 5** zeigt die Verteilung der Währungsreserven auf die einzelnen Reservemedien und Ländergruppen (58, S. 160), aus der die erhebliche Bedeutung des Währungsgoldes mit 57,8% aller Währungsreserven und die noch relativ geringe Bedeutung der SZR mit 2% aller Währungsreserven (1979) zu ersehen ist.

	Gold	Devisen	Reserve-position im IMF	SZR	ECU	insges.
Zehnergruppe und Schweiz	388,1	109,7	9,0	11,2	41,2	559,2
Übrige entwickelte Länder	47,5	33,0	1,3	1,2	0,7	83,7
Entwicklungsländer ohne Öl	30,3	68,0	1,2	2,6	–	102,1
Ölausfuhrländer	19,5	70,5	4,0	1,4	–	95,4
Alle Länder	485,4	281,2	15,5	16,4	41,9	840,4
Anteile in %	57,8%	33,4%	1,8%	2,0%	5,0%	100%

Tab. 5 Weltwährungsreserven Ende 1979 in Mrd. $

Die Wahl des **Wechselkursregimes** ist jedem Land freigestellt. Für den **Anpassungsmechanismus** bei Zahlungsbilanzungleichgewichten sind bisher keine allgemeinen Kriterien entwickelt worden. Eine wirksame Kontrolle der **internationalen Liquidität** ist weder möglich noch geregelt. Dadurch konnten die vom IMF entwickelten Reformvorschläge (51) wegen der divergierenden Auffassungen und des politischen Widerstandes einzelner Länder nicht realisiert werden.

Auf längere Sicht herrscht jedoch Übereinstimmung bei den Mitgliedsländern des IMF und dem IMF selbst, daß bestimmte Prinzipien der Reformvorschläge in die internationale Währungsordnung Eingang finden sollen. Am Anfang aller Überlegungen steht die Entscheidung, ob in einem reformierten Weltwährungssystem flexible oder feste Wechselkurse mit Bandbreite gelten sollen.

Flexible Wechselkurse lösen das Anpassungsproblem der Zahlungsbilanz automatisch und sichern die Volkswirtschaft gegen die Übertragung inflationärer Impulse aus dem Ausland ab. Da Interventionen (auch Glättungsinterventionen) der Zentralbanken an der Devisenbörse nicht notwendig sind, bleiben die Währungsreserven konstant. Zufallsbedingte und kurzfristige Veränderungen des Leistungsbilanzsaldos (z.B. durch Bezahlung von Großgeschäften an das Ausland) und kurzfristige Kapitalbewegungen vom und zum Ausland, die durch ein **Inflationsgefälle** zwischen In- und Ausland (Differenz der Inflationsraten), durch eine **Veränderung der Terms-of-Trade** (Quotient des Exportpreisindex und des Importpreisindex), durch ein **Zinsgefälle** (Differenz des Zinsniveaus zwischen Inland und Ausland) und durch **spekulative Kapitalbewegungen** vom und zum Ausland, die durch eine der vorgenannten ökonomischen Ursachen bedingt und psychologisch verstärkt sein können, führen üblicherweise kurzfristig zu übertrieben starken Wechselkursänderungen. Dies ist unerwünscht, weil dadurch die internationale Arbeitsteilung und der Welthandel behindert werden.

Feste Wechselkurse fördern dagegen den Welthandel. Spekulative Kapitalbewegungen lassen den festen Wechselkurs (innerhalb der gegebenen Bandbreite) unberührt, erfordern aber z.T. erhebliche Interventionen der Zentralbanken.

Sinkt der Wechselkurs einer ausländischen Währung unter die Parität in die Nähe des unteren Interventionspunktes, so ist die Zentralbank verpflichtet, diese Währung zur Stützung des Wechselkurses in unbegrenzter Höhe am Devisenmarkt aufzukaufen. Dadurch steigen ihre Währungsreserven und in entsprechendem Umfang das inländische Geldvolumen mit meist inflatorischen Wirkungen. Im umgekehrten Falle bei steigendem Wechselkurs einer ausländischen Währung muß die Zentralbank diese am oberen Interventionspunkt aus ihren Währungsreserven am Devisenmarkt anbieten. Dadurch sinken in entsprechendem Umfang die Währungsreserven und das inländische Geldvolumen. Machen in einem System fester Wechselkurse langfristig wirkende ökonomische Datenänderungen (Veränderung der Kaufkraftparitäten, der Terms-of-Trade und des Verhältnisses zwischen in- und ausländischen Zinsniveaus) eine Änderung der Parität notwendig, so lehrt die Erfahrung, daß die betroffenen Länder bis zur Durchführung der Paritätsänderung sehr lange zögern, so daß die schädlichen Folgen bis dahin schon eingetreten sind. Darüber hinaus läßt sich die Höhe der notwendigen Paritätsänderung nicht exakt berechnen, sondern nur aufgrund einer Schätzung festlegen.

Daher befürwortet die Mehrzahl der Reformvorschläge – darunter der **IMF** selbst (51, S. 41 f., 58) **H. G. Johnson** (52, S. 24 f.) und **F. Machlup** (45, S. 66 f.) – ein internationales Wechselkursregime der **Stufenflexibilität (crawling peg, gliding peg)**. Darunter werden grundsätzlich feste Wechselkurse mit einer größeren Bandbreite von z.B. 10% (± 5%) verstanden, die für einen bestimmten Zeitraum von z.B. 12 Monaten fixiert werden. Entwickelt sich der Wechselkurs einer Währung am Devisenmarkt innerhalb dieses Zeitraums z.B. zum unteren Interventionspunkt hin oder erreicht diesen sogar (Abwertung), so kann innerhalb einer vorherbestimmten Marge am Ende dieses Zeitraums die Parität geändert werden. Damit lassen sich die Vorteile fester und flexibler Wechselkurse miteinander verbinden. Das Währungsrisiko wird für die Außenwirtschaft kalkulierbar begrenzt, kurzfristige, zufällige und spekulativ bedingte Wechselkursänderungen können durch Interventionen der Zentralbank innerhalb der Bandbreite aufgefangen werden und längerfristig erkennbare Wechselkursänderungen, die ein „fundamentales Zahlungsbilanzungleichgewicht" zum Ausdruck bringen, können durch eine Paritätsänderung angepaßt werden (53, S. 223 f.).

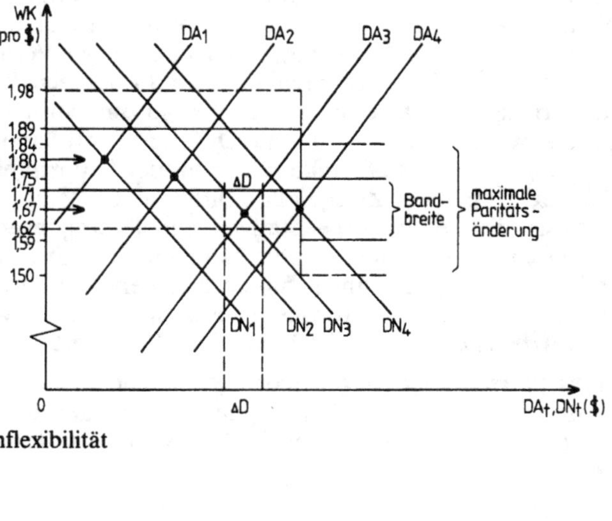

Abb. 12 Stufenflexibilität

Die Funktionsweise der Stufenflexibilität ist in **Abbildung 12** dargestellt. In dieser wird angenommen, daß in der Ausgangssituation die Devisenangebotskurve von US-Dollars DA_1 mit der Devisennachfragekurve nach Dollars DN_1 bei einem Wechselkurs von 1,80 DM je Dollar zum Schnitt kommt, der als Gleichgewichtskurs am Devisenmarkt mit der festgesetzten Parität (Leitkurs, Mittelkurs, central rate) identisch sein soll. Weiter wird angenommen, daß eine Bandbreite von 10% (oder ± 5% von der Parität) entsprechend einem oberen Interventionspunkt von 1,89 DM je Dollar und einem unteren Interventionspunkt von 1,71 DM je Dollar besteht. Schließlich wird unterstellt, daß eine maximale Stufenparitätsänderung am Ende der Periode von 12 Monaten von plus oder minus 10% entsprechend höchstens bis auf 1,89 DM je Dollar nach oben (mit einer Bandbreite ±5%, d.h. Interventionspunkten bei 1,98 DM und 1,80 DM je Dollar) oder auf 1,71 DM je Dollar nach unten (mit der Bandbreite ±5%, d.h. Interventionspunkten bei 1,80 DM und 1,62 DM je Dollar) zulässig ist. Steigt das Devisenangebot von Dollars, so verschiebt sich die Devisenangebotskurve DA_t nach rechts. Steigt die Devisennachfrage nach Dollars, so verschiebt sich die Devisennachfragekurve DN_t ebenfalls nach rechts. In Abhängigkeit von der Elastizität und Höhe der Verschiebung beider Kurven ergibt sich in deren Schnittpunkt ein neuer Wechselkurs. Im Schnittpunkt der Devisenangebotskurve DA_2 mit der Devisennachfragekurve DN_2 ergibt sich ein Wechselkurs von 1,76 DM/$ innerhalb der Bandbreite, der sich wie bei flexiblen Wechselkursen frei als Ergebnis der Marktkräfte auf dem Devisenmarkt gebildet hat. Am Schnittpunkt der weiter nach rechts verschobenen Devisenangebotskurve DA_3 und Devisennachfragekurve DN_3 würde sich auf einem freien Devisenmarkt ein flexibler Wechselkurs von 1,67 DM/$ einstellen. Da jedoch die Bandbreite durch den unteren Interventionspunkt bei 1,71 DM/$ begrenzt ist, muß die Zentralbank (Deutsche Bundesbank) am unteren Interventionspunkt das dort bestehende Überangebot von Dollars in Höhe $\triangle D$ aus dem Markt nehmen und ihren Währungsreserven zuführen. Stabilisiert sich am Ende der Periode am Schnittpunkt der Kurven DA_4 und DN_4 der Wechselkurs auf dem erreichten Niveau bei 1,68 DM und ist die Zentralbank überzeugt, daß dieser Wechselkurs aufgrund der eingetretenen ökonomischen Datenänderungen die neuen Kaufkraftparitäten widerspiegelt und längerfristig stabil bleibt, so kann sie eine Aufwertung der DM durch Herabsetzung der Dollarparität von 1,80 auf 1,67 DM/$ vornehmen. Dadurch verschiebt sich entsprechend die Bandbreite um die neue Parität auf 1,59 DM/$ (unterer Interventionspunkt) und 1,75 DM/$ (oberer Interventionspunkt) sowie die maximale Stufenparitätsänderung auf 1,50 bis 1,84 DM/$.

Ein solches Wechselkursregime ist kompatibel mit der Forderung im IMF-Abkommen nach „festen, aber anpassungsfähigen Wechselkursen" und nach „geordneten Marktverhältnissen" und leistet einen wesentlichen Beitrag zur Lösung des Anpassungsproblems der Zahlungsbilanzen. In Zeiten abrupter ökonomischer Datenänderungen und starke spekulativer internationaler Kapitalbewegungen wird es auch in Zukunft notwendig sein, den Wechselkurs betroffener Währungen temporär freizugeben und ein „Floating" zuzulassen.

Müssen zur Einhaltung der Bandbreite einer Währung im Rahmen der Stufenflexibilität Interventionen der Zentralbanken durchgeführt werden, so wird es in Zukunft notwendig sein, diese symmetrisch und in SZR durchzuführen. Unter symmetrischen Interventionen sind solche zu verstehen, die von zwei beteiligten Zentralbanken gleichzeitig vorgenommen werden. Sinkt z.B. der Wechselkurs des Dollars in der Bundesrepublik Deutschland an den unteren Interventionspunkt, so muß die Deutsche Bundesbank an den deutschen Devisenbörsen Dollars kaufen. Gleichzeitig muß aber das amerikanische Federal Reserve System am oberen Interventionspunkt der DM an den amerikanischen Devisenbörsen DM verkauften. Diese für die Interventionen notwendigen DM des Federal Reserve System (FED) können aus eigenen Währungsreserven der USA, aus Währungsbeistandkrediten des IMF (stand-by credits), eines Landes, einer Ländergruppe im Rahmen der Allgemeinen Kreditvereinbarungen (AKV) oder aus Staatsanleihen (Carter-Bonds) stammen. Als Folge der bis November 1978 von den USA betriebenen Politik des „benign neglect“ intervenierte die amerikanische Zentralbank überhaupt nicht an den Devisenbörsen und überließ die Last der „Glättungsinterventionen“ den europäischen Zentralbanken, insbesondere der Deutschen Bundesbank. Die Ablösung des US-Dollars als Leit-, Reserve- und Interventionswährung ist notwendig, um die Bereitstellung internationaler Liquidität von der autonomen amerikanischen Geldschöpfung in Dollars unabhängig zu machen.

Daher sollte in einem reformierten Weltwährungssystem das SZR als **„numéraire“**, d.h. als Bezugsgröße der Paritäten aller Währungen und als **Interventionswährung** dienen. Die Verwendung des SZR als Interventionswährung setzt allerdings voraus, daß diese das Vertrauen aller Länder als wertbeständiges Geld genießen. Dieses Vertrauen kann nur dann erfüllt sein, wenn das SZR jederzeit in jede Währung konvertierbar ist und die Schöpfung von SZR an objektiven Kriterien gemessen und knapp gehalten wird (54, S. 61). Interventionen in SZR an den Devisenbörsen müssen mit der Garantie einhergehen, daß Forderungen in SZR in gewünschten Währungen ausgezahlt werden.

In einem reformierten Weltwährungssystem sollte das SZR auch zur bedeutendsten Währungsreserve gemacht werden, um auch in dieser Funktion den US-Dollar und das Gold abzulösen. Zu diesem Zweck war schon in den Reformvorschlägen des IMF (51, S. 44) ein beim IMF zu errichtendes **„Substitutionskonto“** enthalten, über das die Schaffung von Währungsreserven und internationaler Liquidität kontrollierbar gemacht werden soll. „Das Substitutionskonto soll einerseits dazu beitragen, die Rolle des SZR als internationales Reservemedium zu stärken; andererseits soll es zu stabileren Wechselkursen beitragen, indem es den Diversifizierungswünschen vieler Währungsbehörden entgegenzukommen sucht“ (49, S. 63). Unter der Voraussetzung einer ausreichenden Verzinsung, Mobilität und Wertsicherung der SZR soll es über das Substitutionskonto den Mitgliedsländern des IMF möglich sein, ihre Währungsreserven in SZR und umgekehrt SZR in andere Währungen jederzeit umzutauschen. Dadurch könnte der Anteil der SZR an den Währungsreserven erheblich erhöht, die internationale Liquidität besser kontrolliert und an den Devisenmärkten in SZR oder mehreren anderen Währungen (multi currency arrangements) interveniert werden. Die Ausstattung der Mitgliedsländer des IMF mit Liquidität durch Quotenzuteilung von SZR sollte genau dem wachsenden Bedarf zur Finanzierung der „working balances“ entsprechen (51, S. 43; 54, S. 63). Unter diesen ist der laufende Finanzierungsbedarf bei der Abwicklung des internationalen Zahlungsverkehrs zum Ausgleich der Zahlungsbilanzsalden zu verstehen.

Der durch die stufenflexiblen Wechselkurse ausgeübte Anpassungsdruck bei Zahlungsbilanzungleichgewichten wird auch in Zukunft allein nicht ausreichen. Der Grund hierfür sind time-lags bei Paritätsänderungen und eingeleiteten Stabilisierungsbemühungen der betroffenen Länder, kurzfristige, für eine Volkswirtschaft depressiv wirkende Datenänderungen (Mißernten, Vulkanausbrüche, Ölpreiserhöhungen) oder ein kurzfristiger Wandel der Wirtschaftsstruktur. Daher werden auch in Zukunft allgemeine und besondere Währungskredite zur Überbrückung dieser Schwierigkeiten und Anpassung an die neue Situation innerhalb einer angemessenen Zeit notwendig bleiben. Da allgemeine Kriterien für Auflagen des IMF an ein solches Land kaum zu entwickeln sind, wird es auch in Zukunft notwendig sein, von seiten des IMF für ein jedes kreditsuchendes Land unter Berücksichtigung seiner besonderen Situation spezifische wirtschaftspolitische Auflagen für ein Stabilisierungsprogramm zu entwickeln.

Eine besondere Situation ist für die **Entwicklungsländer**, insbesondere für nicht-ölproduzierende Entwicklungsländer, gegeben, die unter chronischen Zahlungsbilanzdefiziten leiden. Da die meisten von ihnen während ihrer Kolonialzeit ihre Landeswährungen an die Währungen der Kolonialmächte fest gebunden hatten, besaßen sie bei ihrer Entlassung in die Unabhängigkeit keine oder nur sehr geringe Währungsreserven. Daher forderten die Entwicklungsländer im IMF wiederholt eine Verbindung (link) zwischen Quotenzuteilung von SZR und Entwicklungshilfefinanzierung. Praktische Vorschläge zur Durchführung wurden vom IMF selbst unterbreitet (51, S. 70 f.), stießen jedoch immer auf den Widerstand der Industrieländer. Im Sinne eines funktionsfähigen reformierten Weltwährungssystems erscheint diese politische Forderung der Entwicklungsländer nach einem „link" ökonomisch nicht vertretbar, weil dadurch ein nicht kontrollierbarer Ressourcentransfer von den Industrieländern zu den Entwicklungsländern in Verbindung mit einer exzessiven Erhöhung der internationalen Liquidität durchgeführt würde.

Schließlich erhebt sich in einem reformierten Weltwährungssystem die Frage nach der Behandlung der **Xeno-Märkte**, zu denen die Euro-, Asien- und Offshore-Finanzmärkte (Geld- und Kapitalmärkte) zählen (55). Zweifellos haben diese völlig freien Märkte zu einem „Recycling" der Petro-Dollars aus den Ölpreiserhöhungen ölexportierender Länder in die ölimportierenden Industrieländer beigetragen. Sie haben ferner die weltwirtschaftliche Funktion der Zuteilung des Produktionsfaktors Kapital an die Stellen gesicherter und rentabelster Verwendung erfüllt. Andererseits ist auf den Xeno-Märkten ein riesiges, international sehr bewegliches und nicht kontrolliertes Geldvolumen gegeben, das vor allem durch spekulative Einflüsse die Geldpolitik einzelner Länder unterlaufen und inflationäre Impulse auslösen kann. Wegen bisher fehlender empirischer Untersuchungen ist darüber hinaus die Geldschöpfungskapazität der Xeno-Märkte nicht bekannt. Daher weisen auf der einen Seite die Banker wie **W. Jahn** (56) und **M. von Brentano** (57) darauf hin, daß die Xeno-Märkte bisher immer ohne staatliche Eingriffe und Kontrollen gut funktioniert haben, weil die dort tätigen Großbanken eine ausreichende Selbstkontrolle unter Einschätzung der Risiken vorgenommen haben. Demgegenüber haben bereits Japan und die USA ihre privaten Banken bestimmten Restriktionen auf den Xeno-Märkten unterworfen und die meisten anderen Zentralbanken fordern stärkere Kontrollen.

In einem reformierten Weltwährungssystem sollte keinesfalls die Funktionsfähigkeit der Xeno-Märkte durch nationale oder internationale Regulierungen behindert werden. Wesentlich ist, daß nicht durch eine zu hohe Geldschöpfung durch SZR-Quotenzuteilungen eine zu hohe internationale Liquidität geschaffen wird, die letztlich die Xeno-Märkte alimentiert. Zu fordern ist weiterhin, daß eine Betätigung der Zentralbanken selbst mit Devisen aus ihren Währungsreserven an den Xeno-Märkten verhindert wird.

3.4.3 Europäisches Währungssystem

Bei der Vorbereitung der europäischen Währungsunion spielt die Frage eine Rolle, welche ökonomischen und politischen Voraussetzungen erfüllt werden müssen und in welcher Form sie realisiert werden soll. In jedem Fall werden in der Übergangs- und Anpassungsphase der Währungsintegration „social costs“ entstehen, die um so geringer sein werden je schneller der Anpassungsprozeß und die Harmonisierung der Wirtschaftspolitik in den beteiligten Ländern vollzogen werden. „Zu den ökonomischen Kosten der Währungsunion gehört, daß sie aufgrund der erforderlichen einheitlichen Geldpolitik kaum die regionalpolitisch erwünschten differenzierten Impulse in unterschiedlich strukturierten Räumen bewirken und die konjunkturellen Phasenverschiebungen ausgleichen wird“ (59, S. 115).

Zur Erfüllung der Voraussetzungen einer monetären Integration sind bestimmte Strukturelemente der beteiligten Volkswirtschaften zu berücksichtigen. Sie sind in den unterschiedlichen Prioritäten wirtschaftspolitischer Ziele, im unterschiedlichen Einsatz und unterschiedlicher Effizienz der wirtschaftspolitischen Instrumente sowie ein einem unterschiedlichen Zielerreichungsgrad gegeben, bedingt durch verschiedene Wirtschaftsstrukturen und Verhaltensweisen der Wirtschaftssubjekte, insbesondere der Inflationsmentalität.

Im Konfliktfall wirtschaftspolitischer Ziele (Vollbeschäftigung, Preisniveaustabilität, außenwirtschaftliches Gleichgewicht, befriedigendes Wirtschaftswachstum, Verteilungsgerechtigkeit) wird von den meisten Regierungen der Vollbeschäftigung eine Priorität eingeräumt. Diese ist in den USA sogar ordnungspolitisch durch das **Employment Act** von 1946 abgesichert. Wie sich empirisch nachweisen läßt, können vor allem zwischen dem Ziel der Preisniveaustabilität und dem Ziel der Vollbeschäftigung entsprechend dem Phillips-Theorem wie auch den anderen Zielen in bestimmten wirtschaftspolitischen Konstellationen Konflikte zu Lasten der Preisniveaustabilität auftreten, sie müssen es aber nicht (53, S. 130 ff.). Eine unterschiedliche Entstehung und eine verschiedenartige wirtschaftspolitische Therapie solcher Zielkonflikte bewirkt unterschiedlich hohe Inflationsraten in den Mitgliedsländern einer Währungsunion und dadurch eine Verschiebung der Kaufkraftparitäten der Währungen, die wiederum periodische Wechselkurskorrekturen notwendig macht. Eine Divergenz der Inflationsraten läßt sich aber nur durch eine Konvergenz der Wirtschaftspolitiken der beteiligten Länder als wesentliche Voraussetzung einer Währungsunion vermeiden.

Empirische Untersuchungen von **G. Basevi**, **P. Salin**, **H. E. Scharrer** und **N. Thygesen** (70) haben gezeigt, daß längerfristig die Änderungen der Wechselkurse innerhalb der EG der Veränderung der Kaufkraftparitäten der einzelnen Währungen entsprechen und daher bei divergierenden Inflationsraten Wechselkursanpassungen zur Wiederherstellung der Kaufkraftparitäten unvermeidlich sind. Um in einer europäischen Währungsunion die Gefahr permanent divergierender Inflationsraten in den beteiligten Ländern zu vermeiden, schlugen die vorgenannten Autoren des „Optica Report 1976“ (70) vor, eine europäische Parallelwährung einzuführen, deren Wert an die Entwicklung des Konsumgüterpreisindex gekoppelt ist. Diese Parallelwährung sollte in Konkurrenz zu den nationalen Währungen im Umlauf sein und einen Integrationsimpuls auslösen. Die durch Simulationsrechnungen belegte Funktionsfähigkeit dieser Parallelwährung dürfte jedoch in der Praxis politisch und ökonomisch schwer durchsetzbar sein. Daher erscheint die Integrationsstrategie der „Parallelpolitik“ sinnvoller: schrittweise Verengung der Bandbreiten um feste Wechselkurse zwischen den EG-Währungen, Poolung der Währungsreserven in Verbindung mit einer Vereinheitlichung der Geldpolitiken sowie gleichzeitig eine immer stärkere Konvergenz der Wirtschaftspolitiken, insbesondere der Finanz-, Einkommens- und Strukturpolitik.

Historische Beispiele zeigen, daß Währungsunionen ohne gleichgerichtete Wirtschaftspolitiken der Mitgliedsländer keinen Bestand haben können. Die **Lateinische Münzunion** scheiterte, weil zwei Mitglieder – Italien und Griechenland – keine zahlungsbilanzorientierte Geldpolitik betrieben und weil entsprechend dem Grasham'schen Gesetz das Geld laufend zugunsten der stabilsten Währungen umgeschichtet wurde. Andererseits gelang es, in Währungsunionen mit einer einheitlichen Geldpolitik – wie bei der deutschen Reichsgründung und der Einigung Italiens – eine stabile Währungsintegration durchzuführen (59, S. 116).

Zur Klärung der Bedingungen einer stabilen Währungsunion wurde insbesondere von **R. A. Mundell** (61, S. 177 ff.) die Theorie des **„optimalen Währungsgebietes"** (optimum currency area) entwickelt. Unter einem Währungsgebiet ist ein mehrere Länder umfassendes Territorium zu verstehen, in dem entweder die einzelnen nationalen Währungen durch feste Wechselkurse (feste Paritäten ohne Bandbreite) miteinander verbunden sind oder in dem eine einzige, eventuell neu geschaffene Währung gilt. Im ersten Fall bestehen weiterhin die nationalen Zentralbanken, die ihre Geldpolitiken koordinieren müssen. Verschiebt sich in diesem Fall die Nachfrage nach bestimmten Gütern vom Land B zum Land A, so entsteht Arbeitslosigkeit im Land B und Inflation im Land A (61, S. 178). Betreibt die Zentralbank im Land A eine restriktive Geldpolitik zur Eindämmung der Inflation, so werden bei etwa gleichbleibenden Terms-of-Trade die Anpassungsbemühungen dem Land B auferlegt, das ein sinkendes Produktions- und Beschäftigungsniveau hinnehmen muß. Um die Vollbeschäftigung wiederherzustellen, wird nun die Zentralbank des Landes B das Geldangebot erhöhen. Dadurch wird aber auch die Nachfrage in Land A steigen und dort wiederum eine inflationäre Tendenz auslösen. Daher läßt sich mit **Mundell** feststellen (61, S. 179), daß in einem Währungsgebiet bestehend aus mehreren nationalen Währungen die Höhe der Beschäftigung in Defizitländern durch die Bereitschaft zur Inflation in den Überschußländern bestimmt wird. Dagegen wird in einem Währungsgebiet mehrerer Länder mit einer Währung die Höhe der Inflationsrate durch die Bereitschaft der gemeinsamen Zentralbank, in den defizitiären Regionen Unterbeschäftigung zuzulassen, bestimmt.

Neben der geldpolitisch und nachfrage-bedingten Inflationsrate ist auch die – wie **A. Lamfalussy** (62, S. 224) es nennt – die „Inflationsneigung" der an der Währungsintegration beteiligten Länder von Bedeutung. Diese in den einzelnen Ländern unterschiedliche Inflationsmentalität ist bedingt durch Inflationsgewöhnung, erzielbare Produktivitätsfortschritte und durchgesetzte Lohnerhöhungen. Je geringere Diskrepanzen die Inflationsraten der in einer Währungsunion integrierten Länder aufweisen desto günstigere Bedingungen sind für ein **„optimales Währungsgebiet"** gegeben. Als weitere günstige Bedingung tritt hinzu ein hoher Anteil von zwischen den Ländern gehandelter Güter (tradables) im Verhältnis zu den nur in jedem Land gehandelten nationalen Gütern (non-tradables) (63, S. 109). In der EG wird der Anteil der „tradables" auf 40 bis 50% der Produktion und ca. ein Drittel des Konsums geschätzt (70, S. 19). Ein hoher Anteil an „tradables" bedeutet, daß regionale Störungen und Spekulationen sich meist gegenseitig aufheben und zu einer höheren Arbeitsteilung und Spezialisierung im integrierten Währungsgebiet beitragen. Voraussetzung dafür ist aber eine unbehinderte Mobilität der Produktionsfaktoren im Währungsgebiet. Weist eine Region einen langfristigen Importüberschuß an Gütern und Dienstleistungen auf, so kann dieser durch einen entsprechenden Import langfristigen Kapitals in diese Region (entsprechend dem Überschuß der Investitionen gegenüber den Ersparnissen) ausgeglichen werden (64, S. 255). Sind jedoch in einer „strukturschwachen" Region die Investitionsanreize, die Beschäftigungsmöglichkeiten und das Einkommensniveau gering, so ist es möglich, das Gleichgewicht des Währungsgebietes wiederherzustellen, indem Arbeitskräfte von dort in andere Regionen mit besseren Beschäftigungs- und Einkommensmöglichkeiten auswandern. In Verbindung damit muß in der Währungsunion auch die Niederlassungsfreiheit und der freie Zugang zu technischem Know-how gewährleistet werden. Sind diese Bedingungen in den Regionen der Währungsunion gegeben, so sind damit auch Voraussetzungen für ein „optimales Währungsgebiet" geschaffen. Diese Bedingungen sind üblicherweise nicht naturgegeben, sondern müssen erst geschaffen werden (65, S. 239).

Die **Europäische Gemeinschaft (EG)** stellt ein heterogenes Gebiet sehr unterschiedlicher Wirtschaftsstrukturen, Arbeitsproduktivität, Arbeitslosenquoten, Inflationsraten und Wirtschaftspolitiken dar. Daher gilt es, zunächst die ordnungs- und prozeßpolitischen Voraussetzungen eines optimalen Währungsgebietes zu schaffen. Wie dies zu erreichen sei, war zunächst Gegenstand eines Meinungsstreites zwischen den „Ökonomisten" und den „Monetaristen". Die **„Ökonomisten"**, deren Position vor allem von der Bundesrepublik Deutschland und den Niederlanden vertreten wurde, forderten als Voraussetzung einer europäischen Währungsunion mit permanent festen Wechselkursen vorab eine Koordination der wirtschaftspolitischen Ziele und Maßnahmen zwischen den EG-Ländern. Insbesondere sollten die Konjunktur-, Struktur- und Finanzpolitik der Länder miteinander abgestimmt werden. Demgegenüber waren die **„Monetaristen"** (nicht zu verwechseln mit der gleichnamigen geldtheoretischen Konzeption), deren Position vor allem Frankreich und Belgien vertraten, der Auffassung, daß eine beschleunigte monetäre Integration durch eine dauerhafte Fixierung der Wechselkurse der beteiligten Währungen, die Schaffung einer gemeinsamen europäischen Zentralbank und die Durchführung einer einheitlichen Geldpolitik in der EG die Voraussetzung für die sich dann automatisch ergebende totale wirtschaftliche Integration sei. Als politischer Kompromiß beider Auffassungen kam das **„Parallelitätsprinzip"** zum Tragen. Dieses postuliert, daß sich die währungspolitische parallel zur wirtschaftlichen Integration vollziehen sollte, an deren Ende als Krönung eine gemeinsame, neue europäische Währung stehen sollte.

Auf dieser Basis im Auftrage der EG-Gipfelkonferenz vom November 1969 arbeitete der „Werner-Ausschuß" den aus drei Stufen bestehenden **„Werner-Plan"** zur Erreichung einer „Europäischen Wirtschafts- und Währungs-Union" aus. Dieser wurde am 22.3.1971 vom EG-Ministerrat beschlossen und sollte in seiner ersten 3-Jahres-Stufe am 1.1.1971 beginnen. Er umfaßte drei Komplexe:

- Kooperation in der Währungspolitik mit dem Ziel, durch eine fortschreitende Verengung der Bandbreiten zu festen, unveränderlichen Währungsparitäten und schließlich zu einer einheitlichen, neuen Eurowährung zu gelangen. Während der dritten Stufe ab 1980 sollte ein gemeinsames europäisches Zentralbanksystem eine einheitliche Geld- und Währungspolitik betreiben.
- Eine abgestimmte mittelfristige Wirtschaftspolitik auf der Grundlage vereinbarter Leitli-

nien und eine abgestimmte Konjunkturpolitik sollten verhindern, daß strukturelle Zahlungsbilanzungleichgewichte zwischen den EG-Ländern entstehen und dadurch Wechselkursanpassungen notwendig werden.

- Ein regionaler Finanzausgleich sollte ein Absinken des Lebensstandards in strukturschwachen Regionen als Folge des Integrationsprozesses vermeiden.

Aber schon kurz nach Inkrafttreten des Werner-Plans scheiterte dieser infolge der internationalen Währungsunruhen. Sie hatten zur Folge: ein isoliertes Floating der D-Mark (9.5.1971), die von Präsident Nixon erklärte Aufhebung der Goldkonvertibilität des Dollars (15.8.1971), das Smithsonian Agreement mit neuen Paritäten und weiteren Bandbreiten (21.12.1971) und Kapitalverkehrskontrollen in den meisten europäischen Ländern.

In dieser Situation wurde auf Beschluß des EG-Ministerrats vom 6.3.1972 eine „Wechselkursunion" (59, S. 122) in Gestalt der **„Schlange im Tunnel"** geschaffen. Sie bestand in der Vereinbarung der sechs EG-Länder, die Wechselkurse ihrer Währungen untereinander nur innerhalb einer verengten Bandbreite von 2,25% (± 1,125%) schwanken zu lassen und zu ihrer Einhaltung nur in Gemeinschaftswährungen (und nicht mehr in Dollars) zu intervenieren. Der Block der EG-Währungen konnte jedoch entsprechend im Smithsonian Agreement inner-

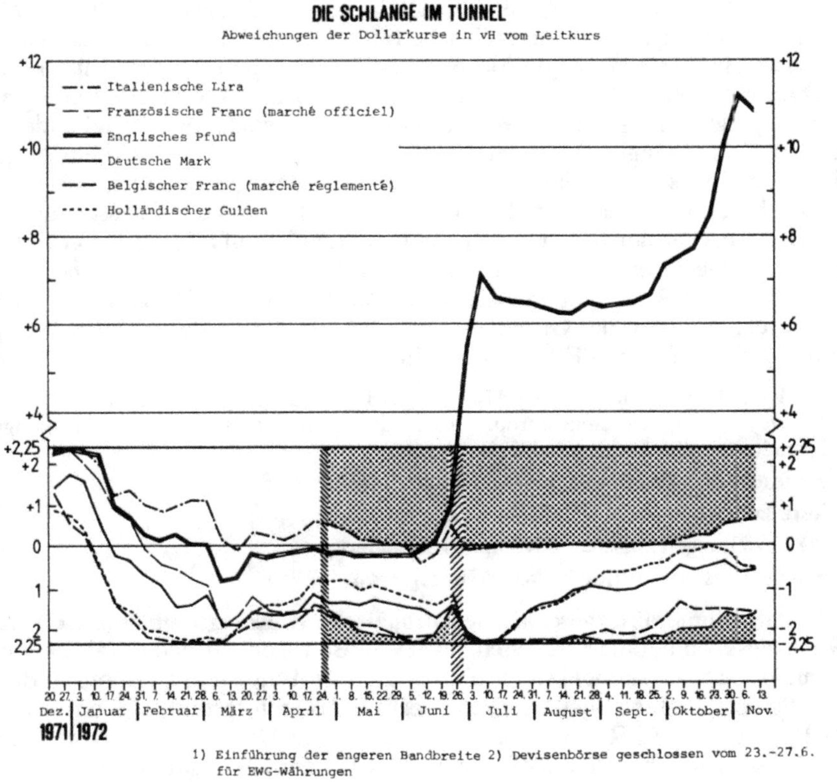

Abb. 13 Die Schlange im Tunnel

halb einer Bandbreite von 4,5% (± 2,25%) gegenüber dem US-Dollar und anderen Währungen schwanken. Dadurch konnte sich das Band der EG-Währungen (Schlange) innerhalb des breiteren Bandes aller anderen Währungen (Tunnel) bewegen. Die empirische Entwicklung der Wechselkurse zeigt **Abbildung 13**, aus der auch zu ersehen ist, daß schon kurze Zeit nach Inkrafttreten der EG-Wechselkursvereinbarung am 24.4.1972 aufgrund mißlungener Stabilisierungsversuche der britischen Wirtschaft eine Spekulationswelle gegen das britische Pfund einsetzte, die am 23.6.1972 zur Freigabe des Wechselkurses des britischen und des mit diesem verbundenen irischen Pfundes zwang.

Kapitalflucht aus Italien ab Januar 1973, Kapitalzuflüsse in die Bundesrepublik Deutschland und Spekulationswellen gegen den Dollar zwangen zur Freigabe der Wechselkurse gegenüber dem Dollar am 19.3.1973. Damit war nicht nur die Existenz des „Tunnels" beendet, sondern auch das „Realignment" des Smithsonian Agreement gescheitert. Nachdem unmittelbar Italien, später im Januar 1974 und im März 1976 auch Frankreich aus dem EG-Währungsverbund ausscheiden mußten, blieb nur noch ein „Blockfloating" der „Minischlange" übrig, die schließlich nur noch aus den Währungen der Länder Belgien/Luxemburg, Dänemark, Bundesrepublik Deutschland und Niederlande bestand, in der die DM erheblich dominierte.

Nach dem Scheitern des „Europäischen Wechselkursverbundes" ergriffen die Staats- und Regierungschefs der EG in Währungskonferenzen vom 7/8.4.1978, 6/7.7.1978 und 5/6.12.1978 die politische Initiative zur Fortsetzung des ökonomischen und monetären Integrationsprozesses durch Schaffung des **„Europäischen Währungssystems"** (EWS), das am 13.3.1979 in Kraft trat. Das EWS als Fortentwicklung des Europäischen Währungsverbundes sollte das bestehende währungspolitische Ungleichgewicht der EG als Ursache steigender Arbeitslosigkeit, sinkender Investitionsneigung und schrumpfender Außenhandelsumsätze (66, S. 28), beseitigen und durch die monetäre Integration die Voraussetzungen für eine Konvergenz der Inflationsraten der EG-Länder auf möglichst niedrigen Niveau, für eine Verhinderung kurzfristiger Auf- und Abwertungen, eine Wiederherstellung der Rentabilität der Exportunternehmen und den Ressourcentransfer zu schaffen. Auf der Grundlage „stabiler, aber anpassungsfähiger Wechselkurse" gründet sich das EWS auf fünf Elemente:

- die **ECU** (European Currency Unit, zugleich Bezeichnung einer alten französischen Münze) als neugeschaffene europäische Währungseinheit als Bezugs- und Rechengröße (numéraire) aller beteiligten EG-Währungen,
- die festgelegte **Bandbreite** mit **Interventionsregeln**,
- **feste Leitkurse** mit der Möglichkeit ihrer Änderung,
- die Beziehungen zwischen EWS und **Drittländern**,
- den gemeinsamen **Europäischen Währungsfonds** (EWF)

Die als „numéraire" geschaffene **Europäische Währungseinheit (ECU)** „ist als Währungskorb definiert, der sich aus festen Beträgen der neun Währungen der Gemeinschaft zusammensetzt" (67, S. 12). Ihre Berechnung knüpft an das am 1.1.1969 geschaffene **Sonderziehungsrecht (SZR)** mit fester Gold- und US-Dollar-Parität an (1 SZR = 0,888671 g Gold = 1 US-Dollar). Nach Abwertungen des US-$ gegenüber dem SZR am 18.12.1971 um 7,9% und am 12.2.1973 um 10,0% wurde die direkte Beziehung zwischen SZR, US-$ und Gold endgültig gelöst und die Währungsparitäten des SZR mit Hilfe der Standardkorb-Technik berechnet, wobei der Währungskorb aus den gewogenen Anteilen der 16 bedeutendsten Welthandelsländer bestand. Zur gleichen Zeit (28.6.1974) schuf der Europäische Rat die **Europäische Rechnungseinheit (ERE)**, deren Wert er dem SZR gleichsetzte (1 ERE = 1 SZR). Diesem Ausgangswert der ERE wurde ein gewogener Währungskorb der neun EG-Währungen zugrunde gelegt. Die statistischen Gewichte der einzelnen Währungen am Währungskorb wurden aus den Anteilen eines jeden Landes am innergemeinschaftlichen Handel, am Bruttosozialprodukt der EG und an der Quote des EWS-Währungsbeistands als feste Währungsbeträge berechnet. Mit Inkrafttreten des **Europäischen Währungssystems (EWS)** am 13.3.1979 wurde die ECU geschaffen und auf Beschluß des Europäischen Rates bei gleichem Währungskorb und gleicher Berechnungsmethode dem Wert der ERE gleichgesetzt (1 ERE = 1 ECU). Die Berechnung der festen Währungsbeträge der neun im Standardkorb des EWS enthaltenen EG-Währungen ist in **Tabelle 6** dargestellt.

Währung	Gewicht in %	DM-Gegenwert	Wechselkurs in DM am 28.6.1974	fester Währungsbetrag in Landeswährung
DM	27,3	0,8280	–	0,828
B	17,5	0,5308	5,9977	0,0885
FF	19,5	0,5914	0,5143	1,15
Lit	14,0	0,4246	0,0039	109,0
hfl	9,0	0,2730	0,9545	0,286
FB	7,9	0,2396	0,0655	3,66
FLux	0,3	0,0091	0,0655	0,14
DKr	3,0	0,0910	0,4194	0,217
Ir£	1,5	0,0455	5,9977	0,00759
	100,0	3,0330		

Tab. 6 Berechnung der festen Währungsbeträge im Standardkorb des EWS

Ausgegangen wird vom Wert des SZR am 28.6.1974, dem der Wert der ERE und der ECU gleichgesetzt wurde (117). Wird als Bezugsgröße die DM gewählt (gleiches gilt für jede andere Korbwährung), so betrug am 28.6.1974 der Gegenwert eines SZR gleich einer ERE gleich einer ECU 3,0330 DM. Multipliziert man diesen Betrag mit den Gewichten der einzelnen Währungen, so erhält man die DM-Gegenwerte jeder Korbwährung. Legt man die zu diesem Zeitpunkt geltenden DM-Wechselkurse der einzelnen Währungen zugrunde, so lassen sich die einzelnen DM-Gegenwerte jeder Währung in feste Währungsbeträge umrechnen. Diese festen Währungsbeträge bilden den Standardkorb zur Berechnung der ECU.

Infolge der Verschiebung der Währungsparitäten zwischen den EG-Währungen im Zeitraum 28.6.1974 bis 15.2.1979 ergaben sich bei konstant gehaltenen „festen Währungsbeträgen" ein neuer ECU-Wert in DM (1 ECU = 2,5082 DM) und neue Gewichte der einzelnen Korbwährungen. Die Berechnung der neuen Gewichte der einzelnen Währungen des Standardkorbs aus den festen Währungsbeträgen zeigt **Tabelle 7**. In dieser werden die festen Währungsbeträge mit ihren Wechselkursen am 15.2.1979 in die entsprechenden DM-Gegenwerte als

Währung	fester Währungsbetrag in Landeswährung	Wechselkurs in DM am 15.2.1979	DM-Gegenwert	Gewicht in %
DM	0,8280	–	0,8280	33,01
B	0,0885	3,712	0,3285	13,10
FF	1,15	0,43335	0,4984	19,87
Lit	109,0	0,002211	0,2410	9,62
hfl	0,286	0,92515	0,2646	10,55
FB	3,66	0,06348	0,2323	9,26
FLux	0,14	0,06348	0,0089	0,35
DKr	0,217	0,36085	0,0783	3,12
Ir£	0,00759	3,712	0,0282	1,12
			2,5082	100,00

Tab. 7 Berechnung neuer Gewichte der Währungen des Standardkorbes aus den festen Währungsbeträgen

Bezugswährung (jede andere Korbwährung kann gleichermaßen als Bezugswährung gewählt werden) umgerechnet. Der Prozent-Anteil des DM-Gegenwertes jeder Währung an der Summe der DM-Gegenwerte aller Währungen (2,5082 DM) entspricht den neuen Gewichten der einzelnen Währungen. Eine Veränderung der Gewichte war frühestens sechs Monate nach Inkrafttreten des EWS am 13.3.1979, sodann nach Ablauf von jeweils fünf Jahren oder bei Veränderung des Gewichtes einer Korbwährung von 25% möglich, wenn alle EWS-Mitglieder einer solchen Veränderung der Korbgewichte zustimmen.

In ihrer Eigenschaft als „numéraire" fungiert die **ECU als Bezugsgröße** für die Festlegung der **Leitkurse** (Paritäten) aller EG-Korbwährungen und der zulässigen Wechselkursschwankungen innerhalb der Bandbreite. Über die ECU-Parität jeder Währung werden auch die bilateralen Wechselkurse zwischen den einzelnen Währungen sowie die zulässigen Höchst- und Mindestwechselkurse berechnet. Die ECU dient ferner als Indikator für Wechselkursabweichungen vom Leitkurs, als Rechengröße für Forderungen und Verbindlichkeiten im EWS, als Zahlungsmittel zum Ausgleich der Zahlungsbilanzsalden zwischen den EG-Ländern sowie als Währungsreserveeinheit der EG-Zentralbanken und des Europäischen Währungsfonds.

Als **Bandbreite** der zulässigen Wechselkursschwankungen um die bilateralen Leitkurse jeder EG-Währung (Paritätengitter) wurde 4,5% (± 2,25%) im EWS vereinbart. Als Ausnahme wurde für eine Übergangszeit Italien eine Bandbreite von 12% zugestanden, während Großbritannien zunächst keine feste Parität mit Bandbreitenregelung eingehen konnte. Die Zentralbanken der am EWS beteiligten Länder sind verpflichtet, den Wechselkurs ihrer Währung durch **unbegrenzte Interventionen** innerhalb der Bandbreite zu halten. Die Interventionen sind **symmetrisch**, d.h. von den Zentralbanken starker und schwacher Währungen gleichzeitig und gleichgerichtet, grundsätzlich in Währungen des EWS durchzuführen. Interventionen können aber auch in Währungen dritter Länder, so dem US-Dollar erfolgen (66, S. 30). Um frühzeitig feststellen zu können, ob sich eine Währung bedingt durch „maßgebliche Grundbedingungen" oder durch Sondereinflüsse wesentlich anders entwickelt als die anderen Währungen (67, S. 13), wurde innerhalb der Bandbreite ein **Abweichungsindikator** geschaffen. Dieser besteht aus einer **Abweichungsschwelle** von 75% der maximalen Abweichung des ECU-Tageskurses vom ECU-Leitkurs einer Währung. Wegen des unterschiedlichen Gewichtes der einzelnen Währungen im ECU-Währungskorb ist die Abweichungsschwelle der meisten Währungen geringer als 75% der maximal zulässigen Abweichung. Ist z.B. das Gewicht des französischen Franc (FF) innerhalb des Währungskorbes ca. 20% und die maximale Abweichung innerhalb der Bandbreite ± 2,25%, so ergibt sich für den FF eine Abweichungsschwelle von 1,8% nach folgender Formel:

$$\frac{2{,}25 \cdot (100 - 20)}{100} = 1{,}8\%$$

Zeigt der Abweichungsindikator langanhaltende Spannungen des EWS-Wechselkursgefüges an, so sind entsprechend der Entschließung des Europäischen Rats vom 5.12.1978 folgende Maßnahmen vorgesehen:

- diversifizierte Interventionen,
- interne währungspolitische Maßnahmen im betreffenden Land,
- Änderungen der Leitkurse,
- andere wirtschaftspolitische Maßnahmen.

Eine Änderung der Leitkurse (Paritäten) einer Währung gegenüber dem ECU, die zwangsläufig eine Änderung aller anderen Leitkurse bedingt, ist im EWS ausdrücklich vorgesehen. Sie ist insbesondere dann notwendig, wenn eine Divergenz der Inflationsraten und damit der Kaufkraftparitäten festgestellt wird.

Gegenüber den **Währungen dritter Länder** besteht ein **Floating** (flexible Wechselkurse). Zur Herstellung geregelter Marktverhältnisse (orderly market conditions) zwischen den Währungen des EWS und denen dritter Länder, vor allem gegenüber dem US-Dollar, koordinieren die EWS-Zentralbanken ihre Interventionen an den Devisenmärkten zur Glättung der Wechselkursschwankungen. Damit soll eine unterschiedliche Entwicklung einzelner EWS-Währungen gegenüber dem US-Dollar vermieden werden.

Zur Sicherung eines **Währungsbeistands** als Voraussetzung unbegrenzter Interventionen im EWS zur Stabilisierung der Wechselkurse innerhalb der Bandbreiten wurde ein **„Europäischer Fonds für währungspolitische Zusammenarbeit" (EFWZ)** geschaffen, an den die Zentralbanken der EWS-Länder 20% ihrer Goldreserven und 20% ihrer Währungsreserven in Dollars zu übertragen hatten. Damit sollte eine Grundlage für eine spätere gemeinsame Zentralbank mit gemeinsamen Währungsreserven aller Mitgliedsländer nach dem Muster des amerikanischen Federal Reserve System geschaffen werden. Die Verwaltung dieser dem EFWZ von den Zentralbanken übertragenen Währungsreserven wird zunächst noch von den Zentralbanken vorgenommen.

Zur Finanzierung von **Währungsbeistandskrediten** wurden die bestehenden Fazilitäten aufgestockt: der **„kurzfristige Währungsbeistand"** der EG-Zentralbanken auf ca. 14 Mrd. ECU und der **„mittelfristige finanzielle Beistand"** zwischen den EWS-Mitgliedsländern auf ca. 11 Mrd. ECU. Der „kurzfristige Währungsbeistand" besitzt eine Laufzeit von drei Monaten und kann zweimal um weitere drei Monate verlängert werden. Die Einschußpflicht jeder Zentralbank ist auf ihre Gläubigerquote begrenzt. Der „mittelfristige finanzielle Beistand" besitzt eine Laufzeit von zwei bis fünf Jahren und ist mit wirtschaftspolitischen Auflagen verbunden.

Damit sind die institutionellen Voraussetzungen für einen funktionsfähigen europäischen Währungsblock (der auch anderen europäischen Ländern offensteht) mit einem hohen Maß an Währungsstabilität und für eine weitere monetäre und wirtschaftliche Integration in Europa geschaffen worden. Die Anlaufphase fiel 1979 in eine günstige Periode geringer Währungsunruhen durch ein ausgewogeneres Leistungsbilanzgefüge innerhalb der Gruppe der Industrieländer sowie das Anti-Inflations- und Dollar-Stabilisierungsprogramm der USA (49, S. 55). Es hatte sich auch gezeigt, daß notwendige Wechselkurskorrekturen im EWS störungsfrei erfolgen konnten.

Ob das EWS als Währungsblock erhalten und Kern einer weitergehenden Wirtschaftsintegration trotz zu erwartender Störungen von außen (Ölrechnung mit unterschiedlich hohen Leistungsbilanzdefiziten, Entwicklung der Bedeutung und des Wechselkurses des US-Dollars, Recycling von Ölgeldern und Entwicklung der Xenomärkte) sein wird, wird abhängen von der politischen Durchsetzbarkeit einer Konvergenz der Wirtschaftspolitiken mit dem Ziel einer Konvergenz der Inflationsraten auf niedrigem Niveau. Von besonderer Bedeutung sind hierfür strukturpolitische Maßnahmen zugunsten der ärmeren Regionen durch Kredite der **„Europäischen Investitionsbank“** und Zinssubventionen (68, S. 13).

In das System des EWS eingebaute **Störungsquellen** sind der Interventionsmechanismus und Wechselkursänderungen. Nach Feststellungen des Währungsausschusses des Europäischen Parlamentes (69) sind bisher die Interventionen im EWS gegenüber dem Dollar nicht zufriedenstellend verlaufen. Dies ist eine Folge der Tatsache, daß die Interventionen einer Zentralbank mit einer schwachen Währung durch die notwendige Abgabe von Währungsreserven und dem Zwang zu einer restriktiven Geldpolitik wesentlich schwerer wiegen als die Interventionen einer Zentralbank mit einer starken Währung, die eine Erhöhung der Liquidität ihrer Volkswirtschaft und damit expansive Wirkungen nach sich ziehen (66, S.30). Daher besteht die Gefahr, daß Zentralbanken mit einer schwachen Währung in unzureichendem Umfang intervenieren und dadurch überwiegend Zentralbanken mit starken Währungen die notwendigen Interventionen überlassen (asymmetrische Interventionen). In diesem Falle wäre ein Anstieg der Inflationsraten aller EWS-Länder unvermeidlich. Eine Interventionsverpflichtung kann sich auch aus unterschiedlichen Geldmengenzielen der EWS-Länder ergeben und gleichzeitig die Geldmengenpolitik bestimmter Länder stören. Eine weitere Gefahr kann sich aus der Wechselkursregelung ergeben. Paritätsänderungen und Gewichtsänderungen der Währungen im ECU-Währungskorb setzen das Einverständnis aller EWS-Länder voraus. Ob dieses immer, rechtzeitig und für das notwendige Ausmaß der Paritätsänderung erzielt werden kann, erscheint fraglich.

4. Kapitel: Geldangebot

4.1 Gegenstand der Geldangebotstheorie

Die Geldangebotstheorie beschäftigt sich mit den Determinanten des Geldangebotes zur Erklärung der Höhe und Veränderung der von der Zentralbank, den Geschäftsbanken und Nicht-Banken insgesamt angebotenen Geldmenge, die in den Geldmengenaggregaten (vgl. Kapitel 1.5) gemessen wird. Einziger Produzent und Anbieter von Zentralbankgeld als Geldbasis ist die Zentralbank, die durch geldpolitische Steuerung der Geldbasis die Veränderung der Geldmengenaggregate beeinflußt. Mißt man das Geldangebot M_s z.B. im Geldmengenaggregat M_3, so läßt sich dieses als ein bestimmtes Vielfaches (oder Multiplikator) m_3 der Geldbasis B ausdrücken:

$$M_s \equiv M_3 = m_3 \cdot B$$

In gleicher Weise lassen sich die Geldmengenaggregate M_1 und M_2 als das Geldangebot darstellen, das von der Geldbasis B bestimmt und mit einem Multiplikator m_1 und m_2 verknüpft ist.

Ob und in welchem Grade die Zentralbank in der Lage ist, über die Geldbasis das Geldangebot zu steuern, hängt davon ab, ob der Multiplikator im Zeitablauf konstant bleibt oder nicht. Dies wird jedoch vom Verhalten der Geschäftsbanken und Nicht-Banken bestimmt. Die Nicht-Banken lassen sich in Finanzintermediäre, Staat, Unternehmen und private Haushalte aufgliedern. Banken und Nicht-Banken des Auslandes können ebenfalls das inländische Geldangebot beeinflussen. Geschäftsbanken, Finanzintermediäre und das Ausland können in einem bestimmten Umfang neben der Zentralbank und damit unabhängig von der Geldbasis durch ihr Kreditverhalten, die Unternehmen und privaten Haushalte durch ihre Entscheidung über Bargeldhaltung, Höhe und Art ihrer Bankeinlagen, Finanzanlagen und ihr Kreditnachfrageverhalten das Geldangebot beeinflussen.

Verändert sich durch diese Verhaltensweisen der Multiplikator der Geldbasis erheblich, kurzfristig und häufig im Zeitablauf, so läßt sich daraus schließen, daß es der Zentralbank nicht gelingt, das Geldangebot über die Geldbasis zu kontrollieren. In diesem Falle sind die neben der Zentralbank tätigen Geldanbieter, nämlich die Geschäftsbanken durch Geldschöpfung und -vernichtung, die Finanzintermediäre, der Staat und das Ausland, aufgrund des Spar- und Kreditnachfrageverhaltens der Unternehmen und privaten Haushalte in der Lage, autonom die angebotene Geldmenge zu verändern. Folglich ergibt sich das Geldangebot aus den Verhaltensweisen der am Geldangebotsprozeß Beteiligten und ist daher als eine **endogene Größe** zu interpretieren. Wird dieser Fall als ständig vorherrschend angenommen, so ist entsprechend der Auffassung von **O. Issing** (14, S. 71) die Geldangebotstheorie endogen zu erklären.

Bleibt dagegen der Multiplikator der Geldbasis im Zeitablauf konstant, so ist anzunehmen, daß der Zentralbank die Kontrolle des Geldangebotes über die Steuerung der Geldbasis gelingt. Damit wird nicht ausgeschlossen, daß die anderen Geldanbieter neben der Zentralbank ebenfalls Geld anbieten und die Geldmenge beeinflussen können. Es wird nur unterstellt, daß die Zentralbank stets in der Lage ist, die autonomen Veränderungen des Geldangebotes durch Geschäftsbanken, Finanzintermediäre, Staat und Ausland zu neutralisieren. In diesem Sinne wäre der ursprünglich von **J. M. Keynes** (87, S. 247), derzeit auch von **A. Woll** (73, S. 362) vertretenen Auffassung zu folgen, das über die Geldbasis bestimmte Geldangebot als eine **exogene Größe** anzusehen.Empirische Untersuchungen zeigen, daß kurzfristig die neben der Zentralbank agierenden anderen Geldanbieter das Geldangebot bestimmen und daher der Multiplikator der Geldbasis instabil ist, langfristig aber die Zentralbank über die Geldbasis die Geldmenge zu bestimmen vermag, weshalb der Multiplikator der Geldbasis im Zeitablauf stabil bleibt (196, S. 390; 74, S. 344). So weisen **J. Siebke** und **M. Willms** (197) nach, daß sich in der von ihnen untersuchten Periode 1958-1968 85% des Geldmengenwachstums durch die Erhöhung der Geldbasis und nur 15% durch die Veränderung des Multiplikators erklären lassen. Es ist daher nicht verwunderlich, daß die **kurzfristige Analyse** der **post-keynesianischen (fiskalistischen) Geldangebotstheorie** einen **instablilen Multiplikator** unterstellt und infolgedessen die Geldmenge als eine **endogene Größe** ansieht und daß die **langfristige Analyse** der **monetaristischen Geldangebotstheorie** einen **stabilen Multiplikator** unterstellt und demzufolge die Geldmenge als eine **exogene Größe** betrachtet.

Es ist allerdings zu beachten, daß es kurzfristig unabhängig von einer Veränderung der Geldbasis zu zinsinduzierten Verlagerungen zwischen den Geldmengenaggregaten kommen kann. So ist in der Praxis zu beobachten, daß in Perioden knappen und (durch hohe Zinsen) teuren Geldes die Wirtschaftssubjekte eine Rationalisierung ihrer Kassenhaltung vornehmen, indem sie ihre Bargeldbestände und Sichtguthaben verringern, um dieses Geld als Termineinlagen und Spareinlagen oder in Geld- und Kapitalmarktpapieren anzulegen. Dies kommt in einer schrumpfenden Zuwachsrate der Geldmenge M_1 und in einer stärker expandierenden Zuwachsrate der Geldmengen M_2 und M_3 zum Ausdruck. Umgekehrt steigt die Kassenhaltung in Form von Bargeld und Sichtguthaben in Perioden niedriger Zinsen, die sich in einer relativ stärkeren Expansion der Geldmenge M_1 niederschlägt.

Auch wenn langfristig die durch die Geldpolitik der Zentralbank angebotene Geldmenge als exogen bestimmte Größe angesehen wird, muß sich die Geldangebotstheorie mit dem Geldangebot der einzelnen Geldanbieter beschäftigen, von dem der Geld- und Kreditschöpfung der Banken eine besondere Bedeutung zukommt. Sie muß ferner den monetären Transmissionsmechanismus analysieren und zu erklären versuchen, in welcher Weise sich eine Veränderung der Geldbasis über Veränderungen der Geldmenge und des Kreditvolumens auf die Veränderung der wirtschaftlichen Aktivität überträgt.

Schließlich ist anzumerken, daß Veränderungen der angebotenen Geldmenge, die nicht von gleichgroßen Veränderungen der Geldnachfrage begleitet werden, zu einer entsprechenden Erhöhung oder Verminderung der gesamtwirtschaftlichen Liquidität führt, die sich vor allem in der Veränderung der Bankenliquidität niederschlägt. Da der reziproke Wert der Kassenhaltungsdauer der Umlaufsgeschwindigkeit des Geldes entspricht ($V = 1/k$), zeigt eine Erhöhung der Bankenliquidität eine Verringerung der Umlaufsgeschwindigkeit des Geldes an und umgekehrt. Somit kommen Diskrepanzen zwischen den Veränderungsraten des

Geldangebotes und der Geldnachfrage in einer entsprechenden Veränderung der Umlaufsgeschwindigkeit des Geldes zum Ausdruck.

4.2 Geldanbieter

4.2.1 Zentralbank

Dominierender Geldanbieter, der der Volkswirtschaft über die Geschäftsbanken Basisgeld in Gestalt der Zentralbankgeldmenge zur Verfügung stellt, ist die Zentralbank (Deutsche Bundesbank). Sie beeinflußt gleichzeitig auch das Geldangebot an die Nicht-Banken: Finanzintermediäre, Staat und Ausland. In Abhängigkeit von der Entwicklung der Geldnachfrage sind die Banken und Nicht-Banken innerhalb bestimmter Grenzen so lange in der Lage autonom das Geldangebot zu verändern, bis die Zentralbank durch geldpolitische Maßnahmen das Geldangebot auf die von ihre gewünschte Höhe zurückführt.

Inwieweit der Zentralbank dies gelingt, hängt von den ordnungspolitischen Rahmenbedingungen ab. Denn diese bestimmen den Autonomiegrad und die Aufgaben der Zentralbank, die ihr zur Verfügung stehenden geldpolitischen Instrumente und die Vorschriften für das Bankgeschäft. Sie sind meistens in Form von Gesetzen fixiert, unter denen das Gesetz über die Zentralbank das bedeutendste ist. Es regelt insbesondere die Beziehungen der Zentralbank zum **Staat**, zu den **Geschäftsbanken** und **Finanzintermediären** sowie zum **Ausland**, die als Geldanbieter fungieren und über die die Zentralbank das Geldangebot steuert. Eine schematische Übersicht über die Komponenten des Geldangebotes durch die drei vorgenannten Gruppen von Geldanbietern auf der Basis des von der Zentralbank zur Verfügung gestellten und gesteuerten Zentralbankgeldes gibt **Abbildung 14**.

Die Beziehung der Zentralbank zum **Staat** und dessen Geldangebotsmöglichkeiten durch Zentralbankkredit sind in den meisten Ländern im Zentralbankgesetz geregelt. Hierin ist wesentlich, ob und bis zu welcher Höhe die Zentralbank verpflichtet ist, dem Staat Kredite durch zusätzliches Zentralbankgeld zur Verfügung zu stellen. Ist die Zentralbank den Weisungen der Regierung unterworfen, so bestimmt die Regierung die Geld- und Kreditpolitik und kann von der Zentralbank Kredite in unbegrenzter Höhe zur Finanzierung der Staatsausgaben verlangen. In solchen Ländern ist die Zentralbank meistens dem Finanz- oder Wirtschaftsminister unterstellt. So besagt z.B. das Gesetz über die argentinische Zentralbank (104) in Art. 4: „Die Führung der Bank ist den allgemeinen Anweisungen im Bereich der Wirtschaftspolitik, Geldpolitik, Wechselkurspolitik und Finanzpolitik unterworfen, welche die nationale Regierung über das Wirtschaftsministerium anordnet“ (Übers. d. Verf.). Weiter wird die argentinische Zentralbank in Art. 29 ermächtigt, der Regierung bis zu 30% der in den letzten 12 Monaten von ihre erhaltenen Kredite zusätzlichen Kredit zu gewähren. Die Möglichkeit einer solchen staatlichen Geldschöpfung durch praktisch unbegrenzte indirekte Zentralbankkredite führt meistens zu einem hohen und ständigen Deficit Spending des Staates mit der Folge sehr hoher Inflationsraten. Argentinien bietet hierfür ein Beispiel. Dort betrug die Inflationsrate z.B. im Jahre 1979 262%. Länder, in denen die Zentralbank weitgehend den Weisungen der Regierung unter-

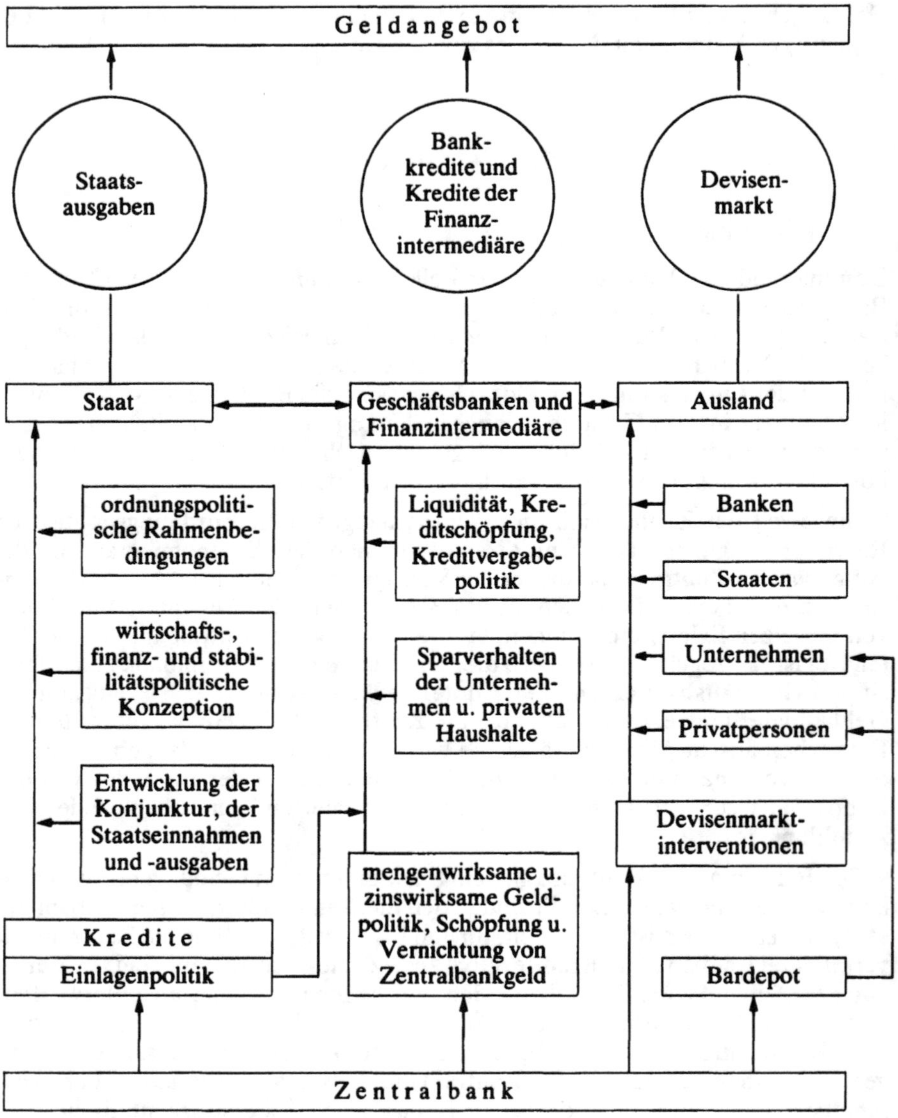

Abb. 14 Die Komponenten des Geldangebotes

liegt, sind z.B. nach Feststellung von **H. Giersch** (105, S. 250): Australien, Brasilien, Frankreich, die Niederlande, Schweden und Großbritannien. Es ist allerdings zu beachten, daß unter diesen Ländern erhebliche graduelle Unterschiede der Abhängigkeit der Zentralbank von der Regierung bestehen. Während der „Banco Central do Brasil“ im Auftrage der Regierung handelt (106), besitzt die „Banque de France“ in der Praxis einen hohen Grad der Autonomie, obwohl sie nach dem Gesetz (107) an der Vorbereitung der von der Regierung festgelegten Geldpolitik nur mitwirkt und sie durchführt.

Demgegenüber sind als Länder, deren Zentralbank autonom, also von den Weisungen der Regierung unabhängig sind, nach **H. Giersch** (105, S. 251) anzusehen z.B.: die USA, Kanada, Schweiz, Österreich und die Bundesrepublik Deutschland. Diese Autonomie der Zentralbank ist meistens gesetzlich fixiert. So ist z.B. die Deutsche Bundesbank gem. § 12 BbkG „bei der Ausübung ihrer Befugnisse ... von Weisungen der Bundesregierung unabhängig". Darüber hinaus waren ursprünglich gem. § 20 BbkG Höchstgrenzen der Zentralbankkredite (Kassenkredite) an den Staat festgelegt:

- 6 Mrd. DM an den Bund,
- 600 Mio. DM an die Bundesbahn,
- 400 Mio. DM an die Bundespost,
- 200 Mio. DM an den Ausgleichsfonds,
- 50 Mio. DM an das ERP-Sondervermögen,
- 40 DM je Einwohner an die Länder, Ausnahme: 80 DM je Einwohner an Bremen und Hamburg.

Nach Abschluß des Maastrichter Vertrages am 7.2.1992 zur Gründung der **Europäischen Union** wurde zwischen den Mitgliedsstaaten vereinbart, während der zweiten Stufe zur Vorbeitung der Europäischen Währungsunion ihre nationalen Gesetze über ihre Zentralbank so zu verändern, daß sie die ordnungspolitischen Bedingungen der künftigen **Europäischen Zentralbank** erfüllen. Dies bedeutet, daß jeder Zentralbank Autonomie ihrer Geldpolitik (Unabhängigkeit von Weisungen der Regierung) gesetzlich zugesichert, jegliche Formen von Krediten an den Staat sowie eine Verpflichtung des Staates zur Haltung von Kassenbeständen bei der Zentralbank untersagt werden. Dadurch wird verhindert, daß Staatsausgaben durch Geldschöpfung der Zentralbank finanziert oder - anders ausgedrückt - staatliche Haushaltsdefizite monetisiert werden. Auf diese Weise wird ein vom Staat verursachtes Inflationspotential (durch ein zusätzliches Geldangebot des Staates) verhindert.

In diesem Sinne wurden die **Kreditlinien der Bundesbank an den Staat** (§ 20 BbkG: Kassenkredite) mit Beginn des Jahres 1994 **aufgehoben,** die **Einlagenpflicht des Staates** bei der Bundesbank und die **Manipulation der Einlagen des Staates durch die Bundesbank** (§ 17: Einlagenpolitik) ab Juli 1994 **beseitigt.** Die §§ 17 und 20 BbkG wurden ersatzlos gestrichen. Als Konsequenz davon sind die Kassentransaktionen der Bundesbank mit dem Staat nur noch unbedeutend.

Trotz dieser ordnungspolitischen Maßnahmen zur Sicherung der monetären Stabilität ist die Möglichkeit nicht ausgeschlossen, daß nationale Zentralbanken und künftig die Europäische Zentralbank „unsichtbar" Kredite an den Staat oder Institutionen der Europäischen Union gewähren, indem sie staatliche Geld- und/oder Kapitalmarktpapiere direkt nach ihrer Emission oder über den Sekundärmarkt übernehmen.

Die Deutsche Bundesbank hat primär die Aufgabe, mit Hilfe ihres geldpolitischen Instrumentariums die monetäre Stabilität zu wahren. Daher regelt sie gem. § 3 BbkG „den Geldumlauf und die Kreditversorgung der Wirtschaft mit dem Ziel, die Währung zu sichern". Gleichzeitig ist sie aber auch zur Zusammenarbeit mit der Bundesregierung in allen währungspolitischen Fragen (§ 13 BbkG) und zur Unterstützung der allgemeinen Wirtschaftspolitik der Bundesregierung (§ 12 BbkG) verpflichtet. Dies bedeutet, daß zur Erreichung gesamtwirtschaftlicher Stabilität eine enge Koordination zwischen der Geldpolitik der Bundesbank und der Finanzpolitik der Bundesregierung stattfinden soll. Institutionell geschieht das dadurch, daß Mitglieder der Bundesregierung an den Sitzungen des Zentralbankrates teilnehmen (§ 13 (2) BbkG) und die Bundesregierung „den Präsidenten der Deutschen Bundesbank zu ihren Beratungen über Angelegenheiten von währungspolitischer Bedeutung“ hinzuzieht (§ 13 (3) BbkG).

Zur Überwachung des Bankensystems arbeitet die Deutsche Bundesbank mit dem Bundesaufsichtsamt für das Kreditwesen zusammen, indem sie diesem dadurch Hilfsdienste leistet, daß sie die Kreditmeldungen, Monatsausweise und Bilanzen der Geschäftsbanken überwacht (§ 7 KWG). Darüber hinaus sind bestimmte Aufsichtsmaßnahmen des Bundesaufsichtsamtes für das Kreditwesen über das Bankensystem an die Zustimmung der Bundesbank gebunden.

Gegenüber den **Geschäftsbanken** und **Finanzintermediären** sowie gegenüber dem **Ausland** setzt die Zentralbank (Deutsche Bundesbank) ihr geldpolitisches Instrumentarium so ein, daß sie deren autonome und von ihr nicht gewünschte Veränderungen des Geldangebotes korrigiert. Da die unerwünschte Erhöhung oder Verminderung des Geldangebotes vorwiegend von den Geschäftsbanken durch Geldschöpfung oder Geldvernichtung oder durch das Ein- oder Ausschleusen von Auslandsgeldern verursacht wird, konzentriert die Zentralbank ihre korrigierenden geldpolitischen Maßnahmen auf die Banken, indem sie auf deren Liquidität und Zinsen Einfluß nimmt.

Eine Verringerung der Bankenliquidität und infolgedessen eine Begrenzung der Kreditexpansion der Banken wird dann eintreten, wenn es der Zentralbank gelingt, eine ausreichend hohe Spanne zwischen den Zinsen kurzfristiger und denen langfristiger Finanzanlagen herzustellen, welche die Geschäftsbanken zu einer Umschichtung kurzfristiger liquider in langfristige weniger liquide Aktiva veranlaßt. „Liquide Aktiva, die ohne Zutun der Notenbank den im Zuge der monetären Expansion notwendig werdenden Zentralbankgeldbedarf alimentieren helfen, verschaffen den Kreditinstituten einen gewissen Freiheitsspielraum bei der Kreditgewährung. Dieser Freiheitsspielraum ist eingeengt, wenn die Kreditinstitute vorhandene liquide Mittel zinstragend anlegen, zugleich aber ungemindert ihre Kreditexpansion fortsetzen. Da mit jeder Kreditgewährung ein Anstieg des Bargeldumlaufs und/oder ein Wachsen des Mindestreserve-Solls (auch bei unveränderten Reservesätzen) verbunden ist, limitiert letztlich der Vorrat an Zentralbankgeld das Wachsen der Bankbilanzen“ (76, S. 23). Ist der Liquiditätsspielraum der Banken eingeengt, indem freie Liquiditätsreserven als aktuelles und potentielles Zentralbankgeld den Banken nicht mehr zur Verfügung stehen, so wird auch eine zusätzliche Kreditvergabe der Banken nicht mehr möglich sein. Im umgekehrten Falle zeigt sich jedoch, daß „die Bereitstellung von Zentralbankgeld an die Kreditinstitute, also die Erhöhung des Liquiditätssaldos der Banken, keinesfalls eine Garantie dafür ist, daß damit ein bestimmter angestrebter monetärer Expansionsprozeß ausgelöst wird“ (71, S. 19).

Die Deutsche Bundesbank ermittelt in einer monatlichen Statistik die „Konsolidierte Bilanz des Bankensystems“, die in ihren Monatsberichten veröffentlicht wird und die Entstehung und Zusammensetzung des gesamten Geldangebotes wiedergibt. Die verwendete Systematik zeigt **Abbildung 15**. Die Passivseite enthält die Geldkapitalbildung nach Entstehungsarten, darunter die Geldvolumen M_1 bis M_3 (vgl. Abbildung 1). Die Aktivseite enthält als Gegenposition der Geldkapitalbildung das Geldangebot, das (nach Arten untergliedert) der Volkswirt-

Konsolidierte Bilanz des Bankensystems

<table>
<tr><th>Aktiva = Geldangebot</th><th colspan="4">Passiva = Geldkapitalbildung</th></tr>
<tr><td rowspan="4">1 Kredite der Deutschen Bundesbank an inländische Nicht-Banken*)
1.1 Bundesbankkredite an öffentliche Haushalte
1.1.1 Buchkredite
1.1.2 Schatzwechsel
1.1.3 Unverzinsliche Schatzanweisungen
1.1.4 Wertpapiere
1.1.5 Ausgleichsforderungen
1.2 Bundesbankkredite an Bundesbahn und Bundespost
1.2.1 Buchkredite
1.2.2 Schatzwechsel
1.2.3 Unverzinsliche Schatzanweisungen
1.2.4 Wertpapiere

2 Kredite der Kreditinstitute an inländische Nicht-Banken*)
2.1 Bankkredite an Unternehmen und Privatpersonen (kurz-, mittel- und langfristige Kredite, Wertpapiere)
2.2 Bankkredite an öffentliche Haushalte (kurz-, mittel- und langfristige Kredite, Wertpapiere, Ausgleichs- und Deckungsforderungen)

3 Auslandsaktiva
3.1 Deutsche Bundesbank
3.2 Kreditinstitute

4 Sonstige Aktiva einschließlich Gegenposten zum Münzumlauf</td><td>1 Bargeldumlauf (ohne Kassenbestände der Kreditinstitute)

2 Sichteinlagen der inländischen Nicht-Banken*) (ohne Zentralbankeinlagen)</td><td>Geldvolumen M_1</td><td rowspan="2">Geldvolumen M_2</td><td rowspan="3">Geldvolumen M_3</td></tr>
<tr><td colspan="2">3 Termineinlagen inländischer Nicht-Banken*) mit Befristung bis unter 4 Jahren</td></tr>
<tr><td colspan="3">4 Spareinlagen inländischer Nicht-Banken*) mit gesetzlicher Kündigungsfrist</td></tr>
<tr><td colspan="4">5 Zentralbankeinlagen inländischer öffentlicher Haushalte

6 Termineinlagen inländischer Nicht-Banken*) bei Kreditinstituten mit Befristung 4 Jahre und darüber

7 Spareinlagen inländischer Nicht-Banken*) bei Kreditinstituten mit vereinbarter Kündigungsfrist

8 Sparbriefe

9 Inhaberschuldverschreibungen (netto)

10 Kapital und Rücklagen der Bundesbank und der Kreditinstitute

11 Auslandspassiva
11.1 Deutsche Bundesbank einschließlich an Ausländer abgegebene Mobilisierungs- und Liquiditätspapiere und Ausgleichsposten für zugeteilte Sonderziehungsrechte
11.2 Kreditinstitute (ohne Betriebskapital der Zweigstellen ausländischer Banken)

12 Überschuß der Interbankverbindlichkeiten

13 Sonstige Passiva einschließlich Bardepot</td></tr>
</table>

*) Nicht-Banken = Unternehmen einschließlich der Bundesbahn und Bundespost, Privatpersonen und öffentliche Haushalte

Abb. 15 Das Geldangebot und seine Quellen in der konsolidierten Bilanz des Bankensystems

schaft und dem Ausland von der Deutschen Bundesbank und den Kreditinstituten zur Verfügung gestellt wird.

Die Determinanten der Entwicklung der Geldmenge M_3 (Bundesbank-Statistik: „Entwicklung der Geldmenge und wichtiger Bilanzgegenpositionen") ermittelt die Bundesbank, indem sie die expansiven und kontraktiven Einflüsse saldiert. Der Saldo ist der expansive oder kontraktive Netto-Effekt auf die Veränderung der Geldmenge M_3. Schematisch läßt sich dies in **Abb. 15 a** darstellen.

<table>
<tr><th colspan="2">Veränderung der Geldmenge M₃
durch den Saldo expansiver und kontraktiver Determinanten</th></tr>
<tr><th>Expansive Determinanten</th><th>kontraktive Determinanten</th></tr>
<tr><td>Erhöhung des Kreditvolumens der Kreditinstitute an inländische Nicht-Banken:
- an Unternehmen und Privatpersonen,
- an den Staat

Erhöhung der Netto-Forderungen oder Verringerung der Netto-Verbindlichkeiten der Kreditinstitute an das Ausland</td><td>Erhöhung der Bildung von Geldkapital:
Spareinlagen mit Kündigungsfrist von mehr als 3 Monaten, Sparbriefe, Certificates of Deposit (CD), Termingelder mit Fälligkeit von 4 und mehr Jahren, Bankschuldverschreibungen (ohne Bestände der Banken), Inhaberschuldverschreibungen, Notes und Commercial Papers, Kapital und Rücklagen der Kreditinstitute</td></tr>
<tr><td>Verringerung der Bildung von Geldkapital</td><td></td></tr>
<tr><td>Verringerung der Einlagen des Staates bei der Bundesbank</td><td>Verringerung des Kreditvolumens der Kreditinstitute an Nicht-Banken</td></tr>
<tr><td>Ausschüttung des Gewinns der Bundesbank an den Staat</td><td>Verringerung der Netto-Forderungen oder Erhöhung der Netto-Verbindlichkeiten der Kreditinstitute an das Ausland</td></tr>
<tr><td>Positiver Saldo:
expansiver monetärer Effekt</td><td>Negativer Saldo:
kontraktiver monetärer Effekt</td></tr>
</table>

Abb. 15a Determinanten der Veränderung der Geldmenge M_3

Die bedeutendste der **expansiven Determinanten** der Geldmengenentwicklung ist die Erhöhung des Kreditvolumens der Kreditinstitute an inländische Unternehmen und Privatpersonen. Eine weitere expansive Determinante ist die Kreditvergabe der Kreditinsitute an die öffentlichen Haushalte (Staat) abzüglich der Einlagen des Bundes im Bankensystem. Schließlich wirken Geldzuflüsse aus dem Ausland (Erhöhung der Netto-Forderungen des Bankensystems an das Ausland) expansiv, weil sie Geldzuflüsse der inländischen Nicht-Banken (Unternehmen, Privatpersonen, Staat) aus dem Leistungs- und Kapitalverkehr mit dem Ausland widerspiegeln, welche die inländische Geldmenge erhöhen. Gleichermaßen wirkt die Verringerung der Geldkapitalbildung expansiv, weil Unternehmen und Privatpersonen ihre Liquidität, Ersparnisse und Erlöse aus fällig gewordenen oder verkauften Finanzanlagen (Geldkapital) in Geldformen anlegen, die in M_3 erfaßt werden. Solche Umlagerungen werden meistens durch eine Veränderung der Zinsstruktur bewirkt, die Finanzanlagen in Geldkapital durch sinkende Zinsen im längerfristigen Bereich nicht mehr interessant erscheinen läßt und die Liquiditätspräferenz der Nicht-Banken zugunsten von in M_3 enthaltenen Geldanlagen erhöht. Aber auch wirtschaftliche und politische Unsicherheiten und die Erwartung steigender Zinsen in der Zukunft im Bereich längerfristiger Finanzanlagen können solche Umlagerungen beeinflussen.

Kontraktive Determinanten stellen die Verringerung der Netto-Forderungen des Bankensystems an das Ausland und die Geldkapitalbildung inländischer Nicht-Banken bei inländischen Kreditinstituten dar. Eine Verringerung der Netto-Auslandsforderungen des Bankensystems bedeutet per Saldo einen Geldabfluß der Nicht-Banken an das Ausland aus dem Leistungs- und Kapitalverkehr mit dem Ausland. Eine Erhöhung der Geldkapital-Anlagen, d. h. eine Umschichtung oder Neu-Anlage von Geld in nicht zu M_3 zählenden Finanzanlagen (Geldkapital), verringert die Geldmenge M_3. Schließlich wirkt eine Verringerung des Kreditvolumens der Kreditinstitute an Nicht-Banken tendenziell kontraktiv auf die Geldmenge.

Nach der Analyse der Entwicklung der Geldmenge M_3 und ihrer Determinanten ermittelt die Bundesbank den Liquiditätsbedarf des Bankensystems und stellt diesem dann entsprechend ihrer geldpolitischen Zielvorstellung Zentralbankgeld und Liquidität (potentielles Zentralbankgeld) zur Verfügung. Damit beeinflußt sie die Kreditvergabemöglichkeiten des Bankensystems und damit indirekt das Geldmengenwachstum.

4.2.2 Staat

Der Staat kann das Geldangebot dadurch autonom beeinflussen, daß er einen Teil seiner Einnahmen als Kassenguthaben bei der Bundesbank einlegt oder an das Ausland zahlt (Geldvernichtung) oder Kassenbestände auflöst, Zahlungen aus dem Ausland oder Zentralbankkredite erhält (Geldschöpfung).

Obwohl die Einnahmen- und Ausgabengebarung des Staates erhebliche Auswirkungen auf das Geldangebot besitzt, verfolgt die Regierung mit ihrer Finanzpolitik in den meisten Ländern primär die Ziele der Vollbeschäftigung und der sozialen Sicherheit. Damit die Erreichung dieser Ziele nicht mit dem Ziel der Geldwertstabilität, dem die Zentralbank in erster Linie verpflichtet ist, in Konflikt gerät, ist eine enge Koordination zwischen der Finanzpolitik der Regierung und der Geldpolitik der Zentralbank geboten. Neben den vorerwähnten ordnungspolitischen Rahmenbedingungen sind hierfür die wirtschafts-, finanz- und stabilitätspolitische Konzeption der Regierung wie auch der Konjunkturverlauf und die Entwicklung der davon abhängigen Staatseinnahmen und -ausgaben von Bedeutung (Abbildung 14).

Das Instrument, mit dem sich finanz- und geldpolitische Ziele der gesamtwirtschaftlichen Stabilität koordinieren lassen, ist die **Staatsschuldenpolitik (Debt Management)**. Sie soll unter Berücksichtigung der Geldangebotswirkungen die staatliche Schuldenaufnahme und Schuldenrückzahlung nach Art und zeitlicher Folge so lenken, daß damit gleichzeitig auch die geldpolitischen Ziele erreicht, zumindest aber nicht konterkariert werden. „Die finanzielle Politik läßt sich sinnvoll nicht aufteilen. Deshalb bilden Geldpolitik und Debt Management eine Einheit" (77, S. 199). In einer empirischen Untersuchung fordert daher **P. Signorell** (78, S. 185) für die Schweiz, daß der Staat von der Deckungsregel der zeitlichen Bindung zwischen Verschuldung und den zu finanzierenden Staatsausgaben abgeht und das Budgetdefizit über den Geldmarkt finanziert, um die Staatsverschuldung der Geldpolitik dienlich zu machen.

Die Geldpolitik kann staatliche Finanztransaktionen in ihren Dienst stellen, indem sie im Rahmen der **Einlagenpolitik** im Falle einer erwünschten Erhöhung des staatlichen Geldangebotes dem Staat gestattet, seine auf Konten der Bundesbank zu haltenden Kassenbestände ganz oder teilweise auf die Geschäftsbanken zu verlagern. Dadurch wird stillgelegtes Geld kreislaufwirksam gemacht. Umgekehrt kann auch die Finanzpolitik die Geldpolitik zur Verminderung des Geldangebotes unterstützen, indem die Regierung eine **Stabilitätsanleihe** auflegt, durch die der Volkswirtschaft über den Kapitalmarkt Geld und damit auch Liquidität entzogen und auf Sonderkonten der Zentralbank für die Dauer der Laufzeit dieser Anleihe eingefroren wird. Eine solche Stabilitätsanleihe wurde in Höhe von 6,5 Mrd. F im Januar 1973 in Frankreich und in Höhe von 2,5 Mrd. DM in der Bundesrepublik ab März 1973 aufgelegt.

Im gleichen Sinne wirkt auch eine **befristete Sondersteuer**, wie sie im Mai 1973 von der Bundesregierung für die Dauer von 12 Monaten als Stabilitätszuschlag von 10% zur Körperschaftssteuer und zur Einkommensteuer für Steuerpflichtige mit höherem Einkommen erhoben wurde.

Nicht immer ist jedoch eine solche Koordination zwischen der Finanzpolitik und der Geldpolitik möglich. Dies gilt vor allem für den Fall, daß politisch motivierte zusätzliche Staatsausgaben beschlossen und gesetzlich festgeschrieben werden oder die Steuereinnahmen aufgrund einer rezessiven Konjunkturentwicklung geringer als erwartet ausfallen, wodurch eine Deckungslücke im Budget entsteht, die durch die Aufnahme von Staatsschulden geschlossen werden muß.

Die Wirkung eines solchen **Deficit-Spending**, das durch eine zusätzliche Schuldenaufnahme des Staates finanziert wird, ist abhängig von den Kreditgebern, der gesamtwirtschaftlichen Liquidität und den Sektoren der Staatsausgaben (198). Eine Kreditaufnahme des Staates bei der Zentralbank oder im Ausland erhöht das Geldangebot, mit dem eine zusätzliche staatliche Nachfrage finanziert wird. Trifft diese auf eine vollbeschäftigte Wirtschaft mit optimal ausgelasteten Kapazitäten, so wird sie eine Demand-pull Inflation auslösen. Die Wirkung einer staatlichen Kreditaufnahme bei den Geschäftsbanken ist abhängig von deren Liquiditätslage. Verfügen die Banken wegen einer unzureichenden Kreditnachfrage der privaten Wirtschaft über eine hohe Liquidität, so macht die staatliche Kreditnachfrage dieses brachliegende Geld kreislauf- und nachfragewirksam. Verfügen die Banken aber wegen einer hohen privatwirtschaftlichen Kreditnachfrage nur über geringe Liquiditätsreserven, so tritt die staatliche Kreditnachfrage in Konkurrenz mit der privatwirtschaftlichen mit der Folge steigender Zinsen. Da die staatliche Kreditnachfrage zinsunempfindlich ist, steigende Zinsen aber in zunehmenden Maße private Investitionen unrentabel werden lassen, verdrängt der Staat die private Wirtschaft (crowding out effect), so daß die Staatsquote steigt (198, S. 2). Ein solcher Anstieg der Staatsquote bedeutet einen Ressourcentransfer von der privaten Kapitalbildung zum Staatssektor und ist nach **R. A. Musgrave** (199, S. 574) immer dann gegeben, wenn zusätzliche Staatsausgaben durch zusätzliche Schulden finanziert werden und gleichzeitig eine restriktive Geldpolitik den Banken Liquidität entzieht. Da private Investitionen Träger des Wirtschaftswachstums sind, zusätzliche Staatsausgaben aber nur geringe Wachstumswirkungen auslösen, bewirkt ein solchermaßen verursachter Anstieg der Staatsquote üblicherweise einen Rückgang des Wirtschaftswachstums (198, S. 6).

Trifft das durch den Staat erhöhte Geldangebot in Verbindung mit der damit finanzierten zusätzlichen Staatsnachfrage auf suboptimal ausgelastete Kapazitäten einer unterbeschäftigten Volkswirtschaft, so kann dadurch die volkswirtschaftliche Gesamtnachfrage angeregt, der Beschäftigungsgrad erhöht und ein konjunktureller Aufschwung ohne inflationäre Risiken eingeleitet werden. Allerdings ist zu berücksichtigen, daß zusätzliche Staatsausgaben in den meisten Ländern nur in wenige Sektoren fließen. In der Bundesrepublik sind diese: Hoch- und Tiefbau, Bundesbahn-, Bundespost- und Militärbedarf. Zusätzliche Staatsausgaben werden in diesen Sektoren auch bei vorhandener Unterbeschäftigung sehr schnell zu einem Nachfrageüberhang mit hohen Preissteigerungsraten und dadurch zu einem inflationären Impuls führen (198, S. 5)

4.2.3 Geschäftsbanken

Das System der Geschäftsbanken (Kreditinstitute) ist der bei weitem bedeutendste Geldanbieter, dessen Geldangebot die Zentralbank durch die Bereitstellung von Zentralbankgeld steuert. In Abhängigkeit von einerseits dem Sparverhalten der Unternehmen und privaten Haushalte und andererseits von ihrer Liquidität, Kreditschöpfung und Kreditvergabepolitik (vgl. **Abbildung 14**) können die Banken – in geringerem Umfang auch die Finanzintermediäre – ihr Geldangebot autonom bestimmen. Sie folgen hierbei dem erwerbswirtschaftlichen Prinzip, indem sie eine möglichst hohe Zinsspanne (zwischen Einlagen-Zinsen und Kreditzinsen) und ein möglichst hohes Kreditvolumen bei einem vertretbaren Fristen- und Kreditrisiko anstreben. Steigende Liquiditätsreserven veranlassen die Banken zu verstärkten Bemühungen, bei sinkenden Zinsen Kreditkunden zu gewinnen. Sinkende Liquiditätsreserven der Banken haben eine stärkere Selektion unter den Kreditkunden und steigende Zinsen zur Folge. Da die Banken untereinander Geld einlegen und Kredite gewähren, sind sie in Abhängigkeit von ihren durchschnittlichen Liquiditätsreserven insgesamt in der Lage, Geld und Kredit zu schöpfen **(multiple Giralgeldschöpfung)** und dadurch autonom das Geldangebot zu verändern.

Die **Kreditschöpfung** ist normalerweise eine Folge vorheriger **Geldschöpfung**. Der umgekehrte Fall einer Kreditschöpfung mit einer nachfolgenden Geldschöpfung ist aber ebenfalls möglich. Dieser **Zusammenhang zwischen Geld- und Kreditschöpfung** läßt sich an vier möglichen Fällen demonstrieren:

- Eine **Geldschöpfung** als Folge einer **vorherigen Kreditschöpfung** findet dann statt, wenn eine Geschäftsbank Handelswechsel diskontiert, die zur Bezahlung eines Warengeschäftes zwischen zwei Unternehmen ausgestellt worden sind. Der Wechsel als geldnaher Titel (near money asset) wurde anstelle der Zahlung in barem oder giralem Geld vom Verkäufer der Ware angenommen und damit dem Käufer ein entsprechender Kredit gewährt. Löst der Verkäufer diesen Wechsel später bei seiner Bank ein und die Bank schafft zur Auszahlung dieses Betrages zusätzliches Geld, so erfolgt dann erst die Geldschöpfung.
- Eine **Geldschöpfung** mit einer **später folgenden Kreditschöpfung** ist dann gegeben, wenn die Zentralbank den Geschäftsbanken – z.B. durch Senkung der Mindestreserven – zusätzliches Zentralbankgeld zur Verfügung stellt oder die Banken sich aus dem Ausland oder durch den Geldschöpfungsprozeß untereinander zusätzliches Geld beschaffen und es dann den Unternehmen, privaten Haushalten und/oder dem Staat als zusätzlichen Kredit zur Verfügung stellen. Eine anschließende Kreditschöpfung findet dann statt, wenn z.B. die Unternehmen die ihnen von den Banken eingeräumten höheren Kreditlinien ausschöpfen.
- Eine **gleichzeitige Geld- und Kreditschöpfung** entsteht, wenn eine erhöhte Kreditnachfrage der Wirtschaft simultan durch eine entsprechende Geldschöpfung befriedigt und das kreditierte zusätzliche Geld sofort für Zahlungsvorgänge verwendet wird. Dies ist dann der Fall, wenn eine Bank einem Unternehmen einen zusätzlichen Kredit aus gleichzeitig geschöpftem Geld zur Verfügung stellt, den dieses einem Zulieferer gutschreiben läßt.
- Es ist aber auch eine **Kreditschöpfung ohne vorherige Geldschöpfung** möglich, wenn ein Unternehmen einem anderen einen Lieferantenkredit einräumt. Die Erhöhung des Kreditvolumens durch zusätzliche Lieferantenkredite und Verlängerung der Zahlungsfristen erfolgt ohne Verwendung von Geld und kann statistisch nicht erfaßt werden. Eine gleiche Wirkung entsteht im Zahlungsverkehr mit dem Ausland durch eine Verschlechterung der **„terms of payment“**, indem ausländische Importeure deutscher Waren längere Zahlungsfristen erhalten und gleichzeitig deutsche Importeure ausländischer Waren diese innerhalb kürzerer Fristen bezahlen.

Der nun darzustellende **Geld- und Kreditschöpfungsprozeß des Bankensystems** ist Gegenstand der **mechanistischen Geldangebotstheorie**. Auszugehen ist hier von den in Kapitel 1.6 dargestellten „freien Liquiditätsreserven der Banken“. Die Berechnungsmethode der Deutschen Bundesbank zum Zwecke der monetären Analyse für alle deutschen Banken gilt auch für jede einzelne Bank. Der Zusammenhang zwischen Liquidität und Kreditvergabemöglichkeit einer einzelnen Bank läßt sich anhand einer vereinfachten Bankbilanz darstellen.

Den Einlagen aller Art von Nicht-Banken auf der Passivseite stehen der Liquiditätssaldo und Kredite alle Art an Nicht-Banken auf der Aktivseite gegenüber. Für die Vergabe **zusätzlicher Kredite** steht der Bank grundsätzlich ihr Liquiditäts-Saldo zur Verfügung (vgl. Tab. 2). Von diesem sind jedoch die **Mindestreserven** als unverzinste Pflichtguthaben bei der Zentralbank eingefroren und die **Barreserve** zur Aufrechterhaltung der ständigen Zahlungsfähigkeit der Bank als immer notwendige Liquidität zu halten. Mindest- und Barreserve sind daher für die Kreditvergabe nicht zu verwenden. Demnach verbleiben für die zusätzliche Kreditvergabe aus dem Liquiditäts-Saldo nur die **„Liquiditätsreserven der Banken durch Bereitstellung von Zentralbankgeld“** (Abbildung 4.) Von diesen werden die von der Bundesbank-Statistik ermittelten „freien Liquiditätsreserven“ als Indikator des Kreditpotentials der Banken benutzt. Untereinander können die einzelnen Banken einen Liquiditätsausgleich über den Geldmarkt vornehmen, indem Banken mit einem überdurchschnittlich hohen Liquiditäts-Saldo an-

<table>
<tr><th></th><th>Aktiva</th><th>BANK Passiva</th></tr>
<tr><td>Liquiditäts-Saldo</td><td>MINDESTRESERVEN
BARRESERVE
VERFÜGBARE LIQUIDITÄTSRESERVEN
bestehend aus:
1. freien Liquiditätsreserven:
Überschußreserven
Offenmarkttitel, die jederzeit von der Zentralbank angekauft werden
unausgenutzte Rediskontkontingente
unausgenutzter Lombardspielraum
2. mögliche Kreditaufnahme von ausländischen Banken zu niedrigeren Zinsen als selbst berechnet
3. jederzeit rückführbare Geldmarktanlagen im Ausland</td><td rowspan="2">EINLAGEN
aller Art
von Nicht-Banken</td></tr>
<tr><td colspan="2">KREDITE aller Art an Nicht-Banken</td></tr>
</table>

deren Banken mit einem unterdurchschnittlich geringen Liquiditäts-Saldo Geld mit einer bestimmten Fristigkeit zur Verfügung stellen.

Eine empirische Untersuchung von **F. A. Lutz** zeigt allerdings, „daß sich das Banksystem im großen und ganzen bei der Zentralbank nur verschuldet, wenn Zentralbankgeld aus dem System abfließt, nicht aber, um den Bestand an Zentralbankgeld zu erhöhen und darauf Kredite aufzubauen." (79, S. 210). Zufließendes Zentralbankgeld wird nach **Lutz** dagegen überwiegend dazu benutzt, die Verschuldung der Banken bei der Zentralbank abzubauen, nicht aber, um damit zusätzliche Kredite zu finanzieren. Dieses empirische Ergebnis einer Zeitreihen-Analyse des Zu- bzw. Abflusses von Zentralbankgeld zu bzw. von den Banken erscheint logisch. Denn der Rückgriff der Banken auf Zentralbankgeld in Gestalt der „freien Liquiditätsreserven der Banken" ist wegen der relativ hohen Soll-Zinsen i.a. teurer als andere Quellen zusätzlicher Liquidität (Erhöhung der Einlagen, Liquiditätsüberschüsse aderer Banken über den Geldmarkt, billigeres Auslandsgeld).

Dennoch besteht auch für eine einzelne Bank die Möglichkeit, unter bestimmten Bedingungen zusätzlich Geld und Kredit zu schaffen. In der historischen Entwicklung waren zuerst die **„Zettelbanken"** des 18. Jahrhunderts, deren Ursprung sich bis zum 16. Jahrhundert zurückverfolgen läßt (80, S. 595) in der Lage, eigenes zusätzliches Geld zu schaffen. Hierbei handelte es sich um Privatbankiers (in England auch Goldschmiede), die ihren Kunden für verpfändete Wertgegenstände Zertifikate aushändigten, die auf einen bestimmten Betrag lauteten und durch das Ansehen und die Zahlungsfähigkeit des ausstellenden Bankiers wie Geld umliefen und wie solches akzeptiert wurden. Später wurde die Ausgabe dieser Zertifikate losgelöst von der Verpfändung bestimmter Wertgegenstände und von den Bankiers autonom vorgenommen, um damit Kredite – vor allem an die Fürsten – zu finanzieren. Somit besaßen die Privatbankiers als „Zettelbanken" die Möglichkeit der autonomen Geld- und Kreditschöpfung.

Stellt man sich zum Verständnis der Giralgeldschöpfung in einer modernen Volkswirtschaft vor, daß in dieser nur eine einzige Universalbank (wie in den meisten Ostblock-Ländern) existiert, so kann diese Bank eine Geldschöpfung in barer und giraler Form betreiben, „indem die Bank Aktiva, die nicht Zahlungsmittel der heimischen Wirtschaft sind, erwirbt und mit Zahlungsmittel darstellenden Forderungen auf sich selbst zahlt. ... Die Bank schafft neues Geld, indem sie Nicht-Zahlungsmittel darstellende Aktiva monetisiert" (81, S. 16). Diese Bank kann also z.B. „Ausgleichsforderungen gegen den Staat" auf der Passivseite als Gegenposition einer gleich hohen zusätzlichen Kreditvergabe auf der Aktivseite in ihre Bilanz einstellen.

Es wird nun ein Bankensystem einer großen Zahl von Geschäftsbanken angenommen und als weitere **Prämissen** unterstellt, daß

- jede Bank eine gesetzlich verfügte **Mindestreserve** von 10% ihrer Einlagen zu halten hat,
- jede Bank entsprechend der „Zahlungssitte" ihrer Kunden eine **„Barreserve"** von 10% zur Aufrechterhaltung ihrer ständigen Zahlungsbereitschaft halten muß,
- der von jeder Bank gewährte Kredit an einen Kunden und dessen Überweisung des erhaltenen Kreditbetrages auf ein Konto seines Gläubigers (Zahlungsempfängers) bei einer anderen Bank **bargeldlos** verfügt wird und
- jede Bank die bei ihr durch eine Einzahlung entstehende zusätzliche **„Liquiditätsreserve durch Bereitstellung von Zentralbankgeld"** (vgl. Abb. 4) **in vollem Umfange** für eine zusätzliche bargeldlose Kreditvergabe benutzen kann.

Werden zunächst drei hintereinander geschaltete Banken A, B und C angenommen, von denen die Bank A eine einmalige Einlage eines Kunden von 1.000 DM erhält, die auf der Passivseite ihrer Bilanz verbucht wird, so muß sie von dieser 10% oder 100 DM als Mindestreserve bei der Zentralbank hinterlegen, eine Barreserve von 10% oder 100 DM zur Sicherstellung ihrer ständigen Zahlungsfähigkeit halten und kann die verbleibenden 80% oder 800 DM als „verfügbare Liquiditätsreserve" einem Kunden als Kredit vergeben. Diese drei Positionen werden auf der Aktivseite der Bankbilanz als Gegenposition der Ein-

Bank A

Mindestreserve (10%)	100 DM	Einlage des Kunden	1.000 DM
Barreserve (10%)	100 DM		
verfügbare Liquiditätsreserve (80%)	800 DM		
	1.000 DM		1.000 DM

lage auf der Passivseite verbucht. Entsprechend den Prämissen verfügt der Kunde der Bank A über den erhaltenen Kredit von 800 DM bargeldlos auf das Konto seines Lieferanten bei der Bank B. Dort erscheint dieser Betrag als zusätzliche Einlage aus der Überweisung von der Bank A auf der Passivseite.

Bank B

Mindestreserve (10%)	80 DM	Einlage der Bank A	800 DM
Barreserve (10%)	80 DM		
verfügbare Liquiditätsreserve (80%)	640 DM		
	800 DM		800 DM

Als Gegenposition zu dieser Einlage weist die Bank B eine Mindestreserve von 10% oder 80 DM, eine Barreserve von 10% oder 80 DM und eine verfügbare Liquiditätsreserve von 80% oder 640 DM auf der Aktivseite aus. Gemäß Prämisse stellt auch Bank B ihre verfügbare Liquiditätsreserve von 640 DM einem Kunden

Bank C

Mindestreserve (10%)	64 DM	Einlage der Bank B	640 DM
Barreserve (10%)	64 DM		
verfügbare Liquiditätsreserve (80%)	512 DM		
	640 DM		640 DM

als Kredit zur Verfügung, der ihn zur Bezahlung einer Warenlieferung auf das Konto seines Lieferanten bei der Bank C bargeldlos überweist. Dort erscheint wiederum dieser Betrag von 640 DM als Einlage von der Bank B auf der Passivseite der Bilanz der Bank C, der auf der Aktivseite 64 DM Mindestreserve, 64 DM Barreserve und 512 DM verfügbare Liquiditätsreserve gegenüberstehen. Die Bank C vergibt wiederum diese verfügbare Liquiditätsreserve von 512 DM als bargeldlosen Kredit, der auf eine vierte Bank D überwiesen wird, die davon 80% oder 409,60 DM als zusätzlichen Kredit vergeben kann, usw. Da sich dieser Kreditvergabeprozeß unendlich fortsetzt, läßt sich die Kreditvergabe aller Banken aufgrund einer einmaligen Einzahlung bei einer Bank als eine unendliche geometrische Reihe darstellen.

Eine solche ist mathematisch als Aufeinanderfolge von Zahlen definiert, bei der jedes folgende Glied aus dem vorhergehenden durch Multiplikation mit stets derselben Zahl (q) gebildet wird. Diese Bedingung ist im vorgenannten Beispiel erfüllt, weil der Quotient (q) der verfügbaren Liquiditätsreserve und der Einlage bei jeder Bank gleich groß ist:

$$q = \frac{800}{1000} = \frac{640}{800} = \frac{512}{640} = \frac{409{,}60}{512} = \ldots = 0{,}8 = \frac{8}{10}$$

Da hier die maximal mögliche Geld- und Kreditschöpfung bestimmt werden soll, gilt die Summenformel der geometrischen Reihe:

$$(1) \qquad s_n = a \cdot \frac{1 - q^n}{1 - q}.$$

Das Anfangsglied der Reihe a = 800 DM bildet die erste verfügbare Liquidi tätsreserve aufgrund der ersten Einlage bei der Bank A. Der Wert für $q = \frac{8}{10}$ ist das stets gleichbleibende Kettenglied der Reihe. Da es sich um eine unendliche Reihe handelt, geht n gegen unendlich und q^n gegen Null, weil q kleiner als 1, nämlich $\frac{8}{10}$ ist. Mathematisch ausgedrückt:

$$\lim_{n \to \infty} q_n = \lim_{n \to \infty} \left(\frac{8}{10}\right)^n \to 0, \text{weil } q < 1 \text{ (Konvergenzbedingung).}$$

Wird also in der Grenzbetrachtung $q^n = 0$, so verbleibt als Summenformel der unendlichen geometrischen Reihe:

$$(2) \qquad s_n = a \cdot \frac{1}{1 - q}$$

Setzt man in diese Formel die Werte des obigen Beispiels a = 800 DM und $q = \frac{8}{10}$ ein, so ergibt sich: $s_n = 800 \cdot \frac{1}{1 - \frac{8}{10}} = 4000$ DM. Dieser Betrag stellt unter den gegebenen Prämissen die maximal mögliche Geld- und Kreditschöpfung aufgrund einer einmaligen Einzahlung durch das Bankensystem dar.

Da der Ausdruck $1-q$ gleich dem **gesamten Reservesatz** (Mindestreserve + Barreserve) **r** ist, läßt sich in der vorgenannten Formel der unendlichen geometrischen Reihe ersetzen:

$$1-q = r$$
$$a = dZ \quad \text{(verfügbare Liquiditätsreserve der ersten Bank A)}$$
$$s_n = dM \quad \text{(maximales Geldschöpfungsvolumen).}$$

Somit läßt sich unter den gegebenen Prämissen die **Formel der multiplen Giralgeldschöpfung** schreiben:

(3) $$dM = dZ \cdot \frac{1}{r}$$

Der Quotient $\frac{1}{r}$ wird als **Geldschöpfungsmultiplikator** bezeichnet. Wird $r = 0$, so wird der Geldschöpfungsmultiplikator und damit die mögliche Geld- und Kreditschöpfung unendlich groß. Wird der gesamte Reservesatz 100 % und dadurch $r = 1$, so ergibt sich ein Geldschöpfungsmultiplikator von 1 und dementsprechend keine Geld- und Kreditschöpfung.

Die nach der Formel (3) zu berechnende maximale Geldschöpfung stellt einen theoretischen Grenzwert dar. Sie zeigt aber das wesentliche Phänomen, nämlich, daß eine **einzelne Bank** nur im Rahmen ihrer „verfügbaren Liquiditätsreserve" Kredite vergeben kann, das **gesamte Bankensystem** aber durch girale Verfügungen des Geldes in der Lage ist, durch Geld- und Kreditschöpfung zusätzliche Kredite zu gewähren.

Es gilt nun, die eingangs gemachten Prämissen aufzulösen, um die **Praxis** der multiplen Giralgeldschöpfung erklären zu können. Die **ersten beiden Prämissen** unterstellten einen festen Mindestreservesatz und Barreservesatz, also einen konstanten gesamten Reservesatz r. In der Praxis ändert die Zentralbank jedoch von Zeit zu Zeit den Mindestreservesatz im Rahmen ihrer Geldpolitik. Aber auch der Barreservesatz kann sich im Zeitablauf infolge anderer Zahlungsgewohnheiten des Publikums und/oder Liquiditäts-Management der Banken verändern. Dies bedeutet aber nur, daß bei einer Änderung des Bar- und/oder Mindestreservesatzes der Wert des gesamten Reservesatzes r korrigiert werden muß. Die **dritte Prämisse** einer bargeldlosen Einzahlung des jeweils kreditierten Betrages bei einer anderen Bank läßt sich dadurch auflösen, daß nicht der gesamte kreditierte Betrag, sondern nur ein bestimmter Anteil desselben bargeldlos bei einer anderen Bank eingezahlt wird, so daß der restliche Anteil dieses Bankkredits als **„Barauszahlungsquote"** bar an den Kreditnehmer oder dessen Gläubiger ausgezahlt wird. Die **vierte Prämisse**, daß alle Banken jeweils ihre gesamte „verfügbare Liquiditätsreserve" als Kredit vergeben können, läßt sich praxisrelevant korrigieren, indem angenommen wird, daß es jeder Bank immer nur gelingt, einen bestimmten Anteil davon als Kredit zu vergeben, wodurch der Rest als **„verbleibende Liquiditätsquote"** bei ihr erhalten bleibt. Die „Barauszahlungsquote" und die „verbleibende Liquiditätsquote" der Banken lassen sich in einer **„Versickerungsquote" c** zusammenfassen und in der Multiplikator-Formel berücksichtigen.

Wird das oben genannte Zahlenbeispiel, in dem der gesamte Reservesatz 20% oder $r = \frac{2}{10}$ betrug, durch Berücksichtigung einer angenommenen „Versickerungsquote“ von 25% oder $c = \frac{1}{4}$ erweitert, so kann zunächst wieder von der Summenformel (2) ausgegangen werden:

(2) $s_n = a \frac{1}{1-q}$, wobei als Konvergenzbedingung $q < 1$ sein muß.

Wie gezeigt wurde, ist:

$r = 1 - q$ oder
$q = 1 - r$, wobei $r < 1$ sein muß.

Die verfügbare Liquiditätsquote q ist also gleich eins minus der gesamten Reservequote r. Die Liquiditätsquote verringert sich aber noch zusätzlich um den Anteil der Versickerungsquote c, also um $1 - c$, so daß:

$q = (1 - r)(1 - c)$, wobei auch $c < 1$ sein muß.

Setzt man diesen Wert für q in die obige Summenformel (2) ein, so ist:

$$s_n = a \frac{1}{1 - [(1-r)(1-q)]} \quad \text{oder:}$$

nach Umformung und Ersatz der Ausdrücke s_n durch dM und a durch dZ:

$$dM = dZ \frac{1}{r + c(1-r)} \quad \text{oder, wie meist geschrieben:}$$

(4) $$dM = dZ \frac{1}{c + r(1-c)}$$

Nach Einsetzen der Werte des vorgenannten Zahlenbeispiels in die Formel (4) ergibt sich:

$$dM = 800\,DM \cdot \frac{1}{\frac{1}{4} + \frac{2}{10}(1 - \frac{1}{4})}$$

$$dM = 800\,DM \cdot \frac{5}{2}$$

$$dM = 2000\,DM.$$

Der Geldschöpfungsmultiplikator beträgt also in diesem Beispiel 2,5.

Ein mit der multiplen Giralgeldschöpfung identischer, aber in entgegengesetzter Richtung laufender Prozeß ist die **multiple Giralgeldvernichtung**. Ausgangspunkt dieses Prozesses ist ein **absoluter Liquiditätsverlust**, der durch einen Einlagenabzug, eine Erhöhung des Mindestreservesatzes der Zentralbank oder eine Erhöhung der Barauszahlungsquote bei einer Bank entstanden sein kann. Diese Bank verringert zur Abdeckung ihres Liquiditätsverlustes ihre Einlagen bei der folgenden Bank durch Kündigung gewährter Kredite, was diese Bank ihrerseits veranlaßt, Kreditkündigungen und damit eine Verringerung ihrer Einlagen bei der nächstfolgenden Bank vorzunehmen usw. Werden die gekündigten Kredite teilweise in Bargeld getilgt, so entspricht dieser Bargeldanteil der „Versickerungsquote“ bei der Giralgeldschöpfung. Der **Giralgeldvernichtungsmultiplikator** und die **Formel des Geldvernichtungsvolumens** sind identisch mit Formel (4) der Giralgeldschöpfung. **Gegenüber einer Erhöhung der „verfügbaren Liquiditätsreserve“, die zu einer Giralgeldschöpfung führen kann, muß ein „absoluter Liquiditätsverlust“ zu einer Giralgeldvernichtung führen.** (82, S. 496).

Die traditionelle Geldangebotstheorie unterstellt, daß bei konstanten Verhaltensvariablen der Banken und des Publikums entsprechend der keynesianischen Multiplikator-Theorie eine Veränderung des Mindestreservesatzes das Geldschöpfungs- und Kreditvolumen in einer kontrollierbaren und vorhersehbaren Weise beeinflußt. Zur empirischen Überprüfung dieser Hypothese haben **J. Ahrensdorf** und **F. Kanesathasan** das Verhältnis des Bargeldes zum Geldvolumen, das Verhältnis der gesamten Reserven zu den gesamten Depositen und den Geldschöpfungsmultiplikator über Zeiträume von 10 bis 44 Jahren in 12 ausgewählten Ländern überprüft und dabei festgestellt, „daß die Annahme kurzfristiger Stabilität des Bargeldumlaufs und der Überschußreserven und damit des Geldschöpfungsmultiplikators nicht gewährleistet ist.“ (83, S. 144). Zwar seien meistens die Wirkungen der Mindestreservesatzänderungen auf die Veränderung der Verhaltensvariablen festzustellen, aber für die meisten Länder träfe in bestimmten Jahren das Gegenteil zu. Aus diesen Beobachtungen läßt sich folgern, daß die Veränderung des Geldangebotes unter Berücksichtigung des Geldschöpfungsmultiplikators durch Veränderung des Mindestreservesatzes zwar **möglich**, aber wegen der unsicheren und nicht kontrollierbaren Verhaltensvariablen **nicht zuverlässig** sei.

Dementsprechend wird die Existenz eines Geld- und Kreditschöpfungsmultiplikators im Bankensystem von den Vertretern der „new view“ zwar nicht bestritten, aber erheblich eingeschränkt (84, S. 106 ff.). Diese Einschränkung wird erklärt mit der Tätigkeit der **Finanzintermediäre** (z.B. Finanzmakler, Kreditvermittler, Versicherungen, Bausparkassen usw.) einschließlich der Geschäftsbanken, die im Wettbewerb untereinander die Portfoliopräferenzen (Präferenzen der Zusammensetzung aller Vermögensanlagen) der Kreditgeber und der Kreditnehmer in Übereinstimmung zu bringen versuchen. Kreditgeber sind die privaten Haushalte, die Einlagen verschiedener Art und Fristigkeit bei den Banken tätigen und gleichzeitig verschiedenartige Finanzaktiva erwerben (z.B. Aktien, Obligationen, Bankschuldverschreibungen, Staatspapiere, Grundstückszertifikate usw.) und die Banken, die Kredite vergeben und ebenfalls Finanzaktiva erwerben. Die Kreditvergabe (Geldanlage) wird so auf die verschiedenen Anlagearten verteilt, daß die Portfoliostruktur unter Berücksichtigung der Zinserträge und Renditen, der Geldwertsicherung, der Anlagerisiken, der Laufzeiten der Kapitalbindung und der Erhaltung der ständigen Zahlungsbereitschaft von den Anlegern als optimal betrachtet werden. Demgegenüber wollen die Kreditnehmer ihre realen Aktiva (z.B. Produktionsanlagen, Grundstücke, Bauten, Lagerbestände, technisches Know-how usw.) erweitern unter Berücksichtigung ihrer Anlagerisiken, der erwarteten Rendite und der zu zahlenden Zinsen. Außer der „verfügbaren Liquiditätsreserve“ der Banken und der anderen Finanzintermediäre ist für die Portfoliostruktur des Kreditangebotes wie auch für die Kreditnachfrage die Zinsstruktur aller Anlagemöglichkeiten und deren Risikostruktur von besonderer Bedeutung. Jede Verbesserung der Kreditvermittlung durch höhere Effizienz der Finanzintermediäre unterstützt eine Kreditexpansion und damit die Geld- und Kreditschöpfung. Andererseits ist wegen der Tätigkeit der anderen Finanzintermediäre außer den Banken und den in der Portfoliostruktur zum Ausdruck kommenden anderen Anlagemöglichkeiten als den Bankeinlagen unwahrscheinlich, daß ein Geld- und Kreditschöpfungsmultiplikatorprozeß der theoretisch beschriebenen Art mechanisch zustande kommt.

Trotz dieser theoretischen Einschränkungen benutzt der Sachverständigenrat die Multiplikator-Hypothese der Geld- und Kreditschöpfung zur Vermittlung des **rechnerischen Kreditmaximums** bei bewußter Vernachlässigung der Versickerungsverluste (85, Ziff. 144). Die Berechnung des rechnerischen Kreditmaximums (RKM) wird in folgender Weise vorgenommen (85, Anhang VIII, S. 168 f.). Ausgegangen wird von der aggregierten Bilanzgleichung des gesamten Bankensystems:

(5) $L + K = E$

Die Summe aus Liquiditätssaldo (L) und Kreditvolumen (K) muß dem Einlagenbestand bei den Banken (E) entsprechen (vgl. Tabelle 2). Diese Gleichung (5) läßt sich auch umstellen:

(6) $K = E - L$

Da das Mindestreserve-Soll als Produkt des durchschnittlichen Mindestreservesatzes der Banken (r) und des Einlagenvolumens der Banken (E) den Liquiditätssaldo (L) nicht übersteigen kann, ist:

(7) $r \cdot E \leqq L$ oder umgestellt:

(8) $\frac{1}{r} \cdot L \geqq E$

Wird nun die Ungleichung (8) in Gleichung (6) eingesetzt, ergibt sich:

(9) $K \leqq \frac{1}{r} L - L$ oder umgeformt:

(10) $K \leqq \frac{1-r}{r} L$

Dieses Kreditvolumen, das maximal erreicht werden kann, ist das rechnerische Kreditmaximum (RKM):

(11) $RKM = \frac{1-r}{r} L$

Der **rechnerische Kreditschöpfungsspielraum** (RKS) ist definiert als Differenz zwischen dem rechnerischen Kreditmaximum (RKM) und dem Kreditvolumen (K), d.h.:

(12) $RKS = RKM - K$

Da der gesamte Liquiditätssaldo (L) definitionsgemäß aus dem Mindestreserve-Soll (L^M) und den frei verfügbaren Liquiditätsreserven der Banken (L^F) besteht, also:

(13) $L = L^M + L^F$

und andererseits das Mindestreserve-Soll (L^M) gleich dem Produkt aus Mindestreservesatz (r) und Einlagenvolumen (E) ist, also:

(14) $L^M = r \cdot E$ oder umgeformt:

(15) $E = \frac{1}{r} L^M$,

erhält man nach Einsetzen der Gleichungen (13) und (15) in Gleichung (6):

(16) $K = \frac{1}{r} L^M - L^M - L^F$ oder umgeformt:

(17) $K = \frac{1-r}{r} L^M - L^F$.

Wird Gleichung (13) in Gleichung (11) eingesetzt, so erhält man:

(18) $RKM = \frac{1-r}{r} (L^M + L^F)$ oder

(19) $RKM = \frac{1-r}{r} L^M + \frac{1-r}{r} L^F$.

Setzt man diese Gleichung (19) und Gleichung (17) in Gleichung (12) ein, so ergibt sich:

(20) $RKS = \frac{1-r}{r} L^M + \frac{1-r}{r} L^F - \frac{1-r}{r} L^M + L^F$ oder:

(21) $RKS = L^F(\frac{1-r}{r} + 1)$ oder:

(22) $RKS = \frac{1}{r} L^F$.

Diese Formel (22) des rechnerischen Kreditschöpfungsspielraums ist wiederum identisch mit der des einfachen Geldschöpfungsmultiplikators und gibt an, in welchem Umfang eine zusätzliche Kreditvergabe des Bankensystems noch möglich ist.

Die empirische Entwicklung des rechnerischen Kreditmaximums, Kreditbestandes und rechnerischen Kreditschöpfungsspielraums sowie des Diskontsatzes und Zinses für Dreimonatsgeld zeigt **Abbildung 16** (86, S. 71). Wie diese erkennen läßt, hat das rechnerische Kreditmaximum und der rechnerische Kreditschöpfungsspielraum in der konjunkturellen Aufschwungphase 1967-69 eine besonders starke Expansion erfahren. Dagegen zeigen beide Größen in den konjunkturellen Abschwungphasen (1965-66, 1970-71) eine Kontraktion. Der Kreditbestand des Bankensystems läßt dagegen eine stetige leicht steigende Entwicklung erkennen. Auffällig ist jedoch, daß seit der letzten hier dargestellten konjunkturellen Abschwungphase 1970-71 der rechnerische Kreditschöpfungsspielraum bis auf eine sehr geringfügige Marge zurückgegangen ist und seitdem eine Ausweitung nicht mehr stattgefunden hat. Der Grund dafür ist sehr wahrscheinlich in der größeren Möglichkeit der Banken zu suchen, sich im Ausland durch Rückgriff auf die internationalen Liquiditätsreserven über die Euro-Geldmärkte und die internationale Kooperation der Banken zu refinanzieren. „Es scheint, daß die Banken nunmehr davon ausgingen, ihre freien Liquiditätsreserven seien nahezu gänzlich für eine Kreditausweitung disponierbar, wenn die Kreditnachfrage das nahelegte" (86, Ziff. 172). Demnach zeigt die empirische Entwicklung des Geld- und Kreditangebotes durch das Bankensystem eine wesentlich höhere Elastizität und macht es wahrscheinlich, daß auf kurze Sicht die Geld- und Kreditnachfrage das Geld- und Kreditangebot bestimmt. Aus diesem Grunde wird heute die Geldschöpfungskapazität der Banken nicht mehr als eine über den Geldschöpfungsmultiplikator mechanistisch, sondern als eine psychologisch vom Banken- und Publikumsverhalten determinierte Größe angesehen. „Wurde der traditionelle Geldschöpfungsmultiplikator weitgehend als Konstante angesehen, so wird in den neueren Theorien der Geldangebotsmultiplikator als eine vom Portfoliokalkül der Banken und Nicht-Banken abhängige Verhaltensrelation analysiert" (75, S. 949).

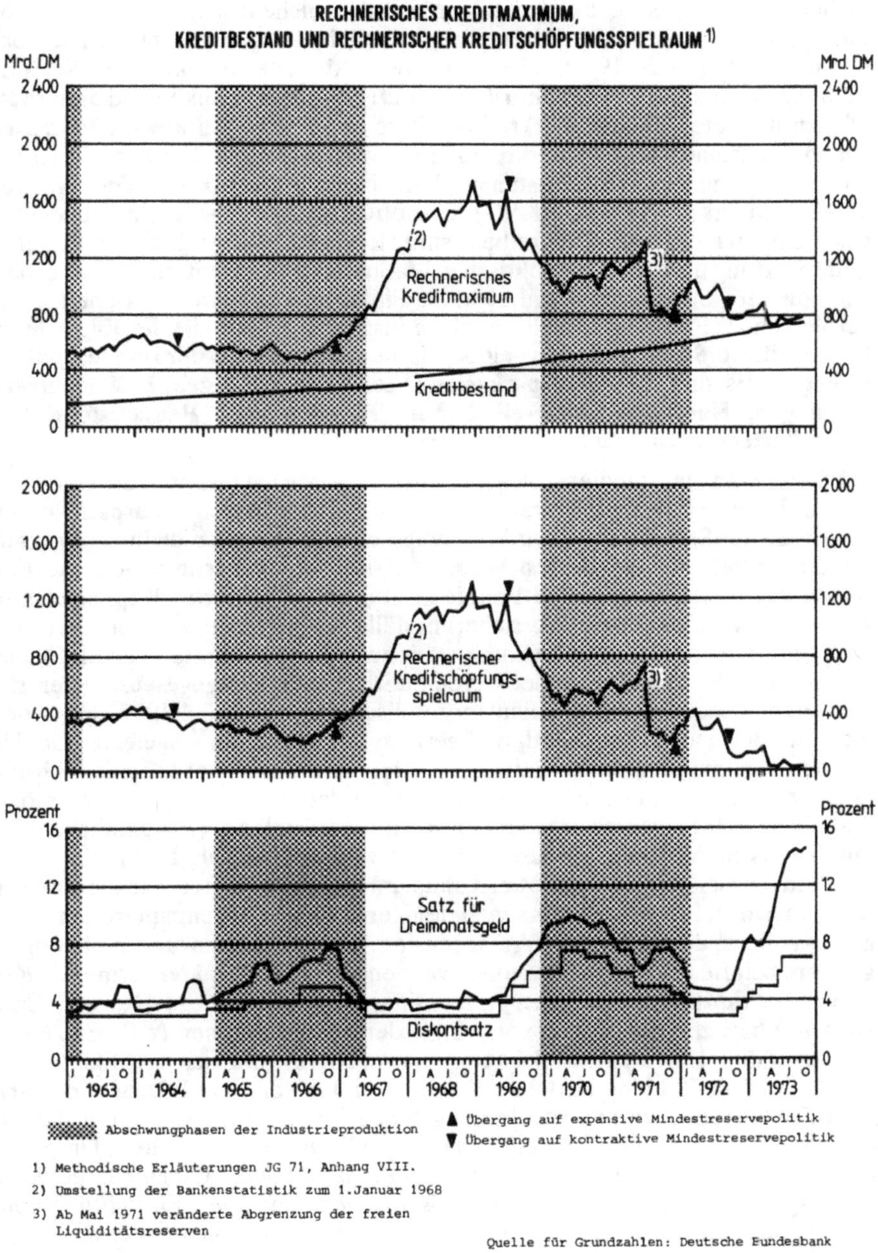

Abb. 16 Rechnerisches Kreditmaximum, Kreditbestand und rechnerischer Kreditschöpfungsspielraum

4.2.4 Finanzintermediäre

Als **Finanzintermediäre** oder **paramonetäre Institutionen** werden „alle diejenigen Kapitalsammelstellen ... bezeichnet, deren Forderungen gegen sich selbst nicht als Zahlungsmittel akzeptiert werden oder solche Institute, deren typisches Passivgeschäft nicht in der Einräumung von Sichteinlagen gegenüber Nichtbanken besteht" (200, S. 19). In diese sehr weite Abgrenzung schließt **U. Schirmer** (200, S. 21) auch Spezialkreditinstitute ein: Hypothekenbanken und andere Realkreditinstitute, Teilzahlungskreditinstitute und Kreditinstitute mit Sonderaufgaben (Deutsche Verkehrskreditbank, Landwirtschaftliche Rentenbank, Kreditanstalt für Wiederaufbau, Lastenausgleichsbank, Ausfuhrkredit GmbH, Industriekreditbank, Privatdiskont AG). Obwohl diese Banken nur ein unbedeutendes Sichteinlagengeschäft betreiben, sind sie ihrer Natur nach und wegen ihrer Unterwerfung unter die geldpolitischen Maßnahmen der Deutschen Bundesbank als monetäre Institutionen und **nicht** als Finanzintermediäre anzusehen. Somit verbleiben als Finanzintermediäre solche Institutionen, auf die die obige Definition zutrifft, die aber nicht den geldpolitischen Maßnahmen der Bundesbank unterliegen. Es sind dies: **Bausparkassen**, **Sozialversicherungen**, **Individualversicherungen**, **Kapitalanlagengesellschaften**, **Finanzmakler**, **Pensionsfonds** und **Kreditkartenunternehmen**.

Diese Finanzintermediäre bilden eine sehr heterogene Gruppe, die Geldeinlagen in Finanzanlagen oder direkt in Realkapital überführen. **Bausparkassen** finanzieren aus Spareinlagen den Wohnungsbau und bewirken dadurch direkt die Realkapitalbildung. **Sozialversicherungen**, **Individualversicherungen** und **Pensionsfonds** besitzen ein durch Prämienzahlungen angespartes Kapital, das für Auszahlungen eintretender Versicherungsfälle bereitsteht und entsprechend den Anlagevorschriften für den Deckungsstock zu einem bestimmten Teil für Finanzanlagen und Kredite verwendet werden darf. **Kapitalanlagegesellschaften** sind gem. dem Gesetz über Kapitalanlagegesellschaften vom 16.4.1957 „Unternehmen, deren Geschäftsbereich darauf gerichtet ist, bei ihnen eingelegtes Geld im eigenen Namen für gemeinschaftliche Rechnung der Einleger nach dem Grundsatz der Risikomischung in Wertpapieren gesondert von dem eigenen Vermögen und über die hieraus sich ergebenden Rechte der Einleger (Anteilinhaber) Urkunden (Anteilscheine) auszustellen". Sie werden auch als Investmentgesellschaften bezeichnet. Neben diesen Kapitalanlagegesellschaften, die die eingelegten Fondsmittel des Publikums in Beteiligungs- und Rentenpapieren anlegen, gibt es andere, die sie für reale Anlagen wie z.B. Grundstücks- und Wohnungseigentum, Schiffe, Ölbohrkonzessionen verwenden. **Finanzmakler** vermitteln Kredite. **Kreditkartenunternehmen** (z.B. Diners Club, American Express, Carte Blanche) besitzen zwei Arten von Mitgliedern: Unternehmen (z.B. Einzelhandelsgeschäfte, Hotels, Dienstleistungsunternehmen), die sich verpflichten, die Kreditkarte als Zahlungsmittel zu akzeptieren und vom Kreditkartenunternehmen die von diesem garantierte Zahlung der auf Kreditkarten getätigten Verkäufe nach Abzug eines bestimmten Rabattes am Monatsende erhalten; Unternehmen (für ihre leitenden Angestellten) und Privatpersonen, die eine Kreditkarte für bargeldlose Käufe bei den Mitgliedsunternehmen gegen Entrichtung eines bestimmten Jahresbeitrags erhalten und sich verpflichten, die mit der Kreditkarte im In- und Ausland getätigten Käufe im folgenden Monat in voller Höhe an das Kreditkartenunternehmen zu bezahlen. Der Erfolg der Kreditkartenunternehmen hat später andere Unternehmen (z.B. Hotelketten, Autovermietungen, Telefongesellschaften in den USA), insbesondere die Banken (z.B. Eurocard, Barclays Card) ebenfalls veranlaßt, eigene Kreditkarten herauszugeben.

Die Finanzintermediäre haben in sehr verschiedenen Bereichen Finanzierungsaufgaben übernommen, die nicht zu den Aktivitäten der Kreditinstitute zählen. Außer den Kreditkartenunternehmen bewirken sie eine gezielte und verbesserte Lenkung von Sparkapital in Finanzanlagen und über diese oder direkt in die Realkapitalbildung. Die Kreditkartenunternehmen schöpfen im Volumen der über Kreditkarten finanzierten Umsätze zusätzliches Geld.

Die Geldeinlagen bei den Finanzintermediären, die fast ausschließlich bargeldlos erfolgen, zählen definitionsgemäß nicht zum Geldvolumen. Sie sind auch vollkommen unabhängig von den Veränderungen des Geldvolumens. Wie im vorigen Kapitel erwähnt, ist aber anzunehmen, daß die wirksamere reale Anlage von Spargeldern, das Anlageverhalten und die Kreditvergabe der Finanzintermediäre einen Einfluß auf die Geldschöpfungsmöglichkeiten des Bankensystems ausübt und das Geldangebot innerhalb bestimmter Grenzen autonom zu beeinflussen vermag. In welcher Weise und in welchem Umfange dies geschieht, ist wegen fehlender und unzureichender Statistiken empirisch nicht zu überprüfen.

Es ist jedoch wahrscheinlich, daß die Finanzintermediäre in Phasen der Hochkonjunktur die Wirksamkeit einer restriktiven Geldpolitik der Zentralbank durch eine autonome Veränderung ihres Geldangebotes beeinträchtigen können. Wird entsprechend der Erfahrung angenommen, daß diese Situation durch hohe Zinsen und eine geringe Bankenliquidität gekennzeichnet ist und die Finanzintermediäre dem Publikum günstigere und höher verzinsliche Anlagemöglichkeiten zu bieten vermögen als die Banken, so werden dadurch Geldbestände des Publikums mobilisiert und Bankeinlagen auf Anlagen der Finanzintermediäre umdisponiert. „Dadurch können die restriktiven monetären Maßnahmen der Zentralbank in der Weise beeinträchtigt werden, daß sich der Eintritt ihrer Wirkung zeitlich verschiebt oder gänzlich aufgehoben wird. Die von den paramonetären Institutionen an das Publikum abgegebenen Forderungen haben damit die Wirkung von Dämpfern, die geeignet sind, den Erfolg geldpolitischer Mittel zu vermindern." (200, S. 192). Andererseits ist zu vermuten, daß expansive geldpolitische Maßnahmen der Zentralbank durch die Tätigkeit der Finanzintermediäre erleichtert und beschleunigt werden, indem die Finanzintermediäre die bei Banken und Publikum entstehende Liquidität in reale und Finanzanlagen überführen.

Unter den Finanzintermediären kommt den Versicherungen eine besondere Bedeutung zu, weil sie durch ihr Geldangebotsverhalten erkennbar die Wirksamkeit geldpolitischer Maßnahmen der Zentralbank positiv oder negativ beeinflussen können. Zu unterscheiden ist hierbei zwischen dem Verhalten der privaten Versicherungen und dem der öffentlich-rechtlichen Sozialversicherungen. Vergeben private Versicherungen in Phasen restriktiver Geldpolitik zusätzliche Darlehn und Schuldscheinkredite wie in den Jahren 1959, 1960, 1965 und 1966 (200, S. 196), so erhalten dadurch die Banken zusätzliche Liquidität, die ihnen eine weitere Kreditexpansion erlaubt. Dadurch wird die bei den privaten Versicherungen vorhandene Liquidität verringert, die Geldumlaufsgeschwindigkeit und damit das Geldangebot erhöht, wodurch die Wirkung der restriktiven Geldpolitik erheblich gedämpft wird. Diese Wirkung kann noch dadurch erhöht werden, daß die privaten Versicherungen staatliche Offenmarkt-Papiere an die Bundesbank zurückgeben und dafür zusätzliches Zentralbankgeld erhalten, mit dem sie ihre Kreditvergabe ausweiten können.

Die öffentlich-rechtlichen Sozialversicherungen sind dagegen in der Lage, durch Käufe oder Verkäufe von Offenmarktpapieren die Geldpolitik der Zentralbank aufgrund von getroffenen Vereinbarungen zu unterstützen. Dies haben auf Ersuchen der Deutschen Bundesbank die Sozialversicherungen im zweiten Halbjahr 1960 und Anfang 1961 in erheblichem Umfang getan, indem sie zur Unterstützung einer restriktiven Geldpolitik Offenmarktpapiere aufgenommen haben (201). Die Bundesbank hat in diesem Falle erstmalig Offenmarktoperationen mit Nicht-Banken durchgeführt.

Obwohl sich gesicherte Aussagen über das Geldangebotsverhalten der Finanzintermediäre und ihre Beeinflussung der Geldpolitik der Zentralbank nicht treffen lassen, konnten bisher wesentliche Störungen der Wirkungen geldpolitischer Maßnahmen nicht festgestellt werden. Es bietet sich jedoch an, zur Feinsteuerung der Zentralbankgeldmenge und Erhöhung der geldpolitischen Effizienz die öffentlich-rechtlichen Sozialversicherungen ständig in die Offenmarktoperationen der Bundesbank einzubeziehen und zur Zusammenarbeit zu verpflichten. Sollte es sich in der Zukunft herausstellen, daß das autonome Geldangebotsverhalten der Finanzintermediäre die Geldpolitik der Bundesbank erheblich durchkreuzt, so müßten neue geldpolitische Instrumente zu ihrer Kontrolle eingesetzt werden.

4.2.5 Ausland

Das Geldangebot des Auslandes wird von drei Bereichen des Außenwirtschaftsverkehrs beeinflußt: der Entwicklung des Außenhandels, des Dienstleistungsverkehrs und der Übertragungen (Leistungsbilanzsaldo), der Entwicklung des langfristigen Kapitalverkehrs mit dem Ausland und der Entwicklung des kurzfristigen Kapitalverkehrs mit dem Ausland (Kapitalbilanzsaldo).

Ist der **Leistungsbilanzsaldo**, der sich aus den Salden des Warenaußenhandels, des Dienstleistungsverkehrs (Reiseverkehr, Transport, Versicherungen, Kapitalerträge) und der Übertragungen (privat: Überweisungen ausländischer Arbeitskräfte, Unterstützungszahlungen, Renten und Pensionen, sonstige Zahlungen; öffentlich: Wiedergutmachungsleistungen, Beiträge an internationale Organisationen einschl. EG, Renten und Pensionen, sonstige Zahlungen) zusammensetzt, aktiv, so muß das Ausland im Gegenwert der per Saldo erhaltenen Güter und Leistungen zahlen. Diese Zahlungen bilden eine Komponente des Geldangebotes. Ob und in welcher Höhe ein aktiver oder passiver Leistungsbilanzsaldo entsteht, hängt von der Struktur und internationalen Wettbewerbsfähigkeit einer Volkswirtschaft ab. Kurzfristig kann bei festen Wechselkursen ein künstlich niedrig gehaltener Wechselkurs die internationale Wettbewerbsfähigkeit der Volkswirtschaft verbessern und dadurch einen aktiven Leistungsbilanzsaldo entstehen lassen. Eine starke internationale Wettbewerbsposition einer Volkswirtschaft wie die der Bundesrepublik Deutschland ist verbunden mit einer exportorientierten Wirtschaftsstruktur. Sie begründet eine starke Währung und führt zu höheren Exporten langfristigen Kapitals, die das Geldangebot des Auslandes als Gegenposition des aktiven Leistungsbilanzsaldos entsprechend verringern. Schrumpft der aktive Leistungsbilanzsaldo oder schlägt in einen Passivsaldo um, so signalisiert dies eine Schwächung der internationalen Wettbewerbsposition der Volkswirtschaft mit der Folge einer schwächer werdenden Währung (tendenziell sinkender Wechselkurs) und höheren Importen langfristigen Kapitals.

Der **Saldo der Bilanz des langfristigen Kapitalverkehrs** ist üblicherweise dem Leistungsbilanzsaldo entgegengerichtet und korrigiert entsprechend die aus diesem resultierende Geldangebotsposition des Auslandes. Bei kurzfristigen oder exogen verursachten Veränderungen des Leistungsbilanzsaldos (z.B. durch Naturkatastrophen oder Ölpreiserhöhungen für ölimportabhängige Länder) wird jedoch eine entsprechende entgegengerichtete Veränderung des Saldos der langfristigen Kapitalbilanz nicht eintreten. Da der langfristige Kapitalverkehr aus einem privaten und einem öffentlichen besteht, kann der Staat durch seine Kapitalexporte oder Kapitalimporte eine gewünschte Korrektur vornehmen. Er wird dies allerdings weniger aus geldpolitischen als aus währungspolitischen Rücksichten tun.

Als Beispiel sei die Passivierung der deutschen Leistungsbilanz als Folge des zweiten „Ölpreisschocks" im Jahre 1979 angeführt. In diesem Jahre entstand der Bundesrepublik Deutschland erstmals wieder seit 1965 durch die erhebliche Erhöhung der Öleinfuhrpreise ein Passivsaldo der Leistungsbilanz in Höhe von 10,1 Mrd. DM. Im selben Jahr wies die Bilanz des langfristigen Kapitalverkehrs noch einen Aktivsaldo von 10,4 Mrd. DM auf, der sich aus einem Aktivsaldo des privaten Kapitalverkehrs von 11,9 Mrd. DM und einem Passivsaldo des öffentlichen Kapitalverkehrs von -1,5 Mrd. DM ergab. Im folgenden Jahr 1980 hatte sich der passive Leistungsbilanzsaldo wesentlich auf -28,1 Mrd. DM erhöht, weil sich dann die Ölpreiserhöhungen erst voll auswirkten. Zugleich war der Aktivsaldo des langfristigen Kapitalverkehrs auf 4,9 Mrd. DM geschrumpft, der nur deswegen positiv ausfiel, weil der in diesem Jahr mit -14,4 Mrd. DM sehr stark passiv gewordene private langfristige Kapitalverkehr durch einen hohen Aktivsaldo von 19,3 Mrd. DM des öffentlichen Kapitalverkehrs (durch staatliche Kreditaufnahme im Ausland) kompensiert worden ist.

Der **Saldo des kurzfristigen Kapitalverkehrs** spiegelt die kurzfristigen Forderungen und Verbindlichkeiten inländischer Banken, Unternehmen und Institutionen der öffentlichen Hand zu ausländischen wider. Er reagiert sehr kurzfristig durch Verlagerung internationaler Liquidität als Zu- oder Abstrom von „hot money" auf folgende Impulse:

- Erwartung einer **Aufwertung** (Folge: Zustrom von „hot money") oder einer **Abwertung** (Folge: Abstrom von „hot money") der Währung eines Landes,
- Relative Erhöhung oder Verringerung der **Inflationsrate** gegenüber anderen Leitwährungsländern (Erhöhung der Inflationsrate bedeutet Geldabfluß in das Ausland und vice versa),
- Relative Veränderung des **Zinsniveaus** gegenüber anderen Leitwährungsländern (Erhöhung des Zinsniveaus bedeutet Geldzufluß vom Ausland und vice versa),
- Veränderung des **Leistungsbilanzsaldos** (eine Passivierung der Leistungsbilanz führt zu einer Abwertungstendenz der Währung und Geldabflüssen in das Ausland und vice versa),
- **spekulative Geldbewegungen** vom oder zum Ausland, die durch einen oder mehrere der vorgenannten Impulse ausgelöst und spekulativ übersteigert werden. Hierbei spielen die Erwartungen der künftigen Entwicklung eine wesentliche Rolle, die durch geplante oder schon eingeleitete währungs-, geld-, finanz- und/oder wirtschaftspolitische Maßnahmen untermauert werden.

Die kurzfristigen Kapitalbewegungen vom und zum Ausland können erhebliche Ausmaße annehmen und das inländische Geldangebot beträchtlich autonom verändern. Die deflatorische Wirkung von Geldabflüssen in das Ausland, die das inländische Geldangebot verringern, ist erfahrungsgemäß wegen der Refinanzierungsmöglichkeiten der Banken bei der Zentralbank und im Ausland gering. Die inflatorische Wirkung von Geldzuflüssen aus dem Ausland, die das Geldangebot erhöhen, ist dagegen meistens erheblich, weil es der Zentralbank zu spät gelingt, bei den Banken die zugeflossene Liquidität erst dann abzuschöpfen, wenn diese bereits eine expansive Wirkung entfaltet hat.

4.3 Voraussetzungen und Wirkungen monetärer Impulse

Die auf unterschiedlichen geldtheoretischen Auffassungen basierenden Erklärungsansätze für die Übertragung monetärer Impulse auf den realen Wirtschaftssektor über Veränderungen der gesamtwirtschaftlichen Nachfrage nach Gütern und Dienstleistungen, der Produktion und Beschäftigung gehen explizit von einer Kausalität der Geldmengenänderung für eine gleichgerichtete Veränderung der wirtschaftlichen Aktivität aus, die sich an der Veränderungsrate des realen Bruttosozialprodukts ablesen läßt. Es ist jedoch auch der umgekehrte Fall der Kausalität möglich, indem eine Veränderung der realwirtschaftlichen Aktivität eine gleichgerichtete Änderung der Geldmenge induziert, die durch ein elastisches Geldangebot bereitgestellt wird. Bisher läßt es sich mit keiner wissenschaftlichen Methode eindeutig empirisch nachweisen, welche Kausalität in der Praxis gegeben ist. „In den letzten Jahren entwickelte Testverfahren zur Bestimmung der Kausalitätsrichtung bieten keine hinreichende methodologische Sicherheit" (30, S. 22).

Es läßt sich jedoch vermuten, daß autonome Veränderungen der wirtschaftlichen Aktivität als Ursache gleichgerichteter Geldmengenänderungen in der Praxis relativ selten als Folge exogener Störungen vorkommen. Als solche können z.B. wirken: kriegerische Auseinandersetzungen, Regierungswechsel oder eine drastische Änderung des Steuersystems. Demgegenüber lassen sich i.a. Auswirkungen ursächlicher Geldmengenänderungen auf die wirtschaftliche Aktivität beobachten. Reaktionen der wirtschaftlichen Aktivität lassen sich vor allem auf geldpolitische Beschlüsse der Zentralbank feststellen. Aufgrund dieser empirischen Beobachtungen kann von der Arbeitshypothese ausgegangen werden, daß eine Kausalität zwischen einer Geldmengenänderung und wirtschaftlicher Aktivität besteht. Der Transmissionsmechanismus dieser monetären Impulse ist jedoch kompliziert und läuft nicht nach einem festen, sich wiederholenden und empirisch testbaren Mechanismus ab. Diesen Tatbestand beschreibt J. M. Keynes recht anschaulich wie folgt: „If, however, we are tempted to assert that money is the drink which stimulates the system to activity, we must remind ourselves that there may be several slips between the cup and the lip" (87, S. 173). Entsprechend der geldtheoretischen Auffassung wird der Transmissionsmechanismus durch Betonung bestimmter Glieder in der Transmissionskette erklärt. Allerdings haben sich die Standpunkte über die Portfolio-Theorie wieder angenähert.

Bei der Untersuchung realwirtschaftlicher Wirkungen monetärer Impulse sind mehrere Bedingungen und Aspekte zu unterscheiden, von denen die Art der Geldwirkungen abhängt:

- Der monetäre Impuls wird unterschiedliche Wirkungen auslösen, je nachdem er aus einer geld- oder kreditpolitischen Maßnahme besteht. Geldpolitische Maßnahmen verändern die Geldversorgung der Volkswirtschaft in einer der Geldmengendefinitionen. Kreditpolitische Maßnahmen beeinflussen die Geld- und Kapitalmarktbedingungen, die Zinshöhe und Zinsstruktur.
- Die Geldwirkungen können kurzfristig anders als langfristig, restriktiv anders als expansiv und im Konjunkturaufschwung anders als im Konjunkturabschwung sein. Sie werden außerdem beeinflußt durch psychologische Faktoren, exogene Einflüsse, Strukturänderungen und Wachstum der Wirtschaft.
- Unterschiedliche Geldwirkungen werden sich auch ergeben aus der Intensität und Änderungsrate des monetären Impulses. So wird ein oft wiederholter monetärer Impuls gleicher Änderungsrate in den Erwartungshorizont der Wirtschaftssubjekte eingebaut und dadurch absorbiert werden, so daß schließlich keinerlei Wirkungen mehr auftreten werden. Dies wird insbesondere dann der Fall sein, wenn die „Geldillusion" verloren gegangen ist.
- Schließlich ist zu beachten, daß sich die Geldwirkungen sowohl auf die realwirtschaftliche Aktivität als auch auf die Veränderung der Inflationsrate erstrecken können. Sie hängen ab vom Beschäftigungsgrad der Volkswirtschaft und den jeweils gegebenen Engpässen in einzelnen Wirtschaftssektoren.

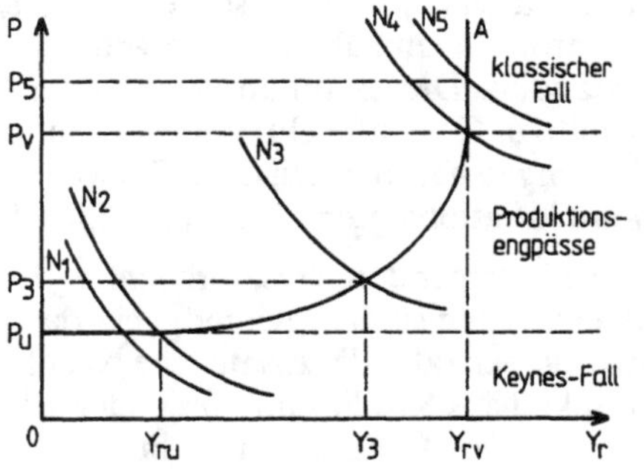

Abb. 17 Inflation durch Nachfrageerhöhung im statischen System

Dieser letztgenannte Aspekt ist für die praktische, auf gesamtwirtschaftliche Stabilität gerichtete Geldpolitik von besonderer Bedeutung und läßt sich schematisch in dem von Keynes analysierten Fall in **Abbildung 17** graphisch darstellen. Im Zustand der Unterbeschäftigung aller Produktionsfaktoren kann eine steigende Gesamtnachfrage durch Rechtsverschiebung der Nachfragekurve N_1 auf N_2 von einem vollkommen elastischen Angebot bei einem konstant bleibenden Preisniveau P_u befriedigt werden **(Keynes-Fall)**, wobei ein reales Bruttosozialprodukt Y_{ru} erreicht wird. Erhöht sich die durch ein steigendes Geldangebot alimentierte Gesamtnachfrage weiter auf die Nachfragekurve N_3, so stellen sich in zunehmendem Maße Produktionsengpässe **(bottle necks)** durch Verknappung der Produktionsfaktoren bei steigendem Preisniveau auf P_3 **(Inflation)** und einem gleichzeitig steigenden Bruttosozialprodukt auf Y_3 ein. Wächst die Gesamtnachfrage schließlich auf N_4 an, so ist das zu diesem Zeitpunkt maximale reale Bruttosozialprodukt bei Vollbeschäftigung und Vollauslastung alle Produktionskapazitäten (full capacity output) bei Y_{rv} und einem beschleunigt auf P_v gestiegenen Preisniveau erreicht. Ein weiterer Anstieg der Gesamtnachfrage auf N_5 kann nicht mehr durch eine höhere Produktion, sondern nur noch nominell über eine Inflationsrate durch Anstieg des Preisniveaus auf P_5 befriedigt werden.

Monetäre Impulse müssen aber nicht immer zu einer steigenden Nachfrage entsprechend dem in Abbildung 17 dargestellten Verlaufsschema führen. Es kann der Fall eintreten, daß eine steigende Geldversorgung der Volkswirtschaft von einer stagnierenden oder gar schrumpfenden Gesamtnachfrage begleitet ist oder umgekehrt. Auch kann sich trotz einer konstant bleibenden oder gar schrumpfenden Geldversorgung der Volkswirtschaft eine steigende Gesamtnachfrage entwickeln. Der erste Fall kann in einer konjunkturellen Rezessions- oder Depressionsphase eintreten und muß sich in einer Erhöhung der gesamtwirtschaftlichen Liquiditätsquote niederschlagen. Einem Vorschlag von **H. J. Thieme** (88, S. 293) zufolge soll die Liquidität durch einen Kassenhaltungskoeffizienten (k) aus gesamtwirtschaftlicher Kassenhaltung (L) und Volkseinkommen (Y)

$$k = \frac{L}{Y}$$

gemessen und dessen Anstieg bei konstantem Preisniveau als „Kassenhaltungsinflation" bezeichnet werden. Obwohl eine steigende Liquidität Preiserhöhungsspielräume bietet und dadurch ein Inflationspotential darstellt, kann dieser Auffassung nicht gefolgt werden. Denn als Inflation wird ex definitione ein Anstieg des Preisniveaus verstanden. Dieses Inflationspotential kann jedoch trotz stagnierender oder rückläufiger Gesamtnachfrage zur Inflation führen, wenn exogene Einflüsse Preiserhöhungen hervorrufen (z.B. Rohölpreiserhöhungen) oder eine Gewöhnung an hohe Inflationsraten die „Geldillusion" beseitigt hat.

Der zweite Fall einer steigenden Gesamtnachfrage trotz konstanter oder schrumpfender Geldversorgung ist dadurch möglich, daß vorhandene Liquidität nachfragewirksam ausgegeben oder die zusätzliche Nachfrage durch ein erhöhtes Kreditvolumen der Banken aus Kreditschöpfung oder Verringerung ihrer Liquiditätsquote sowie ein erhöhtes Lieferantenkreditvolumen finanziert wird. Dadurch erhöht sich die Geldumlaufsgeschwindigkeit (Einkommenskreislaufgeschwindigkeit) des Geldes, was für den Konjunkturaufschwung typisch ist. Auch in diesem Fall ist eine exogen verursachte Inflation möglich, jedoch nur innerhalb sehr enger Spielräume. Längerfristig muß aber eine verringerte Geldversorgung die Gesamtnachfrage schrumpfen lassen, weil eine verringerte Geldbasis einen negativen Multiplikator (der Geldvernichtung) auslöst und damit das Kreditvolumen zur Finanzierung der Gesamtnachfrage reduziert.

4.4 Geldtheoretische Transmissionserklärungen

4.4.1 Monetaristischer Erklärungsansatz

Die monetaristische Auffassung geht von zwei einfachen Beziehungen aus: „Die Geldbasis – exogen bestimmbar durch die Zentralbank – beherrscht die Geldmenge und diese wiederum die ökonomische Aktivität" (75, S. 943). Es wird also unterstellt, daß die angebotene Geldmenge durch die Zentralbank in Zusammenarbeit mit der Finanzpolitik der Regierung mittel- und langfristig kontrolliert und gesteuert werden kann. Empirische Untersuchungen über längere Zeiträume von **M. Friedman** für die USA (89; 90) und **J. Siebke** und **M. Willms** für die Bundesrepublik (91) bestätigen diese These. Denn diese lassen erkennen, „daß es einen außerordentlich engen Zusammenhang zwischen Bewegungen der Geldmenge pro Produktionseinheit und den Preisbewegungen gibt" (90, S. 120).

Als Konsequenz dieser These ergibt sich die weitere These, daß langfristig die Geldumlaufsgeschwindigkeit und dadurch auch die reale Kassenhaltung der Wirtschaftssubjekte (real balances) als Quotient der Geldmenge und des Volkseinkommens $\frac{M}{Y}$ annähernd konstant bleibt. Kurzfristig können sich allerdings Veränderungen ergeben wie die Zunahme der Geldumlaufsgeschwindigkeit im Konjunkturaufschwung und deren Abnahme im Konjunkturabschwung. Auch können die Opportunitätskosten der Kassenhaltung (in Höhe der entgangenen Zinsen für alternative Geldanlagen) und Veränderungen der Höhe des Realeinkommens und des Realvermögens der Wirtschaftssubjekte kurzfristig die reale Kassenhaltung und Geldumlaufsgeschwindigkeit variieren. Doch zeigen auch in diesem Fall empirische Untersuchungen von **M. Friedman** (90, S. 119), daß – besonders nach dem zweiten Weltkrieg – beide Einflüsse als geringfügig anzusehen sind.

Wird die insgesamt angebotene Geldmenge in der Volkswirtschaft so stark erhöht, daß die durchschnittlich von den Wirtschaftssubjekten gewünschte reale Kassenhaltung überschritten wird, so führt dies zu zusätzlichen nachfragewirksamen Geldausgaben. Diese Geldausgaben müssen dann einen Anstieg des Preisniveaus verursachen und entsprechend inflationär wirken, wenn sich die Wirtschaft im Zustand der Vollbeschäftigung bei optimaler Nutzung aller Produktionsfaktoren befindet. „The goverment may increase the supply of nominal money, but if the public does not wish to hold the money they will spend it. In a fully employed economy, the attempt to spend more just means higher prices, not more goods." (92, S. 4). Wächst also das Geldangebot als Geldmengenexpansionsrate in genau gleichem Maße wie das reale Bruttosozialprodukt, so wird die zusätzliche Güterproduktion durch eine entsprechende zusätzliche Geldmenge alimentiert, wobei die durchschnittliche reale Kassenhaltung der Wirtschaftssubjekte konstant bleibt. Steigt das Geldangebot aber stärker als das reale Bruttosozialprodukt bei Vollbeschäftigung an, so muß als Folge des Realkasseneffektes eine Inflationsrate entstehen, die sich proportional zur Geldmengenexpansionsrate entwickelt.

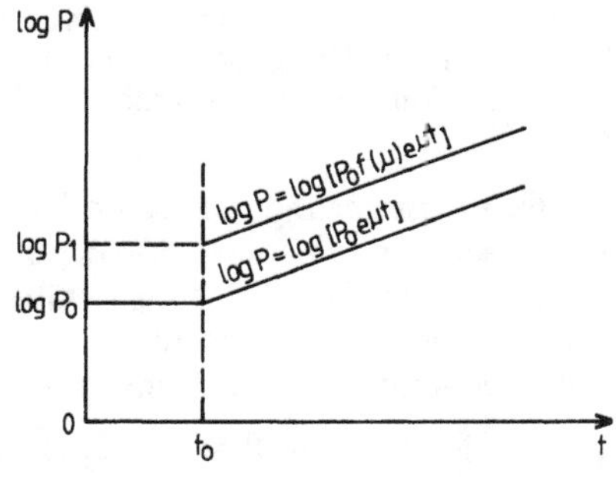

Abb. 18 Entwicklung des Preisniveaus aufgrund einer konstanten Geldmengenexpansionsrate

Dieser Zusammenhang läßt sich in **Abbildung 18** graphisch darstellen (89, S. 20). Auf der Abszisse ist der Zeitablauf (t), auf der logarithmisch eingeteilten Ordinate die Höhe des Preisniveaus (P) abgetragen. Wird angenommen, daß bis zum Zeitpunkt t_0 das Geldangebot, die Geldnachfrage in Gestalt einer konstanten realen Kassenhaltung und das Preisniveau P_0 konstant geblieben sind, so ergibt sich zunächst bis dahin eine in Höhe log P_0 bis zum Zeitpunkt t_0 horizontal verlaufende Gerade. Erhöht sich von diesem Zeitpunkt an das Geldangebot mit einer gleichbleibenden Zuwachsrate (die höher als die des realen Bruttosozialproduktes ist), so steigt auch das Preisniveau mit einer dazu proportionalen Rate an, die sich durch den Faktor $e^{\mu t}$ ausdrücken läßt. Die Formel für den Anstieg des Preisniveaus lautet dann gemäß **M. Friedman** (89. S. 20):

(26) $$\log P = \log (P_0 \cdot e^{\mu t})$$

Würde also vom Zeitpunkt t_0 an das Geldangebot mit einer konstanten Zuwachsrate von 10% p.a. bei einer gleichbleibenden durchschnittlichen realen Kassenhaltung anwachsen, so lautete die Funktion (92, S. 5):

$$\log P = \log P_0 \, (1{,}10)^t$$

Neben dem Anstieg des Geldangebotes kann ein zusätzlicher inflationärer Impuls durch eine Verringerung der durchschnittlichen realen Kassenhaltung der Wirtschaftssubjekte ausgelöst werden. Dieser Fall wird dann eintreten, wenn die Wirtschaftssubjekte die „Geldillusion" verloren haben und eine antizipierte Inflationsrate in alle monetären Dispositionen einbeziehen, indem sie nicht mehr in nominellen Geldbeträgen, sondern in realen Werten zu rechnen beginnen.

Die Inflationsrate wirkt sich wie eine Steuer auf die reale Kassenhaltung aus (93, S. 123), weil sie einen entsprechenden Anteil der nominellen Geldbestände der Kassenhaltung durch den Kaufkraftverlust abschöpft. Dadurch erhöhen sich die Opportunitätskosten der Kassenhaltung, auf die die Wirtschaftssubjekte mit einer Verminderung ihrer realen Kassenhaltung reagieren. „Inflation, by raising the opportunity cost of real cash balances, lowers the quantity demanded" (92, S. 4)

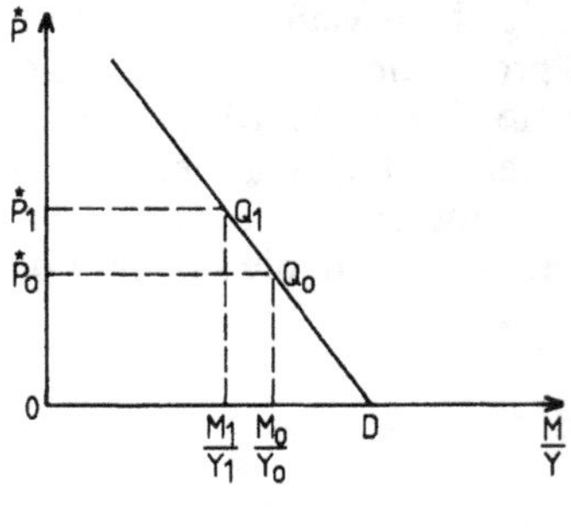

Abb. 19 Die Geldnachfragekurve für reale Kassenhaltung als Funktion der Inflationsrate

Die Verringerung der realen Kassenhaltung zum Zeitpunkt t_0 in **Abbildung 18** verursacht einen nachfragewirksamen Ausgabenstoß, der das Preisniveau von P_0 um den Faktor μ auf P_1 steigen läßt, von wo aus es entsprechend der Expansionsrate des Geldangebotes als Parallele zur ursprünglichen Funktion weiter wächst entsprechend der logarithmischen Funktion von **M. Friedman** (89, S. 24)

(27) $$\log P = P_0 \cdot f(\mu) \cdot e^{\mu t}$$

Den diese Verschiebung bewirkenden Funktionalzusammenhang einer sinkenden realen Kassenhaltung $\frac{M}{Y}$ bei einer steigenden Inflationsrate $\overset{*}{P}$ läßt sich nach **M. Friedman** (89, S. 31) und **H. G. Johnson** (93, S. 124) in **Abbildung 19** als Kurve darstellen. Erhöht sich die Inflationsrate von $\overset{*}{P}_0$ auf $\overset{*}{P}_1$, so sinkt die reale Kassenhaltung von $\frac{M_0}{Y_0}$ auf $\frac{M_1}{Y_1}$. Die Opportunitätskosten der Kassenhaltung lassen sich graphisch durch das Dreieck $\frac{M_0}{Y_0}$ D Q_0 bzw. $\frac{M_1}{Y_1}$ D Q_1 in **Abbildung 19** und durch die Formel

$$C_i = \frac{1}{2}\overset{*}{P} \cdot \frac{M}{Y} \cdot \eta \tag{23}$$

annäherungsweise mathematisch bestimmen, in der η die Inflationselastizität des Verhältnisses zwischen realer Geldmenge und Volkseinkommen darstellt.

Die Transmission monetärer Impulse auf den realen Sektor wird über die Störung des **Portfolio-Gleichgewichtes** der Wirtschaftssubjekte bei einer bestimmten Inflationsrate erklärt. Dieses Portfolio besteht aus den durchschnittlichen Ersparnissen der Wirtschaftssubjekte, die in verschiedenen Vermögenstiteln angelegt sind: Kassenhaltung in Form von Bar- und Buchgeld, Finanztiteln (z.B. Aktien, Anleihen), realen Kapitalgütern (z.B. Goldbarren, Eigentumswohnungen) und Bildungsinvestitionen (human capital; z.B. Studium, Aufbaukurse). **M. Friedman** (89,S. 55 f.) sieht das Portfoliogleichgewicht dann als gegeben an, wenn für einen zusätzlichen realen Dollar die Opportunitätskosten und Erträge in allen Vermögensanlageformen gleich sind. Für den privaten Haushalt ist dieser Fall dann gegeben, wenn die Opportunitätskosten eines zusätzlichen realen Dollars der realen Kassenhaltung (als Wert der Vorteile dieser Liquidität) einem bestimmten Konsumverzicht entsprechen und ebenso hoch sind wie die Effektivrendite eines Wertpapiers unter Berücksichtigung der antizipierten Inflationsrate. Das Portfoliogleichgewicht der Unternehmen ist dann erreicht, wenn die realen Kosten der Kapitalbeschaffung über den Kapitalmarkt (durch Emission von Anleihe- oder Beteiligungspapieren) unter Berücksichtigung der antizipierten Inflationsrate ebenso hoch sind wie die realen Kosten der Verringerung der realen Kassenhaltung infolge der inflatorisch bedingten höheren Opportunitätskosten der Kassenhaltung um jeweils einen zusätzlichen realen Dollar.

Ein steigendes Geldangebot erhöht die Geldmengenexpansionsrate. Diese stört das Portfoliogleichgewicht der Wirtschaftssubjekte und führt zunächst zu einer höheren als gewünschten Kassenhaltung. Diese unerwünschten Kassenbestände bauen die Wirtschaftssubjekte durch den Kauf von Finanztiteln ab. Dadurch steigen deren Preise (Kurse) und sinken deren Renditen in Relation zu denen realer Kapitalanlagen. Folglich wird der Erwerb realer Anlagen relativ günstiger, so daß sich die Ausgaben auf diese verlagern. Die stärkere Nachfrage nach realen Kapitalgütern, Investitionsgütern und schließlich Konsumgütern läßt die Produktion und Beschäftigung steigen bis die Nachfrage durch die vorhandenen Produktionskapazitäten nicht mehr voll befriedigt werden kann und dadurch bedingt die Inflationsrate ansteigt. Produktions- und Beschäftigungswirkungen können nur so lange bestehen wie eine höhere Inflationsrate von den Wirtschaftssubjekten nicht antizipiert und in ihre Dispositionen einbezogen wird (94).

Gelingt den Wirtschaftssubjekten eine vollständige Antizipation der Inflationsrate durch vollkommene Information, so werden die vorgenannten realwirtschaftlichen Wirkungen ausbleiben. Werden jedoch aus den Vergangenheitswerten gewonnene Inflationsraten antizipiert, so werden immer stärkere monetäre Impulse über steigende Geldmengenexpansionsraten notwendig, um wachsende Inflationsraten überkompensieren und Produktions- und Beschäftigungseffekte auslösen zu können (88, S. 300).

Somit findet eine Transmission monetärer Impulse nach monetaristischer Auffassung durch Veränderung der Zusammensetzung und Höhe des Vermögens in Gestalt der durchschnittlichen Portfoliostruktur der Wirtschaftssubjekte statt. „Transmissionsgrößen und damit zugleich Zwischenzielvariable der Geldpolitik sind die Vermögensbestände, hier speziell die Geldmenge. Ihre Variation löst über das Spiel der relativen Preise bzw. Erträge Interaktionen aus, an deren Ende je nach Ausgangslage der Wirtschaft Beschäftigungs- sowie Produktions- und/oder Preiseffekte stehen" (75, S. 948).

4.4.2 Post-keynesianischer Erklärungsansatz

J. M. Keynes und die **Post-Keynesianer** gehen von Thesen aus, die denen der Monetaristen konträr gegenüberstehen und gelangen dadurch zu einem anderen Erklärungsansatz der Übertragung monetärer Impulse auf den realen Sektor der Wirtschaft. Zu unterscheiden sind die Auffassungen von J. M. Keynes selbst und den Post-Keynesianern, welch letztere ebenfalls die Portfolio-Theorie benutzen, die sich von der monetaristischen nur unwesentlich unterscheidet.

Der **Erklärungsansatz von J. M. Keynes** basiert auf seiner Zinstheorie.

Keynes sieht die Geldnachfragekurve als eine **Liquiditätspräferenzfunktion** an, deren Verlauf durch einen starren Kurvenabschnitt zinsunabhängiger (aber einkommensabhängiger) Geldnachfrage für aktive Kassenhaltung aus dem Geschäfts- (Transaktions-), Vorsichts- und Einkommensmotiv und einem degressiv verlaufenden, zinsabhängigen Kurvenabschnitt der Geldnachfrage für passive Kassenhaltung aus dem Spekulations- und Vermögensbildungsmotiv geprägt wird, der sich einer unteren Zinsgrenze (i_u) als **„Liquiditätsfalle" (liquidity trap)** nähert. Der Zins, der sich am Schnittpunkt der starren Geldangebotskurve M_s mit dieser Geldnachfragekurve M_d bildet (i_0 in **Abb. 37**), wird von Keynes als Preis für den Verzicht auf Liquidität der Wirtschaftssubjekte verstanden, der Geldangebot und Geldnachfrage in Übereinstimmung bringt. „It is the ‚price' which equilibrates the desire to hold wealth in the form of cash with the available quantity of cash" (87, S. 167). Die Höhe des Zinses bestimmt demnach entsprechend der gegebenen Liquiditätspräferenzfunktion die Höhe der Kassenhaltung als nicht-nachfragewirksame Liquidität. Erhöht sich das Geldangebot durch Rechtsverschiebung der M_s-Kurve in **Abbildung 37**, so muß der Zins sinken. Keynes nennt dafür zwei Gründe (87, S. 171 f.). Einmal wird die Geldnachfrage für Geschäftszwecke durch den sinkenden Geldmarktzins dadurch erhöht, daß als dessen Folge die Investitionen, Beschäftigung und Löhne sowie die Gesamtnachfrage ansteigen. Zum anderen wird auch die passive Kassenhaltung aus dem Spekulationsmotiv steigen, weil die Wirtschaftssubjekte in der Zukunft höhere Zinsen als derzeitig erwarten.

Die Übertragung eines monetären Impulses durch Erhöhung des Geldangebotes erfolgt also durch Zinssenkung und einer davon induzierten Erhöhung des Investitionsvolumens, das seinerseits wieder einen Anstieg der Beschäftigung, des Einkommens und einer dadurch bedingten konsumtiven Nachfrage verursacht. Die Erhöhung der konsumtiven Nachfrage bewirkt wiederum über den Akzeleratoreffekt einen dazu überproportionalen, zusätzlichen Anstieg des Investitionsvolumens. Entsprechendes gilt mit umgekehrtem Vorzeichen für ein sinkendes Geldangebot bei steigendem Zins.

Allerdings ist nach Auffassung von Keynes nicht allein die Veränderung des Geldmarktzinssatzes als Determinante des Investitionsvolumens anzusehen, sondern die davon beeinflußte **„Grenzleistungsfähigkeit des Kapitals"** (marginal efficiency of capital). Diese definiert Keynes als die erwartete Effektivverzinsung einer Kapitalinvestition. Diese errechnet sich als diejenige Verzinsungsrate, mit der die erwarteten Erträge der Kapitalinvestition über die Jahre ihrer wirtschaftlichen Nutzung, auf den Anschaffungswert der Investition abdiskontiert werden. „I define the marginal efficiency of capital as being equal to that rate of discount which would make the present value of the series of annuities given by the returns expected from the capital-asset during its life just equal to its supply price" (87, S. 135).

Wird eine Investition als Anschaffungspreis einer Produktionsanlage mit K bezeichnet, die jährlich erzielten Netto-Einnahmen aus dem Betrieb dieser Anlage mit E, die effektive Rentabilität als Ausdruck der „Grenzleistungsfähigkeit des Kapitals" mit r und die Jahre der wirtschaftlichen Nutzung der Anlage mit n, so ist der Ertragswert der Anlage nach einem Jahr:

$$E_1 = K(1 + r) \quad \text{oder der Gegenwartswert:}$$

$$K = \frac{E_1}{1 + r}$$

Nach zwei Jahren beträgt der Ertragswert:

$$E_2 = E_1(1 + r)$$

$$E_2 = K(1 + r)(1 + r) = K(1 + r)^2$$

Daraus ergibt sich der Gegenwartswert nach zwei Jahren:

$$K = \frac{E_2}{(1 + r)^2}$$

Für eine bestimmte Anzahl von Jahren der wirtschaftlichen Nutzung n beträgt der Gegenwartswert der Produktionsanlage:

$$K = \frac{E_n}{(1 + r)^n} \tag{29}$$

Die Höhe der „Grenzleistungsfähigkeit des Kapitals" läßt sich nur mit Hilfe der Versuch-und-Irrtum-Methode in Tabellenform ermitteln. Ein solches Beispiel zeigt **Tabelle 8** (53, S. 57). In diesem Beispiel wird angenommen, daß eine Investition für eine Produktionsanlage mit dem Anschaffungspreis von K = 60000 DM durchgeführt wird, die einen gleichbleibenden jährlichen Netto-Ertrag von E = 16000 DM über 6 Jahre wirtschaftlicher Nutzung erbringt. Durch Probieren und Annäherung läßt sich ermitteln, daß bei einer Rentabilität von r = 15,5% die Anlage in 6 Jahren auf einen geringfügigen Restwert von 605 DM abgeschrieben ist.

Jahr	restliches investiertes Kapital nach Abschreibung	Netto-Einnahme pro Jahr	Zinsen vom restlichen investierten Kapital (r = 15,5%)	Abschreibung vom restlichen investierten Kapital
1	60000	16000	9300	6700
2	53300	16000	8261	7739
3	45561	16000	7062	8938
4	36623	16000	5677	10323
5	26300	16000	4077	11923
6	14377	16000	2228	13772
		96000	36605	59395 + 605 Restwert 60000

Tab. 8 Ermittlung der Grenzleistungsfähigkeit des Kapitals

Die Investitionsneigung und die Höhe des Investitionsvolumens wird entscheidend beeinflußt von der Höhe der Grenzleistungsfähigkeit des Kapitals. Steigt das Investitionsvolumen und damit die Nachfrage nach Investitionsgütern, so steigen deren Preise, gleichzeitig aber auch der investierte Kapitalstock. Beide Einflüsse bewirken ceteris paribus eine degressiv sinkende Grenzleistungsfähigkeit des Kapitals mit zunehmendem Investitionsvolumen. **D. C. Rowan** (95, S. 195 ff.) weist darauf hin, daß die in **Abbildung 20** gestrichelt gezeichnete Investitionsfunktion I(r) am Schnittpunkt mit der ebenfalls gestrichelt gezeichneten Linie des Marktzinssatzes i das Investitionsvolumen I_1 bestimmen würde. In der Praxis sei das Investitionsvolumen jedoch geringer, weil die investierenden Kapitalnehmer einen gewissen Risikoabschlag R_1 von der erwarteten Grenzleistungsfähigkeit des Kapitals und die Kapitalgeber entsprechend der Bonität des Kapitalnehmers einen Risikoaufschlag R_2 auf den Marktzins vornehmen. (Aus diesem Grunde werden z.B. Industrieobligationen ausländischer Unternehmen höher verzinst als solche inländischer Unternehmen). Daher verschieben sich in **Abbildung 20** die Investitionsfunktion um R_1 parallel nach unten auf $I(r - R_1)$ und die Horizontale des Marktzinses i um R_2 parallel nach oben auf $i + R_2$. Am Schnittpunkt beider Kurven ergibt sich das tatsächliche Investitionsvolumen I_2.

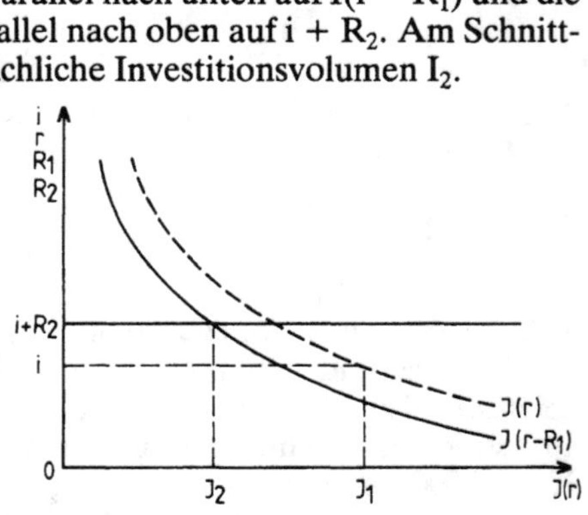

Abb. 20 Investitionsvolumen unter Berücksichtigung der Risiken

Unter Berücksichtigung der autonomen Investitionen I_0, die von der Grenzleistungsfähigkeit des Kapitals, dem Marktzins und dem Volkseinkommen unabhängig sind, des Reaktionskoeffizienten a, der Investitionen auf Veränderungen des Marktzinssatzes und des Reaktionskoeffizienten b der Investitionen auf Veränderungen der Höhe der Grenzleistungsfähigkeit des Kapitals ergibt sich eine Investitionsfunktion, die sich wie folgt schreiben läßt (53, S. 59):

$$(30) \qquad I_t = I_0 + a \frac{1}{i_t + R_1} + b(r_t - R_2).$$

Während die Kurve der Grenzleistungsfähigkeit des Kapitals längerfristig als konstant angesehen werden kann (und sich z.B. nur unter dem Einfluß der technischen Innovation verschiebt), läßt sich der Marktzins durch die Geldpolitik kurzfristig verändern. Sinkt der Marktzins, so verschiebt sich die Linie $i + R_2$ in Abb. 20 nach unten und entsprechend deren Schnittpunkt mit der Investitionskurve nach rechts: das Investitionsvolumen steigt an. Verstärkt durch den Multiplikator und Akzelerator (53, S. 59 ff.) werden durch den Anstieg der Investitionen weitere zusätzliche Investitionen, steigende Einkommen, eine steigende konsumtive Nachfrage und davon beeinflußt wiederum steigende Investitionen in Gang gesetzt. Auf diese Weise überträgt sich ein auf die Senkung des Marktzinssatzes gerichteter monetärer Impuls expansiv auf den realen Sektor der Wirtschaft und umgekehrt.

Ein monetärer Impuls kann aber auch andere als gewünschte realwirtschaftliche Wirkungen zeitigen. Ist der monetäre Impuls so groß, daß er einen Anstieg des Investitionsvolumens induziert, der über das Vollbeschäftigungsniveau hinausgeht, so wird ohne Rücksicht auf die Konsumneigung der Bevölkerung ein Zustand der Inflation erreicht (87, S. 118 f.). Davon ausgehend läßt sich die – von allen geldtheoretischen Auffassungen akzeptierte – Feststellung treffen, daß ein durch einen monetären Impuls ausgelöster Anstieg der volkswirtschaftlichen Gesamtnachfrage (oder eine durch diesen in Gang gesetzte Eigendynamik der Nachfrageentwicklung) inflationär wirkt, wenn Produktionsengpässe auftreten oder gar bei Vollbeschäftigung die maximalen Produktionsmöglichkeiten überschritten werden wie in **Abbildung 17** dargestellt.

Hegen die Unternehmer bereits inflationäre Erwartungen, so werden sie höhere Preise und entsprechend höhere Erträge in ihre Investitionsrechnung einkalkulieren. Dadurch steigt die Grenzleistungsfähigkeit der Investitionen, die Investitionsfunktion in **Abbildung 20** verschiebt sich entsprechend nach oben und das Investitionsvolumen wächst ceteris paribus. Ob dieser Fall tatsächlich eintritt, hängt von der Entwicklung des Marktzinses ab. Erhöht sich der Marktzins mit der gleichen Rate wie die Grenzleistungsfähigkeit des Kapitals, so tritt keine Änderung ein (87, S. 143). Steigt die Grenzleistungsfähigkeit des Kapitals stärker als der Marktzins an, so wird sich auch das Investitionsvolumen erhöhen; steigt sie in geringerem Maße, so wird das Investitionsvolumen schrumpfen.

Der **post-keynesianische Erklärungsansatz** baut auf diesem Zinsmechanismus von Keynes auf und hat in zwei Erklärungsmodellen der Übertragung monetärer Impulse auf den realwirtschaftlichen Sektor Ausdruck gefunden. Der eine Erklärungsansatz bedient sich des **IS-LM-Modells**, das die Bedingungen gesamtwirtschaftlichen Gleichgewichtes zwischen realem und monetärem Sektor aufzeigt. Der andere Ansatz bedient sich der Portfoliotheorie der Ertragssätze und Risiken verschiedener Geld- und Finanzanlagen der Wirtschaftssubjekte zur Erklärung der Übertragung monetärer Impulse auf den realen Sektor durch Störung des Portfoliogleichgewichtes.

Das **IS-LM-Modell** wurde vor allem von **John Richard Hicks** und **Alwin Harvey Hansen** als Modell gesamtwirtschaftlicher Stabilität entwickelt. Ausgangspunkt dieses Modells sind die keynesianischen Grundgleichungen:

$$Y_t = C_t(Y_t) + I_t(i_t)$$

$$Y_t = C_t(Y_t) + S_t(Y_t).$$

Diese Gleichungen stellen Gleichgewichtsbedingungen des Modells dar, die von der Annahme ausgehen, daß die Höhe des Investitionsvolumens I_t ausschließlich von der Höhe des Marktzinses i_t, die Höhe des Konsums C_t und des Sparens S_t dagegen ausschließlich von der Höhe des Volkseinkommens Y_t bestimmt werden. Für die Konsum- und Sparfunktion läßt sich diese Annahme für den Zeitraum 1950 – 1973 mit einem sehr hohen Korrelationskoeffizienten für die Bundesrepubik empirisch bestätigen (53, S. 40 ff.). Unter diesen Prämissen ist die **IS-Funktion** in **Abbildung 21** abgeleitet. Die Sparfunktion $S_t(Y_t)$ steigt proportional zum Volkseinkommen (Y_t) und schneidet die als Horizontale eingezeichnete Höhe der vom Marktzinssatz (umgekehrt proportional) abhängigen Investitionen (Abb. 21a). Überträgt man die Gleichgewichtspunkte zwischen Sparen und Investieren auf ein anderes Koordinatensystem (Abb. 21b), in dem die Höhe des Volkseinkommens Y_1, Y_2, Y_3 auf einer parallelen Abszisse den entsprechenden Zinssätzen i_1, i_2, i_3 der jeweiligen Investitionen I_1, I_2, I_3 auf der Ordinate zugeordnet werden, so lassen sich diese Punkte zur IS-Funktion verbinden. Zwischen dieser läßt sich wiederum in einem weiteren Koordinatensystem (Abb. 21c) die Beziehung zu den Investitionen I(i) herstellen. Jeder Punkt auf der IS-Funktion entspricht bei einem bestimmten Zinssatz i_1, i_2, i_3 einer bestimmten Investition I_1, I_2, I_3, die wiederum gleich groß derjenigen in Abb. 21a ist.

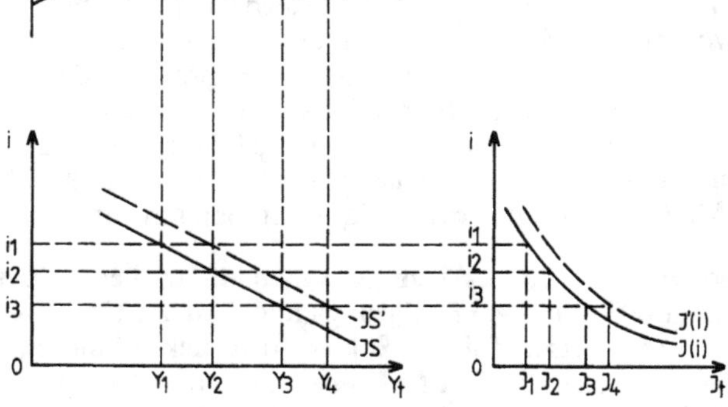

Abb. 21 Ableitung der IS-Funktion aus der Spar- und der Investitionsfunktion

Erhöht sich die Investitionsneigung, so verschiebt sich die Investitionsfunktion parallel nach rechts auf I'(i) in Abb. 21c, weil bei gleichem Zins mehr investiert wird. So steigt z.B. beim Zinssatz i_3 die Investition von I_3 auf I_4. Gleichzeitig muß sich die IS-Funktion auf IS′ verschieben, weil bei gleichem Zinssatz und gleicher Sparneigung ein höheres, von Y_3 auf Y_4 gestiegenes Volkseinkommen notwendig ist, um das der höheren Investition I_4 entsprechende Sparvolumen S_4 aufbringen zu können. Die gleiche Wirkung ist aber zu erreichen, wenn gleichzeitig mit der Investitionsneigung auch die Sparneigung steigt. In diesem Falle bleibt die ursprüngliche IS-Funktion bestehen, aber die Sparfunktion verschiebt sich von S(Y) auf S′(Y) um den (dem Anstieg der Investition von I_3 auf I_4) entsprechenden Betrag nach oben. Dadurch wird ebenfalls die Gleichheit von Sparen und Investieren erhalten ($S_4 = I_4$). Damit ist auch der Zusammenhang zwischen Volkseinkommen und Investitionen aufgezeigt.

Um ein dem Sparaufkommen entsprechendes Investitionsvolumen entstehen zu lassen, ist allerdings ein sehr niedriger Marktzins notwendig. Darauf weist **A. Woll** (73, S. 277) unter Bezugnahme auf empirische Untersuchungen hin, welche zeigen, daß die Investitionsneigung der Unternehmen mit ihrer Selbstfinanzierungsquote und niedrigen Zinsen für Fremdfinanzierung steigt.

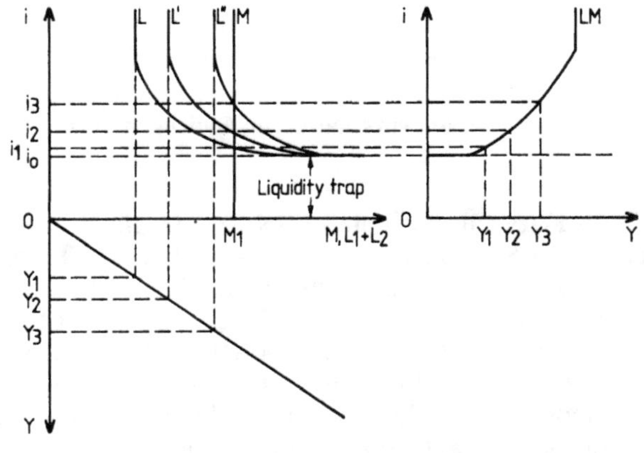

Abb. 22 Ableitung der LM-Funktion aus der Geldangebots- und der Geldnachfragefunktion

Zur Ableitung der **LM-Funktion** wird von der in **Abbildung 22** dargestellten Geldnachfragekurve von Keynes und dem als exogen bestimmt angenommenen Geldangebot M ausgegangen, deren Schnittpunkt die Höhe des Marktzinssatzes determiniert. Die Geldnachfragekurve setzt sich aus dem nur einkommensabhängigen und daher zinsunelastischen Teil und dem zinsabhängigen Teil zusammen und geht im unteren Bereich in eine horizontale Linie des unteren Zinssatzes i_0 über, die bei unendlich großer Zinselastizität der Geldnachfrage die Liquiditätsfalle (liquidity trap) begrenzt. Ist ein bestimmtes Volkseinkommen Y_1 in Abb. 22b gegeben, so läßt sich dieses auf den Verlauf der Geldnachfragekurve L in Abb. 22a übertragen. Bei einem gegebenen, zinsunabhängigen Geldangebot M_1 kommen die Geldangebotskurve M und die Geldnachfragekurve L beim Zinssatz i_1 zum Schnitt. Wird dieser Zinssatz über die parallele Ordinate in Abb. 22c und das entsprechende Volkseinkommen Y_1 auf die Abszisse übertragen, so ist damit ein Punkt der LM-Funktion in Abb. 22c bestimmt. Erhöht sich das Volkseinkommen weiter auf Y_2 in Abb. 22b, so gilt die Geldnachfragekurve

L′ in Abb. 22a, die die Geldangebotskurve M in M_1 beim Zinssatz i_2 schneidet. Wird dieser Zinssatz i_2 und das entsprechende Volkseinkommen Y_2 in Abb. 22c übertragen, so ist der nächste Punkt der LM-Funktion bestimmt. Gleiches gilt für das Volkseinkommen Y_3, die Geldnachfragekurve L″ und den Zinssatz i_3. Auf diese Weise läßt sich der Verlauf der gesamten LM-Kurve bestimmen, auf der alle Punkte des Geldmarktgleichgewichtes bei steigendem Volkseinkommen liegen. Eine Rechtsverschiebung der LM-Kurve bedeutet, daß sich bei einem jeweils konstanten Zinssatz das Geldangebot und die Geldnachfrage um den gleichen Betrag erhöht haben und vice versa.

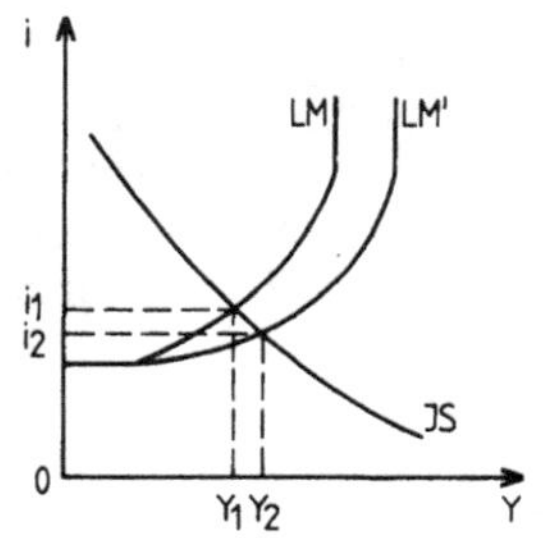

Abb. 23 Das Hicks-Modell gesamtwirtschaftlichen Gleichgewichts

Da sowohl die IS-Kurve als auch die LM-Kurve die gleichen Koordinaten besitzen, lassen sie sich in einem Koordinatensystem der **Abbildung 23** im **Hicks-Modell** vereinigen. Der Schnittpunkt zwischen IS- und LM-Kurve gibt beim Marktzinssatz i_1 und dem Volkseinkommen Y_1 den Zustand gesamtwirtschaftlichen Gleichgewichts wieder. Wird nun ein monetärer Impuls ausgelöst, der eine Zinssenkung bei elastischem Geldangebot oder eine Erhöhung des Geldangebotes mit der Folge einer entsprechenden Zinssenkung induziert und gleichzeitig das Geldmarktgleichgewicht auf der LM-Kurve erhalten bleibt, so verschiebt sich die LM-Kurve nach rechts. Entsprechend schneidet sie die IS-Kurve weiter rechts unten bei einem auf i_2 gesunkenen Zinssatz und einem gleichzeitig auf Y_2 gestiegenen Volkseinkommen. Dies gilt jedoch nur für den Normalfall unter den vorgenannten Prämissen. Befindet sich die Volkswirtschaft im Zustand der Überbeschäftigung, so erfolgt der Schnittpunkt zwischen IS- und LM-Kurve auf deren vertikalem Kurvenast. Ein expansiver monetärer Impuls kann dort allein inflationär wirken und das Volkseinkommen real nicht weiter erhöhen. Befindet sich die Volkswirtschaft dagegen im Zustand der Unterbeschäftigung, so liegt der Schnittpunkt zwischen IS- und LM-Kurve in deren horizontalem Kurvenast. Ein expansiver monetärer Impuls kann in dieser Situation infolge der „liquidity trap" nur eine Erhöhung des Geldangebotes bewirken, die aber keinen Anstieg des Volkseinkommens zur Folge hat. Das zusätzliche Geld fließt vielmehr in die passive Kassenhaltung der Wirtschaftssubjekte (L_2). Erst wenn sich die Spar- und Investitionsneigung erhöht – z.B. durch einen Anstieg der Auslandsnachfrage, der Staatsausgaben oder durch die Erwartung einer steigenden Grenzleistungsfähigkeit des Kapitals im Vergleich zu einem niedrigen Marktzinssatz – verschiebt sich die IS-Kurve parallel nach rechts, wodurch sich das Volkseinkommen zunächst bei konstantem, später steigendem Marktzins erhöht.

Ein anderer post-keynesianischer Erklärungsansatz der Übertragung monetärer Impulse auf den realen Sektor bedient sich der **Theorie der Portfoliowahl**. Sie ist ähnlich derjenigen der monetaristischen Auffassung, schließt jedoch finanzielle Aufwendungen für „human capital" aus und legt stärkeres Gewicht auf die Abwägung zwischen Rentabilität (Grenzleistungsfähigkeit des Kapitals) und den Risiken der einzelnen Vermögensanlagen eines breiten Spektrums von barem Geld über kurzfristig liquidierbaren Anlagen (near money assets) bis zu schwer liquidierbaren langfristigen Kapitalanlagen (real assets), z.B. Grundstücke, OHG-Anteile und Kredite. Unter diesen gilt grundsätzlich, daß Anlageformen sehr hoher Rentabilität i.a. mit einem hohen Risiko und einer schweren Liquidierbarkeit verbunden sind (z.B. Anteile an Erdölbohrkonzessionen). Andererseits stellt Bargeld eine Anlage höchster Liquidität ohne Risiko und ohne Rentabilität dar.

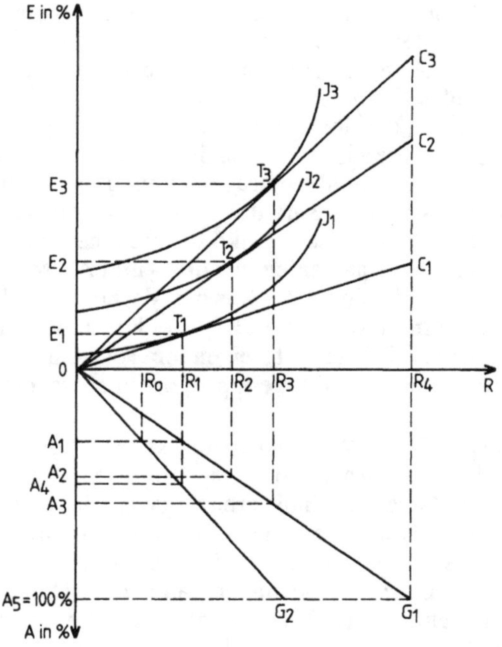

Abb. 24 Portfolio-Zusammensetzung bei variablen Ertragssätzen

Die durchschnittliche **Portfolio-Zusammensetzung** der Wirtschaftssubjekte wird von mehreren Faktoren beeinflußt:

- Höhe des Zinsniveaus und der Zinsstruktur der verschiedenartigen Vermögensanlageobjekte,
- Höhe und Struktur der Risiken dieser Vermögensanlageobjekte,
- derzeitige und erwartete Inflationsrate,
- die effektive, reale Rentabilität der einzelnen Vermögensanlageobjekte,
- der Grad der Liquidierbarkeit der einzelnen Vermögensanlageobjekte und die Höhe der Liquiditätspräferenz der Wirtschaftssubjekte,
- die durchschnittliche Höhe und personelle Verteilung des Vermögens in der Volkswirtschaft.

Die **Wahl der optimalen Portfolio-Zusammensetzung** hat **James Tobin** (96, S. 249 ff.) in einem einfachen Modell analysiert, das in **Abbildung 24** dargestellt ist und ein Portfolio, das nur aus Staatsanleihen und Bargeld besteht, annimmt. In dieser geltenden folgende Symbole:

R = Risiko in Gestalt von Gewinn oder Verlust durch Kursänderung der Staatsanleihen,
r = Nominalzins der Staatsanleihen,
A = Anteil der Staatsanleihen am Portfolio,
B = Anteil des Bargeldes am Portfolio, wobei
A + B = 1 (oder 100%),
E = A · r (Ertragssatz als Effektivverzinsung des gesamten Portfolios unter der Bedingung: $0 \leq A \leq 1$.

Im oberen Quadranten ist auf der Ordinate der Ertragssatz E des gesamten Portfolios abgetragen, der sich aus der Nominalverzinsung der Staatsanleihen r multipliziert mit ihrem Anteil A am gesamten Portfolio errechnet. Auf der Abszisse findet sich die Höhe des Risikos der Geldanlage in Staatsanleihen, gemessen am Gewinn oder Verlust, der durch deren Kursänderung entsteht. Auf der Ordinate des unteren Quadranten ist die Höhe des Anteils der Staatsanleihen am gesamten Portfolio A (der maximal 1 betragen kann) abgetragen. Besitzt ein Wirtschaftssubjekt einen bestimmten Anteil A_1 seines Portfolios in Staatsanleihen, so entspricht dieser einem bestimmten Risiko R_1 und einem bestimmten Ertrag E_1. Erhöht sich der Anteil der Staatsanleihen auf A_2 und A_3, so wächst dazu proportional auch das Risiko auf R_2 und R_3. Aus der Verbindung dieser Punkte ergibt sich im unteren Quadranten die Linie OG_1. Bei konstant bleibendem Nominalzins der Staatsanleihen ergibt sich mit steigendem Risiko infolge eines steigenden Portfolio-Anteils der Staatsanleihen ein proportional wachsender Ertrag E auf der Linie OC_1.

Gleichzeitig besitzt jedes Wirtschaftssubjekt eine Präferenzstruktur seiner Geldanlage zwischen dem erwarteten Ertrag E und dem damit verbundenen Risiko R, die sich in einer Schar von Indifferenzkurven I darstellen lassen. Diese Indifferenzkurven sind normalerweise nach oben gekrümmt, da die Wirtschaftssubjekte üblicherweise ein steigendes Risiko nur bei gleichzeitig dazu überproportional steigenden Ertragserwartungen eingehen. Die optimale Portfolio-Struktur ist dort erreicht, wo die Indifferenzkurve I_1 die Linie OC_1 im Punkte T_1 tangiert. Steigt bei konstanter Risikostruktur der Nominalzins r der Staatsanleihen, so ist bei gleichem Risiko der Ertrag höher. Die Ertragslinie verschiebt sich auf OC_2 bzw. OC_3, deren Steigungen jeweils durch den Quotienten $\frac{E}{R}$ bestimmt werden. Bleibt gleichzeitig die Präferenzstruktur erhalten, so werden die Wirtschaftssubjekte mit steigendem Nominalzins und Ertrag auch bereit sein, ein höheres Risiko einzugehen, so daß sich der Anteil der Staatsanleihen am Portfolio von A_1 auf A_2 erhöht und dadurch das Risiko von R_1 auf R_2 steigt. Gleichzeitig verschiebt sich die Indifferenzkurve parallel nach oben von E_1 auf E_2, so daß deren Tangentialpunkt T_2 an die Linie OC_2 der optimalen Portfoliostruktur beim Ertrag E_2 entspricht. Entsprechendes gilt für den Tangentialpunkt T_3. Verringert sich das Risiko von R_1 auf R_0, z.B. durch langfristig angelegte Kursstützungsaktionen durch Offenmarktoperationen der Zentralbank, so ergäbe sich eine neue Risikolinie OG_2, die dem bisherigen Risiko R_1 einen wesentlich höheren Portfolio-Anteil der Staatsanleihen A_4 zuordnen würde.

An diesem einfachen Modell läßt sich das Prinzip des Transmissionsmechanismus demonstrieren. Eine expansive, auf eine Senkung des Nominalzinses gerichtete Geldpolitik läßt auch die Ertragssätze des Portfolios E sinken. Infolgedessen verringern die Wirtschaftssubjekte ihren Portfolioanteil A an Staatsanleihen, indem sie diese an der Börse verkaufen und entsprechend den Bargeldanteil ihres Portfolios B erhöhen. Dadurch wird nach Darstellung von **H. J. Jarchow** (97, S. 273 f.) folgender Transmissionsmechanismus ausgelöst. Der sinkende Marktzins regt die Unternehmen zu höheren Investitionen an, die auch bereit sind, steigende Preise für Investitionsgüter zu bezahlen. Die Investitionsgüterindustrie sieht sich einer steigenden Nachfrage gegenüber und dadurch in der Lage, höhere Preise im Markt durchzusetzen. Dies regt den Investitionsgütersektor zur Ausweitung seiner Produktion an. Dadurch werden zusätzliche Einkommen geschaffen (durch höhere Beschäftigung und steigende Löhne), die wiederum eine höhere Konsumgüternachfrage und damit steigende Produktion, Beschäftigung und Einkommen des Konsumgütersektors induzieren. Dadurch erhält die Konsumgüternachfrage einen weiteren expansiven Impuls. Steigende Realeinkommen sind begleitet von einer steigenden Geldnachfrage für Transaktionszwecke (aktive Kassenhaltung). Zusammen mit der Abnahme der realen Geldmenge infolge der Preisniveauerhöhung induziert dies einen Zinsanstieg, durch den die primäre Erhöhung des Investitionsvolumens und der dadurch in Gang gesetzte Expansionsprozeß des realwirtschaftlichen Sektors wieder gedämpft wird.

Zu dem gleichen Ergebnis gelangen die **Post-Keynesianer**, wenn die Alternative der Finanzanlagen im Portfolio zwischen Bargeld und Staatsanleihen aufgegeben und durch eine Vielzahl verschiedenartiger Vermögensanlagen (Bargeld, Wertpapiere aller Art, Kredite von Banken und Nicht-Banken, Realkapital) ersetzt werden. Entsprechend ihrer Liquiditätspräferenz einerseits und ihrer Risikobereitschaft und der „Grenzleistungsfähigkeit des Kapitals" in den verschiedenen Formen der Vermögensanlagen andererseits halten die Wirtschaftssubjekte ein bestimmtes Portfolio. Dieses Portfoliogleichgewicht ist nach **J. Tobin** (96, S. 286) dadurch gekennzeichnet, daß die durchschnittliche Effektivverzinsung des gesamten Portfolios E gleich ist der erwarteten Grenzproduktivität des gesamten, in der Volkswirtschaft investierten Kapitalstocks, der wiederum von der Höhe dieses Kapitalstocks im Verhältnis zum erwarteten Produktions- und Beschäftigungsniveau abhängt.

Wird von der Geldpolitik ein expansiver monetärer Impuls mit der Folge einer Senkung des Geldmarktzinses ausgelöst, so wird dieses Portfoliogleichgewicht gestört. Die Wirtschaftssubjekte substituieren ihre Geldmarktanlagen mit gesunkener Rentabilität durch Finanzanlagen (bisher konstant gebliebener) höherer Rentabilität. Die erhöhte Nachfrage nach diesen läßt deren Kurs steigen und deren Rentabilität sinken. Dies veranlaßt die Wirtschaftssubjekte, diese Finanzanlagen durch andere mit (noch) höherer Rentabilität zu ersetzen. Dieser Prozeß setzt sich so lange fort, bis schließlich Finanzanlagen durch reale Anlagen einschießlich Konsumgüter substituiert werden und damit der Transmissionsprozeß auf den realen Sektor der Volkswirtschaft übergreift. „Zentralbankpolitisch bewirkte Änderungen der Geldmenge führen zu einem Überschuß (Defizit) der tatsächlichen Kassenhaltung im Vergleich zur Gewünschten und induzieren gemäß Liquiditätspräferenzfunktion so lange Substitutionen zwischen Geld und Finanzaktiva, bis im monetären Gleichgewicht bei gesunkenen (gestiegenen) Marktzinssätzen Geldangebot und Geldnachfrage wieder übereinstimmen" (75,

S. 947). Daraus ergeben sich Zinsänderungen. Sinkt der Zins und damit der Ertrag des gesamten Portfolios, so wird es der Wirtschaft erleichtert, Kapital zu akkumulieren (96, S. 286).

4.4.3 Liquiditätstheoretischer Erklärungsansatz

Die Grundzüge der Liquiditätstheorie basieren auf dem britischen **Radcliffe-Report** (98). Diese Theorie glaubt sowohl die monetaristische als auch die post-keynesianische Auffassung durch ein umfassenderes Konzept überwinden zu können, indem sie die **gesamtwirtschaftliche Liquidität** als entscheidend für die Geldausgaben der Wirtschaftssubjekte und damit für die gesamtwirtschaftliche Nachfrage ansieht. Für die wirtschaftliche Aktivität ist daher nicht die angebotene Geldmenge, sondern die Liquiditätslage der Wirtschaft entscheidend. Diese wird nicht nur von Bargeld und den verfügbaren liquiden Titeln, sondern von der Kreditwürdigkeit (borrowing power) bestimmt (98, S. 133), die abhängig ist von Gewinnerwartungen, Hoffnungen, Risikobefürchtungen und der Einschätzung der Wirtschaftslage durch die Wirtschaftssubjekte. So betont der **Radcliffe-Report**, daß die Entscheidung der Wirtschaftssubjekte, Geld auszugeben und dadurch Nachfrage auszuüben, nicht von deren Verfügbarkeit über Bargeld oder Bankguthaben abhängt – obwohl eine solche maximale Liquidität offensichtlich das günstigste Sprungbrett dafür darstellt –, sondern von deren Möglichkeiten, sich durch den Verkauf von Vermögenswerten oder durch Kreditaufnahme Geld zu beschaffen (98, S. 132).

G. Schmölders hat aus dieser Auffassung die Begriffe der „objektiven" und „subjektiven Liquidität" entwickelt, wobei die **„objektive Liquidität"** die tatsächlich vorhandenen liquidierbaren Vermögenstitel und Kreditmöglichkeiten umfaßt und die „subjektive Liquidität" von persönlichen Präferenzen und Prestige-Erwägungen abhängt (99, S. 351). Bei der **„subjektiven Liquidität"** der einzelnen Wirtschaftssubjekte handelt es sich „nicht um eine Addition vorhandener liquider Mittel oder bereits in Anspruch genommener oder in Aussicht gestellter Kredite (Kreditlinien, Kreditfazilitäten), sondern um das allgemeine Umsichgreifen optimistischer Erwartungen, Hoffungen und Wünsche, ein Vorgang, den die Sozialpsychologie als psychische „Ansteckung" bezeichnet und der in der psychologischen Theorie der Konjunkturursachen eine zentrale Rolle spielt" (3, S. 104).

Somit übt in der Liquiditätstheorie die nach monetaristischer Auffassung dominierende Geldmenge nur einen geringen Einfuß auf die gesamtwirtschaftliche Liquidität aus. Aber auch die Kassenhaltungstheorie von Keynes mit ihrer passiven Kassenhaltung für Spekulationszwecke lehnt **Schmölders** mit dem Hinweis ab, daß die Geldnachfrage nur auf der „einfach zahlungstechnisch bedingten Notwendigkeit, bei allen Umsatzakten Zahlungsmittel hinzugeben" (3, S. 104) basiert. Diese Feststellung erhärtet er mit dem Hinweis auf die Bedeutung der Finanzgebarung der öffentlichen Hand auf die gesamtwirtschaftliche Liquidität und besonders auf die „subjektive Liquidität" der Wirtschaftssubjekte. Diese werde besonders durch die Signalwirkung der Ausgabenbeschlüsse des Parlamentes, der Steuerwirkungen und der Kreditaufnahmeermächtigungen der Regierung beeinflußt. Das Zusammenwirken „subjektiver" und „objektiver" Liquidität und deren Veränderungen spiegeln daher die Konjunkturbewegung wider, wobei sich Kassenhaltung und Ausgabebereitschaft der Wirtschaftssubjekte zu einem wirtschaftlichen Verhalten ergänzen, das von einem konjunkturellen Optimismus oder Pessimismus geprägt ist (3, S. 107).

Diese **sozialpsychologische Liquiditätstheorie** erfaßt keine Funktionalzusammenhänge monetärer Größen, also auch keine Geldnachfragefunktion. Sie stellt allein auf qualitative, nicht meßbare Zusammenhänge zwischen „subjektiver" und „objektiver" Liquidität ab, die die Ausgabenneigung der Wirtschaftssubjekte und damit die gesamtwirtschaftliche Nachfrage bestimmen. Daher sind das Spar- und Ausgabeverhalten, die „Richtung der Gelddispositionen", die Risikobefürchtungen und Zukunftserwartungen der Wirtschaftssubjekte nach dieser Auffassung entscheidend für die Höhe und Veränderung der Gesamtnachfrage und des Preisniveaus. Die Entwicklung der Geldmenge ist nur die Folge, nicht Ursache der wirtschaftlichen Aktivität (3, S. 117).

Nach liquiditätstheoretischer Auffassung kann eine Übertragung monetärer Impulse auf den realwirtschaftlichen Sektor demnach nur über eine Erhöhung bzw. Verminderung der gesamtwirtschaftlichen Liquiditätslage erfolgen, und zwar auf zweierlei Art: Durch geldpolitische Maßnahmen muß die „objektive" Liquidität in der gewünschten Richtung verändert werden. Gleichzeitig muß aber auch eine psychologische Wirkung auf die „subjektive" Liquidität der Wirtschaftssubjekte ebenfalls in der gewünschten Richtung ausgeübt werden. Zur Vermehrung der „objektiven" Liquidität ist es nicht unbedingt notwendig, das Geldangebot zu erhöhen, weil zusätzliche Liquidität auch durch die Erweiterung der Kreditlinien und die „Intensivierung der Finanztransaktionen im Giralgeldbereich", d.h. durch Geldschöpfung, vergrößert werden kann (99, S. 354).

Will die Geldpolitik einen expansiven monetären Impuls auslösen, der sich auf den realen Sektor der Volkswirtschaft übertragen soll, so muß sie Maßnahmen ergreifen, die die „gesamtwirtschaftliche Liquidität" erhöhen. „It is the liquidity position as a whole upon which the monetary authorities must act" (98, S. 107). Diesem Ziel dienen nach Auffassung des Radcliffe-Report (98, S. 130) zwei Arten von Maßnahmen-Bündeln, die **G. Schmölders** (3, S. 117) als „Zinsanreiz-Effekt" und „allgemeinen Liquiditäts-Effekt" bezeichnet. Der **„Zinsanreiz-Effekt"** – dem allerdings keine sehr große Bedeutung von Schmölders beigemessen wird – soll durch Zinssenkungen die Kreditbedingungen günstiger gestalten und dadurch die Wirtschaftssubjekte zur Aufnahme zusätzlicher Kredite und zu einer entsprechenden höheren Güternachfrage veranlassen. Für diesen Zweck besonders geeignet erscheinen die Diskont- und Lombardpolitik sowie die Emissionspolitik der Öffentlichen Hand durch Veränderung der Zinsausstattung Öffentlicher Anleihen und Geldmarktpapiere. Als wesentlich betrachtet Schmölders aber den **„Liquiditäts-Effekt"**. Durch diesen soll die Liquiditätsausstattung der Wirtschaft durch eine Erhöhung der Bankenliquidität vermehrt werden. Als dieser Zielsetzung dienende geldpolitische Maßnahmen werden vor allem die Veränderung der Mindestreservesätze und Offenmarktoperationen mit Geldmarkt- und Kapitalmarktpapieren angesehen. Beide Effekte werden als Voraussetzung zur Erhöhung der „objektiven" Liquidität angesehen.

Die zur Übertragung expansiver monetärer Impulse auf den realen Sektor ebenfalls notwendige Erhöhung der „subjektiven" Liquidität kann zum Teil schon durch die psychologische Signalwirkung der eben erwähnten Maßnahmen zur Erhöhung der „objektiven" Liquidität erreicht werden. Darüber hinaus nennt **G. Schmölders** (3, S. 119) den **„Vertrauens-Effekt"** einer strengen monetären Disziplin auf den Wechselkurs, Veränderungen der gesetzlichen Regelungen der Abzahlungsbedingungen, die Emissionskontrolle öffentlicher und privater Wertpapiere, Anlagevorschriften für Sparkassen und Kreditrichtsätze für Geldinstitute aller Art. Hinzu treten ergänzende Maßnahmen der Finanzpolitik, die durch Variation administrativer und gesetzlicher Verschuldungsgrenzen der Öffentlichen Hand, Deckungsregeln, Stillegung oder Freigabe öffentlicher Mittel entsprechend den Vorschriften des „Stabilitätsgesetzes" den Rahmen der finanziellen Bewegungsfreiheit und damit die „subjektive" Liquidität der Wirtschaftssubjekte zu beeinflussen vermögen.

Der Transmissionsmechanismus der Liquiditätstheoretiker bedient sich also in erster Linie psychologischer Wirkungen geldpolitischer Maßnahmen zur Veränderung der gesamtwirtschaftlichen Liquidität. Diese sind allein qualitativer Art und daher nicht meßbar. Sie können daher auch nur nach der „Versuch-und -Irrtum-Methode" eingesetzt werden. Ihre Wirkung auf die tatsächliche Kreditaufnahme und reale Güternachfrage ist unsicher. Sie hängt ebenso wie die inflationäre Wirkung einer Ausdehnung der gesamtwirtschaftlichen Liquidität von realen Verhaltensgrößen ab, welche die tatsächlichen Entscheidungen der Sparer und Nachfrager beeinflussen (99, S. 353). Insofern läßt sich nach liquiditätstheoretischer Auffassung nicht vorhersagen, inwieweit ein liquiditätserhöhender monetärer Impuls über den Kreditmechanismus die reale Nachfrage oder das Preisniveau inflationär steigen läßt. Denn dies hängt allein von der psychologischen Wirkung auf die Wirtschaftssubjekte und deren optimistischen oder pessimistischen Geschäfts- und Zukunftserwartungen ab, die Preisüberwälzungsspielräume bei Anbietern und Nachfragern entstehen lassen.

4.4.4 Kredittheoretischer Erklärungsansatz

Im Kapitel 4.2.3 wurde darauf hingewiesen, daß der deutsche **Sachverständigenrat** zur Begutachtung der gesamtwirtschaftlichen Lage sich der Multiplikatortheorie der Geld- und Kreditschöpfung zur Ermittlung des „rechnerischen Kreditmaximums" unter Vernachlässigung der Versickerungsverluste im Bankensystem bedient. Mit dessen Hilfe läßt sich wiederum der „rechnerische Kreditschöpfungsspielraum" des Bankensystems berechnen und in die monetäre Analyse einbeziehen. Allerdings verzichtete der **Sachverständigenrat** seit seinem Jahresgutachten 1974/75 auf die Berechnung dieser Kreditvolumina und analysierte seitdem nur noch die Geldmengenaggregate. Er folgte damit der monetaristischen Auffassung und hält dementsprechend eine engere Beziehung zwischen der Veränderung des Geldangebotes und der nachfragewirksamen Geldausgaben für mehr wahrscheinlich als die Beziehung zwischen den Veränderungen des Kreditpotentials und Kreditvolumens und der nachfragewirksamen Geldausgaben. Als Begründung führt der Sachverständigenrat an, daß über Banken laufende Kreditbeziehungen Zentralbankgeld binden (32, Ziff. 147) und „jene, denen Zentralbankgeld zufließt, es entweder selbst ausgeben oder, von normaler Kassenhaltung einmal abgesehen, es als Kredite vergeben und anderen damit Ausgaben ermöglichen, nötigenfalls bei sinkenden Zinsen" (32, Ziff. 140)

Der Kredit-Transmissionsmechanismus wird als eine Kombination von Rationierungseffekten, Zinsniveaueffekten, Zinsstruktureffekten, Umschichtungseffekten und Erwartungseffekten bei den Wirtschaftssubjekten angesehen. Diese Effekte lassen sich nach dem Verständnis der Kredittheoretiker an der Wirkung und dem Ablaufschema verdeutlichen, die ein expansiver monetärer Impuls auslöst. Die erste Folge eines solchen Impulses wird die Erhöhung der Bankenliquidität sein, die die Geschäftsbanken aus Ertragsgründen veranlaßt zu versuchen, ihr Kreditvolumen an die Wirtschaftssubjekte auszudehnen. Als ersten Schritt in diese Richtung werden die Banken versuchen, ihre Kredit-Rationierung zu erweitern, indem sie nicht mehr nur Kunden erster Bonitätsstufe (erste Adressen) Kredite einzuräumen, sondern auch anderen Kunden geringerer Bonitätsstufen zu gleichen Konditionen **(Rationierungseffekt)**.

In dieser Phase werden die Kreditzinsen noch nicht gesenkt, weil der Angebotsdruck für Kredite am Markt noch nicht spürbar ist und die Banken eine Zinssenkung scheuen, die üblicherweise auch auf bestehende Kreditverträge angewendet werden muß. Darüber hinaus wird von den Banken eine wesentliche Kreditausweitung aufgrund einer Zinssenkung nicht erwartet. Bleibt die zu hohe Liquidität der Banken bestehen oder weitet sie sich sogar unter dem Einfluß des expansiven monetären Impulses noch weiter aus, so werden die Banken unter dem Druck ihrer hohen Liquidität ihre Kreditzinsen senken müssen: zunächst auf einzelnen Teilmärkten (z.B. bei Konsumentenkrediten) in Verbindung mit verstärkter Werbung, bei kurzfristigen Krediten und am Geldmarkt, später bei längerfristigen Krediten und am Kapitalmarkt **(Zinsniveaueffekt)**.

Da die Zinssenkung auf den einzelnen Geld- und Kreditmärkten, auf den einzelnen Märkten der Finanzanlagen einschließlich Wertpapiermärkten und den Märkten für Sachkapital unterschiedlich schnell fortschreitet, ändert sich auch die Zinsstruktur **(Zinsstruktureffekt)**. Hierbei ist auch von Bedeutung, daß Kredite für Bau- und Lagerinvestitionen, teilweise auch Konsumentenkredite zur Anschaffung langlebiger Konsumgüter zinselastisch sind und sich daher aufgrund einer Zinssenkung ausweiten, während Zinsänderungen bei Krediten zur Finanzierung von neuen Produktionsanlagen kaum die Investitionsentscheidung, sondern in erster Linie nur die zeitliche Investitionsplanung zur Ausnutzung günstiger Kreditkonditionen beeinflussen. (31, S. 163).

Steigen Zinssätze und Rentabilität der Finanzanlagen schneller als die Rentabilität der Investitionen in Sachanlagen, so werden die Investitionen in Finanzanlagen relativ stärker zunehmen als diejenigen in Sachlagen. Verlagert sich gleichzeitig bei rückläufiger Investitionsneigung die Risikostruktur zugunsten der Finanzanlagen, so wird dieser Prozeß – wie in der Bundesrepublik 1973 – 75 zu beobachten war – beschleunigt. Daraus ergeben sich Umschichtungen der Vermögensanlagen **(Umschichtungseffekt)** und veränderte Erwartungen über die Rentabilitätsentwicklung der verschiedenen Anlageformen **(Erwartungseffekt)**.

Führt also ein expansiver monetärer Impuls durch Erhöhung des Geldvolumens zu einer Erhöhung des Kreditvolumens und diese wiederum zu einer entsprechenden Erhöhung der volkswirtschaftlichen Gesamtnachfrage, so wird dieser monetäre Impuls im realen Sektor durch einen entsprechenden Anstieg der Produktion und Beschäftigung wirksam. Wird der Anstieg des Bankkreditvolumens jedoch von den Wirtschaftssubjekten dazu benutzt, Lieferantenkredite abzubauen oder die Finanzanlagen bei Banken, Bausparkassen, Versicherungen oder Wertpapierfonds zu erhöhen, so ergibt sich kein Nachfrageeffekt und das Geldvolumen geht zurück. Eine Wirkung auf den realen Sektor bleibt aus.

Wird ein restriktiver monetärer Impuls ausgelöst, so wird den Geschäftsbanken simultan Liquidität entzogen, was sie veranlassen **muß**, ihr Kreditvolumen einzuschränken, um liquide zu bleiben. Dies bedeutet, daß die Banken in diesem Falle ihr Kreditvolumen dadurch verringern, daß sie Kredite nicht prolongieren, die Kreditlinien ihrer Kunden einschränken und bei der Neuvergabe von Krediten bevorzugt nur noch Kreditnehmer einer hohen Bonitätsstufe berücksichtigen.

4.5 Welcher Transmissionsmechanismus ist für die praktische Geldpolitik relevant?

Nach der Darstellung der vier Transmissionsmechanismen erhebt sich die Frage, welches Konzept die am besten geeignete Grundlage der Geldpolitik darstellt, um monetäre Impulse auf den realen Sektor zu übertragen. Gemeinsam ist allen Konzepten, daß expansive monetäre Impulse eine erhöhte gesamtwirtschaftliche Nachfrage verursachen und somit auf den realen Sektor übergreifen **können**, aber nicht müssen. Denn dieses Übergreifen hängt letzten Endes in allen Fällen von den Erwartungsstrukturen der Wirtschaftssubjekte und davon abgeleitet von deren Ausgabenneigung für den Kauf von Investitionsgütern und Konsumgütern ab. Andererseits wirken restriktive monetäre Impuse **stets** dämpfend auf den realen Sektor, weil sie die Kreditvergabemöglichkeiten der Banken einschränken.

Welcher Erklärungsansatz des Transmissionsmechanismus am besten geeignet erscheint, als Konzept für eine wirksame Geldpolitik zur Sicherung oder Wiederherstellung gesamtwirtschaftlicher Stabilität in einer Volkswirtschaft zu dienen, hängt von mehreren **institutionellen Bedingungen** ab. Wesentliche Bedingungen sind: die Struktur des Bankensystems und der Wirtschaft, die Art und Intensität der Außenwirtschaftsbeziehungen, das Währungssystem, die gesetzlichen und staatlichen Reglementierungen des Bankwesens und des Kapitalverkehrs, die Verfügbarkeit über Ressourcen, die gewerkschaftliche Lohnpolitik, die Höhe der bereits erreichten Inflationsrate und die vorhandene Inflationsmentalität. Diese Bedingungen können von Land zu Land sehr unterschiedlich sein und dementsprechend ein bestimmtes Transmissionskonzept als besonders geeignet für eine Volkswirtschaft erscheinen lassen.

Es kann aber auch sein, daß sich im Zeitablauf wesentliche Bedingungen ändern, die den Übergang von einem zu einem anderen geldpolitischen Konzept notwendig machen. Einen solchen Kurswechsel der Geldpolitik vollzog die Deutsche Bundesbank, nachdem sie am 19.3.1973 von ihrer Interventionspflicht zur Aufrechterhaltung fester Wechselkurse gegenüber dem US-Dollar befreit und eine außenwirtschaftliche Absicherung durch ein freies Floating der DM auf den Devisenmärkten (außer den Währungen der Europäischen Währungsschlange) gewährleistet wurde. Von diesem Zeitpunkt an ging die Deutsche Bundesbank von einer liquiditätstheoretisch bestimmten Liquiditätssteuerung der Banken zu einer monetaristisch bestimmten Steuerung der Zentralbankgeldmenge über. „Mit der Beseitigung der freien Liquiditätsreserven wurde die Geldpolitik der Bundesbank auf eine neue Basis gestellt. Prinzipiell steuert nun die Notenbank unmittelbar die Schaffung von Zentralbankgeld, während sie das vordem nur indirekt über die freien Liquiditätsresreven tat“ (41, S. 4). Der Grund dafür war in der Tatsache zu sehen, daß die liquiditätsabsorbierende Geldpolitik der Bundesbank die freien Liquiditätsreserven der Banken bis auf ganz geringfügige Reste vermindert hatte und die zunehmende Funktionsfähigkeit der heimischen und internationalen Geldmärkte die Haltung von freien Liquiditätsreserven für die Geschäftsabwicklung der Banken nicht mehr notwendig machte (100, S. 55).

Es ist ferner darauf hinzuweisen, daß auch nach den einzelnen Konzepten der Transmissionsmechanismus monetärer Impulse keineswegs immer nach demselben Muster ablaufen muß. Auch hierbei spielen Veränderungen und Art der vorerwähnten institutionellen Bedingungen und Verhaltensweisen der Wirtschaftssubjekte eine entscheidende Rolle. So ist vor allem Art und zeitliche Entwicklung des Erwartunghorizonts der Wirtschaftssubjekte für deren Ausgabenentscheidungen und damit für die Transmission wesentlich. Auf diesen Tatbestand macht auch die Deutsche Bundesbank im Rahmen ihrer monetaristischen Steuerung der Zentralbankgeldmenge aufmerksam. „Der ‚Transmissionsmechanismus' ... ist freilich kein starrer ‚mechanischer' Ablauf, sondern er ergibt sich aus dem Zusammenspiel von Preis- (d.h. Zins-) und Mengenreaktionen. Wenn die Banken in diesem System in ihrer Kreditgewährung über die von der Notenbank gewollte Expansion hinausschießen, so werden sie dies alsbald an einer starken Verteuerung ihrer Refinanzierung am Geldmarkt spüren und ihre Kreditexpansion beschränken, da sie damit nicht mehr zusätzliche Erträge erwirtschaften können, sondern u.U. Verluste erzielen" (100, S. 20).

Entscheidend für die Effizienz der Geldpolitik nach jedwedem geldpolitischem Konzept der Transmission dürfte es jedoch sein, daß die Geldpolitik bestimmte geldpolitische Ziele quantifiziert und alle ihr zur Verfügung stehenden Maßnahmen ergreift, diese Ziele auch tatsächlich zu erreichen. „Allein der Akt einer glaubwürdigen Zielsetzung, ergänzt durch die öffentlich bekundete Absicht, das Wachstum der Größen allmählich auf ein angemessenes Tempo zu drosseln, kann dazu beitragen, Inflationserwartungen beträchtlich zu dämpfen" (101, S. 171). Er ist auch zugleich eine Voraussetzung für die Transmission monetärer Impulse.

Gestützt auf empirisch berechnete Determinationskoeffizienten zwischen der Geldbasis und den Volumina der Geldmenge M_1, der Privatkredite und der Gesamtkredite, zwischen diesen Größen und dem Bruttosozialprodukt sowie zwischen der Geldbasis und dem Bruttosozialprodukt direkt für mehrere Länder gelangen **E. Streissler** und **G. Tichy** zu der Überzeugung, daß eine Geld-Transmission entsprechend der monetaristischen Auffassung stärker auf die USA, eine Kredit-Transmission dagegen eher auf die Länder Mitteleuropas aufgrund unterschiedlicher institutioneller Bedingungen zutreffen (31, S. 150 ff.). Sie räumen jedoch gleichzeitig ein, daß die berechneten Korrelationskoeffizienten keinen eindeutigen und sehr straffen Transmissionsmechanismus in dem einen oder anderen Fall implizieren. „Entscheidendes Charakteristikum des Transmissionsmechanismus über den Kreditmarkt ist seine Konzentration auf die Wirtschaftssubjekte, die Ausgabenüberschüsse tätigen; die Transmission über die Geldmenge hingegen konzentriert sich auf die Wirtschaftssubjekte mit Einnahmenüberschüssen, sie untersucht primär Spar- und Anlageentscheidungen, die erst in weiterer Folge Ausgabenentscheidungen beeinflussen" (31, S. 154).

Eine andere, währungspolitische Abgrenzung für die Zweckmäßigkeit der Verwendung des Geld- oder des Kredit-Transmissionsmechanismus konstatiert die „Bank für Internationalen Zahlungsausgleich" (101, S. 171): Für Länder, die bei frei floatendem Wechselkurs ihrer Währung am Devisenmarkt möglichst wenig intervenieren wollen, bietet sich die Geldmengen-Transmission und die Festlegung von Geldmengenzielen an; für Länder, die den Wechselkurs ihrer Währung möglichst vor starken Schwankungen unter dem Einfluß der Marktkräfte durch häufige Interventionen schützen wollen, ist der Kredit-Transmissionsmechanismus und die Festlegung von Kreditmengenzielen geeigneter.

4.6 Monetäre Transmission in der Bundesrepublik Deutschland

Obwohl verschiedene Transmissionstheorien der Übertragung monetärer Impulse auf die reale Wirtschaft entwickelt und unterschiedliche Hypothesen des Wirkungsmechanismus aufgestellt worden sind, ist der tatsächliche Transmissionsweg bis heute nicht eindeutig zu erklären. Auch empirische Untersuchungen haben den Sachverhalt nicht aufdecken können. Allerdings sind diese theoretischen Erklärungsversuche des monetären Transmissionsweges nicht von grundsätzlicher Bedeutung für die theoretische Fundierung der Geldpolitik.

Viel wesentlicher ist es für die Effizienz der Geldpolitik, daß die durch den Einsatz der geldpolitischen Instrumente ausgelösten monetären Impulse über die Veränderungen der Liquidität der Banken, der Geldmarktbedingungen, der Geldmenge, des Kreditvolumens der Banken an Nicht-Banken und schließlich der makroökonomischen Nachfrage den gewünschten Effekt auf die reale wirtschaftliche Aktivität ausüben. Diese Auffassung vertritt auch die Deutsche Bundesbank und stellt fest:Die „Transmission geldpolitischer Impulse verläuft in der Realität sehr komplex und ist in ihren Einzelheiten nur unzulänglich bekannt. Für die Geldpolitik ist es daher von zentraler Bedeutung, sich auf stabile Finanzmarktstrukturen und Wirkungszusammenhänge im Finanzsektor stützen zu können, die es ermöglichen, einigermaßen genau abzuschätzen, wie geldpolitische Impulse weitergegeben werden und letztlich wirken."[102]

Die Bundesbank hat im Laufe der Zeit ihre Geldpolitik auf eine unterschiedliche geldpolitische Grundlage gestellt. Zunächst betrieb sie eine Liquiditätspolitik, die auf der Grundlage eines überwiegend liquiditätstheoretischen Ansatzes primär die Liquidität des Bankensystems steuerte. Ab 1974 gab sie diesen Ansatz auf und bestimmte erstmalig im Jahre 1975 ein Geldmengenziel im Rahmen des monetaristischen Ansatzes (monetary targeting), den sie bis heute beibehalten hat. Allerdings wendet sie die monetaristische Geldmengensteuerung nicht absolut entsprechend der monetaristischen Theorie an. Denn sie verzichtet nicht auf die Zinspolitik in Gestalt der Veränderung der drei Leitzinssätze (Diskontsatz, Lombardsatz und Offenmarktsatz) und betont auch immer wieder die Bedeutung ihrer geldpolitischen Einflußnahme auf die Bankenliquidität. Die letztlich durch die Geldpolitik zu beeinflussende monetäre Ziel-, Steuer- und Kontrollgröße ist jedoch die Geldmenge. Zunächst war diese die Zentralbankgeldmenge von 1975 bis 1987, ab 1988 bis heute die Geldmenge M_3.

Die Entwicklung der verschiedenen monetären Aggregate und des realen Bruttoinlandsproduktes (BIPr) in den letzten zehn Jahren zeigt **Abb. 25.** Hier ist die Tatsache interessant, daß von 1987 (Basisjahr) bis 1993 die Entwicklung der Zentralbankgeldmenge, der Geldmenge M_3, und des Kreditvolumens der

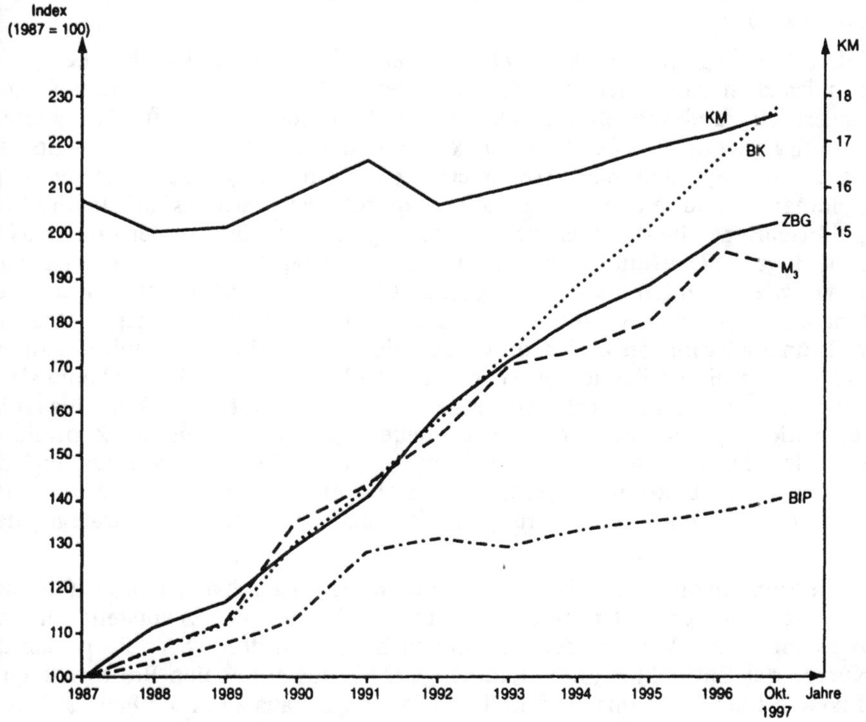

ZBG: Saisonbedingte Zentralbankgeldmenge
M_3: Geldmenge M_3
BK: Bankkredite an Nicht-Banken einschl. börsenfähiger Geldmarktpapiere, Wertpapiere, Ausgleichsforderungen
KM: Kredit-Multiplikator $\left(\frac{BK}{ZBG}\right)$
Berechnung aus Grundzahlen aus: Monatsberichte der Deutschen Bundesbank, SVR: JG 1997/98 (reales BIP)

Abb. 25 Entwicklung der monetären Aggregate und des realen BIP

Banken praktisch gleich verliefen (konstanter M_3-Multiplikator und Kredit-Multiplikator). Ab 1993 hat sich das Kreditvolumen der Banken etwa linear weiterentwickelt, während die Expansion der Zentralbankgeldmenge und der Geldmenge M_3 erheblich schwächer ausgefallen sind. Dies schlägt sich auch in der Entwicklung des Kredit-Multiplikators nieder, der um ein etwa gleich bleibendes Niveau von 1987 bis 1992 schwankte, dann aber von 1992 bis 1997 etwa linear von 15,6 auf 17,6 anstieg. Ein Bruch der Entwicklung dieser monetären Aggregate durch die deutsche Vereinigung ab 1990 ist nicht feststellbar. Das Auseinanderdriften der Entwicklungen der Zentralbankgeldmenge und der Bankkredite läßt sich durch die zunehmende Bedeutung der Liberalisierung und Globalisierung der Finanzmärkte und der wachsenden Bedeutung der Finanzinnovationen (geldnahe Titel, Geldsurrogate) erklären. Die Diskrepanz zwischen dem ab 1991 sehr flachen Anstieg der Kurve des realen BIP und dem wesentlich stärkeren Anstieg der Kurve der Geldmenge M_3 ist wohl auf die erhöhte Geldnachfrage nach Kassenhaltung (bevorzugte Haltung finanzieller Anlagen der Wirtschaftssubjekte der in M_3 enthaltenen Anlageformen) wie auch auf die

Wachstumsverluste durch den realwirtschaftlichen Strukturanpassungsprozeß zurückzuführen.

Die von der Bundesbank ab 1995 angewendete neue Liquiditätsrechnung geht grundsätzlich davon aus, daß die mit ihrem geldpolitischen Instrumentarium längerfristig und verstetigt erhöhte Bankenliquidität (dauerhafte Mittelbereitstellung) die effektive Geldmengenexpansion der Geldmenge M_3 „auf Kurs" ihres Geldmengenziels hält. Voraussetzung für eine einigermaßen zuverlässige Geldmengensteuerung über die Bankenliquidität ist allerdings die Stabilität der Geldnachfrage, die durch eine Stabilisierung der Erwartungen der Finanzmärkte bedingt ist. Die Bundesbank hat die Geldnachfragefunktion für Deutschland immer wieder im Hinblick auf mögliche Störimpulse durch die Einführung von Finanzinnovationen, veränderte Verhaltensweisen der Wirtschaftssubjekte und Währungssubstitution und dadurch ausgelöste Instabilitäten empirisch untersucht.[102a] In diesen ökonometrischen Studien hat sie jedoch bisher keine signifikanten Störungen entdeckt. Daher geht die Bundesbank weiterhin - bis zu ihrer Auflösung und Integration in das neue „System Europäischer Zentralbanken" der Europäischen Währungsunion im Januar 1999 - davon aus, daß die Geldnachfragefunktion in Deutschland stabil bleibt und daher ihre potentialorientierte Geldmengensteuerung die optimale geldpolitische Strategie darstellt.

Aufgrund ökonometrischer Studien der Monetaristen hat sich die Auffassung herausgebildet, daß Inflation ein monetäres Phänomen ist. Es entsteht durch zu viel Geld in der Volkswirtschaft. Untersuchungen in den USA zeigen, daß die Kurven der Entwicklung der Geldmenge (M_2), des nominalen Bruttosozialprodukts und der Inflationsrate parallel verlaufen. Daraus zieht die Federal Reserve Bank of St. Louis den Schluß: „Keeping longer-term M_2 growth and nominal GNP growth in line with longer-term real GNP growth remains a guide for a low inflation environment."[102b] Der Geldmengenüberhang über die makroökonomischen Angebotsmöglichkeiten aus dem Produktions-Potential kann durch eine laxe, expansionistische Geldpolitik oder durch Geldschöpfung der Banken, des Staates oder Geldzuflüssen aus dem Ausland stammen, die durch eine entsprechende restriktive Geldpolitik der Zentralbank nicht neutralisiert wird.

Aber auch die Hoffnung mancher Politiker, durch eine expansive Geldpolitik die globale Nachfrage, die wirtschaftliche Aktivität, das Wachstum, die Beschäftigung und die Einkommen zu erhöhen, hat sich bisher in der Praxis immer als trügerisch erwiesen. Ein dadurch in manchen Fällen ausgelöster „Strohfeuereffekt" war immer nur von kurzer Dauer und wurde bald durch eine steigende Inflationsrate und dadurch notwendige restriktive Maßnahmen der Geld-, Finanz- und Wirtschaftspolitik in die umgekehrte Richtung mit erheblichen negativen ökonomischen Folgen gelenkt. Langfristig wirkt sich eine inflationäre expansive Geldpolitik immer negativ auf die Performance einer Volkswirtschaft aus.

Zu bedenken sind aber auch die sehr langen time-lags zwischen einer geldpolitischen Maßnahme und ihrer Transmission auf die realen Variablen der Volkswirtschaft sowie ihre nicht abschätzbare Effizienz.

Empirische Untersuchungen längerer Zeiträume, die mehrere Konjunkturzyklen umfassen, zeigen, daß unterschiedlich lange time-lags und unterschiedliche Wirkungen geldpolitischer Maßnahmen gegeben sein können. So stellt

M. Friedmann 90, S. 122) im Durchschnitt von 18 Konjunkturzyklen für die USA fest, daß die Änderungsrate der Geldmenge ihren Höhepunkt 16 Monate vor dem oberen Wendepunkt und ihren Tiefpunkt 11 Monate vor dem unteren Wendepunkt der Konjunkturkurve erreichte, wobei jedoch der kürzeste time-lag 5 Monate und der längste 24 Monate betrug. **H. Müller** (103, S. 270) ermittelte dagegen für die Bundesrepublik einen time-lag zwischen einem geldpolitischen Kurswechsel der Bundesbank und der Veränderung der Geldmenge von 4 bis 11 Monaten. Zu diesen time-lags zwischen einer geldpolitischen Maßnahme und der dadurch veränderten Geldmenge kommt der time-lag der monetären Transmission zwischen der Veränderung der Geldmenge und der dadurch verursachten Wirkung im realen Sektor, der ebenfalls in der Praxis eine sehr unterschiedliche Größe aufweist.

Hinzu kommt die Erfahrung, daß ein Umschalten der Zentralbank auf einen restriktiven Kurs der Geldpolitik einen konjunkturellen Aufschwung oder Boom relativ kurzfristig und zuverlässig bremsen und in einen Abschwung überleiten kann, umgekehrt aber in einer konjunkturellen Rezession oder Depression das Umschalten der Geldpolitik auf einen expansiven Kurs die wirtschaftliche Aktivität nicht zuverlässig anzuregen vermag. Im letzteren Fall ist die Transmission also unsicher und bedarf ergänzender wirtschafts- und finanzpolitischer konjunkturanregender Maßnahmen.

So mußte die Deutsche Bundesbank feststellen, daß um die Mitte 1975, dem Höhepunkt einer Rezession, „trotz der zahlreichen von ihr ergriffenen Maßnahmen noch keine stärkere expansive Wirkung“ zu beobachten gewesen sei (16, S. 6). Die Bundesbank gelangt in diesem Zusammenhang auch zu der Erkenntnis, „daß kurzfristig kein enger Zusammenhang zwischen der Entwicklung des Sozialprodukts und der Zentralbankmenge besteht“ (16, S. 10). Mittel- und langfristig bestätigen jedoch die vorliegenden Erfahrungen in der Bundesrepublik Deutschland einen solchen Zusammenhang und damit die monetaristische Konzeption. Aus diesem Grunde „orientiert sich die Bundesbank vornehmlich an der Entwicklung der weit abgegrenzten Geldmengenbegriffe M_3 und der Zentralbankgeldmenge, die mittelfristig in einem verhältnismäßig stabilen Zusammenhang mit der wirtschaftlichen Entwicklung stehen“ (49, S. 26).

5. Kapitel: Geldnachfrage

5.1 Gegenstand der Geldnachfragetheorie

Geldnachfragetheorien sind „im Kern Transmissionstheorien und damit Geldwirkungslehren“ (75, S. 944). Sie lassen sich daher aus den im vorigen Kapitel dargelegten Transmissionstheorien herleiten. Wenn auch stets gesamtwirtschaftlich die Identität zwischen Geldangebot M_s und Geldnachfrage M_d erfüllt sein muß, kommen Diskrepanzen zwischen dem Geldangebot und der Geldnachfrage in der Höhe der von den Wirtschaftssubjekten nicht gewünschten Kassenhaltung zum Ausdruck. Diese nicht gewünschte Liquidität findet sich vor allem in den Liquiditätsreserven der Banken (vgl. Abb. 4).

Steigt das Geldangebot der Zentralbank, so erhöhen sich simultan die Refinanzierungsspielräume der Geschäftsbanken bei der Zentralbank in Gestalt von **„potentiellem Zentralbankgeld“** und entsprechend die Bankenliquidität. Steigt die Geldnachfrage bei konstantem Geldangebot der Zentralbank, so schöpfen die Geschäftsbanken zunächst die ihnen von der Zentralbank zur Verfügung gestellten Refinanzierungsspielräume aus. Dadurch bauen sie ihre Liquiditätsreserven ab und erhöhen in entsprechendem Umfang die Zentralbankgeldmenge. (Geldschöpfung des Bankensystems) Potentielles Zentralbankgeld wird in aktuelles Zentralbankgeld umgewandelt. Steigt die Geldnachfrage weiter, so kann sie ein kurzfristig von der Zentralbank nicht kontrolliertes Geldangebot des Auslandes (Geldimporte) oder des Bankensystems selbst durch Geldschöpfung oder durch Umlagerungen von Geldkapital-Anlagen der Nicht-Banken in M_3-Anlagen induzieren.

Entsprechend der **Quantitätsgleichung** (Verkehrs- oder Tauschgleichung) von **Irving Fisher** (1922) ist:

(25) $$M \cdot V \equiv Q \cdot P$$

In dieser Gleichung stellt das Produkt der Geldmenge M und der Umlaufsgeschwindigkeit des Geldes V die effektive und nachfragewirksame Geldmenge in der Volkswirtschaft dar. Hierbei muß allerdings die Geldmenge M von der Zentralbank als geldpolitisch relevantes Aggregat statistisch definiert werden. In Deutschland verwendet die Bundesbank seit 1988 die Geldmenge M_3. Die Größe Q wird als reales Handelsvolumen aller Güter und P als das Preisniveau (genau genommen, als Faktor des Preisniveau-Anstiegs) angesehen.

Eine Variante dieser Quantitätsgleichung von Fisher ist die **Cambridge-Gleichung,** die ursprünglich auf Alfred Marshall zurückgeht und auch als Grundlage der monetaristischen Geldtheorie Verwendung findet. Sie lautet:

(25 a) $$M \cdot V = Y_r \cdot P$$

In dieser Gleichung besitzt die (linke) Geldseite der Gleichung $M \cdot V$ die gleiche Bedeutung wie in der Quantitätsgleichung von Fisher. Die (rechte) realwirtschaftliche Seite der Gleichung stellt die Güterproduktion Y_r (reales BIP) multipliziert mit dem Preisniveau P (Faktor des Preisniveau-Anstiegs) dar. Demnach kann Inflation (P) nur entstehen, wenn die effektive Geldmenge $(M \cdot V)$ stärker als die Güterproduktion Y_r steigt.

Die Umlaufsgeschwindigkeit des Geldes wird als eine verhaltens-abhängige Größe der Nicht-Banken angesehen. Wünschen die Nicht-Banken, ihre durchschnittliche Kassenhaltung und damit ihre Geldnachfrage M_d (für Kassenhaltung) zu erhöhen, so wird dadurch die Umlaufsgeschwindigkeit des Geldes V entsprechend verringert. Als Definitionsgleichung gilt also:

(25 b) $k = 1/V$ oder umgeformt:
(25 c) $V = 1/k$

Die durchschnittliche Kassenhaltung k wird auch als tatsächliche Kassenhaltungsdauer interpretiert, die sich aus dem Quotienten der Geldnachfrage für Kassenhaltung (M_d) und dem Einkommen eines Jahres (Y_{nom}) ergibt:

$$k^* = M_d/Y_{nom}.$$

Ersetzt man V der Gleichung (25 c) in Gleichung (25 a), so ergibt sich:

(25 d) $M \cdot 1/k = Y_r \cdot P$

Durch Umformung kann man diese Gleichung auch schreiben:

(25 e) $M_d = k \cdot Y_r \cdot P$

Diese Gleichung besagt, daß die Geldnachfrage bei einer konstanten Kassenhaltung k stets gleich dem realen BIP (Y_r) und dem Preisniveau P sein muß. Oder anders ausgedrückt: Bleibt die Kassenhaltung und das Preisniveau konstant, dann wird die Geldnachfrage (M_d) genau parallel zum Wirtschaftswachstum ($+ \Delta Y_r$) steigen.

Es ist allerdings zu beachten, daß die Geldnachfrage durch Veränderungen der Kassenhaltung k (und entsprechend der Umlaufsgeschwindigkeit des Geldes V) infolge von Veränderungen der Zinshöhe, der Zinsstruktur, der Einführung von Finanzinnovationen mit geldähnlichem Charakter (geldnahe Titel, Geldsurrogate) und durch veränderte Erwartungen der Wirtschaftssubjekte erheblich variieren kann.

Die Höhe der **Zinsen** bestimmt die **Opportunitätskosten der Kassenhaltung.** Sind die Zinsen an den Finanzmärkten hoch, so sind entsprechend auch die Opportunitätskosten der Kassenhaltung hoch. Daher werden die Wirtschaftssubjekte in dieser Situation üblicherweise versuchen, ihre durchschnittliche Kassenhaltung zu verringern **(Ökonomisierung der Kassenhaltung).** Dadurch steigt die Umlaufsgeschwindigkeit des Geldes V. Der gleiche Effekt wird eintreten, wenn die langfristigen Zinsen am Kapitalmarkt stark, die Geldmarktzinsen nicht oder nur geringfügig steigen (**normale Zinsstruktur,** steile Zinsstrukturkurve). Nicht oder gering verzinsliche, in M_3 enthaltene liquide Anlagen werden von den Wirtschaftssubjekten umverlagert in längerfristige Anlagen (Geldkapital), die hohe Zinsen bringen. Entsteht eine **inverse Zinsstruktur** (die kurzfristigen Geldmarktzinsen liegen höher als die langfristigen Kapitalmarktzinsen), wird die liquide Geldanlage (in M_3 enthaltene Anlageformen) attraktiv und die Kassenhaltung steigt.

Finanzinnovationen (wie z. B. Kreditkarten, elektronische Geldbörse, elektronisches On-line-Geld) können sich auf eine geringere Kassenhaltung auswirken, weil für Transaktionen weniger Geld in der Kasse benötigt wird. Immer mehr Zahlungsvorgänge können ohne eine vorhandene Kassenhaltung der Wirtschaftssubjekte durchgeführt werden.

Die **Erwartungen** der Wirtschftssubjekte können deren Geldnachfrage (Kassenhaltung) recht unterschiedlich beeinflussen. Eine Verringerung wird üblicherweise stattfinden, wenn steigende Inflationsraten oder eine Hyperinflation erwartet werden. Wirtschaftskrisen, Depressionen, politische Unsicherheiten, drohende kriegerische Auseinandersetzungen und die Erwartung steigender Zinsen werden die Geldnachfrage dagegen ansteigen lassen.

5.2 Geldnachfragetheorie von J. M. Keynes

Die keynesianische Geldnachfragetheorie geht davon aus, daß die nachgefragte Geldmenge von der gewünschten Höhe der Kassenhaltung oder – anders ausge-

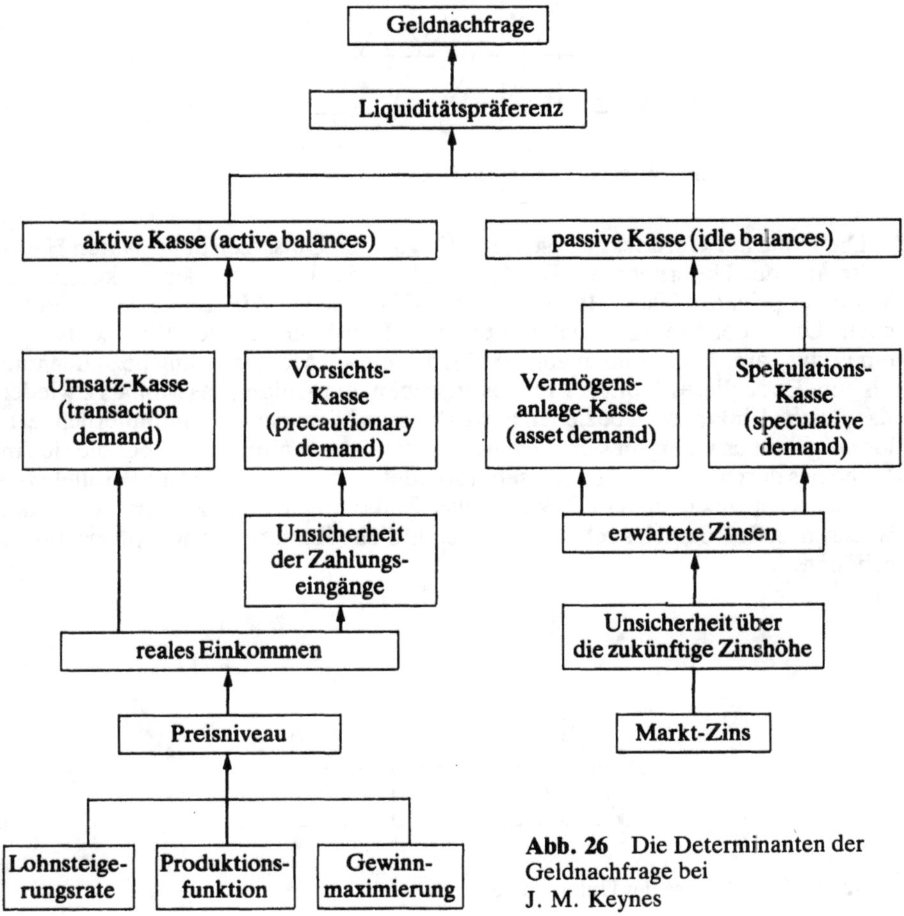

Abb. 26 Die Determinanten der Geldnachfrage bei J. M. Keynes

drückt – von der **Liquiditätspräferenz** der Wirtschaftssubjekte bestimmt wird. Diese bestehe aus zwei Komponenten: einer einkommensabhängigen **aktiven Kasse** $L_1(Y_t)$ und einer zinsabhängigen **passiven Kasse** $L_2(i_t)$. Besonderes Merkmal der keynesianischen Auffassung ist die Hypothese, daß die Geldnachfrage – bedingt durch die Komponente $L_2(i_t)$ – zinselastisch reagiert. Demzufolge ergeben sich häufige zinsinduzierte Veränderungn der Kassenhaltung und dadurch der Umlaufsgeschwindigkeit des Geldes V. Darüber hinaus berücksichtigt Keynes nicht die für ihn nicht relevante Inflation.

Eine Übersicht über die Determinanten der Geldnachfrage von J. M. Keynes gibt die von **D. C. Rowan** (95, S. 353) entwickelte Darstellung in **Abbildung 26**. Nach dieser wird die Geldnachfrage von der **Liquiditätspräferenz** der Wirtschaftssubjekte und diese wiederum von deren Haltung einer aktiven und einer passiven Kasse bestimmt. Die **aktive Kasse** besteht aus der Umsatzkasse und der Vorsichtskasse.

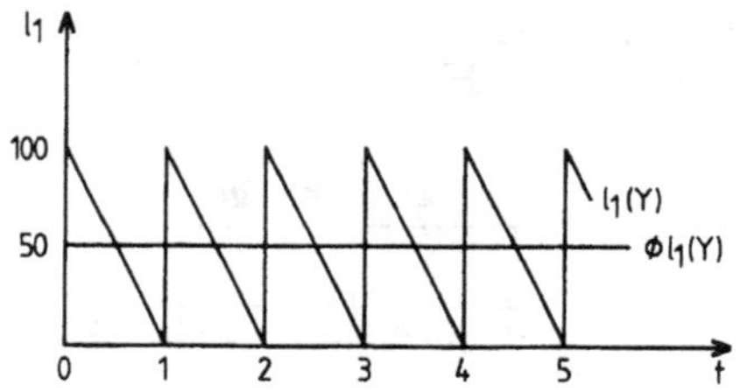

Abb. 27 Einkommenskasse der privaten Haushalte

Die Höhe der **Umsatzkasse** ist abhängig von den Umsätzen der privaten Haushalte und der Unternehmen. Die Entwicklung der Umsatz- oder Einkommenskasse der privaten Haushalte im Zeitablauf läßt sich in **Abbildung 27** verdeutlichen. Unter der Prämisse, daß die privaten Haushalte in einer Volkswirtschaft ein verfügbares Einkommen von 100 Mrd. DM am Monatsanfang beziehen und bis zum Ende dieses Monats 1 restlos ausgeben, am Anfang des Monats 2 wieder das gleiche Einkommen beziehen und es bis zum Monatsende kontinuierlich restlos ausgeben usw., ergibt sich die dargestellte Sägezahnfunktion, über die sich in Höhe des durchschnittlichen Kassenbestandes $l_1 = 50$ Mrd. DM als Parallele zur Zeitachse einzeichnen läßt. Würde das Einkommen der privaten Haushalte wachsen, so würde sich auch der durchschnittliche Kassenbestand l_1 proportional erhöhen.

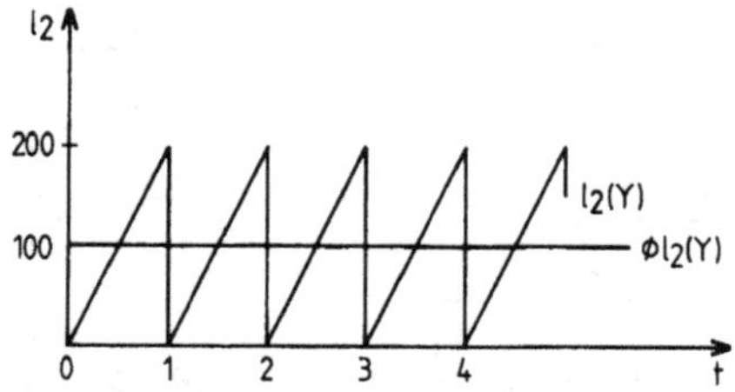

Abb. 28 Umsatzkasse der Unternehmen

Die Umsatzkasse der Unternehmen verändert sich im Zeitablauf in umgekehrter Richtung. Wird angenommen, daß die Unternehmen am Monatsanfang des Monats 1 über keine Kassenbestände verfügen, durch Warenverkäufe im Laufe des Monats die Kassenbestände aus den Umsatzerlösen kontinuierlich auf 200 Mrd. DM aufgefüllt und dann durch Löhne, Bezahlung von Material und Waren und Verteilung der Gewinne voll aufgelöst werden, so entsteht die Sägezahnfunktion der **Abbildung 28**. Auch hier läßt sich ein durchschnittlicher Kassenbestand l_2 als Parallele zur Zeitachse in Abbildung 28 einzeichnen. Wachsen die Umsätze und Einkommen der Unternehmen, so erhöht sich auch proportional dazu auch der durchschnittliche Kassenbestand l_2.

Neben der Umsatzkasse der privaten Haushalte und der Unternehmen (Transaktionskasse) wird von den privaten Haushalten und Unternehmen noch eine **Vorsichtskasse** für unvorhergesehene Zahlungsverpflichtungen (z.B. für Reparaturen) gehalten.

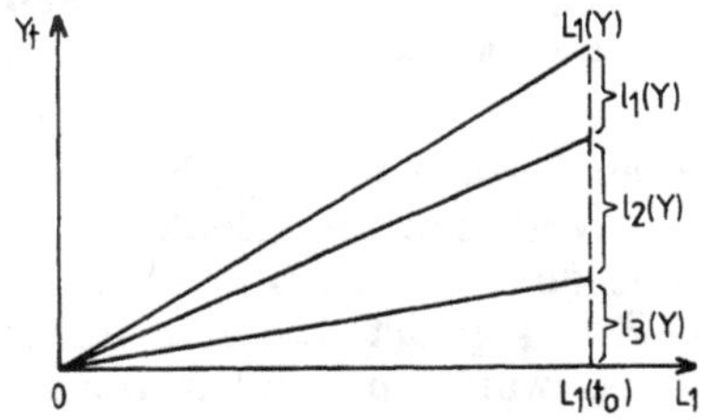

Abb. 29 Die aktive Kasse (L_1): Einkommenskasse (l_1), Umsatzkasse (l_2) und Vorsichtskasse (l_3)

Die beiden vorgenannten Arten der Kassenhaltung – Umsatz- und Vorsichtskasse – werden von den Wirtschaftssubjekten als ein bestimmter Anteil ihres Einkommens gehalten. Daher läßt sich die Geldnachfrage für aktive Kassenhaltung L_1, die sich aus der Addition der drei aktiven Teilkassen l_1, l_2 und l_3 zusammensetzt, in **Abbildung 29** als eine im Zeitablauf lineare Funktion des Volkseinkommens Y_t darstellen: $M_{da} = L_1(Y_t)$.

Auf die Entwicklung des realen Volkseinkommens wirkt nach Auffassung der **Post-Keynesianer** die Veränderung des Preisniveaus ein (vgl. Abb. 26), das wiederum von der Lohnsteigerungsrate, der makroökonomischen Produktionsfunktion und der realisierten Gewinnmaximierung der Unternehmen bestimmt wird.

Neben der aktiven Kasse bestimmt nach Keynes auch die **passive Kasse** die Liquiditätspräferenz und Geldnachfrage. Diese setzt sich aus der Vermögensanlagekasse und der Spekulationskasse zusammen. In der **Vermögensanlagekasse** halten die Wirtschaftssubjekte Geld als die liquideste Form der Vermögensanlagen ohne Zinsertrag. Ist der Marktzins für „sichere" Geldanlagen (z.B. Bankeinlagen, Anleihen mit fester Laufzeit) gleich Null, so werden die Wirtschaftssubjekte ihr gesamtes für Anlagezwecke bestimmtes Geld als Kasse halten. Steigt der Marktzins, so werden sich immer mehr Wirtschaftssubjekte entschließen, ihre Kassenhaltung zugunsten einer zinsbringenden Geldanlage zu verringern bis bei einem bestimmten Zins i_0 das gesamte zur Vermögensanlage bestimmte Geld aller Wirtschaftssubjekte zinsbringend angelegt ist. Die Geldnachfrage zur Haltung einer Vermögensanlagekasse m_1 läßt sich daher als eine fallende Funktion des Zinses i in **Abbildung 30** darstellen.

(26) $L_1(Y_t) = l_1 + l_2 + l_3$

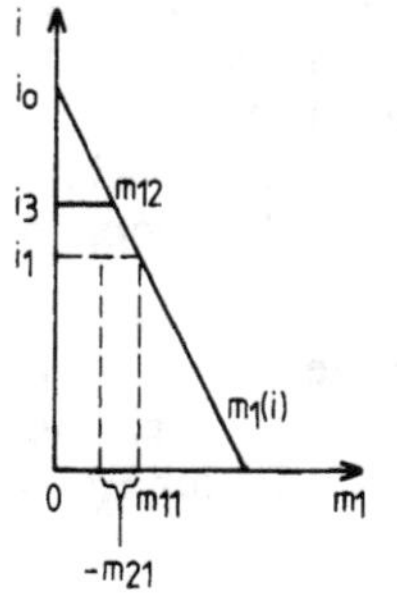

Abb. 30
Vermögensanlagekasse

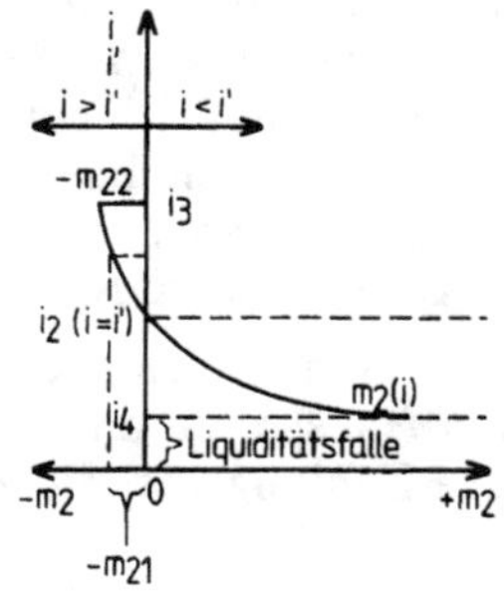

Abb. 31
Spekulationskasse

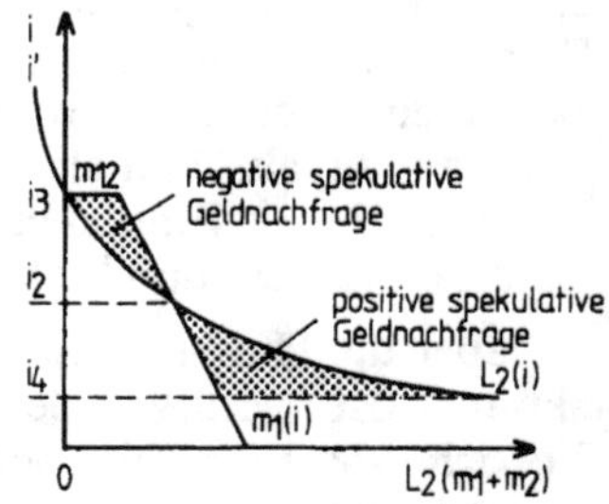

Abb. 32
Passive Kasse

Neben der zur risikolosen Vermögensanlage in festverzinslichen und zum Nominalwert rückzahlbaren Wertpapieren gehaltenen Kasse ist eine ebenfalls zinsabhängige **Spekulationskasse** zu unterscheiden. Diese wird von den Wirtschaftssubjekten zu dem Zweck gehalten, durch Anlage oder Auflösung dieser Geldbestände Spekulationsgewinne zu erzielen. Bei einem gegebenen Vermögensbestand und einer gegebenen Spekulationsneigung werden die Wirtschaftssubjekte in Abhängigkeit vom Marktzins i und der erwarteten Veränderung des Zinssatzes i' diese Kassenbestände variieren. Das spekulative Anlageverhalten der Wirtschaftssubjekte ist als spekulative Geldnachfragekurve m_2 in **Abbildung 31** dargestellt. In Anschluß an **D. C. Rowan** (95, S. 222 ff.) ist anzunehmen, daß bei unsicheren und unter den Wirtschaftssubjekten uneinheitlichen Erwartungen hinsichtlich der zukünftigen Entwicklung des Marktzinses i' die Geldnachfragekurve nach spekulativer Kassenhaltung m_2 einen hyperbelförmigen Verlauf besitzt, der in **Abbildung 31** dargestellt ist. Ist der Marktzins i größer als der vom Durchschnitt der Wirtschaftssubjekte erwartete Zins i' (i>i'), so ist die spekulative Geldnachfrage negativ. Je höher der Marktzins den durchschnittlich erwarteten Zins übersteigt, um so größer wird die negative spekulative Kassenhaltung ($-m_2$), die aus dem Bestand der Vermögensanlagekasse entnommen und zur spekulativen Anlage in Finanzlagen (bei Keynes ursprünglich nur in zeitlich nicht begrenzten, „ewigen" Anleihen) verwendet wird.

Ist z.B. der Marktzinssatz i_1 größer als der erwartete Zins i_1' in **Abbildung 31**, so ergibt sich eine negative Spekulationskasse in Höhe von $-m_{21}$, die aus dem Vermögensbestand der Vermögensanlagekasse m_{11} beim Marktzins i_1 (Abbildung 30) entnommen wird. Sinkt der Marktzins auf i_2, der genau dem erwarteten Zins entspricht (i =i'), so wird die Spekulationskasse gleich Null. Sinkt der Marktzins unter den durchschnittlich von den Wirtschaftssubjekten erwarteten Zins (i<i'), so bauen die Wirtschaftssubjekte im Durchschnitt eine immer höhere spekulative Kassenhaltung auf, bis bei einem unteren Zinssatz i_4 alle Wirtschaftssubjekte ihr gesamtes für spekulative Zwecke verfügbares Geld liquide halten, weil die Opportunitätskosten der Kassenhaltung in Höhe des Zinssatzes i_4 dem Risiko einer alternativen Geldanlage in Finanztiteln entspricht. Geometrisch be-

deutet dies, daß die Geldnachfragekurve nach spekulativer Kassenhaltung beim Zinssatz i_4 unendlich elastisch wird und in eine Parallele zur Abszisse übergeht. Diesen Bereich zwischen $i = 0$ und i_4 bezeichnet Keynes als **„Liquiditätsfalle"** (liquidity trap).

Die gesamte Geldnachfrage nach passiver Kasse ergibt sich aus einer Addition aus der Vermögensanlage- und Spekulationskasse:

(27) $L_2(i) = m_1 + m_2$

Geometrisch ergibt sich die Gesamtnachfrage nach passiver Kasse $L_2(i)$ durch eine Addition der Geldmengen der Vermögensanlagekasse (Abb. 30) und der Spekulationskasse (Abb. 31) zu der in **Abbildung 32** dargestellten hyperbelförmigen Funktion. Da die gesamte passive Kasse nicht kleiner als Null werden kann, muß die L_2-Kurve beim Zinssatz i_3 ihren Ausgangspunkt besitzen, weil hier die negative spekulative Kasse $-m_{22}$ ebenso groß wie die noch vorhandene Vermögensanlagekasse m_{12} ist. Beim Zinssatz i_2, bei dem die Spekulationskasse Null ist, muß die L_2-Kurve die in Abbildung 32 ebenfalls eingezeichnete Geldnachfragekurve nach Vermögensanlagekasse m_1 schneiden und anschließend weiter fallen bis sie beim Zins i_4 der Liquiditätsfalle in eine Parallele zur Abszisse übergeht. Die schraffierte Fläche zwischen der Geldnachfragekurve für Vermögensanlagekasse m_1 und der Geldnachfragekurve nach der gesamten passiven Kassenhaltung $L_2(i)$ in Abbildung 32 stellt links von der m_1-Kurve die **negative Spekulationskasse** und rechts von dieser die **positive Spekulationskasse** dar.

Die gesamte keynesianische Geldnachfragefunktion nach aktiver und passiver Kassenhaltung M_d lautet unter den Prämissen eines konstanten Preisniveaus, eines konstanten Vermögensbestandes, konstanter Zinserwartungen und einer gleichbleibenden Spekulationsneigung der Wirtschaftssubjekte:

(28) $M_d = L_1(Y_t) + L_2(i).$

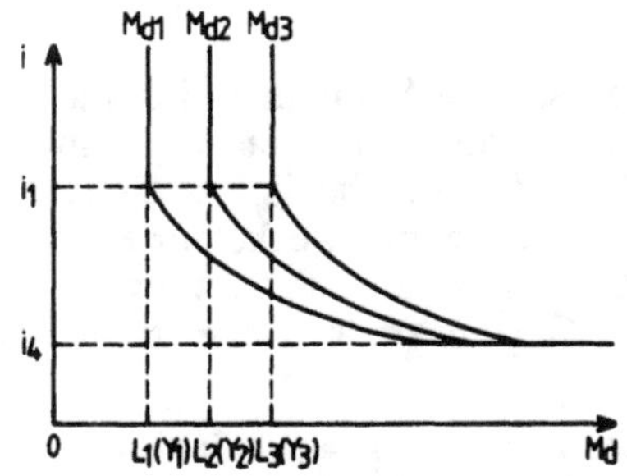

Abb. 33 Die Geldnachfragekurve nach aktiver und passiver Kasse

Diese Geldnachfragefunktion läßt sich in einem Koordinatensystem einer Zinsachse als Ordinate und einer Geldmengenachse als Abszisse in **Abbildung 33** in einer Kurve M_{d1} darstellen, die aus einem zinsunelastischen, nur von einem jeweils gegebenen Einkommen Y_1 abhängigen Kurvenast der Geldnachfrage nach aktiver Kassenhaltung $L_1(Y_1)$ und einem zinsabhängigen Kurvenast der Geldnachfrage nach passiver Kassenhaltung $L_2(i)$ besteht und bei der Liquiditätsfalle des Zinses i_4 in eine Horizontale übergeht. Steigt das Volkseinkommen auf Y_2, so verschiebt sich die gesamte Geldnachfragekurve entsprechend der Erhöhung der aktiven Kassenhaltung von $L_1(Y_1)$ auf $L_2(Y_2)$ parallel nach rechts auf M_{d2}. Ein weiterer Anstieg des Volkseinkommens auf Y_3 bewirkt entsprechend eine weitere Rechtsverschiebung der Geldnachfragekurve auf M_{d3}.

5.3 Monetaristische Geldnachfragetheorie

Gegenüber der statischen keynesianischen Geldnachfragetheorie berücksichtigt die dynamische, von **Milton Friedman** begründete monetaristische Geldnachfragetheorie die gegebene und erwartete Veränderung des Preisniveaus und die gewünschte Höhe der realen Kassenhaltung als Ergebnis einer Vermögensentscheidung zwischen alternativen Formen der Geldvermögenshaltung in Gestalt von **Geld**, **Rentenpapieren**, **Aktien**, **Sachkapital** und **Humankapital** (human capital) mit jeweils **unterschiedlichen Ertragssätzen**.

Aufgrund empirischer Untersuchungen über lange Zeiträume wird unterstellt, daß die Geldumlaufsgeschwindigkeit V langfristig konstant bleibt und sich nur zeitweilig durch konjunkturelle Einflüsse oder andere Zahlungsgewohnheiten geringfügig ändern kann. Eine Unterscheidung der Liquidität in verschiedene Arten der Kassenhaltung wird als empirisch nicht nachweisbar abgelehnt und stattdessen eine alternative Haltung der Liquidität in Form von Geld und anderen (oben genannten) Formen der Geldvermögenshaltung unterstellt. Die gesamte Geldnachfrage M_d wird nach monetaristischer Auffassung von vier Variablen bestimmt (73, S. 370):

- Gesamtvermögen
- Aufteilung des Gesamtvermögens in: Geld, Rentenpapiere, Aktien, Sachkapital und Humankapital
- erwartete Erträge dieser Vermögensbestandteile
- Geldnutzen.

Das **Gesamtvermögen** setzt sich aus den einzelnen Vermögen der privaten Haushalte zusammen, die wiederum aus den vorgenannten fünf Vermögensarten bestehen, deren eine Geld ist. Daher beeinflußt die Höhe des Gesamtvermögens auch die Nachfrage nach Geld zum Zwecke der Kassenhaltung. Als Meßgröße des Gesamtvermögens wird das dauerhaft erwartete, **permanente Einkommen** (permanent income) als Gegenwartswert aller in der Zukunft erwarteten Einkommen benutzt.

Die **Aufteilung des Gesamtvermögens** in Geld, Rentenpapiere, Aktien, Sachkapital und Humankapital übt insofern einen Einfluß auf die Höhe der Geldnachfrage aus, als ein hoher Bestand an Sach- und Finanzanlagen sowie an Humankapital (Ausbildungsstand, Know-how, manuelle und geistige Fähigkeiten) die Geldnachfrage positiv beeinflussen wird. Entscheidend für die Zusammensetzung des Geldvermögens und die Geldnachfrage sind jedoch die **erwarteten Erträge**,die **Relation der Erträge** der verschiedenen Vermögensanlagen (relative Preise) und die Höhe der **Inflationsrate**. Während ein Sinken des Preisniveaus die Kassenhaltung in Geld durch Kaufkraftgewinne begünstigt, führt eine Inflationsrate zu realen Verlusten der Geldhaltung und vermindert die Erträge anderer Vermögensanlagen. Eine Veränderung des Preisniveaus löst daher einen Substitutionsprozeß zwischen den verschiedenen Vermögensanlagen aus, durch den die Wirtschaftssubjekte eine Optimierung ihrer realen Erträge zu erreichen suchen. Erwarten die Wirtschaftssubjekte steigende Erträge anderer Vermögensarten als Geld, so wird ihre Geldnachfrage zurückgehen.

Der **Nutzen des Geldes** liegt in der ständigen, vollkommenen Zahlungsfähigkeit mit Bargeld oder mit gering verzinstem Giralgeld (Sichtdepositen). **M. Friedman** (89, S. 79 ff.) berücksichtigt die vorgenannten Determinanten der Geldnachfrage wie folgt:

P = Preisniveau, dessen Veränderung alle in Geld ausgedrückten, nachfolgend genannten Vermögenswerte und deren Erträge beeinflußt und deren Realwerte ergibt.

$r_b - \frac{1}{r_b} \cdot \frac{drb}{dt}$ = Nominalertrag je Geldeinheit, die in einer Obligation oder in anderen Rentenpapieren angelegt ist und mit dem Marktzins r_b verzinst wird, abdiskontiert auf den Gegenwartswert (Zeitpunkt Null).
Diese Größe soll mit r_1 bezeichnet werden.

$r_e + \frac{1}{P} \cdot \frac{dP}{dt} - \frac{1}{r_e} \cdot \frac{dr_e}{dt}$ = Ertrag je Geldeinheit, die in einer Aktie oder in anderen Anteilspapieren angelegt und mit einer Rendite r_e versehen ist, abdiskontiert auf den Gegenwartswert (Zeitpunkt Null).
Diese Größe soll mit r_2 bezeichnet werden.

$\frac{1}{P} \cdot \frac{dP}{dt}$ = Ertrag je Geldeinheit, die in Sachkapital (physischen Gütern) angelegt ist, zum Zeitpunkt Null.
Diese Größe soll mit $\dot{P}$ bezeichnet werden.

w = Verhältnis von nicht-menschlichem zu menschlichem Kapital.

$\frac{Y}{r}$ = gesamtes volkswirtschaftliches Vermögen, wobei Y das Volkseinkommen als Gesamteinkommensstrom und r den gesamtwirtschaftlichen Zinssatz als Relation zwischen dem gesamten Vermögensbestand und dem Einkommensstrom darstellen.

u = Geldnutzen, der sich aus Präferenzänderungen der Kassenhaltung infolge exogener Einflüsse (z.B. Rezession, Krieg) ergibt.

Unter Berücksichtigung dieser Determinanten der Geldnachfrage lautet die **Geldnachfragefunktion** nach **Friedman** (86, S. 84):

$$M_d = f(P, r_1, r_2, \dot{P}, w, \frac{Y}{r}, u)$$

Da die in dieser Funktion der Geldnachfrage verwendeten Determinanten für die Überprüfung im empirischen Test nicht geeignet sind, formuliert **Friedman** die **Geldnachfragefunktion nach permanenter (langfristig erwarteter) realer Kassenhaltung** je Kopf der Bevölkerung wie folgt (89, S. 172):

(29) $$\frac{M}{N \cdot P_p} = \gamma \left(\frac{Y_p}{N \cdot P_p}\right)^{\delta}$$

In dieser Gleichung bedeuten:

M = nominelle Geldmenge
N = Bevölkerungszahl
P_p = Permanentes (langfristig erwartetes) Preisniveau
Y_p = gesamtes permanentes (langfristig erwartetes) Volkseinkommen
γ und δ = Parameter der Funktion.

Setzt man nun:

$\frac{Y_p}{P_p}$ = y_p als permanentes reales Einkommen und

$\frac{M}{P_p}$ = m_p als permanente reale Kassenhaltung,

so läßt sich die vorgenannte **Geldnachfragefunktion** auch schreiben:

(30) $m_p = \gamma \cdot N \left(\frac{Y_p}{N}\right)^{\delta}$ oder

(31) $m_p = \gamma \cdot N^{1-\delta} y_p^{\delta}$

Für den empirischen Test benutzte Friedman jedoch die Funktion für die gesamte Kassenhaltung der Gleichung 29, die sich nach M auflösen läßt und die gesamte nachgefragte nominelle Geldmenge ergibt:

(32) $M = \gamma \left(\frac{Y_p}{N}\right)^{\delta} \cdot N \cdot P_p$

Aus langfristigen Zeitreihen der Referenzperiode 1870 – 1954 errechnete Friedman (89, S. 178) die Parameter γ und δ dieser Funktion mit den in Gleichung 32 eingesetzten Werten:

(33) $M = 0{,}00323 \left(\frac{Y_p}{N}\right)^{1.810} \cdot N \cdot P_p$

Diese Funktion hielt der Überprüfung im empirischen Test für die USA stand.

Bei der Bestimmung der vorgenannten Geldnachfragefunktion gehen die Monetaristen bei isolierter Betrachtung der Wirkung der Preisniveauänderung auf die Höhe der Kassenhaltung davon aus, daß entsprechend der **Abbildung 19** ein Anstieg der Inflationsrate die Kosten der Kassenhaltung erhöht, weshalb sie von den Wirtschaftssubjekten verringert wird. Umgekehrt bewirkt ein sinkendes Preisniveau eine Kostensenkung und zugleich einen höheren Realwert der Kassenhaltung, aus der die Wirtschaftssubjekte einen höheren Nutzen ziehen können.

5.4 Liquiditäts-Nachfragetheorie

Die Liquiditätstheoretiker begründen die Höhe der Geldnachfrage in erster Linie mit psychologischen Faktoren, in die sie die Verfügbarkeit eines Spektrums „geldnaher Titel" unter Einbeziehung subjektiv erwarteter Kreditaufnahmemöglichkeiten integrieren. Daher ist bisher eine liquiditätstheoretische Geldnachfragefunktion, die empirisch testbar wäre, noch nicht vorgelegt worden (75, S. 946).

Dennoch lassen sich qualitativ die Determinanten der Geldnachfrage nach liquiditätstheoretischer Auffassung bestimmen. Geld (in Gestalt von Kassenhaltung) als „cash or money in the bank“ (98, S. 132) wird im **„Radcliffe Report“** nur als ein Teil der gesamten Liquidität der Wirtschaftssubjekte angesehen, die außerdem noch aus liquidierbaren Finanz- und Sachanlagen durch „selling an asset“ und aus einer möglichen Kreditaufnahme durch „borrowing“ (98, S. 132) besteht. Diese drei Bestandteile der Liquidität lassen sich nach **A. Glöggler** (108, S. 21) auch als **aktuelle**, **potentielle** und **latente Liquidität** bezeichnen. Da eine durch psychologische Faktoren bedingte steigende **„subjektive Liquidität“ (G. Schmölders)**, die in erster Linie auf die von den Wirtschaftssubjekten vermuteten höheren Aufnahmemöglichkeiten zusätzlicher Kredite zurückgeht, ist die Nachfrage nach Geld als Form höchster Liquidität relativ von geringer Bedeutung. Denn die „Nachfrage nach Geld entspringt nicht nur dem Verlangen nach „Liquidesein“, sondern in erster Linie doch der einfach zahlungstechnisch bedingten Notwendigkeit, bei allen Umsatzakten Zahlungsmittel hinzugeben **(Umsatzmotiv)**“ (109, S. 104).

Die Liquiditätstheorie erkennt also nur eine Geldnachfrage für Transaktionszwecke an. Daher weist **Schmölders** als Determinanten der Geldnachfrage andere als das Umsatzmotiv der Kassenhaltung unter Berufung auf die Kassengebarung der öffentlichen Hände einschließlich der Parafisci, die in der Bundesrepublik einen Anteil in Höhe der Hälfte des Bruttosozialproduktes besitzen (11, S. 254, 267), zurück. Denn diese „besitzen ein Liquiditätsbedürfnis allenfalls aus zahlungstechnischen Gründen, keineswegs aber zur Vorsorge für unbekannte Anforderungen oder etwa aus Furcht oder aus Spekulation“ (109, S. 104).

Dementsprechend hat auch die Höhe des Marktzinses keinen unmittelbaren Einfluß auf die Höhe der Geldnachfrage. Ein steigender Zinssatz wird die Wirtschaftssubjekte jedoch veranlassen, ihre Vorratshaltung und ihre Nachfrage nach Kapitalgütern zu vermindern. Demzufolge bewirkt eine Zinsänderung (interest incentive effect) unmittelbar eine der Zinsänderung entgegengerichtete Veränderung der Güternachfrage (98, S. 131).

Obwohl die Liquiditätstheorie davon ausgeht, daß die Wirtschaftssubjekte langfristig einen bestimmten konstanten Anteil ihres Einkommens liquide zu halten wünschen, nimmt sie keine konstanten Anteile der die Liquidität bildenden Bestandteile Geld, Finanz- und Sachaktiva und Kreditmöglichkeiten an. Es wird vielmehr unterstellt, daß im Konjunkturaufschwung der Anteil der Geldsubstitute an der gesamten Liquidität steigt und im Konjunkturabschwung fällt. Begründet wird dies damit, daß in der Konjunkuraufschwungphase sowohl der Staat einschließlich der Parafisci als auch die Geschäftsbanken und Finanzintermediäre (z.B. die Investmentfonds) in verstärktem Umfang Anleihe- und Beteiligungspapiere emittieren (108, S. 19). Der Staat entfaltet eine stärkere Emissionstätigkeit im Konjunkturaufschwung aus Gründen seines optimalen „debt management“. Die Banken und paramonetären Institutionen emittieren im Konjunkturaufschwung ein höheres Anleihevolumen, weil sie dadurch liquide Mittel der Wirtschaftssubjekte in Form von Geld auf sich ziehen und damit rentable Kredite vergeben können. Auf diese Weise verringert sich der Geldanteil innerhalb der Liquidität der Wirtschaftssubjekte zugunsten eines höheren Anteils an Geldsurrogaten im Konjunkturaufschwung. Eine Verschiebung in umgekehrter Richtung findet entsprechend im Konjunkturabschwung statt.

Als Deteminante der Geldnachfrage M_d wird demnach von den Liquiditätstheoretikern nur das vom Einkommen abhängige Kassenhaltungsmotiv für Transaktionszwecke anerkannt, wobei sich der relative Anteil des Geldes innerhalb der liquiden Titel in Abhängigkeit von der Konjunkturphase verschiebt. Bezeichnet man das nominelle Volkseinkommen mit Y_n und das auf dem langfristigen Wachstumspfad liegende Volkseinkommen mit Y_w, so gibt der Quotient $\frac{Y_n}{Y_w}$ als Koeffizient den Einfluß der konjunkturellen Komponente auf die Geldnachfrage an. Die liquiditätstheoretische Geldnachfragefunktion läßt sich daher schreiben:

$$(34) \qquad M_d = f(Y_n, \frac{Y_n}{Y_w}).$$

5.5 Andere geldnachfragetheoretische Ansätze

Neben den oben dargestellten drei wesentlichen Geldtheorien, die die Bestimmungsgründe der Geldnachfrage erklären und teilweise Geldnachfragefunktionen aufstellen, gibt es noch weitere geldtheoretische Ansätze. Sie stellen teils Fortentwicklungen und Varianten dieser Theorien dar oder gehen von anderen theoretischen Ansätzen aus. Die entscheidenden Unterschiede dieser verschiedenen geldnachfragetheoretischen Ansätze liegen in der **Zahl der Determinanten**, dem **Gewicht der einzelnen Determinanten** und den **Annahmen** über die **Stabilität im Zeitablauf** dieser Determinanten. Entscheidend für die theoretische Haltbarkeit dieser Ansätze ist die Frage, ob die von ihnen formulierten Geldnachfragefunktionen empirisch testbar sind, im empirischen Test eine hohe Korrelation aufweisen und ggf. die tatsächliche Entwicklung der Geldnachfrage hinreichend zu erklären vermögen.

Von den verschiedenen Ansätzen seien hier nur die Loanable-Funds-Theorie und die Portfolio-Theorie erwähnt. Die **Loanable-Funds-Theorie** ist der Liquiditätstheorie verwandt. Sie unterscheidet sich von dieser dadurch, daß nicht die gesamte Liquidität als Bestandsgröße, sondern das **Sparvolumen** jeder Periode als **„ausleihbare Fonds“**, die über den Geld- und Kapitalmarkt für die Finanzierung der Investitionen zur Verfügung gestellt werden, die Geldnachfrage bestimmt. „Der Teil der Gesamtgeldmenge, der gespart und schließlich investiert wird, bestimmt den Zins. Anders als bei der Liquiditätstheorie ist jetzt die gesamte Geldnachfrage allein durch Investition und Konsum bestimmt“ (111, S. 74).

In der **Portfolio-Theorie** erfolgte eine Annäherung zwischen post-keynesianischer und monetaristischer Geldtheorie. Die Unterschiede beider Ansätze bestehen darin, daß die **monetaristische Portfolio-Theorie** neben **Finanz- und Sachanlagen** auch das **Humankapital** (human capital) in das Portfolio einschließt und stärker auf die **relativen Preise** dieser Anlagen unter besonderer Berücksichtigung der **Inflationserwartungen**, des **Realkasseneffektes** und der **Informations- und Anpassungskosten** zur Umschichtung des Portfolios abstellt. Demgegenüber betrachtet die **post-keynesianische Portfolio-Theorie** nur **Finanz- und Sachanla-**

gen und deren **Renditestruktur**. Beide Ansätze bestimmen die Geldnachfrage für Kassenhaltung als eine Alternative zur Haltung des Geldvermögens in anderen Formen und benutzen die folgenden testbaren **Determinanten** der Geldnachfrage (für Kassenhaltung):

- Zahl der durchschnittlich durchgeführten Kassentransaktionen,
- Kosten der Umwandlung von Kassenbeständen in höherverzinsliche Geldanlagen (Finanz- und Sachanlagen) und umgekehrt,
- Zinshöhe anderer Geldanlagen mit negativem Vorzeichen als Indikator der Opportunitätskosten der Kassenhaltung,
- Zinsstruktur oder Renditestruktur der alternativen Geldanlagen.

Übereinstimmend wird auch konstatiert, daß sich die Geldnachfrage langfristig proportional zum Wirtschaftswachstum erhöht. „Consequently, the theoretical prediction is that the demand for means of payment increases like everything else at the natural rate of growth of the population and economy" (96, S. 157).

Die **Komponenten der Geldnachfrage** und ihre Determinanten lassen sich schematisch in **Abbildung 34** darstellen (53, S. 83). Sie setzen sich aus der Liquiditätspräferenz (nach Keynes) und der Kreditnachfrage, die vom Wunsch des Publikums nach passiver und aktiver Kassenhaltung bestimmt werden, dem Ausland und der Finanzpolitik der Regierung in Gestalt ihrer Kassendispositionen zusammen. Während die passive Spekulations-und Vermögensanlagekasse von der gegebenen und erwarteten Höhe der Zinsen und Anlagerendite beeinfußt wird, hängt die Kreditnachfrage und aktive Transaktions- und Vorsichtskasse von der Veränderung der Lagerbestände, dem realen Investitionsvolumen und der Investitionsfunktion sowie vom Konsumniveau und der erwarteten Konsumsteigerung ab, die wiederum von der Entwicklung des realen Einkommens als Folge der nominellen Lohn- und Preisentwicklung beeinflußt wird. Das reale Investitionsvolumen wird von der Zinsentwicklung, der Rentabilität alternativer Geldanlagen, der Grenzleistungsfähigkeit des Kapitals, dem Produktivitätsfortschritt und dessen Kapitalbedarf, der Lohn- und Preisniveauentwicklung sowie den autonomen Investitionen und ihrer Multiplikatorwirkungen bestimmt. Bisherige und erwartete Konsumniveausteigerungen wirken über den Akzelerator ebenfalls auf das reale Investitionsvolumen und die dafür notwendige Kreditnachfrage wie auch auf die Nachfrage nach Konsumentenkredit ein. Ausländische Banken, Regierungen, Unternehmen und private Haushalte können im Inland Geld nachfragen, indem sie Bankkredite aufnehmen oder Wertpapiere verkaufen. Der Staat fragt mittels seiner Finanzpolitik Geld nach, indem er seine Kassenbestände aufstockt oder von der Zentralbank oder vom Ausland Kredite aufnimmt.

Diese vielen und teilweise voneinander abhängigen Bestimmungsgrößen der Geldnachfrage müßten in einer Geldnachfragefunktion erfaßt und in einer empirischen Analyse quantifiziert werden. Dies ist aber wegen der Vielfalt der Größen und der Kompliziertheit ihrer Beziehungen ökonometrisch nicht durchführbar. Daher muß versucht werden, eine Geldnachfragefunktion zu formulieren, die nur die wesentlichen Determinanten der Geldnachfrage enthält, die die **Veränderungen** der Geldnachfrage hinreichend zu erklären vermögen.

In einer empirischen Analyse der Determinanten der längerfristigen Geldnachfrage in der Bundesrepublik weist **V. Bergen** (122, S. 231) nach, daß im wesentlichen das **Nettosozialprodukt**, das **gesamtwirtschaftliche Vermögen** und die

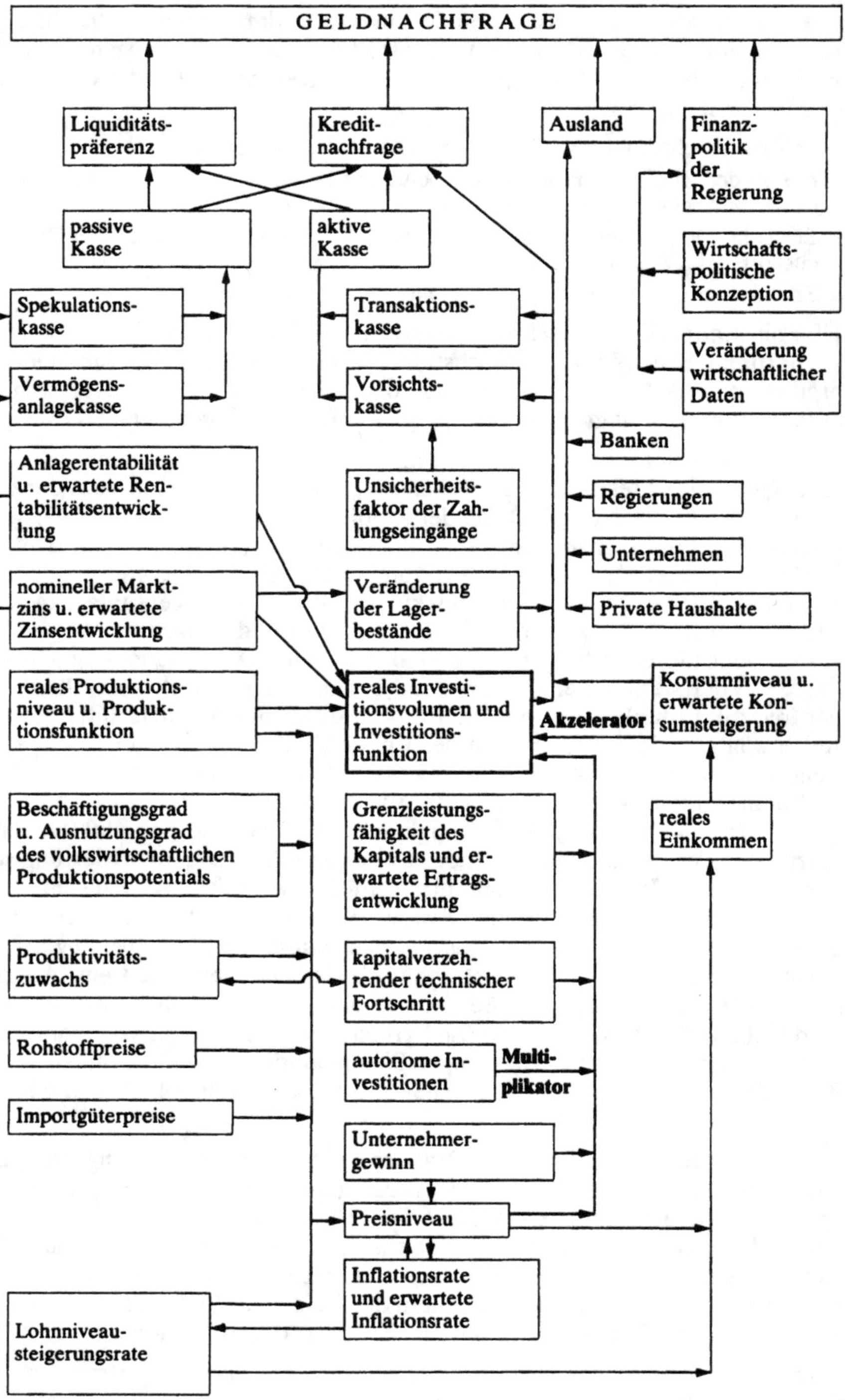

Abb. 34 Die Komponenten der Geldnachfrage

Kosten der Kassenhaltung die gesamte Geldnachfrage bestimmen und zusammen immer über 95% ihrer Veränderungen erklären. Bergen kommt zu dem Ergebnis, daß die Geldnachfrage bezüglich des Sozialproduktes **und** des Vermögens eine Elastizität von etwa 1 (bei konstanten Kosten der Kassenhaltung), bezüglich der Änderungsraten des Zinssatzes von Schatzwechseln, die als repräsentativ für das Zinsniveau angesehen werden, eine solche zwischen −0,05 und −0,010 (bei konstantem Sozialprodukt und Vermögen) besitzt (112, S. 232 f.)

In einer anderen empirischen Untersuchung betrachtet **M. Borchert** (111, S. 160 ff.) das **Volkseinkommen**, den **Zinssatz** und die **Geldmenge der Vorperiode** als Determinanten der Geldnachfrage und ermittelt für das Geldmengenaggregat M_1 bei einem sehr hohen Korrelationskoeffizienten r = 0,9980 die folgende logarithmische Geldnachfragefunktion:

$$(42) \qquad \ln M_{1\,t} = 0{,}2219 + 0{,}335 \ln Y_t - 0{,}044 \ln i_t + 0{,}617 \ln M_{1\,t-1}$$

Im Jahre 1975 hat das französische Wirtschafts- und Finanzministerium durch **A. Coutière** (113) ein monetäres Modell der französischen Wirtschaft berechnet, in dem nicht die Geldnachfrage, sondern die **reale Liquiditätsnachfrage** bestimmt wurde. Als Liquidität wurden Bargeld und andere Spareinlagen, die kurzfristig ohne Risiko und Verlust in Bargeld umgewandelt werden können, definiert, nämlich: Bargeld, Sparguthaben, Termineinlagen und Kassenpapiere. Als Determinanten der realen Liquiditätsnachfrage werden in diesem Modell das **Preisniveau**, das **laufende und permanente Volkseinkommen**, die **antizipierte Inflationsrate**, der **Anteil der Banknoten** an der gesamten Liquidität, der **Sparzins** und der **Zins der Kassenobligationen** betrachtet. Unter diesen werden die antizipierte Inflationsrate, das permanente Volkseinkommen und die Zinsen durch die Elastizitätskoeffizienten der laufenden und vier vorausgegangenen Perioden ermittelt. Dadurch ergibt sich eine sehr lange, hier nicht wiedergegebene Funktionsgleichung (113, S. 65). Der empirische Test dieses Modells zeigt, daß die Elastizität der Liquiditätsnachfrage im Hinblick auf das Volkseinkommen und das Vermögen größer als eins ist, mit steigendem Einkommen und Vermögen der Hang zu Liquidität größer wird und daher langfristig die Umlaufsgeschwindigkeit V der Liquidität abnimmt.

Mit den gleichen Ansätzen und unter den gleichen Prämissen dieses Modells hat später im Jahre 1979 die französische Zentralbank (Banque de France) durch **P. Fröchen** und **S. Roubine** (114) ein ökonometrisches Modell der Geldnachfrage für die Geldmengenaggregate M_1, M_2 und M_3 (in der Abgrenzung der Banque de France) entwickelt. Auch in diesem Modell wird davon ausgegangen, daß die Wirtschaftssubjekte keiner „Geldillusion" unterliegen. Daher werden alle Größen durch das Preisniveau P dividiert, um **reale Werte** zu erhalten. Sie basieren auf Quartalswerten und berücksichtigen drei zurückliegende Perioden. Es wird unterstellt, daß sich die nominelle Geldmenge proportional zur Veränderung der Inflationsrate entwickelt und eine Veränderung des Zinssatzes eine Änderung der Liquiditätsstruktur durch eine Verschiebung der Anteile der Geldmengenaggregate M_1, M_2 und M_3 bewirkt. Die Geldmenge M_1 (disponibilités monétaires) ist mit der deutschen Definition identisch; sie umfaßt Bargeldumlauf und Sichteinlagen. Die Geldmenge M_2 (masse monétaire) besteht aus M_1 und Termineinlagen, Spareinlagen, Bauspareinlagen, Kassenpapiere und Termineinlagen des Staates. Die Geldmenge M_3 (ensemble des liquidités) umfaßt M_2 und längerfristige Sparanlagen, abgesetzte Obligationen, Anleihen und Aktien. Die

Veränderung dieser Geldmengenaggregate aufgrund der Erhöhung jeweils einer Determinante um einen bestimmten Prozentsatz über die reale Wachstumsrate der realen Geldmenge (bei Konstanz aller anderen Determinanten) sowie die Verschiebung zwischen den einzelnen Geldmengenaggregaten **in realen Werten** zeigt die folgende **Tabelle 9**, die aus den Ergebnissen der ökonometrischen Untersuchung der Banque de France zusammengestellt ist.

Erhöhung der Determinante in %	Veränderung des Geldmengenaggregats in %		
	M_1	M_2	M_3
1% Erhöhung des Volkseinkommens	+ 0,79 %	+ 1,39 %	+ 1,40 %
1% Erhöhung des Zinssatzes	– 0,9 %	– 2,0 %	– 1,4 %
1% positive Abweichung vom mittleren Zinssatz	– 0,05 %	– 0,11 %	– 0,12 %
0,25% Erhöhung der antizipierten Inflationsrate	– 2,38 %	–	–
10% Erhöhung des Sparvolumens	– 1,1 %	– 0,89 %	–
10% Erhöhung der Arbeitslosigkeit (berechnet aus $\log \frac{\text{Arbeitslose}}{\text{offene Stellen}}$)	– 0,14 %	+ 0,15 %	+ 0,34 %
1% Erhöhung des Bruttosozialprodukts	– 0,69 %	– 0,72 %	– 0,69 %
1% Erhöhung des Diskontsatzes	– 2,2 %	– 1,7 %	– 1,2 %

Tab. 9 Elastizitäten der Geldnachfrage

Die **unterschiedlichen** ökonometrisch berechneten **Geldnachfrageelastizitäten** gehen auf folgende **Ursachen** zurück:

- Unterschiedliche modelltheoretische Ansätze unter Berücksichtigung unterschiedlicher Determinanten und deren mit unterschiedlichem time-lag wirkenden Impulse aus einer bestimmten Zahl von Vorperioden
- Unterschiedliche ökonometrische Berechnungsverfahren und Geldbegriffe
- Unterschiedliche zugrundegelegte Basiszeiträume und unterschiedliche Länder. Beide Bezugsgrößen implizieren verschiedenartige Verhaltensweisen der Wirtschaftssubjekte bezüglich ihres Geldnachfrageverhaltens.

Aus allen empirisch getesteten Modellen wird aber deutlich, daß die Geldnachfrage für Kassenhaltung von den Wirtschaftssubjekten als ein Luxus betrachtet wird, den man sich um so mehr leisten kann, je höher das Einkommen (der Umsatz) und der Wohlstand (das Vermögen) und je geringer der Zinssatz, die Inflationsrate und die Arbeitslosigkeit sind.

6. Kapitel: Zinstheorie

6.1 Ältere Zinstheorien

Der **Zins** ist der Preis, der für die zeitweise Überlassung und Nutzung eines Vermögensgutes von einem Schuldner an einen Gläubiger für die Dauer der Inanspruchnahme zu zahlen ist. Er wird üblicherweise in Prozent des Vermögenswertes pro Jahr ausgedrückt. Das Vermögensgut kann aus Boden (Pachtzins), aus unbeweglichen Sachgütern wie Häusern, Wohnungen und Gebäuden zur gewerblichen Nutzung, aus beweglichen Sachgütern wie Maschinen (Mietzins), aus „human capital" in Gestalt von Personen mit bestimmten Fähigkeiten bei Arbeitnehmerüberlassungsverträgen (Arbeitskräftevermietungssatz) und aus Geld (Geldzins) bestehen. Im engeren Sinne wird unter dem Zins nur der Preis für die zeitweise Überlassung des **Geldvermögens** verstanden.

Zinstheorien sind seit Bestehen der Geldwirtschaft entwickelt worden und versuchten zunächst nur, die **Berechtigung** und **Notwendigkeit des Zinses** zu begründen. Erst später versuchte die Zinstheorie die **Bestimmungsgründe der Zinsbildung** zu erklären. Dies geschah allgemein aus Vereinfachungsgründen für **den** Zinssatz, der als durchschnittlicher und für die gesamte Geldwirtschaft repräsentativer Zins in einer Volkswirtschaft angesehen wurde.

Bereits **Aristoteles** hatte sich mit der Berechtigung des Zinses beschäftigt und ihn als etwas Verwerfliches mit der Begründung abgelehnt, daß Geld keine Jungen werfe. Seine Auffassung wurde von der katholischen Kirche als das **„kanonische Zinsverbot"** übernommen. Erst im 16. Jahrhundert wurde diesem durch **Dumoulin**, der den Zins als Entschädigung für entgangenen Geldnutzen ansah und durch **Claudius Salmasius**, der den Zins als eine Entschädigung für den Verzicht auf die ständige Verfügbarkeit des Geldes betrachtete, widersprochen. Diese Auffassungen führten schließlich dazu, daß das Zinsverbot in England 1571 und in Frankreich 1789 aufgehoben wurde (115).

Die der **Klassik** zuzuordnenden Zinstheorien rechtfertigen den Zins und erklären seine Bildung. Die **Produktivitätstheorie des Zinses** (J. B. Say, H. C. Carrey, T. R. Malthus, Lauderdale) basiert auf der Auffassung, daß der Einsatz von Kapital in Gestalt von Produktionsmitteln die Produktivität der menschlichen Arbeit erhöhe und daher aus dem Wert der zusätzlich produzierten Güter ein bestimmter Anteil als Zins dem Kapitaleinsatz zuzurechnen sei. Die **Nutzungstheorie** (J. B. Say, F. B. W. v. Hermann, C. Menger) erklärt den Zins als eine Entschädigung des Kapitalgebers für den Verzicht auf die Nutzung seines Geldes. Die **Abstinenztheorie** (N. W. Senior) argumentiert ähnlich: Der Geldbesitzer übt in der Periode der Kreditvergabe Abstinenz in der eigenen Verwendung seines Geldes.

Die **Ausbeutungstheorie** wird von sozialistischen Ökonomen (D. Ricardo, P. Proudhon, K. Rodbertus, K. Marx) vertreten. Sie betrachten das Kapital nicht als selbständigen, sondern abgeleiteten Produktionsfaktor, der durch „vorgetane Arbeit" entstanden ist. Da sich die Arbeiter mit einem Lohn in etwa der Höhe ihres Existenzminimums begnügen müssen, können die Kapitalisten dadurch Kapital akkumulieren, daß sie sich den „Mehrwert“ aneignen, der aus der von den Kapitalisten erzwungenen längeren als „gesellschaftlich notwendigen Arbeitszeit“ (K. Marx) der Arbeiter entsteht. In diesem Sinne wird der Zins als „ein Stück des Mehrwerts plus dem Verschleiß des fixen Kapitals“ (116, S. 475) erklärt.

Die **Agio-Theorie** (E. v. Böhm-Bawerk) sieht im Zins ein Entgelt für die Differenz zwischen „Gegenwartsgütern“, die den Menschen höherwertig erscheinen und mit vorhandenem Geld sofort gekauft werden können, und „Zukunftsgütern“, die erst in der Zukunft am Ende der Kreditperiode mit dem dann zurückfließenden Geld gekauft werden können. Die **„Wartetheorie“** (A. Marshall, G. Cassel) hält den Zins für ein notwendiges Entgelt, das der Kapitalist für das Warten auf den Rückfluß seines ausgeliehenen Geldes erhalten muß. In der **„dynamischen Zinstheorie“** (J. Schumpeter) wird die Entstehung des Zinses damit erklärt, daß die Unternehmer nur in einer dynamischen, sich entwickelnden Volkswirtschaft in der Lage sind, Innovationen durch technischen Fortschritt und eine bessere Kombination der Produktionsfaktoren durchzuführen, so „daß der Zins nur Konsequenz einer besonderen Methode der Durchsetzung neuer Kombinationen ist“ (34, S. 317). Schließlich lieferte auch die **Grenznutzentheorie** (G. Menger, W. St. Jevons, L. Walras, H. Mayer) eine subjektivistische Erklärung des Zinses als einen Entgelt des Nutzens, den die letzte Geldeinheit in ihrer letzten Verwendung dem Kreditnehmer spendet.

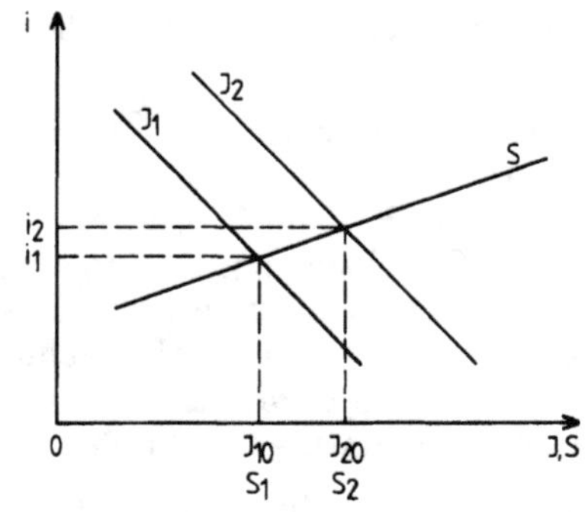

Abb. 35 Zinsbildung nach der klassischen Theorie

Die klassischen Zinstheorien erklären die Zinsbildung real und objektiv mit Hilfe der **Geldangebotskurve durch Sparen** und der **Geldnachfragekurve für Investitionen**. Es wird angenommen, daß die Geldangebots- oder Sparkurve S einen steigenden Verlauf nimmt, weil die privaten Haushalte bei einem steigenden Zins mehr sparen. Andererseits wird angenommen, daß die Unternehmen bei sinkendem Zins mehr investieren, weil mit einem sinkenden Zins die Rentabilität kreditfinanzierter Investitionen steigt. Daraus ergibt sich ein fallender Verlauf der Investitionskurve I_1 in **Abbildung 35**. Das Marktgleichgewicht ist am Schnittpunkt der Sparfunktion S mit der Investitionsfunktion I_1 beim Zinssatz i_1 gegeben, bei dem die gesparte, angebotene Geldmenge S_1 gleich der investierten, nachgefragten Geldmenge I_{10} ist.

Eine Veränderung des Marktzinssatzes findet dann statt, wenn sich die Sparfunktion oder die Investitionsfunktion infolge einer Verhaltensänderung als Veränderung der Sparneigung der privaten Haushalte oder der Investitionsneigung der Unternehmen verschiebt. Erhöht sich z.B. die Investitionsneigung der Unternehmen aufgrund günstigerer Zukunftserwartungen, so verschiebt sich die Investitionsfunktion I_1 nach rechts auf I_2 in Abbildung 35 (weil die Unternehmen bei einem gleichen Zins eine größere Geldmenge für Investitionszwecke nachfragen). Dadurch stellt sich ein neuer Schnittpunkt der Sparfunktion S mit der neuen Investitionsfunktion I_2 und einem auf $S_2 = I_{20}$ gestiegenen Spar- und Investitionsvolumen ein.

6.2 Zinstheorie von K. Wicksell

Die realwirtschaftliche klassische Erklärung der Zinsbildung wurde von **K. Wicksell** (1898) durch eine monetäre Betrachtungsweise ergänzt und weiterentwickelt. Wicksell bezeichnete den entsprechend der klassischen Auffassung gebildeten Gleichgewichtszins am Schnittpunkt der Sparfunktion S_0 mit der Investitionsfunktion I_0 als **„natürlichen Zins"** i_n in **Abbildung 36.**

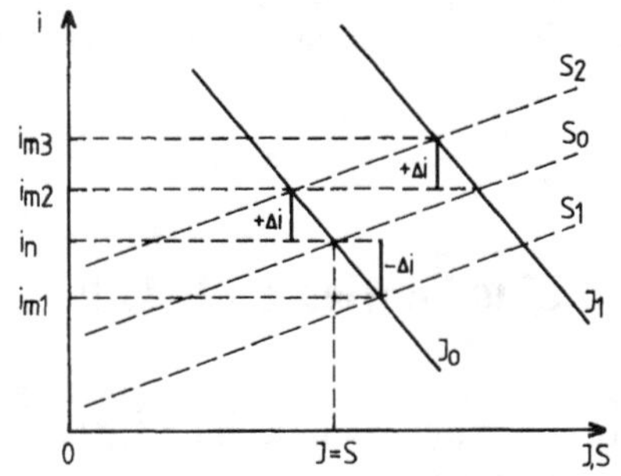

Abb. 36 Zinsbildung nach K. Wicksell

Dieser „natürliche Zins" entspricht nach klassischer Vorstellung einer ausgeglichenen Konjunkturlage bei Vollbeschäftigung, d.h. bei Beschäftigung aller arbeitssuchenden Arbeitnehmer und optimalem Auslastungsgrad der installierten Kapazitäten. In dieser Situation ist es den Banken durch Geldschöpfung möglich, ihr Kreditangebot zu erhöhen, wodurch sich die Geldangebotskurve von S_0 um das Geldschöpfungsvolumen ΔM auf S^1 verschiebt. Dadurch bildet sich ein neuer, von Wicksell so bezeichneter **„Geldzins"** i_{m1} unterhalb des „natürlichen Zinses". Diese Zinsdifferenz ($-\Delta i$) setzt als **„positive Zinsspanne"** den **Wicksell'schen Prozeß** als kumulativen Expansionsprozeß in Gang. Es entsteht ein Konjunkturaufschwung. Investitionen werden rentabler. Dadurch steigt die Nachfrage im Investitionsgütersektor, der optimale Kapazitätsauslastungsgrad wird überschritten und die Investitionsgüterpreise beginnen zu steigen. Dieser Prozeß überträgt sich auf den Konsumgütersektor, so daß schließlich das gesamte Preisniveau steigt.

Die Inflation entzieht den privaten Haushalten Kaufkraft, wodurch das Sparen zurückgeht: ein kumulativer Kontraktionsprozeß oder konjunktureller Abschwung wird eingeleitet, in dessen Gefolge die Banken Geldvernichtung betreiben. Dadurch verschiebt sich die Sparfunktion von S_1 nach links über S_0 auf S_2, die im Schnittpunkt mit der Investitionsfunktion I_0 einen neuen, um $+\Delta i$ über dem „natürlichen Zins" liegenden „Geldzins" i_{m2} bestimmt. Es entsteht eine **„negative Zinsspanne"**. Dieser Zustand bleibt nur solange bestehen, bis der hohe „Geldzins" wieder eine steigende Spartätigkeit, Geldschöpfung und ein steigendes Kreditangebot der Banken induziert, welches den „Geldzins" wieder sinken läßt und die negative Zinsspanne verringert. Der Wicksell'sche Prozeß kehrt sich um.

Die Kreditexpansion durch Geldschöpfung der Banken und einer dadurch bedingten Verschiebung der Geldangebotskurve (Sparfunktion) von S_0 auf S^1 und Entstehung einer „positiven Zinsspanne" beim „Geldzins" i_{m1} kann aber auch dazu führen, daß trotz eines steigenden Preisniveaus die Investitionen zu Lasten des Sparers **real** steigen. Dadurch verschiebt sich die Investitionsfunktion nach rechts von I_0 auf I_1 und die Sparfunktion nach links von S_1 auf S_0. Am Schnittpunkt dieser beiden Kurven S_0 und I_1 entsteht ein höher liegender „natürlicher Zins" i_{m2}. Durch Fortsetzung des kumulativen Prozesses verschiebt sich aber die Sparfunktion weiter von S_0 auf S_2, so daß sich an deren Schnittpunkt mit I_1 ein noch höherer „Geldzins" i_{m3} ergibt, der eine „negative Zinsspanne" begründet. Es wiederholt sich der bereits dargestellte kumulative Prozeß bei einem allerdings höher liegenden „natürlichen Zins" und einem höheren Spar- und Investitionsvolumen als im ersten Fall.

6.3 Zinstheorie von J. M Keynes

Die Erklärung der Zinsbildung von **J. M Keynes** (1936) gründet sich auf seine Liquiditätspräferenztheorie, die in der – in Kapitel 5.2 (Abbildung 33) – dargestellten Struktur der Geldnachfragefunktion zum Ausdruck kommt.

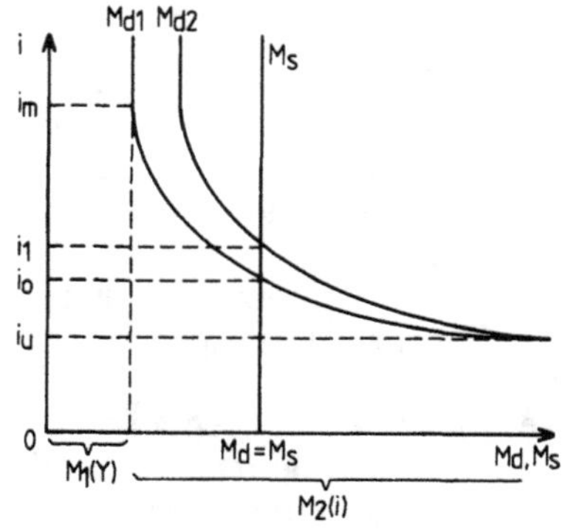

Abb. 37 Zinsbildung nach J. M Keynes

Der zinsabhängige Teil der gesamten Geldnachfragekurve M_{d1} fällt mit sinkendem Zins i und wird schließlich an der „Liquiditätsfalle“ beim Zins i_L unendlich elastisch. Da angenommen wird, daß die Zentralbank die angebotene Geldmenge unabhängig vom Zins bestimmen kann, ist die Geldangebotskurve M_s als Parallele zur Ordinate in **Abbildung 37** einzuzeichnen. Der Schnittpunkt zwischen dieser Geldangebotskurve M_s und der Geldnachfragekurve M_{d1} bestimmt die Höhe des Zinses i_0, bei dem die angebotene und die nachgefragte Geldmenge gleich sind.

Bei Keynes ist aber auch eine Beziehung zwischen der Höhe des Zinses und der „Grenzleistungsfähigkeit des Kapitals“ als der tatsächlichen Verzinsung des investierten Kapitals gegeben. Sinkt der Zins, so wird dadurch die „Grenzleistungsfähigkeit des Kapitals“ positiv beeinflußt: Die Unternehmen erhöhen ihre Investitionen, die Gesamtnachfrage, Beschäftigung und Einkommen steigen. Dadurch wird die einkommensabhängige aktive Kassenhaltung größer und verschiebt die gesamte Geldnachfragekurve auf M_{d2} nach rechts. Bleibt das Geldanbebot konstant, so schneidet die neue Geldnachfragekurve M_{d2} die Geldangebotskurve M_s beim auf i_1 gestiegenem Zinssatz.

Es kann auch sein, daß sich die Liquiditätspräferenz der Wirtschaftssubjekte z.B. infolge eines höheren Vermögensbestandes oder einer stärkeren sozialen Sicherung verändert. Steigt die Liquiditätspräferenz, so erhöht sich die „Liquiditätsfalle“, wodurch sich die gesamte Geldnachfragekurve nach oben parallel verschiebt. Bei einem konstanten Geldangebot verschiebt sich entsprechend der Schnittpunkt zwischen der Geldnachfragekurve und der Geldangebotskurve ebenfalls nach oben, so daß sich ein höherer Zinssatz einstellt. Schließlich bedeutet jede Veränderung des Geldangebotes – sei sie von der Zentralbank veranlaßt oder durch andere Einflüsse (z.B. Devisenzuflüsse) bewirkt – eine Verschiebung der Geldangebotskurve M_s. Ein steigendes Geldangebot verschiebt die Geldangebotskurve parallel nach rechts mit der Folge eines sinkenden Zinses und vice versa.

6.4 Post-keynesianische Zinstheorie

Der keynesianische Ansatz zur Erklärung der Zinsbildung wurde von **J. R. Hicks** in dem in Kapitel 4.4.2 beschriebenen post-keynesianischen **LM-IS-Kurvensystem** weiterentwickelt. In diesem Modell bildet sich der gesamtwirtschaftliche Gleichgewichtsszins am Schnittpunkt der LM-Kurve mit der IS-Kurve. Auf der LM-Kurve liegen alle Punkte des monetären Gleichgewichtes von Geldangebot und Geldnachfrage in Abhängigkeit vom Zins bei variablen Volkseinkommen. Auf der IS-Kurve liegen alle Punkte des realwirtschaftlichen Gleichgewichtes von Sparen und Investieren in Abhängigkeit vom Zins bei variablem Volkseinkommen. In diesem Modell (vg. Abbildung 23) findet eine Senkung des gesamtwirtschaftlichen Gleichgewichtszinses immer dann statt, wenn die Spar- und Investitionsneigung sinkt und sich infolgedessen die IS-Kurve nach links verschiebt und/oder wenn sich infolge eines steigenden Geldangebotes und einer gleichzeitig steigenden Geldnachfrage die LM-Kurve nach rechts verschiebt.

Nach der **Portfolio-Theorie** kommen die Geldangebots- und Geldnachfragebeziehungen in der Zinsstruktur und in der Risikostruktur alternativer Geldvermögensanlagen zum Ausdruck. Im einfachen Modell von **J. Tobin** (vgl. Abbildung 24) wird nur das Anlageverhalten der Altenative Geld und festverzinsliche Staatsanleihen betrachtet. In der Praxis besteht jedoch eine Vielfalt der Geldvermögensanlagen, die ein breites Zinsspektrum aufweisen. Veränderungen der Zinsstruktur ergeben sich aufgrund der Veränderungen der einzelnen Anlagerisiken, der Knappheitsverhältnisse auf den einzelnen Anlagemärkten, der spekulativen Erwartungen für bestimmte Geldanlagen und der Veränderung der Inflationsrate.

6.5 Loanable-Funds-Theorie

Die Loanable-Funds-Theorie wurde gleichzeitig von mehreren Ökonomen entwickelt, unter denen insbesondere **B. Ohlin**, **E. Lindahl**, **D. H. Robertson** und **R. G. Hawtrey** zu nennen sind. Sie alle gingen von der klassischen Auffassung aus, daß Sparen und Investieren als realwirtschaftliche Größen die Zinshöhe bestimmen, aber zusätzlich auch monetäre Größen in Gestalt der Geldnachfrage aufgrund der Liquiditätspräferenz zum Zwecke der Hortung und das Geldangebot der Zentralbank über die Geldbasis und die Geldschöpfung des Bankensystems einen Einfluß auf die Höhe des Marktzinses ausüben. Beide Komponenten lassen sich zum Angebot und zur Nachfrage der „loanable funds" oder „ausleihbaren Fonds" zusammenfassen, die mit dem Kreditangebot und der Kreditnachfrage identisch sind.

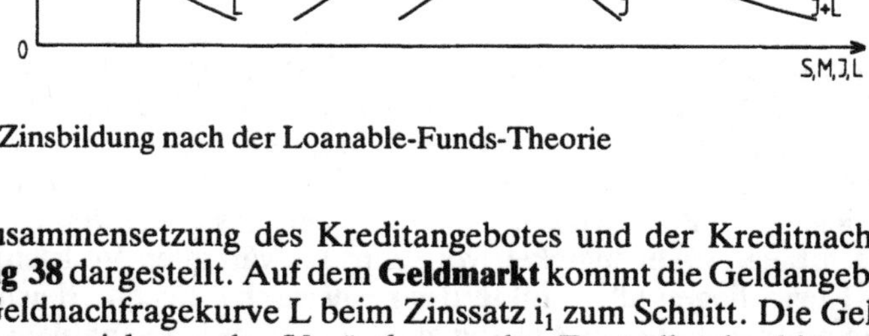

Abb. 38 Zinsbildung nach der Loanable-Funds-Theorie

Die Zusammensetzung des Kreditangebotes und der Kreditnachfrage ist in **Abbildung 38** dargestellt. Auf dem **Geldmarkt** kommt die Geldangebotskurve M mit der Geldnachfragekurve L beim Zinssatz i_1 zum Schnitt. Die Geldangebotskurve M setzt sich aus der Veränderung der Zentralbankgeldmenge und der Geldschöpfung der Geschäftsbanken zusammen. Sie ist zinsunabhängig und daher als Parallele zur Zinsachse einzuzeichnen. Die Geldnachfragekurve L gibt die Geldnachfrage durch Hortung (oder Kassenhaltung oder Liquidität) wieder, die als Differenz zwischen dem durch Konsumverzicht erstellten Sparvolumen und dem daraus bereitgestellten Kreditvolumen interpretiert wird. Auf dem **Kreditmarkt** wird das Kreditangebot durch das Sparvolumen in Gestalt der als zinsabhängig angenommenen Sparkurve S dargestellt. Das Sparen umfaßt hier nur das „echte Sparen“, also das durch Konsumverzicht geschaffene und zugleich auch am Kreditmarkt angebotene Netto-Sparvolumen. Die Nachfrageseite des Kreditmarktes wird durch die Kurve der ebenfalls zinsabhängigen Netto-Investitionen I dargestellt. Am Schnittpunkt beider Kurven bildet sich der Kapitalmarktzins i_2. Dieser liegt normalerweise höher als der Geldmarktzins i_1.

Das Angebot der „ausleihbaren Fonds“ setzt sich zusammen aus dem Geldangebot M und dem auf dem Kreditmarkt angebotenen Sparvolumen S. Die Angebotskurve der „ausleihbaren Fonds“ S+M erhält man durch horizontale Addition der Werte der M-Kurve und der S-Kurve. In gleicher Weise besteht die Nachfrage nach „ausleihbaren Fonds“ aus der Geldnachfrage für Hortung L und für Investitionsfinanzierung I und die Nachfragekurve I+L aus der horizontalen Addition der Werte der L-Kurve und der I-Kurve. Am Schnittpunkt der I+L-Kurve und der S+M-Kurve ergibt sich der Gleichgewichtszins des gesamten Kreditmarktes in Höhe von i_3. Bei diesem Zins i_3 übersteigt das Netto-Investitionsvolumen das Netto-Sparvolumen um ΔI. Diese Finanzierungslücke wird durch den Geldschöpfungsbetrag ΔM gedeckt, der sich als Überhang des Geldangebotes M gegenüber der Geldnachfrage L beim Zins i_3 ergibt, so daß ΔI gleich ΔM ist.

Zu dieser Loanable-Funds-Theorie ist kritisch anzumerken, daß die Entwicklung des Spar- und Investitionsvolumens allein als vom Zins, nicht aber von der Höhe und Entwicklung des Volkseinkommens abhängig betrachtet wird. In die Konstruktion des Kreditmarktzinses werden jedoch reale und monetäre Einflüsse einbezogen, deren Veränderung Zinsänderungen erklären.

6.6 Zinsstruktur

Die bisher dargestellten Zinstheorien erklären die Bildung und Veränderung des Zinses unter der Prämisse, daß es in der Volkswirtschaft nur einen Zins gibt. In der Praxis existiert jedoch eine Vielzahl von Zinssätzen, die sich bei den Banken nach Einlagen (Habenzinsen) und Ausleihungen (Sollzinsen), nach der Fristigkeit auf dem Geld- und Kapitalmarkt, nach dem Risiko und der Bonität des Kreditnehmers, nach Marktsegmenten und Kreditarten unterscheiden. Das Verhältnis der verschiedenen Zinssätze zueinander zu einem bestimmten Zeitpunkt wird als **Zinsstruktur** bezeichnet. Eine Veränderung der Zinsstruktur im Zeitablauf ist auf eine Veränderung der Risiken und Knappheitsrelationen zwischen den einzelnen Marktsegmenten zurückzuführen, zwischen denen ein mehr oder weniger hoher Grad der Interdependenz besteht.

Unterschiedlich hohe Zinssätze aufgrund der Fristenstruktur werden in verschiedener Weise theoretisch erklärt. Die **„Erwartungstheorie“** unterstellt, daß der Zins für langfristige Anlagen den durchschnittlich kurzfristig erwarteten Zinssätzen entsprechen muß. Diese Auffassung stellt die Interdependenz der Zinssätze für Kredite unterschiedlicher Laufzeit in den Vordergrund. Wird z.B. auf dem Termingeldmarkt Monatsgeld zu 7% gehandelt und innerhalb der nächsten drei Monate ein Absinken dieses Zinssatzes auf 5% erwartet, so wird sich ein Zinssatz für Dreimonatsgeld in Höhe von 6% einstellen.

Die **„Liquiditätsprämientheorie“** nimmt an, daß der Kreditgeber für die Festlegung seines Kapitals über eine längere Frist im Zins eine Prämie dafür zu erhalten wünscht, daß er auf Liquidität verzichtet und das Risiko eines gesunkenen Rückzahlungskurses bei vorzeitiger Liquidierung oder einer gestiegenen Rendite anderer Geldanlagen auf sich nimmt. Der Kreditnehmer ist bereit, für einen längerfristigen Kredit einen höheren Zins zu zahlen, weil er dadurch für die Laufzeit über ein festes Finanzierungsvolumen mit einem festen Zins als sicherer Kalkulationsbasis für seine Investitionen verfügt. Aus diesem Grunde muß der Zinssatz einer Geldanlage um so höher liegen je länger die Fristenbindung ist. Steigen die längerfristigen Zinsen, so wird die „Liquiditätsprämie" für liquide oder kurzfristige Geldanlagen mit keiner oder sehr niedriger Verzinsung zu hoch, so daß eine Verlagerung zugunsten längerfristiger und höherverzinslicher Geldanlagen stattfindet. Dieser Auffassung folgt auch die **Deutsche Bundesbank**, die z.B. in ihrem Geschäftsbericht für das Jahr 1979 (S. 25) feststellt: „Die Vorliebe für sehr liquide Anlagen mußte also im abgelaufenen Jahr mit einem relativ hohen Zinsentgang ‚bezahlt' werden und nahm daher ab. Eine ‚Ökonomisierung' der Geldhaltung und ihre Konzentration auf hochverzinsliche Terminguthaben stellt sich unter solchen Umständen fast zwangsläufig ein. Im Jahr davor hatte die Wirtschaft dagegen nicht zuletzt als Folge der anhaltend niedrigen Zinsen eine hohe Präferenz für Zahlungsmittel entfaltet".

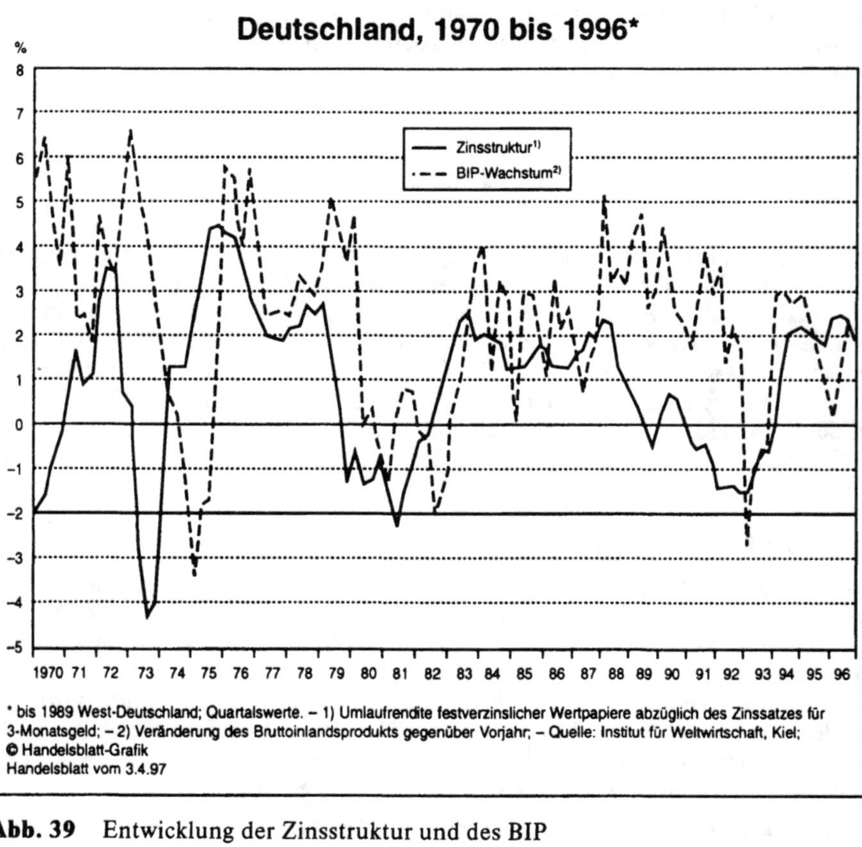

* bis 1989 West-Deutschland; Quartalswerte. – 1) Umlaufrendite festverzinslicher Wertpapiere abzüglich des Zinssatzes für 3-Monatsgeld; – 2) Veränderung des Bruttoinlandsprodukts gegenüber Vorjahr; – Quelle: Institut für Weltwirtschaft, Kiel;
© Handelsblatt-Grafik
Handelsblatt vom 3.4.97

Abb. 39 Entwicklung der Zinsstruktur und des BIP

Die **„Marktsegmentationstheorie“** unterstellt, daß sich auf den einzelnen Marktsegmenten der Geld- und Kapitalmärkte entsprechend ihrer Art und Fristigkeit unterschiedliche Zinssätze bilden und die Zinsstruktur bestimmen. Es wird jedoch vorausgesetzt, daß sich die Zinssätze auf den einzelnen Marktsegmenten isoliert voneinander bilden und dementsprechend keine Substitutionsprozesse aufgrund der Zinsarbitrage stattfinden. In Wirklichkeit versuchen aber die Kreditnachfrager, sich zu möglichst niedrigen Kosten zu finanzieren und vergleichen daher die Effektivverzinsungen aller Marktsegmente miteinander, die für die gewünschte Fristigkeit der Kreditaufnahme in Frage kommen.

Als Bestimmungsgründe der Zinsstruktur und ihrer Veränderung im Zeitablauf, **(Abbildung 39)** werden **in der Praxis** Elemente aller drei Theorien eine Rolle spielen. Die praktischen Erfahrungen lassen jedoch vermuten, daß die Liquiditätspräferenz der Wirtschaftssubjekte einen dominierenden Einfluß auf die Zinsstruktur ausübt, weil steigende Zinsen in Marktsegmenten mit längerer Fristenbindung Umschichtungen der Geldanlagen in diese induzieren. Es zeigt sich aber auch, daß entsprechend der Erwartungstheorie **auf lange Sicht** die Zinsen um so höher liegen je länger die Fristenbindung der Geldanlagen sind. Schließlich läßt sich **auf kurze Sicht** entsprechend der Marktsegmentationstheorie feststellen, daß sich in den einzelnen Marktsegmenten die Zinssätze unabhängig von den Zinsen anderer Marktsegmente aufgrund der dort herrschenden Knappheitsverhältnisse bilden, so daß zeitweilig die Zinsen kurzfristiger Geldanlagen über denen des Kapitalmarktes liegen können.

Damit entsteht eine **inverse Zinsstruktur.** Sie läßt sich mit der **Erwartungstheorie** erklären. Erwarten die Marktteilnehmer im kurzfristigen Bereich des Geldmarktes sinkende Zinsen, so werden sie ihre kurzfristigen Geldanlagen in langfristige Finanzanlagen des Kapitalmarktes, die noch eine erheblich höhere Rentabilität ausweisen, umschichten. Durch die steigende Nachfrage nach Kapitalmarktanlagen steigt deren Kurs (Anleihen). Infolgedessen sinkt deren Rendite. Das Absinken der Rendite der Kapitalanlagen setzt sich so lange fort bis sie unter den Geldmarktzinsen im kurzfristigen Bereich liegt und eine inverse Zinsstruktur eingetreten ist. Der gleiche Effekt kann jedoch auch durch eine scharf restriktive Geldpolitik erreicht werden. Eine Erhöhung der Leitzinsen und eine Verknappung der Bankenliquidität durch die Geldpolitik kann die Geldmarktzinsen über die Zinsen (Rendite) der Kapitalmarktanlagen hinauftreiben und eine inverse Zinsstruktur bewirken.

Der Verlauf der **Zinsstrukturkurve** wird auch für die **Konjunkturprognose** benutzt. Besteht eine positive Zinsdifferenz zwischen den (langfristigen) Kapitalmarktzinsen und den (kurzfristigen) Geldmarktzinsen, so liegt eine **normale Zinsstruktur** vor. Die Zinsstrukturkurve verläuft oberhalb der Null-Linie (vgl. **Abb. 39).** Wächst die positive Differenz zwischen lang- und kurzfristigen Zinsen, so **steigt die Zinsstrukturkurve** steil an und signalisiert mit einem zeitlichen Vorlauf (time-lead) einen **Konjunkturaufschwung.** Die stärker steigenden Zinsen der Kapitalmarktanlagen als der Geldmarktanlagen sind Ausdruck positiver Erwartungen der wirtschaftlichen Aktivität. Damit verbunden sind steigende Investitionen mit einer erwarteten hohen Produktivität und Rentabilität und einer steigenden Nachfrage nach langfristigen Finanzierungsmitteln. Diese Nachfrage auf dem Kapitalmarkt läßt die Zinsen im langfristigen Bereich steigen. Dies ist typisch für konjunkturelle Aufschwungphasen.

Sinken die Kapitalmarktzinsen jedoch schneller als die Geldmarktzinsen, so verringert sich deren Differenz und wird schließlich negativ. Die **Zinsstrukturkurve sinkt** und fällt unter die Null-Linie. Es entsteht eine **inverse Zinsstruktur.** Die fallende Zinsstrukturkurve und das Entstehen einer inversen Zinsstruktur signalisiert mit einem zeitlichen Vorlauf (time lead) einen bevorstehenden **konjunkturellen Abschwung,** eine **Rezession.** Auslöser kann eine in der konjunkturellen Boom-Phase eingeleitete restriktive Geldpolitik sein, die die Geldmarktzinsen zur Dämpfung der konjunkturellen Überhitzung stark in die Höhe treibt. Dadurch bedingt oder durch psychologisch anders motivierte negative Erwartungen wird im weiteren Konjunkturverlauf die Nachfrage der Investoren nach langfristigen Krediten bei nachlassender Nachfrage nach ihren Produkten und sinkender Rentabilität ihrer Investitionen zurückgehen.

Somit ist der Verlauf der **Zinsstrukturkurve** als ein **Frühindikator der Konjunkturentwicklung** anzusehen und für die Konjunkturprognose zu verwerten. Allerdings ist dabei zu beachten, daß ihr Verlauf nicht immer eine eindeutige Interpretation der künftigen Konjunkturentwicklung zuläßt. Denn die Zinsstruktur kann auch durch andere als konjunkturbedingte Einflüsse verändert werden. Zu diesen zählen der Crowding-out Effekt durch staatliche Kreditnachfrage, Finanztransaktionen mit dem Ausland, Zu- und Abfluß von „hot money" vom oder zum Ausland, Kapitalanlagen in einem Land als internationalem „safe haven", politische Veränderungen, Wirtschafts- und Finanzkrisen im In- und Ausland sowie Wechselkurserwartungen.

6.7 Praktische Zinsbildung

Die Zinsbildung in der Praxis findet auf den nach Art und Fristigkeit differenzierten Geldmärkten, die in der Bundesrepublik eine Fristenbindung bis zu 2 Jahren aufweisen, und den Kapitalmärkten mit einer Fristenbindung von mehr als zwei Jahren statt. Während sich der Zins am **Kapitalmarkt** frei bilden kann, geschieht dies am **Geldmarkt** nur teilweise und wird teilweise administrativ durch zinspolitische Maßnahmen der Zentralbank festgelegt. Diese zinspolitischen Maßnahmen umfassen die Festlegung des Diskontsatzes, des Lombardsatzes und der durch Nominalzins, Agio oder Disagio bestimmten Effektivverzinsung von Offenmarktpapieren, Wertpapierpensionsgeschäften und Swapgeschäften der Zentralbank. Die Zentralbank kann diese Zinsen so setzen, daß sie dadurch den Geldmarktzins in der gewünschten Richtung verändert. Sie kann aber auch ihre Leitzinssätze an vorausgegangene Veränderungen des Geldmarktzinses als Folge der Marktentwicklung anpassen. Als wesentliche Determinante am Geldmarkt sieht **J. M. Culbertson** (118, S. 371) die Veränderung der Geldnachfrage aufgrund einer veränderten Ausgabenneigung der Wirtschaftssubjekte an.

Die **Zinsbildung am Geldmarkt** ist in **Abbildung 40** dargestellt. Die statische Geldangebotskurve M_s und Geldnachfragekurve M_d für Tagesgeld (gleiches gilt für Monats- und Dreimonatsgeld) kommen beim **Tagesgeld-Zinssatz TG** im Marktgleichgewicht zum Schnitt. Beide Kurven nehmen aber bei bestimmten **Schwellenwerten** einen begrenzten horizontalen Verlauf. Die **erste obere Schwelle** ist beim **Diskontsatz D** gegeben: Die Banken fragen nur so lange Geld am Geldmarkt nach, als dort Tagesgeld bis zu Dreimonatsgeld zu niedrigeren

Zinsen als zum Diskontsatz erhältlich ist. Hat der Geldmarktzins den Diskontsatz erreicht, so fragen die Banken zunächst nicht mehr Geld am Geldmarkt, sondern Zentralbankgeld im Rahmen ihrer Rediskontkontingente nach. Daher verläuft in diesem Bereich in Höhe des Diskontsatzes D die Geldnachfragekurve M_d so lange horizontal bis die Rediskontkontingente ausgeschöpft sind. Desgleichen verläuft auch die Geldangebotskurve M_s auf Höhe des Diskontsatzes auf der entsprechend gleichen Strecke horizontal, weil in diesem Bereich der Marktzinssatz auch bei steigendem Geldangebot nicht über den Diskontsatz steigt.

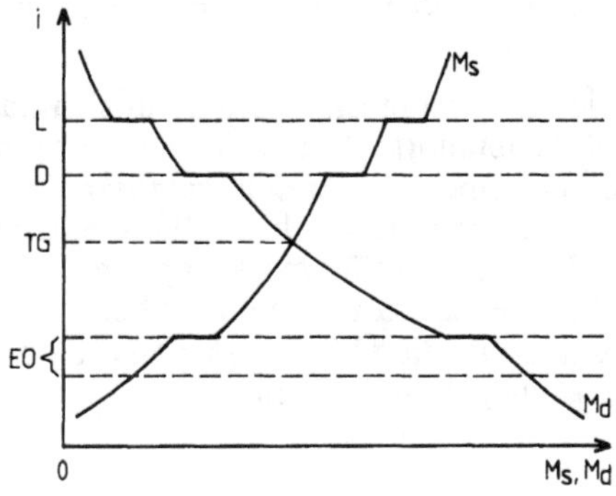

Abb. 40 Zinsbildung am Geldmarkt

Der Marktzinssatz kann aber auch schon bei noch nicht voll ausgeschöpften Rediskontkontingenten über den Diskontsatz steigen, weil die Zentralbank bei der Rediskontierung von Handelswechseln Zinsen für eine Mindestrestlaufzeit von mehreren Tagen berechnet.

Die **zweite obere Schwelle** der Geldangebotskurve M_s und der Geldnachfragekurve M_d bildet die Höhe des **Lombardsatzes L**. Hier verläuft die Geldnachfragekurve wieder horizontal, weil die Banken zum Lombardsatz im Rahmen ihres freien Lombardspielraums sich Zentralbankgeld beschaffen können. Ist dieser ausgeschöpft, so sind sie wieder bereit, zu steigenden Zinssätzen am Geldmarkt Geld nachzufragen. Aus dem gleichen Grund verläuft auch die Geldangebotskurve M_s in Höhe des Lombardsatzes auf der gleichen Strecke horizontal, weil auch bei steigendem Geldangebot der Zinssatz am Geldmarkt nicht steigt solange nicht der freie Lombardspielraum der Banken ausgeschöpft ist.

Eine **untere Schwelle** des Geldmarktzinses stellt sich am oberen Wert der **Effektivverzinsungen** (Renditen) der **Offenmarktpapiere, Wechsel- und Wertpapierpensionsgeschäfte** sowie **Swapgeschäfte** der Zentralbank **EO** in **Abbildung 40** ein. Denn sinkt der Geldmarktzins unter diesen Wert, so ist es für die Banken günstiger, Offenmarktpapiere mit dieser Effektivverzinsung zu kaufen als ihr Geld am Geldmarkt anzubieten. Wegen der unterschiedlichen Ausstattung und Mindestlaufzeit der Offenmarktpapiere kann sich der Geldmarktzins auch unterhalb des oberen Wertes, aber innerhalb der gesamten Marge der Effektivverzinsungen der verschiedenen Offenmarktpapiere EO bewegen. Ebenso wie die Geldangebotskurve M_s verläuft auch die Geldnachfragekurve M_d an dieser unteren Schwelle so lange horizontal wie Offenmarktpapiere von der Zentralbank erhältlich sind, weil in diesem Bereich eine steigende Geldnachfrage nicht zu einem niedrigen Zinssatz am Geldmarkt befriedigt wird. Ist das Geschäftsvolumen mit Offenmarktpapieren ausgeschöpft, so können sich die Geldangebots- und Geldnachfragekurve wieder normal zinselastisch entwickeln.

Im Rahmen einer restriktiv betriebenen Geldpolitik kommt es – insbesondere zu den „großen Steuerterminen" – häufig vor, daß der Zinssatz für Tagesgeld den Diskontsatz und manchmal auch den Lombardsatz übersteigt. Eine solche Situation der starken Verknappung von Tagesgeld führt i.a. dazu, daß der Tagesgeldsatz den Zinssatz für Monatsgeld, manchmal auch den für Dreimonatsgeld übersteigt.

Die untere Schwelle des Geldmarktzinses kann sich nach oben verschieben, wenn die Zentralbank Offenmarktpapiere im Tenderverfahren an die Banken versteigert, indem sie bei einem festen Zinssatz der Offenmarktpapiere einen Mindestabgabesatz festlegt und die Banken höhere Sätze bieten oder indem sie bei einem festen Abgabesatz der Offenmarktpapiere einen Mindestzinssatz festlegt und die Banken höhere Zinssätze bieten. In beiden Fällen erhalten diejenigen Banken den Zuschlag für die Offenmarktpapiere der Zentralbank, die die höchste Effektivverzinsung geboten haben.

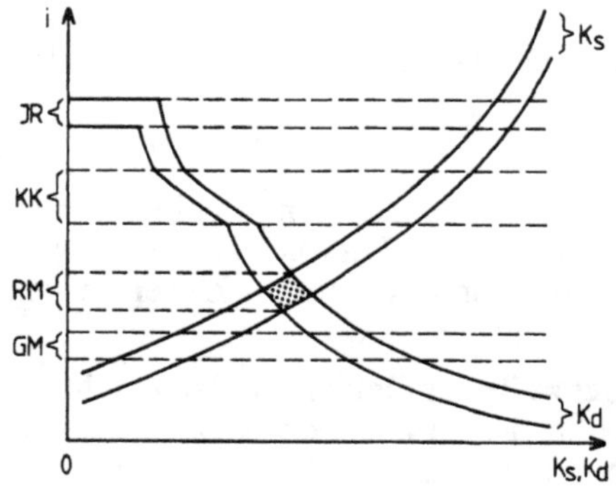

Abb. 41 Zinsbildung am Kapitalmarkt

Die **Zinsbildung auf dem Kapitalmarkt** der festverzinslichen Wertpapiere ist in **Abbildung 41** dargestellt. Die Kapitalangebotskurve K_s und die Kapitalnachfragekurve K_d mit jeweils Fristenbindungen von mehr als zwei Jahren sind als Bänder dargestellt, weil gleichzeitig unterschiedliche festverzinsliche Wertpapiere (Pfandbriefe, Kommunalobligationen, Industrieobligationen, Bankschuldverschreibungen und Anleihen der Öffenlichen Hände) zu unterschiedlichen Zinssätzen gleichzeitig angeboten und nachgefragt werden. Am Schnittpunkt des K_s-Bandes mit dem K_d-Band ergibt sich die in Abbildung 41 schraffierte Raute als **Marktgleichgewichtsbereich** mit der Zinsmarge RM, innerhalb derer am Rentenmarkt zu unterschiedlichen Zinssätzen unterschiedliche Wertpapiere gleichzeitig umgesetzt werden.

Auch der Kapitalmarkt weist eine **obere Schwelle** auf, die durch die **Zinsmarge KK** der nach Kreditvolumen, Bank und Bonität des Kreditnehmers unterschiedlichen Zinsen der **Kontokorrentkredite** gegeben ist. Unternehmen als Kreditnehmer fragen am Kapitalmarkt nicht zu höheren Zinssätzen Kredite nach, so lange sie von ihren Banken Kontokorrentkredite erhalten können. Daher verläuft das Kreditnachfrage-Kurvenband K_d in der Kontokorrentkredit-Zinsmarge KK sehr flach.

Eine **zweite obere Schwelle** stellt die **Zinsmarge IR** dar, die die unterschiedliche **Rentabilität der verschiedenen Investitionen** erhält. Würde eine Investition ausschließlich durch Fremdkapital finanziert oder der selbstfinanzierte Teil der Investition zum Kapitalmarktzins kalkuliert, so wäre die in der Marge IR liegende Rentabilität der Investition die Obergrenze des Kapitalmarktzinses. Würde das eingesetzte Eigenkapital des Unternehmens zur Finanzierung der Investition ohne Zins kalkuliert und nur die Verzinsung des als Kredit am Kapitalmarkt aufgenommenen Fremdkapitals in Ansatz gebracht, so würde sich die Zinsobergrenze für den Fremdkapitalanteil entsprechend erhöhen. War z.B. im Jahre 1979 nach Berechnungen der Deutschen Bundesbank (119) ein Jahresüberschuß von 6% des Rohertrages der Unternehmen als grober Maßstab für die Investitionsrentabilität und ein Fremdfinanzierungsanteil von 26% der Bruttoinvestitionen gegeben, so würde ohne kalkulatorischen Ansatz einer Eigenkapitalverzinsung ein Kapitalmarktzins von 23,1% für den Fremdkapitalanteil als oberste Schwelle der Kreditnachfrage gelten. Aus diesem Grunde muß das Kreditnachfrageband K_d bei der Marge IR seinen Ausgang nehmen.

Als **untere Schwelle** des Kapitalmarktzinses ist die **Marge GM** der **Geldmarktzinsen** anzusehen. Diese ist jedoch nur als auf längere Sicht wirksam anzusehen. Kurzfristig kommt es häufiger vor, daß die Kapitalmarktzinsmarge RM unterhalb der Geldmarktzinsmarge GM deswegen zu liegen kommt, weil bei einer kurzfristigen Geldverknappung die Geldmarktzinsmarge GM über die Kapitalmarktzinsmarge RM steigt.

Obwohl die untere und die obere Schwelle des Kapitalmarktes die Zinsbildung nicht so scharf begrenzen wie diejenigen des Geldmarktes und zudem eine Veränderung der Schwellen-Zinssätze mit einem längeren time-lag auf die Zinsbildung des Kapitalmarktes wirkt, läßt **Abbildung 39** erkennen, daß sich die Zinsbildung sowohl am Kapitalmarkt wie auch am Geldmarkt innerhalb der Schwellenwerte vollzogen und mit den Schwellenwerten verändert hat.

Abschließend sei darauf hingewiesen, daß die Zentralbank oder die Regierung die Zinsbildung auch administrativ beeinflussen kann. So können die Zinsen auf Bankeinlagen durch einen **Höchstzins** begrenzt sein, um dadurch indirekt die Zinsen für Bankkredite niedrig zu halten. Es kann aber auch direkt ein Höchstzins für Bankkredite vorgeschrieben werden. Da der verordnete Höchstzins i.a. unter dem Marktzins liegt, wird damit eine Bevorzugung der Kreditnehmer und Förderung der Investitionstätigkeit bezweckt. Die Festsetzung eines **Mindestzinses** soll dagegen das Sparen und die Geldvermögensbildung fördern und den Konsum zurückdrängen. Eine Festlegung der **Zinsmarge der Banken** (Differenz zwischen Soll- und Habenzinsen) soll die Gewinne der Banken begrenzen und sie zur Rationalisierung zwingen. Schließlich kann die Regierung den Zins auf dem Kapitalmarkt beeinflussen, indem sie die **Emissionsrendite** (Zins und Agio oder

Disagio) **der Staatsanleihen** festsetzt, unterhalb derer andere Kreditnehmer keine Anleihen im gleichen Zeitraum auflegen können.

Alle Zinsvorschriften stellen einen Eingriff in den Marktmechanismus dar und bewirken eine Fehlallokation von Geld und Kapital. Sie machen meistens weitere Eingriffe des Staates in den Marktmechanismus notwendig: Kreditkontingentierungen, Zinssubventionen, Kreditantrags- und Genehmigungsverfahren, Ausnahmeregelungen und einen erheblichen Verwaltungsaufwand. Daher sind Zinsvorschriften grundsätzlich abzulehnen.

7. Kapitel: Geld- und Kapitalmärkte

7.1 Nationale Geldmärkte

In jeder Volkswirtschaft mit einem Geschäftsbankensystem existiert ein **nationaler Geldmarkt**, der in gleicher Weise strukturiert ist. Unterschiede zwischen verschiedenen nationalen Geldmärkten bestehen in der Existenz einzelner Marktsegmente bestimmter Geldsurrogate, in den Rahmenbedingungen der Geldmärkte und in der Art der Interventionen der Zentralbank, des Schatzamtes oder der Regierung. Hier wird die Struktur des nationalen Geldmarktes der Bundesrepublik Deutschland dargestellt, der durch die administrative Festlegung von Zinssätzen für Zentralbankgeld und Interventionen der Deutschen Bundesbank indirekt gesteuert wird.

Geldmärkte bestehen auf drei Ebenen: Zwischen den Geschäftsbanken und der Zentralbank mit Zentralbankgeld, zwischen den Geschäftsbanken untereinander und zwischen den Geschäftsbanken und dem Publikum mit der umlaufenden Geldmenge. Der **Geldmarkt zwischen den Geschäftsbanken und der Zentralbank** (Deutsche Bundesbank) besteht aus aktuellem und potentiellem Zentralbankgeld, das die Zentralbank den Geschäftsbanken zu den von ihr festgelegten Bedingungen (Zinssätze, Volumen und Fristigkeit) in Form von Rediskontkontingenten, freiem Lombardspielraum, Offenmarktgeschäften, Devisenpensions- und Swapgeschäften anbietet. In dem Umfange, in dem die Geschäftsbanken von dem ihnen angebotenen Zentralbankgeld zu den festgelegten Bedingungen Gebrauch machen, wird Zentralbankgeld geschöpft und die umlaufende Geldmenge erhöht.

Der **Geldmarkt zwischen den Geschäftsbanken und dem Publikum** ist auf der einen Seite durch die Bankeinlagen des Publikums und auf der anderen Seite durch die Bankkredite an das Publikum gegeben. Dieser Geldmarkt ist jedoch nicht homogen, denn es bilden sich zum gleichen Zeitpunkt bei den verschiedenen Banken und Kunden unterschiedliche Zinssätze innerhalb einer bestimmten Marge. Die Zinsen der Termineinlagen des Publikums bei den Banken orientieren sich an den Geldmarktsätzen der entsprechenden Fristigkeiten. Die Zinsen der Spareinlagen und der Bankkredite an das Publikum orientieren sich an den Kapitalmarktzinsen.

Der **Geldmarkt zwischen den Geschäftsbanken** ist der eigentliche Geldmarkt, der einerseits vom Geldmarkt zwischen Banken und Zentralbank administrativ beeinflußt wird und andererseits den Geldmarkt zwischen Banken und Publikum beeinflußt.

Der **nationale Geldmarkt** zwischen den Geschäftsbanken läßt sich in **Abbildung 42** in verschiedene Marktsegmente zweier Gruppen untergliedern. Eine Gruppe der Marktsegmente besteht aus **Giralgeld** verschiedener Fristigkeiten, nämlich den Märkten für Tagesgeld, Monatsgeld, 3-Monatsgeld und 6-Monatsgeld als den bedeutendsten, von der Statistik erfaßten Giralgeldmärkten. Die an-

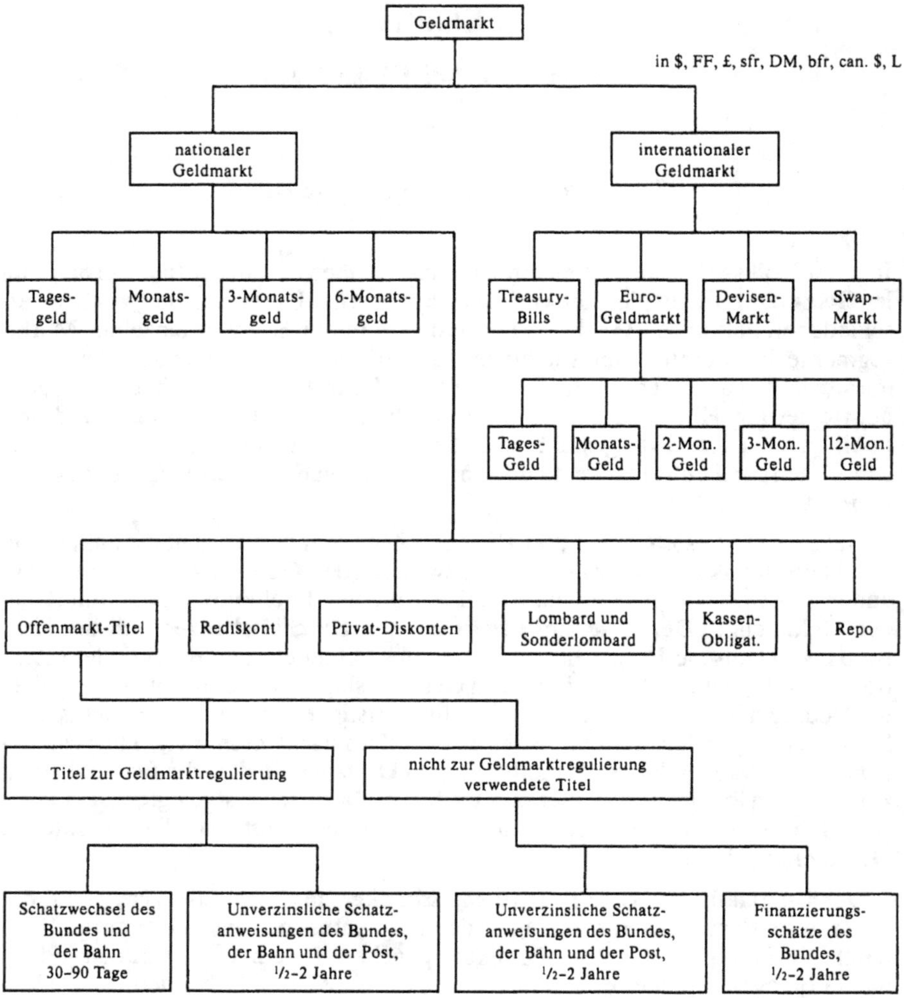

Abb. 42 Struktur des Geldmarktes

dere Gruppe bilden die Marktsegmente der **Geldsurrogate**. Diese bestehen aus Geldmarktpapieren, die unter Banken gehandelt und teilweise bei der Zentralbank gegen Zentralbankgeld eingetauscht werden können.

Unter den Geldsurrogaten bilden die **Offenmarkttitel** eine Gruppe, von denen ein Teil **zur Geldmarktregulierung**, d.h. zur Beeinflussung der Liquidität der Geschäftsbanken und der Geldmarktzinsen, ein anderer Teil nicht zur Geldmarktregulierung eingesetzt wird, sondern nur der Beschaffung kurzfristiger Finanzierungsmittel zur Deckung von Kassendefiziten der Öffentlichen Hand dient. Als Offenmarkttitel zur Geldmarktregulierung setzt die Deutsche Bundesbank **Schatzwechsel** des Bundes und der Bahn mit einer Laufzeit von 30 bis 59 Tagen und 60 bis 90 Tagen sowie **unverzinsliche Schatzanweisungen** des Bundes, der Bahn und der Post mit Laufzeiten von 1/2, 1, 1 1/2 und 2 Jahren ein. Diese Titel werden von der Deutschen Bundesbank entsprechend den geldpolit ischen Erfordernissen der Beeinflussung des Geldmarktes jederzeit gekauft oder verkauft. Die **nicht zur Geldmarktregulierung** verwendeten Titel umfassen ebenfalls **unverzinsliche Schatzanweisungen** des Bundes, der Bahn und der Post mit Laufzeiten von 1/2, 1, 1 1/2 und 2 Jahren sowie **Finanzierungsschätze** (Schatzwechsel) des Bundes mit Laufzeiten von 1/2, 1, 1 1/2 und 2 Jahren.

Im **Marktsegment des Rediskonts** können Geschäftsbanken im Rahmen ihres Rediskontkontingents zentralbankfähige Handelswechsel an die Landeszentralbank als Hauptstelle der Deutschen Bundesbank verkaufen. Zentralbankfähige Handelswechsel können aber – besonders in Zeiten ausgeschöpfter Rediskontkontingente einzelner Geschäftsbanken – unter Banken gehandelt werden. Verkauft eine Bank Handelswechsel, die sie vorher von ihrem Kunden selbst angekauft hat, an die Zentralbank oder an eine andere Bank weiter, so wird für die Restlaufzeit des Wechsels ein Zins in Höhe des Diskontsatzes in Abzug gebracht.

Das **Marktsegment der Privatdiskonten** umfaßt erstklassige Handelswechsel, die mit dem Akzept einer zum Privatdiskontenmarkt zugelassenen Bank versehen ist und denen ein Außenhandelsgeschäft zugrunde liegt. Die Wechselsumme muß mindestens 100.000 DM betragen und soll eine Million DM nicht übersteigen. Die Restlaufzeit darf höchstens 90 Tage betragen. Der Privatdiskontenmarkt wurde 1959 durch Gründung der **Privatdiskont AG** in Frankfurt/M. ins Leben gerufen, die von den Geschäftsbanken Privatdiskonten zum Privatdiskont-Geldsatz kauft und sie an diese zum Privatdiskont-Briefsatz verkauft. Zu diesen Sätzen können auch Privatdiskonten unter Banken gehandelt werden. Im Rahmen ihrer Geldmarktregulierung ist die Bundesbank zeitweilig bereit, der Privatdiskont AG oder den Geschäftsbanken durch Ankauf von Privatdiskonten zum Diskontsatz zusätzliches Zentralbankgeld zur Verfügung zu stellen. Wegen ihrer höheren Bonität und Wechselsummen liegt normalerweise der Privatdiskontsatz leicht unter dem Diskontsatz. In Perioden knappen Geldes (so z.B. im Jahre 1980) kann der Privatdiskontsatz jedoch auch über dem Diskontsatz liegen.

Das **Marktsegment des Lombards und Sonderlombards** umfaßt die Kreditvergabe gegen eine Verpfändung von Wertpapieren. Eine solche ist auch zwischen Banken möglich, wird aber in der Bundesrepublik ausschließlich von der Deutschen Bundesbank an Geschäftsbanken durchgeführt. Gemäß § 19 (1) 3. BbkG ist die Deutsche Bundesbank ermächtigt, den Banken zum Lombardsatz verzinsliche Darlehn auf längstens drei Monate gegen Verpfändung von Wertpapieren zu gewähren.

Kassenobligationen mit einer Laufzeit bis zu vier Jahren als weiteres Marktsegment des Geldmarktes werden von Spezialkreditinstituten (Kreditanstalt für Wiederaufbau, Industriekreditbank) und insbesondere von der Öffentlichen Hand (Bund, Länder, Post und Bahn) zur kurzfristigen Beschaffung von Finanzierungsmitteln emittiert. Nach dem emittierten Volumen besitzen die Kassenobligationen des Bundes die größte Bedeutung.

Eine größere Bedeutung haben auch die **Repo** (Repurchase Agreements) oder **Wertpapierpensionsgeschäfte** erlangt. Sie werden sowohl als Offenmarktgeschäfte zwischen der Bundesbank und den Banken als auch als Geldmarktgeschäfte zwischen den Banken mit Wechseln, Geldmarkt- und Kapitalmarktpapieren abgeschlossen. Im ersten Fall bedeutet der Ankauf von Wertpapieren der

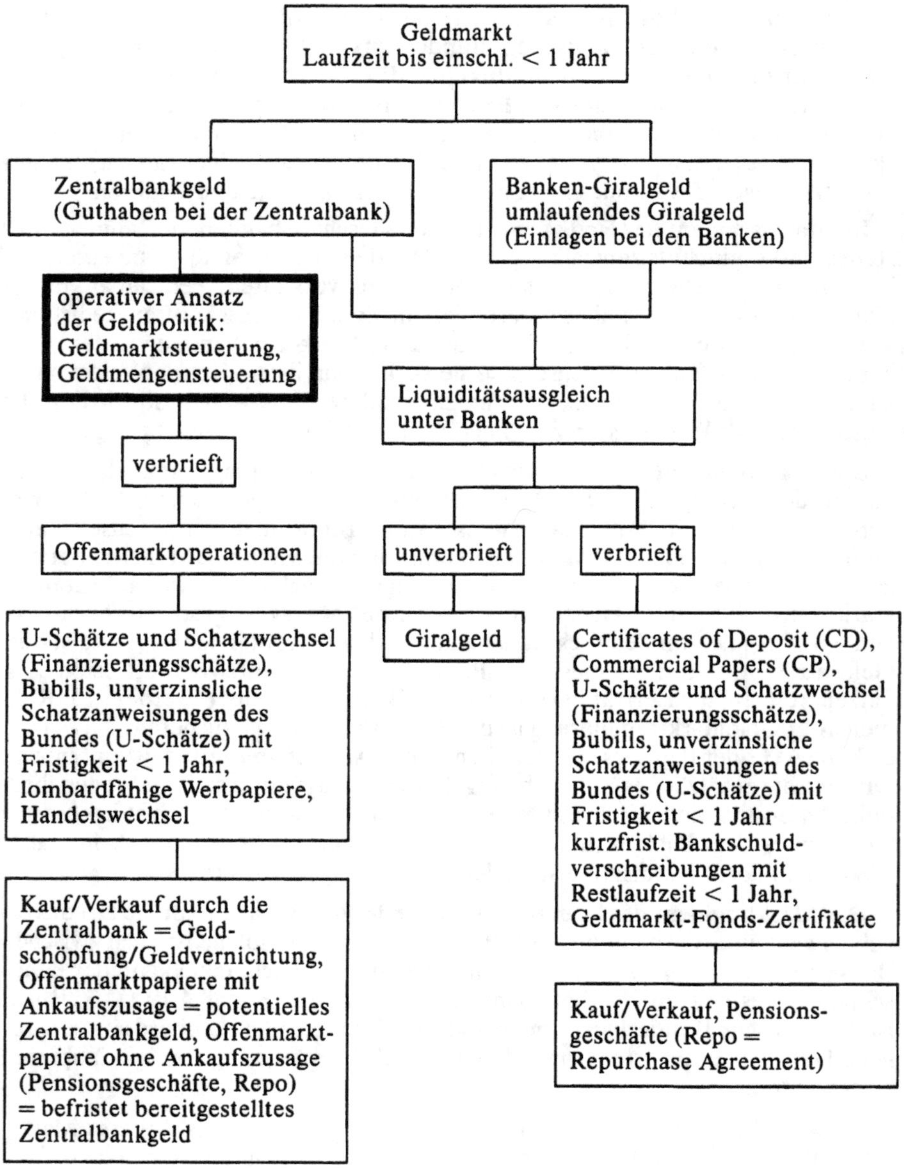

Abb. 42a Geldmarktsteuerung und Geldmarktausgleich

Banken durch die Bundesbank mit einer vereinbarten Rückkaufsverpflichtung der Banken eine befristete Überlassung von Zentralbankgeld für die Banken, also Geldschöpfung der Bundesbank.

Bei Repo-Geschäften (Wertpapierpensionsgeschäften) zwischen Banken, bei denen Wertpapiere per Kasse verkauft und per Termin zurückgekauft werden, wird bereits im Kreislauf vorhandenes Geld umverteilt. Es erfolgt ein Liquiditätsausgleich zwischen den Banken am Geldmarkt. Bei den Repo-Geschäften unter Banken wird zwischen Kauf-/Verkauf-Transaktionen und reinen Wertpapierpensionsgeschäften unterschieden. Bei **Kauf-/Verkauf-Transaktionen (Sell/Buy-Back Transactions)** werden die Wertpapiere per Kasse verkauft und per fest vereinbartem Termin zurückgekauft. Während dieses Zeitraums kann der Wertpapier-Käufer frei über diese Wertpapiere verfügen. Bei **reinen Wertpapierpensionsgeschäften** wird der Termin des Rückkaufs der Wertpapiere bei deren Kassa-Verkauf noch nicht festgelegt und die Zinszahlung steht während der Laufzeit des Geschäfts dem Verkäufer der Wertpapiere zu. Während dieser Laufzeit stellt somit der Käufer dem Verkäufer der Wertpapiere einen Geldmarkt-Kredit zur Verfügung.

Um dieses Geldmarktsegment der **Repo** zwischen Banken zu fördern, hat die Bundesbank diese Geschäfte ab Januar 1997 von der **Mindestreservepflicht befreit.** Sie hat damit Repo-Geschäfte den Bedingungen anderer Geldmarkt-Transaktionen gleichgestellt. Gleichzeitig war das auch ein Schritt zur Harmonisierung der Rahmenbedingungen der europäischen Geldmärkte in Vorbereitung der Europäischen Währungsunion.

Seit Mitte der achtziger Jahre betreibt die Deutsche Bundesbank mit ihrer Geldpolitik ein „aktives Liquiditätsmanagement“ des Bankensektors. Zu diesem Zweck erfaßt sie in ihrer Statistik ab Januar 1995 die Bankenliquidität in veränderter Form als „Zentralbankgeldbedarf der Banken und liquiditätspolitische Maßnahmen der Deutschen Bundesbank“. Sie analysiert damit die Effekte ihrer Geldpolitik in der Versorgung der Banken mit Zentralbankgeld und Liquidität sowie der Geldschöpfung des Bankensystems. Durch eine Konzentration der Geldpolitik auf Offenmarktoperationen und auf die damit verbundene direkte Bereitstellung von Zentralbankgeld für das Bankensystem in Verbindung mit ihrer Zinspolitik (Veränderung der Leitzinsen) hat die direkte Geldmarktsteuerung der Bundesbank eine größere Bedeutung erlangt.

Diese Geldmarktsteuerung und der damit verbundene Geldmarktausgleich in Gestalt des Ausgleichs einer unterschiedlichen Liquiditätsausstattung der Banken im Inter-Banken-Geldmarkt ist in **Abb. 42 a** dargestellt. Die Zentralbank (Bundesbank) versorgt das Bankensystem durch Offenmarktoperationen mit Zentralbankgeld und Liquidität unter Beachtung ihres Geldmengenziels. Dabei ergeben sich für die einzelnen Banken und Bankengruppen täglich unterschiedliche Liquiditätspositionen. Deswegen „verkaufen“ Banken mit zu hoher Liquidität ihre überschüssige Liquidität am Geldmarkt an andere Banken mit einem Engpaß an Liquidität in verschiedenen Fristigkeiten in Form von Giralgeld (Geldmarkt unter Banken) oder in Form von Geldmarkt-Papieren (verbriefter Form) durch Kauf/Verkauf oder Pensionsgeschäften (Repos).

7.2 Internationale Geldmärkte

Internationale Geldmärkte unterscheiden sich von nationalen dadurch, daß sie keiner administrativen Kontrolle und Beeinflussung durch nationale Instanzen unterliegen und aus **Bankeinlagen** von Nicht-Banken, anderen Banken und Zentralbanken sowie aus **Bankkrediten** an die gleichen Gruppen in Fremdwährungen bestehen. Internationale Geldmarktgeschäfte werden also in einer Währung durchgeführt, die weder die nationale Währung des Anbieters noch die des Nachfragers nach Geld ist.

Da die ersten internationalen Geldmarktoperationen in Europa mit US-Dollars stattfanden und sich London zum bedeutendsten internationalen Geldmarktplatz entwickelt hat, hat sich der Begriff des **Eurodollarmarktes** eingebürgert. Als sich später neben dem US-Dollar als der auch weiterhin bedeutendsten internationalen Geldmarktwährung parallele internationale Geldmärkte für weitere harte Währungen von Welthandelsländern, nämlich für die Deutsche Mark, das britische Pfund Sterling, den Schweizer Franken, den französischen Franc, den kanadischen Dollar, den belgischen Franc und die italienische Lira, entwickelten, wurde vom **Euro-Geldmarkt** gesprochen. Im Laufe der Zeit entwickelte sich neben weiteren Euro-Finanzplätzen Luxemburg, Zürich, Frankfurt/M. und Mailand auch ein **Asien-Dollar-Markt** mit den Marktplätzen Tokio, Hongkong und Singapur und schließlich weltumspannend ein **internationaler Geldmarkt** an den **Offshore-Finanzplätzen**, zu denen nach Angaben der „Bank für Internationalen Zahlungsausgleich“ (120, S. 126) folgende Länder zählen: Bahama-Inseln, Barbados, Bermuda, Hongkong, Caiman-Inseln, Libanon, Liberia, Neue Hebriden, niederländische Antillen, Panama, Singapur und übriges britisches Westindien. Alle diese Länder besitzen keine Kapitalverkehrskontrollen und enthalten sich erklärtermaßen jeder administrativen Eingriffe und Kontrollen auf ihren Finanzmärkten. Da an diesen Plätzen nicht nur internationale **Geldmärkte**, sondern auch internationale **Kapitalmärkte** und **Kreditmärkte** für Bankkredite in mehreren bedeutenden Währungen bestehen, werden diese auch umfassend als **Xeno-Finanzmärkte** (xeno = fremd) bezeichnet. Diese Bezeichnung hat sich allerdings noch nicht allgemein durchgesetzt, so daß in der Praxis meistens der Begriff **„Euro-Finanzmärkte“** vorherrscht.

Die **Entstehung der Euro-Geldmärkte** geht auf mehrere Ursachen zurück. Als erste Euro-Geldmarkt-Operation im Jahre 1953 übertrug eine britische Versicherungsgesellschaft ihre Dollar-Guthaben bei einer New Yorker Bank auf ihre Hausbank Brown, Shipley & Co. in London auf deren Anraten. Aus Furcht vor einer Sperrung ihrer Dollar-Guthaben als Folge des kalten Krieges zog die Sowjet-Union diese Guthaben Mitte der fünfziger Jahre von New York ab und plazierte sie über ihre staatliche Moskow Narodny Bank in London, später auch über deren Filialen oder Tochtergesellschaften in Zürich, Frankfurt/M. und Paris (Banque pour l’Europe du Nord).

Weiterhin trugen institutionelle und administrative Restriktionen Großbritanniens und der USA zu einer raschen Expansion der Euro-Geldmärkte bei. Im Jahre 1957 hatte die britische Regierung MacMillan Devisenkontrollen für alle Auslandstransaktionen britischer Banken in Pfund Sterling eingeführt. Dadurch verlagerte sich ein immer größerer Anteil der Finanzierung des Welthandels von Pfund Sterling zu US-Dollars. In den USA schrieb die **„Regulation Q“** der Zentralbank (Federal Reserve System) den Banken Höchstzinssätze für Termin-und Spareinlagen vor, so daß ausländische Banken und Nicht-Banken wegen der künstlich niedrig (unter dem Niveau anderer Länder) gehaltenen Zinssätzen kein Interesse besaßen, ihre Dollar-Guthaben in den USA zu halten. Bedingt durch ein chronisches Zahlungsbilanzdefizit in diesen Jahren erfolgte in großem Umfang ein Dollar-Export, der nicht in die USA repatriiert, sondern auf den Euro-Finanzmärkten angelegt wurden. Um dieser Entwicklung Einhalt zu gebieten, wurden in den USA 1963 die **„interest equalisation tax"** und 1965 die **„voluntary foreign credit restraint guidelines"** eingeführt. Eine Beteiligung amerikanischer Banken am Euro-Geldmarkt war zunächst dadurch gering, daß sich diese in erster Linie auf den amerikanischen Binnenmarkt konzentrierten und eine Kreditaufnahme ausländischer Banken und Nicht-Banken bei amerikanischen Banken dadurch erschwert wurde, daß diese von ihren Kreditnehmern verlangen, daß sie bei ihnen 20% des aufgenommenen Kredits als meist unverzinsliche Sichtguthaben – sogenannte „compensatory balances" – halten. Schließlich trugen zum Wachstum der Euro-Geldmärkte die steigenden in US-Dollars bezahlten Ölexporte der ölexportierenden Länder bei, die diese größtenteils auf den Euro-Dollar-Märkten wieder anlegten.

Die **Zinsbildung** auf dem Euro-Geldmarkt ist frei von administrativen Eingriffen der Geldpolitik und wird für jede Euro-Währung nur vom Angebot und von der Nachfrage bestimmt. Angebot und Nachfrage hängen jedoch für jede Währung von der Zinshöhe und den Mindestreserven auf Auslands- und Inlandsverbindlichkeiten des nationalen Geldmarktes ab. Wird bei der Zinsbildung auf dem Euro-Geldmarkt nur die Mindestreserve berücksichtigt, so bestehen drei Möglichkeiten der Beeinflussung des Euro-Geldmarktsatzes durch den nationalen Geldmarktsatz für Tagesgeld: eine Mindestreserve auf dem nationalen Geldmarkt wird ausschließlich auf Auslandsverbindlichkeiten, ausschließlich auf Inlandsverbindlichkeiten oder auf Auslands- und Inlandsverbindlichkeiten erhoben. Die Abhängigkeit des Tagesgeld-Zinssatzes auf dem Euro-Geldmarkt vom nationalen Geldmarkt soll nun für alle drei Fälle untersucht werden.

Wird ausschließlich eine Mindestreserve zu einem Mindestreservesatz m_e auf Einlagen von Ausländern bei inländischen Banken (Sichtverbindlichkeiten gegenüber Gebietsfremden) erhoben, jedoch nicht auf Bankeinlagen von Inländern, so muß der Zins auf dem Euro-Geldmarkt i_e um den Zinsentgang der (unverzinsten) Mindestreserve der ausländischen Bankeinlagen niedriger liegen als der Zinssatz i_n auf den nationalen Geldmarkt. Die **Zinsparität** für den Zinssatz i_e auf dem Euro-Geldmarkt errechnet sich in diesem Falle nach Gleichung 35.

$$(35) \qquad i_e = \frac{(100 - m_e)}{100} \cdot i_n$$

Beträgt z.B. der Tagesgeldsatz auf dem nationalen Geldmarkt $i_n = 10\%$ und der Mindestreservesatz auf Auslandseinlagen $m_e = 12\%$, so ergibt sich ein Paritäts-Zinssatz auf dem Euro-Geldmarkt von $i_e = 8{,}8\%$.

Wird nun angenommen, daß eine Mindestreserve nur auf Bankeinlagen von Inländern erhoben wird, nicht aber auf solche von Ausländern, so muß der Zinssatz auf dem nationalen Geldmarkt i_n um den Zinsentgang der (unverzinsten) Mindestreserve für inländische Bankeinlagen niedriger liegen als der entsprechende Zins i_e auf dem Euro-Geldmarkt. In diesem Falle errechnet sich die **Zinsparität** des nationalen Geldmarktes i_n nach Gleichung 36.

$$(36) \qquad i_n = \frac{(100 - m_n)}{100} \cdot i_e$$

Beträgt z.B. der Tagesgeldsatz auf dem Euro-Geldmarkt $i_e = 10\%$ und der Mindestreservesatz auf inländische Bankeinlagen $m_n = 8\%$, so ergibt sich durch Einsetzen dieser Werte in Gleichung 44 ein Paritäts-Zinssatz auf dem nationalen Geldmarkt von $i_n = 9{,}2\%$. Umgeformt läßt sich auch die Gleichung 44 nach i_e auflösen.

$$i_e = \frac{100}{100 - m_n} \cdot i_n$$

Der dritte hier zu untersuchende Fall betrifft gleichzeitig erhobene Mindestreserven auf Bankeinlagen von Ausländern m_e und von Inländern m_n. Hier richtet sich die **Zinsparität** des Zinssatzes auf dem Euro-Geldmarkt i_e danach, in welchem Verhältnis die Mindestreservesätze auf Auslandsverbindlichketien m_e und auf Inlandsverbindlichkeiten m_n zueinander stehen. Die Zinsparität des Euro-Geldmarkt-Zinssatzes i_e läßt sich nach Gleichung 37 berechnen.

$$(37) \qquad i_e = \frac{100 - m_e}{100 - m_n} \cdot i_n$$

Ist der Mindestreservesatz auf Auslandsverbindlichkeiten m_e größer als derjenige auf Inlandsverbindlichkeiten m_n – was in der Bundesrepublik stets der Fall ist –, so ergibt sich auf dem Euro-Geldmarkt ein niedriger Zins i_e als der entsprechende nationale Geldmarktzins i_n. Wird z.B. angenommen, daß der nationale Geldmarktzins $i_n = 10\%$ für Tagesgeld, der Mindestreservesatz auf Auslandsverbindlichkeiten $m_e = 12\%$ und der Mindestreservesatz auf Inlandsverbindlichkeiten der Banken $m_n = 8\%$ betragen, so ergibt sich durch Einsetzen dieser Werte in Gleichung 37 eine Zinsparität für Tagesgeld auf dem Euro-Geldmarkt von $i_e = 9{,}56\%$.

Die in **Abbildung 42** dargestellten **Marktsegmente des Euro-Geldmarktes** sind analog zu den nationalen Geldmärkten organisiert. In beiden Fällen wird Giralgeld in Marktsegmenten unterschiedlicher Fristigkeit frei gehandelt. Dennoch weisen die Euro-Geldmärkte Unterschiede zu den nationalen Geldmärkten auf, die sich wie folgt zusammenfassen lassen:

- Die Euro-Geldmärkte bestehen aus parallelen Geldmärkten gleicher Fristigkeiten für die Währungen der Welthandelsländer (US-$, FF, £, sfr, DM, BF, Can. $, LI), unter denen jedoch der Euro-Dollar-Markt die größte Bedeutung besitzt.
- Es haben mehr Marktsegmente unterschiedlicher Fristigkeit praktische Bedeutung als auf dem deutschen nationalen Geldmarkt, nämlich die Euro-Geldmärkte für Tagesgeld, Monatsgeld, Zweimonatsgeld, Dreimonatsgeld und Zwölfmonatsgeld.
- Während der nationale Geldmarkt ein solcher unter Banken ist, beteiligen sich am Euro-Geldmarkt neben Banken auch Zentralbanken, Regierungen, Versicherungsgesellschaften, Finanzmakler und Unternehmen.
- Der Euro-Geldmarkt ist völlig frei von Kontrollen und Eingriffen der Zentralbanken oder Regierungen. Indirekt wird er jedoch beeinflußt von geldpolitischen Maßnahmen einer Zentralbank auf ihrem nationalen Geldmarkt, indem die dort durch diese Maßnahmen bewirkte Zinsänderung die Zinsparität zum Euro-Geldmarkt verändern und infolgedessen entsprechende Geldbewegungen aufgrund der Zinsarbitrage zwischen diesen beiden Geldmärkten auslösen.

Der **Markt für Treasury Bills** hat sich als ein weiteres Segment des internationalen Geldmarktes entwickelt. Treasury Bills sind Schatzwechsel des Schatzamtes der USA und werden – wie die in der Bundesrepublik nicht zur Geldmarktregulierung verwendeten Geldmarktpapiere – zur Finanzierung kurzfristiger Kassendefizite des Staates emittiert. Sie besitzen eine Laufzeit von 90 Tagen bis zu einem Jahr und werden zur kurzfristigen Geldanlage auch auf dem Euromarkt gehandelt.

Das Marktsegment der **Certificates of Deposit** – kurz CD's genannt – hat sich in den letzten Jahren besonders expansiv entwickelt. CD's sind übertragbare Inhaber-Depotscheine, die ursprünglich in den USA größere Beträge von Bankeinlagen verbrieften, durch deren Ausgabe sich die Banken Mittel beschafften. Später entwickelten sie sich zu einem Finanzierungsinstrument (als verwandte Form der Bankschuldverschreibungen) der auf den internationalen Finanzmärkten tätigen Banken, von denen sie an den internationalen Finanzplätzen (Offshore-Plätzen) in einer Stückelung von meist 1 Mio US-$ emittiert werden. CD's in einer kleineren Stückelung über 50.000 $ sind in Luxemburg und über 5.000 $ in Hongkong zugelassen. Die Laufzeiten der CD's betragen von einem Monat bis zu 10 Jahren, wobei die häufigsten Laufzeiten zwischen 3 und 6 Monaten liegen. Dementsprechend sind die CD's mit einer Fälligkeit bis zu 2 Jahren dem Xeno-Geldmarkt (Euro-Geldmarkt) und mit längerfristigen Fälligkeiten dem Xeno-Kapitalmarkt (Euro-Kapitalmarkt) zuzurechnen. Die Verzinsung liegt immer unter Libor. Werden CD's an Offshore-Plätzen, an denen keine Mindestreserven auf Bankeinlagen erhoben werden (wie z.B. Nassau/Bahamas) emittiert, so können sie mit einem leicht höheren Zins ausgestattet werden. CD's haben sich auf den internationalen Finanzmärkten (Xeno-Märkten) zu einem bedeutenden Refinanzierungsinstrument der Banken entwickelt.

Der **Devisenmarkt** bildet ein anderes Segment des Euro-Geldmarktes. Er ist als **Devisenbörse** organisiert, wo ausländische Devisen (Valuten, Währungen) meist als telegrafische Auszahlungen in giraler Form oder in Form von Sorten (ausländische Banknoten und Münzen) unter Banken als Eigengeschäft oder in Kommission als Kundenaufträge gehandelt werden. Die Devisenkurse (manchmal auch die Sortenkurse) werden börsentäglich für jede gehandelte Währung festgestellt, wobei ein Geldkurs des Devisenangebotes und ein (höher liegender) Briefkurs für die Devisennachfrage notiert wird. Die Devisenkurse werden üblicherweise in der Währung des Eurogeldmarktplatzes angegeben, z.B. in London in Pfund Sterling-Gegenwerten. Der Devisenmarkt kann administrativen Kontrollen und Reglementierungen unterworfen sein. An den Euro-Geldmärkten ist dies jedoch nicht der Fall. Die Devisenmärkte dienen dem Ausgleich von Angebot und Nachfrage aller gehandelten Währungen. Auf ihnen bieten Exporteure Währungen an, die sie als Zahlungsmittel erhalten haben und die sie in ihre nationale Währung umtauschen möchten. Importeure, die in ausländischer Währung zahlen müssen, fragen diese am Devisenmarkt nach. Hinzu treten Anbieter und Nachfrage von Devisen, die diese benötigen, um in bestimmten Währungen Geld- und Kapitalanlagen zu tätigen. Neben dem **Devisen-Kassamarkt** besteht für bedeutende Währungen auch ein **Devisen-Terminmarkt**. Auf diesem werden bestimmte Währungen zu einem in der Zukunft liegenden Termin – der meistens drei Monate später liegt – angeboten (Geldkurs) oder nachgefragt (Briefkurs). Wird während dieses Zeitraums eine Aufwertung dieser Währung erwartet, so wird ein bestimmter Aufschlag in % p.a. als **Report** berechnet. Wird eine Abwertung dieser Währung erwartet, so wird ein bestimmter Abschlag oder **Deport** in % p.a. festgestellt.

Schließlich ist der **Swap-Markt** als ein dem Devisenmarkt verwandtes Segment des internationalen Geldmarktes anzusehen. Unter Swap-Geschäften wird im Devisenhandel der Verkauf eines Währungsbetrages gegen eine andere Währung bei gleichzeitigem Rückkauf zu einem späteren Termin verstanden. Das Swap-Geschäft dient der Kurssicherung von Geldanlagen oder Zahlungsverpflichtungen zu einem späteren Termin. Der **Swapsatz** ist die Differenz zwischen dem Devisen-Kassakurs und dem Devisen-Terminkurs, ausgedrückt in % des Devisenkassakurses. Da üblicherweise 3-Monats-Swaps abgeschlossen werden, geht die Deutsche Bundesbank von Terminkursen für 3-Monats-Termine unter Zugrundelegung der Kassa-Mittelkurse der Frankfurter Devisenbörse in Verbindung mit den in DM ausgedrückten Deport- bzw. Reportsätzen aus und berechnet den Swapsatz nach folgender Formel:

$$\begin{array}{l}\text{Swapsatz}\\ \text{in \% p.a.}\end{array} = \frac{(\text{3-Monats-Terminkurs} - \text{Kassakurs}) \cdot 4 \cdot 100}{\text{Kassakurs}}$$

Bestand z.B. am 31.10.1980 ein Kassa-Mittelkurs für telegrafische Auszahlung von US-Dollars in New York von 1,9092 DM pro \$ und ein 3-Monats-Termin-Mittelkurs von 1,8792 DM pro \$, so errechnet sich daraus ein für diesen Tag geltender Swapsatz als Deport von −6,29% p.a.

Der Swapsatz ergibt sich am Euromarkt auch als Differenz der in den beiden beteiligten Ländern gegebenen nationalen Zinssätze unter Berücksichtigung der in jedem Land geforderten Mindestreserven. „Unterschiede zwischen den Euro-Geldmarktsätzen und den nationalen Geldmarktzinsen werden durch unterschiedliche kostenmäßige Belastungen der Geldmarktanlagen, insbesondere durch unterschiedliche Mindestreservesätze auf Inlandsverbindlichkeiten m^I und auf Auslandsverbindlichkeiten m^A, bestimmt“ (121, S. 229).

Die Berechnung des Swapsatzes unter Berücksichtigung der Mindestreserven erfolgt in gleicher Weise wie für Tagesgeld auf dem Euro-Geldmarkt nach Gleichung 37. Entsprechend dieser läßt sich die Zinsparität für 3-Monats-Termingeld auf dem Eurogeldmarkt i_e bei einem gegebenen nationalen Zinssatz für 3-Monats-Termingeld i_n und gegebenen Mindestreservesätzen auf Auslandsverbindlichkeiten m_e und Inlandsverbindlichkeiten m_n berechnen. Da sich der Swapsatz s aus der Differenz des nationalen Zinssatz für 3-Monats-Termingeld i_n und dem Zinssatz für 3-Monats-Termingeld eines anderen Landes des Euromarktes i_e bildet, d.h.

(38) $s = i_n - i_e,$

muß in gleicher Weise die Zinsparität i_n aus der Sicht des anderen Landes unter Berücksichtigung der dort geltenden Mindestreservesätze auf Auslandsverbindlichkeiten n_e und auf Inlandsverbindlichkeiten n_n bestimmt werden. Setzt man diese Werte für i_n und i_e in Gleichung 38 ein, so erhält man Gleichung 39:

(39) $$s = \frac{100 - n_e}{100 - n_e} \cdot i_e - \frac{100 - m_e}{100 - m_n} \cdot i_n$$

Nimmt man nun in einem Beispiel an, daß folgende Werte für den nationalen Geldmarkt in der Bundesrepublik Deutschland:

$m_e = 12\%$ der Termineinlagen

$m_n = \ 8\%$ der Termineinlagen
$i_n \ = 10\%$ p.a. für 3-Monats-Termingeld
und folgende Werte für das andere Land USA gegeben seien:
$n_e \ = 10\%$ der Termineinlagen
$n_n \ = \ 5\%$ der Termineinlagen
$i_e \ = \ 9\%$ p.a. für 3-Monats-Termingeld,
so lassen sich diese Werte in Gleichung 39 einsetzen. Man erhält dann:

$$s = \frac{90}{95} \cdot 9\% - \frac{88}{92} \cdot 10\%$$

$$s = 8{,}53\% - 9{,}57\%$$

$$s = -1.04\%.$$

Es ergibt sich also in diesem Falle ein **Swapsatz** als **Report** von −1,04% p.a.

Zeitweilig beteiligt sich auch die Zentralbank am Swapmarkt, um den Geschäftsbanken aus dem Ausland zugeflossenes Geld für eine bestimmte Periode zu entziehen oder umgekehrt, um den Geschäftsbanken für Zahlungszwecke benötigte ausländische Währung für eine bestimmte Periode zur Verfügung zu stellen. Auf diese Weise kann sie die am nationalen Geldmarkt wirksame Geldmenge beeinflussen. Voraussetzung für diese Swap-Politik ist, daß die Zentralbank den Geschäftsbanken einen attraktiven Swapsatz bietet, der die Banken zu den gewünschten Swapgeschäften veranlaßt.

7.3 Internationale Kreditmärkte

Der eingangs des vorigen Kapitels erwähnte Markt zwischen Kreditinstituten und Nicht-Banken in Fremdwährungen, die weder die nationale Währung der kreditgebenden Bank noch die der kreditnehmenden Nicht-Bank ist, wird als ein besonderes Segment der Euro-Finanzmärkte angesehen. In diesem werden Fremdwährungsguthaben von multinationalen und Außenhandelsunternehmen bei ihren auf dem Euromarkt tätigen Banken verzinslich so lange unterhalten, bis sie zu einem späteren Zeitpunkt wieder von diesen Unternehmen für Zahlungen in dieser Währung an ausländische Empfänger verwendet werden. Anstelle einer Anlage auf dem Euro-Geldmarkt kann die Bank diese Fremdwährungsguthaben ihrer Kunden auch dazu benutzen, um auf dem **Euro-Kreditmarkt** Bankkredite in Fremdwährung an Nicht-Banken – meist multinationale und im Außenhandel tätigen Großunternehmen und Staaten – auf der Grundlage von Kreditverträgen und Sicherheiten zu vergeben. Da das Volumen und Risiko eines Euro-Kredits für eine Bank häufig zu groß sind, schließen sich mehrere Banken zu einem Konsortium für die Vergabe eines **Euro-Konsortialkredits** zusammen, unter denen eine Euro-Bank als Konsortialführer (leader) fungiert. Als Kreditnehmer auf dem Euro-Kreditmarkt kommen nur international bekannte Weltunternehmen oder Staaten in Frage, deren Kreis sich auf maximal 50 „internationale Adressen" beschränkt (122).

Die Einlagen der Nicht-Banken bei ihren am Euromarkt tätigen Banken werden meistens als Terminguthaben in Fremdwährung mit einer Fristigkeit von 1 bis 6 Monaten gehalten. Um auch längerfristige Fremdwährungseinlagen der Nicht-Banken zu erhalten, emittieren die Eurobanken auf Fremdwährung (meist US-Dollars, Pfund Sterling oder SZR) lautende Bankschuldverschreibungen (Certificates of Deposit) mit sehr unterschiedlich langen Laufzeiten, die von 3 Monaten bis zu 10 Jahren (meist bis zu 5 Jahren) reichen können.

Euro-Kredite werden sowohl kurzfristig für 1 bis 3 Monate überwiegend zur Finanzierung von Außenhandelsgeschäften als auch langfristig bis zu 10 Jahren nachgefragt. Dies bedeutet, daß die Euro-Banken in einem erheblichen Umfang eine **Fristentransformation** durch Vergabe von **Roll-over-Krediten** vornehmen müssen, indem sie aus kurzfristigen Einlagen langfristige Kredite gewähren und zu diesem Zwecke dafür Sorge tragen müssen, daß die jeweils kurzfristig fällig werdenden Fremdwährungs-Einlagen entweder prolongiert oder durch neue Einlagen ersetzt werden.

Seit dem ersten Ölpreisanstieg 1973/74 haben die Euro-Banken im Rahmen des **Petro-Dollar-Recycling** neben der zeitlichen **Fristentransformation** in wachsendem Umfang auch noch eine geografische **Bonitätstransformation** (123) übernommen, indem sie Fremdwährungs-Einlagen (überwiegend in US-Dollars) von öl-produzierenden Ländern und Industrieländern zur Vergabe von Euro-Krediten an Problemländer verwendet haben. Problemländer sind in erster Linie die nicht öl-produzierenden Entwicklungsländer nach der zweiten Erhöhungswelle der Ölpreise 1979 geworden, die Euro-Kredite zur Finanzierung ihrer Leistungsbilanz-Defizite und ihres Schuldendienstes benötigen. Euro-Kredite an hochverschuldete Länder beinhalten ein höheres Risiko, das sich automatisch in härteren Kreditkonditionen, insbesondere in höheren Zinsen niederschlägt.

Als ein besonderes Segment des Euro-Kreditmarktes ist der Markt der **Euro-Commercial-Papers** anzusehen. Hier treten die Euro-Banken als Kreditvermittler auf, indem sie kurzfristige, mit Laufzeiten von 1 bis 6 Monate versehene und von international bekannten Großunternehmen ausgestellte Euro-Commercial Papers als besondere, auf Fremdwährung lautende Industrieobligationen auf dem Euro-Geldmarkt plazieren. Käufer dieser Papiere sind meist Nicht-Banken, die kurzfristig Fremdwährungsbeträge anlegen wollen.

Da die Euro-Kreditmärkte Ausleihungen über kurze wie auch über lange Fristen umfassen, sind sie entsprechend ihrer Laufzeit dem Geldmarkt oder dem Kreditmarkt zuzuordnen. Wegen ihres besonderen Charakters als i.a. unverbriefte und individuell gestaltete Bankkredite an Nicht-Banken werden die Euro-Kreditmärkte auch in der Bankpraxis als ein besonderes Segment der Euro-Finanzmärkte betrachtet, ohne eine besondere Abgrenzung nach Laufzeiten vorzunehmen.

Die **Zinsbildung** am Euro-Kreditmarkt spiegelt die Knappheitsrelationen zwischen den angebotenen Bankeinlagen und den nachgefragten Bankkrediten in Fremdwährung wieder und gestaltet sich innerhalb bestimmter Grenzen ohne administrative Eingriffe frei entsprechend den Marktkräften. Da bei der Vergabe von Euro-Krediten nicht nur auf die Bankeinlagen in Euro-Währungen, sondern in großem Umfang auch auf den Euro-Geldmarkt – also auf eine Refinanzierung durch Euro-Geldmarkt-Kredite anderer Banken und Nicht-Banken – zurückgegriffen wird, bestimmt der Euro-Geldmarktzins den Zins auf dem Euro-Kreditmarkt. Infolge der Tatsache, daß der bedeutendste Euro-Geldmarkt-Platz London und die bedeutendste Währung der US-Dollar ist, wird als **Basiszinssatz** für Euro-Kredite in Dollars die **Libor** (London interbank offered rate) als Euro-Geldmarktsatz unter Banken festgestellt. Auf diesen Basiszinssatz, der sich entsprechend den wechselnden Bedingungen des Euro-Geldmarktes fortlaufend verändert, schlägt die kreditgebende Bank oder das Bankenkonsortium einen festen als **„spread"** bezeichneten Aufschlag, der meistens zwischen 0,5% und 1,5% p.a. variiert. Die Höhe dieses „spread" richtet sich nach der Fremdwährungs-Liquidität der Euro-Banken, der Kreditlaufzeit und vor allem nach der Bonität und den Sicherheiten des Kreditnehmers.

Bei der Festlegung des Zinssatzes eines Euro-Kredits in anderen Währungen als dem US-Dollar gehen die Banken ebenfalls von Libor aus, berücksichigen aber die Zinsdifferenz zwischen dieser nachgefragten Währung und dem Dollar auf dem Euro-Geldmarkt als Report oder Deport und addieren hierzu den Spread.

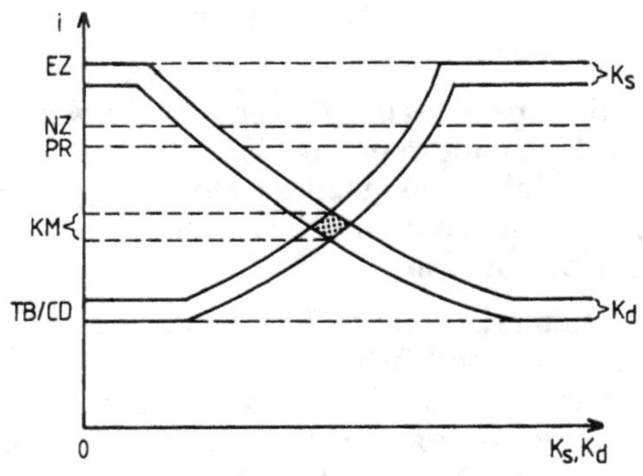

Abb. 43 Zinsbildung am Euro-Kreditmarkt

Als grafische Darstellung zeigt **Abbildung 43** die **Zinsbildung** am Euro-Kreditmarkt. Die von der Zinshöhe i (Eurogeldmarktzins + Spread) abhängigen Kurven des Kreditangebots K_s und der Kreditnachfrage K_d sind als Bänder zu zeichnen, weil ein bestimmtes Kreditangebot oder eine bestimmte Kreditnachfrage gleichzeitig zu unterschiedlich hohen Zinssätzen entsprechend der Bonität des Kreditnachfragers am Markte wirksam ist. Dadurch bildet sich der Zins am Schnittpunkt des Kreditangebotsbandes K_s und des Kreditnachfragebandes K_d innerhalb der Zinsmarge KM, innerhalb derer alle Zinssätze mit dem Marktgleichgewicht kompatibel sind, das in Abbildung 43 durch die schraffierte Raute dargestellt ist.

Für die **Zinsbildung** am Eurokreditmarkt ist eine **obere Schwelle** beim Zinssatz EZ gegeben, bei dem die Kreditangebotskurve und die Kreditnachfragekurve parallel zur Abszisse verlaufen. Dieser Zinssatz EZ entspricht dem Effektivzins amerikanischer Banken für Dollar-Kredite an ausländische Kreditnehmer unter Berücksichtigung der **„compensatory balances"**, die in Höhe von 20% des Kredits als meist zinslose Einlagen bei den Banken zu halten sind. Würde der Zins auf dem Euro-Kreditmarkt diese Zinshöhe übersteigen, so würden die Kreditnehmer zu diesem Effektivzins Kredite bei amerikanischen Banken aufnehmen. Der nominale Zinssatz NZ für Kredite amerikanischer Banken an ausländische Kreditnehmer liegt dementsprechend unter dem Zinssatz EZ. Unter diesem liegt wiederum die **Prime Rate** PR als Zinssatz amerikanischer Banken für Kredite an „erste Adressen" amerikanischer Kreditnehmer.

Als **untere Schwelle** des Zinssatzes am Euro-Kreditmarkt gilt der Zinssatz für amerikanische **Treasury Bills** (Schatzwechsel) und kurzfristige **Certificates of Deposit** (Sparbriefe) TB/CD. Denn würde der Zinssatz am Euro-Kreditmarkt unter diesen Zinssatz sinken, so wäre es für Anleger von US-Dollars günstiger, Treasury Bills oder Certificates of Deposit zu kaufen als zu einem niedrigeren Zinssatz die Dollar-Guthaben als Einlagen bei Euro-Banken zu einem niedrigeren Zinssatz zu halten. Daher kann sich der Zinssatz am Euro-Kreditmarkt nur zwischen dem Zinssatz EZ als oberer und dem Zinssatz TB/CD als unterer Schwelle bewegen.

7.4 Nationale Kapitalmärkte

Kapital ist längerfristig angelegtes und längerfristig verwendetes Geldvermögen. Da der Geldmarkt in der Bundesrepublik bis zu einer Fristigkeit von zwei Jahren reicht, ist länger als zwei Jahre gebundenes Geldvermögen dem Kapitalmarkt zuzurechnen. Allerdings beginnt die für den Kapitalmarkt typische Fristenbindung bei einer Laufzeit von vier Jahren.

Auch auf dem Kapitalmarkt sind drei Ebenen des Geschäftes vorhanden, nämlich die Märkte zwischen Geschäftsbanken und der Zentralbank, zwischen Geschäftsbanken und dem Publikum und zwischen Geschäftsbanken untereinander. Der **Markt zwischen Geschäftsbanken und der Zentralbank** besteht in der Form, daß die Zentralbank (Deutsche Bundesbank) sich bereit erklärt, den Geschäftsbanken längerfristiges Kapital zur Verfügung zu stellen. Dies geschieht durch einen Kauf der Zentralbank von Kapitalmarktpapieren der Geschäftsbanken. Einen solchen Kauf kann die Zentralbank ohne besondere Bedingungen oder als **Wertpapierpensionsgeschäft** mit der Maßgabe durchführen, daß sich die Geschäftsbanken zu einem Rückkauf dieser Wertpapiere (Rückkaufsvereinbarung) zu einem im voraus festen oder einem von der Zentralbank noch festzusetzenden Zeitpunkt verpflichten.

Die **Märkte zwischen Geschäftsbanken und dem Publikum** und **zwischen Geschäftsbanken** lassen sich zusammenfassen. Sie bestehen aus dem **Kreditmarkt** (in erster Linie zwischen Banken und Publikum), dem **Markt der in Wertpapieren verbrieften und unverbrieften Kapitalbeteiligungen** und dem **Markt der Schuldverschreibungen**, die von den Banken zur Beschaffung langfristigen Kapitals im eigenen Namen selbst emittiert oder im Auftrage anderer Schuldner im eigenen oder fremden Namen abgesetzt werden. Diese Organisation des Kapitalmarktes ist national und international gleich. Lediglich Bezeichnungen und Typen einzelner Wertpapiere können im Ausland variieren.

Eine Übersicht über die wesentlichen Segmente des Kapitalmarktes gibt **Abbildung 44**. Nicht in Wertpapieren verbrieft sind **Bankkredite** und **Kredite von Bausparkassen, Versicherungsgesellschaften, Pensionsfonds und Unternehmen** mit längeren Laufzeiten. Die Zinshöhe dieser Kredite orientiert sich meistens an der Umlaufsrendite des Rentenmarktes mit unterschiedlichen Risikozuschlägen entsprechend der Bonität des jeweiligen Kreditnehmers. Häufig wird aber auch die Höhe des Kreditzinssatzes auf der Basis des Diskontsatzes mit einem festen Zuschlag in % p.a. vereinbart, so daß der Zins mit den Veränderungen des Diskontsatzes schwankt.

Ebenfalls nicht in Wertpapieren verbrieft sind **Geschäftsanteile** von Personengesellschaften und GmbH. Ein Eigentumswechsel von Anteilen an Personengesellschaften erfolgt meistens in Verbindung mit einem Ausscheiden oder Eintritt eines neuen Gesellschafters, so daß i.a. kein Handel dieser Anteile über den Markt erfolgt. Ein Handel mit GmbH-Anteilen unter Mitwirkung von Banken oder Finanzmaklern ist jedoch häufiger gegeben.

Die in Wertpapieren verbrieften Kredite und Geschäftsanteile bilden den **Kapitalmarkt im engeren Sinne**. Sie lassen sich in drei Gruppen entsprechender Marktsegmente einteilen: Markt nicht-börsennotierter Wertpapiere, Aktien- und Kuxenmarkt und Rentenmarkt.

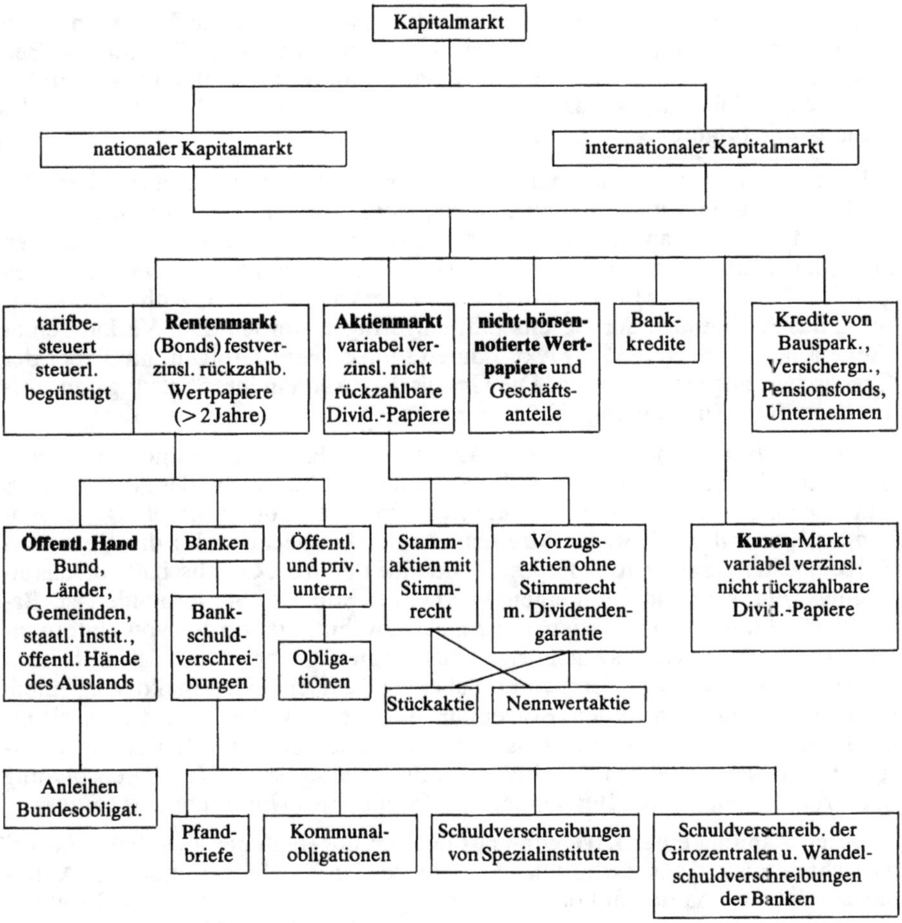

Abb. 44 Struktur des Kapitalmarktes

Der **Markt nicht-börsennotierter Wertpapiere** besteht aus Aktien meist kleinerer Unternehmen, die an der Aktienbörse nicht oder selten gehandelt werden, und aus Rentenpapieren, deren gesamtes Emissionsvolumen von einer Bank oder einem Bankenkonsortium in das eigene Portfolio übernommen wurde. Daher werden auf diesem wenig transparenten Markt geringe Umsätze nur sporadisch getätigt und – wenn überhaupt – nur Schätzkurse veröffentlicht. Der Handel erfolgt über oder zwischen Banken oder über Finanzmakler.

Auf dem **Aktienmarkt** in Gestalt der Wertpapierbörse werden Aktien als variabel verzinsliche, nicht rückzahlbare Dividendenpapiere, die auf einen bestimmten Anteil des Grundkapitals der Aktiengesellschaft lauten, gehandelt. In der Bundesrepubik sind gem. § 8 Aktiengesetz (AktG) nur Aktien zugelassen, die auf einen Mindestnennbetrag von 50 DM lauten. Diese werden an der Börse stück-notiert. Der Aktienkurs wird also je Stück 50 DM-Aktie festgestellt, weshalb diese Aktien auch als **Stückaktien** bezeichnet werden. Daneben – allerdings in geringerem Umfang – werden Aktien gehandelt, deren Börsenkurs auf einen Nennwert von 100 DM je Aktie entsprechend der vor 1966 geltenden aktienrechtlichen Regelung bezogen ist. Diese Aktien werden auch als **Nennwertaktien** bezeichnet. In verschiedenen Ländern, so z.B. in den USA, in Kanada und Belgien, sind nennwertlose Aktien oder **Quotenaktien** üblich, die auf keinen bestimmten Geldbetrag, sondern auf einen bestimmten Bruchteil (Quote) des Grundkapitals lauten.

In der Bundesrepublik können Aktien gem. § 10 AktG auf den Inhaber oder auf Namen lauten. **Inhaberaktien** können jederzeit mit ihren Rechten durch Einigung und Übergabe an einen neuen Inhaber verkauft werden. Auf **Namensaktien** muß der Name des Inhabers vermerkt sein. Auch müssen Namensaktien gem. § 67 AktG unter Bezeichnung des Inhabers nach Namen, Wohnort und Beruf in das Aktienbuch der Gesellschaft eingetragen werden. Der Verkauf einer Namensaktie kann gem. § 68 AktG durch Indossament erfolgen, muß aber der Gesellschaft angezeigt werden. Die Gesellschaft kann in ihrer Satzung den Verkauf von ihrer Zustimmung abhängig machen.

Schließlich werden im deutschen Aktienrecht Stammaktien und Vorzugsaktien unterschieden. Während mit der **Stammaktie** alle Rechte des Aktionärs als Anteilseigner, insbesondere das Stimmrecht in der Hauptversammlung, verbunden sind, räumt die **Vorzugsaktie** dem Aktionär üblicherweise das Recht auf Zahlung einer garantierten Mindest-Dividende durch die Gesellschaft ein, das allerdings gem. § 12 AktG mit einem Fortfall des Stimmrechts verbunden ist. **Belegschaftsaktien** sind im Aktiengesetz nicht erwähnt. Sie werden von Unternehmen an ihre Belegschaftsangehörigen aus deren Eigenbesitz oder Kapitalerhöhungen üblicherweise in Form von Inhaber- und zugleich Stammaktien zu einem wesentlich geringeren als dem Börsenkurs mit der Maßgabe verkauft, daß sie innerhalb einer bestimmten Sperrfrist von einem oder mehreren Jahren nicht weiterverkauft werden dürfen. Die Belegschaftsaktien sollen die Vermögensbildung der Arbeitnehmer durch Beteiligung am Kapital ihres Unternehmens fördern.

Durch Zahlung einer **Dividende** aus dem im abgelaufenen Geschäftsjahr erwirtschafteten und ausgeschütteten Gewinn des Unternehmens erhält der Aktionär einen Gewinnanteil auf der Grundlage seines Aktienkapitals. Die **Effektivverzinsung** einer Aktie errechnet sich aus der in Prozent des Aktienkurses ausgedrückten Dividende. Der Aktienkurs bildet sich frei von administrativen Beschränkungen durch Angebot und Nachfrage an der Wertpapierbörse. Die jeweilige Höhe von Angebot und Nachfrage und damit der Kurs einer Aktie wird in erheblichem Maße spekulativ von den Gewinnerwartungen des Unternehmens, aber auch von den Erwartungen der Konjunkturentwicklung sowie künftiger wirtschafts-, finanz- und geldpolitischer Maßnahmen beeinflußt.

Als **Kuxenmarkt** fungieren solche Wertpapierbörsen, an denen Kuxe bergrechtlicher Gewerkschaften gehandelt werden (Düsseldorf, Hannover). Zu unterscheiden sind Kuxe nach altem und nach neuem Recht. Der **Kux alten Rechts** verbrieft einen bestimmten Bruchteil des gesamten Vermögens eines Bergwerks als ideellen Geschäftsanteil des Gewerken (als Anteilseigner) auf der Grundlage des Allgemeinen Landrechts von 1794. Er wird im Grundbuch eingetragen und kann wie ein Grundstück belastet und verkauft werden. Die Gewerkschaften alten Rechts haben nur noch geringe Bedeutung. Der **Kux neuen Rechts** auf der Grundlage des Preußischen Allgemeinen Berggesetzes von 1865 muß nicht unbedingt verbrieft sein. Die Übertragung des Kux erfolgt durch Zession und Umschreibung im Gewerkenbuch, in das alle Kuxe eingetragen sein müssen. Die Zahl der Kuxe einer Gewerkschaft neuen Rechts kann 100, 1000 oder ein Vielfaches von 100 bis maximal 10000 betragen. Zur Erleichterung des Börsenhandels werden die Kuxe meistens mit einer Blankozession bei der verwahrenden Bank versehen. Der in einem Geschäftsjahre erwirtschaftete Gewinn wird als **„Ausbeute“** an die Gewerken verteilt. Entsteht bei den Gewerkschaften (alten und neuen Rechts) ein Verlust, so sind die Gewerken zu einer als **„Zubuße“** bezeichneten Nachzahlung verpflichtet, der sie sich allerdings durch **„Abandonnieren“**, d.h. der Aufgabe ihres Eigentums an ihren Kuxen entziehen können. Dieses Abandonrecht kann jedoch durch die Satzung der Gewerkschaft ausgeschlossen werden. Die Kuxe und ihr Markt ist eine deutsche Besonderheit. Die Bildung ihres Börsenkurses ist ebenso wie auf dem Aktienmarkt und frei von administrativen Eingriffen. Die Effektivverzinsung errechnet sich in Prozent der Ausbeute vom Börsenkurs des Kux.

Der **Rentenmarkt** gliedert sich entsprechend der Darstellung in **Abbildung 44** in eine größere Anzahl weiterer Marktsegmente auf. Gemeinsam ist ihnen, daß Rentenpapiere, d.h. auf feste Beträge (100 DM oder ein Vielfaches davon) lautende, eine bestimmte Kreditaufnahme verbriefende, mit einem festen Zinssatz ausgestattete und bis zu einem bestimmten Zeitpunkt wieder einzulösende Wertpapiere gehandelt werden. Der Ausgabekurs kann mit einem **Disagio** unter Pari oder mit einem **Agio** über Pari gestellt werden. Dementsprechend läßt sich eine **Emissionsrendite** (Nominal-Zinssatz in Prozent des Ausgabekurses) und eine **Umlaufsrendite** (Nominal-Zinssatz in Prozent des Börsenkurses) berechnen. In manchen Ländern werden Rentenpapiere als **Indexanleihen** emittiert, indem der Rückzahlungskurs an einen Preisindex (z.B. den von Gold, an das SZR, an die ECU, den Lebenshaltungskostenindex oder den Konsumgüterpreisindex) gekoppelt ist. Auch kann der Nominal-Zinssatz in manchen Ländern durch Verkoppelung mit einem Basiszinssatz (z.B. dem Diskontsatz oder dem Zinssatz für Drei-Monatsgeld) variabel gestaltet werden.

Rentenpapiere sind üblicherweise **tarifbesteuert**, d.h. die Zinserträge der Rentenpapiere sind den Ertragssteuern (Einkommen-, Körperschaft-, Gewerbeertrag-, Kapitalertragsteuern) unterworfen. Nach dem Kapitalmarktförderungsgesetz vom 15.12.1952 sind bis zum 31.12.1954 auch **steuerlich begünstigte Rentenpapiere** der öffenlichen Hand emittiert worden, von deren Zinserträgen keine

Ertragsteuern abzuführen waren. Dadurch sollte das Wertpapiersparen gefördert und ein Beitrag zum schnellen Ausbau des Kapitalmarktes geleistet werden. Ab 1955 ist dieses Gesetz nicht mehr auf Neuemissionen angewendet worden.

Für die Plazierung einer Anleihe eines staatlichen oder privatwirtschaftlichen Emittenten bilden die **Banken** meistens ein **Konsortium**, in dem eine Bank die Konsortialführung übernimmt. Für ihre Leistungen und Risiken beim Verkauf der Anleihe berechnen die Banken einen **„Konsortialnutzen"**, der bis zu etwa 2,5% des Emissionskurses betragen kann.

Die Rentenpapiere der Öffentlichen Hand werden als **Anleihen** bezeichnet. Sie werden von Bund, Ländern, Gemeinden und Gemeindeverbänden, den Sondervermögen des Bundes (ERP-Fonds, Lastenausgleichsfonds) und anderen staatlichen Institutionen des In- und Auslandes sowie von internationalen Organisationen zur Beschaffung langfristigen Kredits emittiert. Zur Gruppe der öffentlichen Anleihen sind auch die mit langen Laufzeiten versehenen **Bundesschatzbriefe** und die im Dezember 1979 als Daueremission eingeführten und mit einer Laufzeit von 5 Jahren ausgestatteten **Bundesobligationen** zu zählen. Beide Anleihetypen wurden geschaffen, um insbesondere den privaten Haushalten für ihre Ersparnisse Anlagemöglichkeiten zu bieten und zugleich diese Ersparnisse für die Kreditaufnahme des Staates zu mobilisieren.

Fungieren Geschäftsbanken oder Bankenkonsortien als Emittenten von Rentenpapieren im eigenen Namen, so spricht man von **Bankschuldverschreibungen** (Bankobligationen). Sie dienen dem Zweck, sich neben den Einlagen des Publikums zusätzliche Mittel am Kapitalmarkt für ihre Kreditvergabe oder Kapitalmarktmittel für einen privaten oder öffentlichen Auftraggeber zu beschaffen. Unter ihnen lassen sich mehrere Segmente von Märkten spezieller Bankschuldverschreibungen unterscheiden. Auf dem Markt für **Pfandbriefe** werden Schuldverschreibungn der Realkreditinstitute abgesetzt, die mündelsicher und durch Hypotheken gedeckt sind. **Kommunalobligationen** bilden einen Markt, auf dem Schuldverschreibungen der öffentlichen Realkreditinstitute emittiert werden, die von öffentlich-rechtlichen Körperschaften (Gemeinden und Gemeindeverbände) garantiert und diesen als Kredit zur Verfügung gestellt werden. **Schuldverschreibungen von Spezialinstituten** bilden ein weiteres Marktsegment, in dem bisher die Kreditanstalt für Wiederaufbau, die Lastenausgleichsbank, die Landwirtschaftliche Rentenbank und die Industriekreditbank eigene Emissionen plaziert haben. Schließlich sind die **Schuldverschreibungen der Girozentralen** als Zentralinstitute der Sparkassen und die **Wandelschuldverschreibungen der Banken** als weitere Marktsegmente anzusehen. Die Wandelschuldverschreibung gestattet dem Kreditgeber, nach einer bestimmten Sperrfrist die von ihm erworbene Schuldverschreibung in Aktien der emittierenden Bank in einem vorher festgelegten Verhältnis umzutauschen (zu wandeln), wobei häufig mehrere aufeinanderfolgende Umtauschfristen mit jeweils steigenden Umtauschrelationen vorgesehen sind.

Schließlich treten auch öffentliche und private Unternehmen als Emittenten von Rentenpapieren auf, die als **Obligationen** (Industrieobligationen oder Industrieanleihen) bezeichnet werden. Sie sind meistens durch Hypotheken, seltener durch Bürgschaften oder Verpfändung von Wertpapieren, gesichert. Bankenkonsortien besorgen meist die Plazierung gegen Einbehaltung eines „Konsortialnutzens". Großunternehmen, die am Kapitalmarkt als „erste Adressen" gelten, können ihre Obligationen so ausstatten, daß ihre Effektivverzinsung (Rendite) gleich hoch oder nur leicht höher als die von Staatsanleihen ist. Kleinere und nicht so bekannte Unternehmen ebenso wie ausländische Emittenten müssen dagegen wegen des für den Anleger bestehenden höheren Risikos ihre Obligationen mit einer deutlich über der Rendite von Staatsanleihen liegenden Effektivverzinsung ausstatten.

Sonderformen der Obligationen sind die Wandelanleihe (Wandelobligation, Wandelschuldverschreibung) und die Optionsanleihe (Optionsobligation). **Optionsanleihen** (Bezugsrechtsobligationen) berechtigen den Inhaber innerhalb einer bestimmten Frist, Aktien dieses Unternehmens in einem bestimmten, bei Ausgabe der Obligationen festgelegten Verhältnis zum Nennwert der Obligationen und zu einem bestimmten Kurswert zu erwerben, wobei die Optionsanleihe bis zu ihrem festgelegten Einlösungstermin weiter besteht. In manchen Fällen kann sie beim Erwerb der Aktien in Zahlung gegeben werden. **Wandelanleihen** sind gem. § 221 AktG „Schuldverschreibungen, bei denen den Gläubigern ein Umtausch- oder Bezugsrecht auf Aktien eingeräumt wird". Bei Ausgabe der Wandelanleihe wird das Umtauschverhältnis in Aktien und der Zeitpunkt des Umtausches bestimmt. Häufig wird auch ein Zeitraum von mehreren Jahren festgesetzt, in dem ein Umtausch (Wandelung) in Aktien bei meist jährlich steigendem Umtauschverhältnis (steigender Nennbetrag Wandelanleihen gegen eine Aktie) möglich ist.

In § 221 AktG werden auch die sehr seltenen Gewinnschuldverschreibungen und Genußrechte in Verbindung mit den Wandelanleihen erwähnt. **Gewinnschuldverschreibungen** sind Obligationen, die neben einem festen Zinssatz noch zusätzlich mit einem Anrecht auf eine Gewinnbeteiligung ausgestattet sind. Genußrechte sind meist in **Genußscheinen** verbrieft. Sie gewähren dem Inhaber eine Beteiligung am Reingewinn oder am Liquidationserlös, ohne jedoch Aktionärsrechte zu begründen.

Eine besondere Art von Anleihen stellen die **Schuldscheindarlehen** dar. Über einen aufgenommenen Kredit stellt eine Institution der Öffentlichen Hand oder ein Industrieunternehmen Schuldscheine mit einer Laufzeit zwischen 4 und 30 Jahren aus, die meist in auf den Inhaber oder Namen lautende **Teilschuldscheine** unterteilt sind. Diese Teilschuldscheine gelten für kürzere Laufzeiten (meistens über 3 Monate) und ermöglichen den Banken oder Finanzmaklern, die als Treuhänder für die Aufbringung des gesamten langfristigen Schuldscheindarlehens fungieren, sich über Teilschuldverschreibungen in kleineren Beträgen und kurzen Laufzeiten vieler Gläubiger als **Revolving-Kredite** zu refinanzieren. Schuldscheindarlehen an die Öffentliche Hand werden häufig auch von Banken und Bankenkonsortien auf eigene Rechnung voll in ihr Portfolio übernommen.

7.5 Internationale Kapitalmärkte

Der internationale Kapitalmarkt ist keinen administrativen Beschränkungen oder Kontrollen unterworfen. Auf ihm werden Aktien, Anleihen und Bankkredite in der nationalen Währung des Emittenten oder Kreditnehmers oder in Fremdwährung gehandelt, für die sich gleichzeitig in mehreren Ländern freie

Kurse (Notierungen) bilden. Die Struktur der internationalen Kapitalmärkte ist grundsätzlich die gleiche wie die des in **Abbildung 44** dargestellen nationalen Kapitalmarktes. Da aber international gehandelte Aktien die Börsenzulassung an den wichtigsten Börsen erhalten müssen und dort wie Aktien nationaler Gesellschaften gehandelt und in lokaler Währung notiert werden, andererseits die international gewährten Bankkredite als „Eurokreditmarkt" gesondert betrachtet werden, konzentriert sich der internationale Kapitalmarkt auf den **internationalen Anleihemarkt**.

Dieser hat eine lange Tradition und besteht aus **Schuldverscheibungen**, die von einem Schuldner emittiert und von einem internationalen Bankenkonsortium in mehreren Ländern und auf deren verschiedene Währungen lautend plaziert werden. Bekannt sind die internationale Dawes-Anleihe von 1924 und Young-Anleihe von 1930 des Deutschen Reiches zur Bezahlung der als Folge des verlorenen ersten Weltkrieges auferlegten Reparationslasten. Diese Staatsanleihen wurden etwa zur Hälfte in USA und zur Hälfte in europäischen Ländern (Frankreich, Großbritannien, Niederlande, Italien, Schweden, Schweiz, Belgien, Deutschland) in den jeweiligen Währungen aufgelegt.

Einen neuen Aufschwung mit enormen jährlichen Zuwachsraten erfuhr der internationale Kapitalmarkt seit Ende der fünfziger Jahre im Zuge der Liberalisierung der europäischen Devisenmärkte, der zunehmenden Verflechtung der internationalen Wirtschaftsbeziehungen und der Expansion des Welthandels. Wegen der Bedeutung des US-Dollars als Welthandelswährung wurden die meisten internationalen Anleihen auf Dollars lautend und wegen der günstigeren Emissionsbedingungen in Europa aufgelegt, so daß sich der Begriff des **Euro-Kapitalmarktes** einbürgerte. Der Euro-Kapitalmarkt entwickelte sich für die langfristige Kreditaufnahme parallel zum Euro-Geldmarkt sowie zum Euro-Kreditmarkt als Teile des **internationalen Finanzmarktes** oder **Xeno-Marktes**. Dieser Markt ist nicht lokalisiert, sondern besteht inzwischen an vielen Plätzen rund um die Erde, wo er die dort gegebenen (in Kapitel 7.2 erwähnten) Euro-Geldmärkte ergänzt. Als bedeutendster Platz für die Begebung neuer Euro-Anleihen hat sich Luxemburg entwickelt. Dort besteht auch die einzige lokalisierte Börse für Euro-Kapitalmarktpapiere. Ansonsten erfolgt international der Handel mit diesen Papieren im Telefonhandel zwischen den Euro-Banken, die zur giralen Verrechnung der getätigten Umsätze zwei internationale **Clearing-Plätze** in Luxemburg (Cedel) und in Brüssel (Euro-Clear) geschaffen haben.

Der Euro-Kapitalmarkt ist aufgegliedert in den **Primärmarkt** der **Neuemissionen**, die dort plaziert werden, und in den **Sekundärmarkt** der bereits eingeführten und **gehandelten Papiere (euro-bond market)**. In beiden Fällen wird die auf eine fremde Währung (z.B. US-Dollars) lautende **Euro-Anleihe** eines Schuldners (z.B. Republik Finnland) über ein international zusammengesetztes Konsortium von Euro-Banken gleichzeitig in mehreren Ländern (z.B. in der Schweiz, in Deutschland, Frankreich, Großbritannien und Japan) plaziert und anschließend gehandelt.

Von den Euro-Anleihen sind die **Auslandsanleihen** zu unterscheiden. Diese werden von einem ausländischen Schuldner (z.B. Republik Finnland) in einem fremden Land (z.B. in Deutschland) auf dessen Währung lautend (z.B. DM) über ein Bankenkonsortium dieses Landes (z.B. ausschließlich deutsches Bankenkonsortium) abgesetzt und gehandelt. Solche Auslandsanleihen werden in der Bundesrepublik auch als „deutsche Anleihen ausländischer Schuldner" bezeichnet. Zur Abgrenzung sei erwähnt, daß unter einer **Inlandsanleihe** die Emission eines inländischen (z.B. deutschen) Schuldners, die auf die heimische Währung (z.B. DM) lautet und von einem inländischen (z.B. deutschen) Bankenkonsortium ausschließlich im Inland (z.B. in der Bundesrepublik) abgesetzt und gehandelt wird, zu verstehen ist.

Als **Emittenten** und damit **Anbieter** auf dem **Primärmarkt** der Euro-Anleihen und **Euro-Wandelanleihen (convertible bonds)** kommen nur international als vertrauenswürdig und zahlungsfähig bekannte öffentliche und privatwirtschaftliche Institutionen in Betracht. Zu diesen zählen Staaten, internationale und supranationale Institutionen (z.B. Weltbank, International Development Association und EG, Europäische Investitionsbank), große Städte (z.B. Osaka) sowie große, international bekannte (i.a. multinationale) Unternehmen. Als **Nachfrager** bestätigen sich auf diesem Markt Banken, die Euro-Anleihen als Anlage oder zum späteren Weiterverkauf in das eigene Portfolio nehmen, institutionelle Anleger wie Versicherungsgesellschaften und Investment-Fonds sowie Unternehmen und private Haushalte.

Mehrere Monate nach Plazierung einer Euro-Anleihe wird die auf dem internationalen Kapitalmarkt bereits untergebrachte Anleihe durch Anzeigen in der Wirtschaftspresse noch einmal bekannt gemacht, die als **„tombstones"** oder **„tombstone advertisements"** bezeichnet werden. Diese nennen den Gesamtbetrag und die Währung der Anleihe, Zins, Agio oder Disagio, Laufzeit und weitere Konditionen, den Anleiheschuldner und das Konsortium der Euro-Banken, die die Plazierung der Anleihe besorgt haben. Die „tombstones" dienen somit der Werbung für die mit der Emission beauftragten Euro-Banken und für den Anleihschuldner zur Stärkung seines Standing in der internationalen Finanzwelt.

Von den anfangs ausschließlich auf US-Dollars lautenden Euro-Anleihen hat sich eine Verschiebung zu anderen Währungen vollzogen, ohne jedoch die Spitzenstellung der Dollar-Anleihen zu verdrängen. Zur zweitwichtigsten **Emissionswährung** entwickelte sich die DM. So betrug im Jahre 1979 der Anteil der Dollar-Anleihen 59%, der Anteil der DM-Anleihen 27% und der Anteil der auf sonstige Währungen lautenden Anleihen 14% aller Euro-Emissionen. Unter den sonstigen Währungen wurden vor allem der Schweizer Franken, der holländische Gulden, das britische Pfund Sterling, der kanadische Dollar und Korbwährungen wie das SZR und die ERE bevorzugt (120, S. 138). Es ist zu erwarten, daß künftig als Korbwährung auch die seit 13.3.1979 geschaffene ECU für Euro-Anleihen benutzt werden wird.

Als neuer Typ der Euro-Anleihe wurde im Februar 1981 erstmals von der Edelmetallgruppe „Refinement International N.V." über ein Euro-Bankenkonsortium unter Führung von „Drexel, Burnham, Lambert Inc." in London eine Emission in **„Gold-Bonds"** aufgelegt. Diese repräsentieren eine Menge von 100.000 Feinunzen Gold, das zuzüglich des für die Zinszahlung notwendigen Betrages in Form von Terminkontrakten für die 15-jährige Laufzeit der Anleihe bei der „Continental Illinois Trust Company" zur Verfügung gehalten wird. Die Goldmenge entspricht einem Betrag von 51,7 Mill. US-Dollar. Die Zinszahlung erfolgt entsprechend dem Wunsch des Anlegers entweder in Gold oder in dessen Äquivalent in Dollars auf der Basis des Londoner Nachmittags-Goldfixings (124).

Oft wird das gesamte Emissionsvolumen einer Euro-Anleihe von Banken, Finanzgesellschaften oder Staaten als **Privatplazierung** übernommen, ohne dem Publikum öffentlich angeboten zu werden. Der Anteil dieser Privatplazierungen betrug im Jahre 1979 17,8% des gesamten Emissionsvolumens aller Euro-Anleihen (120, S. 138).

Obwohl sich die Anteile der Anleiheschuldner nach Ländern ständig verschiebt, standen die westeuropäischen Emittenten stets an der Spitze, gefolgt von den internationalen Institutionen, USA und Kanada. Im Jahre 1979 entfielen vom gesamten Euro-Anleihevolumen in Höhe von 17,9 Mrd. $ auf die einzelnen Gruppen (120, S. 138):

Westeuropa	40 %
Internationale Institutionen	18 %
USA	14 %
Kanada	8 %
Australien, Japan, Neuseeland, Südafrika	10 %
Entwicklungsländer u. osteuropäische Länder	10 %
	100 %

Die meisten Euro-Anleihen sind mit einem für die gesamte Laufzeit **festen Zinssatz** ausgestattet. Es werden jedoch auch auf US-Dollars lautende Anleihen mit einem **variablen Zinssatz** meistens von Banken begeben, die als **„Floating-Rate Notes“** bezeichnet werden und nicht-amerikanischen Banken zur Refinanzierung dienen. Ihr Zinssatz wird mit einem bestimmten festen Zuschlag auf **Libor** (Londoner Euro-Geldmarktsatz für 6-Monatsgeld unter Banken) – ebenso wie auf dem Eurokreditmarkt – festgelegt. Dieser Zinssatz wird alle 6 Monate an den jeweils geltenden Libor angepaßt, wodurch der Kurs dieser Papiere erheblich schwankt.

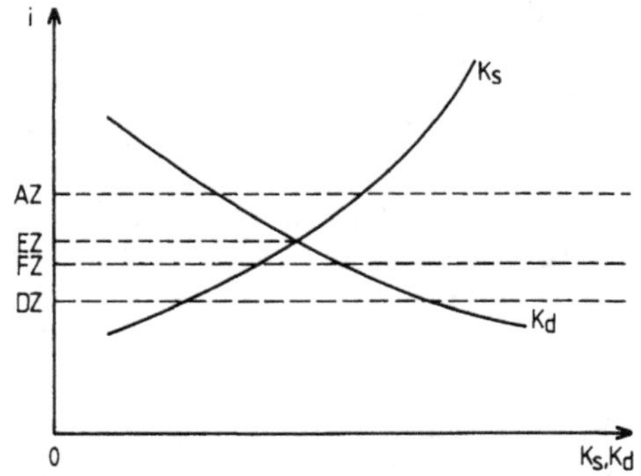

Abb. 45 Zinsbildung am Euro-Kapitalmarkt

Die **Zinsbildung** auf dem Euro-Kapitalmarkt erfolgt in der üblichen Form am Schittpunkt der Kapitalangebotskurve K_s und der Kapitalnachfragekurve K_d entsprechend der Darstellung in **Abbildung 45**. Als Gleichgewichtszins am Markt für Euro-Anleihen in einer bestimmten Währung bildet sich der Zinssatz i in Höhe EZ. Obwohl die Euro-Kapitalmärkte frei von administrativen Kontrollen und Quellensteuer sind, unterliegen ihre Kapitalangebots- und Kapitalnachfragekurve und dadurch auch ihre Zinsbildung mehreren Einflüssen aus den nationalen Staaten der Schuldner und Gläubiger der Euro-Anleihen.

Euro-Anleihen in einer **bestimmten Währung** können unterschiedliche Zinssätze wegen unterschiedlicher Risiken aufweisen, die durch eine unterschiedliche Bonität der Anleiheschuldner und unterschiedliche Laufzeiten bedingt sind. In den letzten Jahren ist sogar zu beobachten, daß wegen einer offenbar höheren Einschätzung beider Risiken durch das Publikum als Anleihegläubiger hochverschuldete Länder – insbesondere Entwicklungsländer – und multinationale Unternehmen, die nicht über ein zweifelsfreies internationales Standing verfügen, keine Euro-Anleihen mehr plazieren können und die Laufzeiten sich von den früher üblichen zwischen 8 und 15 Jahren auf solche zwischen 5 bis 8 Jahre verkürzt haben. Gleichzeitig sind aber auch neue erstklassige Anleiheschuldner an den Euro-Kapitalmarkt herangetreten (125).

Es besteht jedoch auch ein Zusammenhang zwischen der Zinsbildung auf dem **Euro-Kapitalmarkt** und dem **nationalen Kapitalmarkt der gleichen Währung**. Üblicherweise liegen Zinssatz und Umlaufsrendite der Euro-Anleihen über denen vergleichbarer Anleihen auf dem nationalen Kapitalmarkt wegen des höheren Gläubiger- und Plazierungsrisikos. Auf die Höhe des Zinssatzes am Euro-Kapitalmarkt wirken darüber hinaus noch vier weitere Faktoren ein: die Entwicklung des Zinssatzes am nationalen Kapitalmarkt und Geldmarkt, die Höhe der Quellensteuer am nationalen Kapitalmarkt (bei fehlender Quellensteuer auf dem Euro-Kapitalmarkt), das Währungsrisiko der betreffenden Euro-Anleihewährung sowie die nationale Zinsentwicklung und das Währungsrisiko anderer Euro-Währungen.

Der Zinssatz der Euro-Anleihen orientiert sich am **Zinssatz der nationalen Anleihen** als Anleihe-Alternative. Wird (üblicherweise) der Zinsertrag nationaler Anleihen mit einer Quellensteuer belegt, so kann die nicht besteuerte Euro-Anleihe einen niedrigeren Zinssatz aufweisen. Diese Zinsdifferenz der Euro-Anleihe ergibt sich aus dem Steuersatz der nationalen Couponsteuer zuzüglich dem Risikozuschlag der Euro-Anleihe. Der entsprechende Zinssatz würde also für eine deutsche Anleihe bei DZ in **Abbildung 45** liegen.

Die Entwicklung des Zinses auf dem **nationalen Geldmarkt,** in stärkerem Maße aber auf dem **Euro-Geldmarkt,** beeinflußt ebenfalls die Zinsbildung auf dem **Euro-Kapitalmarkt,** weil die Banken ihre Portfolio-Bestände an Euro-Anleihen zum Teil durch eine revolvierende Aufnahme von kurzfristigen Geldbeträgen am nationalen und insbesondere Euro-Geldmarkt finanzieren, sofern der Geldmarktzins unter dem Kapitalmarktzins liegt. Sinkt der Geldmarktzins und vergrößert so die Differenz zum Kapitalmarktzins, so fragen die Banken mehr Euro-Anleihen auf dem Sekundär-Markt nach. Dies hat zur Folge, daß der Kurs dieser Papiere steigt und ihre Umlaufsrendite sinkt, an der sich wiederum der Zinssatz von neuen Emissionen ausrichten muß. Dadurch sinkt der Zinssatz am Euro-Kapitalmarkt. Der gleiche Zusammenhang ist in der entgegengesetzten Richtung gegeben.

Für die Zinsbildung einer Euro-Anleihe spielt auch das **Währungsrisiko** eine Rolle. Wird z.B. von den ausländischen Erwerbern einer auf DM lautenden Euro-Anleihe eine DM-Aufwertung erwartet, so wird der Kurs dieser Anleihe steigen und ihre Umlaufsrendite sinken, was eine Zinssenkung für die auf DM lautenden neuen Emissionen bedeutet. Umgekehrt muß eine Euro-Anleihe, die auf eine abwertungsverdächtige Währung – z.B. belgische Francs – lautet, als Äquivalent dieses Währungsrisikos mit einem höheren Zinssatz ausgestattet sein als eine entsprechende nationale – z.B. deutsche – Anleihe. Die Höhe des Währungsrisikos einer Euro-Anleihe ist eng verbunden mit der Höhe der Inflationsrate des Landes dieser Währung und des Inflationsgefälles zwischen diesem Land und den Ländern der Anleihe-Käufer.

Steigt der Wechselkurs einer Euro-Währung als Folge hoher **Inflationserwartungen** und hoher **Zinsen** in diesem Lande, verursacht durch eine restriktive Geldpolitik zur Bekämpfung der Inflation wie in den USA im Jahre 1980, so steigt nicht nur der Zinssatz der nationalen (amerikanischen) Anleihen, sondern auch der Zinssatz der auf US-Dollars lautenden Euro-Anleihen. Als Folge des Zinsanstiegs der Euro-Dollar-Anleihen erhöhen sich auch die Zinssätze der auf andere Währungen lautenden Euro-Anleihen. Dies ist dadurch bedingt, daß sich die Kreditaufnahme durch Euro-Dollar-Anleihen so verteuert, daß kreditsuchende Emittenten andere Währungen auf dem Euro-Kapitalmarkt bevorzugen, deren Anleihezins noch niedriger liegt. Dadurch schrumpft das Volumen der Euro-Dollar-Anleihen und steigt das Volumen der Anleihe-Emissionen in anderen Währungen (wie z.B. in DM und sfr im Jahre 1980). Wegen der höheren Nachfrage nach Euro-Kapital auf diesen Marktsegmenten steigen dort ebenfalls die Zinsen.

Die gesamte Situation der Zinsbildung auf dem Euro-Kapitalmarkt läßt sich in **Abbildung 45** verdeutlichen. Betrug der Gleichgewichtszins auf dem Markt der Euro-DM-Anleihen EZ, der Zins entsprechender deutscher Anleihen DZ, so liegt der Zins z.B. auf dem französischen nationalen Kapitalmarkt plazierter, auf FF lautender und von deutschen Emittenten begebener Auslandsanleihen bei FZ und schließlich der Zinssatz von Euro-Dollar-Anleihen bei AZ. Eine Veränderung dieser Zinsrelationen kann durch administrative Beschränkungen und durch eine Verschiebung der Knappheitsrelationen zwischen den Marktsegmenten erfolgen.

7.6 Bedeutung der internationalen Finanzmärkte

7.6.1 Entwicklungsstufen und Petrodollar-Recycling

Die Entstehung der internationalen Finanzmärkte läßt sich – wie im Kapitel 7.2 beschrieben – auf die Anfänge des Euro-Dollar-Geldmarktes im Jahre 1953 zurückführen, aus dem dann der Euro-Kapitalmarkt und der Euro-Kreditmarkt hervorgegangen sind. Diese Entwicklung hat sich in vier Schüben beschleunigter Expansion des Marktvolumens vollzogen.

Der **erste Schub** war seit 1953 mit der Startphase und schnellen Entwicklung des Euro-Dollar-Marktes identisch. Er war bedingt durch das schnelle Wachstum des Welthandels (Exporte), der von 74,9 Mrd. $ im Jahre 1953 auf 136,5 Mrd. $ im Jahre 1963 (126, S. 52) um 82,2% anstieg, in Verbindung mit einem stark steigenden Dollar-Geldexport aus den USA. Dieser Dollar-Export war vor allem auf die „Regulation Q“ des Federal Reserve System zurückzuführen, die Höchstzinsen auf Termingelder und „Certificates of Deposit“ (CD) vorschrieb. Insbesondere in Perioden der Geldknappheit stiegen in den USA die Kreditzinsen bei maximal fixierten Zinsen auf Bankeinlagen (Termingelder und CD), was die Sparer veranlaßte, ihre Bankeinlagen aufzulösen und höherverzinsliche Anleihen zu kaufen. Dadurch gerieten die Banken in noch größere Liquiditätsengpässe. Das war der Grund dafür, daß einige Banken ihre großen Einleger (meist Großunternehmen) dazu veranlaßten, Einlagen gegen einen höheren Zins als in den USA bei ihren Londonder Filial-Banken zu tätigen, von denen sie diese Euro-Dollars wieder zur Kreditvergabe in den USA aufnahmen (127, S. 25) oder zur Kreditvergabe an ausländische Schuldner benutzten.

Ermöglicht wurde der permanente Dollar-Export der USA durch eine ständige Geldschöpfung der amerikanischen Zentralbank zur Abdeckung des chronischen Defizits der amerikanischen Zahlungsbilanz. Sie ist abzulesen an der Erhöhung der kurzfristigen Auslandsschulden der USA von 7 Mrd. $ 1945 auf mehr als 80 Mrd. $ Ende 1972 (128, S. 14). Die solchermaßen betriebene Finanzierung ihres „Zahlungsbilanzdefizits ohne Tränen" **(Jacques Rueff)** und das damit ursächlich verbundene Privileg der USA, im Ausland Güter zu kaufen, zu investieren, an das Ausland Kredite zu geben oder dort Kredite aufzunehmen (128, S. 18), war auf die Goldkonvertibilität des US-Dollars zurückzuführen. Diese Fiktion des Währungssystems von Bretton Woods beruhte auf der verbindlichen Zusage der USA, alle Dollar-Forderungen des Auslandes auf Wunsch durch Zahlung in Gold auszugleichen. Eine Einlösung dieser Zusage war jedoch den USA gar nicht möglich. Erstmalig im Jahre 1960 überstiegen die Auslandsschulden die Goldbestände der USA um 3,2 Mrd. $. Im Jahre 1962 waren die amerikanischen Auslandsschulden um die Hälfte und im Jahre 1972 siebenmal höher als die eigenen Goldbestände (126, S. 380). Diese so geschaffene internationale Dollar-Liquidität alimentierte die Expansion des Euro-Dollar-Marktes in der ersten Phase.

Der **zweite Schub** einer beschleunigten Expansion der Euro-Finanzmärkte wurde durch die Einführung der „interest equalisation tax" im Jahre 1963 und später durch die „voluntary foreign credit restraint guidelines" im Jahre 1965 bewirkt. Beide administrativen Maßnahmen der USA hatten zur Folge, daß amerikanische Banken und Unternehmen ihre fälligen Forderungen gegenüber dem Ausland nicht in die USA repatriierten, sondern sie auf den Euro-Finanzmärkten wieder anlegten.

Der **dritte Schub** einer erheblichen Volumenerhöhung der internationalen Finanzmärkte erfolgte im Oktober 1973 durch die als „Ölkrise" bekannte massive Erhöhung der Rohölpreise durch die OPEC-Länder. Sie betrug für saudi-arabisches Rohöl im Jahre 1973 33,7% und im Jahre 1974 251,8% gegenüber dem Vorjahr (126, S. 39) und bewirkte, daß der kumulierte Überschuß der Leistungsbilanzen der 13 OPEC-Länder in einem Jahr von 1973 auf 1974 von 6 Mrd. $ um rund das Elffache auf 67 Mrd. $ anstieg (129, S. 3). Diese erzielten Exportüberschüsse wurden von den OPEC-Ländern zum Teil dazu benutzt, ihre Infrastruktur durch Ausbau der Straßen und Flugplätze, des Verkehrs- und Fernmeldewesens, der Elektrifizierung, Errichtung von Meerwasserentsalzungsanlagen sowie der Erweiterung der Wasserversorgung und Bewässerung zu verbessern. Der weitaus größere Teil dieser Exportüberschüsse wurde aber von den OPEC-Ländern zu Finanzanlagen auf den internationalen Geld- und Kapitalmärkten benutzt, die bei oder über Euro-Banken plaziert wurden. Darunter waren auch Direktbeteiligungen an Industrieunternehmen, z.B. die Kuwaits zu 16% an Daimler-Benz, Irans zu 25% an Krupp und Libyens zu 9,6% an Fiat. Die Ölpreiserhöhung hatte in den ölimportierenden Ländern einen Anstieg der Produktions- und

Lebenshaltungskosten, eine Verschlechterung der Terms of Trade und ein Defizit der Zahlungsbilanz zur Folge. Die der OECD angehörenden westlichen Industrieländer wiesen noch im Jahre 1973 insgesamt einen Leistungsbilanzüberschuß von 10 Mrd. $ aus; dieser schlug nach voller Auswirkung der Ölpreiserhöhung im Jahre 1974 in ein Leistungsbilanzdefizit von 27 Mrd. $ um (129, S. 4). Zur Finanzierung ihrer Leistungsbilanzdefizite mußten sich diese Länder an den internationalen Finanzmärkten verschulden: es begann das **„Recycling der Petrodollars"**. Daß dieses Recycling gelang und die der OECD angehörenden Industrieländer insgesamt erstmalig im Jahre 1978 wieder einen Leistungsbilanzüberschuß aufweisen konnten, ist der Funktionsfähigkeit der internationalen Finanzmärkte und der Fähigkeit der auf diesen tätigen Euro-Banken zu verdanken. Die Bewältigung dieser erheblichen Expansion der internationalen Finanzmärkte wird aber auch neu entwickelten Banktechniken zugeschrieben (127, S. 25): Vergabe von prolongierbaren Eurokrediten durch Euro-Banken mit mehrjähriger Laufzeit, Ausbau der Konsortialtechnik der Euro-Banken zur Vergabe von „Jumbo-Krediten" von über einer Mrd. $ an einen Schuldner, die Entwicklung des Euro-Anleihemarktes sowie die Einführung von Euro-Commercial Papers und Euro-Certivicates of Deposit. Aber auch die Diversifizierung der internationalen Finanzmärkte in mehrere Euro-Währungen hat deren Flexibilität und Funktionsfähigkeit beim Recycling weiter erhöht.

Der **vierte Schub** einer nochmals beschleunigten Erweiterung des Marktvolumens der internationalen Finanzmärkte war durch eine zweite massive Erhöhung der Rohölpreise ausgelöst worden. So stieg der Preis für saudi-arabisches Rohöl im Jahre 1979 gegenüber dem Vorjahr um 33,6% und im 3. Quartal 1980 gegenüber dem gleichen Vorjahresquartal um 63,0% an (130, S. 53). Dadurch geriet die Gruppe der westlichen Industrieländer, die der OECD angehören, im Jahre 1979 wieder in ein Leistungsbilanzdefizit von insgesamt 30 Mrd. $, das sich 1980 auf etwa 31,5 Mrd. $ erhöhen wird. Gleichzeitig ist das Leistungsbilanzdefizit der nicht-ölexportierenden Entwicklungsländer im Jahre 1979 auf insgesamt 47 Mrd. $ angewachsen, das sich voraussichtlich im Jahre 1980 auf 60 Mrd. $ erhöhen wird (129, S. 5). Auf der anderen Seite schätzt die OECD den Petrodollarüberschuß der OPEC-Länder im Zeitraum von Mitte 1979 bis Mitte 1981 auf über 160 Mrd. $ (129, S. 5). Somit sind die Probleme des Petrodollar-Recycling die gleichen wie in der vorausgegangenen Phase ab 1973/74 geblieben. Nur die Dimensionen sind erheblich größer und die praktische Durchführung schwieriger geworden, weil viele Länder – insbesondere nicht-ölexportierende Entwicklungsländer – bereits die Grenze ihrer Verschuldungsfähigkeit zu marktmäßigen Bedingungen erreicht haben. Dies wird auch in der Tatsache deutlich, daß der Anteil der Geschäftsbanken an der Finanzierung der öffentlichen Verschuldung der Entwicklungsländer von noch 12% im Jahre 1972 auf über 40% im Jahre 1980 gestiegen ist und in diesem Jahre die Entwicklungsländer etwa 50% der an den internationalen Finanzmärkten aufgenommenen Mittel für ihre Zinszahlung verwenden müssen (131).

Seitdem haben die internationalen Finanzmärkte rasant expandiert. Gründe für diese Entwicklung waren und sind die währungspolitische Liberalisierung (liberalization), die Globalisierung (globalization) und die Verbriefung (securitization).

Die **Liberalisierung (liberalization)** bedeutet, daß immer mehr Länder entsprechend den Apellen des **Internationalen Währungs-Fonds** (International Monetary Fund, IMF) ihre bis dahin praktizierten Devisen- und Kapitalverkehrsbeschränkungen aufgehoben haben, so daß ihre Währungen konvertibel wurden und weltweit angelegt werden können. Ein wesentlicher Impuls ging auch von den Ländern der Europäischen Gemeinschaft aus, die in der ersten Stufe des Delors-Plans vom 1.7.1990 bis 31.12.1993 zur Vorbereitung der Europäischen Währungs-Union alle noch bestehenden Devisen- und Kapitalverkehrsbeschränkungen beseitigt haben.

Die **Globalisierung (globalization)** ist die Folge der währungspolitischen Liberalisierung, der Liberalisierung der internationalen Handelsbeziehungen durch die GATT-Handelsrunden und die intensivere Verflechtung der Weltmärkte (realwirtschaftliche Globalisierung) sowie durch das Zusammenwachsen der internationalen Finanzmärkte und Börsen durch die Perfektionierung der elektronischen Kommunikationssysteme. Großunternehmen sind darauf bedacht, daß ihre Aktien an den wesentlichen Aktienbörsen gehandelt werden, um weltweit neues Kapital aufnehmen zu können und präsent zu sein. Anleihen können international (bisher als sogenannte Euro-Anleihen) außerhalb des Landes des Emittenten an internationalen Finanzplätzen, häufig denominiert in der Währung eines dritten Landes oder in einer synthetischen Währung (Sonderziehungsrecht, ECU), plaziert werden. Damit wurde die Voraussetzung dafür geschaffen, daß das Kapital als Produktionsfaktor ohne Behinderungen an die Stellen höchster Grenzproduktivität seines Einsatzes in der Welt fließen kann. Auf der anderen Seite lösen politische oder wirtschaftliche Unsicherheiten, eine schlechte wirtschaftliche Performance und negative Erwartungen für ein Land kurzfristig einen Kapitalabzug aus. Dies haben die Erfahrungen mit der lateinamerikanischen Verschuldungskrise 1982, mit der mexikanischen Peso-Krise und dem Tequila-Effekt 1994/95 und mit der asiatischen Währungskrise Ende 1997/98 sehr deutlich erkennen lassen.

Die **Verbriefung (securitization)** drückt aus, daß weltweit eine Verlagerung der internationalen Kreditaufnahme durch Staaten, öffentliche Institutionen, international operierende Großunternehmen und transnationale Unternehmen (global players) von direkten Bankkrediten zu international plazierten Anleihe-Emissionen zu beobachten ist. Gründe hierfür sind, daß die Kreditbeschaffung dadurch kostengünstiger, die Abhängigkeit der kreditnehmenden Unternehmen von den Banken geringer und das mögliche Volumen der Kreditbeschaffung größer werden. Darüber hinaus kann das benötigte Kapital in der benötigten Währung an Finanzplätzen bzw. in Ländern mit den günstigsten Bedingungen beschafft werden.

Das Volumen der Netto-Finanzierungen an den internationalen Finanzmärkten wird von der „Bank für Internationalen Zahlungsausgleich" (BIZ) Ende 1996 auf 6.930 Mrd. US-$ (nach Abzug von Doppelzählungen) geschätzt, davon (brutto) 5.015 Mrd. $ Bankkredite, 834,1 Mrd. $ Euro-Notes und 2.391,8 Mrd. $ Anleihen. Der tägliche Umsatz von Währungen an den Devisenbörsen der Welt wird auf 1.200 bis 1.500 Mrd. US-$ pro Tag geschätzt.

7.6.2 Ressourcentransfer und institutionelle Kapitallenkung

Die durch die Ölpreiserhöhungen geschaffene neue weltwirtschftliche Situation ist allerdings allein durch das **Petrodollar-Recycling** über die Euro-Finanzmärkte finanztechnisch nicht zu bewältigen. Denn sie bedeuten einen realen Ressourcentransfer von den öl-importierenden zu den öl-exportierenden Ländern, der längerfristig zu einem Konsumverzicht und einer Änderung der Angebotsstruktur in Richtung auf öl- und energiesparende Technologien in den öl-importierenden Ländern und zu höheren Investitionen bei sich selbst und im Ausland durch die öl-exportierenden Länder führen muß.

Besonders schwierig wird sich dieser unvermeidliche Anpassungsprozeß für die nicht-ölexportierenden Entwicklungsländer gestalten, von denen viele jetzt schon wegen ihrer hohen Auslandsverschuldung und ihrer nicht-stabilitätsorientierten Wirtschaftspolitik keine Kredite mehr an den internationalen Finanzmärkten erhalten. Für sie wird die verstärkte Einschaltung internationaler Entwicklungshilfeorganisationen notwendig sein, die ihre Kreditvergabe an bestimmte wirtschaftspolitische Auflagen einer Stabilitätspolitik und der Kreditverwendung für solche Investitionen binden, die eine Erhöhung des Angebotspotentials und eine Verbesserung der Angebotsstruktur bewirken.

In diesem Sinne wurden bereits vom Internationalen Währungsfonds die „Witteveen-Fazilität" von 10 Mrd. $ geschaffen und die Quoten zugunsten der Entwicklungsländer um über 30 Mrd. $ erhöht. Zugleich haben auch die OPEC-Länder besondere Fonds für bilaterale Entwicklungshilfe-Kredite: den „Kuwait Fund for Arab Economic Development" (3,6 Mrd. $), den „Abu Dhabi Fund for Arab Economic Development" (510 Mio. $), den „Saudi Development Fund" (2,9 Mrd. $) wie auch für multilaterale Entwicklungshilfe-Kredite geschaffen: den „Arab Fund for Economic and Social Development", die „Arab Bank for Economic Development in Africa" und die „Islamic Development Bank", zusammen mit einer Kapitalausstattung von 6,3 Mrd. $ (129, S. 7). Weiterhin wurden die Interamerikanische, die Afrikanische und die Asiatische Entwicklungsbank gegründet. Neben die Kredithilfe an die Entwicklungsländer muß aber auch eine Öffnung der Märkte durch Zollsenkung, Kontingenterhöhung und Beseitigung nicht-tarifärer Handelshemmnisse seitens der OPEC- und Industrieländer treten, um den Anpassungsprozeß und ein ausreichendes Wirtschaftswachstum der Entwicklungsländer zu ermöglichen.

7.6.3 Geld- und Kreditschöpfung

Ebenso wie den Banken auf den nationalen Geldmärkten ist es den Euro-Banken durch gegenseitige Einlagen auf den internationalen Finanzmärkten möglich, eine **Geld- und Kreditschöpfung** zu betreiben. „Basis des Kreditschöpfungsprozesses am Euro-Kreditmarkt sind grundsätzlich Devisen der Euro-Banken, also im allgemeinen Sichteinlagen bei Kreditinstituten in anderen Ländern in der Währung dieser Länder" (121, S. 242). Die Höhe des Kreditschöpfungspotentials wird jedoch unterschiedlich beurteilt. **M. Friedman** (132) hält den Kreditschöpfungs-Multiplikator auf den Euro-Finanzmärkten für sehr groß, weil keine Mindestreservevorschriften existieren. Demgegenüber glaubt **F. H. Klopstock** (133), daß der Kreditschöpfungs-Multiplikator auf den Euro-Märkten bei etwa 0,5 bis 0,9 sehr niedrig liegt, weil nur ein sehr geringer Teil der von den Banken bei anderen Euro-Banken getätigten Einlagen für zusätzliche Euro-Kredite verwendet und daher der „Versickerungseffekt" sehr groß ist. **J. Hewson** und **E. Sakakibara** (134) kommen in einer empirischen Untersuchung der Euro-Dollar-Märkte zu dem Ergebnis, daß dort der Kreditschöpfungs-Multiplikator im Zeitraum 1968 – 1972 nur 1,4 betrug. Sie weisen aber auch darauf hin, daß der Kreditschöpfungs-Multiplikator von der Reaktion der Anleger auf die Veränderung der relativen

Zinssätze der Euro-Geld- und Finanzanlagen ihres Portfolios und von der Höhe der Anlagen der Zentralbanken auf dem Euro-Markt abhängt. Legen die Zentralbanken einen Anteil cd ihrer Devisen-Reserven als Depositen auf dem Euro-Markt an, so wird der Kreditschöpfungs-Multiplikator auf einen Wert zwischen Null und 1/(1-cd) fallen (134, S. 327). **J. Métais** (127, S. 33) weist jedoch darauf hin, daß die Euro-Märkte unbestreitbar ein autonomes Wachstum aufweisen und dadurch ein Inflationspotential darstellen.

Die Ursache hierfür ist die zu hohe internationale Liquidität, die **W. Jahn** (135) auf die zu stark expansive Geldpolitik der USA und der westeuropäischen Länder, auf die Kreditschöpfung des IWF und die Goldpreis-Hausse zurückführt. Da zugleich in den letzten Jahren die Schuldnerrisiken und insbesondere die Länderrisiken sowie die Risiken der Fristentransformation für die Euro-Banken erheblich gestiegen sind, bestehen die „Befürchtungen einiger westlicher Währungsbehörden, ... die Entwicklung des Euromarktes habe die nationale Geldpolitik unterlaufen und die Risiken im privaten Bankensystem zu stark anschwellen lassen" (129, S. 10) nach Ansicht der Schweizerischen Bankgesellschaft nicht zu Unrecht. Daher wird immer wieder der Einführung abgestimmter Mindestreserven und Kontrollen des Euro-Marktes durch die nationalen Zentralbanken das Wort geredet. Inzwischen haben die USA eine Zuwachs-Mindestreserve von 8% auf die von US-Banken im Ausland aufgenommenen Mittel im Oktober 1979 eingeführt.

Administrative Eingriffe der nationalen Zentralbanken in die internationalen Finanzmärkte würden deren Funktionsfähigkeit vor allem im Hinblick auf ein erfolgreiches Petrodollar-Recycling erheblich beeinträchtigen. Auf der anderen Seite herrscht Übereinstimmung zwischen den Zentralbanken darüber, die Aufsicht über das internationale Bankgeschäft zu verbessern. „Dazu gehören vor allem die Verwendung konsolidierter Bilanzen für die Bankenaufsicht, die Überwachung der von den Banken zur Beurteilung der Länderrisiken angewendeten Verfahren und die Beobachtung ihrer Fristentransformation" (120, S. 124). Zu diesem Zweck haben die Zentralbankgouverneure der Zehnergruppe und der Schweiz vereinbart, „die Entwicklung der internationalen Bankkredite anhand der von der BIZ gesammelten Daten halbjährlich zu überprüfen und nötigenfalls abgestimmte Maßnahmen vorzuschlagen" sowie „ein umfassendes Berichtssystem über die Fristentransformation im internationalen Bankgeschäft auf der Basis nationaler Meldungen" aufzubauen (49, S. 53). In der Bundesrepublik wurde 1979 in einem Gentlemens's Agreement zwischen dem Bundesaufsichtsamt für das Kreditwesen und den Verbänden der Kreditwirtschaft in enger Abstimmung mit den Luxemburger Behörden die Offenlegung der konsolidierten Bankbilanzen und jährlichen Prüfungsberichte der deutschen Tochterbanken im Ausland vereinbart. Dadurch gewinnt das Bundesaufsichtsamt für das Kreditwesen eine Übersicht über die Kredit-Transaktionen der Tochterinstitute deutscher Geschäftsbanken in Luxemburg, während die Euro-Markt-Transaktionen deutscher Banken über ihre Tochter-Banken am Londoner Platz schon bisher der Bankenaufsicht offengelegt worden war (135). Eine internationale Koordination der Währungsbehörden zur Überwachung ihrer auf den Euro-Märkten tätigen Banken und deren Aktivitäten würden die daraus resultierenden Risiken des International Banking für die Volkswirtschaften mindern und zugleich rechtzeitige geldpolitische Maßnahmen zur Neutralisierung monetärer Störimpulse der Euro-Märkte ermöglichen.

8. Kapitel: Geldwert und Inflationstheorien

8.1 Theorien der Erklärung des Geldwertes

8.1.1 Substanzwerttheorien

Wie aus der Entstehungsgeschichte und Begriffserklärung des Geldes hervorgeht (Kapitel 1.1), wurden Wesen und Wert des Geldes zuerst aus seinem Warencharakter erklärt. Geld wurde mit bestimmten Waren – meist Gold und Silber – identifiziert und ein bestimmtes Äquivalent zwischen einer Geldeinheit und bestimmten Gewichtseinheiten dieser Waren hergestellt. Diese **Warentheorie des Geldes** wurde später modifiziert und auf die **gebundenen Währungssysteme** angewendet.

Warentheoretisch wurde der Substanzwert des Geldes zuerst durch die **Produktionskostentheorie** erklärt. Als erster wies im Rahmen der **objektiven Wertlehre W. Petty** – später auch **K. Marx** – darauf hin, daß der Wert einer Ware, also auch des Goldes als Währungs- und Münzmetall, vom notwendigen Arbeitsaufwand der Goldproduktion **(Petty)**, von der „gesellschaftlich notwendigen Arbeitszeit" **(Marx)** bzw. von den Grenzkosten der Goldproduktion **(W. Senior)** determiniert werde. Senior entwickelte daraus die These, daß sich Geldwert und umlaufende Geldmenge parallel zueinander entwickeln müssen. Dies begründet er damit, daß ein niedriger Goldpreis und ein an diesen gebundener niedriger Geldwert gegeben ist, wenn auch die Grenzkosten der Goldproduktion niedrig sind. Das sei nur dann der Fall, wenn nur die günstigsten Goldvorkommen bei hoher Grenzproduktivität und hohen Bergarbeiterlöhnen abgebaut werden, wodurch die gewonnene Goldmenge relativ gering sei. Wird die Goldproduktion erhöht, so müssen ungünstigere Goldvorkommen abgebaut werden. Entsprechend steigen die Grenzkosten bei sinkender Arbeitsproduktivität und sinkenden Bergarbeiterlöhnen. Davon beeinflußt steigen der Goldpreis und Geldwert.

Auch die **subjektive Wertlehre** der Grenznutzenschule versuchte den substanziellen Geldwert dadurch zu erklären, daß der individuelle Grenznutzen des Geldes gesamtwirtschaftlich aggregiert als Bestimmungsgröße des Geldwertes angesehen wird. Der individuelle Grenznutzen des Geldes ergibt sich aus dem Nutzen, den die letzte Geldeinheit dem durchschnittlichen Wirtschaftssubjekt unter Berücksichtigung seines Einkommens, seines Vermögens und seiner Bedürfnisstruktur spendet. Da die beschaffbare Gütermenge aus dem Einkommen eines Wirtschaftssubjektes, aber objektiv auch von den Preisen der Güter abhängt, haben **F. v. Wieser** und **L. v. Mises** die Fiktion eingeführt, daß der objektive Geldwert aus dem subjektiven Grenznutzen der Wirtschaftssubjekte unter dem Einfluß der Güterpreise als objektive Tauschwerte der Vergangenheit entsteht. Diese Kausalkette historischer Güterpreise ließe sich zurückverfolgen bis zu der Zeit, in der eine Ware als Geld fungierte. Da dieses Warengeld meist aus Gold bestand, weist **J. Schumpeter** darauf hin, daß „weder der individuelle Grenznutzen noch der Preis des Goldes als Geld sich von seinem individuellen Grenznutzen und seinem Marktpreis als Gebrauchsgut entfernen kann" (34, S. 62 f.). Daher könne der Gebrauchswert des Goldes (z. B. für Schmuckgegenstände) allein nicht den Geldwert erklären, der deswegen vom Stoffwert, aus dem das Geld besteht, völlig zu trennen sei (34, S. 63).

8.1.2 Quantitätstheorien

Ausgangspunkt aller Quantitätstheorien ist die Hypothese, daß ein umgekehrt-proportionaler Zusammenhang zwischen der umlaufenden Geldmenge und dem Geldwert besteht. Die älteren Quantitätstheorien werden auf **N. Kopernicus** zurückgeführt, der bereits 1526 in seiner Denkschrift zur Münzreform feststellte, daß der häufigste Grund für die Verschlechterung des Münzwertes in der Ausdehnung der Geldmenge zu suchen sei. Die praktische Erfahrung, die diese Auffassung begründete, ergab sich aus dem Zustrom von Gold aus den lateinamerikanischen Kolonien Spaniens und Portugals nach Europa durch Zerschlagung und Plünderung der dort bestehenden Hochkulturen im 16. Jahrhundert. Die Folge waren Preissteigerungen und dadurch eine Geldwertverschlechterung in ganz Europa.

Dies bewog 1568 **J. Bodin** in Frankreich zu der These, daß Preissteigerungen bei einer Vermehrung der Edelmetalle unvermeidlich seien. Auch in Italien vertrat der Merkantilist **B. Davanzati** 1588 die Auffassung, daß das Preisniveau der Güter proportional abhängig sei von der umlaufenden Menge des Geldes bzw. der jederzeit in Geld umtauschbaren Edelmetalle. Diese naive Quantitätstheorie stieß später auf Kritik zunächst von **J. St. Mill** (1806 – 1873) durch den Hinweis, daß bei einer Verdoppelung der Geldmenge keine Verdoppelung des Preisniveaus eintreten müsse. Besonders aber **R. Cantillon** machte 1755 als Kritik der Quantitätstheorie von Davanzati darauf aufmerksam, daß Weg und Verhältnis festzustellen seien, durch die eine Erhöhung der Geldmenge auf eine Erhöhung der Güterpreise wirkt. Denn eine vermehrte Geldmenge komme zuerst bestimmten Bevölkerungsschichten als Erhöhung ihres Einkommens und Verbrauchs zugute und breite sich dann allmählich in der Volkswirtschaft aus.

Für eine Weiterentwicklung der Quantitätstheorie sorgten die britischen Philosophen **J. Locke** und **D. Hume. Locke** wies 1691 – ebenso wie **Cantillon** – darauf hin, daß eine steigende Umlaufsgeschwindigkeit des Geldes die gleiche Wirkung wie eine Erhöhung der Geldmenge habe. **Hume** ergänzte 1877 diesen neu eingeführten Begriff der Geldumlaufsgeschwindigkeit durch den Hinweis, daß die Geldwirkung auf das Preisniveau und damit auf den Geldwert nicht von der gesamten Geldmenge, sondern unter Ausschluß des Hortens von der Veränderung der umlaufenden Geldmenge abhängig sei.

Schließlich hatte **S. Newcomb** (1836 – 1909) die entscheidende Idee, daß Geldmenge (G) und Umlaufsgeschwindigkeit des Geldes (U) dem Handelsvolumen (H) zum jeweiligen Preisniveau äquivalent sein müsse. Diese Idee griff 1935 **I. Fisher** unter Einbeziehung der Menge (G') und Umlaufsgeschwindigkeit des Giralgeldes (U') in seiner **Quantitätsgleichung** oder **Verkehrsgleichung** des Geldes wieder auf:

(40) $G \cdot U + G' \cdot U' = H \cdot P$

Diese Gleichung soll keinen mathematisch-quantitativen Funktionalzusammenhang, sondern einen qualitativen Kausalzusammenhang zwischen der vorhandenen gesamten Geldmenge ($G \cdot U + G' \cdot U'$) einerseits und dem nominellen

Umsatzvolumen von Gütern (H · P) andererseits symbolisieren. Sie zeigt, „daß eine der normalen Wirkungen einer Quantitätsvermehrung des Geldes eine genaue proportionale Erhöhung des allgemeinen Preisniveaus ist" (136, S. 128).

Diese Verkehrsgleichung stellt jedoch realiter nur eine Tautologie dar, da sich immer die umlaufende, wirksame Geldmenge und das nominale Umsatzvolumen von Waren und Leistungen in einer Periode entsprechen müssen. Das Problem der Veränderung der Liquidität (Hortung) infolge einer Geldmengenänderung wird hier ausgeklammert. Die behauptete Proportionalität zwischen der Veränderung der Geldmenge und der Veränderung des Preisniveaus und Geldwertes hat sich in der Vergangenheit als falsch erwiesen. So hatte die durch die Kriegsfinanzierung bedingte Verzehnfachung der umlaufenden Papiergeldmenge zwischen 1914 und Ende 1918 „noch kaum einen sichtbaren Einfluß auf das allgemeine Preisniveau gewonnen" (3, S. 43), weil es der Reichsbank gelungen war, einen großen Teil der vermehrten Geldmenge durch Kriegsanleihen wieder abzuschöpfen. Demgegenüber waren während der „großen Inflation" von Mai 1921 bis Juli 1923 der Dollarkurs und Großhandelsindex rund 30 mal schneller gestiegen als die Geldmenge (3, S. 43). Aber auch während der „gestoppten Inflation" durch staatliche Preisfixierung und -überwachung während des zweiten Weltkrieges und der Zeit danach bis zur Währungsreform am 21.6.1948 war eine Proportionalität zwischen Geldvermehrung und Inflationsrate, die in der Preissteigerung auf den „schwarzen Märkten" zum Ausdruck kam, nicht festzustellen.

Die **Neo-Quantitätstheorie** oder **monetaristische Theorie** geht auf die **Cambridge-Version der Quantitätsgleichung** von **A. Marshall** (1929) zurück:

(41) $$M \cdot V = p \cdot V_r = Y$$

Hier bedeuten: M das Geldvolumen, V die Einkommenskreislaufgeschwindigkeit des Geldes, p das Preisniveau als Durchschnittsstand aller Preise, Y_r das reale Volkseinkommen als volkswirtschaftliche Endnachfrage ohne Kapitalbewegungen und Umsätze von Zwischenprodukten und Y das nominelle Volkseinkommen. Aus dieser Formel ergibt sich eine Geldwertänderung, gemessen durch den reziproken Wert des Preisniveaus $\frac{1}{p}$:

$$\frac{1}{p} = \frac{Y_r}{M \cdot V}$$

Demnach ergibt sich eine Geldwertänderung ceteris paribus durch eine Änderung der Größen M, V und/oder Y_r. Wegen der Starrheit des Preisniveaus nach unten sind in praxi nur inflationäre Wirkungen einer Erhöhung von M und/oder V relevant, die bei Vollbeschäftigung über den Zuwachs von Y_r hinausgehen. Trotz Bestehens dieses Kausalzusammenhanges lassen sich die Geldwirkungen auf den realen Bereich der Wirtschaft nicht genau voraussagen. Daher hat **Milton Friedman** (137, S. 115 ff.) und die **Chicago-Schule** eine Geldnachfragetheorie entwickelt, die davon ausgeht, daß die **reale Geldnachfrage** (Quotient der Geldmenge und des Preisniveaus) von den **fünf Variablen**: Gesamtvermögen (gemessen in permanenten Einkommen), Aufteilung des Gesamtvermögens (in Geld, Rentenpapiere, Aktien, Sachkapital und Humankapital), erwartete reale Erträge dieses Vermögens und Präferenz der Bargeldhaltung bestimmt wird. Die entsprechende Geldnachfragefunktion wurde in Kapitel 5.3 behandelt.

Eine Verschlechterung des Geldwertes, also Inflation tritt nach diesem vermögenstheoretischen Ansatz der Geldnachfragefunktion dann ein, wenn die Wirtschaftssubjekte eine Veränderung ihrer Vermögensposition in der Weise vornehmen, daß die Geldnachfrage schneller steigt (und durch das Geldangebot auch befriedigt wird) als das reale Bruttosozialprodukt. Da die Monetaristen die Geldumlaufsgeschwindigkeit V als langfristig konstant ansehen, ist die Geldmenge M die für die Entstehung der Inflation entscheidende Variable. Denn der zu schnelle Anstieg der Geldmenge M finanziert eine volkswirtschaftliche Gesamtnachfrage, die durch das Güterangebot des vorhandenen Produktionspotentials nicht mehr befriedigt und daher nur durch steigende Preise ausgeglichen werden kann.

8.1.3 Liquiditätstheorien

Die **Liquiditätspräferenztheorie** oder **Kassenhaltungstheorie** wurde von **J. M. Keynes** zur Erklärung der Geldnachfragefunktion und Zinsbildung (vgl. Abb. 37) begründet, wobei der Zins als Entgelt für den Verzicht auf Liquidität betrachtet wird. Gegenüber den Quantitätstheoretikern, die Geldmengenerhöhungen über entsprechende direkte Nachfragewirkungen für die Entstehung der Inflation verantwortlich machen, betonte Keynes deren Zins- und Beschäftigungswirkungen. In der für Keynes typischen Situation einer unterbeschäftigten Wirtschaft verursacht eine steigende Geldmenge ein Sinken des Zinses und davon ausgelöst steigende Investitionen, steigende Nachfrage und Beschäftigung ohne Entstehung einer Inflation (Keynes-Fall). Aus diesem Grunde ist das Inflationsproblem für Keynes nicht relevant. Erst bei einem zu hohen Nachfrageanstieg, der in einzelnen Sektoren der Wirtschaft Produktionsengpässe (bottle necks) hervorruft, tritt **Inflation** auf. Dieser Fall wurde mit Hilfe der post-keynesianischen gesamtwirtschaftlichen Angebots- und Nachfragekurve in **Abbildung 17** dargestellt und im Zusammenhang mit den Wirkungen monetärer Impulse im Kapitel 4.3 diskutiert.

Die Liquiditätspräferenztheorie wurde später durch die **Portfoliotheorie (J. Tobin)** in Verbindung mit dem **Realkasseneffekt** (real blance effect) **(Don Patinkin)** weiterentwickelt. Letzterer unterstellt eine im Zeitablauf von den Wirtschaftssubjekten geplante konstante Relation zwischen realer Kassenhaltung und realem Einkommen. Steigt durch eine höhere Geldversorgung der Volkswirtschaft die nominelle Kassenhaltung der Wirtschaftssubjekte, so wird dadurch auch die reale Kassenhaltung im Verhältnis zu deren realen Einkommen erhöht. Dies veranlaßt die Wirtschaftssubjekte zunächst, die nicht gewünschten Geldbestände in Finanztiteln anzulegen. Dadurch sinkt die Rendite dieser Finanztitel, wodurch es den Wirtschaftssubjekten schließlich vorteilhaft erscheint, die zu hohen Geldbestände in Sachgütern anzulegen. Dieser Prozeß setzt sich so lange fort, bis die alte Relation zwischen realer Kassenhaltung und realem Einkommen der Wirtschaftssubjekte bei gewünschter Portfoliostruktur wieder hergestellt ist. Eine **Inflation** wird dann auftreten, wenn die durch Portfolioanpassung verursachten Zinserhöhungen das Angebot verteuern und die zusätzliche Güternachfrage auf Produktionsengpässe trifft.

Ein ganz anderer Typ der **Liquiditätstheorie**, der von **G. Schmölders** auch als **sozialpsychologische Theorie des Geldes** bezeichnet wird, sieht das Zusammenwirken zwischen Geld und realem Sektor nicht durch eine quantitativ-mechanistische Kausalität, sondern durch „ein Wechselwirkungsverhältnis zwischen Attitüden und Verhaltensweisen der wirtschaftlich tätigen Menschen, Gruppen und

Institutionen“ (138, S. 82) begründet. Die Liquiditätstheorie geht zurück auf **O. Veit** (139), die Leitgedanken des britischen **„Radcliffe Report“** (98) und **G. Schmölders** (99). Nach dieser Auffassung wird die Geldmenge nur als ein „Teil im Gesamtgefüge der Liquidität der Volkswirtschaft“ angesehen, während für die Ausgabe-Entscheidung der Wirtschaftssubjekte und damit für die effektive Nachfrage deren gesamte Liquiditätslage entscheidend sei.

Schmölders (99, S. 351 und 37, S. 85) unterscheidet zwischen einer objektiven und einer subjektiven Liquidität (vgl. Kapitel 4.4.3). Die **„objektive Liquidität“** eines jeden Wirtschaftssubjektes ist durch seine vorhandenen liquiden Mittel (Bargeld, Giralgeld, jederzeit in Geld umwandelbare Finanztitel) und durch seine Kreditbeschaffungsmöglichkeiten (unausgeschöpfter Kreditspielraum) gegeben. Unter der **„subjektiven Liquidität“** wird dagegen nicht nur die objektiv gegebene, sondern auch „die nur subjektiv angenommene oder geplante Möglichkeit“ der Kreditinanspruchnahme und der Umwandlung von Vermögenswerten in Geld verstanden (138, S. 85). Sie wird beeinflußt von persönlichen Präferenzen und Prestigeüberlegungen der sozialen Gruppen.

Erhöht sich die „subjektive Liquidität“ im Vergleich zur „objektiven Liquidität“ durch steigende individuelle Gewinnerwartungen bei gleichzeitig sinkenden Risikobefürchtungen und Sicherheitsbestrebungen – ein Prozeß, den Schmölders psychologisch als psychische „Ansteckung“ begreift – , so wird dadurch die gesamte wirtschaftliche Aktivität und Konjunktur belebt. Teilen die Banken die positiven Zukunftserwartungen der Wirtschaftssubjekte, so werden sie ebenfalls durch erhöhte Giralgeldschöpfung und Refinanzierung bei der Zentralbank und im Ausland ihr Kreditvolumen durch Erhöhung der Kreditlinien ihrer Kunden und damit auch die „objektive Liquidität“ ausweiten. Auf diese Weise bestimmen in der Volkswirtschaft Liquiditätserwägungen in Verbindung mit Zukunftserwartungen über Geschäftstätigkeit, Gewinne und Einkommen der Wirtschaftssubjekte die Entwicklung der Gesamtnachfrage. Übersteigt diese den optimalen Kapazitätsauslastungsgrad der Anbieter, so ergibt sich Inflation. Diese kann psychologisch durch eine Inflationsmentalität als Folge zu hoher „subjektiver Liquidität“ verstärkt werden. Daher wird eine Kontrolle der Liquiditätsentwicklung durch die Zentralbank zur Beeinflussung der Konjunktur und Inflation empfohlen.

8.1.4 Einkommenstheorien

Die **Einkommenstheorien des Geldes** gehen zurück auf **A. Aftalion** (140), **L. v. Mises** (141) und **O. v. Zwiedinek-Südenhorst** (142). Obwohl Begründer der Kassenhaltungstheorie, wird auch **J. M Keynes** (87) den Einkommenstheoretikern zugerechnet. Die wesentliche Idee der Einkommenstheorie ist, daß die Gesamtnachfrage und in Abhängigkeit von dieser die wirtschaftliche Aktivität und Inflationsrate nicht von der umlaufenden Geldmenge oder vorhandenen Liquidität der Wirtschaftssubjekte, sondern nur von der gesamten Höhe aller in der Volkswirtschaft in Geld ausgezahlten Einkommen und der Art ihrer Verwendung für Sparen, Horten, investive und konsumtive Nachfrage abhängig sei. **Keynes** erkannte in seinen „psychologischen Gesetzen“ dem „Hang zum Konsumieren“ eine Schlüsselrolle für die Gesamtnachfrage und Einkommensentwicklung zu. Nach seiner Auffassung hängen die Konsumausgaben in der Volkswirtschaft von drei Komponenten ab: der gesamten Höhe der bezogenen Einkommen, anderen objektiven Gegebenheiten sowie den subjektiven Bedürfnissen, psychologischen Einstellungen und der Einkommensverteilung (87, S. 90, f.).

Dieser theoretische Ansatz wurde später von dem Postkeynesianer **A. H. Hansen** weiterentwickelt, der als entscheidende Größe für die Gesamtnachfrage und Höhe der Inflationsrate nicht das gesamte Einkommen, sondern die gesamten Ausgaben ansah (143). Später modifizierte **Hansen** diese Auffassung, indem er auf das zu geringe Wachstum der privaten konsumtiven und investiven Nachfrage in den USA seit 1957 hinwies, wodurch die gesamte Ersparnis nicht mehr durch eine entsprechende Kreditaufnahme absorbiert würde. Dies führte zu einer wirtschaftlichen Stagnation **(Stagnations-These)** bei sehr geringen Wachstumsraten. „If borrowers cannot be found, the potential savings go to waste and income declines. More than that, in a growing society, borrowing must exceed the funds offered by lenders; investment must exceed saving, or the economy cannot grow" (144, S. 641). Daher müsse der Staat mehr Kredit aufnehmen und ausgeben, um die Nachfragelücke der Privatwirtschaft zu schließen und Wirtschaftswachstum zu ermöglichen. Als Grund für die zu geringe Nachfrage gibt Hansen Überkapazitäten, zu geringes Wachstum der Konsumgüternachfrage und das steigende Gewicht der Nachfrage nach Dienstleistungen (einem Sektor mit sehr niedrigem Kapitalkoeffizienten) an (144, S. 642). Inflationäre Impulse führt Hansen vor allem auf einen über den durchschnittlichen Produktivitätszuwachs hinausgehenden Anstieg der gesamten Einkommen und auf kurzfristig starke Erhöhungen der Nachfrage nach Investitionsgütern und dauerhaften Konsumgütern zurück (144, S. 679).

Eine einkommenstheoretische Weiterentwicklung stellt der kreislauftheoretische Ansatz von **W. Ehrlicher** dar (145, S. 241), der Lohnhöhe, Monopolgrad, Höhe der indirekten Steuern, Terms of Trade, Kapazitätseffekte der Investitionen, technischen Fortschritt, Nachfrage nach Konsumgütern und Investitionsgütern, Staatsausgaben und Exportsaldo in ihrem Zusammenwirken auf Angebot, Nachfrage und Preise als Determinanten der Inflationsrate herausstellt.

In den Einkommenstheorien ist also die Entwicklung der Einkommen, der davon abhängigen Höhe sowie Art (konsumtiv oder investiv) und Richtung (Märkte, Gruppen von Waren und Dienstleistungen) der gesamten Ausgaben in der Volkswirtschaft gegenüber dem entsprechenden Marktangebot entscheidend für die wirtschaftliche Aktivität und Höhe der Inflationsrate. Eine Geldwertverschlechterung tritt immer dann ein, wenn gesamtwirtschaftlich oder auf einzelnen Märkten der durch die Einkommensentwicklung bedingte Ausgabenanstieg nicht durch ein entsprechendes Angebot befriedigt werden kann.

8.2 Begriff und statistische Messung der Geldwertänderung: Inflation und Deflation

Unter **Inflation** wird ein dynamischer Prozeß eines längerfristigen Anstiegs des Durchschnittsstandes aller Preise (Waren-, Dienstleistungs- und Faktorpreise) verstanden. Andererseits bedeutet **Deflation** ein längerfristiges Absinken des gesamten Preisniveaus. „By inflation we mean a time of generally rising prices for goods and factors of production – rising prices for bread, cars, haircuts; rising wages, rents, etc. By deflation we mean a time when most prices and costs are falling" (146, S. 270). Inflation wie Deflation spiegeln ein monetäres Ungleichgewicht in der Volkswirtschaft wider. In der Inflation ist ein Überhang monetärer Gesamtnachfrage über die realen Angebotsmöglichkeiten oder eine autonome Durchsetzung höherer Preisforderungen auf den Güter- und Faktormärkten zu verzeichnen unter der Voraussetzung der Bereitstellung der zur Finanzierung dieses Preisanstiegs notwendigen Geldmenge. Hierbei ist es nicht erforderlich, daß alle Preise steigen. Es reicht aus, daß die Preise einzelner Güter marktbedingt oder durch Erhöhung der auf die Angebotspreise durchschlagenden Faktorpreise steigen, um eine Erhöhung des Durchschnittsstandes aller Preise zu bewirken. In der Deflation ist umgekehrt ein Überhang des realen Angebotes über die vorhandene monetäre Gesamtnachfrage gegeben. Die Deflation setzt allerdings voraus, daß zumindest ein gewisser Teil der Güterpreise in der Volkswirtschaft nach unten flexibel ist, um den Durchschnittsstand aller Preise sinken zu lassen. Obwohl auch heute noch die Preise einzelner Preise und Leistungen sinken, vermögen diese nicht mehr das Niveau aller Güterpreise nach unten zu beeinflussen.

In Deutschland wurde die letzte Deflation 1931 durch die Brüning'schen Notverordnungen amtlich verordnet, indem die Preise und Mieten um 10% gesenkt, die Beamtengehälter gekürzt und die Löhne auf ihre Höhe von 1927 gesenkt wurden. Seitdem haben Deflationen nicht mehr stattgefunden. Dies ist der Grund dafür, daß sich das wissenschaftliche Interesse nur auf die theoretische Erklärung der Inflation konzentriert hat. Strittig bleibt hierbei vor allem die Frage, ob die Eigendynamik der Inflation durch autonome Inflationsimpulse und antizipierte Inflationserwartungen ursächlich ist, die von einem elastischen Geldangebot zwangsläufig finanziert wird, oder ob eine zu starke Expansion der Geldmenge oder Liquidität als Ursache steigender Inflationsraten anzusehen ist. Empirisch läßt sich zeigen, daß beide Kausalzusammenhänge möglich sind.

Entsprechend ihrer Erscheinungsform in der Praxis werden die „schleichende", die „galoppierende" und die „gestoppte" Inflation unterschieden. Die **„galoppierende"** oder **„Hyperinflation"** ist gekennzeichnet durch einen kurzfristig schnellen Anstieg der Inflationsrate, der von einer sehr starken Geldmengenexpansion und gleichzeitig einer starken Erhöhung der Geldumlaufsgeschwindigkeit begleitet ist. Die **„gestoppte Inflation"** wird durch einen amtlich verfügten totalen oder partiellen Preisstop bewirkt, der einen Nachfrageüberhang entstehen läßt, der entweder auf „schwarzen" Parallelmärkten zu stark überhöhten Preisen wirksam wird oder – falls es solche nicht gibt – zu einem Zwangssparprozeß führt. Die **„schleichende"** oder **„säkulare Inflation"** ist typisch für die Industrieländer der westlichen Welt nach dem 2. Weltkrieg und durch ständig vorhandene und in ihrer Höhe von Jahr zu Jahr schwankende Inflationsraten gekennzeichnet. Obwohl sich in Literatur und Praxis die vorgenannten Bezeichnungen der Inflationsarten eingebürgert haben, ist es wissenschaftlich exakter, Inflationen mit im Zeitablauf steigenden oder **akzelerierten**, konstant bleibenden oder **stabilisierten** und sinkenden oder **dezelerierten Inflationsraten** zu unterscheiden (88, S. 291). Innerhalb gewisser Grenzen, die im Zeitablauf und in jedem Land unterschiedlich hoch angesetzt sind, werden diese säkularen Inflationsraten als unvermeidlich hingenommen und als „relative Preisniveausstabilität" mit dem wirtschaftspolitischen Ziel der Geldwertstabilität als kompatibel erklärt.

Die **statistische Messung der Inflationsrate** bereitet insofern Schwierigkeiten, als es keine international allgemein anerkannte und verwendete Methode ihrer Berechnung gibt. Die Inflationsrate ist definiert als **Zuwachs des Preisniveaus** $\overset{*}{P}$ in % pro Jahr: $\overset{*}{P} = \frac{dP}{P \cdot dt}$. Der Geldwert G berechnet sich als reziproker Wert des

Preisniveaus: $G = \frac{1}{P}$. Problematisch ist hierbei die Ermittlung des Preisniveaus P als Durchschnittsstand aller Preise, das als Index berechnet und auf ein bestimmtes Basisjahr mit dem Indexwert 100 bezogen wird. Als Basisjahr muß ein solches Kalenderjahr gewählt werden, in dem möglichst weitgehend ein gesamtwirtschaftliches Gleichgewicht (geringe Inflationsrate, geringe Arbeitslosenquote, ausgeglichene Zahlungsbilanz und befriedigende Wachstumsrate) realisiert wurde.

Die Berechnung des Preisindex als Meßziffer des Preisniveaus kann in verschiedener Weise erfolgen, nämlich als Index industrieller Erzeugerpreise, als Großhandelspreisindex, als Einzelhandelspreisindex oder als Lebenshaltungskosten index. Alle Indices können mit den abgesetzten Mengen gewogen oder ungewogen berechnet werden. Da laufend alte Produkte aus dem Markt verschwinden und neue eingeführt werden, haben sich in der Praxis zwei Berechnungsmethoden des Preisindex, dessen Veränderung pro Jahr die Inflationsrate und Geldwertminderungsrate determiniert, durchgesetzt: Der Einzelhandelspreisindex und der Lebenshaltungskostenindex. Der **Einzelhandelspreisindex** wird z.B. in Frankreich aus dem ungewogenen arithmetischen Mittel von 295 Waren und Dienstleistungen berechnet. Der **Lebenshaltungskostenindex** wird z.B. in der Bundesrepublik als gewogenes arithmetisches Mittel aus den Preisen von 864 Waren und Dienstleistungen und den durchschnittlich von allen privaten Haushalten im Basisjahr jeweils verbrauchten Mengen berechnet.

Ein Vergleich der Inflationsraten im Zeitablauf und international ist ungenau und problematisch aus folgenden Gründen (53, S. 114):

- Die Wahl des **Basisjahres** ist mehr oder weniger willkürlich und in den einzelnen Ländern unterschiedlich.
- **Qualitätsverbesserungen**, Garantie- und Service-Leistungen können im Preisindex nicht erfaßt werden.
- Durch **Produktinnovation**, Importe und staatliche Vorschriften (z.B. Umweltschutz, Gesundheitsschutz, Beimischungszwang bestimmter Produkte usw.) in Verbindung mit einer Verschiebung der Verbraucherpräferenzen verändert sich die Verbrauchsstruktur im Zeitablauf. Dadurch wird mit der zeitlichen Entfernung vom Basisjahr der für die Berechnung des Preisindex zugrunde gelegte Güterkorb in der Zahl, Zusammensetzung und Gewichtung der einzelnen vom Durchschnitts-Haushalt verbrauchten Mengen an Gütern und Dienstleistungen immer weniger repräsentativ.
- **Verschleierte Preiserhöhungen** können im Preisindex nicht erfaßt werden, weil bestimmte Güter und Dienstleistungen statistisch nicht richtig abgegrenzt und in den Güterkorb zur Berechnung des Preisindex einbezogen werden können.
- Staatlich **„administrierte Preise"** (staatlich beeinflußte oder fixierte Fest-, Höchst-, Mindest- oder Richtpreise), Subventionen an bestimmte Gruppen wie auch die Existenz statistisch nicht erfaßbarer „schwarzer Parallelmärkte" verzerren den Preisindex.

Daher ist festzustellen, daß die Berechnung der Inflationsrate als prozentuale Steigerungsrate pro Jahr des Preisindex für die Lebenshaltung mit statistischen Mängeln und Unsicherheiten behaftet und daher nur mit Vorbehalten zu verwenden ist. Im Zeitvergleich wird die so berechnete Inflationsrate wegen der Verschiebung der Konsumstruktur immer ungenauer, je weiter das berechnete Jahr vom Basisjahr entfernt ist. Im internationalen Vergleich ist zu berücksichtigen, daß in den verschiedenen Ländern unterschiedliche Basisjahre zugrunde gelegt, unterschiedliche statistische Berechnungsmethoden (ungewogener Preisindex oder gewogener Lebenshaltungskostenindex) angewendet und unterschiedliche Güter- und Dienstleistungspreise (nach Zahl, Qualitätsklassen, Konsumgüter, Industriegüter, importierte Güter und Dienstleistungen) statistisch erfaßt werden.

8.3 Inflationsbedingungen

Eine Transmission monetärer Impulse kann unter den in Kapitel 4.3 dargestellten Voraussetzungen auf den realen Sektor ohne oder gleichzeitig mit inflationären Wirkungen erfolgen. Mithin wurden nur die Voraussetzungen der monetär verursachten Inflation untersucht. Hierbei wurde deutlich, daß unter dem Einfluß vieler möglicher Faktoren ein expansiver monetärer Impuls eine Inflationsrate entstehen lassen oder eine bereits bestehende Inflationsrate erhöhen oder verringern kann. Die Erfahrung lehrt, daß eine sichere Inflationswirkung immer dann durch einen expansiven monetären Impuls ausgelöst wird, wenn dieser auf eine im Durchschnitt vollbeschäftigte Volkswirtschaft trifft. Dieser schon von **J. M. Keynes** analysierte Fall ist theoretisch in **Abbildung 17** dargestellt worden. In diesem Modell wird angenommen, daß der expansive monetäre Impuls auf den realen Sektor durch eine steigende volkswirtschaftliche Gesamtnachfrage übertragen wird, die einen steigenden Beschäftigungsgrad, immer knapper werdende Angebotsmöglichkeiten durch Produktionsengpässe und dadurch steigende Inflationsraten impliziert. Eine solche Entwicklung ist typisch für den konjunkturellen Aufschwung und Boom. Die Bedingungen dafür, daß eine solche monetär verursachte Inflation entstehen kann, sind die Transformation der zusätzlichen Geldmenge in zusätzliche Nachfrage ohne Aufstockung der gesamtwirtschaftlichen Liquidität und ein schnelleres Anwachsen der volkswirtschaftlichen Gesamtnachfrage gegenüber dem Wachstum des Gesamtangebotes durch Lagerabbau, steigende Importe, höheren Kapazitätsauslastungsgrad der Produktionsanlagen und/oder Erhöhung der Produktionskapazitäten.

Inflation kann aber auch durch nicht-monetäre Faktoren exogener oder endogener Art verursacht sein. **Exogene Faktoren** – wie Krieg, Revolution oder Streik – führen meist zu Angebotsverknappungen und damit verbundener Inflation. Sie können aber auch eine monetär verursachte Inflation auslösen wie die „Große Inflation“ von 1922/23. Diese war durch unsinnig hohe Reparationszahlungen verursacht worden, die dem deutschen Reich als Folge des verlorenen ersten Weltkrieges von den Alliierten auferlegt worden waren, die Wirtschaftskraft Deutschlands bei weitem überstiegen und daher durch Geldschöpfung aus der Notenpresse finanziert werden mußten.

Endogene Faktoren der Inflation entstehen aus dem Wirtschaftsprozeß einer Volkswirtschaft durch bestimmte Konstellationen und Verhaltensweisen der am Wirtschaftsprozeß Beteiligten. So kann eine Vielzahl verschiedenartiger, ideologisch zerstrittener Gewerkschaften (wie z.B. in Großbritannien) dadurch eine Inflation auslösen, daß diese miteinander um Mitglieder durch gegenseitige Überbietung ihrer Forderungen konkurrieren. Dies wie die damit unvermeidlich verbundenen häufigen Streiks in Teilbereichen der Wirtschaft, die ihrerseits durch Lieferausfall andere Wirtschaftsbereiche lahmlegen, bewirken ein Absinken der gesamtwirtschaftlichen Produktivität und einen Kostenschub mit inflatorischen

Wirkungen. Die gleichen Folgen können aber auch eintreten durch Preiserhöhungen der Unternehmen, die durch Einsatz von Marktmacht (durch Kartellierung, Konzentration oder gleiche Verhaltensweisen) möglich werden. Aber auch Änderungen der Verhaltenswiesen zugunsten einer stärkeren Ausgabenneigung der privaten Haushalte, des Staates oder des Auslandes im Inland können inflatorische Wirkungen auslösen.

Ist eine Inflation mit akzelerierten Inflationsraten erst einmal in Gang gekommen, so gewinnt sie eine Eigendynamik auch ohne Fortwirken der sie auslösenden Faktoren. Dieser Prozeß ist bedingt durch das Lohnverhalten der Gewerkschaften und das Preisverhalten der Unternehmen, durch Verringerung der realen Kassenhaltung, das Verschwinden der Geldillusion und damit der Verbreitung einer Inflationsmentalität in Verbindung mit weiteren Inflationserwartungen. Die Bedingung hierfür ist allerdings ein längerfristig steigendes Geldangebot zur Finanzierung des Inflationsprozesses.

Eine inflationsfreie Wirtschaft (Preisniveaustabilität) ist bei Vorliegen bestimmter, oben erwähnter Bedingungen sowohl in rezessiven Konjunkturphasen der Unterbeschäftigung als auch in ausgeglichenen Konjunkturphasen bei annähernder Vollbeschäftigung der Wirtschaft und optimaler Kapazitätsauslastung möglich (Abbildung 46). Dagegen ist Inflation immer in konjunkturellen Boomphasen der Überbeschäftigung bei voller Kapazitätsauslastung der Produktionsanlagen gegeben. Sie ist aber auch bei Vorliegen bestimmter, oben beschriebener Bedingungen in Konjunkturphasen der Unterbeschäftigung möglich.

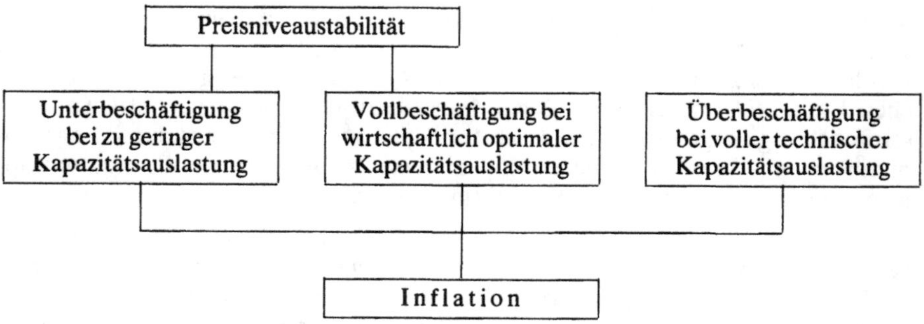

Abb. 46 Beschäftigungsgrad und Inflation

8.4 Theorie monetär induzierter Inflation

8.4.1 Inflationäre Geldwirkungen

Entsprechend der bisherigen Unterscheidung lassen sich zwei Typen der Inflation modelltheoretisch unterscheiden: die monetär verursachte und die nicht-monetär oder realwirtschaftlich verursachte Inflation. Wird von einem Modellansatz von **K. Brunner**, **M. Fratianni**, **J. L. Jordan**, **A. H. Meltzer** und **M. J. M. Neumann** (147, S. 313 ff.) ausgegangen und hier weiterentwickelt, so läßt sich graphisch in **Abbildung 47** die monetär verursachte Inflation (durch Geldmengenexpansion) modelltheoretisch darstellen.

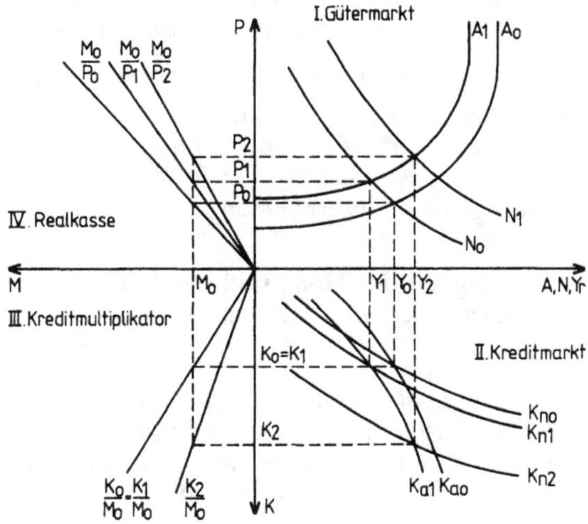

Abb. 47 Inflation durch Geldmengenexpansion

In diesem statistischen Modell läßt sich die Entstehung der Inflation durch eine Geldmengenexpansion in vier miteinander verbundenen Quadranten zeigen. Im **I. Quadranten** wird der **Gütermarkt** nach dem bereits bekannten postkeynesianischen Modell der gesamtwirtschaftlichen Angebots- und Nachfragekurve (vgl. Abbildung 17) dargestellt. Der Schnittpunkt der Nachfragekurve N_0 mit der Angebotskurve A_0 gibt in der Ausgangslage auf der Abszisse das erreichte reale Bruttosozialprodukt Y_0 und auf der Ordinate das Preisniveau P_0 an. Die gesamtwirtschaftliche Nachfrage N läßt sich durch die Gleichung 42 definieren, in der die Gesamtnachfrage n ihre Komponenten aufgegliedert und funktionelle Abhängigkeit von bestimmten Einflußfaktoren konstatiert werden.

(42) $N = N_p(P, i, p, l, s, v, a, b, r, K) + N_{st} + N_a$

N = volkswirtschaftliche Gesamtnachfrage
N_p = private konsumtive und investive Nachfrage
N_{st} = staatliche konsumtiv und investiv wirkende Nachfrage
N_a = Auslandsnachfrage (Export)
P = Preisniveau bei gegebener Preisstruktur aller Güter
i = Zinsniveau und Zinsstruktur der realen und Finanzanlagen
l = Lohnniveau bei gegebener Lohnstruktur
s = Sparquote bei gegebener Sparneigung
v = Vermögensstand bei gegebener Vermögenszusammensetzung und Vermögensverteilung
a = antizipierte Inflationsrate
b = Erwartungen der Arbeitnehmer bezüglich Beschäftigung, Sicherheit des Arbeitsplatzes und Einkommen

r = Rentabilitätserwartungen abzüglich Risikoerwartungen der Unternehmer
K = Kreditverfügbarkeit und Kreditbedingungen

Gleichermaßen läßt sich das volkswirtschaftliche Gesamtangebot A als Gleichung 43 in Abhängigkeit bestimmter Einflußfaktoren darstellen.

(43) $A = A_i(Z, P, p, l, i, r, a, d, K) + A_a$

A = volkswirtschaftliches Gesamtangebot
A_i = inländisches Güterangebot der Unternehmen
Z = Lagerbestände
d = Absatzerwartungen der Unternehmen
A_a = Auslandsangebot (Import)

In funktionaler Abhängigkeit der Höhe und des Verlaufes der Angebots- und Nachfragekurve ergibt sich die Höhe des Preisniveaus P.

(44) $P = f(A, N)$

Um Einflüsse, die sich durch die Finanzpolitik auf die Angebots- und Nachfragekurve ergeben können, auszuschalten, wird in diesem Modell von der Prämisse eines ausgeglichenen Staats-Budgets ausgegangen, das keinerlei expansive oder kontraktive Impulse auf den realen Sektor ausübt.

Im **II. Quadranten** des **Kreditmarktes** der Abbildung 47 werden die Angebots- und Nachfragekurve des Kreditmarktes und deren Beziehung zum I. Quadranten des Gütermarktes dargestellt. Die gesamtwirtschaftliche Kreditnachfrage K_n läßt sich als ein Produkt der exogen bestimmten Geldbasis (saisonbereinigte Zentralbankgeldmenge) B und des Kreditmultiplikators k auffassen, dessen Höhe von mehreren Faktoren bestimmt wird.

(45) $K_n = k(i, A, a, p, P, r) \cdot B$

Demgegenüber ist das Kreditangebot K_a in das von den Banken vergebene Kreditvolumen und in deren Kassenhaltung (Bankenliquidität) L zu untergliedern. Beide Größen werden von mehreren Faktoren beeinflußt. Das Kreditvolumen der Banken K umfaßt auch Kredite der Geschäftsbanken an die Zentralbank und an den Staat durch Ankauf von Offenmarktpapieren und Staatsanleihen.

(46) $K_a = K(i, A, a, p, P, d, r, S) + L(i, a, S)$

K = Kreditvolumen der Banken
L = freie Liquiditätsreserven der Banken
B = Geldbasis (saisonbereinigte Zentralbankgeldmenge)
k = Kreditmultiplikator

Da sich im Gleichgewichtsfall Kreditangebot und Kreditnachfrage entsprechen, also

$$K_a = K_n$$

ergibt sich nach Einsetzen der Gleichungen 45 und 46 in diese Gleichgewichtsbedingung:

(47) $k \cdot B = K + L$

Der (zur Abszisse) degressive Verlauf der Kreditangebotskurven K_a ist mit einer steigenden Kreditverknappung bei wachsender Produktion Y_r zu erklären. Der (zur Abszisse) progressive Verlauf der Kreditnachfragekurven K_n geht auf den progressiv steigenden Kreditbedarf bei steigender Produktion zurück, weil die Unternehmen im Konjunkturaufschwung einen immer höheren Anteil ihrer Investitionen und ihres Umsatzes durch Fremdkapital finanzieren müssen. Im **Quadranten II** der Abbildung 47 wird angenommen, daß im Gleichgewicht auf dem Gütermarkt (Quadrant I) ein reales Bruttosozialprodukt Y_0 erreicht ist, das auf der Kreditnachfragekurve K_{n0} einem Kreditvolumen K_0 im Punkte R entspricht. Auf der Kreditangebotskurve K_{a0} ist das Y_0 entsprechende Kreditangebot im Punkte S höher als die Kreditnachfrage und besteht in Höhe der Differenz zwischen den Punkten R und S aus der Bankenliquidität L.

Da dem **Kreditvolumen K_0** eine bestimmte **Geldbasis M_0** entspricht, läßt sich über den Quotienten $\frac{K_0}{M_0}$ im **III. Quadranten** der Kreditmultiplikator als Strahl aus dem Koordinatenursprung darstellen. Die gegebene Geldbasis läßt sich ihrerseits wiederum mit dem Preisniveau des I. Quadranten in Beziehung setzen, indem im **IV. Quadranten** der Quotient aus Geldbasis und Preisniveau $\frac{M_0}{P_0}$ die Höhe der realen Kassenhaltung angibt. Auch dieser Quotient läßt sich graphisch als Strahl aus dem Koordinatenursprung darstellen.

Der **Inflationsprozeß** ist in diesem Modell durch einen Anstieg der Geldbasis von M_0 auf M_1 zu erklären. Hierbei ist es unerheblich, aus welcher Quelle dieser monetäre Impuls einer Geldmengenexpansion ausgelöst worden ist: durch geldpolitische Maßnahmen der Zentralbank, durch Zufluß spekulativer Auslandsgelder, durch Verringerung der Liquiditätsquote der Banken, durch Erhöhung der Geldumlaufsgeschwindigkeit oder durch Intensivierung des Geldschöpfungsprozesses der Banken. In jedem Fall bewirkt der Anstieg der Geldbasis von M_0 auf M_1 zunächst eine größere reale Kassenhaltung beim Preisniveau P_0, das zunächst erhalten bleibt, weil der monetäre Impuls noch nicht auf den Gütermarkt übergegriffen hat. Dadurch bleibt auch das reale Bruttosozialprodukt Y_0 und das Kreditvolumen K_0 bestehen, wodurch zwangsläufig im II. Quadranten der Kreditmultiplikator $\frac{K_0}{M_1}$ kleiner werden muß. Da sich die auf M_1 erhöhte Geldmenge sofort in einer gestiegenen Bankenliquidität niederschlägt, werden die Banken versuchen, ihr Kreditvolumen durch Zinssenkungen und verbesserte Konditionen auszudehnen. Nach einem gewissen time-lag wird das gestiegene Kreditvolumen zu höheren Ausgaben und damit zu einer höheren Gesamtnachfrage führen, weil die Wirtschaftssubjekte bemüht sind, ihre ursprüngliche reale Kassenhaltung $\frac{M_0}{P_0}$ wiederherzustellen. Dieser Nachfrageanstieg kommt in einer Rechtsverschiebung der Nachfragekurve N_0 auf N_1 im I. Quadranten zum Ausdruck. Der Schnittpunkt der neuen Nachfragekurve N_1 mit der Angebotskurve A_0 zeigt ein von P_0 auf P_1 gestiegenes Preisniveau und ein von Y_0 auf Y_1 gestiegenes reales Bruttosozialprodukt bei einer höheren Produktion und Beschäftigung an. Die eingetretene Inflation ($P_1 - P_0$) stellt die ursprüngliche Realkasse wieder her, da $\frac{M_1}{P_1} = \frac{M_0}{P_0}$. Die Transmission des monetären Impulses (M_0 auf M_1) auf den Gütermärkten (Y_0 auf Y_1) ist nur durch eine Ausdehnung des Kreditvolumens von K_0 auf K_1 über die Wiederherstellung des früheren Kreditmultiplikators möglich, so daß $\frac{K_0}{M_0} = \frac{K_1}{M_1}$. Das auf K_1 gestiegene Kreditvolumen zur Finanzierung des auf Y_1 gestiegenen Bruttosozialproduktes ist dadurch zustande gekommen, daß auf dem Kreditmarkt die Erhöhung des Kreditangebotes die Kreditangebotskurve von K_{a0} auf K_{a1} und gleichzeitig die gestiegene Kreditnachfrage infolge eines erhöhten Finanzierungsbedarfs die Kreditnachfragekurve von K_{n0} auf K_{n1} nach unten verschoben haben. Der Schnittpunkt beider Kurven K_{a1} mit K_{n1} im Punkte T gibt eine Gleichgewichtslage auf dem Kreditmarkt bei K_1 und Y_1 an.

Der durch den monetären Impuls eingeleitete Inflationsprozeß in Verbindung mit einem Nachfrage- und Produktionsanstieg setzt sich jedoch fort. Die Erhöhung des Preisniveaus von P_0 auf P_1 beinhaltet nicht nur einen Preisanstieg von Rohstoffen, Investitions- und Konsumgütern, sondern begründet auch die Durchsetzung höherer Lohnforderungen. Beides bewirkt eine Erhöhung der Produktionskosten und dadurch eine Verschiebung der gesamtwirtschaftlichen Angebotskurve von A_0 auf A_1 nach oben. Gleichzeitig erhöht sich aber auch die Gesamtnachfrage und verschiebt die Gesamtnachfragekurve weiter von N_1 auf N_2. Dies ist nicht nur begründet durch einen weiteren Anstieg der durch höhere Löhne alimentierten konsumtiven Nachfrage der privaten Haushalte und der durch steigende Investitionen bedingten investiven Nachfrage der Unternehmen, sondern auch durch eine antizipierte Inflationsrate, die inzwischen von allen Wirtschaftssubjekten in alle Dispositionen einbezogen wird. Dadurch ist am Schnittpunkt der Nachfragekurve N_2 mit der Angebotskurve A_1 das Preisniveau erheblich von P_1 auf P_2, das reale Bruttosozialprodukt aber nur schwach von Y_1 auf Y_2 angestiegen. Der Inflationsprozeß hat sich beschleunigt, weil bei konstanter Geldbasis M_1 die Wirtschaftssubjekte ihre reale Kassenhaltung von $\frac{M_0}{P_0}$ auf $\frac{M_1}{P_2}$ verringert haben. Gleichzeitig hat sich der Kreditmultiplikator dieser Geldbasis auf $\frac{K_2}{M_1}$ erhöht und dadurch das Kreditvolumen K_2 ermöglicht. Das erhöhte Kreditangebot kommt auf dem Kreditmarkt durch eine Verschiebung der Kreditangebotskurve K_{a1} auf K_{a2} zum Ausdruck, die die Kreditnachfragekurve K_{n1} im Punkte 0 mit den Koordinaten K_2 und Y_2 schneidet.

Der durch den monetären Impuls in Gang gesetzte Inflationsprozeß führt zu einer Eigendynamik der Inflation, die eine weitere Erhöhung der Geldbasis notwendig macht. Denn eine Konstanthaltung oder gar Verringerung der Geldbasis durch die Zentralbank könnte den Inflationsprozeß nicht dämpfen, weil sich die gesamtwirtschaftliche Angebotskurve weiter kontinuierlich nach oben verschiebt, die gesamtwirtschaftliche Nachfragekurve aber dadurch nach unten als Folge der monetären Nachfragedämpfung verschieben würde. Dadurch würde das Preisniveau weiter steigen, aber gleichzeitig das reale Bruttosozialprodukt und damit Produktion und Beschäftigung zurückgehen. Aus diesem Grunde ist die Geldpolitik der Zentralbank im Inflationsprozeß darauf gerichtet, über die von ihr gesteuerte Geldmengenexpansion nur das Wachstum des realen Bruttosozialproduktes und eine im Zeitablauf immer stärker reduzierte „unvermeidliche" Inflationsrate zu finanzieren, um allmählich die Inflationsmentalität zu brechen und die Inflationsrate auf ein niedrigeres Niveau zurückzuführen.

Das in Abbildung 48 von **A. Woll** (73, S. 396 u. 148, S. 16) entwickelte Schema der monetären Inflationstheorie faßt Ursachen und Bedingungen der monetär

<table>
<tr><td>Theoriegruppe</td><td colspan="7">Monetäre Inflationstheorie (M · V)</td></tr>
<tr><td>Inflationsbedingung</td><td colspan="7">$\frac{\Delta(M \cdot V)}{M \cdot V} \cdot 100 > \frac{\Delta Y_r}{Y_r} \cdot 100$</td></tr>
<tr><td>Unabhängige Variable</td><td colspan="3">Geldmenge (M)</td><td colspan="2">Umlaufgeschwindigkeit (V)</td><td colspan="2">Monetäre Gesamtnachfrage (M · V) (demand pull)</td></tr>
<tr><td>Inflationsursache</td><td>Kontrollmängel bei Primärgeldproduktion (Noten, Münzen)</td><td>Kontrollmängel bei Sekundärgeldproduktion (Giralgeld)</td><td>Kontrollmängel bei geldproduzierenden Nichtbanken (Intermediäre Institute</td><td>Verkürzung der Kassenhaltungsdauer</td><td>Substitution der Wertspeicherfunktion des Geldes durch liquide Titel</td><td>Bloßes Zusammenwirken der Kriterien zu M und V</td><td>Verstärkungs- und Rückkoppelungseffekte zwischen M und V</td></tr>
<tr><td>Spezielle Inflationsbedingung</td><td colspan="3">Die Geldmenge (M) expandiert stärker als das reale Sozialprodukt (Y_r) bei – im Extremfall – konstanter Umlaufgeschwindigkeit oder Kassenhaltungsdauer:
$\frac{\Delta M}{M} \cdot 100 >$
$\frac{\Delta Y_r}{Y_r} \cdot 100$ bei $\bar{V}$</td><td colspan="2">Die Umlaufgeschwindigkeit (V) expandiert stärker als das reale Sozialprodukt bei – im Extremfall – konstanter Geldmenge:
$\frac{\Delta V}{V} \cdot 100 >$
$\frac{\Delta Y_r}{Y_r} \cdot 100$ bei $\bar{M}$</td><td colspan="2">Das Produkt aus Geldmenge und Umlaufgeschwindigkeit (M · V) expandiert stärker als das reale Sozialprodukt; es bleibt offen, welche der beiden Komponenten sich am stärksten ändert:
$\frac{\Delta(M \cdot V)}{M \cdot V} \cdot 100 >$
$\frac{\Delta Y_r}{Y_r} \cdot 100$</td></tr>
</table>

Abb. 48 Monetäre Inflationstheorie

verursachten Inflation zusammen. Es macht deutlich, daß unter der Bedingung einer stärker als das reale Bruttosozialprodukt Y_r wachsenden Geldmenge M · V als unabhängige Variable die Geldmenge M, die Geldumlaufsgeschindigkeit V oder beide zusammen als Inflationsursache in Frage kommen können.

Die monetäre Kausalität der Inflation läßt sich durch die Entwicklung im Zeitablauf des Geldüberhanges (gegenüber dem Produktionspotential) und der Inflationsrate (gemessen am Preisindex des Bruttosozialproduktes) empirisch nachweisen. Die in **Abbildung 49** gegebene Darstellung der Entwicklung des Geldüberhanges und der Inflationsrate im Zeitraum 1961–1980 durch die „Gemeinschaft zum Schutz der deutschen Sparer" (221) mit einer um zwei Perioden nach links verschobenen Kurve der Inflationsrate zeigt einen sehr engen Zusammenhang beider Kurven. Dieser stützt die These, daß die Entstehung einer bestimmten Inflationsrate nur möglich ist, wenn sie durch einen entsprechenden Geldmengenüberhang als inflationistischer Spielraum „finanziert" wird.

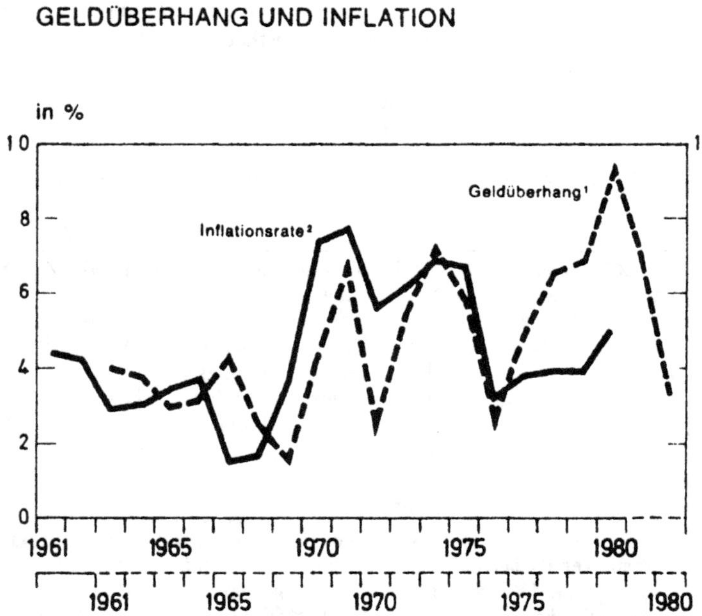

Eigene Berechnungen und Schätzungen der „Gemeinschaft zum Schutz der deutschen Sparer" nach Angaben der Deutschen Bundesbank und des Sachverständigenrates. – 1) Differenz zwischen dem Anstieg der Zentralbankgeldmenge und des Produktionspotentials. – 2) Preisindex des Bruttosozialprodukts, um zwei Perioden nach links verschoben.

Abb. 49 Geldüberhang und Inflation

8.4.2 Weltinflation

Die monetäre Inflationstheorie erfährt eine Ergänzung durch die Theorie der Weltinflation. Diese basiert auf der empirischen Beobachtung, daß eine Kausalitätsbeziehung zwischen einer Erhöhung der Weltwährungsreserven und einer davon ausgelösten Erhöhung der internationalen Liquidität, der inlandswirksamen Geldmenge in den einzelnen Ländern und der Erhöhung des Preisniveaus in diesen gegeben ist. „Changes in global international reserves have a direct and an indirect impact on the world money supply, and these changes in the world money supply in turn influence the world-wide rate of inflation" (149, S. 63).

In einer empirischen Untersuchung weist **H. R. Heller** (149, S. 65 ff.) unter Verwendung der Statistiken des Weltwährungsfonds nach, daß in den Ländern der Welt sehr enge funktionale Beziehungn zwischen der Erhöhung der Weltwährungsreserven und der Weltgeldmenge, zwischen der Erhöhung der Weltgeldmenge und dem Preisniveau und zwischen der Erhöhung der Weltwährungsreserven und der Erhöhung des Preisniveaus mit einem sehr hohen Korrelationskoeffizienten im untersuchten Zeitraum 1952 – 1974 gegeben sind. Hierbei stellte **Heller** time-lags zwischen der Erhöhung der Weltwährungsreserven und der Geldmenge von 3,8 Quartalen, zwischen der Erhöhung der Weltgeldmenge und der Erhöhung des Preisniveaus von 6 Quartalen und zwischen der Erhöhung der

Weltwährungsreserven und der Erhöhung des Preisniveaus von 3,5 bis 4,5 Jahren empirisch fest. Dieser Funktionalzusammenhang gilt auch für den Zeitraum einer beschleunigten Zunahme der Weltwährungsreserven in US-Dollars und Sonderziehungsrechten (SZR) bei einer gleichzeitig zunehmenden außenwirtschaftlichen Absicherung der Länder über flexible Wechselkurse seit 1970. „Seit Beginn flexibler Wechselkurse ist sowohl die Weltinflationsrate als auch die (absolute) Divergenz nationaler Inflationsraten, gemessen durch die Standardabweichung, größer“ (150, S. 147).

Jahr	1970	1971	1972	1973	1974	1975	1976	1977
Währungsreserven aller Länder	45,4	75,1	96,1	102,0	126,9	137,5	160,6	201,2
darunter in US-Dollars	23,8	46,6	56,7	55,4	62,8	68,9	79,2	103,8
darunter in DM	1,3	1,0	1,4	2,2	2,4	2,5	4,3	5,7
Anstieg des Konsumgüterpreisniveaus der Welt in %	6,0	5,9	5,8	9,6	15,3	13,6	11,5	11,4

Tab. 10 Weltwährungsreserven in Mrd. SZR und Weltinflation in %

Die in Tabelle 10 gezeigte Entwicklung der Weltwährungsreserven aller Länder (151, S. 53) in Mrd. SZR (Ende 1978 entsprach 1 SZR = 2,3815 DM) und der Weltinflationsraten (gemessen am Anstieg des Konsumgüterpreisniveaus aller Länder) läßt folgendes erkennen:

- Während im Zeitraum 1970 – 1977 die Weltwährungsreserven sich auf das 4½-fache erhöht haben, ist das Niveau der Weltkonsumgüterpreise um knapp 80% gestiegen.
- Ab 1973, dem Jahr des Überganges zu flexiblen Wechselkursen (floating) der meisten Länder, sind die Weltwährungsreserven bis 1977 auf das Doppelte, die Weltinflationsrate auf das gut 2½-fache beschleunigt gestiegen.
- Im gesamten Zeitraum 1970 – 1977 hielten alle Länder etwa die Hälft ihrer Währungsreserven in Form von US-Dollars.
- Die Bedeutung der DM als Reservewährung ist ständig gewachsen. Sie hat seit 1976 das britische Pfund Sterling als zweitwichtigste Reservewährung der Welt abgelöst.

Ein Zusammenhang zwischen der Entwicklung der Weltwährungsreserven und der Weltinflationsrate ist demnach nicht zu verkennen. Der Anstieg der Weltwährungsreserven, der internationalen Liquidität und der Weltgeldmenge verdanken ihre Entstehung einem Akt der Geldschöpfung: zum geringeren Teil der Zuteilung von Sonderziehungsrechten (SZR) an alle Länder durch den Weltwährungsfonds und zum größeren Teil durch die Geldschöpfung von US-Dollars durch das amerikanische Schatzamt (vgl. Kapitel 7.2). Erstmalig 1970 wurden insgesamt 3,124 Mrd. SZR durch politischen Beschluß zugeteilt und bis Ende 1977 auf 8,133 Mrd. SZR erhöht (152, S. 30). Durch das Wachstum der internationalen Liquidität ist das Euro-Dollar-Volumen bis Ende 1977 auf den Euro-Geldmärkten auf 300 Mrd. $ (153, S. 122) und bis Ende 1978 auf den Euro-Finanzmärkten auf 500 Mrd. $ (154, S. 15) angewachsen.

Fall Nr.	Ursachen-Komplex	Spezielle Ursachen	Ökonomische Ausgangslage der Beziehung Inland – Ausland	Prämissen	Transmissionsmechanismus im System fixer Wechselkurse	Transmissionsmechanismus im System flexibler Wechselkurse
allgemein	Schöpfung internat. Liquidität u. unterschiedl. Geld- und Währungspolitik im In- u. Ausland	– –	unterschiedl. Veränderungsrate des Kosten- und Preisniveaus im In- und Ausland	die Geldmenge bestimmt das Preisniveau; time-lags, Rigiditäten	Reaktion der Handelsbilanz und/oder der Kapitalbilanz	Reaktion des Wechselkurses und/oder der Kapitalbilanz
1 a)	Geldmengenexpansionsrate des Auslandes ist höher als die des Inlandes und/oder der Produktivitätszuwachs des Auslandes ist geringer als der des Inlandes	a) höhere Inflationsrate des Auslandes	ausländisches Preisniveau steigt schneller als das inländische	liberalisierte u. intensive Außenwirtschaftsbeziehungen	– –	steigender Wechselkurs
					steigende Auslandsnachfrage (Export), steigender Aktivsaldo der Handelsbilanz	
b)		b) Währung des Auslandes ist Welt-Leitwährung	Erhöhung der internationalen Liquidität	internat. Liquidität wird inlandswirksam	defizitiäre Handelsbilanz des Welt-Leitwährungslandes,	
					starke Kapitalzuflüsse aus dem Leitwährungsland	schwache Kapitalzuflüsse aus dem Leitwährungsland; Überreaktion des Wechselkurses unter die Kaufkraftparität
c)		c) hoher Anteil international nicht handelsfähiger Güter	ausländisches Preisniveau steigt schneller als das inländische bei gegebenem Preiszusammenhang international handelsfähiger Güter	stärkere Lohnerhöhung im Sektor handelsfähiger Güter im Inland und/oder Produktivitätszuwachs nicht-handelsfähiger Güter geringer	Übergreifen der Lohnerhöhungen vom Sektor der handelsfähigen Güter auf den nicht-handelsfähiger Güter durch Nachfragesubstitution und gewerkschaftliche Lohnpolitik	

Tab. 11 Übertragung der Weltinflation auf die inländische Inflationsrate

Fall Nr.	Ursachen Komplex	Spezielle Ursachen	Ökonomische Ausgangslage der Beziehung Inland – Ausland	Prämissen	Transmissionsmechanismus im System fixer Wechselkurse	Transmissionsmechanismus im System flexibler Wechselkurse
2 a)	Zinsdifferenz Inland – Ausland	höhere Inflationsrate und Nominalzinsen des Auslandes	a) gleichhohe Realzinsen	liberalisierter Kapitalverkehr, Aufwertungserwartung	steigender Aktivsaldo der Kapitalbilanz	Aktivsaldo der Kapitalbilanz bei spekulativer Erwartung eines steigenden Wechselkurses
b)			b) höhere inländische Realzinsen	zinsinduzierter Kapitalzufluß aus dem Ausland		
c)			c) höhere ausländische Realzinsen	zinsinduzierter Kapitalabfluß in das Ausland, höhere Inflationsrate im Ausland		
3	geringer werdende monetäre Disziplin in bedeutenden Welthandelsländern	erhöhte Geldschöpfung in allen Ländern	Differenzen der Lohnsteigerungsraten, Unternehmensgewinne u. staatl. Budgetdefizite zwischen In- und Ausland	Gültigkeit der Phillips-Hypothese	steigender Aktivsaldo der Handelsbilanz	– –
					stärkere inflationär wirkende Geldmengenexpansion im Inland zur Senkung der Arbeitslosenquote; im gewogenen Weltdurchschnitt eine höhere Inflationsneigung aller Länder	
4	asymmetrischer Preiseffekt von Wechselkursänderungen (Mundell-Laffer-Argument)	größere Zahl von Abwertungen als von Aufwertungen bedeutender Welthandelsländer	Erhöhung internat. Liquidität, Differenz zwischen Kaufkraftparitäten und Wechselkursen	Abwertungen des Auslandes wegen höherer Inflationsrate und/oder Verringerung der Währungsreserven	in Abwertungsländern steigende Inflationsraten, in Aufwertungsländern deflatorische Tendenz, die wegen der Preisstarrheit nach unten und expansiver Geldpolitik zur Vermeidung einer steigenden Arbeitslosenquote nicht wirksam wird	
5	Erhöhung der Weltwährungsreserven	Verkauf gestiegener inländischer Währungsreserven auf dem Devisenmarkt	unerwünschte inländische Geldmengenexpansion	internationale Liquidität wird inlandswirksam	Portfolioumschichtung zugunsten inländischer Finanzanlagen und dadurch Kapitalimporte, steigender Aktivsaldo der Kapitalbilanz	

Tab. 11 Fortsetzung

Etwa ein Drittel dieses Geldvolumens stammt nach Auffassung des Weltwährungsfonds (151, S. 48) von Zentralbanken, und ein erheblicher Anteil des Euro-Dollar-Kreditvolumens wird an Regierungen und staatliche Organe vergeben. „The important point is that in the United States there is no decrease in the money supply, while in foreign countries the Dollar inflow serves as the basis for a multiple expansion of the money supply" (149, S.71).

In **Tabelle 11** wird versucht, die wesentlichen Ursachenkomplexe der Weltinflation und ihren Übertragungsmechanismus auf die Inflation einer besimmten Volkswirtschaft (Inland) darzustellen. **Allgemein** gilt für alle wesentlichen Ursachenkomplexe der Übertragung der Weltinflation auf das Inland, daß eine Schöpfung internationaler Liquidität in Leitwährungen und eine nach unterschiedlichen Zielsetzungen ausgerichtete Geld- und Währungspolitik in Inland und im Ausland vorausgegangen sein muß. Als ökonomische Ausgangslage der Beziehungen zwischen In- und Ausland muß als eine Voraussetzung der Übertragung des inflationären Impulses auf das Inland eine unterschiedliche Veränderungsrate der Kosten- und Preisniveaus im Inland und im Ausland gegeben sein. Als Prämissen gelten in allen Fällen die Annahmen, daß die Geldmenge die Höhe und Veränderung des Preisniveaus bestimmt, Rigiditäten der Angebots- und Nachfragekurven und der Devisenangebots- und -nachfragekurven gegeben sind und schließlich zwischen den Ursachen und Wirkungen inflationärer Impulse unterschiedlich lange time-lags auftreten.

Der Transmissionsmechanismus zwischen Impulsen der Weltinflation auf die Inflationsrate des Inlandes ist größtenteils im System fixer Wechselkurse ein anderer als im System flexibler Wechselkurse. Während im ersten Fall die Übertragung durch eine Reaktion der Handelsbilanz und/oder der Kapitalbilanz erfolgt, geschieht sie im zweiten Fall durch eine Reaktion der Kapitalbilanz und/oder des Wechselkurses. Allerdings ist darauf hinzuweisen, daß der Transmissionsmechanismus keineswegs immer in den gleichen, in den folgenden fünf Fällen dargestellten Formen ablaufen muß. Auch ist nicht gesagt, daß ein System fixer Wechselkurse inflationärer sein muß als ein System flexibler Wechselkurse oder umgekehrt (150, S. 155). Schließlich ist darauf hinzuweisen, daß im heutigen System flexibler Wechselkurse ein kontrolliertes Floating mit Glättungsinterventionen der Zentralbanken zur Verhinderung „erratischer" Wechselkursschwankungen praktiziert wird. Werden in einem System fixer Wechselkurse häufige und kurz aufeinanderfolgende Paritätsänderungen vorgenommen (wie z.B. in Brasilien), so können dadurch inflationäre Impulse aufgrund spekulativer Erwartungen von Auf- oder Abwertungen verhindert werden.

Fall 1a unterstellt eine höhere Geldmengenexpansionsrate und/oder einen geringeren Produktivitätszuwachs im Ausland als im Inland. Dadurch können sich im Ausland höhere Inflationsraten als im Inland entwickeln. Unter der Voraussetzung liberalisierter und intensiver Außenwirtschaftsbeziehungen zwischen In- und Ausland wird bei fixen Wechselkursen im Inland die Auslandsnachfrage (Exporte) steigen. Der aktive Handelsbilanzsaldo wächst, die als dessen Äquivalent in das Inland hereinströmenden, zum festen Wechselkurs in inländische Währung konvertierten ausländischen Zahlungsmittel blähen das Geldvolumen auf, das die inländische Inflationsrate erhöht. Der gleiche Prozeß vollzieht sich auch in einem System flexibler Wechselkurse, jedoch in abgeschwächter Form. Der Grund hierfür ist, daß auch flexible Wechselkurse sich nicht simultan der (infolge einer höheren ausländischen Inflationsrate) gesunkenen Kaufkraftparität der ausländischen Währung anpaßt und die Auslandsnachfrage steigt.

Ist im **Fall 1b** die Währung des Auslandes, das eine höhere Inflationsrate aufweist als das Inland, eine Welt-Leitwährung (wie der US-Dollar), so wird sich die internationale Liquidität erhöhen. Dies erklärt sich aus den vier **Funktionen einer Welt-Leitwährung** im internationalen Währungssystem als Interventions-, Reserve-, Ausgleichs- und Transaktionswährung (vg. Kapitel 3.4.2.2)

Die vom Leitwährungsland geschaffene internationale Liquidität schlägt sich zunächst in einer passiven Handelsbilanz des Leitwährungslandes und einer entsprechenden Erhöhung des Aktivsaldos der Handelsbilanz des Inlandes nieder. Die dadurch bedingten Geldzuflüsse aus dem Ausland werden verstärkt durch nachfolgende Kapitalzuflüsse aus dem Leitwährungsland wegen spekulativer Erwartungen einer Aufwertung der Inlandswährung bei fixen Wechselkursen. Das gleiche gilt in schwächerer Form bei flexiblen Wechselkursen, weil vom Leitwährungsland ein weiterer Anstieg des Wechselkurses der Inlandswährung erwartet wird.

Schließlich kann im **Fall 1c** bei Vorliegen einer inflationär wirkenden höheren Geldmengenexpansionsrate des Auslandes ein hoher Anteil nicht international handelsfähiger Güter (non-tradables) die Übertragung der Weltinflation auf das Inland verursachen. Hier wird angenommen, daß die Auslandsnachfrage im Sektor der international nicht handelsfähigen Güter steigt, wodurch sich dort die Unternehmensgewinne und mit time-lag die Löhne stärker erhöhen. Infolge der Nachfragesubstitution im Preis gestiegener handelsfähiger (tradables) durch nicht-handelsfähige Güter im Inland und die Lohnpolitik der Gewerkschaften im Sektor der nicht-handelsfähigen Güter steigen auch dort die Preise. Somit greift die Inflation unabhängig vom jeweiligen Wechselkurssystem auf das Inland über.

Im **Fall 2** ist eine Zinsdifferenz zwischen In- und Ausland dadurch gegeben, daß im Ausland infolge einer höheren Inflationsrate höhere Nominalzinsen herrschen. Sind im In- und Ausland die realen Zinsen gleich hoch (Fall 2a), so wird ausländisches Kapital dem Inland zufließen wegen einer spekulativen Erwartung der Aufwertung der inländischen Währung bei fixen Wechselkursen oder eines steigenden Wechselkurses der Inlandswährung bei flexiblen Wechselkursen. Sind die inländischen realen Zinsen höher als die des Auslandes (Fall 2b), so setzt ein zinsinduzierter Kapitalzufluß aus dem Ausland ein. Sind schließlich höhere reale Zinsen im Ausland als im Inland gegeben (Fall 2c), so kann kurzfristig ein Kapitalabfluß vom Inland in das Ausland zinsinduziert einsetzen. Nach einem time-lag beginnt aber nach dem Muster des Fall 1 die Auslandsnachfrage zu steigen. In allen vorgenannten Fällen wird der inflationäre Impuls vom Ausland durch eine Aktivierung der Kapitalbilanz oder der Handelsbilanz des Inlandes übertragen.

Im **Fall 3** wird eine geringer werdende monetäre Disziplin in bedeutenden Ländern und eine dadurch bedingte stärkere, im Ausland noch höhere Geldschöpfung für die Übertragung der Weltinflation verantwortlich gemacht. Als Konsequenz stellen sich Differenzen der Lohnsteigerungsraten, Unternehmensgewinne und staatlichen Budgetdefizite zwischen In- und Ausland ein, die durch eine nachfrage- und beschäftigungswirksame Geld- und Finanzpolitik des Auslandes verursacht ist. Hierbei wird die Gültigkeit der **Phillips-Hypothese** unterstellt (155, S. 1 ff.).

Diese läßt sich in Form der **Phillips-Kurve** darstellen, die ursprünglich einen trade-off zwischen der Steigerungsrate des Lohnniveaus in % und der Arbeitslosenquote in %, in ihrer später modifizierten Darstellung einen solchen zwischen der Höhe der Inflationsrate in % und der Arbeitslosenquote in % konstatiert. Obwohl **A. W. Phillips** diese in **Abbildung 50** dargestellte Kurve aus empirischen

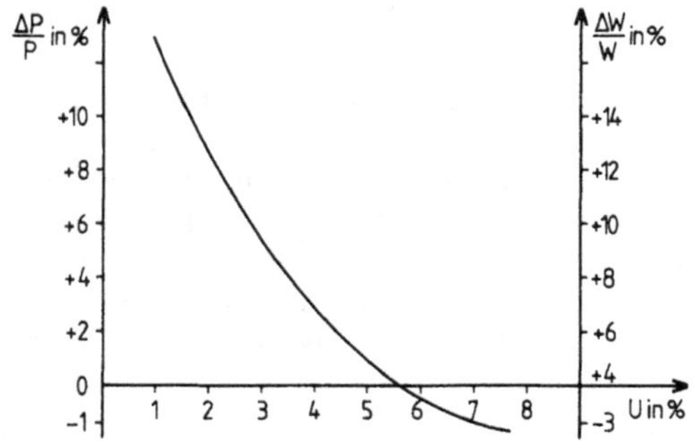

Abb. 50 Originäre und modifizierte Phillips-Kurve

Zahlen eines sehr langen Zeitraumes ermittelt hat (155), läßt sich empirisch für die Bundesrepublik nachweisen, daß für bestimmte Zeiträume dieser Zusammenhang nicht gegeben war (53, S. 133). Um eine steigende Arbeitslosigkeit zu vermeiden oder die bestehende Arbeitslosenquote abzubauen, werden die meisten Länder eine expansive Geld- und Finanzpolitk betreiben und dabei gleichzeitig eine höhere Inflationsrate in Kauf nehmen. Dadurch entsteht in allen Ländern der Welt eine höhere Inflationsneigung. Bei flexiblen Wechselkursen ist im Rahmen der konkurrierenden Inflationierung der einzelnen Länder der von der Wirtschaftspolitik im Inland angestrebte Punkt auf der Phillips-Kurve mit einer bestimmten tolerierten Inflationsrate ($\frac{\Delta P}{P}$) und einer bestimmten Arbeitslosenquote (U) entscheidend. Bei fixen Wechselkursen kann zusätzlich ein steigender Aktivsaldo der Handels- und Kapitalbilanz inflationäre Impulse aus dem Ausland übertragen, wenn die Inflationsrate des Auslandes höher ist und schneller steigt.

Im **Fall 4** verursacht ein **asymmetrischer Preiseffekt** von Wechselkursänderungen bei fixen und flexiblen Wechselkursen eine Inflationsübertragung auf das Inland. Ein solcher asymmetrischer Preiseffekt kann nur auftreten, wenn eine größere Zahl von Abwertungen als von Aufwertungen durch bedeutende Welthandelsländer vorgenommen werden. In diesem Fall erhöht sich die in der Währungseinheit der abwertenden Länder ausgedrückte Weltgeldmenge. Gleichzeitig ergibt sich in den abwertenden Ländern eine Tendenz zu Preiserhöhungen und in den aufwertenden Ländern eine Tendenz zu Preissenkungen (150, S. 161). Da jedoch eine Senkung des Preisniveaus in den Aufwertungsländern wegen der Starrheit der Preise nach unten nicht mehr möglich ist (ratchet effect), erhöht sich die internationale Liquidität, die sich entsprechend dem Fall 1b über die Handels- und Kapitalbilanz inflationär auf das Inland überträgt.

Der **Fall 5** sieht die in **Tabelle 11** dargestellte Erhöhung der Weltwährungsreserven als Ursache der Inflationsübertragung auf das Inland über die Kausalkette der Schaffung zusätzlicher internationaler Liquidität und einer nicht kontrollierbaren Geldmengenexpansion im Inland an. Diese und der von ihr ausgelöste inflationäre Impuls wird noch verstärkt, wenn in- und ausländische Anleger eine Portfolio-Umschichtung zugunsten inländischer Wertpapiere in Erwartung steigender Renditen oder einer Aufwertung (bei fixen Wechselkursen) oder eines steigenden Wechselkurses der inländischen Währung (bei flexiblen Wechselkursen) vornehmen.

8.5 Theorie realwirtschaftlich induzierter Inflation

8.5.1 Inflation durch autonome Nachfrageerhöhung

Während die monetären Inflationstheorien von der Hypothese ausgingen, daß eine Vermehrung der verfügbaren Geldmenge eine Erhöhung des gesamtwirtschaftlichen Nachfrage über die kurzfristigen Angebotsmöglichkeiten hinaus bewirkt und damit Inflation induziert, unterstellen die realwirtschaftlichen Inflationstheorien von der verfügbaren Geldmenge unabhängige Impulse der Erhöhung der gesamtwirtschaftlichen Nachfrage oder der Verknappung oder Verteuerung des gesamtwirtschaftlichen Angebotes. Hierbei muß eine hohe Geldangebotselastizität angenommen werden, durch die die zur Finanzierung der Inflation benötigte Geldmenge durch die Auflösung von Liquiditätsreserven, durch die Erhöhung der Geldumlaufsgeschwindigkeit oder durch die Beschaffung zusätzlichen Geldes von den Euro-Geldmärkten zur Verfügung gestellt wird.

Zur Erklärung der durch eine autonome Nachfrageerhöhung verursachten Inflation kann in **Abbildung 51** das gleiche wie schon in **Abbildung 47** benutzte Mo-

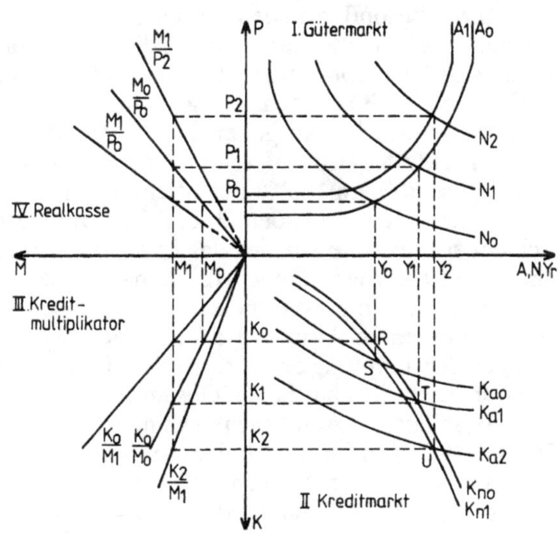

Abb. 51 Inflation durch autonome Nachfrageerhöhung

dell verwendet werden. Eine autonome Nachfrageerhebung läßt sich im I. Quadranten des Gütermarktes als eine Parallelverschiebung der Nachfragekurve N_0 auf N_1 darstellen. Sie kann bedingt sein durch eine kurzfristig angestiegene Investitionsneigung der Unternehmen, eine gestiegene Konsumneigung der privaten Haushalte, eine gestiegene Auslandsnachfrage (Export) und/oder eine gestiegene Staatsnachfrage.

	Veränderung in % pro Jahr				
Jahr	BSP nominal	BSP real	Staatsverbrauch	Export	Inflationsrate
1968	+ 9,0	+ 7,2	+ 4,2	+ 12,0	+ 1,6
1969	+ 11,7	+ 8,0	+ 12,8	+ 14,6	+ 1,9
1970	+ 13,3	+ 5,8	+ 14,6	+ 11,8	+ 3,4
1971	+ 10,9	+ 2,7	+ 19,8	+ 9,9	+ 5,3
1972	+ 9,2	+ 3,0	+ 12,5	+ 9,1	+ 5,5
1973	+ 11,2	+ 5,1	+ 14,9	+ 19,6	+ 6,9
1974	+ 7,2	+ 0,4	+ 17,7	+ 31,4	+ 7,0
1975	+ 4,5	− 3,4	+ 11,8	− 1,8	+ 6,0
1976	+ 8,5	+ 5,1	+ 5,6	+ 14,4	+ 4,5
1977	+ 6,4	+ 2,6	+ 5,7	+ 5,6	+ 3,9
1978	+ 7,4	+ 3,4	+ 6,6	+ 5,4	+ 2,6

Tab. 12 Die Veränderung der Staats- und Auslandsnachfrage sowie die Inflationsrate in der Bundesrepublik, 1968 – 1978

In der Bundesrepublik hat sich gezeigt, daß besonders die kurzfristige Erhöhung der Staatsnachfrage und der Auslandsnachfrage in den Jahren zu einer Erhöhung der Inflationsrate wesentlich beigetragen hat, in denen ihre Zuwachsrate das Wachstum des realen Bruttosozialproduktes wesentlich übertraf. Wie aus **Tabelle 12** ersichtlich ist, war besonders in den Jahren 1970 – 1975 die Zuwachsrate des Staatsverbrauches um ein Vielfaches höher als die Wachstumsrate des realen Bruttosozialproduktes und hat somit wesentlich zur Inflationsrate dieser Jahre beigetragen. Das Gewicht der Staatsnachfrage geht aus der Tatsache hervor, daß 1977 die Staatsquote (öffentliche Ausgaben in % vom Bruttosozialprodukt) 48,2%, darunter die direkte Staatsnachfrage in Gestalt des laufenden Sachaufwandes und der Sachinvestitionen 18,3% der öffentlichen Ausgaben und 8,8% des Bruttosozialproduktes betragen haben (156, S. 12). In den Jahren 1973 und 1974 hat zusätzlich der sprunghafte Anstieg des Exports einen inflationären Impuls ausgelöst. Im Jahre 1976 trug besonders die Zunahme der Auslandsnachfrage zur Inflationsrate bei. Allerdings ist zu beachten, daß in den Rezessionsjahren 1967 und 1974 – 1975 der starke Anstieg der Staatsnachfrage und des Exportes bei einer gleichzeitigen Schrumpfung der übrigen Nachfrageaggregate ein stabilisierendes Element der volkswirtschaftlichen Gesamtnachfrage darstellte, das einen noch stärkeren Beschäftigungseinbruch verhindert hat. Die in den Rezessionsjahren 1974 und 1975 gemessenen hohen Inflationsraten von 7,0% und 6,0% sind nicht auf den Anstieg der Staatsnachfrage und des Exportes, sondern auf die inzwischen erreichte Eigendynamik des Inflationsprozesses und die Einbeziehung der Inflationserwartungen in die Dispositionen der Wirtschaftssubjekte zurückzuführen.

Ist ein stark ansteigender Staatsverbrauch allein bei konstant bleibender Geldbasis für die Erhöhung der Inflationsrate verantwortlich, so liegt eine reine **fiskalische Inflation** (pure fiscal inflation) vor (147, S. 326). In **Abbildung 51** wird dieser durch die Staatsausgaben verursachte Anstieg der Gesamtnachfrage von N_0 auf N_1 durch Bankkredite finanziert. Im **I. Quadranten** verlagert sich das Gleichgewicht auf dem Gütermarkt vom Schnittpunkt der Nachfragekurve N_0 mit der Angebotskurve A_0 beim realen Bruttosozialprodukt Y_0 und dem Preisniveau P_0 auf den Schnittpunkt der verschobenen Nachfragekurve N_1 mit der Angebotskurve A_0 bei einem auf Y_1 gestiegenen realen Bruttosozialprodukt und einem auf P_1 gestiegenen Preisniveau. Das zur Finanzierung der zusätzlichen Staatsnachfrage benötigte Kreditvolumen kommt in einer Verschiebung der Kreditnachfragekurve von K_{n0} auf K_{n1} im **II. Quadranten** der **Abbildung 51** zum Ausdruck. Da die Banken die gestiegene Kreditnachfrage bei gleichbleibender Geldbasis nur durch einen von $\frac{K_0}{M_0}$ auf $\frac{K_1}{M_0}$ gestiegenen Kreditmultiplikator – dargestellt als Gerade im **III. Quadranten** – befriedigen können, erhöhen sie ihr Kreditangebot durch eine Parallelverschiebung der Kreditangebotskurve K_{a0} auf K_{a1}. Dadurch ist das Gleichgewicht des Kreditmarktes, das ursprünglich beim realen Bruttosozialprodukt Y_0 einem Kreditvolumen K_0 entsprach, durch ein Kreditvolumen K_1 bei dem auf Y_1 gestiegenen realen Bruttosozialprodukt wiederhergestellt. Die bei konstanter Geldbasis höhere Kreditschöpfung der Banken in Verbindung mit der antizipierten Inflationsrate durch die Wirtschaftssubjekte ist nur möglich geworden durch eine Verringerung der realen Kassenhaltung, dargestellt im IV. Quadranten durch den von $\frac{M_0}{P_0}$ auf $\frac{M_0}{P_1}$ dargestellten steileren Verlauf der Geraden.

Infolge der entstandenen Inflationsrate $(P_1 - P_0)$ kommt es mit einem gewissen time-lag zu höheren Lohnforderungen der Gewerkschaften. Da sich inzwischen auch die Preise der in der Produktion benötigten Produktionsmittel wie auch die Zinsen infolge der Kreditausweitung von K_0 auf K_1 erhöht haben, steigen in der gesamten Volkswirtschaft die Kosten und Preise weiter an, wodurch sich die Gesamtangebotskurve A_0 auf A_1 im **I. Quadranten** nach oben verschiebt. Dadurch ergibt sich als neues Gleichgewicht des Gütermarktes der Schnittpunkt zwischen der Nachfragekurve N_1 und der Angebotskurve A_1 bei einem von Y_1 auf Y_2 zurückgegangenen realen Bruttosozialprodukt und einem weiter von P_1 auf P_2 gestiegenem Preisniveau. Mit dieser veränderten Lage ist ein geringeres Kreditangebot kompatibel, so daß sich die Kreditangebotskurve wieder zurückverschiebt von K_{a1} auf K_{a2} und die Kreditnachfragekurve K_{n1} in einem neuen Gleichgewichtspunkt des Kreditmarktes mit den Koordinaten K_2 und Y_2 im **II. Quadranten** schneidet. Diesem auf K_2 zurückgegangenen Kreditvolumen entspricht im **III. Quadranten** bei konstanter Geldbasis ein auf $\frac{K_2}{M_0}$ gesunkener Kreditmultiplikator und im **IV. Quadranten** eine wegen der gestiegenen Inflationsrate auf $\frac{M_0}{P_2}$ gesunkene reale Kassenhaltung.

Ein nach dem gleichen Muster ablaufender Inflationsprozeß kann durch eine kurzfristig gestiegene Investitionsneigung der Unternehmen aufgrund einer antizipierten höheren marginalen Kapitalrentabilität realer Güter bei einer konstant bleibenden Geldbasis und Fiskalpolitik verursacht sein. Da in diesem Fall der erwartete „natürliche Zins" **(K. Wicksell)** oder die „marginale Kapitalrentabilität" **(J. M. Keynes**: marginal efficiency of capital) über den Geldmarktzins steigt und damit eine autonome Erhöhung der investiven Nachfrage der Unternehmen induziert, wird dieser Inflationstyp als **„Wicksell-Keynes-Inflation“** bezeichnet (147, S. 324). Die gestiegene Güternachfrage von N_0 auf N_1 ist auch hier von einer steigenden Kreditnachfrage der Unternehmen begleitet, die durch ein erhöhtes Kreditangebot der Banken über einen gestiegenen Kreditmultiplikator befriedigt wird.

Alle bisher erwähnten Inflationstypen, die durch eine autonome Erhöhung aller oder einzelner Nachfrageaggregate (konsumtive, investive, staatliche und ausländische Nachfrage) verursacht sind, werden als **„nachfrage-induzierte Inflation“** oder **„demand-pull inflation“** bezeichnet. Die im Kapitel 8.4.2 behandelte Übertragung inflationärer Impulse des Auslandes auf das Inland durch Erhöhung der Exporte oder durch Kapitalzuflüsse aus dem Ausland oder durch Verteuerung importierter ausländischer Rohstoffe und anderer Güter wird auch als **„importierte Inflation“** bezeichnet.

Bisher noch nicht behandelt wurde die Inflationstheorie der **„strukturellen Nachfrageverschiebung“** oder **„structural demand-shift theory“** von **Charles L. Schultze** (157). Sie erklärt die „schleichende“ Inflation durch eine im Zeitablauf ständig feststellbare Verschiebung der Nachfrage von einem Sektor der Wirtschaft auf andere Sektoren. So läßt sich in der Bundesrepublik im Zeitraum 1960 – 1975 beobachten, daß sich die relativen Anteile der „großen Sektoren“ am Bruttoinlandsprodukt wie folgt verschoben haben (53, S. 122. f):„Landwirtschaft, Forstwirtschaft und Fischerei“ von 5,7% auf 2,7%, „Energiewirtschaft und Bergbau“ von 5,3% auf 3,9%, „Handel und Verkehr“ von 19,6% auf 17,8%, dagegen „Dienstleistungsbereiche“ von 20,2% auf 30,9%. Bildet man noch kleinere Sektoren nach einzelnen Branchen, so wird noch deutlicher, daß sich eine laufende Verlagerung der Nachfrage investiver und konsumtiver Güter und Leistungen bedingt durch eine unterschiedliche technische Entwicklung, veränderte Qualitätsansprüche, Mode, Geschmack und den Trend der steigenden Inanspruchnahme von Dienstleistungen ergibt. Ein Inflationsimpuls entsteht nach der Theorie von **Schultze** dadurch, daß in den Sektoren stark steigender Nachfrage die Preise infolge des Nachfragesogs stark steigen (demand-pull), während sie in den Sektoren schrumpfender Nachfrage infolge des Sperrklinken-Effektes (ratchet effect) nach unten starrer Preise (wegen nach unten starrer Lohn- und Materialkosten) nicht sinken können.

Da sich der inflatorische Impuls der Nachfrageverschiebung nicht eindeutig empirisch ermitteln und von anderen Inflationsimpulsen isolieren läßt, ist diese Theorie nicht unbestritten (93, S. 131). Eine Variante dieser Theorie stellt auf die **internationale Nachfrageverschiebung** ab und wird als **„terms-of-trade-shift theory“** bezeichnet. Auch in diesem Fall wirken sich Verlagerungen der Auslandsnachfrage in der gleichen dargestellten Weise aus und kommen in einer Verschlechterung der terms of trade (gewichteter Index der Ausfuhrpreise dividiert durch den gewichteten Index der Einfuhrpreise) zum Ausdruck.

8.5.2 Inflation durch autonome Angebotsverteuerung

Zur Erläuterung des Inflationstyps der Angebotsverteuerung kann das Modell der **Abbildung 52** verwendet werden. Ausgangspunkt dieser Inflationstheorie ist die empirische Beobachtung, daß Inflation durch eine allgemeine Erhöhung der Kosten, die auf die Preise überwälzt werden, als **„Kostendruck-Inflation“** oder-

„cost-push inflation" entstehen kann. Eine Inflation dieses Typs kann durch eine natürliche oder künstliche Verknappung des Angebotes und durch eine autonome Anhebung des Preisniveaus durch die Anbieter entstehen. Sie wird daher als **„marktmacht-induzierte Inflation"** oder **„market power inflation"** bezeichnet. Prämissen dieses Inflationstyps sind die elastische Finanzierung der Inflation durch das Geldangebot, fehlende Substitutionsmöglichkeiten der verteuerten Güter durch die Nachfrager und weitgehend gleichförmige Verhaltensweisen der Anbieter.

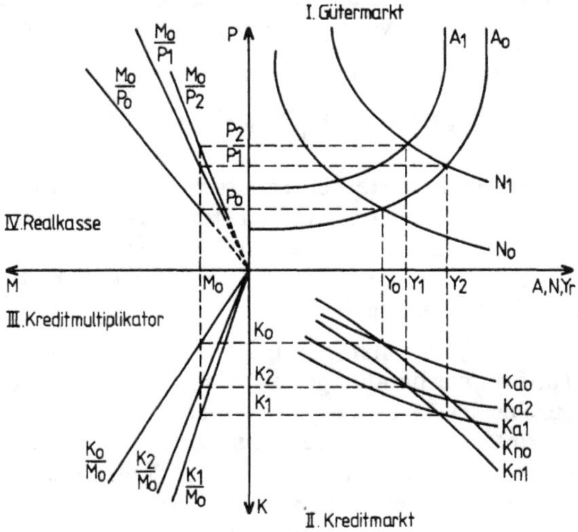

Abb. 52 Inflation durch autonome Angebotsverteuerung

In beiden Fällen der cost-push und market power inflation wird eine Verschiebung der Angebotskurve auf dem Gütermarkt im **I. Quadranten** der **Abbildung 52** nach oben von A_0 auf A_1 bei einer zunächst gleichbleibenden Nachfragekurve N_0 bewirkt. Dies bedeutet, daß das reale Bruttosozialprodukt Y_r von Y_0 auf Y_1 zurückgeht und gleichzeitig das Preisniveau von P_0 auf P_1 steigt. Da angenommen wird, daß in der Ausgangslage beim realen Bruttosozialprodukt Y_0 auch auf dem Kreditmarkt im **II. Quadranten** bei einem Kreditvolumen K_0 am Schnittpunkt der Kreditnachfragekurve K_{n0} mit der Kreditangebotskurve K_{a0} Gleichgewicht herrschte, muß die neue Situation des Gütermarktes sich auch auf den Kreditmarkt auswirken. Da in **Abbildung 52** der Rückgang des umgesetzten Gütervolumens von Y_0 auf Y_1 gerade dem Anstieg des Preisniveaus von P_0 auf P_1 entspricht, muß das Kreditvolumen gleichgeblieben sein ($K_0 = K_1$). Dies wird dadurch möglich, daß sich die Kreditnachfragekurve von K_{n0} auf K_{n1} und die Kreditangebotskurve von K_{a0} auf K_{a1} parallel so weit verschoben haben, daß sich beide Kurven bei den Koordinaten $K_0 = K_1$ und Y_1 im neuen Kreditmarktgleichgewicht schneiden. Damit verbunden ist bei konstanter Geldbasis M_0 ein gleichbleibender Kreditmultiplikator im **III. Quadranten** $\frac{K_0}{M_0} = \frac{K_1}{M_0}$ und eine wegen des gestiegenen Preisniveaus gesunkene reale Kassenhaltung auf $\frac{M_0}{P_1}$ im **IV. Quadranten**.

Dieser Verteuerung des Angebotes wird nach einem gewissen time-lag wieder ein Nachfrageanstieg folgen – bedingt durch Lohnerhöhungen als Folge der Inflation und der erzielten Produktivitätsfortschritte, aber auch durch das natürliche Anwachsen der Nachfrageaggregate – und einem neuen Gleichgewicht auf dem Gütermarkt im **I. Quadranten** am Schnittpunkt der Gesamtangebotskurve A_1 und der auf N_1 verschobenen Nachfragekurve N_1 bei einem auf Y_2 gestiegenen realen Bruttosozialprodukt und einem weiter auf P_2 gestiegenen Preisniveau. Reales Wirtschaftswachstum $(Y_2 - Y_1)$ und Inflation $(P_2 - P_1)$ bedingen ein auf K_2 gestiegenes Kreditvolumen im Schnittpunkt der (höher liegenden) auf K_{a1} verschobenen Kreditangebotskurve und der auf K_{n2} (ebenfalls höher liegenden) verschobenen Kreditnachfragkurve im **II. Quadranten**. Bei konstanter Geldbasis muß sich entsprechend der Kreditmultiplikator auf $\frac{K_2}{M_0}$ im **III. Quadranten** erhöhen und die reale Kassenhaltung auf $\frac{M_0}{P_2}$ im **IV. Quadranten** verringern.

Beide Arten des hier dargestellten Inflationstyps der Angebotsverteuerung, nämlich der kosten-induzierten und der marktmacht-induzierten Inflation, lassen sich wiederum nach den einzelnen, tatsächlich wirkenden Inflationsimpulsen aufgliedern. Zunächst werden die einzelnen Impulse der **Kostendruck-Inflation (cost-push inflation)** nachfolgend behandelt.

Einen wesentlichen inflationären Impuls üben **autonome Lohnerhöhungen** aus, die in den Tariflohnverhandlungen zwischen Gewerkschaften und Arbeitgeberverbänden durchgesetzt werden. Übersteigt die Erhöhung des Lohnniveaus (bei konstanten terms of trade und Gewinnspannen) die durchschnittlich erzielte Produktivitätsfortschrittsrate, so muß in Höhe der Differenz beider Raten ein inflationärer Impuls als **Lohndruck-Inflation** (wage-push Inflation) entstehen. Diese kann sich im Konjunkturaufschwung dadurch verstärken, daß die Unternehmen bei einem knapper werdenden Angebot von Arbeitskräften um diese konkurrieren und höhere, übertarifliche Löhne zu zahlen bereit sind. Dadurch ergibt sich eine **Lohn-Drift** (wage drift) als Differenz zwischen dem tariflichen und tatsächlichen Lohnniveau, die sich erfahrungsgemäß im Konjunkturaufschwung erhöht und in der Rezession verringert oder gar (wie in der Bundesrepublik 1975) negative Werte annehmen kann (24, Ziff. 124).

Die **importierte Kosten-Inflation** wirkt als cost-push durch Preiserhöhungen importierter Güter, die nicht oder nur in geringem Maße durch inländische Produkte substituiert werden können, auf das Inland. Besonders betroffen sind hiervon die Rohstoffe, deren Vorkommen in der Welt ungleichmäßig verteilt ist. Diese Preiserhöhungen für ausländische Güter können durch eine marktbedingte Verknappung (z.B. infolge schlechter Ernten, Produktionsausfällen wegen Streik, kurzfristigem Nachfrageanstieg auf den Weltmärkten) oder durch die Bildung und Ausübung von Marktmacht (z.B. durch internationale Kartellbildung, abgestimmte Produktionseinschränkungen) mit dem Ziel einer Umverteilung der Ressourcen zwischen den einzelnen Ländern durchgesetzt werden.

Preiserhöhungen bedeutender Welthandelsgüter zwischen 1972 und 1974 zeigt **Tabelle 13**. Die spektakulärste Preiserhöhung dieses Zeitraums ging vom Erdöl aus, das sich durch die Beschlüsse des internationalen Rohölkartells OPEC (1973) um mehr als das Dreieinhalbfache (+378,6%) verteuerte. Somit stieg der Rohölpreis in dem Zweijahreszeitraum auf fast die fünffache Höhe an. Durch

Produkt	Preisbasis	Preis 1972	Preis 1974	Preiserhöhung 1972 – 1974 in %
Erdöl	US-$/barrel iran. Häfen	2,467	11,808	378,64 %
Zucker	US-Cents/pound New York	9,09	29,47	224,20 %
Zink	US-Cents/pound London	18,79	56,01	198,08 %
Erdnüsse	US-$/m. ton London	253,95	739,05	191,02 %
Weizen	US-$/bushel Gold-Häfen	1,90	4,90	157,89 %
Gummi	US-Cents/pound New York	18,10	39,80	119,89 %
Holz-Stämme	US-$/cubic m. Tokio	40,474	81,585	101,57 %
Blei	US-Cents/pound London	13,66	26,81	96,27 %
Kupfer	US-Cents/pound London	48,47	93,07	92,02 %
Kali	US-$/m. ton Vancouver	33,50	60,50	80,60 %

Tab. 13 Kostendruck durch Rohstoffpreissteigerungen

diesen Erfolg ermutigt, setzten auch andere Rohstoffländer durch Kartellierung und Preisabsprachen Preiserhöhungen für Rohstoffe durch.

Auch Steuererhöhungen können als **„Steuer-Druck-Inflation“ (tax-push inflation)** auf das Preisniveau durchschlagen, wenn sie gleichförmig von allen Unternehmen überwälzt werden. In vollem Umfang werden gewöhnlich die **indirekten Steuern** überwälzt. Aufgrund dieser Überlegung errechnete das Bundesfinanzministerium (158) eine Inflationswirkung durch Erhöhung der Mehrwertsteuer von 11% (5,5%) auf 13% (6,5%) entsprechend dem Haushaltstyp:

Haushaltstyp 1: 2-Personen-Haushalt von Renten- und Sozialhilfeempfängern mit einem geringen verfügbaren Einkommen von 858,98 DM pro Monat (1974). Die durchschnittliche Mehrwertsteuerbelastung steigt von 5,33% auf 6,30%.

Haushaltstyp 2: 4-Personen-Arbeitnehmer-Haushalt mit einem mittleren verfügbaren Einkommen von 1.934,01 DM pro Monat (1974). Die durchschnittliche Mehrwertsteuerbelastung steigt von 5,69% auf 6,72%.

Haushaltstyp 3: 4-Personen-Arbeitnehmer-Haushalt von Beamten und Angestellten mit einem höheren verfügbaren Einkommen von 3.375,85 DM pro Monat (1974). Die durchschnittliche Mehrwertsteuerbelastung steigt von 5,28% auf 6,24%.

In gleicher Weise wurde auch die Erhöhung der indirekten Alkoholsteuer 1977 und 1981 und der Mineralölsteuer 1981 auf die Preise überwälzt.

Andererseits werden üblicherweise auch die **direkten Steuern** (z.B. die Körperschaftsteuer) über die verrechneten Gemeinkosten auf die Preise überwälzt. Schließlich findet auch eine Überwälzung staatlich verordneter Zwangsabgaben statt: z.B. von Zöllen, Importabgaben, Zwangsbeiträgen an öffentlich-rechtliche Institutionen (z.B. Handelskammern) und Versicherungen (z.B. Arbeitgeberanteil zur Rentenversicherung) oder Umlagen (z.B. für die Lehrlingsausbildung). Ein Kostendruck kann auch von der Erhöhung des Zinsniveaus für Bankkredite als **„Zinskosten-Inflation“** oder **„interest rate-push inflation“** ausgehen. Sie kann allerdings nur stattfinden, wenn im Konjunkturaufschwung in steigendem Umfang eine Fremdfinanzierung der Investitionen und des Umlaufvermögens durch Bankkredite von den Unternehmen durchgeführt wird.

Die andere Gruppe inflationärer Impulse, die eine Angebotsverteuerung hervorrufen, ist bedingt durch Marktmacht als **„market-power inflation“**. Diese Marktmacht kann durch eine monopolistische Marktposition eines Unternehmens, durch Zusammenschluß, abgestimmte oder gleichförmige Verhaltensweise mehrerer Unternehmen oder durch eine direkte oder indirekte Beeinflussung der Preise durch den Staat begründet sein.

Solchermaßen von den Anbietern autonom festgesetzte Preise werden im Anschluß an **Gardiner C. Means** (159, S. 98) als **„administrierte Preise“** (administered prices) bezeichnet. Heute werden unter dem Begriff der „administrierten Preise im engeren Sinne“ solche Konsumgüterpreise verstanden, die vom Staat direkt oder indirekt festgesetzt oder in erheblichem Maße beeinflußt werden. Sie werden daher auch als **„staatlich-administrierte Preise“** bezeichnet. In der Bundesrepublik hat der Sachverständigenrat den Anteil der Güter mit staatlich-administrierten Preisen am Güterkorb, der der Berechnung des Lebenshaltungskostenindex im Basisjahr 1970 zugrundegelegt wird, ermittelt (160, Anhang VII, S. 209 ff.). Entsprechend der Art und Intensität staatlicher Einflußnahme auf die Preise hat der Sachverständigenrat vier Gruppen staatlich-administrierter Preise unterschieden, nämlich direkt administrierte, teiladministrierte, quasi-administrierte und indirekt administrierte Preise, deren Anteile am gesamten Güterkorb und an der Gesamtheit der Güter mit administrierten Preisen in **Tabelle 14** ausgewiesen sind.

Direkt administrierte Preise werden vom Staat direkt festgelegt und kontrolliert. Sie machen 11,1% aller administrierten Preise aus und haben am Güterkorb des Lebenshaltungskostenindex einen Anteil von 4,6%.

Teiladministrierte Preise werden vom Staat nur kontrolliert und sind genehmigungspflichtig. In einigen Fällen werden auch Höchstpreise vom Staat festgelegt. Leistungen und Güter dieser Art sind am Güterkorb des Lebenshaltungskostenindex zu 10,9% beteiligt und wiegen unter den administrierten Preisen mit 26,3%. **Quasi-administrierte Preise** betreffen Güter, deren Belastung mit einer spezifischen Steuer so hoch ist, daß diese den Preis maßgeblich bestimmt. Güter dieser Art sind im Güterkorb des Lebenshaltungskostenindex zu 10,9% enthalten und haben an der Gesamtheit der administrierten Preise einen Anteil von 26,5%. **Indirekt administrierte Preise** betreffen Güter, die direkt oder indirekt den EG-Marktordnungen und deren Höchst-, Mindest-, Fest- oder Richtpreisen (Orientierungspreisen) unterliegen. Sie sind zu 14,9% am Güterkorb des Lebenshaltungskostenindex und zu 36,1% an allen Gütern mit administrierten Preisen beteiligt. Alle Waren und Leistungen mit staatlich-administrierten Preisen aller vier Gruppen sind zu 41,3% im Güterkorb, mit dem der Lebenshaltungskostenindex berechnet wird, enthalten.

Zu fragen ist nun, ob die staatlich-administrierten Preise eine stabilisierende

Gruppe	Art und Ausmaß staatlicher Beeinflussung der Preise	Gütergruppe	Gewicht im Lebens-haltungs-kosten-index	Gewicht unter Gütern mit admini-strierten Preisen
1	direkt admini-strierte Preise	Verkehrstarife Nachrichtenübermittlung Rundfunk- und Fernsehgebühren Gebühren für Besuch kultureller Einrichtungen, Sport- und Bildungs-veranstaltungen	4,6 %	11,1 %
2	teil-admini-strierte Preise	Versorgungstarife Mieten Versicherungstarife Gesundheitspflege Rechtsanwaltgebühr Flugtarife Zündhölzer	10,9 %	26,3 %
3	quasi-admini-strierte Preise	alkoholische Getränke Tabakwaren Bohnenkaffee echter Tee Weinessig, Speisesalz Kraftstoffe, Heizöl EL	10,9 %	26,5 %
4	indirekt admini-strierte Preise	frisches Fleisch und Fleischwaren Milch, Käse, Butter Speiseöle Brot und Backwaren Mehl, Nährmittel Zucker, Honig Süßwaren	14,9 %	36,1 %
		zusammen	41,3 %	100,0 %

Tab. 14 Anteile staatlich-administrierter Verbraucherpreise

Wirkung auf das Preisniveau und damit auf den Geldwert ausüben oder ob umgekehrt von ihnen eine inflationäre Wirkung ausgeht. Empirische Untersuchungen bestätigen die letztere These. So zeigt **H. Bott** (161), daß im Zeitraum 1962 – 1970 der gesamte Lebenshaltungskostenindex um 23,7%, die Preise der in diesem enthaltenen Güter mit administrierten Preisen um 27,3% und die Preise der Güter mit freien Preisen um 23,9% etwa um die gleiche Rate gestiegen sind (161, S. 131). Werden jedoch aus dem Güterkorb von 1962 zur Berechnung des Lebenshaltungskostenindex mit einem Anteil von 23,3% administrierter Preise (161, S. 117) die unter dem Einfluß der EG-Marktordnungen sehr gering gestiegenen Nahrungsmittelpreise fortgelassen, so stieg der Lebenshaltungskostenindex in diesem Zeitraum um 26,7%. Die in diesem enthaltenen administrierten Preise (ohne Nahrungsmittel) stiegen jedoch um 36,4% und damit erheblich stärker als die übrigen freien Preise um 23,5% (161, S. 131). Eine andere Untersuchung des **Instituts der Deutschen Wirtschaft** zeigt, daß im Zeitraum von 1970 (Jahresdurchschnitt) bis 1975 (August) die administrierten Preise (ohne Nahrungsmittel) um 45,5% und damit wesentlich stärker wuchsen als die übrigen freien Preise um 33,5% (162). Die Anstiegsraten bedeutender administrierter Preise lassen sich aus Tabelle 15 entnehmen (162).

Postgebühren	um 86,2 %
Wasser	um 72,4 %
Arzt und Krankenhaus	um 64,8 %
Bundesbahn	um 60,6 %
Telefongebühren	um 57,0 %
Elektrizität	um 54,2 %
Kommunale Verkehrsmittel	um 52,8 %
Kraftstoffe	um 47,3 %
Flugverkehr	um 40,9 %
Sozialmieten	um 38,8 %
Tabakwaren	um 26,4 %
Fernsehgebühren	um 23,5 %
Rundfunkgebühren	um 20,0 %
Lebenshaltungskosten darunter:	um 35,2 %
staatlich-administrierte Preise insgesamt	um 45,5 %
übrige Preise	um 33,5 %

Tab. 15 Anstiegsraten staatlich-administrierter Preise, 1970 – 1975

Damit zeigt sich, daß die direkt staatlich-administrierten Preise einen inflationären Impuls auszulösen pflegen. Als Gründe hierfür kommen in Frage, daß

- der Staat in den Wirtschaftsbereichen mit staatlich-administrierten Preisen eine Monopolstellung besitzt,
- die staatliche Preispolitik Kostendeckung anstrebt, wobei in vielen Bereichen eine exakte Kostenermittlung und- zurechnung auf die einzelnen Güter oder Leistungen entweder nicht möglich oder nicht erwünscht ist (z.B bei den Telefongebühren),
- bei Festlegung der staatlich-administrierten Preise weder ein Wettbewerbsdruck noch ein Rationalisierungszwang ausgeübt wird und Preisvergleiche nicht möglich sind,
- staatlich-administrierte Preise politische Preise sind, die der Staat längerfristig konstant zu halten bemüht ist und deren Höhe, Veränderungsrate und Zeitpunkt der Veränderung von politischen Rücksichten bestimmt werden.

Der letztgenannte Gesichtspunkt kommt in der von **H. Bott** (161, S. 127) beobachteten Tatsache zum Ausdruck, daß die Bundesregierung in den Wahljahren auf eine Stabilität der staatlich-administrierten Preise bedacht war, diese aber in den Jahren nach der Wahl stärker stiegen. So lag im Zeitraum 1953 – 1972 die durchschnittliche Steigerungsrate der staatlich-administrierten Preise für Dienstleistungen im Verkehrswesen und in der Nachrichtenübermittlung in den Wahljahren bei 3,10% p.a., in den Jahren nach den jeweiligen Wahlen bei 5,18%.

Auch die **privat-administrierten Preise** oder **„administrierten Preise im weiteren Sinne“** nach **G. C. Means** (159) können inflationäre Impulse auslösen. Die private Preisadministrierung setzt Marktmacht des betreffenden Unternehmens voraus, die durch einen hohen Monopolisierungsgrad des betreffenden Marktes als Folge fehlender Wettbewerber, gemeinsamer oder abgestimmter Preisstrategie oder einer erfolgreichen Marketing-Strategie der Marktsegmentierung bedingt ist. Diese ermöglicht dem Unternehmen eine autonome Preisfixierung auf der Basis der Vollkosten plus einer bestimmten, geplanten Gewinnmarge **(target pricing)**. Kostensteigerungen können dabei voll überwälzt **(cost-push inflation)** und bestimmte Gewinnmargen gehalten oder auf eine gewünschte Höhe ausgeweitet werden **(profit-push inflation)**.

Nach Auffassung von **G. Ackley** (163) setzt diese autonome Preisfixierung der Unternehmen **(mark-up pricing)** nicht unbedingt das Vorhandensein von Marktmacht voraus. Die Kalkulation auf Vollkostenbasis mit einem branchenüblichen Gewinnzuschlag je Einheit stelle vielmehr die vorherrschende Form der Preisbildung dar **(mark-up inflation)**. Ähnlich argumentiert die These des **„asymmetrischen Preisverhaltens“** (164, S. 184, ff.) mit einer stückkostenorientierten und auf eine befriedigende Gewinnmarge gerichteten Preispolitik der Unternehmen. Dementsprechend würden selbst bei Kostensenkungen keine Preissenkungen, sondern nur noch einseitig Preiserhöhungen unter Vernachlässigung der gegebenen Nachfrageelastizitäten vorgenommen. (165, S. 120).

H. Giersch (166, S. 61 ff.) erklärt diese Erscheinung aus dem Wachstumsprozeß, in dem die Wachstumsbranchen erzielte Produktivitätsfortschritte nicht durch Preissenkungen weitergeben, andererseits die übrigen Branchen durch Kostensteigerungen zu Preiserhöhungen gezwungen würden, wodurch eine **„strukturelle Inflation“** entsteht. Diese Argumentation ähnelt derjenigen von **P. M. Sweezy** (167, S. 68 ff.), der in der Wirtschaft eine überwiegend oligopolistische Anbieterstruktur unterstellt, die bei einem Nachfragerückgang eine Preisstarrheit nach unten und bei einem Nachfrageanstieg gemeinschaftliche Preiserhöhungen der Oligopolisten impliziert. Dieser Tatbestand kommt in einer geknickten Preis-Absatz-Funktion der Oligopolisten zum Ausdruck. Im empirischen Test konnte **G. J. Stigler** (168, S. 432) für den Zeitraum Juni 1929 bis Mai 1937 in oligopolistischen Industrien die Existenz einer solchen geknickten Preis-Absatz-Funktion nicht nachweisen. Damit wird die Auffassung von Sweezy jedoch nicht widerlegt, sondern nur gezeigt, daß sie nicht allgemeingültig sondern nach **Th. Pütz** (157, S. 87) unter bestimmten Bedingungen, Verhaltensweisen der Marktteilnehmer und Zeiträumen gelten kann.

Schließlich hält auch **F. U. Willeke** (169, S. 23 ff.) privat-administrierte Preise nur unter der Bedingung eines gewissen Einverständnisses zwischen den Anbietern eines meist unvollständigen Oligopols für realisierbar. Die administrierten Preise gegeneinander substituierbarer Güter werden innerhalb eines Preisintervalls, der von einer „Marktzutrittsschwelle“ und einer „Interventionsschwelle“ begrenzt ist, liegen. Die **„Marktzutrittsschwelle“** definiert Willeke als die Preishöhe, bei der potentielle Anbieter des In- und Auslandes sich auf diesem Markt zusätzlich betätigen und die Wettbewerbsintensität entsprechend erhöhen würden. Die **„Interventionsschwelle“** ist bei einer kritischen Preishöhe gegeben, bei der das Kartellamt fehlenden Wettbewerb vermuten und entsprechende Eingriffe in die Preisbildung vornehmen muß. Liegt dieser Preisintervall relativ hoch und bietet Möglichkeiten zu weiteren Preiserhöhungen, so wird eine **„profit-push inflation“** entstehen.

Es liegt auch die Vermutung nahe, daß eine zunehmende **Konzentration** der Wirtschaft eine privat-administrierte Preisbildung und dadurch die Inflation beschleunigen könnte. Diese These hält auch der **Sachverständigenrat** für möglich, aber nicht für empirisch gesichert. „Konzentration bedeutet nicht unbedingt, daß sich die aktuelle Intensität des Wettbewerbs verringert, zumal zugleich die Konkurrenz aus dem Ausland stärker wird. Wohl aber erhöht sie die Gefahr, daß es zu Marktbeherrschung und gleichförmigem bis abgestimmtem Verhalten kommt" (160, Ziff. 382). Das Bundeskartellamt stellt fest, „daß einzelne Sparten hochkonzentrierter Wirtschaftsbereiche zugleich die höchsten Preisindices aufweisen" (170, S. 29).

Empirische Untersuchungen zeigen jedoch, daß sich ein Zusammenhang zwischen einem steigenden Konzentrationsgrad und einer überdurchschnittlichen Preissteigerungsrate als Inflationsimpuls nicht nachweisen läßt. So konnte **H. Schui** (171, S. 255), der die gesamte Industrie der Bundesrepublik nach Höhe des Konzentrationskoeffizienten in drei etwa gleich starke Gruppen eingeteilt hat, im Zeitraum 1960 – 1970 zeigen, daß die durchschnittliche Preiserhöhungsrate der Industriegruppe höchster Konzentration mit durchschnittlich 1,7% p.a. etwa gleich hoch wie diejenige der am geringsten konzentrierten Industriegruppe mit durchschnittlich 1,6% p.a. war, während die dazwischen liegende Industriegruppe mit einem mittleren Konzentrationsgrad eine wesentlich höhere durchschnittliche Preissteigerungsrate von 4,7% p.a. aufwies.

Auch **Th. Vajna**, der in einer empirischen Studie den möglichen Zusammenhang zwischen dem Konzentrationsprozeß und der Preisentwicklung in der deutschen Industrie längerfristig (1954 – 1973) und mittelfristig (1970 – 1976) mit verschiedenen Methoden untersuchte (172, S. 26 ff.), kam zu dem Schluß, daß „keine brauchbaren Anhaltspunkte für einen auch nur mittelmäßig ausgeprägten Zusammenhang zwischen Konzentration und Preisentwicklung in den siebziger Jahren" (172, S. 36) festzustellen sei. Nach dieser Untersuchung läßt sich auf die These nicht stützen, daß der im Zuge eines zunehmenden Konzentrationsgrades der Industrie vermutete wachsende Anteil der privat-administrierten Preise zu einem relativ höheren Anstieg der Gewinne in den relativ hoch konzentrierten Sektoren der Wirtschaft geführt hat. **Vajna** gelangte sogar zu einem entgegengesetzten Ergebnis: „Je größer die Konzentration, um so knapper die Rendite" (172, S. 41). Demnach würde von dem Prozeß einer zunehmenden Konzentration der Industrie kein Inflationsimpuls ausgehen. Dieses Ergebnis beweist jedoch nicht, daß nicht im Zuge einer wachsenden Konzentration und Marktmacht der Unternehmen eine **„market-power inflation"** entstehen kann.

Als weitere nicht-monetäre Inflationsursachen werden schließlich auch **ökonomisch-politische Rahmenbedingungen** und **wirtschaftspolitische Zielkonflikte** verantwortlich gemacht. Überhöhte Forderungen einzelner gesellschaftlicher Gruppen an die volkswirtschaftliche Wertschöpfung können in den Verteilungskämpfen nur über steigende Preise befriedigt werden und führen zu einer von **H. Besters** (173, S. 6) so bezeichneten **„Anspruchsinflation"**. Dieser Inflationstyp wird um so stärker ausgeprägt sein

- je stärker einzelne gesellschaftliche Gruppen (Unternehmer oder Gewerkschaften einer Branche, Berufsgruppen) die bestehenden Verteilungsrelationen zu ihren Gunsten verändern wollen,
- je mehr die tatsächliche Wirtschaftsentwicklung von den Prognose-Daten abweicht,

- je straffer die betreffende gesellschaftliche Gruppe organisiert ist und je stärker ihre Ansprüche durch politische Parteien unterstützt werden,
- je mehr diese Ansprüche von der öffentlichen Meinung toleriert oder sogar unterstützt werden,
- je aggressiver und rücksichtsloser im Hinblick auf die daraus resultierenden preispolitischen Konsequenzen die Umverteilungsansprüche einer gesellschaftlichen Gruppe durchgesetzt werden.

Die Bekämpfung einer solchen „Anspruchsinflation" erfordert daher einen „politischen Ansatz, mit dem Ziel einer Umstrukturierung der sozialen Prozesse" (174, S. 99). Nicht die Ansprüche der sozialen Gruppen, sondern den Wunsch nach Maximierung von Wählerstimmen gibt **W. Zohlnhöfer** (175, S. 537 ff.) als dominierende Ursache der Inflation an. Nach dieser Auffassung neigen Regierungsparteien immer dazu, solche ausgabenwirksamen Gesetze zu verabschieden oder Beschlüsse zu fassen, die möglichst vielen und großen Wählergruppen zugute kommen und die zur Verfügung stehenden öffentlichen Einnahmen überschreiten (z.B. Rentengesetze), wodurch eine **„staatlich induzierte Inflation"** entsteht. Eine solche kann nach Auffassung von **René Maury** (176, S. 177 ff.) auch von den staatlichen Infrastruktur-Investitionen und Friktionen der industriellen Investitionen ausgelöst werden. Infrastruktur-Investitionen (z.B. Autobahnbau, Bau öffentlicher Gebäude) weisen meist einen sehr geringen und nur auf sehr lange Sicht wirksamen Produktivitätseffekt auf. Dadurch steht einer hohen Staatsausgabe mit einer entsprechenden Nachfragewirkung keine zusätzliche Güterproduktion gegenüber, wodurch eine **„demand-pull inflation"** entsteht. Ebenso wirken nach **R. Maury** Investitionen der Unternehmen im Industrialisierungsprozeß inflationär, weil sie erst mit unterschiedlichen time-lags eine Erhöhung der Produktion bewirken, so daß sich in einzelnen Sektoren und Produktionsstufen über gewisse Zeiträume Angebotsverknappungen ergeben können, die inflatorisch wirken. Schließlich wird von **Jean P. Daloz** (177, S. 5 ff.) die Meinung vertreten, daß durch politische Einflüsse der Ordnungsrahmen des Wirtschaftssystems laufend verändert wird, wodurch jeweils andere ökonomische, politische und psychologische Konstellationen der Wirtschaft geschaffen werden, die für die Entstehung der Inflation notwendig und günstig sind.

Inflation als Ergebnis wirtschaftspolitischer Zielkonflikte kann ebenfalls bei Vorliegen bestimmter ökonomischer und politischer Bedingungen entstehen. Diese wirtschaftspolitischen Zielkonflikte zwischen dem Ziel der Preisniveaustabilität einerseits und den Zielen der Vollbeschäftigung, des befriedigenden Wirtschaftswachstums, der Verteilungsgerechtigkeit und dem außenwirtschaftlichen Gleichgewicht sind empirisch für die Bundesrepublik an anderer Stelle (53, S. 130 ff.) untersucht worden. Hierbei zeigte sich, daß solche Zielkonflikte keineswegs entstehen **müssen**, sondern unter bestimmten Bedingungen entstehen **können**. Auf den Zielkonflikt **Preisniveaustabilität – Vollbeschäftigung** wurde bereits im Kapitel 8.4.2 im Zusammenhang mit der Übertragung der Weltinflation auf das Inland, dargestellt durch die originäre und modifizierte **Phillips-Kurve** (Abbildung 50) hingewiesen. Obwohl für die meisten Länder der Zusammenhang einer steigenden Inflationsrate bei sinkender Arbeitslosenquote entsprechend der Phillips-Kurve über längere Zeiträume festgestellt werden kann, ist dieser Zusammenhang kurzfristig weder allgemeingültig noch stringent. Er wird jedoch dann auftreten, wenn die Geld- und Finanzpolitik expansive Maßnahmen zur Beseitigung der Arbeitslosigkeit ergreift und Preisüberwälzungsspielräume bestehen.

Ein Zielkonflikt **Preisniveaustabilität – Wirtschaftswachstum** kann dann auftreten, wenn eine Regierung forciert versucht, durch defizit-finanzierte Staatsausgaben (deficit spending) ein hohes Wirtschaftswachstum zu erreichen (wie z.B. in Brasilien). In der Praxis gibt es sowohl Länder, die bei Preisniveaustabilität ein hohes reales Wirtschaftswachstum aufweisen als auch solche, die bei einer hohen Inflationsrate ein hohes und andere, die überhaupt kein Wirtschaftswachstum erreichen (53, S. 133).

Der Zielkonflikt **Preisniveaustabilität – Verteilungsgerechtigkeit** kann dann auftreten, wenn eine Regierung in ihrem Bemühen, eine „gerechtere" Vermögens- und Einkommensverteilung herbeizuführen, bestimmte Steuern auf Kapitalbesitz, Unternehmenseinkünfte und höhere Einkommen erhöht (tax-push inflation) oder Lohnerhöhungen begünstigt, die über die Produktivitätsfortschrittsrate hinausgehen (wage-push inflation). Verfügen dadurch die Arbeitnehmer allgemein oder die Bezieher niedriger Einkommen durch Transferzahlungen des Staates über eine höhere Kaufkraft und üben diese aus, so kann die konsumtive Nachfrage kurzfristig ansteigen und ihrerseits einen inflationären Impuls (demand-pull inflation) auslösen.

Schließlich kann ein Zielkonflikt **Preisniveaustabilität – außenwirtschaftliches Gleichgewicht** dann eintreten, wenn die Preise nicht substituierbarer Importgü-

<table>
<tr><td colspan="6">Nichtmonetäre Inflationstheorie (Y_r)</td><td>Theoriegruppe</td></tr>
<tr><td colspan="6">$\frac{\Delta Y_r}{Y_r} \cdot 100 < \frac{\Delta Y_n}{Y_n} \cdot 100 \text{ bei } \frac{\Delta(M \cdot V)}{M \cdot V} \cdot 100 > \frac{\Delta P}{P} \cdot 100$</td><td>Inflationsbedingung</td></tr>
<tr><td colspan="2">Kostendruck
(cost push)</td><td colspan="2">Nachfrageverschiebung
(demand shift)</td><td colspan="2">Marktmacht
(market power)</td><td>Unabhängige Variable</td></tr>
<tr><td>Lohndruck
(wage push)</td><td>Steuerdruck
(tax push)</td><td>Strukturelle Verschiebungen
(structural shift)</td><td>Internationale Verschiebungen
(terms of trade shift)</td><td>Monopolmacht
(monopoly power)</td><td>Preisfestsetzungen
(administered prices)</td><td>Inflationsursache</td></tr>
<tr><td colspan="2">Die Kosten treiben die Preise, die Preise die Kosten (z.B. Lohn-Preis- und Preis-Lohn-Spirale).</td><td colspan="2">Die Nachfrage verschiebt sich dauerhaft in bestimmter Richtung (z.B. von Industrieprodukten zu Dienstleistungen), wobei die Nachfragevergrößerung bei bestimmten Gütern die Preise herauftreibt, ohne daß die auf anderen Gebieten zurückgehende Nachfrage zu Preissenkungen führt.</td><td colspan="2">Bestimmte Anbieter – wie private Monopolisten, Oligopolisten oder der Staat – sind in der Lage, gegen den Willen der Abnehmer die Preise heraufzusetzen.</td><td>Spezielle Inflationsbedingung</td></tr>
</table>

Abb. 53 Nicht-monetäre Inflationstheorie

ter kurzfristig ansteigen (z.B. Erdöl) oder wenn Geld- und Kapitalzuflüsse aus dem Ausland kurzfristig das inländische Geldvolumen aufblähen und nachfragewirksam werden (demand-pull inflation).

Eine schematische Übersicht über die in diesem Kapitel erörterte nicht-monetäre Inflationstheorie gibt die von **A. Woll** (73, S. 396) verwendete Darstellung, die in **Abbildung 53** wiedergegeben ist.

8.6 Empirische Inflationsmodelle

Die bisher dargestellten theoretischen Erklärungsansätze der Inflation gehen von Inflationstypen aus, die von jeweils bestimmten Ursachenkomplexen ausgelöst werden. Zur Erklärung bestimmter Inflationstypen müssen durch Prämissen andere Inflationsimpulse ausgeschaltet werden. Es besteht jedoch das Bedürfnis, die in einem Lande gegebene Inflation nach Ursachenkomplexen quantitativ zu analysieren und geeignete wirtschaftspolitische Maßnahmen zur Wiederherstellung monetärer Stabilität vorzuschlagen. Dies kann in der Weise geschehen, daß unter Zugrundelegung bestimmter theoretischer Hypothesen die in einer Periode wirkenden inflatorischen Impulse festgestellt und quantitativ in einer Funktion zusammengefaßt werden.

Nach Art der theoretischen Hypothesen werden vor allem **monetaristische** und **keynesianische Modelle** unterschieden. Während monetaristische Modelle eine Beherrschung des realwirtschaftlichen Sektors durch die Steuerung der Geldmenge unterstellen, nominelle Werte, Preiserwartungseffekte und längerfristige Wirkungen berücksichtigen, gehen keynesianische Modelle von autonomen Veränderungen des realen Sektors über die Nachfrageaggregate, insbesondere der Investitionsgüternachfrage, aus und berücksichtigen gegebene reale Werte. Gelegentlich werden aber auch monetaristische und keynesianische Aspekte in einem Modell kombiniert. Inflationsmodelle sind raum-zeit-bezogen und gelten für ein Land oder eine Ländergruppe. Daher können sie nur die wesentlichen Inflationsimpulse eines bestimmten Zeitraums länderspezifisch erfassen.

Inflationsarten und Inflationsmentalität können sich aber im Zeitablauf verändern. Hat nach Auffassung von **Th. Pütz** (157, S. 97) in dem Jahrzehnt von 1952/53 bis 1961/62 in den USA, der Bundesrepublik und der Schweiz trotz hoher Konzentration und weitgehend oligopolistischen Marktstrukturen unter Berücksichtigung der Qualitätsverbesserungen der Güter praktisch keine Inflation stattgefunden, so ist in den folgenden Jahren eine Inflation mit steigenden Raten überwiegend nachfrage-induziert entstanden. Dabei stellt **Irving S. Friedman** (178, S. 93 ff.) fest, daß die Länder Kontinentaleuropas infolge ihrer Inflationserfahrungen nach dem ersten Weltkrieg auf solche Inflationsimpulse empfindlicher und wirksamer als die außereuropäischen Länder reagiert haben. Allerdings gewinnt die Staatsnachfrage eine ständig steigende Bedeutung, weil diese unter politischen Aspekten der Opportunität ohne Rücksicht auf Konjunkturlage, Höhe der privaten Nachfrage und der Inflationsrate entfaltet werde (178, S. 109).

In einer Analyse der Inflationsursachen in den Ländern der Europäischen Gemeinschaft kam der Vizepräsident der Europäischen Kommission **Simonet** bei einer gemeinsamen Tagung des Europäischen Parlamentes und der Beratenden

Versammlung des Europarates am 21.1.1975 zu dem Ergebnis, daß ein immer heftiger geführter Verteilungskampf zwischen den sozio-ökonomischen Gruppen sowie zwischen Industrie- und Entwicklungsländern, bei einer starken Ausweitung der internationalen Liquidität (insbesondere durch das Recycling der Petro-Dollars über die Euro-Geldmärkte) und schließlich die mangelnde Anpassungsfähigkeit der sozio-politischen Strukturen an sich verändernde Umweltbedingungen als wesentliche Ursachen der Inflation wirken (179).

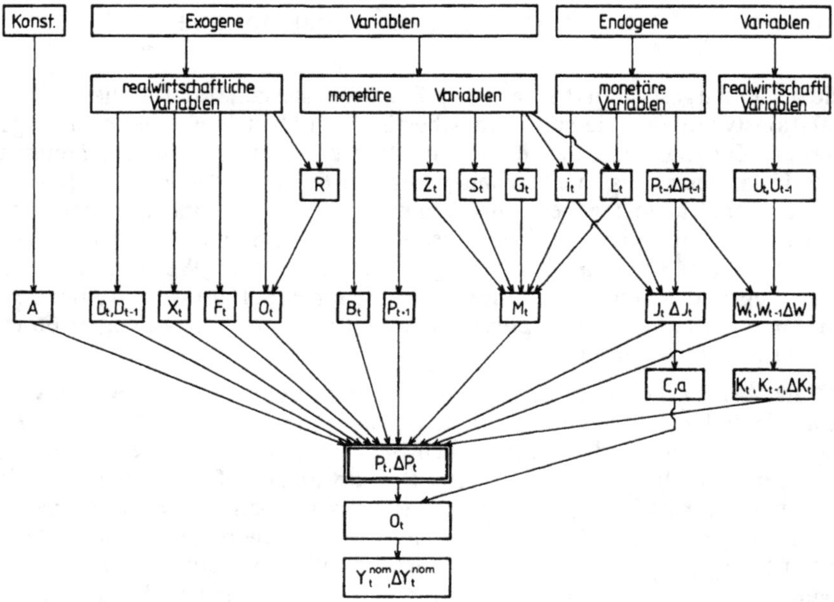

Abb. 54 System der Inflationsimpulse

Die vielfältigen und möglichen Inflationsimpulse lassen sich in einem qualitativen Modell der **Abbildung 54** systematisch erfassen (53, S. 128 ff.). Dieses geht davon aus, daß die Höhe der Inflationsrate von exogenen realwirtschaftlichen und monetären Variablen sowie endogenen monetären und realwirtschaftlichen Variablen beeinflußt wird, wobei eine konstante, nicht erklärbare Restgröße der Inflationsrate (A) als „autonome Inflation" übrig bleibt.

Als **exogene realwirtschaftliche Variablen** wirken auf die Höhe (P_t) und die Veränderung des Preisniveaus (ΔP_t):

- das **Haushaltsdefizit** des Staates einschließlich aller Öffentlichen Hände in der laufenden (D_t) und vorausgegangenen Periode (D_{t-1}) als defizit-finanzierte Staatsnachfrage, die in bestimmten Sektoren der Wirtschaft auf Produktionsengpässe treffen und eine demand-pull inflation auslösen kann;
- der **aktive Leistungsbilanzsaldo**, in dem alle Transaktionen mit Waren, Dienstleistungen und Übertragungen enthalten sind (X_t), der ebenfalls beim Auftreffen auf Produktionsengpässe in bestimmten Sektoren eine demand-pull inflation verursachen kann;

- der in der Periode erzielte **Produktivitätsfortschritt** (F_t), gemessen als Produktionszuwachs je Arbeiterstunde, ist Ausdruck eines kostensenkenden Rationalisierungseffektes und vermindert entsprechend die Inflationsrate;
- das steigende Preisniveau **importierter Güter und Leistungen** (Q_t) wirkt direkt als cost-push inflation;
- in gleicher Weise wirken indirekt realwirtschaftlich als **Einfuhrkontingente** oder nicht-tarifäre **Handelshemmnisse** oder monetär als Zölle, Einfuhrsteuern und -abgaben **Importrestriktionen** (R) über steigende Importgüterpreise (Q_t) als cost-push auf die Höhe der Inflationsrate ein.

Direkt auf die Höhe der Inflationsrate wirkende **exogene monetäre Variablen** sind:

- der Anteil staatlich und privat **administrierter Preise** an der Gesamtheit der Preise aller Güter und Leistungen in der Volkswirtschaft, das Niveau und die Steigerungsrate administrierter Preise (B_t);
- die Höhe der von den Wirtschaftssubjekten in der kommenden Periode erwarteten und in ihre Dispositionen einbezogenen Inflationsrate (ΔP_{t+1}) als Ausdruck des **Verlustes der Geldillusion**.

Andere monetäre Variablen üben indirekt einen Einfluß auf die Höhe der Inflationsrate aus, indem sie die Geldversorgung und die Veränderung der Geldmenge (M_t) beeinflussen und einen kurzfristig zu starken Anstieg der monetären Gesamtnachfrage mit der Folge einer demand-pull inflation auslösen können. Diese Variablen sind:

- **Devisenzuflüsse** aus dem Ausland (Z_t),
- ein Rückgang der **Sparquote** (S_t) mit der Folge einer entsprechend gestiegenen konsumtiven Nachfrage,
- Die **Geldschöpfung** des Bankensystems (G_t),
- die Höhe der **Zinsen** auf den Geld- und Kapitalmärkten in den verschiedenen Fristigkeiten (i_t), deren Anstieg als cost-push wirkt,
- die Höhe und Veränderung der durchschnittlichen **Kassenhaltung** der Öffentlichen Hand, der Unternehmen und der privaten Haushalte (L_t) als Ausdruck einer veränderten Liquiditätspräferenz, deren Absinken einen demand-pull erzeugen kann.

Die vorgenannten Variablen, insbesondere die Zinshöhe (i_t) und die durchschnittliche Kassenhaltung (L_t) sind nur insofern endogen bestimmt, als sie durch die Maßnahmen der Geldpolitik nicht direkt beeinflußt werden, wie auf dem Diskont- und Lombardmarkt. Die Zinsen der Geldmärkte und der Kapitalmärkte bilden sich jedoch ebenso wie die Höhe der Kassenhaltung der Öffentlichen Hände, Unternehmen und privaten Haushalte als endogene monetäre Variablen völlig frei. Allerdings übertragen sich zinspolitische und liquiditätspolitische Maßnahmen der Zentralbank auch auf die nicht direkt von ihr beherrschten Geld- und Kapitalmärkte.

Neben der Höhe des Zinses (i_t) und der Höhe der verfügbaren Investitionsmittel (I_t), die von der Höhe der liquiden Mittel der Unternehmen zur Selbstfinanzierung und von der Höhe der Bankenliquidität (L_t) als Determinanten des Kreditvolumens abhängt, übt die Höhe (P_{t-1}) und der Anstieg des Preisniveaus in der Vorperiode (ΔP_{t-1}) in Verbindung mit der Einschätzung der künftigen Preisüberwälzungsspielräume durch die Unternehmen einen wesentlichen Einfluß auf die Höhe (I_t) und Zuwachsrate des Investitionsvolumens (ΔI_t) aus. Der Anstieg des

Preisniveaus umfaßt hier nicht nur die Preise der Konsumgüter, sondern auch die der Investitionsgüter, Roh-, Hilfs- und Betriebsstoffe.

Als **endogene realwirtschaftliche Variablen** kann die Veränderung der Arbeitslosenquote (ΔU_t) entsprechend dem in **Abbildung 50** dargestellten Zusammenhang der **Phillips-Kurve** die Veränderung des Lohnniveaus (ΔW_t) beeinflussen und als cost-push inflationär wirken. Zugleich wird die Entwicklung des Lohnniveaus aber auch von der Inflationsrate der vorausgegangenen Periode (ΔP_{t-1}) und der erwarteten Inflationsrate in der laufenden Periode beeinflußt. Die Entwicklung des Lohnniveaus wirkt direkt als wage-push inflation und indirekt über die Höhe der Konsumgüternachfrage (K_t) und deren Anstieg (ΔK_t) als demand-pull inflation.

Die Entwicklung des Investitionsvolumens stellt nicht nur ein Nachfrageaggregat der investiven Nachfrage dar, das als demand-pull die Inflationsrate beeinflussen kann, sondern bewirkt gleichzeitig auch eine Erhöhung der Produktionskapazitäten (C), die bei einer gegebenen Gesamtnachfrage in einem bestimmten Grade (α) ausgelastet ein bestimmtes Produktionsvolumen (O_t) erstellen, das unter Berücksichtigung der Inflationsrate (ΔP_t) mit dem gegebenen Preisniveau (P_t) bewertet die Höhe (Y_t^{nom}) und den Zuwachs des nominalen Bruttosozialproduktes (ΔY_t^{nom}) ergibt.

Aus den einzelnen Komponenten des in **Abbildung 54** dargestellten qualitativen Inflationsmodells läßt sich für jede Volkswirtschaft ein quantitatives Inflationsmodell entwickeln, in dem die Gewichtung der einzelnen dargestellten Inflationsimpulse als Reaktionskoeffizienten (a bis l) empirisch ermittelt und in die Gleichung eingesetzt werden. Der durch die einzelnen Einflußgrößen nicht erklärbare Restwert der Inflationsrate (A) ergibt sich ebenfalls empirisch als eine Konstante innerhalb der Gleichung 48. Die allgemeine Formel des allgemeinen Inflationsmodells lautet mithin:

$$\begin{aligned}(48)\qquad P_t = {} & A + a(D_t, D_{t-1}) + bX_t - cF_t + dQ_t(R) + eB_t + fP_{t+1} \\ & + gM_t(Z_t, S_t, G_t, i_t, L_t) + hI_t(i_t, L_t, P_t, \Delta P_t, W_t, \Delta W_t) \\ & + kW_t(\Delta W_t, P_t, \Delta P_t, U_t) + lK_t(K_t, \Delta K_t, W_t, \Delta W_t)\end{aligned}$$

Dieses Modell enthält die möglichen Inflationsimpulse, die in einer Volkswirtschaft und Periode auftreten können. In der Praxis bestimmter Volkswirtschaften wirken jedoch meist nur einige wenige dominierende Impulse auf die Höhe der Inflationsrate ein, deren quantitative Erfassung in einer Gleichung als Inflationsmodell die Inflationsrate hinreichend zu erklären vermag.

Eines der zuerst bekannt gewordenen Inflationsmodelle ist das von **Dicks-Mireaux** (180), das für die Periode 1946 – 1959 für Großbritannien die Höhe der Inflationsrate (ΔP_t) aus den Variablen der Lohnsteigerungsrate (W_t), der mit einem time-lag von einem Vierteljahr (t-1/4) wirksam werdenden Preissteigerungsrate der Importgüter ($M_{1-1/4)}$) und der Produktivitätszuwachsrate (X_t) hinreichend zu erklären vermochte, wobei allerdings eine relativ hohe, nicht erklärbare „autonome Inflationsrate“ übrig blieb. Die Gleichung dieses Modells lautet:

$$(49)\qquad \Delta P_t = 2{,}47 + 0{,}27\, W_t + 0{,}21\, M_{t-1/4} - 0{,}54\, X_t.$$

Inflationsmodelle lassen sich auch für eine Gruppe von Ländern oder alle Länder der Welt ökonometrisch ermitteln, um den inflationären Einfluß bestimmter, in der ganzen Welt wirkender Ursachen zu bestimmen. So hat **H. R. Heller** festgestellt, daß in allen Ländern die internationalen Währungsreserven zwischen 1950 und 1969 mit einer jährlichen Rate von 2,7%, in den folgenden drei Jahren von 1970 bis 1972 aber insgesamt – ausgedrückt in Sonderziehungsrechten (SDR) – um 87% gewachsen sind (149, S. 65).

Modelltheoretisch hat **Heller** im Untersuchungszeitraum 1955 – 1974 den Einfluß der Erhöhung der Weltwährungsreserven (R) in US-Dollars mit time-lags von zwei (t−2), drei (t−3) und vier Jahren (t−4) auf die Erhöhung des Niveaus der Konsumgüterpreise in der Welt mit einer ausreichend hohen Signifikanz (Pearson'scher Korrelationskoeffizient $\bar{R} = 0{,}94$) in folgender Gleichung ermittelt:

$$(50) \qquad P_t = 3{,}43 + 0{,}07\, R_{t-2} + 0{,}17\, R_{t-3} + 0{,}17\, R_{t-4}$$

In **monetaristischen Inflationsmodellen** wird dem „hoch-wirksamen Geld" (high powered money) eine besondere Bedeutung beigemessen. Dieses „hochwirksame Geld" stammt hauptsächlich aus drei Quellen (181, S. 459):

- aus Krediten der Zentralbank an die Regierung,
- aus Krediten der Zentralbank an die Geschäftsbanken,
- aus Zuflüssen von ausländischem Geld und Kapital.

Die hohe Wirksamkeit dieses Geldes beruht auf der empirisch getesteten Tatsache, daß zusätzlich geschaffenes Geld dieser Art in einer Volkswirtschaft kurzfristig mit inflationären Folgen dadurch wirksam wird, daß es schnell in eine zusätzliche Nachfrage umgesetzt wird und zugleich monetäre Preisüberwälzungsspielräume schafft.

In den letzten Jahren entwickelte ökonometrische makroökonomische Modelle zur Erklärung und Bestimmung der Inflationsrate gehen entweder von einem monetaristischen oder keynesianischen Ansatz aus und versuchen, nicht isoliert allein die Inflationsrate, sondern alle wesentlichen Variablen und damit die Verhaltensweise der gesamten Volkswirtschaft in einem Modell, bestehend aus einem System von Gleichungen, zu erfassen. Ein monetaristisches Modell zur Darstellung der Verhaltensweise der französischen Volkswirtschaft auf der Basis empirischer Werte des Zeitraums 1960 – 1970 hat die **Banque de France** (182) entwickelt. Dieses geht von vier monetaristischen Hypothesen aus:

- Die Zentralbank ist in der Lage, das Geldangebot vollkommmen zu kontrollieren.
- Die Geldnachfrage nach realer Kassenhaltung ist im Zeitablauf relativ stabil.
- Die Wirtschaftssubjekte reagieren auf ein Ungleichgewicht zwischen Geldangebot und Geldnachfrage durch eine Veränderung der Zusammensetzung ihres Portfolios.
- Die komplexen Vorgänge der Übertragung monetärer Impulse auf den realen Sektor lassen sich im Modell durch ein System vereinfachter Gleichungen darstellen (182), S. 25)

In diesem Modell werden sieben Gleichungen benutzt, die die Veränderungen der wirtschaftlichen Aktivität in Wert und Volumen, des Preisniveaus (Inflationsrate), der Löhne, der Beschäftigung, der Geldmenge und der Arbeitslosigkeit je Quartal bestimmen. Von diesen lautet die Gleichung zur Bestimmung der Inflationsrate (ΔP):

$$(41) \qquad \Delta P = 0{,}0043 + 0{,}1887\, \Delta PA + 0{,}0272\, \Delta PM + 0{,}10\, \Delta TP + 0{,}2919\, \Delta RS - 0{,}2288\, \Delta \frac{Y}{E}$$

In dieser Gleichung werden ΔPA: der Preisanstieg für Nahrungsmittel im letzten und vorausgegangenen Quartal, ΔPM: die Preiserhöhung der Importgüter im letzten und vorausgegangenen Quartal und ΔTP: die Erhöhung der Öffentlichen Tarife des letzten Quartals als exogene Variablen und ΔRS: die Einkommenserhöhung der privaten Haushalte in den letzten fünf Quartalen sowie $\Delta\frac{Y}{E}$: die Steigerung der Arbeitsproduktivität (Volkseinkommen je Beschäftigten) in den letzten fünf Quartalen als endogene Variablen zur Bestimmung der Höhe der Inflationsrate angesehen, die diese empirisch hinreichend zu erklären vermögen. Die nicht erklärbare, „autonome" Inflationsrate nimmt in diesem Modell mit 0,0043 einen sehr geringen Wert an.

8.7 Inflationswirkungen

8.7.1 Allgemeine Wirkungen der Inflation

Ob eine Inflation überhaupt irgendwelche gesamtwirtschaftlichen **Wirkungen** auslöst, hängt davon ab, ob die Mehrzahl der Wirtschaftssubjekte

- einer „Geldillusion" unterliegt, also in nominalen Geldeinheiten rechnet,
- die Höhe und Veränderung der Inflationsrate erwartet (antizipiert),
- eine tatsächlich sich einstellende Inflationsrate in deren Höhe und Veränderung nicht erwartet (nicht oder falsch antizipiert).

Ist eine **„Geldillusion"** vorhanden, so rechnen alle Wirtschaftssubjekte in Vergangenheit, Gegenwart und Zukunft in nominalen Werten und ignorieren damit die Geldentwertung durch Inflation. Dadurch bedingt passen sie sich nicht nur an die Auswirkungen des allgemein steigenden Preisniveaus, sondern auch an die unterschiedlich starken Preiserhöhungen der einzelnen Güter und die dadurch bedingte Veränderung der Preisstruktur nicht an. In diesem Fall – der allerdings nur über kurze Perioden möglich ist – werden die stärksten, nachfolgend erörterten Inflationswirkungen eintreten, die um so größer sind, je höher die Inflationsrate ist.

Eine ähnliche Wirkung übt eine **falsch antizipierte Inflationsrate** gesamtwirtschaftlich aus. Die Wirtschaftssubjekte haben in diesem Fall zwar mit einer Inflationsrate gerechnet, sich aber in deren tatsächlicher Höhe geirrt, die höher oder niedriger als erwartet ausfällt. Dadurch werden bestimmte Gruppen der Bevölkerung zu Lasten anderer begünstigt.

Im Falle der **antizipierten Inflation** schließlich wird die tatsächliche Inflationsrate mit der erwarteten weitgehend übereinstimmen. Die Wirtschaftssubjekte haben also die Inflationsrate im voraus in ihren Dispositionen in richtiger Höhe berücksichtigt. Dadurch wird die Inflation keinerlei gesamtwirtschaftlichen Wirkungen nach sich ziehen (146, S. 272). „Eine im langfristigen Durchschnitt gleichbleibende Inflation beeinträchtigt nicht die intertemporale Recheneinheitsfunktion des Geldes, wohl aber eine mehr als bloß konjunkturell zeitlich variierende, eine rascher oder langsamer werdende Inflation" (185, S. 93).

8.7.2 Beschäftigungswirkungen der Inflation

Unter der Voraussetzung herrschender „Geldillusion" oder einer nicht antizipierten Inflationsrate läßt sich empirisch nachweisen, daß **Beschäftigungswirkungen** der Inflation auftreten. Hierbei herrscht die Auffassung vor, daß eine leichte

Inflation ein hohes Beschäftigungsniveau begünstigt. „An increase in prices is usually associated with high employment. In mild inflation the wheels of industry are initially well lubricated, and output is near capacity. Private investment is brisk, jobs are plentiful. Such has been the historical pattern." (146, S. 272).

Der Zusammenhang zwischen Arbeitslosenquote und Inflationsrate wird in der empirisch begründeten, in **Abbildung 50** dargestellten **Phillips-Kurve** verdeutlicht. Der Verlauf dieser Phillips-Kurve wird durch die Bargaining-Theorie und durch die Markttheorie erklärt. Die **Bargaining-Theorie** geht davon aus, daß im Konjunkturaufschwung bei steigender Gesamtnachfrage auch die Beschäftigung und Nachfrage nach Arbeitskräften auf dem Arbeitsmarkt wächst, die in einer steigenden Lohn-Drift (Differenz zwischen tatsächlich gezahlten und tariflichen Löhnen) zum Ausdruck kommt. Dies verschafft den Gewerkschaften eine stärkere Verhandlungsposition bei ihren Lohnverhandlungen, wodurch sie höhere Lohnforderungen durchsetzen können. Diesen Lohnforderungen werden die Unternehmen deswegen schwachen Widerstand entgegensetzen, weil wegen der gegebenen Preisüberwälzungsspielräume Lohnkostenerhöhungen von den Unternehmen leicht auf die Preise der Güter überwälzt werden können. Dadurch ist eine konjunkturell bedingte sinkende Arbeitslosenquote mit einer steigenden Inflationsrate verbunden.

Die **Markttheorie** betrachtet dagegen allein die Arbeitsmarktsituation. Eine Überschußnachfrage nach Arbeitskräften wird demnach zu steigenden Lohnkosten und Preisen bei einer gleichzeitig sinkenden Zahl von Arbeitslosen und einer entsprechend sinkenden Arbeitslosenquote führen.

Die Phillips-Kurven für jedes Land berücksichtigen jeweils die „natürliche Arbeitslosenquote", d.h. die strukturelle und friktionelle Arbeitslosenquote. Es läßt sich jedoch am Beispiel der Bundesrepublik empirisch zeigen, daß in einzelnen Jahren auch eine geringe Inflationsrate mit einer geringen Arbeitslosenquote wie auch eine hohe Inflationsrate mit einer hohen Arbeitslosenquote kompatibel sein können (53, S. 133).

Es ist zu vermuten, daß hohe und steigende Inflationsraten immer dann eine sinkende Arbeitslosenquote nach sich ziehen, wenn sie konjunkturell durch einen starken Nachfrageanstieg bedingt sind (demand-pull inflation). Wird eine steigende Inflationsrate jedoch durch politische und exogene Einflüsse mit cost-push-Wirkung verursacht (wie z.B. durch den sogen. Ölpreisschock von 1973), so kann von diesen eine sinkende Nachfrage und in deren Gefolge eine steigende Arbeitslosenquote induziert werden.

Grundsätzlich gilt der in der Phillips-Kurve dargestellte Trade-off aber **nur** für den Fall einer in den Lohnverhandlungen der Gewerkschaften **nicht antizipierten Inflationsrate.** Dieser Fall ist heutzutage nur sehr selten realistisch.

8.7.3 Verteilungswirkungen der Inflation

Die nicht-antizipierte Inflation hat Verteilungswirkungen zur Folge, die sich sowohl bei der Vermögensverteilung wie auch bei der Einkommensverteilung einstellen. Die Verteilungswirkungen der Inflation faßt **P. A. Samuelson** wie folgt zusammen: „Unforeseen inflation tends to favor debtors and profit receivers at the expense of creditors and fixed-income receivers. Deflation has the opposite effect." (146, S. 270).

Die Inflationswirkung im Hinblick auf die **Vermögensverteilung** entsteht dadurch, daß die Besitzer von realen Vermögenstiteln (z.B. Grundstücke, Häuser, Gold) und die Schuldner von Geldvermögenstiteln (z.B. Kreditnehmer, Emittenten von Anleihen) von der Inflation begünstigt werden. Denn die realen Vermögenstitel steigen i.a. nicht nur in Höhe der Inflationsrate, sondern wesentlich schneller. Geldschuldner zahlen am Ende der Laufzeit des von ihnen aufgenommenen Kredits nominal die gleiche Geldsumme zurück, obwohl das Geld in Höhe der zwischenzeitlich eingetretenen Inflation an Wert verloren hat. Sind in einer Volkswirtschaft größenteils die Besitzer von realen Vermögenstiteln und Schuldner von Geldvermögen identisch, so können sich beide Einflüsse verstärken und zu einer erheblichen Veränderung der Vermögensstruktur infolge der Inflation führen (186, S. 191).

Besonders unerwünschte Vermögenswirkungen der Inflation sind darin zu erblicken, daß verschuldete private Haushalte junger Familien ohne Realvermögen benachteiligt werden gegenüber meist unverschuldeten älteren privaten Haushalten mit Realvermögen. Da Abschreibungen nach dem Nominalwertprinzip durchgeführt werden, läßt die Inflation im Unternehmensbereich Scheingewinne entstehen, die versteuert werden müssen und die Eigenkapitalbildung zur Finanzierung künftiger Investitionen erheblich beschneiden.

Eine Möglichkeit, die Verteilungsrelationen des Vermögens vor den Inflationswirkungen zu schützen, bietet die Anwendung von Wertsicherungsklauseln. Hierbei wird das Nominalwertprinzip (D-Mark = D-Mark) aufgegeben und Geldvermögenstitel und Geldschulden über einen Preisindex (Lebenshaltungskostenindex oder Konsumgüterpreisindex) im Zeitablauf hochgerechnet. Diese Methode wird ihren Zweck aber nur dann erfüllen können, wenn zugleich auch die Zinsen indexiert sind und sich dabei auf den Geld- und Kapitalmärkten positive reale Zinsen einstellen.

Die Entwicklung realer Zinssätze (bezogen auf die Zinsen für Sparguthaben) 1967 – 1976 in neun ausgewählten lateinamerikanischen Ländern zeigt **Tabelle 16**. Hier wird deutlich, daß in einzelnen Ländern über kürzere oder längere Pe-

	Argentinien	Bolivien	Kolumbien	Ecuador	El Salvador	Haiti	Mexico	Uruguay	Venezuela
1967	– 16,7	– 4,7	– 3,8	0,1	2,6	5,6	1,5	– 44,0	2,9
1968	– 6,9	0,5	– 1,7	– 0,2	1,4	1,2	2,3	– 52,9	1,8
1969	0,3	4,4	– 5,4	– 2,3	4,2	1,1	1,0	– 11,3	1,6
1970	– 4,8	5,9	– 2,5	0,9	1,2	2,0	– 0,4	– 9,9	1,4
1971	– 17,1	6,2	– 4,5	– 2,2	3,5	– 6,7	– 0,6	– 14,2	0,8
1972	– 25,8	3,3	– 6,2	– 1,8	2,5	0,2	– 0,2	– 39,9	1,1
1973	– 27,3	– 16,4	– 11,4	– 6,2	– 2,4	– 15,0	– 7,1	– 45,2	– 0,1
1974	– 7,0	– 32,4	– 12,4	– 14,0	– 10,2	– 8,6	– 16,0	– 37,6	– 3,9
1975	– 58,2	1,9	– 10,7	– 8,7	– 11,8	– 10,1	– 9,8	– 35,0	– 5,6
1976	– 73,3	4,3	– 2,9	– 4,2	– 1,6	– 1,6	– 10,4	0,3	– 2,9

Tab. 16 Reale Zinsen (nominale Zinsen für Spargelder im Verhältnis zum Konsumgüterpreisindex) ausgewählter lateinamerikanischer Länder in %, 1967 – 1976

rioden sehr hohe negative Zinsen (die höchsten in Uruguay) entstanden sind. Diese haben zu Vermögensverlusten besonders bei den Besitzern kleinerer Geldvermögen geführt, die infolge sehr hoher Such- und Anpassungskosten nicht in der Lage waren, sich vor den Inflationswirkungen durch ein Umsteigen in reale Vermögenstitel oder harte Auslandswährungen zu schützen. Die in **Tabelle 16** ausgewiesenen empirischen Werte der lateinamerikanischen Länder wurden von **V. Galbis** vom Weltwährungsfonds ermittelt (187, S. 356), der zugleich die in diesen Ländern herrschenden staatlichen Zinsreglementierungen analysiert. Negative Spar- und Schuldzinsen seien ein Indikator für staatliche Zinsreglementierungen. „The existence of a negative real rate on savings deposits based on both inflation measures may be an indicator of at least some degree of financial repression. Negative real rates on liabilities with high nominal yields may indicate the prevalence of substantial financial repression." (187, S. 353).

Obwohl die Indexierung in vielen Ländern angewendet wurde, hat sie überall zu unbefriedigenden Ergebnissen geführt. Selbst in Brasilien, wo bei sehr hohen Inflationsraten relativ zufriedenstellende Erfahrungen mit der Indexierung gemacht wurden, war es nicht möglich, diese auf einer umfassenden Basis durchzuführen, so daß ergänzend ständig zusätzliche diskretionäre Eingriffe der Behörden notwendig waren (187, S. 364).

In der Bundesrepublik ist die Indexierung gemäß § 3 Währungsgesetz nur aufgrund einer besonderen Genehmigung der Deutschen Bundesbank möglich, die nur in sehr seltenen Ausnahmefällen eine solche Genehmigung erteilt. Der Grund hierfür ist, daß das Nominalwertprinzip in Verbindung mit der Geldfunktion der Recheneinheit nicht aufgegeben werden soll und eine Indexierung als ein „Schwungrad der Inflation" betrachtet wird, weil dadurch schon bei geringen inflationären Impulsen auf breiter Basis die Preise und damit das Preisniveau automatisch und irreversibel steigen.

In einem Gutachten zu diesem Problem begründet die Deutsche Bundesbank ihre Ablehnung einer Indexierung aus währungspolitischer Sicht mit dem Hinweis, daß eine Berücksichtigung des Geldwertschwundes bei der Besteuerung der Kapitaleinkünfte die Gefahr einer Übertragung auf andere Rechtsgebiete beinhalte und gleichzeitig in Einzelbereichen der Wirtschaft auftretende Preissteigerungen auf weitere Bereiche der Volkswirtschaft übertragen würden. „Besonders deutlich zeigte sich dies nach der Ölkrise, als der Preisschub für Rohöl und andere Rohstoffe sich nicht nur auf die Preise anderer Güter übertrug, sondern in Ländern mit Indexierungssystem außerdem alsbald die Löhne betraf und damit auch die inländischen Kosten und Einkommen verstärkt nach oben in Bewegung brachte. In Ländern mit Indexierung war die Preisstabilisierung deshalb im allgemeinen besonders schwierig." (188, S. 33).

Im **Inflationsprozeß** werden die sozialen Gruppen **Einkommensvorteile** erlangen, denen es gelingt höhere reale Einkommenssteigerungen als andere Gruppen zu erzielen. Gewöhnlich sind dies die Unternehmen, denen es i.a. bei wachsenden Preisüberwälzungsspielräumen gelingt, nicht nur die gestiegenen Kosten über die Preise zu überwälzen, sondern gleichzeitig auch ihre Gewinnmargen auszudehnen. Ein Beispiel dafür geben die steigenden Gewinne der multinationalen Mineralölkonzerne im Jahre 1979. Ist ein Inflationsprozeß in Gang gekommen, so haben die Unternehmen die Möglichkeit, erwartete Kostensteigerungen zu antizipieren und diese schon im voraus in ihren Preisen weiterzugeben. Andererseits können die Bezieher fester Einkommen, vor allem die Gewerkschaften die Inflationsrate der abgelaufenen Periode in ihre Lohnforderungen einbauen und damit den erlittenen Einkommensverlust durch die Inflation erst nachträglich geltend machen (Lohn-lag Hypothese). Beschleunigt sich die Inflation innerhalb kurzer Zeit stark zu einer Hyperinflation, so werden besonders die untersten Einkommensschichten durch die Verteuerung der Nahrungsmittelpreise und Mieten unter ihr Existenzminimum gedrängt. Dieser Fall trat z.B. in Chile ein, wo die Inflationsrate 1975 474,7% erreichte und der chilenische Gewerkschaftsverband der Regierung einen Plan zur Preiskontrolle von Lebensmitteln, Bekleidung und Mieten zur Sicherung des Existenzminimums geringer verdienender Einkommensschichten vorlegte (189).

Die Bezieher von **Zinseinkommen** aus Geldvermögen oder von **Kapitaleinkünften** aus Realkapital (z.B. Mieten, Pachten, Leasing-Einkünften) werden nur dann eine Einkommenssteigerung erfahren, wenn diese Einkünfte nominal stärker wachsen als die Inflationsrate. Den Besitzern von Realvermögen wird es meist eher gelingen, ihre Kapitaleinkünfte mindestens entsprechend der Inflationsrate zu erhöhen als den Besitzern von Geldvermögenstiteln. Dies ist jedoch abhängig von staatlichen Reglementierungen und gesetzlichen Beschränkungen, der Geldpolitik der Zentralbank, den Marktverhältnissen, außenwirtschaftlichen Einflüssen und den time-lags der Anpassung entsprechend den Vertragslaufzeiten der Spar-, Anleihe und Kreditverträge. Wie aus **Tabelle 16** ersichtlich, können länger anhaltende, hohe negative reale Zinsen Einkommensverluste der Bezieher von Zinseinkommen und eine **Einkommensumverteilung** zu ihren Lasten bewirken.

Aufgrund der politischen Strategie der Regierungsparteien können aber auch nicht am Arbeitsmarkt teilnehmende Gruppen (Rentner) nicht nur einen Inflationsausgleich zur Erhaltung ihrer realen Einkommensposition, sondern sogar über die Inflationsrate hinausgehende Einkommensverbesserungen erhalten. Diese können eine reale und darüber hinaus eine relative Einkommensverbesserung gegenüber den anderen sozialen Gruppen darstellen. Die für diesen Zweck erforderlichen Geldmittel müssen von den derzeitig Beschäftigten als Rentenversicherungsbeiträge aufgebracht werden. Entsteht bei der Rentenversicherung eine Deckungslücke, so muß diese aus dem allgemeinen Steueraufkommen geschlossen werden.

Wird das bestehende „Verteilungsgleichgewicht“ durch das aggressive Verhalten einzelner Gewerkschaften gestört und in der betreffenden Branche eine cost-push inflation in Gang gesetzt, so hängt die Stärke des davon ausgehenden inflationären Impulses und die Behauptung der errungenen relativ besseren Lohnposition dieser Berufsgruppe davon ab, ob es den Gewerkschaften der anderen Branchen gelingt, nachzuziehen und die alten Verteilungsrelationen wiederherzustellen oder ob sich diese mit einem geringeren Lohnzuwachs begnügen. Der von den Lohnsteigerungen ausgelöste inflationäre Prozeß kann sich nur so lange fortsetzen, als er von einer – von der Zentralbank kontrollierten – Geldmengenexpansion finanziert wird. Beginnt die Zentralbank zur Dämpfung der Inflation eine restriktive Geldmengenpolitik zu betreiben, so wird sich eine steigende Arbeitslosenquote vor allem in solchen Sektoren einstellen, die entweder eine hohe Produktivitätszuwachsrate oder eine stagnierende oder sinkende Nachfrage oder schrumpfende Preisüberwälzungsspielräume infolge eines stärker werdenden Marktwiderstandes aufzuweisen haben.

Eine Verschiebung der Verteilungsrelationen in einer inflationären Wirtschaft kann schließlich dadurch eintreten, daß wegen der Bevorzugung von realen Vermögensanlagen Investitionen fehlgeleitet werden. Entsteht aus diesem Grunde z.B. eine überhöhte Nachfrage nach Eigentumswohnungen und Häusern, so wird auch auf dem Arbeitsmarkt der Bauwirtschaft ein erhöhter Bedarf an Arbeitskräften auftreten. Dieser wird wiederum einen relativ stärkeren Lohnanstieg und eine Verbesserung der Lohnposition der in der Bauwirtschaft Beschäftigten im Vergleich zu den Beschäftigten anderer Branchen nach sich ziehen. Stellt sich jedoch später heraus, daß die Investoren ihre neu erstellten Wohnungen und Häuser nicht oder nicht zu dem erwarteten Mietzins vermieten können, wird die Nachfrage auf dem Baumarkt abrupt zurückgehen und in der Bauwirtschaft eine überdurchschnittlich hohe Arbeitslosenquote entstehen lassen.

8.7.4 Wachstumswirkungen der Inflation

Empirische Untersuchungen von **N. Kaldor** (190) und **G. Bombach** (191) haben gezeigt, daß ein stetiges Wirtschaftswachstum sowohl mit hohen und steigenden als auch mit geringen und sinkenden Inflationsraten kompatibel sein kann. So läßt sich aus der Statistik des International Monetary Fund (192) entnehmen, daß eine geringe Inflationsrate mit einer geringen Wachstumsrate (z.B. in Indien 1971: Inflation 3,0%; Wachstum 1,5%), eine geringe Inflationsrate mit einer hohen Wachstumsrate (z.B. in Griechenland 1972: Inflation 4,4%; Wachstum 9,7%), eine hohe Inflationsrate mit einer hohen Wachstumsrate (z.B. in Brasilien 1972: Inflation 16,7%; Wachstum 32,9%) und eine hohe Inflationsrate mit einer geringen oder sogar negativen Wachstumsrate (z.B. in Großbritannien 1974: Inflation 16,0%; Wachstum 0%) gepaart sein kann. Auch eine Untersuchung des „Joint Economic Committee" (193) gelangte in den USA zu dem Ergebnis, daß in der Praxis eine große Wahrscheinlichkeit dafür spricht, daß eine positive Wechselbeziehung zwischen einer milden Inflation und dem Wirtschaftswachstum gegeben ist. Allgemeingültige Aussagen für alle Länder und Perioden lassen sich jedoch nicht machen. Denn entscheidend für das Wirtschaftswachstum ist die Erhöhung der gesamtwirtschaftlichen Produktion als Folge hoher Investitionen in Produktionsanlagen mit steigender Produktivität, die mit zusätzlichen Arbeitskräften der erforderlichen Qualifikationen kombiniert werden. Die Voraussetzung für die Produktivitätssteigerung und Innovation der Produktionsanlagen ist i.a. eine hohe Forschungs- und Entwicklungsinvestition.

Der Wachstumsprozeß wird immer dann stattfinden, wenn mit oder ohne Inflation von den Unternehmen Gewinne in einer erwarteten Höhe erzielt werden, die einen Anreiz für zusätzliche Investitionen in neue Anlagen bieten. Gleichermaßen können staatliche produktive Investitionen, die nicht unbedingt Gewinne erbringen müssen, zum Wirtschaftswachstum beitragen. Voraussetzung ist jedoch die Finanzierung der zusätzlichen Güterproduktion zuzüglich der als „unvermeidlich" betrachteten Inflationsrate (z.B bedingt durch Preissteigerungen nicht substituierbarer ausländischer Rohstoffe) durch eine entsprechende Vermehrung der umlaufenden Geldmenge.

Jede Wachstumspolitik, die hohe Inflationsraten in Kauf nimmt oder bewußt entstehen läßt (wie z.B. in Brasilien), muß sich mit der oben dargestellten Verschiebung der Verteilungsrelationen abfinden. Hierbei erhebt sich die Frage, ob diese politisch tolerierbar ist.

Schließlich ist es für das Wirtschaftswachstum entscheidend, ob die Inflation als demand-pull inflation oder als cost-push inflation entstanden ist. Während die demand-pull inflation günstige Voraussetzungen für die Ausdehnung der Produktion und damit für das Wirtschaftswachstum schafft, verringert die cost-push inflation die Gewinne der Unternehmen, wenn der Marktwiderstand gegen Preiserhöhungen zunimmt. Dadurch geht die Investitionsneigung der Unternehmen, die investive Nachfrage und infolgedessen die Produktion und Wachstumsrate zurück.

8.7.5 Außenwirtschaftliche Wirkungen der Inflation

Ist die Inflationsrate einer Volkswirtschaft höher oder geringer als diejenige anderer Länder, mit denen Außenwirtschaftsbeziehungen bestehen, so werden sich mittel- und längerfristig Rückwirkungen auf eben diese Außenwirtschaftsbeziehungen ergeben. Welcher Art diese Rückwirkungen sein werden, hängt von mehreren Einzelfaktoren ab, nämlich:

- von der Höhe und Dauer einer positiven oder negativen Differenz der Inflationsrate der betrachteten Volkswirtschaft gegenüber derjenigen anderer außenwirtschaftlich mit ihr verbundenen Länder,
- von der Art und Menge der exportierten und importierten Welthandelsgüter (tradables),
- von der Substituierbarkeit importierter Güter durch heimische Güter und der Substituierbarkeit exportierter Güter durch andere ausländische Güter,
- von der Angebotselastizität ausländischer Güter und der Nachfrageelastizität von importierten ausländischen Gütern, die jeweils wiederum von der Substitutionselastizität und dem Anteil der Welthandelsgüter (tradables) beeinflußt werden,
- von Erwartungseffekten im Hinblick auf die erwartete Veränderung der inländischen und ausländischen Inflationsraten, der erwarteten Veränderung der Wechselkurse und der erwarteten Mengenänderungen der Angebots- und Nachfragerelationen auf den internationalen Märkten,
- von dem gegebenen Wechselkurssystem.

Wird in der theoretischen Analyse von dem in der Praxis überwiegend anzutreffenden Fall intensiver Außenwirtschaftsbeziehungen mit einem hohen Anteil von „tradables" einer innerhalb gewisser Grenzen gegebenen Substitutionsmöglichkeit ausländischer durch inländische Güter unterstellt, so ist von einer „normalen", d.h. einer steigend verlaufenden Angebotsfunktion ausländischer Güter und einer „normalen", d.h. fallend verlaufenden Nachfragefunktion des Inlandes nach ausländischen Gütern auszugehen. Davon abgeleitet (unter der Prämisse fehlender spekulativer internationaler Geldbewegungen) läßt sich auch ein „normaler" Verlauf der Devisenangebots- und -nachfragekurven unterstellen.

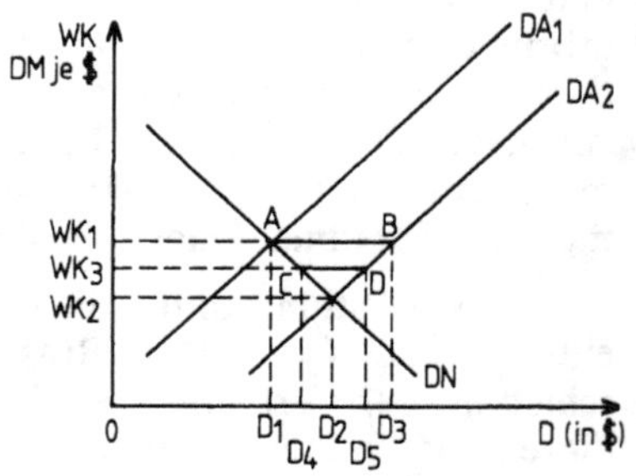

Abb. 55 Inflatorisch wirkende Geldmengeneffekte fester und verteidigter Wechselkurse

Die Auswirkung unterschiedlicher Inflationsraten zwischen Inland und Ausland auf den Wechselkurs und den Devisenumsatz wird in **Abbildung 55** am Beispiel der Beziehungen zwischen den USA und der Bundesrepublik Deutschland dargestellt. Auf der Ordinate ist die Höhe des Wechselkurses des US-Dollars (WK) in DM und auf der Abszisse der Devisenumsatz (D) in US-Dollars abgetragen. Unter den angenommenen Prämissen normal verlaufenden Angebots- und Nachfragekurven im Außenhandel und fehlender spekulativer Devisenbewegungen wird die Devisenangebotskurve in US-Dollars (DA_1) steigen. Dieser steigende Verlauf der Devisenangebotskurve impliziert, daß sich bei einem steigenden Wechselkurs des US-Dollars aus Deutschland exportierte Güter in den USA verbilligen, weshalb die deutschen Exporte in die USA anwachsen und infolgedessen auch das Devisenangebot von Dollars steigt (und vice versa). Ein „normaler", fallender Verlauf der Devisennachfragekurve (DN) impliziert, daß ein steigender Wechselkurs des US-Dollars den Import amerikanischer Güter nach Deutschland verteuert, weswegen deren Importvolumen zurückgeht und infolgedessen auch die Menge nachgefragter Devisen in US-Dollars zur Bezahlung dieser Importe schrumpft.

Ist nun – wie in **Abbildung 55** in Anlehnung an die empirische Entwicklung angenommen – die Inflationsrate in den USA längerfristig höher als in der Bundesrepublik Deutschland, so werden bei einem zunächst konstant bleibenden Wechselkurs WK_1 deutsche Güter in den USA relativ billiger mit der Folge steigender deutscher Exporte in die USA und sinkender oder stagnierender Importe aus den USA in die Bundesrepublik. Diese Entwicklung ist in der Praxis zu beobachten: die deutschen Exporte in die USA sind von 14,4 Mrd. DM (1976) auf 20,2 Mrd. DM (1978) angewachsen, während die Importe aus den USA in die Bundesrepublik bei gut 17 Mrd. DM im gleichen Zeitraum stagniert haben. Die Konsequenz muß ein steigendes Devisenangebot an US-Dollars sein. Die Devisenangebotskurve verschiebt sich von DA_1 auf DA_2, während die Devisennachfragekurve DN ihre Lage nicht verändert.

Wären völlig **flexible Wechselkurse** gegeben, so würde sich ein neuer Gleichgewichts-Wechselkurs am Schnittpunkt der neuen Devisenangebotskurve DA_2 mit der Devisennachfragekurve DN bei einem auf WK_2 gesunkenen Wechselkurs und einem auf D_2 gestiegenen Devisenumsatz ergeben. Allerdings ist zu berücksichtigen, daß auch in diesem Falle Anpassungsschwierigkeiten in Richtung auf den neuen Gleichgewichts-Wechselkurs entstehen können, wenn ein relativ hoher Anteil der aus den USA importierten Güter nicht durch inländische oder relativ billigere Güter anderer Länder substituiert werden kann. Denn in einem solchen Fall müßten die stark verteuerten amerikanischen Güter weiterhin importiert werden und würden in der Bundesrepublik einen inflatorischen Impuls auslösen, der die Inflationsraten beider Länder einander tendenziell annähert. Da dieser Einfluß in den meisten Ländern jedoch nur in geringem Maße gegeben ist, stellen flexible Wechselkurse die bestmögliche **außenwirtschaftliche Absicherung** gegen eine Übertragung der Inflation des Auslandes auf das Inland dar.

Bestünden völlig **fixe (feste) Wechselkurse**, so bliebe in der in **Abbildung 55** dargestellten Situation trotz der neuen nach rechts verschobenen Devisenangebotskurve DA_2 der feste Wechselkurs WK_1 bestehen. Dies hätte zur Folge, daß das Devisenangebot die Devisennachfrage nach US-Dollars entsprechend der Strecke AB oder der Devisenmenge $D_3 - D_1$ übersteigt. Sollen keine administrativen Regelungen des Devisenverkehrs ergriffen werden, so muß die Zentralbank (Deutsche Bundesbank) intervenieren und das die Devisennachfrage übersteigende Devisenangebot $D_3 - D_1$ gegen Abgabe inländischer Währung (DM) aufkaufen. Dadurch wird eine höhere Devisenmenge D_3 als im Gleichgewichtsfall bei flexiblen Wechselkursen D_2 am Devisenmarkt umgesetzt, wodurch sich die inländische Geldmenge künstlich erhöht und durch ihre Nachfragewirksamkeit einen inflationären Impuls auslöst. Dieser wird meistens noch dadurch verstärkt, daß durch die relativ stabilere Währung des Inlandes (DM) gegenüber der relativ sinkenden Kaufkraft der ausländischen Währung (US-Dollar) in Erwartung einer Aufwertung der inländischen Währung (DM) ein spekulativer Devisenzustrom einsetzt, der die Devisenangebotskurve noch weiter nach rechts verschiebt, den Ankauf noch größerer Devisenmengen durch die Zentralbank notwendig macht und dadurch die inflationär wirkende Geldmengenexpansion im Inland verstärkt. Ein solches System fester Wechselkurse gegenüber dem US-Dollar mit einer Bandbreite von 5% bestand bis zum 8.3.1973.

Es besteht aber auch die Möglichkeit, in einem Währungssystem eine **„Stufenflexibilität“** mit „festen aber anpassungsfähigen Paritäten“ (wie im EWS) dergestalt zu schaffen, daß zwischen den beteiligten Ländern ein fester Wechselkurs mit einer bestimmten Bandbreite vereinbart wird. Tendiert der Wechselkurs eines Landes längere Zeit dazu, den oberen Interventionspunkt (obere Schwelle der Bandbreite) zu überschreiten oder den unteren Interventionspunkt (untere Schwelle der Bandbreite) zu unterschreiten (wodurch entsprechend größere Interventionen als Kauf oder Verkauf von Devisen durch die Zentralbank notwendig werden), so kann eine neue Währungsparität (Leitkurs) festgesetzt werden.

Ohne feste Wechselkurse und Bandbreiten zu fixieren, können die Zentralbanken mehrerer Länder in einem Währungssystem des **„schmutzigen Floating“** vereinbaren, bestimmte Wechselkurse gegen zufallsbedingte Schwankungen und spekulative Devisenbewegungen zu verteidigen und zu diesem Zwecke bei bestimmten Kursunter- oder -obergrenzen (Widerstandslinie) am Devisenmarkt zu intervenieren. „Grundsätzlich läßt sich die Bundesbank bei ihrer Interventionspolitik von der Überlegung leiten, daß nur interveniert werden sollte, um „geordnete Marktverhältnisse“ (orderly market conditions) aufrecht zu erhalten, daß aber grundlegenden Markttendenzen nicht entgegengewirkt werden soll (und kann)“ (194, S. 63).

Obwohl bei „Stufenflexibilität“ und „schmutzigem Floating“ unterschiedliche Anpassungsmechanismen gegeben sind, ist die geldpolitische Wirkung die gleiche. Sie läßt sich wiederum am Beispiel der **Abbildung 55** demonstrieren. Ausgegangen wird von einem Gleichgewicht auf dem Devisenmarkt am Schnittpunkt A der Devisenangebotskurve DA_1 mit der Devisennachfragekurve DN beim Wechselkurs WK_1. Wird nun angenommen, daß sich wiederum wegen einer höheren Inflationsrate des Auslandes (USA) die Devisenangebotskurve DA_1 nach rechts auf DA_2 verschiebt bei gleichbleibender Devisennachfragekurve DN und gleichzeitig als **unterer Interventionspunkt in einem System stufenflexibler Wechselkurse** oder als **untere Widerstandslinie in einem System des „schmutzigen Floating“** der Wechselkurs WK_3 von der Zentralbank verteidigt wird, so muß diese das Devisenüberangebot entsprechend der Strecke CD oder $D_5 - D_4$ aus dem Markt nehmen (gegen Abgabe inländischer Währung aufkaufen). Dadurch erhöht sich ungewollt mit inflatorischer Wirkung die inländische Geldmenge.

Die Problematik sowohl stufenflexibler Wechselkurse als auch des „schmutzigen Floating“ liegt darin, daß häufig aus politischen, außenwirtschaftlichen und sozialen Gründen die Anpassung des Wechselkurses (Parität) an den neuen Gleichgewichtskurs erst sehr verspätet durchgeführt wird, nachdem bereits große Devisenmengen in das Land geflossen sind und einen inflatorischen Impuls ausgelöst haben. Aber auch die „Glättungsinterventionen“ mit dem Ziel, starke Wechselkursschwankungen im Zeitablauf durch Ankauf oder Verkauf von Devisen zu dämpfen, können dann inflatorische Impulse auslösen, wenn zu lange eine untere „Widerstandslinie“ beim Wechselkurs WK_3 (Abb. 55) von der Zentralbank verteidigt wird. In diesem Falle ist eine außenwirtschaftliche Absicherung nicht oder nur in einem unvollkommenen Maße gegeben und die monetäre Stabilität gefährdet.

Der Grund für eine zu langfristige Verteidigung des Wechselkurses am unteren Interventionspunkt oder an der unteren „Widerstandlinie“ ist meistens die kurzfristig nicht mögliche Beurteilung der Zentralbanken, ob die Wechselkursänderung durch nur kurzfristig zufallsbedingte (z.B. die Abrechnung einzelner Export-Großgeschäfte) oder spekulative Einflüsse auf den Devisenmarkt oder durch veränderte Kaufkraftparitäten infolge höherer ausländischer Inflationsraten bedingt ist.

8.7.6 Unsicherheiten der Vorausschätzung von Inflationswirkungen

Inflationsimpulse treten gewöhnlich nicht einzeln, sondern komplex zu mehreren gleichzeitig mit unterschiedlicher Gewichtung auf. Aus diesen Impulsen ergeben sich mit time-lags, die entsprechend der Kombination und Gewichtung der einzelnen Impulse und im Zeitablauf eine variable Länge aufweisen, jeweils sehr verschiedene Inflationswirkungen. Hierbei spielt eine Rolle, ob die Inflationsimpulse monetär oder realwirtschaftlich bedingt sind, ob sie kurzfristig schockartig oder länger anhaltend wirken, auf welche Sektoren mit welchen gesamtwirtschaftlichen Verflechtungen und Beschäftigungsniveaus sie auftreffen. Schließlich ist für die Inflationswirkung von Bedeutung, welche Erwartungen und Verhaltensweisen die Wirtschaftssubjekte an den Devisen-, Geld- und Gütermärkten zeigen. Diese möglichen, verschiedenartigen Bedingungen können bewirken, daß sich Inflationsimpulse kumulieren und damit wesentlich stärkere als vorausgeschätzte Wirkungen hervorrufen. Sie können andererseits aber auch bewirken, daß die Inflationsimpulse nur in sehr gedämpfter Form durchschlagen oder gar völlig absorbiert werden.

Betrachtet man in der **Tabelle 17** jeweils in den Jahren 1977 und 1978 für einige ausgewählte Länder den Zusammenhang zwischen der **Wechselkursänderung**, der **Inflationsrate** und der **Veränderung der Handelsbilanz** unter Berücksichtigung ihrer Komponenten in der Praxis, so ergibt sich folgendes: Ein System fester Wechselkurse mit Bandbreite und einer vorgesehenen Anpassungsmöglichkeit der Währungsparitäten (Stufenflexibilität) bestand in diesen beiden Jahren nur noch zwischen den Ländern Belgien/Luxemburg, Dänemark, Bundesrepublik Deutschland, Niederlande und Norwegen, die noch am „Gruppenfloating“ teilnahmen. Wegen des geringen Gewichtes ihrer Außenhandelsbeziehungen lassen sich keine Auswirkungen auf Wechselkursänderung und Inflationsrate konstatieren.

Land	Jahr	Wechselkursänderung gegenüber Vorjahr in % *)		Anstieg der Verbraucherpreise (jew. Dezember) gegenüber dem Vorjahr in % *) (Inflationsrate)	Veränderung des Handelsbilanzsaldos in Mrd. $ **)			
		zum US-$	zum SDR		Mengenänderungen	Terms-of-trade -Änderungen	Basiseffekt	Gesamtveränderung gegenüber Vorjahr
Belgien-	1977	+ 9,2	+ 4,5	7,1	+ 0,2	− 0,1	− 0,3	− 0,2
Luxemburg	1978	+ 14,4	+ 6,6	4,5	− 0,2	0	− 0,5	− 0,7
Bundesrepublik	1977	+ 12,2	+ 7,3	3,9	+ 2,2	− 0,8	+ 1,5	+ 2,9
Deutschland	1978	+ 15,2	+ 10,7	2,6	− 2,7	+ 4,1	+ 2,7	+ 4,1
Frankreich	1977	+ 5,6	+ 1,0	9,5	+ 3,2	− 1,0	− 0,4	+ 1,8
	1978	+ 12,6	+ 4,9	9,2	+ 0,3	+ 2,9	− 0,2	+ 3,0
Großbritannien	1977	− 10,7	− 6,6	15,9	+ 2,9	+ 3,0	− 0,7	+ 5,2
	1978	− 6,3	+ 0,5	8,3	− 2,4	+ 2,6	− 0,8	− 0,6
Italien	1977	+ 0,4	− 4,0	17,0	+ 3,5	+ 0,9	− 0,2	+ 4,2
	1978	+ 5,0	− 2,1	12,2	+ 1,2	+ 0,9	0	+ 2,1
Japan	1977	+ 22,0	+ 16,7	8,1	+ 4,4	+ 1,0	+ 0,9	+ 6,3
	1978	+ 23,3	+ 15,0	3,8	− 4,0	+ 10,9	+ 1,7	+ 8,6
Kanada	1977	− 7,8	− 11,8	8,0	+ 3,1	− 1,9	− 0,1	+ 1,1
	1978	− 7,7	− 14,0	9,0	+ 2,4	− 1,9	− 0,1	+ 0,4
Niederlande	1977	+ 7,8	+ 3,1	6,4	− 2,1	− 0,3	− 0,2	− 2,6
	1978	+ 15,8	+ 8,0	4,1	− 1,6	+ 0,9	− 0,2	− 0,9
Schweden	1977	− 11,6	− 15,5	11,4	+ 0,5	− 0,3	0	+ 0,2
	1978	+ 8,7	+ 1,4	9,9	+ 2,7	− 0,5	+ 0,1	+ 2,3
Schweiz	1977	+ 6,9	+ 17,2	1,3	+ 0,3	− 0,6	− 0,1	− 0,4
	1978	+ 22,5	+ 15,1	1,1	− 0,9	+ 1,0	0	+ 0,1
USA	1977	–	− 4,4	6,5	− 13,1	− 5,7	− 3,0	− 21,8
	1978	–	− 6,8	7,5	− 4,8	+ 4,1	− 2,4	− 3,1
Ölausfuhrländer	1977	–	–	14,8	− 15,0	+ 1,0	+ 5,5	− 8,5
	1978	–	–	8,9	− 9,5	− 12,0	+ 2,0	− 19,5
Nichtölproduzierende	1977	–	–	29,1	− 1,5	+ 4,5	− 1,5	+ 1,5
Entwicklungsländer	1978	–	–	24,7	− 2,0	− 7,0	− 3,5	− 12,5

Tab. 17 Veränderungen des Preisniveaus, der Währungsparität und des Handelsbilanzsaldos

*) International Monetary Fund: International Monetary Statistics, August 1979
**) Bank für Internationalen Zahlungsausgleich: 49. Jahresbericht 1979, S. 86

Zwischen den anderen in **Tabelle 17** aufgeführten Ländern wurde in diesen Jahren ein System flexibler Wechselkurse mit Glättungsinterventionen der Zentralbanken (schmutziges Floating) praktiziert. Dieses führte bei allen Ländern in den beiden Jahren zu Wechselkursänderungen, die allerdings gegenüber dem US-Dollar eine andere Höhe erreichten als gegenüber dem Sonderziehungsrecht (SZR), weil das letztere als künstliche Rechnungseinheit aus einem Währungskorb berechnet wird.

Die jeweiligen Veränderungen der Handelsbilanzen der einzelnen Länder sind entsprechend der Analyse der Bank für Internationalen Zahlungsausgleich (195, S. 86) auf Mengenänderungen der Warenimporte und Warenexporte, auf Veränderungen der Terms-of-trade und auf einen „Basiseffekt" zurückzuführen. „Der ‚Basiseffekt' berschreibt die Auswirkungen von Steigerungen der Dollarpreise international gehandelter Güter auf den Dollarwert eines bestehenden Handelsungleichgewichts. Klammert man die USA aus, tritt ein sehr starker Gegensatz zwischen der Entwicklung der realen und nominalen Handelsbilanz der Gruppe in den Jahren 1977 und 1978 auf. Die Verbesserung im Jahr 1977 um $ 18,5 Mrd. war hauptsächlich durch mengenmäßige Änderungen bedingt, während die gleich hohe Verbesserung 1978 gänzlich auf Preiseffekte zurückzuführen ist. Obwohl sich zudem die Außenhandelssalden der drei Hauptüberschußländer auf Dollarbasis 1978 weiter erhöhten, erlebten alle drei einen Rückgang ihres realen Überschusses, wobei das dramatische Beispiel Japan war, bei dem eine reale Verschlechterung um $ 4 Mrd. durch einen günstigen Preiseffekt von $ 12,6 Mrd. völlig verdeckt wurde. Die gegensätzliche Wirkung von Mengen- und Preisfaktoren war außerhalb der Zehnergruppe und der Schweiz weniger ausgeprägt" (195, S. 85 f.).

	Hohe Inflationsrate >7% p.a.	niedrige Inflationsrate <7% p.a.
Aktive Handelsbilanz und Aufwertung	Frankreich (1977, 1978) Japan (1977) Schweden (1978)	Bundesrepublik Deutschland (1977, 1978) Japan (1978) Schweiz (1978)
Aktive Handelsbilanz und Abwertung	Kanada (1977, 1978) Schweden (1977) Italien (1977, 1978) Großbritannien (1977)	
Passive Handelsbilanz und Aufwertung	Belgien-Luxemburg (1977) Großbritannien (1978)	Belgien-Luxemburg (1978) Schweiz (1977) Niederlande (1977, 1978)
Passive Handelsbilanz und Abwertung	USA (1978)	USA (1977)

Tab. 18 Inflationsrate – Handelsbilanzsaldo – Paritätsänderung

Am Beispiel dieser hier dargestellten Situation ist zu erkennen, daß eine Vorausschätzung der Inflationswirkungen auf Mengenänderungen, Terms-of-trade-Änderungen und „Basiseffekt" der Handelsbilanz und über diese wie auch direkt auf die Veränderung des Wechselkurses nicht vorausschätzbar ist. Umgekehrt ist aber auch eine Rückkopplung einer einmal in Gang gekommenen Wechselkursänderung auf Veränderungen der Handelsbilanz, der Kapitalbilanz (durch ausgelöste spekulative Devisenbewegungen) und der Inflationsrate gegeben. Unter den in **Tabelle 17** genannten und in **Tabelle 18** in Gruppen zusammengefaßten Ländern zeigen nur die USA eine „normale" Konstellation im Jahre 1977, nämlich eine hohe Inflationsrate in Verbindung mit einer Abwertung und einer passiven Handelsbilanz. Für alle anderen erfaßten Länder gelten praktisch fast alle möglichen Kombinationen zwischen hoher oder niedriger Inflationsrate mit aktiver oder passiver Handelsbilanz und Aufwertung oder Abwertung, wobei als eine hohe Inflationsrate ein solche über 7% p.a. angenommen und die Wechselkursänderung gegenüber dem SDR festgestellt wurde.

9. Kapitel: Monetäre Ordnungspolitik

9.1 Begriff der monetären Ordnungspolitik

„Die Wirtschaftsordnung eines Landes besteht in der Gesamtheit der jeweils realisierten Formen, in denen Betriebe und Haushalte miteinander verbunden sind, in denen also der Wirtschaftsprozeß in concreto abläuft“ (202, S. 23). In diese allgemeine Definition der Wirtschaftsordnung schließt **Walter Eucken** die Währungsordnung ein, der er eine hohe Priorität einräumt. Diese Währungsordnung sollte nach Auffassung Euckens möglichst so beschaffen sein, daß sie automatisch den Geldwert und den Wechselkurs der Währung stabil hält. Dies könne am besten durch eine „Waren-Reserve-Währung“ geschehen, die jedoch nicht praktikabel ist.

Allgemein haben **Wirtschaftsordnungen** durch die Schaffung von Rahmenbedingungen und Verhaltensregeln „die Aufgabe, das Handeln von Menschen im Hinblick auf die Erreichung eines bestimmten Zwecks aufeinander abzustimmen“ (203, S. 23), indem sie obligatorische Handlungsanleitungen geben, die zur Erfüllung der angestrebten Ziele geeignet sind. Diese Handlungsanleitungen und eingesetzten wirtschaftspolitischen Mittel sollten so beschaffen sein, daß unerwünschte Ausweichreaktionen der Beteiligten vermieden und die angestrebten Ziele möglichst ökonomisch erreicht werden können.

Die **monetäre Ordnungspolitik** regelt in der **Währungsordnung** die Beziehungen zwischen der eigenen Währung und den Währungen anderer Währungsgebiete (Länder oder Ländergruppen) und in der **Geldordnung** die Grundsätze der Geldversorgung der Volkswirtschaft, die Kontrolle des Bankensystems sowie Träger, Ziele und Instrumente der Geldpolitik. Monetäre Ordungspolitik wird betrieben, um neue, andersartige währungs- und geldpolitische Ziele anzustreben oder, um bei gleichbleibenden Zielen die monetären Rahmenbedingungen und die währungs- und geldpolitischen Instrumente veränderten Verhaltensweisen der Banken und Wirtschaftssubjekte sowie strukturellen Veränderungen des Bankensystems, der Wirtschaft und der Außenwirtschaftsbeziehungen anzupassen.

Monetäre ordnungspolitische Maßnahmen zur Gestaltung der **Währungsordnung** wurden schon in Kapitel 3.4 im Rahmen des Weltwährungssystems und des Europäischen Währungssystems behandelt. Sie kommen zum Ausdruck in internationalen Abkommen und Vereinbarungen, in denen sich die beteiligten Staaten verpflichten, bestimmte Spielregeln des internationalen Devisenverkehrs einzuhalten oder in bestimmten, vorher festgelegten Situationen bestimmte währungspolitische Maßnahmen zu ergreifen. Diese Spielregeln und Maßnahmen betreffen in erster Linie Wechselkursregelungen und Interventionsverpflichtungen an den Devisenmärkten, den Ausgleich von Zahlungsbilanzsalden und die Vergabe von Währungskrediten. Sie können aber auch die Übertragung bestimmter Hoheitsrechte an internationale Institutionen – wie an den IMF oder das EWS – vorsehen. Da die entsprechenden währungsordnungspolitischen Maßnahmen in internationalen Verträgen, die von den Parlamenten der einzelnen beteiligten Staaten ratifiziert werden müssen, fixiert werden, stellen sie nationales und internationales geltendes Recht dar.

Monetäre ordnungspolitische Maßnahmen zur Gestaltung der **Geldordnung** werden in Gesetzen, Verordnungen und Erlassen fixiert. Das bedeutendste Gesetz ist in allen Ländern das Zentralbankgesetz, das die Pflichten und Befugnisse der Zentralbank sowie ihren Autonomie- oder Abhängigkeitsgrad von der Regierung festlegt. In der Bundesrepublik ist dies das „Gesetz über die Deutsche Bundesbank" (BbkG). Weitere Gesetze und Verordnungen können die geld- und finanzpolitische Zusammenarbeit zwischen Zentralbank und Regierung, die Haltung und Verwendung der Währungsreserven, Kontrollen des Kapitalverkehrs mit dem Ausland und die Überwachung des Bankensystems einschließlich eventueller Sonderregelungen für staatliche Banken mit Sonderaufgaben betreffen. Entsprechende Gesetze in der Bundesrepublik Deutschland sind das „Stabilitätsgesetz" (StabG), das „Außenwirtschaftsgesetz" (AWG) und die „Außenwirtschaftsverordnung" (AWV) sowie das „Kreditwesengesetz" (KWG). Jede Schaffung eines neuen Gesetzes oder die Veränderung eines bestehenden Gesetzes mit währungs- oder geldpolitischer Relevanz stellt eine monetäre ordnungspolitische Maßnahme dar. Eine solche war z.B. die Einführung der Bardepotregelung durch Einfügung des § 6a AWG durch Änderung des AWG vom 23.12.1971.

9.2 Träger, Ziele und Instrumente

Träger der monetären Ordnungspolitik sind alle Institutionen, die langfristig die Rahmenbedingungen der Geldwirtschaft, die Ziele und Instumente der Geldpolitik festlegen oder verändern. Als bedeutendste Institution fungiert das **Parlament** (Bundestag), das monetär relevante Gesetze als Bestandteil der Geld- und Währungsordnung beschließt oder verändert. Durch diese Gesetze können Aufgaben und Befugnisse der Zentralbank, der Regierung und monetärer Institutionen neu geregelt oder neue monetäre Institutionen mit bestimmten Aufgaben und Befugnissen geschaffen werden. Ein weiterer bedeutender Träger der monetären Ordnungspolitik ist die **Regierung** (Bundesregierung), die durch Verordnungen, Durchführungsverordnungen, Erlasse und Richtlinien vorhandene Gesetze präzisiert, erweitert oder neue monetäre Regelungen verfügt. Schließlich kann auch die **Zentralbank** (Deutsche Bundesbank) als Träger monetärer Ordnungspolitik tätig werden, wenn sie auf lange Sicht Abkommen mit anderen Zentralbanken (z.B. Verhaltensregeln, Interventionsvereinbarungen) oder mit dem Bankensystem (z.B. Selbstbeschränkungsabkommen) schließt, neue Strategien entwickelt und praktiziert, neue Ziele anstrebt und neue Instrumente der Geldpolitik (z.B. Pensionsgeschäfte mit Wertpapieren) einsetzt. Diese können schriftlich fixiert oder als gleichbleibende Usancen ständig praktiziert werden.

Die **Ziele monetärer Ordnungspolitik** sind meistens im Gesetz über die Zentralbank beschrieben. Sie können aber auch in anderen Gesetzen, Verordnungen und Erlassen zum Ausdruck gebracht oder durch Usance ständig angestrebt werden. In den meisten Ländern ist im Zentralbankgesetz als Prioritätsziel die Geldwertstabilität genannt. Dieses verpflichtet die Zentralbank zu einer Geldpolitik, die Inflation und Deflation vermeidet oder die praktisch nur noch relevante Inflationsrate auf die als unvermeidlich betrachtete Höhe beschränkt. In vielen Ländern wird als zweites monetäres Stabilitätsziel die Konstanthaltung oder möglichst geringe Schwankungsbreite des Wechselkurses der Währung gegenüber allen anderen oder bestimmten Währungen anderer Länder postuliert. Dieses währungspolitische Ziel verpflichtet die Zentralbank zu Devisenmarkt-Interventionen zur Stabilisierung des Wechselkurses, hat aber die unerwünschte Konsequenz, daß diese Interventionen die inländische Geldmenge durch Devisenkäufe expandieren und durch Devisenverkäufe schrumpfen lassen. Als weitere ordnungspolitische monetäre Ziele werden genannt: die Versorgung der Geschäftsbanken mit ausreichender Liquidität, die Dämpfung der Konjunkturschwankungen, die Vermehrung der Geldmenge oder des Kreditvolumens im Rahmen der erwarteten Höhe des Wirtschaftswachstums sowie im Falle einer Abhängigkeit der Zentralbank von der Regierung die ausreichende Versorgung des Staates mit Zentralbankkredit.

Obwohl in der Praxis relativ selten, können die monetären ordnungspolitischen Ziele auch nach Arten untergliedert festgeschrieben sein, so nach **Hauptzielen** (z.B. Geldwertstabilität) und **Nebenzielen** (z.B. Wechselkursstabilität), nach **Endzielen** (z.B. ausreichende Finanzierung des realen Wirtschaftswachstums) und **Zwischenzielen** (z.B. bestimmte, dem Wirtschaftswachstums angemessene Geldmengenexpansionsraten), nach **langfristigen Zielen** (z.B. Verstetigung der Geldmengenexpansion) und **kurzfristigen Zielen** (z.B. Neutralisierung spekulativer Geldzuflüsse aus dem Ausland als „hot money").

Als **Instrumente der monetären Ordnungspolitik** sind alle für das Geldwesen relevanten Gesetze, Durchführungsverordnungn, Verordnungen, Erlasse, Richtlinien, Verträge, Abkommen und Usancen zu verstehen. Sie alle gestalten langfristig und nachhaltig die Rahmenbedingungen der Geldpolitik als Prozeßpolitik, der monetären Außenwirtschaftsbeziehungen und der Geschäftstätigkeit der Banken.

Voraussetzungen des wirksamen Einsatzes der monetären ordungspolitischen Instrumente sind ihre Systemgerechtigkeit, ihre Zielkompatibilität und ihr konfliktfreier Einsatz. **Systemgerechtigkeit** bedeutet, daß in einem gegebenen Wirtschaftssystem die monetäre Ordnungspolitik die allgemeine Wirtschaftsordnungspolitik ergänzt, keinesfalls aber konterkariert. Sie muß dazu beitragen, die Funktionsfähigkeit des marktwirtschaftlichen Systems von Seiten der Geldpolitik und Geldwirtschaft zu erhalten oder zu verbessern. Hierzu zählen vor allem die monetären Rahmenbedingungen zur Sicherung der relativen Geldwertstabilität, der Erhaltung mittelfristig stabiler, aber langfristig anpassungsfähiger Wechselkurse, der Bereitstellung einer stets ausreichenden Geldbasis zur Finanzierung eines Kreditvolumens, das die für das Wirtschaftswachstum notwendigen Investitionen zu finanzieren vermag und Vorschriften für das Bankenystem, die dessen Funktionsfähigkeit bei begrenztem Risiko sicherstellen sollen.

Die **Zielkompatibilität** der Instrumente muß eine Gewähr dafür bieten, daß die einzelnen vorgesehenen monetären ordnungspolitischen Instrumente auch tatsächlich geeignet sind, die vorgegebenen ordnungspolitischen Ziele zu erreichen. So ist z.B. die Begrenzung des Zentralbankkredites an die Regierung und staatliche Institutionen ein geeignetes Instrument zur Erreichung der Geldwertstabilität, weil damit der Gefahr einer Geldschöpfung der Zentralbank zur Finanzierung defizitärer Staatsausgaben mit der Folge einer durch den Staat nachfrage-induzierten Inflation vorgebeugt wird. Die angestrebte Ziel-Mittel-Kombination muß logisch und praktikabel sein und darf den Wettbewerbs- und Marktmechanismus nicht stören. Diese Forderung impliziert eine Vermeidung punkturell, sektoral oder regional wirkender Instrumente.

Die Voraussetzungen eines **konfliktfreien Einsatzes** der monetären ordnungspolitischen Instrumente sind dann gegeben, wenn mehrere zur Erreichung desselben Zieles eingesetzten Instrumente sich gegenseitig ergänzen und keine unerwünschten Nebenwirkungen, insbesondere solche der Verletzung anderer monetärer Ziele, auftreten. Dies bedeutet, daß die verschiedenen gesetzlichen und quasi-gesetzlichen monetären Rahmenbedingungen einander komplementär, eindeutig und lückenlos sind. Gerade die Bedingung der Lückenlosigkeit besitzt in der Praxis eine besondere Bedeutung, weil „Gesetzeslücken" Banken, Finanzintermediäre, Unternehmen und private Haushalte zu Ausweichreaktionen veranlassen, die in den meisten Fällen die Wirksamkeit der Geldpolitik vermindern oder gar unerwünschte Wirkungen hervorrufen.

10. Kapitel: Monetäre Prozeßpolitik

10.1 Begriff der monetären Prozeßpolitik

Analog dem Begriff der Prozeßpolitik in der allgemeinen Wirtschaftspolitik bezeichnet die **monetäre Prozeßpolitik** die Ziel-Mittel-Kombinationen der Geldpolitik zur Steuerung des geldwirtschaftlichen Ablaufs. Dieser ist gekennzeichnet durch die im Zeitablauf auftretenden Veränderungen des Geldangebotes und der Geldnachfrage sowie die sich dadurch ständig ändernden Beziehungen zwischen diesen beiden Größen. Die Beziehungen zwischen Geldangebot und Geldnachfrage werden bestimmt von der Neigung zur Kreditaufnahme der Nicht-Banken: Unternehmen ,private Haushalte und Staat, Geschäftsbanken und Ausländer, von der Veränderung der Geldbasis und Rahmenbedingungen für die Kreditvergabe des Geschäftsbankensystems durch die Zentralbank und vom Geldangebot des Auslandes.

Die Aufgabe der monetären Prozeßpolitik ist es, innerhalb des von der monetären Ordnungspolitik vorgegebenen Rahmens die geldpolitischen Ziele durch laufenden Einsatz der geldpolitischen Instrumente zu erreichen. Die langfristigen geldpolitischen Ziele und Instrumente sowie die Träger der Geldpolitik sind durch die monetäre Ordnungspolitik vorgegeben oder werden durch sie verändert. Der monetären Prozeßpolitik ist innerhalb der ordnungspolitischen Rahmenbedingungen die Möglichkeit gegeben, auf der Grundlage einer bestimmten geldtheoretischen Konzeption eine bestimmte monetäre Strategie zu entwickeln. Diese Konzeption muß so ausgewählt werden, daß sie unter den gegebenen Rahmenbedingungen der monetären Ordnungspolitik, der Wirtschafts- und Bankenstruktur, der Verhaltensweisen der Wirtschaftssubjekte und der monetären Außenwirtschaftsbeziehungen einen nachweislich wirksamen Einsatz der geldpolitischen Instrumente zur Erreichung der monetären Ziele über die gewünschte Steuerung des Wirtschaftsprozesses ermöglicht.

Unabhängig von der geldpolitischen Strategie ist die monetäre Prozeßpolitik dazu aufgerufen, **Störimpulse** der Geldwirtschaft zu **neutralisieren**. Diese Störimpulse können realwirtschaftlicher, monetärer oder psychologischer Art durch Verhaltensänderungen der Wirtschaftssubjekte sein. **Realwirtschaftliche Störungen** können durch exogene Einflüsse wie z.B. Naturkatastrophen oder Mißernten, durch institutionelle Faktoren wie z.B. Wettbewerbsbeschränkungen, eine prozyklisch wirkende oder eine nach Regionen, Sektoren, Berufsgruppen oder andere Interessengruppen differenzierende Finanzpolitik hervorgerufen werden. **Monetäre Störungen** können durch Kassentransaktionen der Öffentlichen Haushalte, Geldschöpfung oder Geldvernichtung des Bankensystems oder plötzlich auftretende Geld- und Kapitalströme vom oder zum Ausland ausgelöst werden. **Störungen durch psychologisch bedingte Verhaltensänderungen** der Wirtschaftssubjekte können verursacht werden durch eine Veränderung der Konsumgewohnheiten und des Sparverhalten, Angst vor politischem Umsturz oder Krieg oder durch psychologische Verstärkung realwirtschaftlich ausgelöster Störimpulse.

Da als Schaltstelle des Geldkreislaufs und der monetären Außenwirtschaftsbeziehungen einer Volkswirtschaft die Banken und Finanzintermediäre als **monetäre Institutionen** fungieren, setzen die meisten geldpolitischen Instrumente bei ihnen an, um ihre Liquidität und Kreditvergabemöglichkeiten zu steuern. Wegen

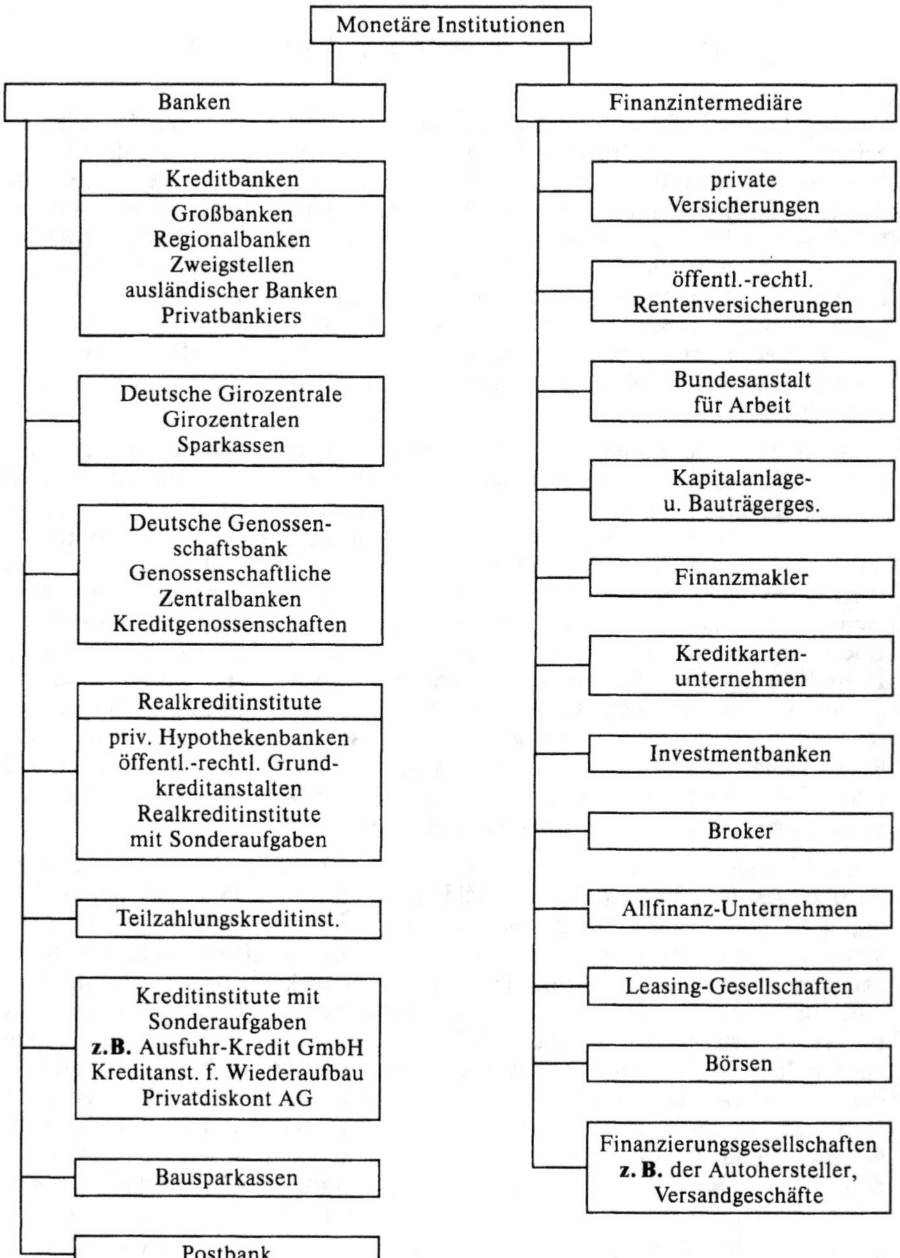

Abb. 56 Monetäre Institutionen in der Bundesrepublik Deutschland

ihrer größeren Bedeutung als Kreditinstitute richtet sich die Mehrzahl der geldpolitischen Instrumente in allen Ländern gegen die Banken, so auch in der Bundesrepublik. Finanzintermediäre werden hier allenfalls durch Vereinbarungen mit der Zentralbank in die Geldpolitik einbezogen. **Abbildung 56** zeigt die Struktur der Banken und Finanzintermediäre in der Bundesrepublik Deutschland.

10.2 Träger, Ziele und Instrumente

Bedeutendster Träger monetärer Prozeßpolitik ist die **Zentralbank (Deutsche Bundesbank)**, die in der Bundesrepublik Deutschland die Aufgabe hat, „den Geldumlauf und die Kreditversorgung der Wirtschaft" zu steuern „mit dem **Ziel, die Währung zu sichern**" (§ 3 BbkG). Ihr stehen die im **„Gesetz über die Deutsche Bundesbank"** genannten geldpolitischen Instrumente zur Verfügung, um dieses Ziel durch den Einsatz dieser Instrumente in einer jeweils geeigneten Kombination und Dosierung zu erreichen und Störimpulse zu neutralisieren.

Neben der Deutschen Bundesbank können die **Bundesregierung**, die **Landesregierung**, die **Verwaltung der Gemeinden** und **Gemeindeverbände** sowie der **Sondervermögen des Bundes** komplementär als Träger der monetären Prozeßpolitik fungieren. Sie werden nach den Vorschriften des **Stabilitätsgesetzes** dann tätig, wenn eines oder mehrere der im § 1 StabG genannten gesamtwirtschaftlichen Stabilitätsziele verletzt sind, nämlich: die Stabilität des Preisniveaus, ein hoher Beschäftigungsstand, außenwirtschaftliches Gleichgewicht und stetiges und angemessenes Wirtschaftswachstum. Die im Stabilitätsgesetz genannten finanzpolitischen Instrumente der Veränderung der öffentlichen Einnahmen und Ausgaben, der öffentlichen Kreditaufnahme und der Veränderung der Einkommenbesteuerung besitzen zugleich auch eine geldpolitische Wirkung, weil sie die Geldströme des Wirtschaftskreislaufs und damit die Geldmenge beeinflussen.

Gleichermaßen kann die **Bundesregierung** die im **Außenwirtschaftsgesetz** genannten Instrumente der Kapitalverkehrsbeschränkungen mit dem Ausland und des Bardepots komplementär zu Geldpolitik der Bundesbank einsetzen, um besonders gravierenden Störimpulsen des monetären Außenwirtschaftsverkehrs zu begegnen. Außenwirtschaftliche und finanzpolitische Maßnahmen zur Steuerung der Geldversorgung und Nachfrage sind immer mit den geldpolitischen Maßnahmen der Bundesbank so abzustimmen, daß sie sich einander ergänzen und gleichgerichtet sind. Sie müssen unterstützt werden durch das **Debt Management**, das durch die Wahl der Arten und zeitlichen Verteilung der Staatsverschuldung sowie der Kreditgeber des Staates ebenfalls die Maßnahmen der Geldpolitik ergänzen, zumindest aber nicht durch eine unerwünschte Beeinflussung der Geld- und Kapitalmärkte stören soll.

Schließlich kommen als Träger der monetären Prozeßpolitik auch **supranationale Institutionen** in Frage, denen die monetäre Integration eines Wirtschaftsgebietes mehrerer Staaten obliegt. Die höchste Form der Integration ist die Schaffung einer **gemeinsamen Zentralbank**, die zentral eine einheitliche Geldpolitik im gesamten Integrationsgebiet aller Mitgliedstaaten betreibt. Als ein Beispiel hierfür ist die **„Banque Centrale des États de l'Afrique de l'Ouest"** für das Währungsgebiet der Westafrikanischen Währungsunion (Union Économique et

Monétaire Ouest Africaine) zu nennen, der die Länder Benin, Burkina Faso, Elfenbeinküste, Guinea Bissau, Mali, Niger, Senegal und Togo angehören, deren CFA-Franc-Geldzeichen (Franc de la Communauté Financière Africaine) nur in ihrem Emissionsgebiet gesetzliche Zahlungsmittel sind. Eine ähnliche Position als gemeinsame Zentralbank mehrerer Staaten nimmt die **„East Caribbean Currency Authority"** für die Länder Basseterre/St. Christoph, Montserrat, Antigua, Nevis-Anguilla, Dominica, Grenada, St. Lucia und St. Vincent ein.

Der am 7.2.1992 in Maastricht unterzeichnete und am 1.11.1993 in Kraft getretene „Vertrag über die Europäische Union" zur Schaffung einer „Europäischen Wirtschafts- und Währungsunion" sieht in einem dreistufigen Prozeß die Errichtung einer „Europäischen Währungsunion" (EWU) vor. Als supranationale monetäre Institution wurde zunächst in Stufe 2 das „Europäische Währungsinstitut" (EWI) im Januar 1994 in Frankfurt/Main gegründet, das die Harmonisierung der nationalen Geldpolitiken und die Vorarbeiten für die Errichtung der Europäischen Zentralbank (EZB) am 1.1.1999 durchführen soll. Zu diesem Zeitpunkt wird das EWI in die EZB übergeleitet. Die EZB wird dann als supranationale Zentralbank die gemeinsame Geldpolitik für die zunächst elf Mitgliedstaaten der EWU übernehmen. Es ist anzunehmen, daß später die übrigen Mitgliedstaaten der EU ebenfalls der EWU beitreten werden.

11. Kapitel: Geldpolitische Instrumente

11.1 Einteilungskriterien

Unter den geldpolitischen Instrumenten werden üblicherweise die der monetären Prozeßpolitik verstanden. Unter ihnen sind solche, die – wie z.B. die Mindestreservepolitik – in fast allen Ländern der Welt angewendet werden und solche, die zur Verfügung stehen, aber nur in wenigen Ländern praktiziert werden. Neben den von der Deutschen Bundesbank eingesetzten geldpolitischen Instrumenten sollen auch diejenigen anderer Länder behandelt werden. Diese lassen sich nach unterschiedlichen Einteilungskriterien zu Gruppen zusammenfassen. Einige Instrumente können unter verschiedenen Kriterien unterschiedlichen Gruppen zugeordnet werden.

Die Einteilungskriterien der geldpolitischen Instrumente lassen sich jeweils nach Begriffspaaren gliedern. Da durch den Einsatz geldpolitischer Instrumente letztlich das Kreditvolumen gesteuert werden soll, bezeichnet **C. Köhler** (23, S. 232 ff.) die verschiedenen Arten der Kreditplafondierung als **direkte**, alle anderen als **indirekte geldpolitische Instrumente**. Die Unterscheidung zwischen **dirigistischen** und **marktkonformen Instrumenten** hebt auf das Kriterium ab, ob ein Instrument geeignet ist, den Marktmechanismus außer Kraft zu setzen oder wesentlich zu verzerren oder ob dies nicht der Fall ist. Hier läßt sich feststellen, daß direkt wirkende und dirigistische Instrumente ihrer Natur nach ebenso identisch sind wie indirekt wirkende und marktkonforme Instrumente.

Nach dem Kriterium des **Ansatzpunktes** geldpolitischer Instrumente lassen sich diese nach solchen unterscheiden, die das Zinsniveau des Geld- und Kapitalmarktes und solchen, die die Geldmenge oder die Bankenliquidität beeinflussen. Diese Ansatzpunkte können nach Arten der Instrumente und deren Wirkungen weiter untergliedert werden.

Nach einem anderen Kriterium lassen sich quantitativ und qualitativ wirkende geldpolitische Instrumente (53, S. 187 ff.) unterscheiden. **Quantitativ wirkende Instrumente** zielen direkt auf eine Veränderung des Geldvolumens, der Liquidität des Bankensystems oder des Kreditvolumens. Demgegenüber wirken **qualitative Instrumente** auf die Zinsen, das Zinsniveau und die Zinsstruktur sowie auf die Bedingungen der Kreditvergabe des Bankensystems ein.

Alle geldpolitischen Instrumente können global oder selektiv eingesetzt werden. Ein **globaler Einsatz eines Instrumentes** erfolgt zu einem gegebenen Zeitpunkt innerhalb des Währungsgebietes gegen jedermann, der den Regeln der Anwendung dieses Instrumentes unterworfen ist. Dagegen werden geldpolitische Instrumente **selektiv** eingesetzt, wenn sie auf verschiedene Gruppen von Banken, Personen oder Institutionen zum gleichen Zeitpunkt in unterschiedlicher Intensität angewendet werden. Eine solche Differenzierung kann z.B. nach Regionen, Kreditarten, Typ und Größe der Bank oder nach In- und Ausländern erfolgen. Als selektives Instrument gilt jedoch nicht eine Differenzierung seiner Anwendung zum Ausgleich natürlicher Nachteile, wie z.B. ein geringerer Mindestreservesatz für Banken an Nebenplätzen als Ausgleich für die Kosten und den Zeitaufwand des Bargeldtransportes zur nächstgelegenen Landeszentralbank.

Die meisten geldpolitischen Instrumente setzen bei den **Geschäftsbanken** an und nur wenige bei den **Nicht-Banken**. Unter den letzteren gewinnen jedoch die **Finanzintermediäre** eine immer größere Bedeutung. Sie verfügen über ein erhebliches Finanzvolumen und können durch ihr Anlageverhalten erhebliche Geld- und Nachfragewirkungen auslösen und dadurch die Goldpolitik konterkarieren. Es könnte sich daher in der Zukunft als notwendig erweisen, einzelne Finanzintermediäre ebenfalls den bestehenden oder neuen geldpolitischen Instrumenten zu unterwerfen.

11.2 Direkt wirkende dirigistische Instrumente

11.2.1 Quantitativ wirkende Instrumente

Unter direkt wirkenden geldpolitischen Instrumenten werden solche verstanden, die das Volumen der Kreditvergabe an Nicht-Banken administrativ beschränken. Da diese einen Eingriff in den Kreditmarktmechanismus darstellen, sind sie dirigistischer Art. Diese Eingriffe zur Mengenfixierung des Kreditmarktes können als Kreditplafonds oder Kreditkontrolle, als Emissionsplafonds oder Emissionskontrolle, als Beschränkung des monetären Außenwirtschaftsverkehrs oder durch Vorschriften über einen obligatorischen Erwerb bestimmter Wertpapiere durch die Banken erfolgen. (Abbildung 57).

Kreditplafonds und **Kreditkontrolle** stellen den schärfsten geldpolitischen Eingriff in die Geschäftstätigkeit der Banken dar. Kreditkontrollen können unterschiedliche Formen annehmen. Sie können auf alle oder nur bestimmte Banken gleichmäßig oder differenziert angewendet werden und reichen von einer nur temporären Begrenzung bestimmter Kreditarten über „freiwillige" Vereinbarungen zwischen Zentralbank oder Regierung mit den Banken (gentleman's agreement) bis zur Kreditplafondierung durch Festlegung eines maximalen Kreditvolumens für jede Bank. Die am meisten verbreitete Form des Kreditplafonds ist die Festlegung eines bestimmten in Prozent oder als Indexzahl ausgedrückten Zuwachses des Kreditvolumens der Banken.

Als Beispiel einer Kreditplafondierung sei das französische System dargestellt, in dem seit 1.1.1975 quantitative Kreditrestriktionen gelten. Die Banken werden aufgrund ihrer Aktiv-Mindestreserven in drei Kategorien eingeteilt. Die erste Kategorie umfaßt die Großbanken mit einem mindestreservepflichtigen Kreditvolumen von mehr als 6,5 Mrd. F. Die zweite Kategorie enthält die übrigen Kreditbanken. Die dritte Kategorie besteht aus den Teilzahlungsbanken. Die maximal zulässige Kreditexpansion für diese drei Banken-Kategorien wird als monatlicher Indexwert festgelegt, wobei den Großbanken der ersten Kategorie immer eine geringere Kreditzuwachsrate zugebilligt wird als den kleineren Banken der zweiten und dritten Kategorie. Neben dem Indexwert wird noch besonders der zulässige Abbau eigener Liquiditätsreserven der Banken zur Finanzierung zusätzlicher Kredite (z.B. auf 40%) und der Zuwachs des Kreditvolumens im Verhältnis zum Zuwachs der Eigenmittel der Banken unter Berücksichtigung be-

<table>
<tr><th colspan="4">direkt und dirigistisch</th></tr>
<tr><th colspan="4">global oder selektiv</th></tr>
<tr><th>quantitativ</th><th>Ansatzpunkt</th><th>qualitativ</th><th>Ansatzpunkt</th></tr>
<tr><td rowspan="2">Kreditplafonds
Kreditkontrolle</td><td rowspan="2">Höchstgrenze oder Zuwachs des Kreditvolumens oder maximale Kredit-Einlagenrelation der Banken, global oder selektiv nach Arten</td><td>Festzins
Höchstzins
Mindestzins
Zinsmarge</td><td>Einlagen- und Kreditzinsen,
Zinsniveau
Zinsstruktur</td></tr>
<tr><td>selektive Zinsbestimmung</td><td>bestimmte Kreditarten</td></tr>
<tr><td>Emissionskontrolle
Emissionsplafonds</td><td>Lenkung des staatl. und privaten Emissionsvolumens</td><td>Zinsindexierung</td><td>staatl. Wertpapiere, Bankeinlagen, Bankkredite</td></tr>
<tr><td rowspan="2">Beschränkung des Geld- und Kapitalverkehrs mit dem Ausland, Devisenkontrollen</td><td rowspan="2">Geld- und Kapitalimport und/oder Geld- und Kapitalexport, global oder selektiv</td><td>Emissionskontrolle</td><td>Emissionsbedingungen bestimmter Emissionen</td></tr>
<tr><td>obligatorischer Wertpapiererwerb der Banken</td><td>Kreditlenkung, Aktivgeschäft der Banken</td></tr>
<tr><td>obligatorischer Wertpapiererwerb der Banken</td><td>Aktivgeschäft der Banken</td><td>Kredtivergabevorschriften: Art, Zins, Laufzeit, kreditfinanzierter Anteil</td><td>bestimmte Kreditarten</td></tr>
</table>

Abb. 57 Direkte und dirigistisch wirkende geldpolitische Instrumente

stimmter Kredite kleiner Banken durch besondere Sätze von der Banque de France vorgeschrieben (204, S. 8).

Das Instrument des Kreditplafonds wirkt schnell ohne die time-lags und Unsicherheiten der Wirkung, die sich bei den auf die Geldmenge wirkenden Instrumenten ergeben. Es wird daher gern zur Dämpfung der Nachfrage und Inflation eingesetzt.

In der Praxis zeigte sich jedoch, daß weder ein beschleunigter Anstieg der Nachfrage noch ein Anstieg des Preisniveaus durch Kreditplafonds eingeschränkt werden konnten. Die Ursache hierfür liegt in der Tatsache, daß es durch Kreditplafondierung nicht gelingt, die Bruttokreditgewährung zu begrenzen und den Einfluß der von der Geldmenge ausgehenden Impulse zu berücksichigen (23, S. 233). Diese Größen werden wiederum von der Entwicklung des Bruttosozialproduktes, der Umlaufgeschwindigkeit des Geldes, dem Verhältnis zwischen Einlagen- und Kreditvolumen und der Liquiditätsneigung der Banken bestimmt. Diese Variablen lassen sich nicht genau vorausschätzen. Deswegen ist es nicht möglich, stets eine „richtige" Kreditplafondierung vorzunehmen.

Die Nachteile der Kreditplafondierung sind offensichtlich. Durch die quantitative Beschränkung der Kreditvergabe der Banken wird der Marktmechanismus und Wettbewerb unter Banken wesentlich eingeschränkt und verzerrt. Durch eine differenzierte Kreditplafondierung einzelner Bankengruppen wird zusätzlich die Struktur des Bankensystems im Zeitablauf dirigistisch verändert. Außerdem werden die kreditsuchenden Unternehmen versuchen, Kredite von anderen Kreditgebern als den Banken zu erhalten. So werden die direkten Kredite zwischen den Unternehmen (Industrie-Clearing) intensiviert und in verstärktem Umfange Kredite bei Finanzintermediären, bei Sparern durch Emission von Industrie-Obligationen und im Ausland aufgenommen werden. Weiterhin werden die Banken Kredite in anderer Form – z.B. durch Ankauf von Industrie-Obligationen – gewähren können, die nicht der Kreditplafondierung unterworfen sind. Sollten diese Ausweichreaktionen ebenfalls administrativ beschränkt werden, so sind weitere dirigistische Eingriffe wie Kapitalverkehrsbeschränkungen mit dem Ausland, Kreditbeschränkungen der Finanzintermediäre und eine Kontrolle des Industrie-Clearing notwendig. Sie stellen zusätzliche Eingriffe in den Kreditmarktmechanismus dar, können aber auch nicht vollständig die Ausweichreaktionen, die nicht kontrollierbare Kreditausweitung und die Inflationsrate begrenzen.

Emissionskontrollen und die Festlegung von **Emissionsplafonds** erfolgen mit dem Ziel, die Kreditaufnahme durch Emission von Beteiligungs- und/oder Rentenpapieren zu beschränken. Handelt es sich um eine Emissionskontrolle von Bankschuldverschreibungen, so wird diese Geldbeschaffungsmöglichkeit der Banken zum Zwecke einer späteren Kreditvergabe eingeschränkt. Emissionskontrollen für Beteiligungspapiere beschränken die Eigenkapitalbeschaffung und Kontrollen der Emission von Industrie-Obligationen die direkte Kreditaufnahme über den Kapitalmarkt durch die Unternehmen. Die Fixierung von Emissionsplafonds kann in absoluten Beträgen oder in Zuwachsraten erfolgen.

Auch **Devisenkontrollen** und andere Formen der **Beschränkung des Geld- und Kapitalverkehrs mit dem Ausland** können global für alle Wirtschaftssubjekte oder selektiv für bestimmte Transaktionen mit dem Ziel erfolgen, unerwünschte Geldzuflüsse aus dem Ausland oder unerwünschte Geldabflüsse in das Ausland zu verhindern. Hierdurch wird die Funktionsweise der internationalen Geld- und Kapitalmärkte erheblich beeinträchtigt, aber das verfolgte Ziel durch Ausweichreaktionen (z.B. durch „Koffergeschäfte" vom Ausland oder in das Ausland transportierter Wertpapiere) nicht erreicht.

Ein **obligatorischer Wettpapiererwerb durch die Banken** kann vorgeschrieben werden, um einen Teil der Bankenliquidität in Staatspapieren zu binden, dem Staat ständig ein bestimmtes Kreditvolumen der Banken zu diktierten Konditionen zur Verfügung zu stellen oder für bestimmte Unternehmen (i.a. öffentliche) oder Zwecke Bankkredite sicherzustellen. Eine solche Vorschrift gilt seit dem 10.1.1967 in Frankreich. Sie verpflichtet die Banken, einen bestimmten Mindestbestand von Mobilisierungswechseln auf der Basis mittelfristiger Kredite (coefficient de retenue) zu halten. Auch solche Vorschriften bedeuten einen schweren dirigistischen Eingriff in den Geld- und Kapitalmarkt.

11.2.2 Qualitativ wirkende Instrumente

Unter qualitativ wirkenden geldpolitischen Instrumenen sind solche zu verstehen, die die Bedingungen der Geldaufnahme und der Kreditvergabe der Banken beeinflussen. Das bedeutendste Instrument sind **Zinsvorschriften** in Gestalt eines Festzinses, Höchstzinses, Mindestzinses, einer Zinsmarge oder einer selektiven Festlegung einzelner Zinssätze.

Werden die Zinssätze der Banken **über dem Marktzinssatz** festgelegt, so soll meistens die Sparneigung und über diese das Sparvolumen erhöht werden. Dies führt zu einer Erhöhung der Kreditzinsen der Banken und einer Verlagerung des Sparaufkommens, nicht aber zu der beabsichtigten Erhöhung des Sparvolumens, weil die Sparneigung nachweislich von Zinsänderungen nur unwesentlich beeinflußt wird. **Unter den Marktzinssätzen** festgelegte Zinsen für Bankeinlagen (z.B. Regulation Q in den USA) sollen die Geldbeschaffungskosten der Banken herabsetzen und dadurch die Bankkredite verbilligen.

Andererseits sollen **über dem Marktzinssatz** festgelegte **Zinsen für Bankkredite** administrativ die Kreditnachfrage der Unternehmen und Privaten zurückdrängen, wodurch den Banken meistens eine höhere Zinsspanne und eine höhere Liquidität beschert wird. Werden die Zinsen der Bankkredite **unter dem Marktzinssatz** festgelegt, so soll damit die Bankkreditvergabe künstlich verbilligt, die Kreditnachfrage der Unternehmen und Privaten und über diese die volkswirtschaftliche Gesamtnachfrage angeregt werden. Diese Maßnahme begünstigt unrentable Investitionen, einen über die Entwicklung der Nachfrage hinausgehenden Aufbau der Kapazitäten und die Entstehung höherer Inflationsraten.

Werden **einzelne Zinssätze selektiv** administrativ festgesetzt, so wird dadurch nicht nur der Marktmechanismus gestört und verzerrt, sondern auch die Einlagen- oder Kreditstruktur und über die letztere auch die Wirtschaftsstruktur verändert.

Eine **Zinsindexierung** kann in verschiedener Form erfolgen. Werden die Zinsen festverzinslicher Wertpapiere (meist staatlicher Schuldverschreibungen) indexiert durch deren Kopplung an die Inflationsrate, den Goldpreis oder an die Preise anderer Güter, so werden Preisänderungen direkt auf den Zins übertragen. Dies schützt zwar den Kapitalgeber vor Inflation durch Garantie einer bestimmten realen Verzinsung, stellt selbst aber einen inflationären Impuls dar. Die gleiche Wirkung tritt bei einer Zinsindexierung für Bankeinlagen und Bankkredite ein.

Eine **Emissionskontrolle** kann auch einen qualitativen Charakter besitzen, wenn einzelne Bedingungen, Zinsen aller oder bestimmter Emissionen vorgeschrieben werden. Auch sie bedeuten einen Eingriff in den Kapitalmarktmechanismus. Eine Ausnahme bilden Maßnahmen zur Pflege des Kapitalmarktes. So besteht in der Bundesrepublik Deutschland seit Februar 1957 der „Zentrale Kapitalmarktausschuß" aus elf Mitgliedern, die sämtliche Emittentengruppen vertreten. Er hat die Aufgabe, beratend und empfehlend im Hinblick auf Zeitpunkt, Volumen und Konditionen der einzelnen Anleihen zur Anpassung an die jeweilige Marktlage auf die Emittenten einzuwirken.

Ein **obligatorischer Wertpapiererwerb der Banken** kann qualitativer Natur sein, sofern administrativ vom Marktergebnis abweichende oder selektiv unterschiedliche Konditionen für bestimmte Wertpapieremissionen vorgeschrieben werden. Sie wirken sich letzten Endes auf unterschiedliche Kosten und Kreditbeschaffungsmöglichkeiten der Emittenten aus und beeinträchtigen die freie Gestaltung des Aktivgeschäftes der Banken.

Kreditvergabevorschriften legen den Banken ebenfalls nicht marktgemäße Konditionen auf, die meistens eine Kreditlenkung bewirken. Darüber hinaus wirken sie selektiv und verzerren den Wettbewerb auf den Kapitalmärkten.

Abschließend läßt sich feststellen, daß direkte und dirigistische geldpolitische

Maßnahmen von vielen Ländern immer wieder eingesetzt werden, ohne die angestrebten geldpolitischen Ziele dadurch erreichen zu können. Insbesondere die vor allem in Frankreich, der Schweiz, Norwegen und Großbritannien praktizierte Kreditplafondierung war stets erfolglos geblieben und hatte lediglich zu einer Funktionsuntüchtigkeit der Geld- und Kapitalmärkte, einer Wettbewerbsverzerrung unter den Banken und einer Strukturveränderung des Bankensystems und der Wirtschaft geführt.

11.3 Indirekt wirkende marktkonforme Instrumente

11.3.1 Quantitativ wirkende Instrumente

Indirekte, quantitativ wirkende Instrumente der Geldpolitik bestimmen das Refinanzierungsvolumen der Banken und der Nicht-Banken bei der Zentralbank. Dieses entspricht der Produktion von Zentralbankgeld. Durch die geldpolitischen Instrumente kann die Zentralbank die Höhe und Veränderung des Zentralbankgeldvolumens (Geldbasis) und die Form seiner Bereitstellung steuern. Über das Zentralbankgeldvolumen kann die Zentralbank wiederum auf die Veränderung der anderen Geldmengenaggregate M_1 bis M_3, auf die Liquidität und die Geldschöpfungskapazität des Bankensystems Einfluß nehmen. In der Bundesrepublik hat sich gezeigt, daß insbesondere im Zeitraum von 1972 (dem ersten Jahre, in dem die Zentralbankgeldmenge statistisch erfaßt wurde) bis 1980 ein sehr enger Zusammenhang zwischen der Zentralbankgeldmenge und der Geldmenge M_1 bestand, in dem die Geldmenge M_1 durchschnittlich das 1,5-fache (mit einer Streubreite von 1,47 bis 1,66) der Zentralbankgeldmenge betrug.

Die Zentralbank vermag nur die von ihr kontrollierte Zentralbankgeldmenge zu steuern, nicht dagegen die vom Staat, von Finanzintermediären und Banken oder vom Ausland geschöpfte oder vernichtete Giralgeldmenge (vgl. Kapitel 4.2). Sie kann jedoch mit ihrem Instrumentarium die von diesen Geldanbietern geschöpfte oder vernichtete Giralgeldmenge nachträglich neutralisieren, sofern sie eine Abweichung der Geldmengenexpansionsrate vom Geldmengenziel der Zentralbank bewirkt. Eine schematische Übersicht gibt **Abbildung 58**.

Mindestreserven stellen das bedeutendste quantitativ wirkende geldpolitische Instrument dar. Auf gesetzlicher Grundlage werden Banken und ggf. auch Finanzintermediäre verpflichtet, in Höhe des von der Zentralbank in Prozent festgesetzten **Mindestreservesatzes** einen bestimmten Teil ihrer Aktiva und/oder Passiva auf Konten der Zentralbank zu unterhalten. Die **Mindestreservepflicht** kann in unterschiedlicher Form und in unterschiedlichen Kombinationen begründet werden.

- Der Mindestreservepflicht können Banken, Finanzintermediäre, Unternehmen und private Haushalte unterworfen werden.
- Die Mindestreserven können von der Zentralbank verzinst oder nicht verzinst werden.
- Mindestreserven können von den Aktiva, von den Passiva oder in einer Kombination von den Aktiva und Passiva der Banken (wie in Frankreich) erhoben werden.
- Die Mindestreservesätze können global einheitlich oder differenziert nach Bankengruppen, Finanzintermediären und privaten Haushalten, nach Inländern und Ausländern, nach Regionen, nach Haupt- und Nebenplätzen sowie nach Arten, Beständen und Zu-

indirekt und marktkonform			
global oder selektiv			
quantitativ	Ansatzpunkt	qualitativ	Ansatzpunkt
Mindestreservepflicht Mindestreservesätze	Bestand oder Zuwachs der Bankpassiva und/oder Bankaktiva gegenüber Inländern oder Ausländern nach Arten	Diskontsatz Diskontfähigkeit Lombardsatz Lombardfähigkeit Swapsatz Swaparten	Geldmarktzins (Leitzins-, Signal-, Refinanzierungsfunktion), Qualität der Wechsel und Wertpapiere, Swaps
Bardepot Bardepotsatz	Auslandsverbindlichkeiten von Nicht-Banken	Offenmarktoperationen	Zins- oder Rücknahmesätze staatl. Geldmarktpapiere, qualitative Anforderungen an Offenmarkttitel
Rediskontkontingente Lombardkontingente Swapvolumen	Bereitstellung potentiellen Zentralbankgeldes, global und/oder individuell, starr und/oder elastisch	Selbstbeteiligungsquote	kreditfinanzierter Erwerb von Wertpapieren
Offenmarktoperationen	Ankaufszusage für Geld- und Kapitalmarktpapiere, Rücklagenbildung der Sozialversicherungsträger	Deckungsrelationen zwischen Bilanzpositionen der Banken	Bankbilanz, Risiko, Kreditvergabe
Einlagen Öffentlicher Haushalte bei Banken	Kassenbestände des Staates	Verpflichtungserklärungen der Banken, moral suasion	bestimmte Bankgeschäfte, Einhaltung bestimmter Relationen
staatliche Kreditaufnahme	Kreditermächtigung, Konjunkturausgleichsrücklage, Stabilitätsanleihe	Mindestanzahlung, Tilgungsdauer	Konsumentenkredit
		Zinsverbot Negativzins	Bankeinlagen von Ausländern
Plafond des Zentralbankkredits an die Öffentliche Hand	staatl. Kreditaufnahme bei der Zentralbank	Wechselkurspolitik	Devisenmarkt

Abb. 58 Indirekte und marktkonform wirkende geldpolitische Instrumente

wächsen der Aktiva und/oder der Passiva der Banken und der Nicht-Banken festgesetzt werden.

- Neben die Mindestreserve kann eine Liquiditätsreserve treten, die in Prozenten der Einlagen oder Kredite der Banken bemessen, bei der Zentralbank gehalten und von ihr verzinst wird.

In der Bundesrepublik Deutschland besteht eine Mindestreservepflicht für bestimmte Passiva der Geschäftsbanken. Von dieser ausgenommen sind Hypothekenbanken, Pfandbriefinstitute, Bausparkassen und Versicherungsgesellschaften. Die Mindestreserven sind auf Konten der Deutschen Bundesbank zu halten und werden nicht verzinst. Wird von einer Bank die Mindestreservepflicht nicht voll erfüllt, so muß sie für den Betrag, um den sie ihr Mindestreserve-Soll unterschritten hat, einen **Strafzins** von 3% p.a. über dem jeweils geltenden Lombardsatz an die Bundesbank zahlen.

In § 16 BbkG werden **Höchstgrenzen** der von der Deutschen Bundesbank autonom bestimmbaren **Mindestreservesätze** wie folgt festgelegt (in Klammern sind die bisher von der Bundesbank angewendeten Höchst- und Mindestsätze genannt) (30, S. 61):

- **Sichtverbindlichkeiten** der Banken mit Fälligkeit unter einem Monat: 30% (20,15%/9,25%),
- **befristete Verbindlichkeiten** der Banken (Termingelder) mit Fälligkeit von über einem Monat: 20% (13,95%/4,00%),
- **Spareinlagen**: 10% (9,25%/4,00%).

Die Mindestreservesätze werden von der Deutschen Bundesbank nach verschiedenen Gesichtspunkten differenziert festgelegt. Die bis zum März 1977 geltende Regelung unterschiedlicher Reservesätze für Haupt- und Nebenplätze (Hauptplatz ist eine Stadt, in der sich eine Landeszentralbank befindet) wurde von der Bundesbank aufgegeben und die Zahl der Reserveklassen von vier auf drei reduziert. Unterschiedliche Mindestreservesätze werden von der Bundesbank nach folgenden Gesichtspunkten fixiert:

- nach **Art der Bankengruppen**: Kreditbanken, Großbanken, Regionalbanken, sonstige Kreditbanken, Zweigstellen ausländischer Banken, Privatbankiers, Girozentralen, Sparkassen, genossenschaftliche Zentralbanken, Kreditgenossenschaften, übrige reservepflichtige Kreditinstitute, Postscheck- und Postsparkassenämter;
- nach **Größe der Bank**, gemessen an der Höhe der gesamten reservepflichtigen Verbindlichkeiten nach Progressionsstufen: Stufe 1: bis 10 Mio DM, Stufe 2: über 10 bis 100 Mio DM, Stufe 3: über 100 Mio DM;
- nach **Arten der Bankeinlagen**: Sichtverbindlichkeiten, befristete Verbindlichkeiten und Spareinlagen;
- nach **Einlagenbeständen** und **Einlagenzuwächsen**, wobei die Zuwachsmindestreserve nur temporär eingesetzt wird;
- nach Einlagen von **Inländern** (Gebietsansässigen) und **Ausländern** (Gebietsfremden).

Wie im Kapitel 4.2.3 gezeigt, bestimmt bei konstanter Struktur eine Veränderung der Mindestreservesätze die Giralgeldschöpfungskapazität des Bankensystems über den Geldschöpfungsmultiplikator. Daher besitzt die Mindestreservepolitik einen hohen Wirkungsgrad zur Beeinflussung der Kreditvergabemöglichkeiten der Banken. Allerdings ist zu beachten, daß:

- Änderungen des Mindestreservesatzes erst nach der eingetretenen Wirkung einer monetären Störung erfolgen können,
- ein time-lag zwischen der Veränderung des Mindestreservesatzes und der gewünschten Veränderung des Kreditvolumens des Bankensystems gegeben ist,
- die Wirtschaftssubjekte auf eine Einschränkung des Bankkreditvolumens mit einer Rationalisierung ihrer Kassenhaltung durch eine bessere Abstimmung ihrer Zahlungstermine reagieren, wodurch die Geldumlaufsgeschwindigkeit und dadurch die verfügbare Geldmenge tendenziell steigt.

Die Berechnung des Mindestreserve-Solls erfolgt aus den Einlagen-Beständen des 23. und letzten Tages des Vormonats, des 7. und 15. Tages des laufenden Monats. Diesem berechneten Resereve-Soll an den Bankstichtagen werden die auf Konten der Bundesbank gehaltenen Ist-Reserven jeder Bank gegenübergestellt.

Unterschreitet das **Reserve-Ist** das **Reserve-Soll** einer Bank, so muß diese für den Differenz-Betrag den vorerwähnten Strafzins an die Bundesbank zahlen. Andererseits verfügen die Banken über einen Liquiditätsspielraum, weil das Mindestreserve-Soll erst eine Woche später an den Bankstichtagen erfüllt sein muß.

Abschließend ist zu bemerken, daß die Veränderung des Mindestreservesatzes nicht nur die „freien Liquiditätsreserven", sondern auch die Rentabilität der Geschäftsbanken beeinflußt. So wird durch eine Erhöhung des Mindestreservesatzes ein höherer Anteil der Bankeinlagen bei der Zentralbank gebunden, wodurch ein geringerer Teil der Bankeinlagen für die Kreditvergabe der Banken zur Verfügung steht. Da die Banken für die bei ihnen eingelegten Sicht-, Termin- und Sparguthaben Zinsen zahlen müssen, die bei der Bundesbank zu haltenden Mindestreserven aber nicht verzinst werden, schrumpft die durchschnittliche Zinsmarge der Banken zwischen ihren Soll- und Habenzinsen, wenn es ihnen nicht gelingt, höhere Zinsen für die von ihnen vergebenen Kredite durchzusetzen. Dies ist jedoch meistens der Fall, weswegen eine Erhöhung der Mindestreservesätze eine Erhöhung der Bankkreditzinsen nach sich zieht.

Das **Bardepot** ist ein der Mindestreserve verwandtes geldpolitisches Instrument, das durch das „Gesetz zur Änderung des Außenwirtschaftsgesetzes vom 23.12.1971" (Bardepotgesetz) mit Wirkung vom 1.1.1972 in der Bundesrepublik Deutschland eingeführt wurde. Es beinhaltet die Einfügung des § 6a AWG zur „Abwehr schädigender Geld- und Kapitalzuflüsse aus fremden Wirtschaftsgebieten". Nach diesem Gesetz kann die Bundesregierung durch Rechtsverordnung vorschreiben, „daß Gebietsansässige einen bestimmten Vom-Hundert-Satz der Verbindlichkeiten aus den von ihnen unmittelbar oder mittelbar bei Gebietsfremden aufgenommenen Darlehen oder sonstigen Krediten während eines bestimmten Zeitraums zinslos auf einem Konto bei der Deutschen Bundesbank in Deutscher Mark zu halten haben (Depotpflicht)" (§ 6a (1) AWG).

Der **Bardepotsatz** kann gem. Verordnung vom 22.2.1973 bis zu 100% der im Ausland aufgenommenen Kreditsumme bei einer Freigrenze von 50.000 DM festgesetzt werden. Die **Bardepotpflicht** ergänzt in Zeiten, in denen hohe Geldzuflüsse unter Umgehung des Bankensystems direkt in den privaten Sektor strömen, die Mindestreservepflicht der Banken. Durch die Festlegung eines Teils bis zu 100% der von Nicht-Banken im Ausland aufgenommenen Kredite bei der Deutschen Bundesbank verteuert die Effektivverzinsung des restlichen, für die Finanzierung zur Verfügung stehenden Teils die Kreditaufnahme. Dadurch wird die Kreditaufnahme im Ausland uninteressant und der Geldimport gestoppt. Allerdings birgt der Einsatz dieses geldpolitischen Instrumentes auch Schwierigkeiten seiner Wirksamkeit und Kontrolle. So werden in Perioden der Bardepotpflicht Nicht-Banken aufgefordert, ihre im Ausland aufgenommenen Kredite oder entstandenen Auslandsverbindlichkeiten bis spätestens zum 20. Tage des auf den jeweiligen Bezugsmonat folgenden Kalendermonats auf Formularen in 4-facher Ausfertigung an die Zweiganstalt der zuständigen Landeszentralbank zu melden. Ob dieser Bardepotpflicht von allen Verpflichteten lückenlos nachgekommen wird, läßt sich nicht sicherstellen und kontrollieren. Insbesondere ist anzunehmen, daß multinationale Konzerne und Unternehmen mit Tochtergesellschaften im Ausland die Möglichkeit besitzen, über Konzernverrechnungspreise, Zahlungen und Gutschriften ihrer ausländischen Tochtergesellschaften oder über Wertpapiertransaktionen ihrer Bardepotpflicht ganz oder teilweise auszuweichen.

Die **quantitative Diskontpolitik** bedient sich des Instrumentes der **Rediskontkontingente**. Diese werden von der Zentralbank für jede Bank individuell festgesetzt und bestimmen das Volumen in DM der Handelswechsel, die von den Geschäftsbanken an die Zentralbank zum Rediskont gegeben, d.h. an die Zentralbank verkauft werden können. Dadurch erhalten die Banken die Möglichkeit, sich bis zur Grenze ihres Rediskontkontingentes bei der Zentralbank mit zusätzlichem Zentralbankgeld zu refinanzieren.

In der Bundesrepublik ist die quantitative und qualitative Refinanzierungspolitik der Deutschen Bundesbank bezüglich der Diskont-, Kredit- und Offenmarktpolitik nur pauschal geregelt, indem der Bundesbank gem. § 15 BbkG das Recht gegeben wird, „die Grundsätze für ihr Kredit- und Offenmarktgeschäft“ zu bestimmen. Hieraus leitet die Bundesbank ihren Einsatz der geldpolitischen Instrumente der quantitativen und qualitativen Diskontpolitik, Lombardpolitik, Offenmarktpolitik und Swappolitik ab.

Die Höhe der Rediskontkontingente und deren Veränderung im Zeitablauf mißt die Deutsche Bundesbank jeder Geschäftsbank in Form von **Normkontingenten** durch die jeweils zuständige Landeszentralbank zu. Als Bemessungsgrundlage wird, das **haftende Eigenkapital der Bank** verwendet, wobei berücksichtigt wird, ob die betreffende Bank die **„Grundsätze über das Eigenkapital und die Liquidität der Kreditinstitute“** eingehalten hat. Diese Eigenkapital- und Liquiditätsgrundsätze, die das „Bundesaufsichtsamt für das Kreditwesen“ auf der Grundlage des Kreditwesengesetzes (KWG) und im Einvernehmen mit der Deutschen Bundesbank erlassen hat (letzte Fassung vom 16.1.1980), legen bestimmte Relationen des Aktiv- und des Passivgeschäftes der Banken fest, die zur Einschränkung des Risikos nicht überschritten werden sollen. Wenn eine Bank die in den „Grundsätzen“ festgelegten Obergrenzen dieser Relationen nicht nur geringfügig oder wiederholt überschreitet, so ist in der Regel die Vermutung begründet, daß diese Bank nicht über das notwendige Eigenkapital verfügt oder seine Liquidität nicht ausreicht. In einem solchen Falle wird die Bank dadurch „bestraft“, daß die zuständige Landeszentralbank deren Normkontingente kürzt und dadurch das Rediskontierungsvolumen verringert.

Wegen ihrer unterschiedlichen Geschäftsstruktur werden den verschiedenen Typen der Banken unterschiedlich hohe Normkontingente zugeteilt. Seit 1973 hat die Deutsche Bundesbank die Normkontingente der einzelnen Banken nicht mehr verändert, sondern nur noch den Grad ihrer Inanspruchnahme in Prozent.

Durch eine Erhöhung der Rediskontkontingente wird den Banken potentielles Zentralbankgeld zur Verfügung gestellt, das sie durch Rediskontierung von Handelswechseln in Anspruch nehmen können. Da diese eine Komponente der „freien Liquiditätsreserven der Banken“ darstellen, steigt dadurch die Bankenliquidität und die Möglichkeit der Banken, zusätzliche Kredite zu gewähren.

Die **Lombardkontingente** ergänzen die Rediskontkontingente zu dem Zweck, vorübergehende Liquiditätsengpässe der Banken durch zusätzliches Zentralbankgeld zu überbrücken. Auch der Lombardkredit stellt potentielles Zentralbankgeld dar, indem er den Banken die Möglichkeit einräumt, durch Verpfändung bestimmter „lombardfähiger“ eigener Wertpapiere für längstens drei Monate von der Zentralbank Kredit zu erhalten. Die Höhe des Lombardkontingentes wird in der Regel mit etwa 20% des Rediskontkontingentes jeder Bank festgesetzt. Dieser Prozentsatz kann jedoch auch von der Zentralbank verringert oder der Lombardkredit ganz ausgesetzt werden.

Als „lombardfähig" gelten gem. § 19 (3) BbkG: gute Handelswechsel, Schatzwechsel, unverzinsliche Schatzanweisungen, festverzinsliche Schuldverschreibungen, Schuldbuchforderungen und Ausgleichsforderungen des Bundes, eines Sondervermögens des Bundes oder eines Landes. Die Beleihungsgrenze der Wechsel und Schatzwechsel liegt bei 9/10, die der übrigen Wertpapiere bei 3/4 ihres Nennwertes. Um zu verhindern, daß Lombardkredite zu einer Ausweitung des Kreditvolumens der Banken benutzt werden, behält sich die Bundesbank vor, Lombardkredite nach Maßgabe der allgemeinen kreditpolitischen Lage und nach den individuellen Verhältnissen der einzelnen Bank zu gewähren oder ihn ganz auszusetzen (Beschluß der Bundesbank vom 17/18.12.1952).

Sonderlombardkredite werden von der Bundesbank nur für kurze Perioden besonders gravierender Liquiditätsengpässe der Banken zu einem höheren festen oder täglich veränderbaren Zinssatz als dem Lombardsatz gewährt, der außerdem täglich widerrufen werden kann (Beschluß der Bundesbank vom 6.9.1973). Sonderlombard kann aber auch (wie im Frühjahr 1981) dazu benutzt werden, durch einen wesentlich über dem Lombardsatz liegenden Zins (Sonderlombardsatz) die Zentralbankgeldbeschaffung der Banken zu verteuern, wenn gleichzeitig die Gewährung von normalem Lombardkredit ausgesetzt wird.

Da der Lombardsatz meistens 1 bis 2% (mindestens 0,5%, höchstens 3,0%) über dem Diskontsatz festgesetzt wird, versuchen die Banken zunächst, sich durch Ausschöpfung ihrer Rediskontkontingente zu refinanzieren. Allerdings kann es trotz der gegenüber dem Diskont höheren Lombardverzinsung für eine Bank kostengünstiger sein, einen sehr kurzfristigen Liquiditätsengpaß durch Aufnahme eines Lombardkredites zu überbrücken, weil dieser für die tatsächliche Zeit der Inanspruchnahme, der Diskontsatz aber für mindestens 5 Tage berechnet wird. Da Sonderlombard den Banken kurzfristig zusätzlich gewährt und täglich widerrufen werden kann, ist er als Instrument der Feinsteuerung der Geldmenge und Bankenliquidität geeignet.

Das Instrument der **Swappolitik** wird von der Zentralbank zur Geldmarktsteuerung und zugleich zur Stabilisierung des Wechselkurses temporär eingesetzt. Es ergänzt also die anderen quantitativ wirkenden geldpolitischen Instrumente zur außenwirtschaftlichen Absicherung unter der Bedingung fester wie auch flexibler (floatender) Wechselkurse. Fließt den inländischen Banken in größerem Umfang kurzfristig Geld aus dem Ausland zu (kurzfristiger Kapitalimport), so erhöht sich bei festen Wechselkursen in entsprechendem Umfang die inländische Geldmenge. Die Banken werden liquider und die Geldmarktzinsen sinken. Die gleiche Wirkung tritt – wenn auch in wesentlich schwächerem Umfang – in einem System flexibler Wechselkurse bei sinkendem Wechselkurs der importierten Auslandswährung ein. Um ein weiteres Absinken des Wechselkurses der Auslandwährung (z.B. des US-Dollars) zu verhindern und gleichzeitig zur Abschöpfung der zugeflossenen Liquidität die Banken zum Kapitalexport anzuregen, bietet die Bundesbank den Banken ausländische Devisen (in praxi US-Dollars) zum derzeitigen **Kassakurs** zum Kauf an und kauft gleichzeitig den gleichen Devisenbetrag per Termin 30 bis 90 Tage später zu einem festen **Terminkurs** wieder zurück. Der Terminkurs weist einen bestimmten Abschlag gegenüber dem Kassakurs **(Deport)** aus, wenn eine entsprechende Abwertungsrate der betreffenden Währung unter Berücksichtigung der Kurssicherungskosten in der betreffenden Periode erwartet wird. Bietet die Bundesbank den Banken einen Terminkurs, der über dem Kassakurs liegt **(Report)** so wird unter Berücksichtigung der Kurssicherungskosten eine Aufwertung der ausländischen Währung im Laufe der betreffenden Periode erwartet. Die Differenz zwischen Terminkurs und Kassakurs wird als **Swapsatz** bezeichnet. Dieser muß von der Zentralbank in einer für die Banken attraktivenHöhe angeboten werden, damit es für die Banken lohnend erscheint, einen kurzfristigen Kapitalexport während der **Swap-Periode** durchzuführen. Schließen die Banken die von der Zentralbank angebotenen Swapgeschäfte ab, so wird durch diesen Kapitalexport die Bankenliquidität und die Geldmenge verringert, wodurch die Geldmarktsätze im Inland und der Wechselkurs der betreffenden ausländischen Währung **(Swap-Währung)** steigen.

Swaps können von der Zentralbank auch in umgekehrter Richtung abgeschlossen werden, um einem Anstieg des Wechselkurses einer ausländischen Währung und einem Geldabfluß in das Ausland entgegenzuwirken. In diesem Falle muß die Zentralbank zu einem angebotenen Swapsatz die ausländische Währung zum Kassakurs kaufen und gleichzeitig den gleichen Währungsbetrag per Termin zurückkaufen.

Schließlich können auch Swapgeschäfte zwischen der Zentralbank und einer ausländischen Regierung oder Zentralbank oder einer internationalen Institution vereinbart werden, um dieser für einen bestimmten Zeitraum die eigene Währung zur Verfügung zu stellen. So wurden in den Jahren 1977 und 1978 zwischen der Deutschen Bundesbank und der Regierung der USA Swapgeschäfte im Rahmen von 4 Mrd. US-Dollars vereinbart, um dadurch den amerikanischen Währungsbehörden DM-Beträge zur Verfügung zu stellen, die für Interventionen zur Stützung des Wechselkurses des Dollars an den amerikanischen Devisenbörsen eingesetzt werden konnten. Bei Gründung eines Europäischen Währungsystems am 13.3.1979 wurde vereinbart, daß alle Mitgliedsländer dem neu gegründeten „Europäischen Fonds für Währungspolitische Zusammenarbeit" 20% des Goldes und 20% der Devisen ihrer Währungsreserven in Gestalt von revolvierenden 3-Monats-Swaps gegen ECU zur Verfügung stellen.

Zur Feinsteuerung der Geldmenge und der Bankenliquidität benutzen die meisten Zentralbanken das Instrument der **Offenmarktpolitik**. Voraussetzung hierfür ist, daß die Zentralbank über Wertpapiere verfügt, die sie am offenen Markt (Geldmarkt und Kapitalmarkt) an Banken und/oder Nicht-Banken verkauft oder kauft. Verkauft die Zentralbank diese als **Offenmarkttitel** bezeichneten Wertpapiere an Banken und/oder Nicht-Banken, so entzieht sie diesen das zur Bezahlung dieser Wertpapiere eingenommene Geld, das sie einfriert. Somit verringert sich die umlaufende Geldmenge und die Bankenliquidität. Kauft die Zentralbank dagegen von den Banken und/oder Nicht-Banken Offenmarkttitel, so bezahlt sie diese mit neu geschaffenem Zentralbankgeld, wodurch sich die Bankenliquidität und die umlaufende Geldmenge erhöht.

Übernehmen die Banken von der Deutschen Bundesbank „Offenmarkttitel, deren Ankauf die Bundesbank jederzeit zugesagt hat", so verringert sich dadurch auch die Zentralbankgeldmenge, weil aktuelles in potentielles Zentralbankgeld umgewandelt wird, aber die Bankenliquidität bleibt erhalten. Denn diese Offenmarkttitel sind eine Komponente der „freien Liquiditätsreserven der Banken".

Die Deutsche Bundesbank operiert gem. § 21 BbkG am offenen Markt mit

Schatzwechseln und unverzinslichen Schatzanweisungen des Bundes sowie mit Privatdiskonten (erstklassigen Handelswechseln). Im letzteren Fall kontrahiert sie mit der Privatdiskont AG. Da das Volumen dieser Offenmarkttitel für die Offenmarktoperationen nicht ausreicht, muß gem. §§ 42, 42a BbkG der Bund der Bundesbank auf deren Verlangen bis zum Nennbetrag der ihr gegen den Bund zustehenden Ausgleichsforderung von 8,1 Mrd. DM Schatzwechsel und unverzinsliche Schatzanweisungen als **Mobilisierungspapiere** und – falls diese bis zu diesem Betrag in vollem Umfang in Umlauf gebracht sind – weitere Schatzwechsel und unverzinsliche Schatzanweisungen bis zu einem Höchstbetrag von 8 Mrd. DM als **Liquiditätspapiere** übergeben. Diese Offenmarkttitel kauft und verkauft die Bundesbank am offenen Markt gem. § 21 BbkG. Die ursprünglich nur mit Geschäftsbanken getätigten Offenmarktgeschäfte hat die Bundesbank seit 1967 auf die Sozialversicherungsträger und seit 1971 auf private Nicht-Banken ausgedehnt.

Die Technik ihrer Offenmarktgeschäfte hat die Bundesbank in den letzten Jahren zur Feinsteuerung der Geldmenge, der Bankenliquidität und des Geldmarktes immer mehr verfeinert. So tätigt die Bundesbank seit 16.4.1973 außerhalb der den Banken eingeräumten Rediskontkontingente Offenmarktgeschäfte mit Handelswechseln in Verbindung mit einer Rückkaufsvereinbarung nach 10 oder 20 Tagen. In Übereinstimmung mit § 21 BbkG kauft die Bundesbank diese Wechsel zum Marktsatz abgezinst an und verpflichtet gleichzeitig die Bank, nach Ablauf der vereinbarten Frist unter Anwendung desselben Zinssatzes abgezinst diese Wechsel zurückzuerwerben. Allerdings tätigt sie diese Geschäfte nur mit Banken, denen sie Rediskontkontingente eingeräumt hat (Beschluß vom 12.4.1973). Darüber hinaus schließt die Bundesbank Offenmarktgeschäfte mit börsennotierten, lombardfähigen, festverzinslichen Wertpapieren sowie mit im geregelten Freiverkehr notierten Kassenobligationen des Bundes, der Bundesbahn, der Bundespost und der Länder unter der Bedingung, daß sie von den Banken per Termin zurückerworben werden. Auch diese Geschäfte werden nur mit Banken abgeschlossen, denen die Bundesbank Rediskontkontingente eingeräumt hat (Beschluß vom 31.5.1979). In jüngster Zeit tätigt die Bundesbank auch Offenmarktgeschäfte mit einer sehr kurzfristigen Rückkaufvereinbarung (z.B. 4-Tage-Schatzwechsel) oder einer auf einseitigen Wunsch der Bundesbank täglichen fälligen Rückkaufspflicht der Banken.

Diese Offenmarktgeschäfte mit Rückkaufsvereinbarung, auch **Wertpapierpensionsgeschäfte** genannt, werden auch im **Tenderverfahren** (Ausschreibungsverfahren) abgewickelt. In diesem Falle nennt die Bundesbank einen **Mindestbietungssatz** als Zinssatz, zu dem sie die Offenmarkttitel abgibt. Die Banken konkurrieren nun um den Kauf dieser Titel und können höhere Zinsen (z.B. mindestens jeweils um 0,05% höher) für den Erwerb dieser Titel bieten. Die Bundesbank verkauft dann das von ihr vorgesehene Volumen der Offenmarkttitel an die am höchsten bietenden Erwerber.

Das Instrument der **Einlagenpolitik** ist in § 17 BbkG geregelt. Demnach ist der Staat, also Bund, Länder und die Sondervermögen des Bundes: Bundesbahn, Bundespost, ERP-Sondervermögen und Lastenausgleichsfonds, verpflichtet, seine Kassenbestände auf Girokonten der deutschen Bundesbank zinslos zu halten, wodurch sie dem Geldkreislauf entzogen sind. Wünscht die Bundesbank, das (kreislaufwirksame) Geldangebot zu erhöhen, so kann sie den Staat ermächtigen, seine Kassenbestände teilweise oder vollständig von Bundesbankkonten auf Konten der Geschäftsbanken zu verlagern. Da Bankeinlagen verzinst werden, besteht ein Anreiz für diese Umdisposition der staatlichen Kassenbestände auf das private Bankensystem. Ist eine solche Umdisposition erfolgt, so wird damit zusätzliches Zentralbankgeld geschaffen, das sich unmittelbar in einer Erhöhung der Geldmengenaggregate M_1 und M_2 niederschlägt. Dadurch wird die Bankenliquidität erhöht und auf eine Senkung der Geldmarktzinsen hingewirkt. Die Bundesbank hat dieses Instrument zur Glättung der Geldmarktzinsen im Zeitraum von Ende 1975 bis März 1978 eingesetzt.

Die **staatliche Kreditaufnahme** nach Höhe, Art und Gläubigerstruktur sowie der **Plafonds der von der Zentralbank an den Staat gewährten Kredite** stellen finanzpolitische Maßnahmen dar, die zugleich geldpolitische Wirkungen besitzen. Eine Kreditplafondierung der Zentralbank an den Staat soll verhindern, daß dieser eine expansive Ausgabenpolitik durch ständiges Deficit Spending mit Zentralbankkredit finanziert. Besteht eine unbegrenzte Verpflichtung der Zentralbank, (wie z.B. des Banco Central do Brasil), die Regierung mit Kredit jeder gewünschten Höhe zu versorgen, so ist einer inflationär wirkenden staatlichen Ausgabenexpansion keine Grenze gesetzt. Ist dagegen die Kreditgewährung der Zentralbank an den Staat durch gesetzliche Plafonds beschränkt, so wird dadurch diese Inflationsquelle in Grenzen gehalten.

In der Bundesrepublik setzt § 20 BbkG Höchstgrenzen der Kreditgewährung der Bundesbank an den Staat wie folgt:

- an den Bund mit 6 Mrd. DM,
- an die Bundesbahn mit 600 Mio. DM,
- an die Bundespost mit 400 Mio. DM,
- an den Ausgleichsfonds mit 200 Mio. DM,
- an das ERP-Sondervermögen mit 50 Mio. DM,
- an die Länder mit 40 DM je Einwohner, Berlin, Bremen und Hamburg je 80 DM je Einwohner.

Die Bundesbank darf für diese Kreditgewährung keine Zinsen oder Gebühren berechnen.

Eine Kreditgewährung der Zentralbank an den Staat bedeutet eine Produktion von zusätzlichem Zentralbankgeld, das durch die Ausgaben des Staates in den Geldkreislauf gebracht wird. Eine Kreditaufnahme des Staates im Ausland schont den inländischen Kapitalmarkt und erhöht durch die damit finanzierten Staatsausgaben die umlaufende Geldmenge. Eine Kreditaufnahme bei den privaten Banken oder auf dem inländischen Geld- und Kapitalmarkt kann im Falle einer konjunkturellen Rezession brachliegende Liquidität der Banken durch Bankkredit oder der Nicht-Banken durch Absatz von staatlichen Schuldverschreibungen mobilisieren und durch die damit finanzierte Staatsnachfrage eine zusätzliche volkswirtschaftliche Gesamtnachfrage auslösen, die einen neuen konjunkturellen Aufschwung einleitet. Werden durch diese Kreditaufnahme des Staates bei Banken und Nicht-Banken über dadurch steigende Zinssätze, die der Staat zur Finanzierung feststehender, expansiver Ausgaben zu tragen bereit ist, private Kreditnachfrager und unter diesen vor allem die Investoren vom Kreditmarkt verdrängt (crowding out effect), so wird dadurch meistens eine konjunkturelle Rezession ausgelöst.

Die staatliche Kreditaufnahme bei der Deutschen Bundesbank zur Finanzierung einer antizyklischen Finanzpolitik wird im Stabilitätsgesetz geregelt. Geht die volkswirtschaftliche Gesamtnachfrage im Zuge einer konjunkturellen Rezession zurück, so kann der Staat gem. §§ 5 (3), 6 (2) und 15 (5) StabG vorher gebildete Konjunkturausgleichsrücklagen auflösen, um damit zusätzliche Staatsausgaben zur Erhöhung der volkswirtschaftlichen Gesamtnachfrage zu finanzieren. Reichen diese Mittel nicht aus, so kann der Finanzminister gem. § 6 (3) StabG zusätzliche Kredite bis zu einer Höhe von 5 Mrd. DM, ggf. durch eine Emission von Geldmarktpapieren, aufnehmen. Werden diese von der Zentralbank übernommen oder gewährt sie dem Staat einen Direktkredit, so erhöht sich dadurch die umlaufende Geldmenge. In einer Rezession ist dies unbedenklich. Es besteht jedoch die Gefahr, daß die solchermaßen finanzierte zusätzliche staatliche Nachfrage nur in bestimmten Sektoren wirksam wird (z.B. im Hoch- und Tiefbau), wo sie sehr schnell die Produktionskapazitäten übersteigt und dadurch erhebliche Preissteigerungen auslöst, die sich wiederum in einer steigenden Inflationsrate niederschlagen.

11.3.2 Qualitativ wirkende Instrumente

Im Gegensatz zu den quantitativ wirkenden geldpolitischen Instrumenten, die das durch einzelne Instrumente bereitgestellte Zentralbankgeldvolumen bestimmen, beeinflussen die qualitativ wirkenden Instrumente (Abbildung 58) die **Bedingungen**, **Formen** und **Kosten** der Refinanzierungsmöglichkeiten der Banken und ggf. auch der Nicht-Banken mit Zentralbankgeld. Von ihnen hängt es maßgeblich ab, ob Banken und/oder Nicht-Banken das von der Zentralbank zur Verfügung gestellte **potentielle Zentralbankgeld** in Anspruch nehmen und in **aktuelles Zentralbankgeld** umtauschen.

Der Einsatz dieser Instrumente kann global oder selektiv erfolgen. In der Praxis werden sie jedoch überwiegend selektiv eingesetzt. Die Selektion beim qualitativen Instrumenteneinsatz kann nach den folgenden Kriterien vorgenommen werden:

- nach dem **Typ der Begünstigten**: nach Banken und Nicht-Banken, nach Umsatzgröße, Kreditvolumen oder nach dem Grad der Einhaltung der Zentralbankvorschriften;
- nach den Anforderungen an die jeweilige **Finanzierungsform**: nach Qualität und Typ der von der Zentralbank angekauften Wertpapiere, durch differenzierte Zinssätze für die zusätzliche Inanspruchnahme des gleichen Refinanzierungsinstrumentes;
- nach **zeitlicher Inanspruchnahme**: durch unterschiedliche Refinanzierungsmöglichkeiten, Zinssätze und Bedingungen nach dem Zeitpunkt und der Fristigkeit der Inanspruchnahme;
- nach dem **Volumen**: durch Aufgliederung des Refinanzierungsvolumens in mehrere Progressionsstufen mit unterschiedlichen Zinssätzen und Bedingungen;
- nach dem **Verwendungszweck:** unterschiedliche Bedingungen werden entsprechend dem refinanzierten Bankkredit durch die Zentralbank festgelegt, z. B. für Teilzahlungswechsel zur Finanzierung von Konsumentenkredit;
- nach **Kündbarkeit** durch die Zentralbank: Formen jederzeit kündbarer Zentralbankkredite an die Banken werden zu anderen Zinssätzen und Bedingungen vergeben als solche mit festen Laufzeiten.

Die im vorigen Kapitel dargestellten quantitativ wirkenden Instrumente haben gleichzeitig auch indirekt eine qualitative Wirkung. Denn das Volumen, die Formen, die Struktur und zeitliche Verteilung der zur Verfügung gestellten Zentralbankgeldmenge beeinflussen das Zinsniveau und die Zinsstruktur der Geldmärkte. Hinzu treten jedoch die nachfolgend behandelten qualitativ wirkenden Instrumente zur Steuerung der Geldmarktbedingungen.

Die Festlegung der Höhe und Veränderung des **Diskontsatzes** und des an diesen gekoppelten **Lombardsatzes** in % p.a. (der in der Bundesrepublik um 0,5% bis 3,0% über dem Diskontsatz liegt), beeinflußt die Refinanzierungskosten der Banken mit Zentralbankgeld durch Rediskontierung von Handelswechseln (zum Diskontsatz) und durch Verpfändung lombardfähiger Wertpapiere (zum Lombardsatz). Der über dem Diskontsatz liegende Lombardsatz soll die Refinanzierungskosten durch Zentralbankgeld durch Lombardierung von Wertpapieren höher halten als die Refinanzierungskosten durch Wechsel-Rediskontierung, um mit diesem Instrument gezielt die Liquiditätsengpässe der Banken zu finanzieren. Stellt die Zentralbank eine „Denaturierung" des Lombardkredits im Sinne einer längerfristigen Refinanzierung der Banken fest, so wird sie den Lombardsatz im Verhältnis zum Diskontsatz höher setzen oder den Lombardkredit quantitativ stärker beschränken.

Der **Diskontsatz** gilt als der bedeutendste Zinssatz für Zentralbankgeld, der die Refinanzierungskosten der Banken und den Geldmarktzins bestimmt. Er besitzt daher die **Funktion als Leitzins**. Verändert die Zentralbank den Diskontsatz, so schlägt diese Veränderung auf eine mehr oder weniger gleich hohe Veränderung der Geldmarktzinsen durch. Dies gilt allerdings nur für den Fall, daß das derzeitige Niveau der Geldmarktzinsen der Höhe des bisherigen Diskontsatzes entsprach. Nur in diesem Falle kommt die **Signalfunktion** des Diskontsatzes zum Tragen, weil die Zentralbank dadurch ein Zeichen setzt, daß sie die Absicht hat, die Refinanzierungskosten der Banken zu verändern. Wird der Diskontsatz erhöht oder verringert, nachdem bereits durch die Marktkräfte eine Erhöhung oder Verringerung der Geldmarktsätze vorausgegangen ist, so stellt sie nur eine Anpassungsmaßnahme ohne Signalwirkung dar. Durch seine absolute Höhe bestimmt der Diskontsatz auch die Refinanzierungskosten der Banken mit Zentralbankgeld, so daß dieser auch eine **Refinanzierungsfunktion** besitzt.

Als **qualitative Diskontpolitik** wird die Festlegung der qualitativen Anforderungen der zum Rediskont zugelassenen Wechsel durch die Zentralbank bezeichnet. In der Bundesrepublik ist die Qualität des zum Rediskont zugelassenen Wechselmaterials in § 19 (1) Ziff. 1 BbkG geregelt. Hierbei muß es sich um gute Handelswechsel mit einer Laufzeit von maximal 3 Monaten handeln, „aus denen drei als zahlungsfähig bekannte Verpflichtete haften". Schatzwechsel der Öffentlichen Hand mit gleicher Laufzeit werden auf das Rediskontkontingent angerechnet. Darüber hinaus kann die Zentralbank die Bedingungen und Anforderungen hinsichtlich der Qualität des Wechselmaterials (z.B. Mindest-Wechselsumme, Branche oder Finanzierungszweck, Ausstellergruppe) nennen, zu denen sie bereit ist, zusätzliche Wechsel zu rediskontieren. Die Zentralbank kann aber auch verschiedene Arten von Wechseln mit verschieden hohen Diskontsätzen belegen oder einzelne Wechselarten (z.B. Teilzahlungswechsel, Bauwechsel) vom Rediskont ausschließen.

Analog hierzu kann die Zentralbank die **Lombardfähigkeit** solcher Wertpapiere bestimmen, die sie zu lombardieren bereit ist. Zu diesem Zweck kann sie die lombardfähigen Wertpapiere in einer Liste aufführen, die Beleihungsgrenze und ggf. differenzierte Lombardsätze einzelner Wertpapierarten festlegen, Mindestsummen nennen und Progressionsstufen für eine steigende Inanspruchnahme des Lombardkontingentes bestimmen. In der Bundesrepublik wird das „Lombardverzeichnis der Bundesbank" veröffentlicht, das alle lombardfähigen Wertpapiere enthält. Zur Überbrückung der regelmäßig am Jahresultimo auftretenden Liquiditätsengpässe kann die Zentralbank einen befristeten niedrigeren „Jahresultimo-Lombardsatz" gewähren.

Die **qualitative Swappolitik** wird von der Zentralbank so angelegt, daß über einen ausreichend hohen **Swapsatz** den Banken ein Anreiz geboten wird, die von der Zentralbank gebotenen Swap-Geschäfte durchzuführen. Da gleichzeitig auch unter Banken ständig ein Swap-Markt existiert, auf dem in der Bundesrepublik als Outright-Termingeschäfte US-Dollars und britische Pfund Sterling zum Kassa-Kurs gekauft und gleichzeitig als 3-Monats-Termingeschäft verkauft werden, muß der von der Bundesbank genannte Swap-Satz höher sein als der des Inter-Banken-Marktes. Neben dem Swap-Satz kann die Zentralbank auch **Fristigkeit** und **Swap-Währung**, die **Banken** als Kontrahenten und den **Verwendungszweck** der im Swap-Geschäft abgeschlossenen Beträge bestimmen.

Der qualitative Aspekt der **Offenmarktoperationen** kommt in der Auswahl und den Anforderungen an die für Offenmarktgeschäfte verwendeten Wertpapiere zum Ausdruck. So kann die Zentralbank bestimmen, ob sie nur Kassenpapiere des Staates (mit einer Laufzeit bis zu 2 Jahren) oder auch Handelswechsel, ausländische Kassenpapiere, staatliche Rentenpapiere, Rentenpapiere und/oder Dividendenpapiere privater Emittenten und ausländische Kapitalmarktpapiere in ihre Offenmarktoperationen einbezieht. Ferner bestimmt die Zentralbank, ob sie Offenmarkgeschäfte nur mit Banken oder auch mit Nicht-Banken durchführt. Die Deutsche Bundesbank schließt Offenmarktgeschäfte mit Banken, Institutionen der Öffentlichen Hand und privaten Nicht-Banken mit Geldmarktpapieren, nämlich mit staatlichen Kassenpapieren (Schatzwechsel, unverzinslichen Schatzanweisungen, Kassenobligationen), rediskontfähigen Handelswechseln und Privatdiskonten und mit Kapitalmarktpapieren, nämlich mit Schuldverschreibungen und Schuldbuchforderungen der Öffentlichen Hand und Anleihen der Öffentlichen Hand, durch.

Da Offenmarktoperationen auf einer freiwilligen Entscheidung der Banken und/oder Nicht-Banken beruhen, sind sie nur durchführbar, wenn die Zentralbank diesen für ihre Verkäufe oder Käufe von Offenmarkttiteln eine attraktive Effektivverzinsung oder attraktive **Abgabesätze** beim Verkauf oder **Rücknahmesätze** beim Ankauf ihrer Offenmarkttitel vor Fälligkeit bietet. Sollen Banken und/oder Nicht-Banken Offenmarkttitel von der Zentralbank erwerben, so müssen sie eine Effektivverzinsung aufweisen, die leicht über den Geldmarktsätzen alternativer Geldmarktanlagen oder der Rendite alternativer Kapitalmarktanlagen liegen. Sollen andererseits die Banken und/oder Nicht-Banken zum Verkauf von Offenmarkttiteln an die Zentralbank bewogen werden, so müssen die Rücknahmesätze so hoch sein, daß sie einen Verkauf dieser Titel an die Zentralbank lohnend erscheinen lassen.

Ausgehend von diesem Grundsatz kann die Offenmarktpolitik als Mengenpolitik oder als Zinspolitik betrieben werden. Als **Mengenpolitik** ist die Offenmarktpolitik darauf angelegt, den Banken und/oder Nicht-Banken durch Offenmarktoperationen ein bestimmtes Volumen aktuellen Zentralbankgeldes zuzuführen oder zu entziehen. Als besonders geeignetes Instrument bietet sich für diesen Zweck das **Tenderverfahren** an, bei dem sich automatisch der Marktzins einstellt. Hier ist der Aktionsparameter die Zentralbankgeldmenge und die resultierende Größe des Marktes der Zins. Andererseits kann die Offenmarktpolitik auch als **Zinspolitik** eingesetzt werden, indem durch die Offenmarktoperationen die effektiven Zinssätze bestimmt werden und sich das Volumen der Offenmarktgeschäfte und die entsprechende Veränderung der Zentralbankgeldmenge sich als erwartete Größe einstellen. Die Deutsche Bundesbank hat zeitweilig alternativ beide Zielsetzungen verfolgt. In jüngster Zeit betreibt sie mit ihren Offenmarktgeschäften jedoch ausschließlich eine Politik der Geldmengenfeinsteuerung.

Zur Eindämmung der Wertpapierspekulation kann die Zentralbank eine bestimmte **Selbstbeteiligungsquote** in Prozent des Börsenwertes beim Erwerb von Wertpapieren vorschreiben. Damit hält sie die Kreditfinanzierung des Wertpapiererwerbs in bestimmten, von ihr gewünschten Grenzen. Da kreditfinanzierte Wertpapiergeschäfte in der Bundesrepublik keine wesentliche Rolle spielen, wird dieses Instrument nicht angewendet. In den USA ist es jedoch in Gestalt der „Regulations" differenziert nach Art der Kreditnehmer (T für Broker und Dealer, U für Banken, G für andere Kreditinstitute und X für Privatpersonen) gegeben.

Die **Deckungsrelationen** zwischen Bilanzpositionen der Banken können von der Zentralbank entsprechend den „Grundsätzen" in der Bundesrepublik vorgeschrieben werden, um das Risiko der Banken zu begrenzen und ihre Liquidität zu sichern. Sie können aber auch als geldpolitisches Instrument eingesetzt werden, um die Möglichkeiten und Bedingungen der Kreditvergabe der Banken zu verändern.

Geldpolitische Instrumente ohne rechtliche Grundlage stellen **Verpflichtungserklärungen** von Banken und Nicht-Banken, **Gentleman's Agreements** zwischen Banken und/oder Nicht-Banken und der Zentralbank sowie die **Moral Suasion** der Zentralbank dar. Zwischen der Zentralbank und dem Bankenverband oder bestimmten Verbänden der Nicht-Banken getroffene feste Vereinbarungen oder in loserer Form geschlossene Gentleman's Agreements sollen die Banken und/oder Nicht-Banken (unter den letzteren insbesondere die Finanzintermediäre) zu einem kooperativen Verhalten gegenüber der Zentralbank verpflichten, um die Erreichung ihrer geldpolitischen Ziele zu unterstützen. In noch schwächerer Form wirkt das Instrument der Moral Suasion (moralischen Überredung), das die Zentralbank anwendet, um einseitig an die Einsicht der Banken und/oder Nicht-Banken zu appellieren, daß eine bestimmte, von der Zentralbank gewünschte Verhaltensweise der Banken oder Nicht-Banken geldpolitisch und volkswirtschaftlich notwendig und letztlich auch für die Betroffenen nützlich ist.

Ein erfolgreicher Einsatz dieser Instrumente ist an mehrere **Voraussetzungen** gebunden. Eine Voraussetzung ist, daß die von der Zentralbank gewünschte Verhaltensweise bei den Betroffenen keine einschneidenden Umsatz- und Gewinneinbußen zur Folge hat. Eine zweite Voraussetzung ist, daß durch die gewünschte Verhaltensweise die betroffenen Banken nicht auf Geschäfte verzichten müssen, in die andere (z.B. ausländische Banken, Finanzintermediäre) eintreten. Schließlich wird die Einsicht der Banken oder Nicht-Banken in die Notwendigkeit von Selbstbeschränkungen aus volkswirtschaftlichen Gründen um so größer sein, je deutlicher im Falle der Nicht-Befolgung direkte Eingriffe der Zentralbank zur Erzwingung der gewünschten Verhaltensweise drohen.

In diesem Sinne haben z.B. **„freiwillige" Absprachen** zwischen der Bundesbank und den Banken 1980/81 funktioniert, den Kapitalexport dadurch zu beschränken, daß die Banken keine langfristigen Kredite an das Ausland über 10 Mio. DM (ausgenommen Exportkredite) gewähren und keine auf DM lautenden „Certificates of Deposit" auf den internationalen Finanzmärkten ausgeben sollten. Denn erwerben Ausländer DM-CD-s, deren Erlös die Banken zur Vergabe internationaler Kredite verwenden, so erfolgt ein deutscher Kapitalexport. Die in dieser Weise vereinbarte Kapitalexportbeschränkung der Banken war auch deswegen funktionsfähig, weil bei ihrer Nicht-Befolgung Kapitalverkehrsbeschränkungen gem. §§ 2, 22 AWG gedroht hätten.

Als qualitatives Instrument zur Abwehr unerwünschter Kapitalzuflüsse setzt die Schweizerische Nationalbank ein **Verzinsungsverbot** – oder mit noch stärkerer Wirkung – einen **Negativzins** auf Bankeinlagen von Ausländern ein. Wegen der immer gegebenen Inflationsrate entsteht schon bei einer zinslosen Geldanlage ein negativer Realzins, der die Anlage ausländischen Geldes auf Bankkonten uninteressant macht. Ggf. muß dieses Instrument noch durch Beschränkungen des Erwerbs inländischer Wertpapiere durch Ausländer ergänzt werden.

Ein von der Zentralbank vorgeschriebener Prozentsatz des Kaufpreises als **Mindestanzahlung** und der maximalen **Tilgungsdauer** kreditfinanzierter Konsumgüterkäufe sind Instrumente zur Beeinflussung der **Konsumentenkredite**. Je höher die Mindestanzahlung und je kürzer die Tilgungsdauer, um so stärker wird der Teilzahlungskredit der Banken eingeschränkt. In der Schweiz ist der Bundesrat durch das „Bundesgesetz über den Abzahlungs- und den Vorauszahlungsvertrag vom 23.3.1962" ermächtigt, die Anzahlungen bei Konsumgüterkäufen zwischen 10% und 35% und die Laufzeit des Teilzahlungskredits zwischen 1½ und 5 Jahren festzusetzen. Nach einer Untersuchung von **H. Gafafer** (205, S. 102) hat sich jedoch dieses Instrument zur Dämpfung der Konsumgüternachfrage in der Schweiz als nicht sehr wirkungsvoll erwiesen.

Das geldpolitische Instrument der **Devisenmarktinterventionen** durch die Zentralbank wird zur außenwirtschaftlichen Absicherung eingesetzt und kann wirkungsvoll mit der Swappolitik kombiniert werden. Da in einer offenen Volkswirtschaft ohne Kapitalverkehrsbeschränkungen expansiv auf die Geldmenge wirkende Devisenzuflüsse oder kontraktiv auf die Geldmenge wirkende Devisenabflüsse die binnenwirtschaftliche Geldpolitik konterkarieren können, ist die Zentralbank stets bemüht, spekulativen Devisenbewegungen entgegenzuwirken. Sie vermag dies durch Devisenmarktinterventionen, die sie als aktiver Teilnehmer am **Devisenkassamarkt** oder am **Devisenterminmarkt** durch Käufe oder Verkäufe durchführen kann.

Wird als Beispiel angenommen, daß spekulative Dollar-Zuflüsse in die Bundesrepublik strömen, so ist die dann gegebene Devisenmarktsituation auf dem **Kassamarkt** in **Abbildung 59a** durch die Devisenangebotskurve von Dollars D_{a0} und die Devisennachfragekurve nach Dollars D_{n0} gekennzeichnet, an deren Schnittpunkt sich der Wechselkurs WK_0 DM je Dollar gebildet hat, wobei ein Volumen von D_0 Dollars an der Devisenbörse umgesetzt wird. Um spekulativen Erwartungen der Banken und Nicht-Banken auf ein weiteres Absinken des Dollarkurses (entsprechend einer weiteren Aufwertung der DM) den Boden zu entziehen, interveniert die Deutsche Bundesbank an der Devisenbörse durch Dollarkäufe, wobei sie ein Dollarvolumen von $D_1 - D_0$ aus dem Markt nimmt. Infolgedessen verschiebt sich durch den Anstieg der Nachfrage nach Dollars die Devisennachfragekurve D_{n0} auf D_{n1}, wodurch sich ein neuer, höherer Wechselkurs WK_1 einstellt. Diese Maßnahme besitzt eine **Signalwirkung**. Sehen sich nämlich die Spekulanten in ihren Erwartungen einer weiteren Abwertung des Dollars enttäuscht, so hören die spekulativen Devisenzuflüsse auf und die zugeströmten Devisen fließen wieder in das Ausland ab.

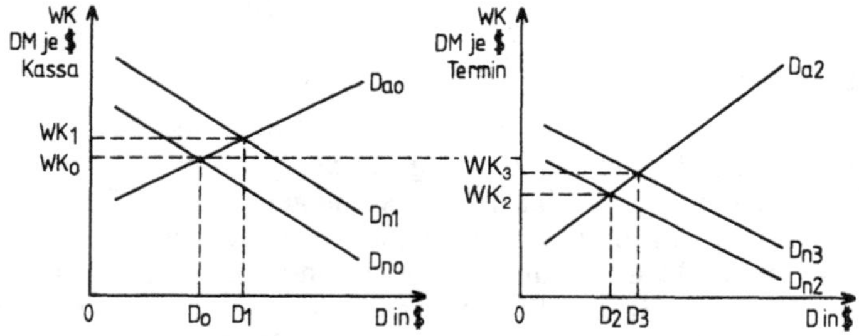

Abb. 59a **Abb. 59b**

Abb. 59 Devisenmarktinterventionen

Zur Unterstützung dieser Maßnahme im hier verwendeten Beispiel kann die Zentralbank zugleich ergänzend auf dem **Devisenterminmarkt** intervenieren, der in **Abbildung 59b** dargestellt ist. Da unter Berücksichtigung der Zinsdifferenz und der Abwertungserwartung für den Dollar der Terminkurs des Dollars unter dem Kassakurs liegen wird, bildet sich auf dem Devisenterminmarkt am Schnittpunkt der Devisenangebotskurve D_{a2} mit der Devisennachfragekurve D_{n2} der Wechselkurs WK_2 DM je Dollar (für z.B. 3-Monats-Dollars), bei dem ein Dollarvolumen von D_2 an der Devisenterminbörse umgesetzt wird. Infolgedessen bildet sich auf dem **Swapmarkt** unter Banken hoher **Deport** in Höhe $WK_0 - WK_2$. Interveniert die Deutsche Bundesbank auf dem Devisenterminmarkt durch Dollarkäufe im Volumen $D_3 - D_2$, so verschiebt sich dort die Devisennachfragekurve D_{n2} auf D_{n3}. Es bildet sich ein neuer, höher liegender Terminkurs WK_3 DM je Dollar. Der gestiegene Dollar-Terminkurs verringert den **Swapsatz** (Deport) und entmutigt dadurch ebenfalls die Spekulation auf eine weitere Abwertung des Dollars.

Entstehen Devisenzuflüsse aufgrund eines **Inflationsgefälles** (die Inflationsrate des Auslandes ist anhaltend höher als die des Inlandes) zum Ausland oder aufgrund eines **steigenden Aktivsaldos der Grundbilanz** (Leistungsbilanz plus Bilanz des langfristigen Kapitalverkehrs), so sind Devisenmarktinterventionen nicht sinnvoll. Sie würden lediglich am Symptom kurieren, ohne die Ursachen des Devisenzuflusses zu beseitigen. Daher sind nur wirtschaftspolitische Maßnahmen zur Bekämpfung der Ursachen und/oder eine Aufwertung der eigenen Währung angezeigt.

Entstehen Devisenzuflüsse aufgrund eines **Zinsgefälles** (das inländische Zinsniveau ist höher als das ausländische), so sind Devisenmarktinterventionen ebenfalls ein ungeeignetes Instrument. In diesem Fall wäre eine Aufwertung der eigenen Währung und/oder eine Niedrigzinspolitik (easy money policy) mit geldpolitischen Instrumenten geeignet, um das Zinsgefälle zum Ausland zu beseitigen. Eine solche „Politik des billigen Geldes“ ist jedoch in einer konjunkturellen Aufschwungphase schwer durchzusetzen, weil sie die konjunkturellen Überhitzungserscheinungen noch zusätzlich verstärkt. Daher müssen andere Instrumente wie Mindestreserven auf Bankeinlagen von Ausländern, Verzinsungsverbot oder Negativzins für ausländische Bankeinlagen, Swapgeschäfte und ggf. Kapitalverkehrskontrollen eingesetzt werden.

12. Kapitel
Geldpolitische Strategien

12.1 Monetäre Rahmenbedingungen

Alle geldpolitischen Strategien – unabhängig von der ihnen zugrunde liegenden geldtheoretischen Konzeption – sind darauf ausgerichtet, monetäre Stabilität in der Volkswirtschaft zu erreichen. Die einzelnen monetären **Stabilitätsziele** werden von **J. Niehans** (206, S. 285) in drei Prioritätsstufen gegliedert:

- Als **primäres Ziel** gilt die langfristige Stabilisierung des Preisniveaus, dessen kurzfristige Schwankungen jedoch zulässig sind.
- Als **sekundäres Ziel** ist durch die Geldpolitik eine Dämpfung der Produktions- und Beschäftigungsschwankungen als Folge inlandsbedingter Konjunkturschwankungen anzustreben.
- Als **tertiäres Ziel** soll durch geldpolitische Maßnahmen eine exzessive Schwankung der Bankenliquidität vermieden werden.

Diese allgemeinen geldpolitischen Ziele werden vom **Federal Reserve System** der USA noch weiter spezifiziert und erweitert (207, S. 166). Demnach soll die Geldmengenexpansion langfristig der realen Wachstumsrate der Wirtschaft entsprechen und ein ausreichendes Bankkreditvolumen zur Finanzierung der für das Wachstum notwendigen privaten Investitionen die Erzeugung zusätzlicher investiver und konsumtiver Güter ermöglichen. Gleichzeitig soll die Geldpolitik Liquiditätsengpässe der Wirtschaft überbrücken helfen. Die Schwankungen und Struktur des Zinsniveaus soll die Geldpolitik in Einklang mit der Entwicklung der nationalen und internationalen Finanzmärkte und mit der Stabilitätspolitik der Regierung halten. Zu diesem Zweck soll die Zentralbank über die Funktionsfähigkeit der Geldmärkte und über ein ausgewogenes Verhältnis zwischen Ausleihungen und Verbindlichkeiten der Kreditinstitute wachen. Schließlich soll die Geldpolitik dazu beitragen, keine inflationären oder deflationären Tendenzen entstehen zu lassen und ein Zahlungsbilanzgleichgewicht zu erreichen. Um diese geldpolitischen Ziele erreichen zu können, sei stets eine angemessene Geldversorgung der Volkswirtschaft notwendig.

Die Wahl der **monetären Strategie** zur bestmöglichen Erreichung der solchermaßen umschriebenen Zielvorstellungen monetärer Stabilität hängt ab von den jeweils gegebenen **Rahmenbedingungen** einer jeden Volkswirtschaft. Demnach ist es nicht möglich, eine bestimmte geldpolitische Strategie auf der Grundlage einer bestimmten geldtheoretischen Konzeption für alle Volkswirtschaften und alle Zeiten als optimal zu empfehlen. Die für die Wahl der geldpolitischen Strategie wesentlichen Rahmenbedingungen lassen sich in den folgenden vier Komplexen zusammenfassen:

- die Verhaltensweisen der Wirtschaftssubjekte,
- der Koordinationsgrad der Finanzpolitik mit der Geldpolitik,
- der Koordinationsgrad der Einkommen- und Verteilungspolitik mit der Geldpolitik,
- der Grad der internationalen Verflechtung der Volkswirtschaft in Verbindung mit dem Wechselkursregime.

Veränderte **Verhaltensweisen der Wirtschaftssubjekte** kommen vor allem in unterschiedlichen Kassenhaltungs- und Zahlungsgewohnheiten zum Ausdruck. Rationellere und dadurch geringere Kassenhaltung, höhere Zinsreagibilität und andere Anlagegewohnheiten in realen und Finanzanlagen sowie andere Finanzierungsgewohnheiten verändern den Geld- und Kreditbedarf der Wirtschaftssubjekte wie auch die Effizienz geldpolitischer Maßnahmen. Diese Verhaltensänderungen des Publikums können auch eine Strukturveränderung der monetären Institutionen hervorrufen, indem z.B. eine relativ stärkere Inanspruchnahme der Finanzintermediäre zu Lasten der Banken erfolgt. Eine für die Geldpolitik wesentliche Verhaltensweise der Wirtschaftssubjekte ist die Höhe der antizipierten Inflationsrate. Sie entsteht in einem Gewöhnungsprozeß aufgrund einer zu laschen oder ineffizienten Geldpolitik.

Der **Koordinationsgrad der Finanzpolitik mit der Geldpolitik** ist entscheidend für den Erfolg geldpolitischer Maßnahmen und der betriebenen geldpolitischen Strategie. Wie im Kapitel 4.2.2 dargestellt, ist der Staat ein autonomer Geldanbieter, der durch seine Einnahmen-, Ausgaben- und Verschuldungspolitik sowie durch seine Kassentransaktionen die Geldmenge unmittelbar verändert. Der Einfluß der Finanzpolitik auf die Geldmenge und die volkswirtschaftliche Nachfrage ist um so größer, je höher die Staatsquote ist. Verfolgt der Staat bestimmte politische (z.B. militärische Aufrüstung), wirtschaftspolitische (z.B. Verbesserung der Infrastruktur) oder sozialpolitische Ziele (z.B. höhere soziale Absicherung der nicht Arbeitswilligen), so entstehen als Folge autonome, gesetzlich festgeschriebene Staatsausgaben, die nicht den geldpolitischen Notwendigkeiten Rechnung tragen können. Werden gesetzliche Grundlagen für eine antizyklische, mit der Geldpolitik synchronisierte Finanzpolitik geschaffen (wie z.B. durch das Stabilitätsgesetz), so entsteht das Problem, ob eine Regierung jeweils willens und fähig ist, eine Koordination ihrer Finanzpolitik mit der Geldpolitik tatsächlich durchzuführen.

Der **Koordinationsgrad der Einkommens- und Verteilungspolitik mit der Geldpolitik** enthält die gleiche Problematik, wenn auch hier maßgeblich die Tarifparteien und das Ausland beteiligt sind. In Marktwirtschaften erstreckt sich die Einkommenspolitik allenfalls auf die Fixierung von Mindestlöhnen und Lohnleitlinien, die den durchschnittlichen preisneutralen Einkommensanstieg in der Volkswirtschaft angeben, der sich am erwarteten durchschnittlichen Produktivitätszuwachs (der von einzelnen Sektoren wesentlich über- oder unterschritten werden kann) unter Berücksichtigung der Veränderung der Terms-of-Trade orientiert. Werden dann von den Tarifpartnern wesentlich höhere Lohnabschlüsse getätigt, die anschließend von den Unternehmen über die Preise überwälzt werden und somit die Inflationsrate ansteigen lassen, so wird der Geldpolitik der Erfolg versagt bleiben. Denn sie muß entweder eine höhere als beabsichtigte Geldmenge zur Finanzierung der Inflationsrate nachträglich bereitstellen oder bei Einhaltung einer restriktiven Linie eine steigende Arbeitslosenquote in Kauf nehmen. Darüber hinaus treten aber auch Verteilungswirkungen zwischen Inland und Ausland sowie zwischen national (non-tradables) und international gehandelten Gütern (tradables) auf. Erhöhen Lieferländer nicht substituierbarer Güter deren Preise, so erfolgt dadurch ein Ressourcentransfer auf diese Länder, indem inländische Verbraucher über die gestiegenen Preise der importierten Güter einen höheren Teil ihres Einkommens an das Ausland (z.B. an die OPEC-Länder für deren Öllieferungen) übertragen müssen. Eine inflationäre Wirkung würde eine nachträgliche

Finanzierung von Lohn- und/oder Preiserhöhungen im Sektor der Tradables durch eine zusätzliche Geldmengenexpansion der Zentralbank bewirken, wobei gleichzeitig eine Einkommensverschiebung zugunsten des Sektors der Tradables erfolgen würde.

Der **Grad der internationalen Verflechtung** der Volkswirtschaft in Verbindung mit dem **Wechselkursregime** stellt ebenfalls eine wesentliche Rahmenbedingung der Geldpolitik dar. In einem System fester Wechselkurse kann die Zentralbank mit ihren geldpolitischen Instrumenten die Geldmenge nicht mehr kontrollieren, weil sie zu unbegrenzten Interventionen am Devisenmarkt verpflichtet ist. Andererseits ist in einem System völlig flexibler Wechselkurse die Geldmenge eine von der Zentralbank absolut kontrollierte (exogene) Größe, die den Wechselkurs bestimmt. In einem „gemischten" Währungssystem fester Wechselkurse mit Bandbreite (±2,25%) innerhalb eines Währungsblocks des EWS und flexibler (floatender) Wechselkurse zwischen den meisten übrigen Währungen der Welt muß die Zentralbank (Deutsche Bundesbank) gleichzeitig binnenwirtschaftliche (Preisniveaustabilität) und außenwirtschaftliche Ziele (Wechselkursstabilität, außenwirtschaftliches Gleichgewicht) verfolgen. Inflationäre Impulse können insbesondere von den Wechselkursen ausgehen, wenn sich diese längerfristig von den Kaufkraftparitäten entfernen. Aber auch umgekehrt kann vor allem ein plötzliches größeres Absinken des Wechselkurses der eigenen Währung, das nicht durch eine Verringerung der Kaufkraftparität infolge einer höheren Inflationsrate als im Ausland gerechtfertigt ist, schnell in eine antizipierte Inflationsrate und diese wiederum in höhere Lohnvereinbarungen und steigende Preise übernommen werden. „In other words, excessive departures of exchange rates from purchasing-power-parity may become self-fulfilling" (70, S. 80).

Zu den außenwirtschaftlichen Rahmenbedingungen zählen auch die Bedeutung des Außenhandels und die **Verwendung der eigenen Währung im Ausland**. So ist für ein Land wie die USA mit einer Exportquote (Exporte in % des BSP) von 7% der Außenhandel und die internationale Wettbewerbsfähigkeit von einer wesentlich geringeren Bedeutung als für exportorientierte Länder wie die Bundesrepublik Deutschland mit einer Exportquote von 23% oder die Schweiz mit einer Exportquote von 27% (208). Wird eine Währung kurzfristig in zunehmendem Umfang auf den internationalen Finanzmärkten als Anlage- und Transaktionswährung und von anderen Zentralbanken als Reservewährung verwendet, so ändern sich dadurch ebenfalls die Rahmenbedingungen und machen eine Änderung der geldpolitischen Strategie notwendig.

Ein Beispiel hierfür bietet die Schweiz. Sie ging 1973 zu flexiblen Wechselkursen über und erreichte dadurch eine hinreichende außenwirtschaftliche Absicherung, indem die Wechselkurse ausländischer Währungen sich bis 1977 etwa parallel zu ihren Kaufkraftparitäten gegenüber dem Schweizer Franken entwickelten. Ab 1978 stieg der Wechselkurs des Schweizer Franken gegenüber den ausländischen Währungen sehr stark an. Dieser Wechselkursanstieg (Abwertung der ausländischen Währungen gegenüber dem Schweizer Franken) war nicht mehr durch die unterschiedliche Entwicklung der Inflationsraten und dadurch bedingt der Kaufkraftparitäten zu erklären. Der Grund hierfür war vielmehr wegen eines Vertrauensschwundes in den US-Dollar eine Abwanderung von Dollar-Anlagen in Anlagen in Schweizer Franken auf den internationalen Finanzmärkten und die steigende Verwendung von Schweizer Franken als Reservewährung durch ausländische Zentralbanken. Dadurch stieg die Nachfrage nach Schweizer Franken erheblich an, was eine Erhöhung seines Wechselkurses zur Folge hatte. Einen solchen Anstieg des Wechselkurses des Franken konnte aber die Schweizerische Nationalbank nicht hinnehmen, weil er die internationale Wettbewerbsfähigkeit der Schweiz verschlechterte und dadurch einen Produktions- und Beschäftigungsrückgang im Inland nach sich ziehen mußte. Aus diesem Grunde mußte die Nationalbank ihre geldpolitische Strategie ändern: Anstelle einer Geldmengensteuerung zur Einhaltung eines Geldmengenziels mußte sie die Geldmenge erheblich stärker ausweiten, um als alternatives Ziel die Stabilität des Wechselkurses und des inländischen Zinsniveaus anzustreben. Beim Wechsel der Strategie handelt es sich um einen „Versuch, dem Markt in Perioden extremer Devisenmarktunsicherheit durch Setzung eines klaren Signals in der Form eines Wechselkursziels ein gewisses Maß an Stabilität und Vertrauen zurückzugeben. Sobald dies gelungen ist, wird die Geldmengenpolitik wieder vermehrt in den Vordergrund treten“ (209).

Veränderte Rahmenbedingungen haben auch die Deutsche Bundesbank ab 1973 zu einer Änderung ihrer geldpolitischen Strategie von einer Liquiditäts- und Zinssteuerung der Banken zu einer Geldmengensteuerung veranlaßt.

12.2. Begriff der geldpolitischen Strategie

Der Begriff der Strategie entstammt dem militärischen Sprachgebrauch und wurde später auf die Spieltheorie **(J. von Neumann und O. Morgenstern)** sowie auf den sozial-ökonomischen Bereich angewendet. „Unter Strategie wird dabei ein bedingter Plan verstanden, der für jede erwartete Eventualität die Handlungsweise festlegt, für verschiedene mögliche Ergebnisse dieser Handlung wiederum eine bestimmte erneute Aktion vorsieht usw.“ (210, S. 421). Strategien implizieren eine **Kombination längerfristiger, umfassend geplanter Maßnahmen zur Erreichung werthaftnormativer Leitbilder** (211, S. 93). Sie stützen sich i.a. auf Erfahrungswerte. Sie können aber auch außerhalb jeglicher Erfahrungen und Experimente auf reiner logischer Deduktion beruhen.

Entscheidend ist, daß Strategien immer unter Unsicherheits-Bedingungen geplant werden und während ihrer Realisierung im Zeitablauf korrigiert oder geändert werden können, wenn zwischen den geplanten Soll-Zuständen und den tatsächlich eingetretenen Ist-Zuständen eine Diskrepanz entsteht. Die immer längerfristig angelegten Strategien bedingen zu ihrer Realisierung kurzfristige **taktische Aktionen**. Diese werden aus situationsbedingter Opportunität ergriffen, um kurzfristig mit höchstmöglicher Effizienz zur Erreichung des strategischen Ziels beizutragen.

In diesem Sinne sind auch **wirtschaftspolitische Strategien** zu verstehen. Sie sind auf die Erreichung langfristiger wirtschaftspolitischer Ziele oder Zielkombinationen durch Einsatz einer Kombination wirtschaftspolitischer Instrumente im Zeitablauf angelegt, wobei zur Erreichung der gleichen Zielkombination oder zur Erreichung einer anderen Zielkombination mit anderen Zielprioritäten alternative Strategien angewendet werden können. Bestehen im Bereich der **Geldpolitik** auf der Grundlage verschiedener geldtheoretischer Konzeptionen alternative Strategien zur Erreichung der gleichen stabilitätspolitischen Ziele unter sich ständig ändernden Rahmenbedingungen im Zeitablauf, so läßt sich eine bestimmte, optimale Strategie nicht bestimmen. Es lassen sich lediglich die **Prämissen** als Voraussetzung für den Erfolg einer bestimmten **geldpolitischen Strategie** festlegen.

Aus diesem Grunde müssen die jeweils gegebenen Rahmenbedingungen immer daraufhin überprüft werden, ob sie mit den Prämissen kompatibel sind. Da geldpolitische Strategien längerfristig konzipiert und unter der Unsicherheit veränderlicher Rahmenbedingungen realisiert werden müssen, läßt sich a priori nicht sagen, ob die gewählte Strategie tatsächlich die optimale ist. Dies stellt sich erst im Verlaufe ihrer Realisierung heraus, wobei nicht vorhergesehene, neue Rahmenbedingungen und Mißerfolge der Strategie eine ständige Rückkopplung und Korrektur der Strategie in einem **Lernprozeß** bewirken. Aus diesem Grunde kann es keine einheitliche, optimale, allzeitig und für alle Länder gültige geldpolitische Strategie geben. Deswegen werden nachfolgend die wesentlichen geldpolitschen Strategien dargestellt, die sich aus den geldangebots- und transmissionstheoretischen Konzeptionen ergeben.

12.3 Monetaristische Strategie

Als monetaristische Strategie hatte 1960 **Milton Friedman** (212, S. 90) seine **Geldmengenregel** vorgeschlagen. Nach dieser sollte die Zentralbank verpflichtet werden, durch regelgebundene Maßnahmen für einen Zuwachs des Geldvolumens zu sorgen, der dem langfristig erwarteten Wachstum des realen Bruttosozialproduktes unter Berücksichtigung zu erwartender Veränderungen der Kassenhaltungsneigung (Umlaufsgeschwindigkeit des Geldes) entspricht, ohne hierbei konjunkturelle Schwankungen zu berücksichtigen. Auf diese Weise sei sichergestellt, daß die durch die zur Verfügung gestellte Geldmenge (Geldvolumen mal Umlaufsgeschwindigkeit des Geldes) finanzierte Gesamtnachfrage in gleicher Rate wachse wie das Güterangebot. Diese Strategie ermögliche es, neben dem Ziel der Preisniveaustabilität eine Glättung der konjunkturell bedingten Preis-, Einkommen- und Beschäftigungsschwankungen sowie ein stetiges Wirtschaftswachstum zu erreichen (212, S. 99).

Als ordnungspolitische Voraussetzung einer Kontrolle der Geldmenge und ihrer Expansionsrate im Zeitablauf fordert Friedman die Einführung einer 100%-igen Mindestreserve in die Geldverfassung. Eine solche **100%-Reserve** für alle Bankeinlagen würde nach seiner Auffassung eine Umgestaltung des Bankensystems erfordern. Auf der einen Seite sollten Depositenkassen bestehen, die im Passivgeschäft Spareinlagen entgegennehmen und als Aktiva in gleicher Höhe als 100%-Reserve verfügen. Auf der anderen Seite sollten Kreditbanken („investment trusts“) bestehen, die im Aktivgeschäft Kredite an Unternehmen und Private gewähren und sich die dafür benötigten Mittel im Passivgeschäft über den Kapitalmarkt beschaffen müssen.

Abgesehen von der Tatsache, daß eine 100%-Reserve die institutionelle Trennung des Bankensystems gar nicht erforderte (weil die bisher bestehenden Banken beide Funktionen auch in zwei voneinander getrennten Abteilungen ausfüllen könnten), würde sie mit erheblichen Nachteilen verbunden sein. Unter den Kritikpunkten, die besonders **G. Honeck** (213, S. 72 ff.) herausgearbeitet hat, sind vor allem die Verdrängung der Banken aus dem Kreditgeschäft, die Einschaltung der Zentralbank in die Kreditvergabe an den Staat und Private und die Verzerrung des Wettbewerbs unter Banken zu nennen.

Die monetaristische Auffassung basiert auf langfristigen empirischen Untersuchungen, die einen dominierenden Einfluß der Geldmenge auf das nominelle Bruttosozialprodukt sowie der Geldmenge je Produkteinheit auf das Preisniveau feststellt. Daraus wird im Umkehrschluß die Steuerbarkeit der Geldmenge über die Geldbasis und die Kontrolle der Geldmenge durch die Zentralbank angenommen. Damit wird aber gleichzeitig – wie es **C. Köhler** (23, S. 357) ausdrückt – ein Postulat von der grundsätzlichen Stabilität des privaten Sektors als gleichbleibende Verhaltensweise der Wirtschaftssubjekte unterstellt.

Dies ist eine wesentliche Prämisse einer erfolgreichen monetaristischen Strategie. Sie schließt ein, daß von den monetären Außenwirtschaftsbeziehungen keine wesentlichen Störimpulse auf die Geldmengenexpansion ausgehen oder – falls solche auftreten – sie durch geldpolitische Maßnahmen absorbiert werden können. Eine weitere Prämisse dieser Strategie ist die richtige Vorausschätzbarkeit des realen Wirtschaftswachstums und der Veränderungsrate der Geldumlaufsgeschwindigkeit. Werden diese Größen falsch prognostiziert, so entsteht eine Diskrepanz zwischen Geldangebot mit entsprechenden Zinswirkungen, die bei einer auch von den Monetaristen unterstellten Zinselastizität der investiven und konsumtiven Nachfrage zu nicht kontrollierbaren und unerwünschten Nachfragewirkungen führt. Daher kann eine Zentralbank „die anzustrebende Änderungsrate der Geldbasis mit einer wahrscheinlich geringen Fehlermarge steuern, wenn eine ausreichende Kreditnachfrage vorhanden ist, die das angebotene Zentralbankgeld jederzeit absorbiert. Sobald sich ein Konjunkturrückgang anbahnt, ist zu befürchten, daß die Nachfrage nach Bankkrediten nicht mehr in einem Maße zunimmt, das für eine regelgerechte Ausweitung der Geldbasis erforderlich wäre" (213, S. 146). Umgekehrt muß angenommen werden, daß im Konjunkturaufschwung die Zentralbank die Geldmengenexpansion ebenfalls kontrollieren und soweit drosseln kann, daß eine durch Geldschöpfung oder Geldimporte finanzierte Überhitzung der Gesamtnachfrage vermieden werden kann.

12.4 Potentialorientierte Strategie

Die Strategie der potentialorientierten Kreditpolitik ist abgeleitet von der monetaristischen Konzeption. Im Gegensatz zu dieser orientiert sie sich nicht allein am Wachstum des realen Bruttosozialproduktes, sondern am Zuwachs des gesamtwirtschaftlichen Produktionspotentials (Potentialwachstum) als dem geschätzten Zuwachs der Produktionskapazität in der Volkswirtschaft und des entsprechenden Zahlungsvolumens.

Das Ziel der potentialorientierten Geldpolitik ist es, die Ausdehnung der Geld- und Kreditversorgung der Volkswirtschaft auf mittlere Sicht mit genau derselben Rate wachsen zu lassen wie das Produktionspotential. Gelingt dies, so können dadurch gleichzeitig die vier im Stabilitätsgesetz genannten Stabilitätsziele erreicht werden (stabiles Preisniveau, hoher Beschäftigungsstand, außenwirtschaftliches Gleichgewicht, stetiges und angemessenes Wirtschaftswachstum).

Werden Abweichungen zwischen dem Potentialwachstum und dem Anstieg der Gesamtnachfrage sichtbar, so muß die Geldpolitik bereits im Anfangsstadium Maßnahmen ergreifen, um diese Diskrepanz zu beseitigen.

Die Zentralbank (Bundesbank) muß im Rahmen ihrer potentialorientierten Strategie ein **Geldmengenziel** als geplanter Zuwachs der Geldmenge in Prozent pro Jahr bestimmen, das grundsätzlich dem geschätzten Potentialwachstum entspricht. Dieses Geldmengenziel (monetäre Zielgröße, monetary targeting) wird auch als **monetäres Zwischenziel** bezeichnet, weil über dieses die Erreichung des wirtschaftspolitischen **Hauptziels** eines **inflationsfreien Wirtschaftswachstums** angestrebt wird. Durch das Wachstum der Geldmenge entsprechend dem Geldmengenziel soll ein Anstieg der makroökonomischen Nachfrage finanziert werden, der dem Anstieg der Produktionsmöglichkeiten und schließlich auch der tatsächlichen Produktion (makroökonomisches Angebot) aus dem gewachsenen Potential entspricht.

Die **Geldmenge,** für die das **Geldmengenziel** festgelegt wird, dient gleichzeitig auch als **monetäre Steuergröße** der Geldpolitik und als **monetäre Kontrollgröße** zur Analyse der tatsächlichen Entwicklung der Geldmenge, der Umverlagerungen der monetären Aggregate und der Geldmarktbedingungen. Für diese Zwecke stehen verschiedene Geldmengenaggregate (Geldmengen, Geldmengen-Definitionen, Geldvolumen, monetäre Aggregate) für die Zentralbank zur Auswahl, die statistisch ermittelt werden (können). Wesentliche Anforderung an das für diese Zwecke der Geldpolitik auszuwählende Geldmengenaggregat ist, daß es die Zahlungsvorgänge der Volkswirtschaft gut widerspiegelt und eine hohe Stabilität der Geldnachfrage besitzt.

Die Bundesbank sah dies zunächst für die **Zentralbankgeldmenge** als gegeben an. Sie legte daher ihr Geldmengenziel von 1975 bis 1987 für dieses Geldmengenaggregat fest. Wegen des hohen Gewichtes der Bargeldkomponente (ca. 50%) und ihrer Volatilität wählte die Bundesbank ab 1988 das breitere Geldmengenaggregat der **Geldmenge M_3** als monetäre Zielgröße. Die in dieser erfaßte Geldnachfrage weist nach mehreren empirischen Untersuchungen der Bundesbank eine hinreichende Stabilität auf, die bisher auch nicht durch die Einführung von Finanzinnovationen, elektronischen Zahlungssystemen und Währungssubstitution erkennbar gestört worden ist.

Da die monetären Rahmenbedingungen, die Struktur des Bankensystems und die Zahlungsgewohnheiten in jeder Volkswirtschaft andere sind, ist es nicht verwunderlich, daß jede Zentralbank andere Geldmengenaggregate für ihre geldpolitischen Zwecke benutzt. Die Geldmengenaggregate gleicher Bezeichnung (wie z. B. M_2) sind auch in jedem Land statistisch anders definiert und daher nicht miteinander vergleichbar.

Wesentliche Voraussetzung einer erfolgreichen potentialorientierten Geldpolitik ist die Voraussetzung des Potentialwachstums auf mittlere Sicht. Dieses **Potentialwachstum** entspricht dem Zuwachs der gesamten Angebotsmöglichkeiten der Volkswirtschaft pro Jahr und setzt sich aus dem Zuwachs des Arbeitspotentials (A^+) in Gestalt der einsetzbaren Arbeitsstunden, aus der Kapitalintensität ($c = \frac{K}{A^+}$) als Quotient des investierten Kapitalstocks (K) und des Arbeitspotentials (A^+) und aus dem Kapitalkoeffizienten ($k = \frac{K}{Y^+}$) als Quotient aus dem investierten Kapitalstock (K) und der Wertschöpfung pro Periode bei optimaler –

oder weil diese statistisch nicht erfaßbar ist, bei normaler, im langfristigen Durchschnitt statistisch ermittelter – Kapazitätsauslastung der Produktionsanlagen (100%-iger Potentialauslastungsgrad) zusammen. Das Produktionspotential läßt sich somit aus diesen drei Größen nach **Gleichung 42** bestimmen:

$$(42) \qquad Y^{+} = \frac{A^{+} \cdot c}{k}$$

Da als Folge der jeweiligen Konjunkturlage nicht immer der normale Potentialauslastungsgrad realisiert wird, muß das Geldmengen-Zwischenziel die jeweils gegebene **Unterauslastung des Produktionspotentials** in der Weise berücksichtigen, daß es eine bestimmte zusätzliche Geldmengenexpansionsrate zur Finanzierung einer zusätzlichen Gesamtnachfrage enthält, die gerade ausreicht, den normalen Potentialauslastungsgrad wieder zu erreichen.

Neben dem Zuwachs der Gesamtnachfrage nach Gütern und Dienstleistungen, der im nominellen Bruttosozialprodukt gemessen werden kann, muß die potentialorientierte Geldpolitik auch **Veränderungen des Zahlungsvolumens** berücksichtigen. Dieses ist um ein Vielfaches höher als das Nominaleinkommen, weil es außer Zahlungen, die mit dem Wertzuwachs der Periode in Zusammenhang stehen, die Umsätze in Zwischenprodukten, in bereits erzeugten Gütern (z.B. Käufe von Häusern und Gebrauchtwagen) sowie reine Finanzgeschäfte (z.B. Wertpapierkäufe) und Transaktionen im Rahmen der Einkommensverteilung (z.B. Renten- und Steuerzahlungen) enthält. Die Differenz zwischen dem nominalen Bruttosozialprodukt und den gesamten Zahlungen einer Periode bilden somit die Ausgaben, denen keine Wertschöpfung gegenübersteht" (213, S. 238 f.). Veränderungen des Zahlungsvolumens sind eine Folge einer veränderten Geldumlaufsgeschwindigkeit (Einkommenskreislaufgeschwindigkeit des Geldes), der Relation zwischen Bankeinlagen und Bankkrediten sowie der Liquiditätsneigung der Banken und kommen in einer Veränderung des **Liquiditätssaldos** der Banken (vgl. Kapitel 1.6) zum Ausdruck. Daher ist der Liquiditätssaldo der Banken die Steuergröße, die mit Hilfe der quantitativen geldpolitischen Instrumente beeinflußt werden soll, um kurzfristige Veränderungen des Zahlungsvolumens auch kurzfristig zu korrigieren und das längerfristige Geldmengen-Zwischenziel zu erreichen.

Schließlich muß bei der Formulierung des Geldmengen-Zwischenziels die als **unvermeidlich betrachtete Inflationsrate**, die nicht „hausgemacht", sondern exogen verursacht ist, berücksichtigt werden. Hierbei handelt es sich nach Auffassung des Sachverständigenrates um „Preissteigerungen ..., die als unvermeidlich gelten müssen, weil keine marktwirtschaftliche Stabilisierungsstrategie sie zu verhindern vermag, es sei denn, man nähme Beschäftigungsrisiken in Kauf, die von der Gesellschaft als untragbar beurteilt werden" (214, Ziff. 309).

Somit läßt sich die potentialorientierte Kreditpolitik als eine mittelfristige Verstetigungsstrategie beschreiben, die durch Formulierung eines monetären Zwischenziels die Finanzierung eines Nachfrageanstiegs anstrebt, der dem Potentialwachstum entspricht. Die Deutsche Bundesbank wählt als monetäres Zwischenziel die Zuwachsrate der Zentralbankgeldmenge in % pro Jahr. Nachdem sie erstmalig für 1975 ein **Jahresverlaufsziel** von 8% p.a. festgelegt hatte, bestimmte sie ab 1976 ein **Jahresdurchschnittsziel**, das sie seit 1977 auf Zuwachsraten vom 4. Quartal des laufenden bis zum 4. Quartal des folgenden Jahres bezog. Ab 1979 legte die Bundesbank einen **„Zielkorridor"** mit einer maximalen und einer mini-

	Wachstum des Produktionspotentials	»unvermeidlicher« Preisanstieg[1)] bzw. »mittelfristige Preisvorgabe«	Geldmenge[2)]		
			Ziel	Ergebnis JV	JD
1975	a	6	8 (JV)	9,8	7,8
1976	2	4-5	8 (JD)	9,1	9,2
1977	3	4	8 (JD)	9,5	9,0
1978	3	3½	8 (JD)	8,3	11,4
1979	3	3	6-9[u] (JV)	6,4	9,1
1980	3	4	5-8[u] (JV)	4,8	4,8
1981	2½	3½-4	4-7[u] (JV)	3,5	4,4
1982	1½-2	3½	4-7[o] (JV)	6,0	4,9
1983	1½-2	3½	4-7[o] (JV)	7,0	7,3
1984	2	3	4-6 (JV)	4,7	4,8
1985	2¼	2¼	3-5 (JV)	4,5	4,6
1986	2½	2	3½-5½ (JV)	7,8	6,3
1987	2½	2	3-6 (JV)	8,1	7,3
1988	2	2	3-6 (JV)	6,7	6,3
1989	gut 2	2	etwa 5 (JV)	4,7	5,7
1990	2½	2	4-6 (JV)	5,6	4,6
1991	2½	2	3-5[u3)] (JV)	5,2	-
1992	2¾	2	3½-5½ (JV)	9,6	8,1
1993	3	2	4½-6½ (JV)	7,5	7,8
1994	2½	2	4-6 (JV)	5,7	8,9
1995	2¾	2	4-6 (JV)	2,1	0,6
1996	2½	2	4-7 (JV)	8,1	7,5
1997	gut 2	1½-2	3½-6½[4)] (JV)	5,7[5)]	-
1998	2	1½-2	3-6 (JV)		

Zusammengestellt nach Angaben der Deutschen Bundesbank, bis 1990 Angaben für Westdeutschland.

(a) Zunahme erwähnt, aber nicht quantifiziert;
(JV) Im Jahresverlauf vom 4. Quartal zum 4. Quartal; 1975: Dezember 1974 bis Dezember 1975.
(JD) Im Jahresdurchschnitt.
(o) Angestrebt wurde die obere Hälfte des Zielkorridors.
(u) Angestrebt wurde die Untergrenze (1979 und 1980) bzw. die untere Hälfte (1981) des Zielkorridors.
1) Seit 1985 wird auf den Begriff »unvermeidlicher« Preisanstieg verzichtet. Es wird jedoch weiterhin ein »Preiszuschlag« eingerechnet bzw. eine »Preisnorm« gesetzt.
2) Bis 1987 Zentralbankgeldmenge, ab 1988 M3.
3) Nach Überprüfung des Geldmengenziels zur Jahresmitte. Ursprünglich war ein Zielkorridor von 4-6 % festgelegt worden, wobei der untere Bereich des Korridors angesteuert werden sollte.
4) Nach Beschluß des Zentralbankrates soll die Geldmenge M3 im Verlauf des Jahres 1997 und 1998 mit einer Rate von jeweils etwa 5 % wachsen. Diese Zweijahresvorgabe wurde 1997 durch den angegebenen Zieltrichter ergänzt.
5) Anstieg vom 4. Quartal 1996 bis Juli 1997 (Jahresrate).

Geldmengenziele: Wesentliche Bestimmungsgründe und Ergebnisse in %
Gemeinschaft zum Schutz der deutschen Sparer:
Jahresbericht 1996/97, Bonn 1997, S. 18. Ergänzung für 1998 durch den Verf.

malen Expansionsrate der Zentralbankgeldmenge fest, der ebenfalls zwischen jeweils dem 4. Quartal jedes Jahres gemessen wird. Diese Marge des Zielkorridors soll der Deutschen Bundesbank bei ihrer Geldmengensteuerung eine gewisse Flexibilität zur Berücksichtigung der konjunkturellen und außenwirtschaftlichen Entwicklung verleihen. Die Zentralbankgeldmenge in der Definition der Bundesbank umfaßt das umlaufende Bargeldvolumen und das Volumen der Mindestreserven, in dem mit konstanten Reservesätzen gewichtet 17% der Sichteinlagen, 11% der Termineinlagen und 8% der Spareinlagen des Bankensystems enthalten sind. Die **bisherigen Geldmengenziele** der Deutschen Bundesbank lauten wie in vorstehender Tabelle aufgeführt.

Bezeichnet man das reale Wirtschaftswachstum, das bei Vollauslastung der Produktionskapazitäten (100%-igem Potentialauslastungsgrad) identisch ist mit dem Wachstum des Produktionspotentials, mit ΔY_r^+, die als unvermeidlich betrachtete Inflationsrate mit ΔP_u, die Differenz zwischen dem normalen und dem tatsächlichen Potentialauslastungsgrad mit $Y_r^+ - Y$ und die Veränderung der Umlaufsgeschwindigkeit des Geldes mit $\pm \Delta V$ (eine Erhöhung der Umlaufsgeschwindigkeit muß mit einem negativen Vorzeichen berücksichtigt werden), so läßt sich das Geldmengenzwischenziel als Zuwachsrate der Geldmenge M_3 in % p. a. in **Gleichung 43** formulieren:

$$(43) \qquad \Delta M_3 = \Delta Y_r + \Delta P_u + (Y_r^+ - Y) \pm \Delta V$$

Die Prämissen eines erfolgreichen Einsatzes dieser potentialorientierten Strategie sind die gleichen wie die der monetaristischen Strategie. Neben Schätzfehlern der Wachstumsrate, des tatsächlichen Potentialauslastungsgrades und der unvermeidlichen Inflationsrate ist insbesondere die Einschätzung der künftigen Veränderung der Geldumlaufsgeschwindigkeit mit Unsicherheit behaftet, weil sich jede Veränderung des Liquiditätssaldos der Banken in dieser Größe niederschlägt. Obwohl man weiß, daß die Geldumlaufsgeschwindigkeit im Konjunkturaufschwung zu- und im Konjunkturabschwung abnimmt, ist es nicht sicher, ob es immer gelingt, mit Hilfe geldpolitischer Maßnahmen kurzfristige Schwankungen des Liquiditätssaldos zu neutralisieren.

Trotz dieser Unsicherheiten, die im übrigen durch die Formulierung eines Zielkorridors innerhalb bestimmter Grenzen aufgefangen werden können, liegt der Wert dieser Verstetigungsstrategie vor allem in seiner Signalwirkung. Denn mit einem Geldmengenziel macht die Zentralbank gegenüber der Wirtschaft deutlich, welchen potentialadäquaten Nachfrageanstieg sie durch eine Ausweitung der Geldmenge ohne Entstehung eines inflatorischen Spielraumes zu finanzieren beabsichtigt.

Die Umsetzung der potentialorientierten monetären Steuerung der Bundesbank in der seit 1995 praktizierten Form läßt sich in **Abb. 59 c** verdeutlichen. Die Geldpolitik der Bundesbank wird primär als Geldmengensteuerung durch bevorzugten Einsatz des geldpolitischen Instrumentes der Offenmarktoperationen, untersützt durch das Instrument der Zinspolitik, betrieben. Hierbei unterscheidet die Bundesbank zwischen der Grobsteuerung und der Feinsteuerung. Durch die **Grobsteuerung** stellt die Bundesbank dem Bankensystem langfristig (dauerhaft) eine steigende Liquidität über die von ihr kontrollierte Zentralbankgeldmenge in dem Umfang zur Verfügung, daß deren Nutzung die Geldmenge M_3 im Rahmen des von ihr festgelegten Geldmengenziels wachsen läßt. Die geldpolitische **Feinsteuerung** der Bundesbank dient dazu, ständig und kurz-

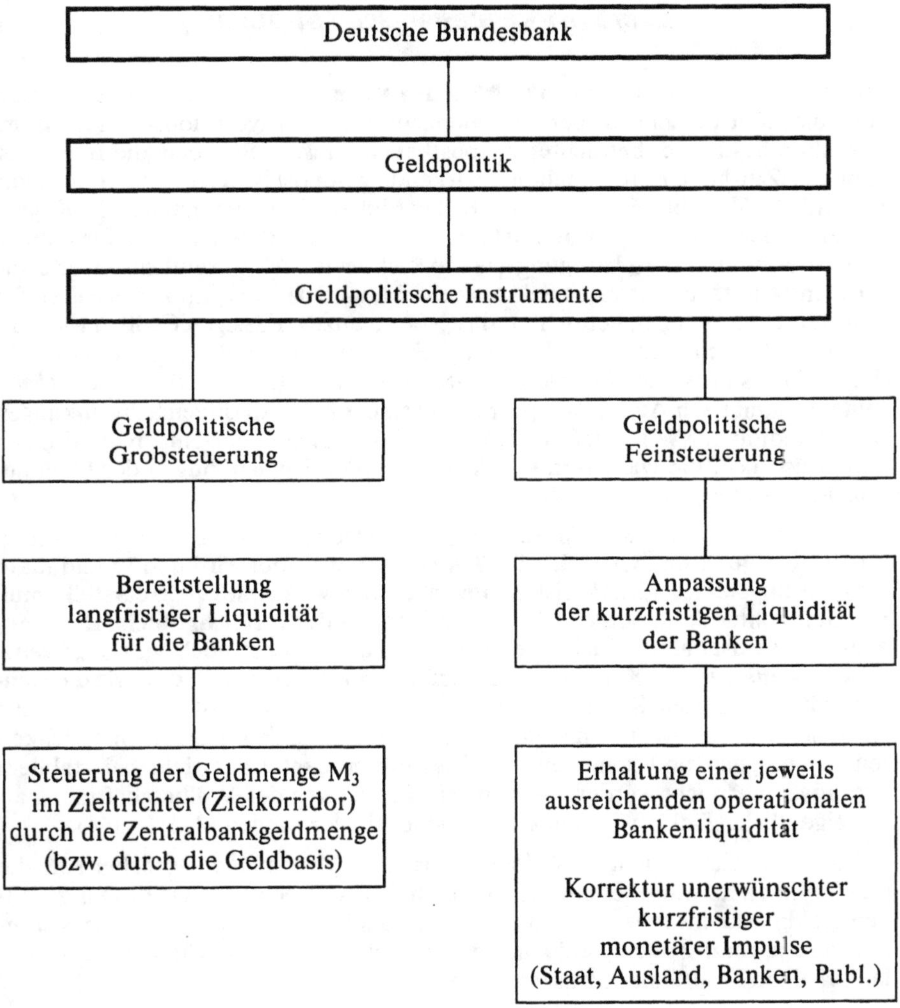

Abb. 59c Die potentialorientierte monetäre Steuerung der Bundesbank

fristig das Bankensystem mit einer ausreichenden Liquidität auszustatten. Entsteht temporär eine zu hohe Liqidität im Bankensystem, z. B. durch Geldzuflüsse aus dem Ausland, Geldschöpfung der Banken durch Kreditexpansion, Umlagerungen von Geldkapital in Geld durch die Wirtschaftssubjekte oder Gewinnausschüttungen der Bundesbank an die Bundesregierung, so schöpft die Bundesbank kurzfristig die so entstandene, unerwünschte Liquidität durch restriktive Offenmarktoperationen ab. In der Situation eines Liquiditätsengpasses durch entgegengerichtete Entwicklungen einer Verknappung der Liquidität versorgt die Bundesbank das Bankensystem mit ausreichender zusätzlicher Liquidität (Bundesbank als „lender of the last resort"). Auf diese Weise soll das Bankensystem stets kurzfristig von der Bundesbank auf dem Niveau einer gerade ausreichenden „operativen" Liquidität gehalten werden.

12.5 Post-keynesianische Strategie

Getreu der Auffassung von **John Maynard Keynes**, daß „money does not matter", die Höhe des Zinses aber die Geldnachfrage, das Investitions- und Konsumverhalten bestimme, betrachtet die postkeynesianische Strategie die Beeinflussung der Zinshöhe durch qualitativ wirkende geldpolitische Instrumente als die wesentliche Variable. Im Gegensatz zu den Monetaristen unterstellen die Keynesianer einen **instabilen privaten Sektor**, der außerdem durch langfristige Gleichgewichte der Unterbeschäftigung gekennzeichnet ist. Als wesentliche Größe, die diese Instabilität des privaten Sektors bewirkt, wird das Investitionsverhalten der privaten Unternehmen betrachtet, das „von so unzuverlässigen Größen wie massenpsychologisch bedingten Meinungsschwankungn, Spekulationswellen und den ‚animal spirits' der Unternehmer beeinflußt wird" (215, S. 39 f.). Diese Instabilität kommt nach Auffasssung der Keynesianer in kurzfristigen Schwankungen der Liquidität der Wirtschaftssubjekte und insbesondere derjenigen der Banken zum Ausdruck, die wiederum kurzfristige, starke Schwankungen der Geldumlaufsgeschwindigkeit hervorruft.

Da nach der Liquiditätspräferenztheorie von Keynes das Volumen der Liquidität als eine Funktion der **Höhe des Zinssatzes** betrachtet wird und Liquidität in Kassen stillgelegtes, nicht kreislauf- und nachfragewirksames Geld darstellt, muß die Geldpolitik dafür sorgen, daß sich am Markt der **„Gleichgewichtszins"** einstellt. Dieser ist dann erreicht, wenn der Marktzins ebenso hoch wie die **„Grenzleistungsfähigkeit des Kapitals"** (marginal efficiency of capital), d.h. wie die Rentabilität investierten Kapitals in seiner Grenzverwendung ist. In diesem Falle wird die gesamte investive und konsumtive Nachfrage den Angebotsmöglichkeiten entsprechen und somit ein **Vollbeschäftigungsgleichgewicht** bei stabilem Preisniveau erreicht werden. So wird die Erreichung der Vollbeschäftigung als das eigentliche Ziel keynesianischer Geldpolitik verstanden (216, S. 144).

Da der „Gleichgewichtszins" dem langfristigen Marktzins entsprechen soll, die Geldpolitik aber nur über ein Instrumentarium zur Beeinflussung des kurzfristigen Geldmarktzinses verfügt, ist die Zentralbank stets bemüht, über die Veränderung der kurzfristigen Geldmarktzinsen Einfluß auf die gewünschte Höhe des langfristigen Kapitalmarktzinses zu nehmen.

Voraussetzung einer erfolgreichen post-keynesianischen Strategie ist die **Zinsreagibilität** der privaten Investitionen. Ein sinkender Marktzins läßt eine positive Marge zur „Grenzleistungsfähigkeit des Kapitals" entstehen, die neue Investitionen rentabler macht und damit die Unternehmer veranlaßt, ihr Investitionsvolumen zu erhöhen. Allerdings verläuft dieser Zinsmechanismus nur mit erheblichen **time-lags**. „Whereas Keynes had no doubts of the interest-elasticity of investment, he did recognize ‚an appreciable time-lag' between changes in long rates and changes in the rate of output of capital goods" (217, S. 412). Hinzu tritt ein time-lag der Geldpolitik, der es erforderlich macht, daß die Zentralbank eine veränderte Situation schnell und korrekt erkennt und die erforderlichen geldpolitischen Maßnahmen unverzüglich ergreift (217, S. 405).

Geht die Investitionstätigkeit der Unternehmer aufgrund einer geschrumpften Kapitalrentabilität der Investitionen zurück, so muß die Geldpolitik für ein Absinken des Marktzinses sorgen, bevor sich unter den Unternehmern negative Zukunftserwartungen ausgebreitet haben, die dann zu übersteigerten Reaktionen führen. Die Zinssenkung sollte dabei über das Maß hinausgehen, das die Zentralbank als langfristige Norm betrachtet (216, S. 146).

Eine post-keynesianische Strategie wurde jahrzehntelang in den USA betrieben, deren heute noch bestehendes Relikt die Höchstzinsverordnung der „Regulation Q" ist. Durch diese in der Geldverfassung verankerten Höchstzinsen sollte stets ein niedriges Zinsniveau und dadurch eine ausreichende Rentabilität der Investitionen gesichert werden. Die Deutsche Bundesbank betrieb eine solche post-keynesianische Strategie vor allem während des Jahrzehnts der 50-er Jahre. In diesem Zeitraum läßt sich die Geldpolitik der Bundesbank durchgängig als Zinspolitik charakterisieren (218, S. 43). Sie kam darin zum Ausdruck, daß die Bundesbank sehr häufig in kurzen Zeitabständen den Diskont- und Lombardsatz veränderte. In dieser Zeit betrieb sie Offenmarktgeschäfte ausschließlich mit dem Ziel, über die Effektivverzinsung der Offenmarkttitel die Geldmarktzinsen zu beeinflussen. Die Bundesbank setzte also ihre qualitativ wirkenden geldpolitischen Instrumente ein, um bestimmte Geldmarktsätze und damit ein angestrebtes **Zinsniveau als monetäres Zwischenziel** zu erreichen.

Der Erfolg einer solchen post-keynesianischen Strategie hängt davon ab, ob die Unternehmer im gewünschten Umfang mit ihren Investitionen zinselastisch auf zinspolitische Maßnahmen der Zentralbank reagieren und keine Störungen durch den Kapitalverkehr mit dem Ausland eintreten. Abgesehen von der Tatsache, daß der Fremdfinanzierungsanteil und damit die Zinswirkung in den einzelnen Sektoren der Wirtschaft sehr unterschiedlich hoch sind, dürfte es für die Zentralbank sehr schwierig sein, den richtigen, für den Durchschnitt der Volkswirtschaft repräsentativen „Gleichgewichtszins" zu bestimmen. Neben den kurzfristig durch die Geldpolitik gesetzten Zinssignalen spielen noch weitere Einflußgrößen (z.B. technische Innovation, Modernisierung der Anlagen, Energieeinsparung) für die Investitionsentscheidung der Unternehmen eine Rolle. Schließlich sind die time-lags zwischen den Transmissionsgliedern der Zinspolitik (Veränderung des Geldmarktzinses – gleichgerichtete Veränderung des Kapitalmarktzinses – Veränderung des Investitionsvolumens – Veränderung der Gesamtnachfrage) erheblich und nicht genau vorauszuschätzen., weil sie sich im Zeitablauf in unterschiedlicher Höhe einstellen.

12.6. Strategie der Steuerung der Bankenliquidität

Die Liquiditätstheorie leidet darunter, daß die als Steuergröße betrachtete „gesamtwirtschaftliche Liquidität" statistisch nicht erfaßt werden kann. Dadurch kann nicht einmal die „objektive" Liquidität der privaten Wirtschaft genau erfaßt werden. Noch schwieriger ist es, die weitgehend durch psychologische Faktoren bestimmte „subjektive" Liquidität (G. Schmölders) in den Griff zu bekommen, die letztlich die Gesamtnachfrage bestimmt.

Eine liquiditätspolitische Strategie hat daher nur die Möglichkeit, die **Bankenliquidität** als objektiv und statistisch erfaßbare Größe zu steuern, um über diese die Kreditvergabe des Bankensystems und damit die Gesamtnachfrage zu beeinflussen. Somit fungiert die Bankenliquidität – z.B. gemessen in den „freien Liquiditätsreserven der Banken" – als **monetäres Zwischenziel** der Liquiditätspolitik.

Eine solche Liquiditätspolitik hatte die Deutsche Bundesbank während der sechziger Jahre betrieben, wobei eine durch geldpolitische Maßnahmen bewirkte Veränderung der Bankenliquidität die durch das monetäre Zwischenziel „freie Liquiditätsreserven der Banken" gemessen wurde, eine gleichgerichtete Veränderung des Kreditangebotes der Banken bewirken sollte (218, S. 73). Ab etwa 1969 zeigte sich, daß die bis dahin bestehende Korrelation zwischen den Entwicklungen der Bankenliquidität und dem Kreditangebot der Banken nicht mehr existierte. „Die Verminderung der Bankenliquidität reichte nicht aus, um die Kreditgewährung der Banken zu dämpfen" (219, S. 13). Der Grund hierfür war darin zu sehen, daß die Banken für ihre Kreditvergabe nicht mehr auf ihre „freien Liquiditätsreserven" in Zentralbankgeld angewiesen waren, sondern durch den Ausbau ihrer Inter-Bank-Kreditfazilitäten, durch internationale Bankenkooperation (z.B. Europartners: Commerzbank, Banco di Roma, Banco Hispano-Americano, Credit Lyonnais einschließlich Tochterinstituten und Beteiligungen) sowie durch das Zusammenwachsen der internationalen Geldmärkte (Euro-Geldmärkte) sich ausreichende Liquidität bei Bedarf beschaffen konnten. Infolgedessen mußte die Deutsche Bundesbank ihre Liquiditätsstrategie aufgeben und wendete sich ab 1973 der monetaristischen Strategie zu.

Da die Zentralbankgeldmenge nur ein Spiegelbild der verfügbaren, umlaufenden Geldmenge ist, kann sie mit Hilfe der geldpolitischen Instrumente nur indirekt gesteuert werden. Aus diesem Grunde ist der Hinweis von **A. Oberhauser** (220, S. 134) gerechtfertigt, daß unter den institutionellen Rahmenbedingungen der Bundesrepublik die Bundesbank nur eine Liquiditätspolitik betreiben kann. Denn die geldpolitischen Instrumente wirken zunächst nur auf eine Veränderung der Sekundärliquidität der Banken in Gestalt ihres potentiellen Zentralbankgeldes ein. Ob und in welchem Umfange die Banken von dieser Sekundärliquidität Gebrauch machen, hängt von deren Kosten, d.h. Zinssätzen ab. Dies bedeutet jedoch nicht, daß die Sekundärliquidität der Banken (unausgenutzte Rediskont- und Lombardkontingente, Offenmarkttitel mit Rückkaufszusage der Bundesbank, Wertpapierpensionsgeschäfte, von der Bundesbank angebotene Swaps) als monetäres Zwischenziel im Rahmen der liquiditätspolitischen Strategie anderen geldpolitischen Strategien überlegen wäre. Denn die Prämisse für eine erfolgreiche liquiditätspolitische Strategie ist die tatsächliche Kontrolle der Zentralbank über sämtliche verfügbaren Liquiditätsreserven der Banken.

Eine zusammenfassende Übersicht über die dargestellten geldpolitischen Strategien gibt **Abbildung 60**. Sie läßt erkennen, daß jede Strategie verstetigend oder antizyklisch angelegt sein kann. Ferner kann sie durch prozeßpolitische Maßnahmen Störungen der Geldwirtschaft auffangen, die von veränderten Rahmenbedingungen ausgelöst worden sind. Die Strategie kann sich aber auch primär der Umgestaltung der ordnungspolitschen Rahmenbedingungen bedienen, um anhaltenden neuen Störimpulsen durch veränderte Verhaltensweisen und institutionellen Bedingungen entgegenzuwirken.

Diese geldpolitischen Strategien können antizyklisch oder verstetigend, binnenwirtschaftlich oder außenwirtschaftlich, autonom oder koordiniert mit anderen Bereichen der Wirtschaftspolitik angelegt sein. Eine **antizyklische Strategie** versucht, Störimpulsen, die eine Abweichung vom angestrebten Soll-Zustand verursachen, unmittelbar entgegenzuwirken. Eine **Verstetigungsstrategie** ist darauf angelegt, durch Bekanntgabe monetärer Ziele, Zwischenziele und geplanter

<table>
<tr><td colspan="2">Monetaristisches Konzept
Potentialorientiertes Konzept
Liquiditäts-Konzept
Post-keynesianisches Konzept</td></tr>
<tr><td>Verstetigungs-Strategie</td><td>Antizyklische Strategie</td></tr>
<tr><td colspan="2">prozeßpolitische Absorption veränderter Rahmenbedingungen
ordnungspolitische Gestaltung der Rahmenbedingungen</td></tr>
<tr><td>Primat binnenwirtschaftspolitischer Ziele zur Erreichung binnenwirtschaftlicher Stabilität

Anpassung über eine Änderung des Wechselkurses</td><td>Primat außenwirtschaftlichen Gleichgewichtes eines Landes oder eines integrierten Währungsgebietes
Anpassung über eine restriktive oder eine expansive Binnenwirtschaftspolitik</td></tr>
<tr><td colspan="2">Dominierende Geldpolitik mit einer komplementär wirkenden Finanzpolitik und Einkommenspolitik
Dominierende Finanzpolitik mit einer komplementär wirkenden Geldpolitik und Einkommenspolitik
Dominierende Einkommenspolitik mit einer komplementär wirkenden Geldpolitik und Finanzpolitik</td></tr>
</table>

Abb. 60 Monetäre Strategien

Maßnahmen die Wirtschaftssubjekte zu einer stabilitätskonformen Verhaltensweise zu bewegen. Eine vorwiegend **binnenwirtschaftlich ausgerichtete Strategie** nimmt auf außenwirtschaftliche Störungen keine Rücksicht und verfolgt ausschließlich binnenwirtschaftliche Stabilitätsziele. Eine vorwiegend **außenwirtschaftlich ausgerichtete Strategie** stellt umgekehrt binnenwirtschaftliche Stabilitätsziele gegenüber dringender erscheinenden außenwirtschaftlichen Zielen zurück. Eine **autonome geldpolitische Strategie** wird unabhängig von anderen Bereichen der Wirtschafts- und Finanzpolitik betrieben. Dies ist nur durch eine von der Regierung unabhängige Zentralbank möglich.

Schließlich kann die Koordination mit den wesentlichen Bereichen der Wirtschaftspolitik, nämlich mit der Finanzpolitik und der Einkommenspolitik, in der Weise erfolgen, daß in erster Linie die Geldpolitik als Stabilitätspolitik eingesetzt wird, die von gleichgerichteten und abgestimmten Maßnahmen der Finanz- und Einkommenspolitik unterstützt, zumindest aber nicht konterkariert wird. Es ist aber auch möglich, daß die Finanzpolitik oder die Einkommenspolitik die dominierende Rolle der Stabilitätspolitik übernimmt und die Geldpolitik nur subsidiär dazu eingesetzt wird. Im letztgenannten Fall besteht aber die Gefahr, daß das Stabilitätsziel weniger erfolgreich angestrebt wird, weil der Staat und die sozialen Gruppen ständig überhöhte Anforderungen an das Sozialprodukt stellen. Die Finanzpolitik und die Einkommenspolitik sind eher bereit, solchen Forderungen unter dem politischen Druck nachzugeben, was sich inflationär auswirken muß. Trägt dagegen die unabhängige Zentralbank die Verantwortung für die Stabilitätspolitik, so kann sie den sozialen Gruppen und dem Staat durch ihre geldpolitische Strategie deutlich machen, daß sie mit ihrer Geldversorgung der Volkswirtschaft keine inflationär wirkenden überhöhten Ansprüche zu finanzieren bereit ist.

13. Kapitel
Finanzinnovationen und neuere geldpolitische Ansätze

13.1 Finanzinnovationen

13.1.1 Veränderte internationale Rahmenbedingungen

Seit der ersten Auflage dieses Buches haben sich in den 80er Jahren die monetären Rahmenbedingungen in den bedeutendsten westlichen Industrieländern, insbesondere in den USA, in der Bundesrepublik Deutschland und in Japan, verändert. Teilweise als Reaktion hierauf, aber auch bedingt durch Änderungen der Welthandelsströme, der internationalen Währungsbeziehungen, der finanzwirtschaftlichen Verhaltensweisen der Wirtschaftssubjekte und durch die Erschließung neuer Geschäftsbereiche der Banken haben sich auf den nationalen und internationalen Finanzmärkten Finanzinnovationen entwickelt. Diese stellen grundsätzlich Modifizierungen und Ergänzungen der im 7. Kapitel dargestellten Instrumente der Finanzmärkte dar. Es ist aber die Frage zu prüfen, ob trotz dieser eingetretenen Veränderungen die im 12. Kapitel dargestellten geldpolitischen Strategien weiterhin einen zuverlässigen Transmissionsmechanismus zur Erreichung der geldpolitischen Ziele erwarten lassen.

Eine wesentliche ordnungspolitische Veränderung für den Finanzmarkt der **U.S.A.** mit weltwirtschaftlicher Ausstrahlung ist die Deregulierung der Finanzmärkte, die von US-Präsident Carter als „Depository Institutions Deregulation and Monetary Control Act of 1980" am 31. 3. 1980 als Gesetz unterzeichnet und von der Reagan Administration in die Praxis umgesetzt wurde. Dieses Gesetz sah die stufenweise Aufhebung bisher verordneter Höchstzinssätze für Geschäfts-, Agrar- und Hypothekenkredite der Banken sowie für bestimmte Bankeinlagen bis zum 31.3.1986 vor. Zugleich wurden NOW-Konten, ATS (vgl. Kap. 13.1.3 und Anhang) und erweiterte Kreditvergabemöglichkeiten für die Genossenschaftsbanken (Credit Unions) und Sparkassen (Savings and Loan Associations) legalisiert. Allen Kreditinstituten (auch den Nicht-Mitgliedsbanken einer Federal Reserve Bank) wurde der Zugang zum Rediskont der Zentralbank (discount window) eröffnet, Geldmarktfonds (Money Market Accounts) und CD (vgl. Kap. 13.1.3 und Anhang) gesetzlich zugelassen. Schließlich unterzeichnete Präsident Reagan am 18.7.1984 ein Gesetz zur Aufhebung der bisher erhobenen Quellensteuer von 30% auf Zinserträge aus amerikanischen Inlands-Anleihen für Ausländer, um dadurch künftige Kapitalimporte – auch zur Finanzierung des staatlichen Budgetdefizits – zu begünstigen.

In der **Bundesrepublik Deutschland** erfolgte 1985 die „Restliberalisierung" des Kapitalmarktes und damit seine vollständige internationale Öffnung. Im Jahre 1987 gestattete die Deutsche Bundesbank die Verwendung von ECU für alle Finanztransaktionen (vgl. Kapitel 13.2.2). Mit Wirkung vom 1.8.1984 war die „Couponsteuer" von 25% auf Zinseinkünfte von Ausländern aus inländischen festverzinslichen Wertpapieren beseitigt, aber am 1.1.1989 als allgemeine „Quellensteuer" von 10% auf Zinsen und Dividenden wieder eingeführt worden.

In **Japan** hat die Regierung ebenfalls seit März 1985 Liberalisierungsmaßnahmen ihrer Finanzmärkte ergriffen. So wurde der Handel mit Geldmarktzertifikaten, Bankakzepten, kurzfristigen Staatstiteln und CD (auch auf Euro-Yen lautende CD außerhalb Japans), Doppelwährungsanleihen und Floating Rate Notes zugelassen. Weiterhin wurden Euro-Yen-Kredite an Ausländer und die Emission von Euro-Yen-Anleihen durch In- und Ausländer gestattet.

Im **internationalen Rahmen** haben die zwischen den Regierungen und Zentralbanken der sieben bedeutendsten Industrieländer (G 7) getroffenen Währungsvereinbarungen (insbesondere im „Louvre-Accord" vom 22.2.1987) neue Bedingungen zur Stabilisierung der Wechselkurse gesetzt, die im 13. Weltwirtschaftsgipfel von Venedig (8.-10.6.1987) bekräftig wurden. Sie manifestieren das Ziel der beteiligten Ländern, durch eine gegenseitige Abstimmung ihrer Wirtschafts-, Finanz- und Geldpolitiken eine Stabilisierung der Wechselkurse gegenüber dem US-Dollar herbeizuführen.

Im **Europäischen Währungssystem (EWS)** vereinbarte am 8.9.1987 der Ausschuß der EG-Zentralbankgouverneure in Basel eine „Stärkung" des Systems durch eine höhere Finanzierungsmöglichkeit der beschlossenen intramarginalen Interventionen (d.h. Devisenmarktinterventionen der Zentralbanken innerhalb der Bandbreiten der bilateralen Wechselkurse zwischen den am EWS beteiligten Währungen) durch den „Europäischen Fonds für Währungspolitische Zusammenarbeit" (EFWZ) (vgl. Kapitel 14.2).

Schließlich haben sich die weltwirtschaftlichen Rahmenbedingungen der internationalen Finanzmärkte durch Ausbruch der lateinamerikanischen **Verschuldungskrise** nach der drohenden Zahlungsunfähigkeit Mexikos im Juli 1982 und durch das Ende des Petro-Dollar-Recycling als Folge fallender Ölpreise ab 1982 verändert. Seit dem Höhepunkt der internationalen Verschuldungskrise hat sich die Außenverschuldung der Entwicklungsländer von 847 (1982) auf 1.195 Mrd. US-$ (1987) erhöht. Der Schuldendienst in Prozent der Exporte hat sich im Durchschnitt aller Entwicklungsländer im gleichen Zeitraum von 18,9% auf 19,1% kaum verändert, bei den 15 Hauptschuldnerländern jedoch als Folge vieler Umschuldungen, an denen der Weltwährungsfonds und internationale Bankenkonsortien beteiligt waren, von 48,9 auf 35,9% verringert.[222] Wegen der nunmehr versiegenden neuen Bankkredite als „fresh money" an lateinamerikanische Länder ist seit 1982 eine deutlich gestiegene Liquidität auf den internationalen Finanzmärkten zu beobachten.

Im realwirtschaftlichen Bereich war der Index der **Weltrohstoffpreise** im Jahrzehnt 1970-1980 auf das Dreifache angestiegen, um bis 1986 wieder um ca. 25% zu fallen. Seitdem hat sich wieder eine Erholung der Weltrohstoffpreise ergeben. In den Industrieländern konnten bis 1981/82 steigende Inflationsraten und bis 1983 auch steigende Staatsverschuldungsquoten verzeichnet werden, die sich in den folgenden Jahren rasch zurückbildeten.

13.1.2 Veränderte Struktur der internationalen Finanzmärkte

Als Folge der dargestellten Veränderungen der Rahmenbedingungen haben sich verschiedene Trends struktureller Verschiebungen auf den internationalen Finanzmärkten (Euro-Märkten) ergeben, die von der Einführung von Finanzinnovationen begleitet wurden. Diese Trends lassen sich wie folgt zusammenfassen.

Die **Liberalisierung** und Öffnung der Finanzmärkte der führenden Industrieländer gegenüber dem Ausland hat in Verbindung mit den Fortschritten der rasch entwickelten Kommunikationstechnik eine als **„globalization"** bezeichnete weltweite Integration der Finanzmärkte und eine Senkung der Informations- und Transaktionskosten für Finanztransaktionen bewirkt. Dadurch erhöhte sich auch international die Wettbewerbsintensität zwischen den Kreditinstituten und wirkte sich auf eine Senkung der Provisionen, Gebühren und Zinsmargen der Banken wie auch auf einen Innovationsdruck zur Einführung neuer Finanzierungsinstrumente zur Besetzung neuer Marktnischen aus. Auf dem Euro-Marktplatz London führte die **Deregulierung** der Marktzugangsbeschränkungen und der bisher amtlich festgelegten Gebühren und Provisionen der Finanzmakler am 27.10.1986 zum **„Big Bang"**. Ein Zustrom neuer Marktteilnehmer und intensiverer Wettbewerb ließen Zinsmargen, Maklergebühren und Provisionen erheblich sinken.

Die **„securitization"** bezeichnet den Trend zur Ablösung von Bankschulden und Aufnahme neuer Schulden durch verbriefte und in den meisten Fällen auch handelbare Forderungen. Zu ihnen zählen Debt-Equity-Swaps notleidend gewordener Bankforderungen an Entwicklungsländer ebenso wie Commercial Papers zur direkten Kreditaufnahme durch Unternehmen mit erstklassiger Bonität unter Umgehung der Banken (vgl. Kap. 13.1.3 und Anhang). Das Bedürfnis zur Verbriefung von Foderungen entsprang darüber hinaus dem Wunsch der Unternehmen und Banken nach höherer Liquidität.

Aus dem Bedürfnis zur Absicherung finanzieller Risiken entstand ein Trend zur **„futurization"**. Dieser Begriff umfaßt alle in vielfältiger Form ausgestattete Finanz-Termingeschäfte und Optionen zur Absicherung künftiger Wechselkurs-, Börsenkurs-, Preis- und Zinsrisiken, die auf dem Markt gegen Zahlung einer Prämie von Risikovermeidern an Risikoträger umverteilt werden. So kann eine Firma eingegangene Risikopositionen aus einem bestimmten Geschäft gegen Zahlung einer Risikoprämie in einem entgegengesetzten Termingeschäft an einen anderen Marktteilnehmer verkaufen und dadurch das eingegangene Risiko neutralisieren („Hedging").

Die Ursache höherer Währungs- und Zinsrisiken waren das in den 80er Jahren von 73,8 Mrd. $ (1980) auf 220,7 Mrd. $ (1986) gestiegene Budgetdefizit und das von 24,5 Mrd. $ (1980) auf 152,6 Mrd. $ (1986) gewachsene Handelsbilanzdefizit der U.S.A.. Hohe und kurzfristig stark schwankende Zinsen wurden in den U.S.A. außerdem durch den im Oktober 1979 vollzogenen Wechsel der Geldpolitik des Federal Reserve Board von der bis dahin betriebenen keynesianischen Zinspolitik zu einer monetaristischen Geldmengensteuerung ausgelöst.

Schließlich haben **„Absicherungsfazilitäten"** (back-up facilities), die sich bei den Kreditinstituten nicht in ihrer Bilanz niederschlagen (off-balance sheet transactions), an Bedeutung gewonnen. Sie entwickelten sich sowohl aus dem Bedürfnis der Nicht-Banken nach einem flexiblen und kostengünstigeren „debt management" als auch aus dem Bedürfnis der Banken nach einer Erschließung neuer Geschäftsbereiche und einer Verbesserung der Risikostruktur bei zwischenzeitlich verschärften Eigenkapitalvorschriften der Kreditinstitute. Zu den Absicherungsfazilitäten zählen z.B. verschiedenartig ausgestattete Bankgarantien, Akkreditive (stand-by letters of credit), unwiderrufliche revolvierende Kredite (irrevocable revolving credits) und Bankgarantien zur Plazierung von Wertpapieren (z.B. NIF, RUF; vgl. Anhang).

Darüber hinaus haben die internationalen Finanzmärkte durch die bis dahin bestehenden und neu hinzukommenden **Off-shore-Plätze** (z.B. Cayman Islands, Virgin Islands, Niederländische Antillen, Barbados, Mauritius) und die seit 1981 in den USA zugelassenen **„International Banking Facilities"**, die unter gleichen Bedingungen wie die Off-shore Plätze ohne Mindestreservepflicht, staatliche Regulierungen und Bankenaufsicht amerikanischen und ausländischen Banken zugänglich gemacht wurden, eine gewaltige Expansion erfahren. Allein die Bruttoverbindlichkeiten der auf den internationalen Finanzmärkten (Euro-Märkte) tätigen Banken haben sich von 1.578 Mrd. $ (1980) auf 4.205 Mrd. $ (Sept. 1987) erhöht und somit fast verdreifacht.[223]

Nach einem Höchststand der auf US-Dollar lautenden Bankverbindlichkeiten von 82% (1984) des internationalen Finanzmarktvolumens hat sich dieser Anteil bis Sept. 1987 auf 70% zurückgebildet. Auf dem internationalen Anleihemarkt war die Expansion noch größer. Von 1980 bis 1987 stieg das Anleihevolumen von 38,0 Mrd. $ auf 175,6 Mrd. $.[224] Im gleichen Zeitraum hat sich der Anteil der in US-Dollar denominierten Anleihen von 42,2% auf 35,8% und der Anteil der auf D-Mark lautenden Anleihen von 28,8% auf 8,5% zurückgebildet. Demgegenüber haben bis 1987 Euro-Yen-Anleihen mit 14,1% und ECU-Anleihen mit 4,2% der Neuemissionen an Bedeutung gewonnen, die beide 1980 noch keine Rolle gespielt hatten.

Aber auch in der Bundesrepublik Deutschland hat sich die Struktur der nationalen Finanzmärkte wesentlich verändert. Wie **D. Kath**[225] feststellt, haben die Nicht-Banken ihre Geldanlagen von ca. 71% (1965) auf ca. 61% (1985) ihrer Netto-Forderungsposition gegenüber den Banken verringert zugunsten ihrer Wertpapierhaltung von 11,2% (1965) auf 16,3% (1985) und ihrer Anlagen bei Versicherungen und Bausparkassen von 17% auf 25%. Sie bevorzugen in zunehmendem Maße längerfristige Kredit- und Anlageformen, zugleich am Rentenmarkt aber auch Fristverkürzungen zum Zwecke der Risikoabwehr. Die Banken haben den Anteil ihrer Auslandsaktiva von knapp 2% (1960) auf fast 9% (1985) und ihren Wertpapierbestand von 7,5% (1960) auf 11,7% (1985) ihres „Geschäftsvolumens insgesamt" (mit einem gleichzeitig ansteigenden Anteil von Bankschuldverschreibungen) erhöht.[225] Auch hier haben zahlreiche, bisher auf den internationalen Finanzmärkten bereits vorhandene Finanzinnovationen Eingang gefunden. Die breitere Palette der Finanzinstrumente soll dazu dienen, Risiken des Wertverlustes durch Haltung finanzieller Vermögenstitel zu vermindern und im Markt umzuverteilen sowie „das – gemessen an seinen aktuellen und zukünftigen Bedürfnissen – bestehende Einkommensgefälle auszugleichen."[226]

13.1.3 Neue Finanzinstrumente

Finanzinnovationen haben sich seit 1981 zuerst in den U.S.A. zur Umgehung der Regulierungen des Finanzmarktes (insbesondere der Höchstzinsvorschriften) entwickelt. Auf den internationalen Finanzmärkten trugen sie zur Befriedigung spezifischer Finanzierungswünsche der Nicht-Banken, zur Senkung der Finanzierungskosten, zur Liquiditätsvorsorge, zur Risikoabsicherung und -übertragung bei.

Zwischen den verschiedenen Finanzierungsinstrumenten auf den nationalen und internationalen Finanzmärkten (Euro-Märkten) und den Währungen, in denen sie denominiert sind, bestehen intensive **Substitutionsbeziehungen**. Veränderungen des Zinsgefälles, der makroökonomischen Indikatoren und/oder politische Ereignisse, die das relative Vertrauen der Finanzmärkte in das Verhältnis der betroffenen Währungen zueinander beeinflussen, lösen oft kurzfristige Verlagerungen zwischen bestimmten Finanzinstrumenten und Währungen und dadurch erhebliche internationale Kapitalströme aus. Diese ziehen wiederum Wechselkurseffekte und meistens – durch Devisenmarktinterventionen der Zentralbanken – auch Geldmengeneffekte nach sich.

Strukturveränderungen der Finanzmärkte ergeben sich aus einem dynamischen Prozeß, in dessen Verlauf ständig Markteinführungen neuer und Verschwinden bisher verwendeter Finanzinstrumente erfolgen. Der intensiver gewordene internationale Wettbewerb übt einen Innovationsdruck auf Banken und andere Finanzintermediäre aus, neue Finanzinstrumente zu entwickeln und mit diesen Marktnischen zu besetzen.

Als Finanzinnovationen gelten auch die 1979 als Korbwährung geschaffene **ECU** und die in ECU denominierten Anleihen, Geldmarktpapiere, Bankkredite, Bankeinlagen und Schecks. Trotz aller Bemühungen der Regierungschefs der EG-Mitgliedstaaten und Europa-Politiker, die Rolle der „privaten ECU" zu stärken, ist dies bisher nicht in der gewünschten Weise gelungen. Auf dem internationalen Interbankenmarkt sind bis Ende 1987 die ECU-Forderungen auf 78,5 Mrd. $ oder 2,4% des Gesamtvolumens und die ECU-Verbindlichkeiten auf 69,4 Mrd. $ oder 2,1% des Gesamtvolumens angewachsen.[227] Am Gesamtbestand der Nettokreditaufnahme an den internationalen Anleihemärkten hatten Ende 1987 die ECU-Anleihen mit einem Volumen von 38,3 Mrd. $[228] nur einen Anteil von 3,9%.

Auf den Interbankenmärkten liegt der Vorteil der Verwendung von ECU in der Einsparung von Informations- und Transaktionskosten, einer höheren Markttransparenz und in der Minderung von Zins- und Währungsrisiken. ECU-Positionen dienen daher überwiegend Kurssicherungs- und Diversifikationszwecken. Verbindlichkeiten in ECU werden in erster Linie von Europäischen Institutionen und Emittenten solcher Länder verwendet, deren Währungen im EWS ständig zur Schwäche neigen. Daher entfielen 1987 56% des auf ECU lautenden Anleihevolumens auf die Europäische Investitionsbank, französische und italienische Emittenten. Neben den Forderungen und Verbindlichkeiten im Interbankenmarkt und zwischen Banken und Nicht-Banken können grundsätzlich auch sämtliche klassische und innovative Finanzinstrumente in ECU denominiert werden.

Die wesentlichen Arten der Finanzinnovationen sind schematisch in **Abbildung 61** dargestellt und im **Anhang** kurz erläutert. Dies geschieht nur insoweit, als dies zum Verständnis ihrer Funktion in den Finanzmärkten und ihrer Bedeutung für die Effizienz der Geldpolitik notwendig erscheint. Diese Darstellung unterscheidet die innovativen Finanzinstrumente nach ihren Märkten in vier Gruppen: Geldmarkt, Kapitalmarkt, Futures und U.S.-Markt. Viele der dargestellten Finanzinnovationen finden sich sowohl auf den nationalen wie auch auf den internationalen Finanzmärkten. Darüber hinaus haben sich spezifische Finanzinnovationen auf dem Finanzmarkt der U.S.A. entwickelt. Hier wurden nur die wesentlichen Typen dargestellt (vgl. Anhang), die zudem im Markt ständig Veränderungen unterliegen. Eine weitergehende Darstellung der Finanzinnovationen, ihrer Varianten und Techniken finden sich in einer Studie der „Bank für Internationalen Zahlungsausgleich"[229] sowie in einer Abhandlung von H. E. Büschgen[230].

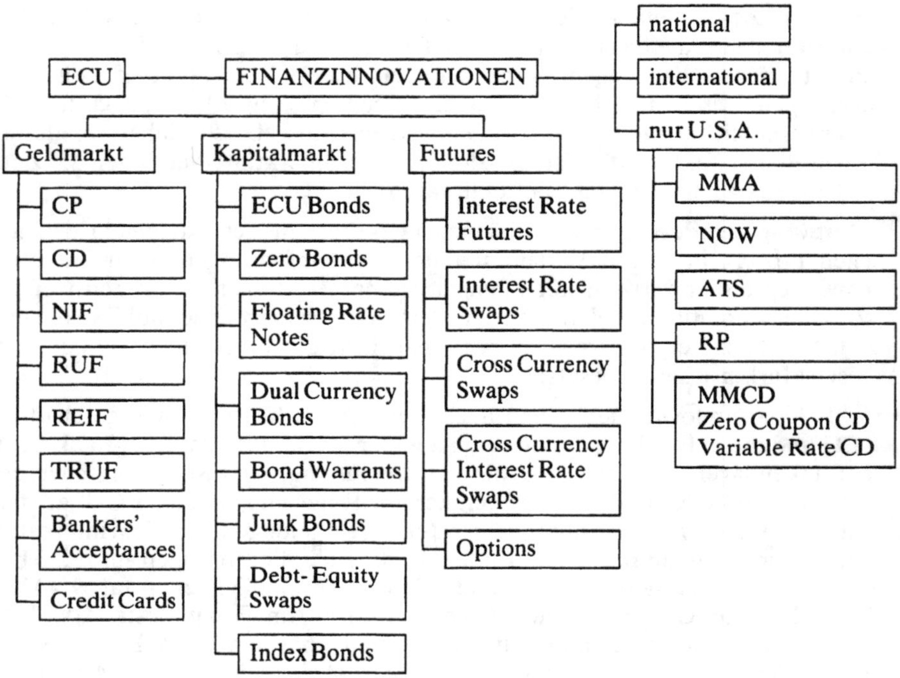

Abb. 61: System der Finanzinnovationen

13.2 Neuere geldpolitische Ansätze

13.2.1 Effizienz der Geldpolitik

Finanzinnovationen haben die Finanzmärkte nicht nur diversifiziert, vertieft und verbreitert, sondern sie auch international zusammenwachsen lassen (globalization). Sie haben die weltweite Ausbreitung und Verflechtung der Geschäftsbanken gefördert und die Finanzmärkte durch Zins- und Wechselkurseffekte stärker für die Effizienz nationaler Geldpolitik sensibilisiert. Hierzu tragen gesunkene Transaktions- und Informationskosten, schnell ablaufende Substitutionsprozesse zwischen Währungen und Finanzinstrumenten auf Kassa- und Terminbasis sowie die Tatsache bei, daß mehr als 90% aller Finanztransaktionen auf den internationalen Finanzmärkten ohne realwirtschaftlichen Bezug abgewickelt werden.

Da die monetären Rahmenbedingungen und Regulierungen, die internationale Offenheit der nationalen Finanzmärkte, die Verwendung von Finanzinnovationen und Währungen in jedem Lande unterschiedlich sind, gelten in jedem Lande auch unterschiedliche Bedingungen für die Effizienz der Geldpolitik. Insofern müssen sich auch Finanzinnovationen in jedem Land in unterschiedlichem Maße auf die Effizienz der Geldpolitik auswirken. Grundsätzlich ist festzustellen, daß durch Verbilligung der Kreditaufnahme, höhere Liquidität und internationale Kapitalmobilität die Effizienz der internationalen Finanzmärkte erhöht wird[231], wodurch sich die Effizienz der Geldpolitik verringern könnte.

Die starke Ausweitung der verbrieften Forderungen zulasten der direkten Bankkredite (securitization) in Verbindung mit den Finanzinnovationen vereinfacht und beschleunigt Substitutionsprozesse zwischen den einzelnen Finanzaktiva bei Veränderungen der Zinsdifferenzen, wobei insgesamt „in den letzten Jahren die Zinselastizität der Geldnachfrage kleiner geworden ist, und zwar sowohl für breiter als auch für eng abgegrenzte Geldmengen-Aggregate."[232] Damit wird nicht nur das Renditedifferential zwischen verschiedenen Finanzanlagen mit gleicher Laufzeit und gleichem Risiko eingeebnet, sondern es werden auch die Eigenschaften der Geldnachfrage und die Geldnachfragefunktion verändert. Zugleich müssen auch der Transmissionsmechanismus monetärer Impulse auf den realen Sektor, die Eigenschaften und der Informationsgehalt der Geldmengenaggregate eine Änderung erfahren. Ob dies die geldpolitische Effizienz mindert und die Verwendung anderer als bisher verwendeter Geldmengenaggregate als monetäre Steuergröße erforderlich macht, hängt in jedem Lande von den jeweils gegebenen geldpolitischen Rahmenbedingungen und Verhaltensweisen der Wirtschaftssubjekte ab.

In Bezug auf das Geldangebot spricht die Logik dafür, daß eine Vielzahl von Finanzinnovationen und verzinslicher Formen liquider Finanzaktiva Geldsurrogate darstellen, die ein gleiches finanzielles Transaktionsvolumen mit einem engen Geldmengenaggregat (z.B. M 1) ermöglichen. Dies ist geldangebotstheoretisch auf zwei Effekte zurückzuführen. Der eine besteht aus einer Reduzierung des Kassenhaltungskoeffizienten, „weil die Nicht-Banken den Anteil, den Geldbestände und niedrig verzinsliche Aktiva an ihren gesamten monetären Forderungen haben, einschränken". Der zweite Effekt betrifft die Verringerung der Zinsspanne, die der „durch Finanzinnovationen intensivierte Wettbewerb zwischen den Finanzintermediären" bewirkt.[233] Der erste Effekt hat einen durch Finanzinnovationen erhöhten Geldschöpfungsmultiplikator und damit eine erhöhte Umlaufgeschwindigkeit des Geldes zur Folge[234], der zweite Effekt eine Einschränkung der Zuverlässigkeit der Wirkung zinspolitischer Maßnahmen der Zentralbank.

Beide Effekte können die Steuerbarkeit des Geldangebotes durch die Zentralbank beeinträchtigen, wenn durch sie der Geldangebots- und Transmissionsprozeß dauerhaft instabil werden. Eine solche Instabilität ist in einzelnen Ländern – verursacht durch die geldpolitischen Rahmenbedingungen und Verhaltensweisen der Wirtschaftssubjekte – möglich. Normalerweise ist aber damit zu rechnen, daß sich nach einer Anpassungsperiode nach Einführung der Finanzinnovationen wieder ein stabiler Zustand auf den Finanzmärkten einstellt.

Eine Bedeutung für die Effizienz der Geldpolitik hat auch die Liberalisierung und Öffnung der nationalen gegenüber den internationalen Finanzmärkten gewonnen. Dadurch, daß jetzt nicht mehr die durch Waren- und Dienstleistungsgeschäfte bedingten, sondern reine Finanztransaktionen die internationalen Zahlungsströme dominieren, reagieren die Wechselkurse der floatenden Währungen (insbesondere des US-Dollars) sehr rasch auf Veränderungen dieser Zahlungsströme.

Einer der Einflußfaktoren zur Auslösung von Finanzströmen zwischen zwei Ländern ist die Veränderung des Verhältnisses ihrer realen Zinsniveaus. Betreibt die Zentralbank eines Landes (z.B. der B.R. Deutschland) eine restriktive Geldpolitik zur Bekämpfung aufkeimender Inflationstendenzen mit der Konsequenz eines steigenden realen Zinssatzes, so werden dadurch ceteris paribus Kapitalimporte aus einem anderen Land (z.B. U.S.A.) mit weiterhin konstant bleibendem Zinsniveau durch Entstehung eines positiven Zinsgefälles zugunsten der B.R. Deutschland ausgelöst.

Bei funktionierenden Devisenmärkten und vollkommen flexiblem Wechselkurs würde in diesem Beispiel der Dollar-Zufluß in die B.R. Deutschland den Wechselkurs des US-Dollar sinken lassen. Da der Dollarkurs in diesem Fall ein Gleichgewichtspreis ist, hat der gesunkene Dollar-Kurs eine entsprechend große zusätzliche Dollar-Nachfrage induziert. Die Erwerber dieser zusätzlichen Dollar-Beträge können diese aber nur für Zahlungen im Dollar-Währungsraum benutzen. Es kommt demzufolge also zunächst nicht zu einer Geldmengenexpansion im Inland (B.R. Deutschland).

Eine solche Geldmengenexpansion wird nur dann ausgelöst, wenn die inländische Zentralbank (Deutsche Bundesbank) dem Absinken des Dollar-Wechselkurses durch Devisenmarktinterventionen entgegenwirkt. Sie nimmt dann Dollar-Beträge durch Ankauf aus dem Markt und konvertiert sie zum jeweils gegebenen Wechselkurs in entsprechende DM-Beträge, die das Geldvolumen erhöhen und das Zinsniveau tendenziell sinken lassen. „Damit beeinflußt das Land mit den schwachen Rahmendaten das Zinsniveau des starken Landes am langen Ende. Es kommt in einem solchen System zeitweise zu einer flachen Renditestrukturkurve im Weichwährungsland und zu einer steilen Kurve in dem Land, dessen Währung eigentlich aufwerten sollte."[235]

Dies hat die Deutsche Bundesbank in der Vergangenheit häufig unter Berücksichtigung des **Plaza-Abkommens** (Sept. 1985) und des **Louvre-Accord** (Febr. 1987) im koordinierten **„managed floating"** zur Stabilisierung der Wechselkurse getan und dadurch eine Überschreitung ihres Geldmengenziels mit der Konsequenz der Entstehung eines Inflationspotentials zugelassen. Sie hat auf diese Weise ihr gesetzlich vorgegebenes Ziel, „die Währung zu sichern" (§ 3 DBbkG) gefährdet.

Bezieht man die Rolle der ECU in die Betrachtung der Effizienz der Geldpolitik ein, so zeigen empirische Untersuchungen, daß zusätzliche internationale Finanztransaktionen in ECU dazu beitragen können, die Instabilität der Wechselkurse zu erhöhen.[236] Allerdings werde die nationale Geldpolitik dadurch nicht unterminiert, weil keine inflationär wirkende ECU-Schöpfung erfolge.[237]

Schließlich erhebt sich die Frage, ob durch die Finanzinnovationen eine Risikostruktur der Finanzmärkte entstanden ist, die deren Stabilität gefährdet. Zunächst ist festzustellen, daß die Summe der finanziellen Risiken nach Einführung der Finanzinnovationen gleichbleibt und nur anders verteilt wird. Finanzinnovationen werden vor allem dazu benutzt, „die mit finanziellen Transaktionen verbundenen Risiken, im wesentlichen das Preis- und das Kreditrisiko, neu zu verteilen und auf Marktteilnehmer zu verlagern, von denen angenommen wird, daß sie von ihrer Finanzausstattung, Marktstellung und Geschäftserfahrung her besser zu ihrer Übernahme geeignet sind."[238] Hierdurch müßten realisierte Risiken im Finanzmarkt besser und mit geringeren negativen gesamtwirtschaftlichen Konsequenzen absorbiert werden.

Wie die zunehmende Bedeutung variabel verzinster Finanzinstrumente die Effizienz der Geldpolitik beeinflußt, läßt sich nicht eindeutig bestimmen. Ein variabler Zinssatz verteilt das Zinsrisiko anders als ein fester Zinssatz, der lediglich für Kreditgeber (Anleger) und Kreditnehmer (Schuldner) eine feste Kalkulationsbasis darstellt. Ergibt sich ein steigender Zinstrend an den Finanzmärkten, so wirkt sich das Zinsrisiko zulasten des Kreditnehmers (das für ihn bei einem festen Zinssatz nicht bestanden hätte) und zugunsten des Kreditgebers aus (der bei einem festen Zinssatz nur einen niedrigeren als den späteren Marktzinssatz erhalten hätte). Bei einem sinkenden Zinstrend ist es entsprechend umgekehrt. Betreibt nun die Zentralbank z.B. eine expansive Geldpolitik mit der Folge sinkender Zinsen oder direkt eine Zinssenkungspolitik durch Absenkung der Leitzinsen, so verbilligt sich die Kreditaufnahme der Kreditnehmer (Investoren), wodurch ein Anreiz für eine weitere Kreditaufnahme zur Finanzierung zusätzlicher Investitionen geschaffen wird (und vice versa bei restriktiver Geldpolitik). Da das Kreditangebot der Anleger von Veränderungen des Zinssatzes nicht wesentlich beeinflußt wird, ist anzunehmen, daß variabel verzinsliche Finanzinstrumente zu beitragen, die Geldpolitik effizienter zu gestalten.

Gesamtwirtschaftliche Gefahren könnten durch die mit Hilfe der Finanzinnovationen erweiterten Möglichkeiten der Fristentransformation (d.h. Aufnahme kurzfristiger Mittel zur langfristigen Finanzierung sowie Bankgarantien außerhalb der Bankbilanzen, z.B. durch RUF) entstehen. Auch eine Ausweitung des Volumens ungedeckter Futures-Positionen könnte die Stabilität des Finanzsystems gefährden. Diesen Risiken kann nur durch nationale Maßnahmen der monetären Ordnungspolitik (gesetzliche Begrenzung der Risiken) und Prozeßpolitik (Liquiditätssteuerung des Bankensystems) entgegengewirkt werden.

13.2.2 Anpassung der monetären Rahmenbedingungen in der Bundesrepublik Deutschland

Nachdem die Deutsche Bundesbank zunächst die auf den Euromärkten bereits eingeführten Finanzinnovationen in der Bundesrepublik Deutschland aus währungspolitischen Gründen nicht zugelassen hatte, gestattete sie ab 1.5.1985 die Verwendung einiger neuer Finanzinstrumente: Floating Rate Notes, Zero Bonds, Swaps in Verbindung mit DM-Auslandsanleihen und später auch CD.

Die Einführung von Finanzinnovationen, die Strukturänderung und Globalisierung der Finanzmärkte hat jedoch nach Auffassung des Präsidenten der Deutschen Bundesbank **K. O. Pöhl** „für die deutsche Geldpolitik und Bankenaufsicht bis heute keine ernsthaften Schwierigkeiten aufgeworfen“[239], obwohl in der Bundesrepublik Deutschland – anders als z.B. in den U.S.A. und Großbritannien – keine Abgrenzung der nationalen gegenüber den internationalen Anleihemärkten durch institutionelle und rechtliche Rahmenbedingungen vorgenommen wird. Auch die außerbilanziellen Finanzinnovationen deutscher Kreditinstitute haben bisher „zu keinen spürbaren Beeinträchtigungen der Geldpolitik geführt.“[240]

Prophylaktisch wurde jedoch durch Veränderungen der gesetzlichen Rahmenbedingungen, vor allem durch das novellierte **„Gesetz über das Kreditwesen“ (KWG)** vom 11.7.1985, eine Begrenzung der durch Finanzinnovationen möglicherweise entstehenden Risiken vorgenommen. In diesem orientieren sich die Vorschriften über Eigenkapital und Großkredite (nach einer Übergangsregelung bis 1.1.1991) auch am haftenden Eigenkapital der konsolidierten Bankkonzerne und nicht mehr allein am Kapital der einzelnen Geschäftsbank.

Grundlage der Konsolidierung des Eigenkapitals der Bankkonzerne sind Beteiligungsquoten ab 40% an anderen Banken (Quotenkonsolidierung). Die Gültigkeit des KWG und die in diesem geforderte Berichtspflicht wird auch auf eine ausländische Beteiligung eines deutschen Kreditinstituts ausgedehnt, „das mindestens 25 v.H. der Kapitalanteile an dem Kreditinstitut oder an dem Unternehmen unmittelbar oder mittelbar hält, wenn die Übermittlung der Daten erforderlich ist, um Bestimmungen der Bankaufsicht auf zusammengefaßter Basis über das Unternehmen mit Sitz in einem anderen Staat zu erfüllen." (§ 44a (1) KWG). Unterhält ein deutsches Kreditinstitut im Ausland Zweigstellen, so ist es verpflichtet, „über die von ihm betriebenen Geschäfte und das seinem Geschäftsbetrieb dienende Vermögen des Unternehmens gesondert Buch zu führen und Rechnung zu legen." (§ 53 (2) 2. KWG). Schließlich wurden in die **Liquiditäts-Grundsätze** gem. § 11 KWG von der Deutschen Bundesbank Bürgschaften und Gewährleistungsverträge der Banken mit 50% des haftenden Eigenkapitals (Grundsatz I) und offene Fremdwährungs- und Edelmetallpositionen mit insgesamt max. 30% (bis innerhalb eines Halbjahres fällig mit max 40%) des haftenden Eigenkapitals einbezogen. Mit Wirkung vom 1.5.1986 hat die Deutsche Bundesbank nicht nur die Finanzinnovation der CD zugelassen, sondern sie auch (bei Laufzeiten bis zu unter zwei Jahren) der Mindestreservepflicht unterworfen.

Nach diesen Veränderungen der monetären Rahmenbedingungen muß es die Aufgabe der Bankenaufsicht sein, die aus den Finanzinnovationen resultierenden Risiken für die Finanzmärkte zu begrenzen. Der Bankenaufsicht obliegt insbesondere die Einschätzung und Überwachung der Risiken. „Den Fristentransformationsrisiken und den daraus möglicherweise resultierenden Bonitätsrisiken kann sie vorbeugend nur durch Analyse und Gespräche mit den Banken begegnen."[241]

Die Geldpolitik der Deutschen Bundesbank ist schon seit 1980 flexibler geworden und zur „Feinsteuerung" übergegangen. Diese wird durch Offenmarktgeschäfte mit Rücknahmevereinbarung betrieben, vor allem durch Wertpapierpensionsgeschäfte, Devisenpensionsgeschäfte und Devisenswaps. Die Zinssätze dieser Offenmarktgeschäfte werden den Geldmarktbedingungen angepaßt. Gleiches gilt für den Diskont- und Lombardsatz, deren Bedeutung als Leitzinssätze vermindert wurde. Von den „groben Instrumenten" der Geldpolitik (Änderung der Mindestreservesätze, der Rediskontkontingente und Lombardlinien) wird nur noch in geringerem Umfang Gebrauch gemacht. Aus diesem Grunde wurde auch mit Wirkung vom 1.5.1986 die Struktur der Mindestreservesätze verändert und ihr Niveau erheblich gesenkt.

13.2.3 Prioritäten geldpolitischer Ziele

Obwohl die meisten Zentralbanken mit einer hohen Priorität das geldpolitische Ziel der Sicherung der Geldwertstabilität verfolgen sollen, vernachlässigen sie es häufig in der Praxis. Die der Erreichung dieses Ziels besonders dienende monetaristische Strategie, die von vielen Zentralbanken der westlichen Industrieländer seit Mitte der 70er Jahre übernommen und erfolgreich praktiziert wurde, ist von ihnen seit etwa 1985 gelockert, wenn nicht gar von manchen aufgegeben worden.

P. Zdrahal, Mitglied des Direktoriums der Österreichischen Notenbank, stellt fest, daß sich die Geldpolitik der Zentralbanken der westlichen Industrieländer während der letzten Jahre an wirtschaftlichen Tagesereignissen orientiert hat und die langfristige Perspektive zurückgetreten ist. „Aus heutiger Sicht hat man den Eindruck, als ob in der Notenbankpolitik die Stabilisierung von Zinsen und Wechselkursen im Vordergrund stünde."[242]

Daher dominieren die Geldpolitik häufig freiwillig eingegangene außenwirtschaftliche Verpflichtungen und Rücksichtnahmen auf Partnerländer. „Außenwirtschaftliche Sachverhalte begrenzen sehr wohl den Handlungsspielraum einer an binnenwirtschaftlichen Erfordernissen ausgerichteten Stabilisierungspolitik – um so mehr, je enger die Gütermärkte wechselseitig verflochten sind und je internationaler und damit reagibler die Finanzmärkte werden."[243] Folgt eine Zentralbank dieser Auffassung, so wird sie zur Stützung fremder Währungen umfangreiche Devisenmarktinterventionen mit der Konsequenz exzessiver Geldschöpfung vornehmen. Solche Interventionen werden häufig dadurch verursacht, daß Partnerländer eine ökonomisch notwendige Abwertung ihrer Währung – als Folge ihrer nicht stabilitätsorientierten Wirtschaftspolitik – aus politischen Gründen hinauszögern oder zu vermeiden suchen. Dies gilt für das EWS und insbesondere für die Geldpolitik der Deutschen Bundesbank, die seit 1986 nicht mehr die Geldmengenexpansionsrate innerhalb des von ihr selbst vorgegebenen Zielkorridors gehalten und verstärkt Rücksicht auf die Konjunkturentwicklung und den Wechselkurs genommen hat. „Die außenwirtschaftlichen Gegebenheiten führten zum Verzicht auf Maßnahmen, die – wenn sie schon ein Einhalten des Geldmengenziels 1987 nicht sicherstellen konnten – doch die Zielüberschreitung hätten besser in Grenzen halten können."[244] Folglich hat die zu permissive Geldpolitik einen Geldmengenüberhang und dadurch Liquidität geschaffen, die ein erhebliches Inflationspotential in sich birgt. Daher gilt es nun, „das zu kräftige Wachstum der Geldbestände wieder an das Wachstumspotential der Wirtschaft heranzuführen."[245]

Noch deutlicher als die Deutsche Bundesbank hat das amerikanische **Federal Open Market Committee (FMOC)** die Prioritäten geldpolitischer Ziele gewechselt. Nach Darstellung von **H. R. Heller,** Governor des Federal Reserve Board, lassen sich die wechselnden Rangordnungen der geldpolitischen Ziele in **Abbil-**

seit:	Mai 1985	Aug. 1985	Mai 1986	Juli 1986	März 1987	Mai 1987	Juli 1987	Aug. 1987	Nov. 1987	Dez. 1987
Geldmengen-expansion monetärer Aggregate (monetäres Zwischenziel)	1	1	1	1	2	3	2	4	5	5
Wirtschaftswachstum	2	2	2	2	3	4	3	2	2	2
Inflation	3	4	–	4	4	1	1	1	3	3
Kreditmarkt-bedingungen	4	5	3	5	5	–	–	–	1	1
Wechselkurse	5	3	4	3	1	2	–	3	4	4

Quelle: H. R. Heller: Implementing Monetary Policy, in: Federal Reserve Bulletin, Vol. 74, No. 7, July 1988, S. 428

Abb. 62: Rangfolge der Zielvariablen der amerikanischen Geldpolitik, beschlossen vom Federal Open Market Committee.

dung 62 zusammenfassen. Hier wird deutlich, daß seit Mai 1985 das monetäre Zwischenziel an Bedeutung verloren hat und das Ziel der Inflationsbekämpfung nur kurzfristig im Jahre 1987 an erster Stelle stand. Die Stabilisierung des Wechselkurses hatte nur im März und Mai 1987 nach dem Louvre-Accord eine hohe Priorität. Damit hat auch die amerikanische Zentralbank die mittelfristige Verstetigung der Geldmengenexpansionsrate im Rahmen gesetzter Geldmengenziele zur Sicherung der Geldwertstabilität aufgegeben. Dennoch sieht Heller weiterhin das inflationsfreie Wirtschaftswachstum als das wesentliche Ziel der Geldpolitik an. „The ultimate goal of monetary policy – a financial environment conductive to non inflationary economic growth – has remained unchanged over time."[246]

13.2.4 Die Wahl des „richtigen" Geldmengenaggregates

Die Einführung der Finanzinnovationen in der Bundesrepublik Deutschland haben die Struktur der Finanzmärkte und die Effizienz der Geldpolitik nicht in einer solchen Weise beeinflußt, daß die Deutsche Bundesbank gezwungen worden wäre, von ihrem Konzept der seit 1975 betriebenen Geldmengensteuerung im Rahmen selbst gesetzter Geldmengenziele abzuweichen. „Insgesamt waren in den letzten zehn bis fünfzehn Jahren in der Bundesrepublik keine „Neuerungen" im Geldwesen zu konstatieren, die die Indikatorqualität der Geldmengenaggregate M 3 und Zentralbankgeldmenge dauerhaft hätten beeinträchtigen können."[247]

Um jedoch auf kurzfristige Störeinflüsse der Finanzmärkte mit diskretionären geldpolitischen Maßnahmen reagieren und eigene Devisenmarktinterventionen ohne geldpolitische „Sterilisierung" ihrer Wirkungen durchführen zu können, legt die **Deutsche Bundesbank** seit 1979 **Zielkorridore** für die Expansionsrate der Zentralbankgeldmenge, seit 1988 für die Expansionsrate der Geldmenge M 3, fest. Sie berücksichtigt damit Bedingungen, „die explizit auf die Belange des internationalen Kapitalverkehrs und des Wechselkurses Rücksicht nehmen."[248]

Die Eignung der bis dahin verwendeten **Geldmengenaggregate** als **Ziel-, Steuer- und Kontrollgröße** der Geldpolitik kann sich im Zeitablauf ändern, wenn sich Veränderungen der Struktur der Finanzmärkte und des Bankensystems, der Geldsurrogate, Zahlungsgewohnheiten und Sensibilität auf außenwirtschaftliche Einflüsse in Verbindung mit einer Deregulierung der Finanzmärkte ergeben. Diese Veränderungen können ein Grund dafür sein, daß Zentralbanken ihre bisher verwendeten Geldmengenaggregate als Ziel-, Steuer- und Kontrollgröße aufgegeben und neue gewählt haben. Sie führten den Wechsel der verwendeten Geldmengenaggregate unter dem Aspekt durch, daß das neu verwendete Geldmengenaggregat besser die nachfolgenden **Kriterien** erfüllt:

- bessere Steuerbarkeit und Reagibilität auf geldpolitische Maßnahmen,
- bessere Erfüllung der Geldfunktionen als Wertmesser, Wertüberträger und Wertspeicher,
- bessere Zahlungsmitteleigenschaften, repräsentiert durch die Gewichte der Komponenten des gewählten Geldmengenaggregates,
- bessere Korrelation des gewählten Geldmengenaggregates mit dem Wachstum des realen Bruttosozialprodukts oder Potentials (gesamtwirtschaftlicher Produktionskapazitäten).

Bis einschließlich zum Jahre 1987 genügte in der Bundesrepublik Deutschland die **Zentralbankgeldmenge (ZBG)** nach Auffassung der Deutschen Bundesbank diesen Kriterien.

Erstmalig für das Jahr 1988 hat die Deutsche Bundesbank die Zentralbankgeldmenge als monetäres Steueraggregat aufgegeben und stattdessen ein Geldmengenziel von 3-6% (ebenfalls als Jahresverlaufsziel) für die **Geldmenge M 3** festgelegt. Als Grund gibt sie das Überschießen der tatsächlichen Geldmengenexpansionsrate über das Geldmengenziel als eine „Mißweisung" an, die dadurch verursacht werde, „daß einerseits der Bargeldumlauf als Folge der niedrigen Zinsen und der Aufwertungstendenz der D-Mark an den Devisenmärkten überproportional rasch expandierte und zum anderen die Bargeldkomponente in der Zentralbankgeldmenge ein zu hohes Gewicht (von gut 50%) hat (im Vergleich zu rd. 11% bei M 3)."[249]

Ein wesentlicher Impuls dieser starken Geldmengenexpansion ging jedoch von „obligatorischen" und „intramarginalen" Stützungskäufen von Partnerwährungen im EWS und kursstützenden U.S.-Dollar-Käufen der Deutschen Bundesbank aus, die im Jahre 1987 insgesamt netto 41 Mrd. DM betrugen.[250] Die dadurch geschaffene Liquidität wurde von der Bundesbank bewußt nicht absorbiert, sondern als „Flankenhilfe" der Konjunkturentwicklung im Geldkreislauf belassen, weil deren inflatorisches Potential als gering angesehen wurde.[251]

Diese Gründe für die Verwendung des Geldmengenaggregates M 3 sind jedoch nicht stichhaltig, weil dieses in gleicher Weise wie die Zentralbankgeldmenge mit der wirtschaftlichen Aktivität korreliert.[252] Kurz- und mittelfristig ist aber die Steuerung der Geldmenge M 3 schwieriger, weil sie nicht gleichermaßen direkt steuerbar wie die Geldbasis bzw. Zentralbankgeldmenge ist und sich die geldpolitische Beeinflussung der Geldmarktbedingungen nur auf die Entwicklung von Spar- und Termineinlagen auswirkt. „Aus diesem Grunde weist die Geldmenge M 3 eine weniger enge Beziehung zur wirtschaftlichen Aktivität auf als etwa die Geldmenge M 1 oder die Zentralbankgeldmenge."[253] Darüber hinaus lassen sich „keine generellen Aussagen über die Robustheit von M 3 und Zentralbankgeldmenge gegenüber Vermögensumschichtungen machen."[254] Daher wird erst die Zukunft zeigen, ob sich M 3 als ein besser geeignetes Steueraggregat der Geldpolitik erweist. Geldangebotstheoretisch gibt es jedoch keinen Grund zur Annahme, daß sich breiter definierte Geldmengenaggregate (wie z.B. M 3) besser zur Kontrolle der Geldmengenexpansion eignen als die Geldbasis oder die (bereinigte) Zentralbankgeldmenge mit allerdings realistisch angesetzten konstanten Mindestreservesätzen.

Da die Finanzinnovationen in den **U.S.A.** wesentlich gravierendere Veränderungen der Finanzmärkte hervorgerufen haben als in Europa, hat das FOMC mehrfach die zur Geldmengensteuerung benutzten Aggregate gewechselt und statistisch neu definiert. „In October 1979, with inflation a very serious threat and the credibility of its policy increasingly in doubt, the Committee changed procedures to have the trading desk pursue a path of nonborrowed reserves consistent with desired growth in M 1 and M 2".[255] Geldmengenziele wurden in den U.S.A. stets für mehrere Geldmengenaggregate festgelegt. Die wesentliche monetäre Steuergröße war jedoch bis 1976 die Geldmenge M 1 (in mehrfach geänderten statistischen Definitionen). Sie wurde seit 1977 von der Geldmenge M 2 als wesentliche monetäre Steuergröße abgelöst.

Nach einer Untersuchung von **A. E. Burger**[256] sind Auswirkungen der Finanzinnovationen auf eine Verschiebung und Instabilität der Relationen zwischen den verschiedenen Geldmengenaggregaten von Anfang der 70er bis Anfang der 80er Jahre zu beobachten gewesen. Nachdem die Deregulierung der amerikanischen Finanzmärkte gem. dem „Depository Institutions Deregulation and Monetary Control Act" von 1980 und dem „Garn-St. Germain Act" von 1982 (Legalisierung der Money Market Accounts) sowie die Einführung bedeutender Finanzinnovationen Ende 1982 praktisch abgeschlossen waren, ergab sich ab 1983 wieder eine stabile Relation zwischen den Geldmengen M 2 und M 3. Daher ist anzunehmen, daß durch Finanzinnovationen ausgelöste Störungen nach kurzer Zeit auslaufen und die Finanzmärkte zu einer neuen Stabilität zurückfinden. Eine wesentliche Beeinträchtigung der Effizienz der Geldpolitik ist dann nicht mehr zu erwarten.

14. Kapitel
Geldpolitische Perspektiven der Europäischen Union

14.1 Rahmenbedingungen der Einheitlichen Europäischen Akte

Die Staats- und Regierungschefs der 12 EG-Länder haben am 17./28.2.1986 die **„Einheitliche Europäische Akte"** zur schrittweisen Verwirklichung des Gemeinsamen Binnenmarktes der EG bis zum 31.12.1992 beschlossen, die am 1.7.1987 in Kraft trat. Sie setzt ordnungspolitisch die Rahmenbedingungen zur Realisierung eines faktischen EG-Binnenmarktes für Waren und Dienstleistungen, Arbeitskräfte, Geld und Kapital durch Änderungen und Ergänzungen des EWG-Vertrages.

Im Sinne einer Integration der europäischen Finanzmärkte und der Koordination der Geldpolitiken der Zentralbanken der EG-Länder wird in der Präambel ausdrücklich auf die Beschlüsse der Pariser Konferenz vom 19. bis 21.10.1972 zur „schrittweisen Verwirklichung der Wirtschafts- und Währungsunion" und der Konferenz von Bremen vom 6./7.1978 sowie auf die Entschließung des Europäischen Rates vom 5.12.1978 in Brüssel über die Errichtung des EWS Bezug genommen. Zur Stärkung des europäischen Währungsverbundes im EWS sieht die „Einheitliche Europäische Akte" in dem sehr vage gehaltenen Art. 102a als Ergänzung des EWG-Vertrages lediglich vor, die Regierungen der EG-Länder zu einer stärkeren Konvergenz ihrer Wirtschafts- und Währungspolitik unter Berücksichtigung der Erfahrungen mit dem EWS und der Entwicklung der ECU zu verpflichten. Institutionelle Änderungen im Bereich der Währungspolitik bedürfen jedoch der parlamentarischen Zustimmung aller EG-Mitgliedstaaten.

Um entsprechend den Rahmenbedingungen der „Einheitlichen Europäischen Akte" den Gemeinsamen Binnenmarkt auch im Bereich der Finanzmärkte realisieren zu können, sind folgende Maßnahmen vorgesehen:

- Deregulierung im Bankensektor und auf den Finanzmärkten,
- Harmonisierung der Bankenaufsicht,
- Koordinierung der nationalen Geldpolitiken.

Obwohl die Finanzmärkte schon jetzt durch die Entwicklung der Euro-Märkte am weitesten liberalisiert sind, bestehen noch in vielen EG-Ländern **Kapitalverkehrsbeschränkungen**. Um diese gem. Art. 67 EWG schrittweise abzubauen, wurde im Jahre 1960 die erste Kapitalverkehrsrichtlinie der EG-Kommission in Kraft gesetzt. Sie teilte die Kapitalverkehrstransaktionen in vier Gruppen (Listen A bis D) auf.[257] Listen A und B umfassen börsennotierte Wertpapiere, Direktinvestitionen und Kapitalverkehr mit persönlichem Charakter. Sie unterliegen der unbedingten Liberalisierungspflicht. Liste C enthält die Börsenzulassung ausländischer Wertpapiere, mittel- und langfristige Handelskredite, Bürgschaften und Garantien. Für diese bestand nur eine bedingte Liberalisierungspflicht, so daß bestehende Beschränkungen bisher beibehalten werden durften. Liste D enthält kurzfristige Anlagen in ausländischen Geldmarktpapieren, Errichtung von Konten bei ausländischen Kreditinstituten, kurzfristige Finanz- und Handelskredite, an denen kein Gebietsansässiger beteiligt ist. Diese Transaktionen waren bisher nicht liberalisierungspflichtig. Ihre Liberalisierung muß nun eingeleitet werden. Frankreich und Italien haben bereits erste Schritte in diese Richtung unternommen. Die deutsche Bundesregierung will sich dafür einsetzen, „daß die von der EG-Kommission im November 1987 vorgeschlagene Richtlinie zum Abbau aller noch bestehenden Kapitalverkehrsbeschränkungen zügig behandelt wird."[258] Sie selbst hat die noch bestehenden Beschränkungen in der B. R. Deutschland am 1.5.1985 durch die sogen. „Restliberalisierung" aufgehoben. In diesem Sinne hat die Deutsche Bundesbank ihre bis dahin geltend gemachten Bedenken gegen die allgemeine Verwendung der ECU aufgegeben und ab 16.6.1987 auch die Vergabe von ECU-Krediten durch Deutsche gestattet.

Unterschiedliche Grundsätze und Verfahren der **Bankenaufsicht** in den einzelnen EG-Ländern verursachen Wettbewerbsverzerrungen im Bankensystem der EG. Aus diesem Grunde wurde bei der „Bank für Internationalen Zahlungsausgleich", Basel, ein „Ausschuß für Bankenbestimmungen und -überwachung" (Basel Supervisors'Committee) gegründet, der Vorschläge für eine internationale Konvergenz der Eigenkapitalmessung und Eigenkapitalanforderungen der Banken ausgearbeitet hat. Nachdem die Finanzminister der EG-Länder am 13.6.1988 beschlossen hatten, eine rasche und vollständige Liberalisierung des Kapitalverkehrs durchzuführen, vereinbarten am 12.7.1988 die Präsidenten der Zentralbanken von 12 großen Industrieländern einheitliche Eigenkapitalvorschriften für die Geschäftsbanken. Demnach müssen ab 1992 die Banken über ein Eigenkapital von min. 8% ihrer Bilanzsumme verfügen, von dem die Hälfte aus „Kernkapital" (Grundkapital und offene Rücklagen) bestehen muß.

Obwohl diese Vereinbarung nicht im Rahmen der EG getroffen wurde, wird sie sich auf die Umsetzung der **„2. Bankenrichtlinie"** der EG-Kommission vom Februar 1988 auswirken. Diese enthält folgende Prinzipien zur weiteren Integration des Bankenmarktes:

- Die einmalige Zulassung einer Bank in einem EG-Land gilt automatisch für alle anderen EG-Länder,
- die Bankenaufsicht wird allein von den Behörden des Landes einer im EG-Raum tätigen Bank ausgeübt, in der diese Bank ihren Hauptsitz hat,
- Die Grundsätze und Tätigkeiten der nationalen Bankenaufsichtsbehörden werden gegenseitig anerkannt,
- eine Harmonisierung der Eigenkapitalvorschriften der Banken sowie sonstiger Rechtsvorschriften soll nur auf das Notwendigste beschränkt werden, wobei keine Diskriminierung gegenüber Drittländern und den internationalen Finanzmärkten erfolgen soll.

Darüber hinaus erfordert ein freier Kapitalverkehr im EG-Raum die Beseitigung beschränkender nationaler Regelungen für die Niederlassungsfreiheit von Banken und „die Vereinbarung gemeinsamer Standards für Anleger, Einleger und Verbraucher."[259]

Der **Cecchini-Bericht**, der im Auftrage der EG-Kommission die Vorteile des Gemeinsamen Binnenmarktes evaluiert hat, schätzt die erwarteten Kostenvorteile der EG-Marktintegration im Kredit- und Versicherungssektor für die Verbraucher auf 21,7 Mrd. ECU, darunter für die Bundesrepublik Deutschland auf 4,6 Mrd. ECU.[260] Diese Kostenvorteile für die Verbraucher ergäben sich aus den fortfallenden Kosten bisheriger Regulierungen im Bankensektor, der Beseitigung administrativer Wettbewerbsverzerrungen zwischen den Banken und den EG-Ländern, einer stärkeren Harmonisierung der Geldpolitiken der Zentralbanken der EG-Länder und schließlich durch einen verstärkten Wettbewerb zwischen den Banken, der zu einer Senkung der Bankgebühren und Zinsen führen werde. Als volkswirtschaftliche Kosten stehen diesen möglichen Vorteilen allerdings eine zu erwartende höhere Inflationsrate und damit Wohlstandsverluste in den bisher stärker stabilitätsorientierten EG-Mitgliedstaaten – darunter in der Bundesrepublik Deutschland – gegenüber.

Um das Potential möglicher Preissenkungen für Bankleistungen zu verdeutlichen, wurden im Cecchini-Bericht die Preisabweichungen in % für ausgewählte Finanzdienste gegenüber dem Durchschnitt der vier günstigsten Märkte ermittelt. Hierbei zeigt sich, daß z.B. Verbraucherkredite in Deutschland 136% und in Frankreich 105% über dem Durchschnitt, in Luxemburg um 26% unter dem Durchschnitt kosten. Oder: Hypothekarkredite kosten in Spanien 118% und in Deutschland 57% mehr, in Großbritannien aber 20% weniger als im Durchschnitt.[261]

Eine wesentliche Voraussetzung für eine Integration der Finanzmärkte im Gemeinsamen Binnenmarkt stellt die **Harmonisierung der Geldpolitiken** dar. Sie ist aus mehreren Gründen notwendig. Eine zwischen den Zentralbanken der EG-Länder koordinierte Geldpolitik soll darauf hinwirken, daß das Inflationsgefälle zwischen diesen Ländern minimiert und auf niedrigerem Niveau stabilisiert wird. Dies ist die Voraussetzung dafür, daß sich das Zinsniveau auf den einzelnen nationalen Finanzmärkten angleicht, um die vorerwähnten kostensenkenden Effekte des Gemeinsamen Binnenmarktes wirksam werden zu lassen. Es ist aber auch eine Voraussetzung dafür, daß der aus unterschiedlichen Inflationsraten resultierende Druck auf Wechselkurs-Realignements zwischen den am EWS beteiligten europäischen Währungen verringert wird und schließlich verschwindet. Ein weiterer notwendiger Bestandteil der Koordination der nationalen Geldpolitiken ist die Harmonisierung der Mindestreservesätze und ihrer Strukturen.

14.2 Die Weiterentwicklung des EWS

Am Ende des Integrationsprozesses der Europäischen Gemeinschaft soll nach erklärter Absicht der Europa-Politiker nicht nur ein Gemeinsamer Binnenmarkt, sondern auch eine **Währungsunion** stehen. Sie wäre dann verwirklicht, wenn eine gemeinsame Währung und eine gemeinsame Zentralbank der EG-Länder geschaffen und von dieser eine gemeinsame Geldpolitik betrieben würde.

Zunächst erhebt sich aber grundsätzlich die Frage, ob die angestrebte Währungsintegration für den Gemeinsamen Binnenmarkt notwendig und wünschenswert ist. Festzustellen ist, daß eine spannungsfreie totale Währungsunion nur realisiert werden kann, wenn die Mitgliedstaaten eine vollkommen koordinierte Wirtschafts- und Stabilitätspolitik betreiben. Solange sehr unterschiedliche Stabilitätspolitiken durch die EWS-Mitglieder aufgrund recht unterschiedlicher politischer Auffassungen ihrer Geld-, Finanz- und Wirtschaftspolitik betrieben werden, entstehen unterschiedliche Inflationsraten in den einzelnen Ländern, die von Zeit zu Zeit eine Änderung der Währungsparitäten notwendig machen.

Da eine so weit gehende Harmonisierung aller Bereiche der Wirtschaftspolitik in allen EG-Mitgliedstaaten unter national-politischem Aspekt kaum möglich und durchsetzbar erscheint, werden auch in der Zukunft Differenzen der Inflationsraten bestehen bleiben. Daran wird auch der häufig beschworene Disziplinierungszwang zur nationalen Stabilitätspolitik durch irreversibel fixierte Wechselkurse im EWS als weiterer Schritt zur monetären Integration nichts ändern.

Daher sollten zuerst die stabilitätspolitischen Voraussetzungen durch die Harmonisierung der Wirtschaftspolitiken und die Erreichung sehr niedriger, etwa gleich hoher Inflationsraten in allen EG-Mitgliedstaaten geschaffen werden, bevor eine irreversible Einfrierung der Wechselkurse und die Schaffung einer gemeinsamen Währung erfolgt. Bis dahin sollten – wie bisher – „feste, aber anpassungsfähige Wechselkurse" im EWS weitergelten. Diese Auffassung wird auch durch den Sachverständigenrat gestützt, der es auch im Hinblick auf die zu erwartenden Verlagerungen der Handels- und Kapitalströme für verfehlt hält, „das Instrument der Wechselkurspolitik aufzugeben. ...Würde man... die Wechselkurse vorzeitig fixieren, wäre die Last der Anpassung vollständig von der nationalen Geld-, Finanz- und Lohnpolitik sowie der gemeinschaftlichen Regionalpolitik zu tragen. Diese würden dabei überfordert werden."[262]

Die Deutsche Bundesbank ist zu einer solchen Integrationspolitik mit Rücksicht auf die EWS-Partner zulasten ihrer Stabilitätspolitik nicht verpflichtet. Im Gegenteil, ihre gesetzliche Verpflichtung ist es, primär den Geldwert zu sichern. Zwar fällt die Fixierung und Anpassung der Wechselkurse in die Zuständigkeit der Bundesregierung, aber „in der Zuständigkeit der Bundesbank sind die Interventionsverpflichtungen und die Möglichkeit, Interventionen nicht mehr auszuüben, wenn sie glaubt, mit Rücksicht auf die Geldmengenpolitik und anderes das nicht tun zu können."[263] Der frühere Bundesbankpräsident **O. Emminger** weist auch darauf hin, daß die Deutsche Bundesbank von der Bundesregierung die Zusicherung der Erhaltung ihrer Autonomie und einer Begrenzung ihrer Interventionsverpflichtungen im EWS erhalten hat.[264]

Sollte das **EWS** zu einer **Währungsunion** weiterentwickelt werden, so wären schrittweise folgende **fünf Bedingungen** zu erfüllen[265]:

(1) Die bestehenden **Bandbreiten** zwischen den Wechselkursen der beteiligten Währungen sind schrittweise zu verringern, bis ein irreversibel fester Wechselkurs erreicht wird, so daß künftig keine Auf- oder Abwertungen mehr stattfinden können. Während der Übergangsphase kann eine neue gemeinsame Währung (wie z.B. die ECU) als Parallelwährung fungieren.

(2) Die **Währungsreserven** der beteiligten Zentralbanken sind schrittweise zu einem gemeinsamen Währungsfonds zusammenzulegen (zu dem der EFWZ ausgebaut werden könnte), der zum Ausgleich von Zahlungsbilanzdefiziten des gemeinsamen Währungsgebietes gegenüber Drittländern und zu Interventionen im Devisenmarkt zur Stabilisierung des Außenwertes der beteiligten Währungen bzw. später der gemeinsamen Währung gegenüber den Währungen von Drittländern einzusetzen ist.

(3) Die nationalen **Zentralbanken** sind zu einer Gemeinsamen Zentralbank zusammenzufassen, die nach dem Muster des amerikanischen Federal Reserve Sy-

stem organisiert sein kann. Sie muß von den Regierungen der EG-Länder, der EG-Kommission und dem Europäischen Rat unabhängig sein und hat eine gemeinsame Geldpolitik für das integrierte Währungsgebiet zu betreiben, wobei ein gemeinsames monetäres Zwischenziel als Zielkorridor festzulegen und ein gleiches Zinsniveau für alle EG-Länder anzustreben ist.

(4) Auf dem Wege zu einer gemeinsamen Währung und zu einem gemeinsamen europäischen Geld- und Kapitalmarkt ist die absolute **Konvertibilität** der beteiligten Währungen durch Abschaffung aller Devisen- und Kapitalverkehrskontrollen sowie diskriminierenden Regulierungen herzustellen. Darüber hinaus sind die Rahmenbedingungen für alle Banken des gemeinsamen Währungsgebietes – besonders im Hinblick auf die Eigenkapitalausstattung und die Höhe der Mindestreservesätze – zu harmonisieren.

(5) Die Gemeinsame Zentralbank der Währungsunion muß gegenüber Drittländern eine **gemeinsame Währungspolitik** betreiben. Sie ist mit Priorität dem geldpolitischen Ziel der Geldwertstabilität zu verpflichten und mit einer gemeinsamen Quote an internationalen Finanzinstitutionen (wie z.B. Weltwährungsfonds und Weltbank) zu beteiligen.

Eine kurzfristige Weiterentwicklung des im Kapitel 3.4.3 dargestellten EWS (im Sinne der vorgenannten Kriterien) empfiehlt in der B.R. Deutschland die **SPD**.[266] Allerdings ist diese Forderung in der vorgeschlagenen Art und in absehbarer Zeit nicht erfüllbar, weil dem unterschiedliche Zentralbankgesetze, Regulierungen des Bankensektors, Geldpolitiken, Inflationsraten und Inflationsneigungen in den EG-Ländern entgegenstehen. Zudem beansprucht Italien weiterhin eine erweiterte Bandbreite von ± 6% und Großbritannien, Griechenland, Spanien und Portugal nehmen noch nicht am Wechselkursmechanismus des EWS teil. Die britische Regierung läßt nicht die Absicht erkennen, sich in naher Zukunft dem Wechselkursmechanismus des ESW mit der allgemeinen festen Bandbreite von ± 2,25% zu unterwerfen. Griechenland, Spanien und Portugal werden noch vieler Jahre Übergangsregelungen bedürfen.

Einen ordnungspolitischen Schritt in Richtung auf die Stärkung des EWS haben die Zentralbankpräsidenten der EG-Länder in der **„Übereinkunft von Basel/Nyborg“** vom 12.9.1987 getan. Diese Übereinkunft[267] läßt sich zu **vier Punkten** zusammenfassen:

(1) Gemeinsame Überwachung der Wirtschaftsentwicklung und konzertierter Einsatz der Instrumente: Wechselkursänderungen innerhalb der Bandbreite, Devisenmarktinterventionen und Zinssätze.

(2) Die sehr kurzfristige Finanzierung des EFWZ wird von 2 1/2 auf 3 1/2 Monate verlängert und der Plafond der automatischen Verlängerung um 3 Monate auf 200% der Schuldnerquote der Zentralbanken im kurzfristigen Währungsbeistand erhöht.

(3) Es wurden intramarginale Interventionen in EWS-Währungen mit Zustimmung der jeweils die Interventionswährung ausgebenden Zentralbank vereinbart. Die jeweilige Interventionswährung kann unter drei Voraussetzungen in die sehr kurzfristige Finanzierung durch den EFWZ einbezogen werden:

a) die Finanzierung darf kumulativ das Doppelte der Schuldnerquote der Schuldnerzentralbank nicht übersteigen,

b) die Schuldnerzentralbank erklärt sich bis zu einer vereinbarten Höhe bereit, ihre Eigenbestände der Interventionswährung einzusetzen,
c) die Gläubigerzentralbank kann die Rückzahlung der für Interventionen eingesetzten Beträge in ihrer eigenen Währung verlangen, wobei allerdings die Reserveposition der Schuldnerzentralbank zu berücksichtigen ist.

(4) Die Zentralbanken der EG-Länder verpflichten sich, ECU zum Ausgleich offener Forderungen aus der sehr kurzfristigen Finanzierung über ihre im EWS-Abkommen vereinbarte Pflichtquote von 50% hinaus bis zu 100% anzunehmen, sofern sich dadurch nicht eine unausgewogene Zusammensetzung der Reserven und übermäßige Schuldner- und Gläubigerpositionen in ECU ergeben.

Als weiterer ordnungspolitischer Schritt zur Wirtschafts- und Währungsunion ist auch der am 22.1.1988 gegründete **„Deutsch-Französische Finanz- und Wirtschaftsrat“** als Protokoll zum „Vertrag über die deutsch-französische Zusammenarbeit“ vom 22.1.1963 anzusehen. In Art. 4 dieses Vertrages wird festgelegt, daß dieser Rat „regelmäßig die Währungspolitik beider Länder im nationalen, europäischen und internationalen Bereich mit dem Ziel einer möglichst weitgehenden Abstimmung“ erörtert.

Beide vorgenannten Abkommen bergen die Gefahr in sich, daß die primär auf Geldwertstabilität gerichtete Geldpolitik einzelner EG-Länder (vor allem der B.R. Deutschland und der Niederlande) durch den Druck der Zentralbanken stärker inflationierender EG-Länder (vor allem Frankreichs und Italiens) zu intramarginalen Devisenmarktinterventionen, damit zu einer höheren als zur Geldwertstabilität notwendigen Geldmengenexpansionsrate und zur Alimentierung höherer Inflationsraten gedrängt werden. Diese Gefahr wird durch die in der „Übereinkunft von Basel/Nyborg“ vereinbarte höhere Kreditfinanzierung der Devisenmarktinterventionen durch den EFWZ noch vergrößert. Daher moniert die Sparerschutzgemeinschaft zu Recht, daß Frankreich von Anfang an aus dem Abkommen „einen Anspruch auf zusätzliche Bundesbankkredite zur Finanzierung intramarginaler Interventionen“ abgeleitet hat und die Deutsche Bundesbank durch die Zwänge der „Basel/Nyborg-Übereinkunft“ in ihrer Geldpolitik außenwirtschaftliche Erwägungen weit in den Vordergrund stellt. Sie laufe dadurch Gefahr, „das Ziel der Stabilisierung des inneren Geldwertes zu vernachlässigen.“[268]

Um diesen Besorgnissen entgegenzutreten und den ordnungspolitischen Rahmen der weiteren monetären Integration im EWS festzulegen, haben der Bundesminister des Auswärtigen im **„Genscher-Memorandum“** vom 26.2.1988[269] und der Bundesminister der Finanzen im **„Stoltenberg-Papier“** vom 15.3.1988[270] für die Bundesregierung Stellung bezogen. Beide Memoranden legen nach Abstimmung mit der Deutschen Bundesbank (richtige) **ordnungspolitische Prinzipien** dar, auf deren Realisierung die Bundesregierung im weiteren monetären Integrationsprozeß nicht verzichten will:

(1) Die Errichtung einer föderativen europäischen Zentralbank, die unabhängig von den Weisungen der Regierungen ist, wird angestrebt.
(2) Die Geldpolitik dieser gemeinschaftlichen Zentralbank ist mit Priorität dem Ziel der Geldwertstabilität zu verpflichten.
(3) Alle Mitgliedstaaten der EG sind in den Wechselkursmechanismus des EWS mit der Bandbreite von ± 2,25% ohne Sonderregelung einzubeziehen, wobei

diese Bankbreite schrittweise bis auf 0% zu reduzieren und damit irreversibel feste Wechselkurse zwischen den Währungen des EWS herzustellen sind.

(4) Die öffentliche wie private Verwendung der ECU soll gefördert werden, damit sie immer stärker die Rolle einer Parallelwährung und nach Erreichen fester Wechselkurse ohne Bandbreite die Rolle einer Gemeinschaftswährung übernehmen kann.

Darüber hinaus wird im **„Genscher-Memorandum"** auf die Notwendigkeit einer strengen Trennung zwischen der Geldschöpfung durch die Zentralbank und der Finanzierung öffentlicher Aufgaben sowie auf die Schaffung eines Sachverständigengremiums hingewiesen. Dieses Gremium soll Grundsätze für die Entwicklung eines europäischen Währungsraums und ein Statut für die Errichtung einer europäischen Zentralbank entwickeln.

Die besonderen ordnungspolitischen Forderungen des **„Stoltenberg-Papiers"**, die sich auf einen Kabinettsbeschluß vom 3.2.1988 beziehen, lassen sich wie folgt zusammenfassen:

(1) Die unwiderrufliche Liberalisierung des Geld- und Kapitalverkehrs innerhalb der EG ist beschleunigt durchzuführen und darf nicht zu einer Abschottung der EG-Finanzmärkte gegenüber Drittländern führen.

(2) Die Konvergenz der Wirtschaftspolitiken soll durch ein Konsultations- und Kooperationsverfahren – vor allem im Hinblick auf den Abbau der Budgetdefizite – bewirkt werden.

(3) Die bestehende Asymmetrie des EWS durch die dominierende Rolle der D-Mark als Transaktions-, Interventions- und Reservewährung verliere an Bedeutung durch das wachsende „Vertrauen in die Währungen anderer Partner in der Gemeinschaft an den Märkten".

(4) Eine Harmonisierung der Aufsichtsregeln für die Banken wird „weder für erforderlich noch angemessen" gehalten.

(5) Das erweiterte Finanzierungsinstrument des EFWZ zur gemeinschaftlichen Kreditfinanzierung von Devisenmarktinterventionen wird für ausreichend gehalten, um „im Falle vorübergehender Zahlungsbilanzprobleme solidarische Hilfe leisten zu können."

Unter ordnungs- und stabilitätspolitischen Aspekten erscheint die erweiterte EFWZ-Finanzierung von Devisenmarktinterventionen und Zahlungsbilanzproblemen wegen ihrer inflationären Wirkung bedenklich. Der behauptete Abbau der dominierenden Rolle der D-Mark im EWS ist tatsächlich noch nicht in Sicht und ein Verzicht auf eine Harmonisierung der Aufsichtsregeln für die Banken ist gefährlich und wettbewerbsverzerrend. Ob das vorgeschlagene Konsultationsverfahren zu einem Abbau der Budgetdefizite führen wird, erscheint sehr zweifelhaft. Solange aber nationale Währungsräume bestehen und nationale Souveränität in der Geld-, Finanz- und Wirtschaftspolitik von den EG-Mitgliedstaaten beansprucht wird, sind von Zeit zu Zeit Realignements der Währungsparitäten im EWS notwendig und eine gemeinsame Zentralbank und feste Paritäten illusorisch.

Um das EWS im beschriebenen Sinne zu einer Währungsunion weiter zu entwickeln, ist daher eine weitgehende **Harmonisierung der Geld-, Wirtschafts- und Finanzpolitiken** der am EWS beteiligten Länder notwendig, flankiert durch eine effiziente europäische Regionalwirtschaftspolitik. Hierbei muß der Geldwertstabilität von den beteiligten Regierungen eine Priorität zuerkannt werden, wobei sich die nationalen Politiken „in Übereinstimmung mit den Belangen der am Festkursblock teilnehmenden Ländergemeinschaften wie mit den mittelfristig ausgerichteten einzelstaatlichen Zielvorgaben zu befinden haben."[271]

In einer Studie des Internationalen Währungsfonds (IMF) von **M. Russo** und **G. Tullio**[272] wird vorgeschlagen, das EWS dadurch zu einer Währungsunion weiterzuentwickeln, daß ein gemeinsames Geldmengenziel für die dem EWS angehörenden Länder auf der Basis der geschätzten gemeinsamen Wachstumsrate (des realen BSP) und der gemeinsamen, als „unvermeidlich" angesehenen Inflationsrate festgelegt wird. Vorrangiges Ziel der Geldpolitiken der Zentralbanken soll auch nach Auffassung dieser Autoren die Erreichung einer möglichst niedrigen Inflationsrate mit möglichst geringem Inflationsgefälle zwischen den EWS-Währungen sein. Eine glaubwürdige Stabilisierungspolitik aller Zentralbanken sei auch die Voraussetzung zur Vermeidung weiterer Realignements und damit ein Schritt in Richtung auf die Vollendung der Währungsunion. Dieser Auffassung kann aufgrund der oben gemachten Ausführungen nur zugestimmt werden, denn sie beschreibt das Prinzip jeder erfolgversprechenden Währungsintegration.

14.3 Die Europäische Währungsunion

14.3.1 Der Delors-Plan zur monetären Integration

Nach den im letzten Kapitel dargestellten Erwägungen über die Fortführung des monetären Integrationsprozesses zur Gründung einer **Europäischen Währungsunion (EWU)** in den achtziger Jahren waren im **Europäischen Rat** sukzessive wichtige Entscheidungen und konkrete Maßnahmen beschlossen worden. Im Juni 1988 beschloß der Europäische Rat, konkrete Schritte zur Vorbereitung der EWU einzuleiten und beauftragte den Delors-Ausschuß mit der Ausarbeitung eines Vorschlages. Der von diesem vorgelegte **Drei-Stufen-Plan (Delors-Plan)** zur **Errichtung der EWU** wurde vom Europäischen Rat angenommen und umgesetzt.

Der **Delors-Plan** sah in der **ersten Stufe (Konvergenzstufe)** vom **1.7.1990 bis 31.12.1993** eine völlige Abschaffung aller Devisen- und Kapitalverkehrskontrollen in allen EG-Mitgliedsländern vor. Damit sollten deren Geld- und Kapitalmärkte international liberalisiert werden. Darüber hinaus sollten durch regelmäßige Konferenzen die nationalen Geldpolitiken zwischen den Zentralbank-Präsidenten und die nationalen Wirtschaftspolitiken zwischen den Wirtschafts- und Finanzministern harmonisiert werden. Diese Ziele der ersten Stufe wurden überwiegend erreicht. Durch das zu lange Festhalten an unrealistisch gewordenen Leitkursen wurden jedoch Währungsturbulenzen und Spekulationen gegen die schwachen Währungen ausgelöst, die **ab 2.8.1993 im EWS** zu einer dauerhaften **Erweiterung der Bandbreite** von ± 2,25% **auf ± 15%** durch die Finanzminister führte.

In der **zweiten Stufe (Koordinationsstufe)** vom **1.1.1994 bis 31.12.1998,** in der (ebenso wie in der dritten Stufe) die noch weitergehenden Vereinbarungen des Maastrichter Vertrages berücksichtigt wurden, sollte die Realisierung der dritten Stufe mit dem Übergang zur EWU vorbereitet werden. Zu diesem Zwecke war die Errichtung des **Europäischen Währungsinstituts (EWI)** zur technischen Vorbereitung der Verschmelzung der nationalen Zentralbanken zum Europäischen System der Zentralbanken (ESZB) und Gründung der Europäischen Zentralbank (EZB), die Gründung des **Rates der Wirtschafts- und Finanzminister (Ecofin-Rat)** zur engen Koordinierung und Überwachung der Wirtschafts- und Finanzpolitiken und der **Währungsausschuß** zur Überwachung der monetären und finanziellen Situation, des freien Zahlungs- und Kapitalverkehrs vorgesehen. Diese Institutionen sollten darauf hinwirken, daß möglichst viele EU-Länder die Konvergenzkriterien als Voraussetzung ihres Beitritts zur EWU erfüllen und dadurch eine konvergente Wirtschaftsentwicklung der EU-Länder eingeleitet wird. In diesem Sinne wurden folgende Beschlüsse gefaßt, die dann auch realisiert wurden:

- Das EWI übernimmt die Verwaltung des „Europäischen Fonds für Währungspolitische Zusammenarbeit" (als Kern der gemeinsamen Währungsreserven der künftigen Europäischen Zentralbank).
- Die Zusammensetzung des Währungskorbes der ECU wird nicht mehr geändert. Die Währungen der neuen EG-Mitgliedländer (Finnland, Österreich, Schweden) der letzten Beitritts-Runde (1995) werden nicht mehr in den Währungskorb der ECU aufgenommen. Somit bleibt der Währungskorb der ECU in seiner am 21.9.1989 festgelegten Zusammensetzung aus festen Beträgen von 12 nationalen Währungen bis zur Einführung des Euro erhalten:

	Fester Betrag der nationalen Währung	Anteil der nationalen Währung am ECU-Währungskorb in %
Deutsche Mark (DMK)	0,6242	32,63 %
brit. Pfund Sterling (GBP)	0,08784	11,45 %
Französischer Franc (FRF)	1,332	19,89 %
Italienische Lira (ITL)	151,8	8,18 %
Niederländischer Gulden (NLG)	0,2198	10,23 %
Belgischer Franc (BEF) und	3,301	8,28 %
Luxemburger Franc (LUF)	0,130	
Dänische Krone (DKK)	0,1976	2,56 %
Irisches Punt (IEP)	0,008552	1,06 %
Griechische Drachme (GRD)	1,440	0,53 %
Spanische Peseta (ESP)	6,885	4,50 %
Portugiesischer Escudo (PTE)	1,393	0,71 %

- Die Umsetzung der EG-Richtlinien in nationale Gesetze der EG-Mitgliedstaaten wird forciert.
- Die Gesetze über die nationalen Zentralbanken werden an die Vorschriften des Maastrichter Vertrages angepaßt. Dies bedeutet, daß alle nationalen Zentralbanken durch Gesetz Autonomie (Unabhängigkeit von Weisungen der Regierung) erhalten müssen und ihnen eine Kreditvergabe an den Staat und öffentliche Institutionen absolut untersagt wird.

Dieser Prozeß der Harmonisierung der Wirtschafts- und Geldpolitiken und der wirtschaftlichen Konvergenz dauert noch an. Es ist aber bereits ein hoher Grad der Umsetzung dieser Vorschriften und der bisher erreichten Konvergenz festzustellen.

Die **dritte Stufe (Integrationsstufe)** soll endgültig am **1.1.1999** mit der Errichtung der **EWU,** des **Europäischen Systems der Zentralbanken (ESZB)** und der **Europäischen Zentralbank (EZB)** erreicht werden. Damit verlieren die nationalen Zentralbanken der Mitgliedstaaten der EWU ihre Selbständigkeit. Das EWI wird in die EZB überführt. Die EZB übernimmt unmittelbar von den nationalen Zentralbanken die Verantwortung für die Geldpolitik. Die **Währungsreserven** der nationalen Zentralbanken werden bis zu einem Betrag von **50 Mrd. Euro** (ohne die Reserven in eigener Währung, ECU bzw. Euro, SZR und Reservepositionen im Internationalen Währungsfonds) auf die EZB übertragen. Gleichzeitig wird als neue, selbständige gemeinsame Währung und gesetzliches Zahlungsmittel der **Euro** eingeführt. Er besitzt nicht mehr den Charakter des Währungskorbes der ECU. Alle auf ECU lautende Forderungen und Verbindlichkeiten werden im Verhältnis 1:1 in Euro umgetauscht. Die **Leitkurse** der nationalen Währungen zum Euro werden endgültig und unwiderruflich (ohne Bandbreite) **fixiert.** Die nationalen Währungen können noch für eine Übergangszeit bis zum 1.7.2002 mit der festen Parität zum Euro als Parallelwährungen im Umlauf bleiben. Der Währungsausschuß der zweiten Stufe soll durch einen **Wirtschafts- und Finanzausschuß** zur Überwachung der Wirtschafts- und Finanzlage und des Kapitalverkehrs ersetzt werden.

14.3.2 Der Maastrichter Vertrag: ESZB, EZB und Konvergenz

Die Einzelheiten zur Realisierung der „Europäischen Wirtschafts- und Währungs-Union" sind im **Maastrichter „Vertrag über die Europäische Union" (EUV)** vom **7.2.1992** geregelt.

Als **geldpolitisch relevante Ziele** werden im Maastrichter Vertrag für die EU „ein beständiges, nichtinflationäres und umweltverträgliches Wachstum" und ein „hoher Grad an Konvergenz der Wirtschaftsleistungen" genannt (Art. 2 EUV). Durch die „unwiderrufliche Festlegung der Wechselkurse im Hinblick auf die Einführung einer einheitlichen Geld- sowie Wechselkurspolitik" soll „vorrangig das **Ziel der Preisstabilität"** verfolgt werden (Art. 3 a, Abs. 2.). Dieses Ziel wird in Art. 105 EUV wiederholt: „Das vorrangige Ziel des ESZB ist es, die **Preisstabilität** zu gewährleisten". Gemeint ist damit die **Stabilität des Preisniveaus.**

Als Voraussetzung zur Erreichung dieses Ziels wird der **EZB** absolute **Unabhängigkeit** zugesichert. Zur Wahrnehmung ihrer Aufgaben „darf weder die EZB noch eine nationale Zentralbank, noch ein Mitglied ihrer Beschlußorgane Weisungen von Organen oder Einrichtungen der Gemeinschaft, Regierungen der Mitgliedstaaten oder anderen Stellen einholen oder entgegennehmen" (Art. 107 EUV und Art. 7 Protokoll über ESZB und EZB).

Die **Aufgaben** des **ESZB,** dessen ausführendes Organ die **EZB** ist, sind gem. Art. 105, Abs. 2, 4 und 5:

- die Festlegung und Durchführung der gemeinsamen europäischen Geldpolitik,
- die Durchführung von Devisengeschäften und Devisenmarkt-Interventionen,
- die Verwaltung der ihr übertragenen gemeinsamen Währungsreserven,
- die Förderung des Funktionierens der Zahlungssysteme,
- die Aufsicht über die Kreditinstitute und die Stabilität des Finanzsystems.

Die **EZB** besitzt das ausschließliche Recht, die **Ausgabe von Banknoten** als **einziges gesetzliches Zahlungsmittel** zu genehmigen und selbst oder über die nationalen Zentralbanken auszugeben. Es ist ihr **verboten** (Art. 21 Protokoll über EZB und ESZB), **Kredite** (Überziehungs- oder andere Kreditfazilitäten, Erwerb von Schuldtiteln) an „Organe oder Einrichtungen der Gemeinschaft, Zentralregierungen, regionale oder lokale Gebietskörperschaften, sonstige Einrichtungen des öffentlichen Rechts oder öffentliche Unternehmen der Mitgliedstaaten" zu vergeben. Struktur und Aufgaben des ESZB werden im **„Protokoll über die Satzung des Europäischen Systems der Zentralbanken und der Europäischen Zentralbank"** zum Maastrichter Vertrag geregelt.

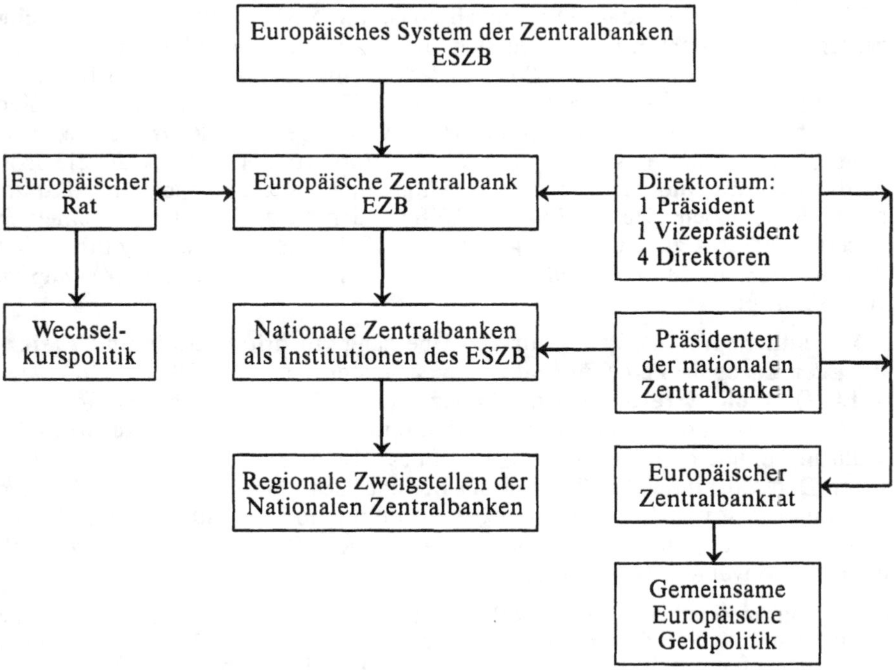

Abb. 63 Das Europäische System der Zentralbanken

Das **ESZB** ist nach dem Muster des U.S. Federal Reserve System organisiert. Es besteht aus der **EZB** und den **nationalen Zentralbanken** der Mitgliedstaaten, die wiederum regionale Zweigstellen unterhalten. In Deutschland werden dies die Landeszentralbanken sein. Die nationalen Zentralbanken sind ein integraler Bestandteil des ESZB. Sie üben ihre Tätigkeit entspechend den Leitlinien und Weisungen der EZB aus. Das operationelle Geschäft der **EZB,** die nach dem Muster der Deutschen Bundesbank organisiert ist, wird vom **Direktorium** durchgeführt. Dieses besteht aus einem Präsidenten, einem Vizepräsidenten und vier weiteren Mitgliedern. Diese hauptamtlichen Mitglieder des Direktoriums werden von den Regierungen der Mitgliedstaaten für acht Jahre ernannt und dürfen nicht wiederernannt werden. Der **Europäische Zentralbankrat (EZB-Rat)** besteht aus den Mitgliedern des Direktoriums und den Präsidenten der nationalen Zentralbanken. Er entscheidet über die Strategie und einzelnen Maßnahmen der **Geldpolitik.** Die geldpolitischen Beschlüsse des

EZB-Rates werden von den anwesenden Mitgliedern mit Zwei-Drittel-Mehrheit des gezeichneten Kapitals der EZB und mindestens der Hälfte der Anteilseigner gefaßt. Der EZB-Rat tritt mindestens zehnmal im Jahr zusammen. Als **Instrumente der Geldpolitik** stehen der EZB Offenmarktgeschäfte aller Art, Kreditgeschäfte mit Banken und anderen Marktteilnehmern gegen Stellung von Sicherheiten und sonstige geldpolitische Instrumente zur Verfügung, über deren Anwendung der EZB-Rat mit Zwei-Drittel-Mehrheit entscheiden muß.

Der **Sitz der EZB** wird - wie schon der Sitz des EWI - **Frankfurt/Main** sein. Das **Kapital** der EZB besteht aus **5 Mrd. Euro** und kann durch Beschluß des EZB-Rates erhöht werden. Die Einzahlungsquoten des Kapitals durch die einzelnen Mitgliedstaaten berechnen sich zu 50% aus dem Bevölkerungsanteil jedes Staates an der Gesamtbevölkerung der EU und zu 50% aus dem BIP-Anteil jedes Staates am gesamten BIP der EU. Die EZB bekommt von den nationalen Zentralbanken **Währungsreserven** in Höhe von insgesamt **50 Mrd. Euro** übertragen. Die Höhe der Übertragung jeder nationalen Zentralbank an die EZB wird durch die Quote des jeweiligen Mitgliedlandes am gezeichneten Kapital der EZB bemessen. Die **Gewinne** der EZB werden bis zu 20% dem allgemeinen Reservefonds bis zu einer Obergrenze von 100% des Kapitals zugeführt. Der Rest wird an die Mitgliedländer entsprechend ihren Anteilen am EZB-Kapital ausgeschüttet.

Wesentliche Voraussetzung für den Übergang zur dritten Stufe und **Errichtung der Europäischen Währungsunion** spätestens am 1.1.1999 (Art. 109, Abs. 4. EUV) ist die **Erreichung eines hohen Grades dauerhafter Konvergenz.** Ob ein Mitgliedstaat diese bereits erreicht hat und sich für die Mitgliedschaft in der Währungsunion qualifiziert, muß der Europäische Rat aufgrund der statistischen Daten für das Jahr 1997 und der Berichte des EWI und der Europäischen Kommission sowie der Empfehlung der Kommission mit qualifizierter Mehrheit entscheiden. Diese **Konvergenzkriterien** (Art. 109 j, Abs. 1 und Protokoll über die Konvergenzkriterien) lauten:

- Ein **„hoher Grad von Preisstabilität":** Der Mitgliedstaat muß 1997 eine eine durchschnittliche Inflationsrate aufweisen, die nicht mehr als **1½ Prozentpunkte** über der Inflationsrate der drei Länder mit den niedrigsten Inflationsraten liegt.
- **Stabile öffentliche Finanzen:** Das Defizit des Staates (Zentralregierung, regionale und lokale Gebietskörperschaften, Sozialversicherungen) darf nicht **3% des BIP** (Nettoneuverschuldungsquote, Defizitquote) und der gesamte staatliche Schuldenstand nicht **60% des BIP** (Gesamtverschuldungsquote) übersteigen.
- **Stabiler Wechselkurs:** Der Mitgliedstaat muß in den letzten zwei Jahren vor der Prüfung (d.h. 1996 und 1997) am Wechselkursmechanismus des EWS „ohne starke Spannungen" und **ohne Abwertung** teilgenommen haben.
- **Niedriges Zinsniveau:** Der durchschnittliche langfristige Nominalzinssatz (gemessen an 10jährigen Staatsanleihen) soll 1997 um nicht mehr als **2 Prozentpunkte** über dem entsprechenden Satz in den drei Mitgliedstaaten mit den niedrigsten Inflationsraten liegen.

Die Erfüllung aller dieser Konvergenzkriterien durch eine Mehrheit der EU-Mitgliedländer ist die Voraussetzung für den vorgesehenen Start der Währungsunion. Es werden jedoch **Ausnahmen** für EU-Länder, die die Konvergenzkriterien noch nicht erfüllen, zugelassen, wenn sie die Neuverschuldungsquote von 3% des BIP „nur ausnahmsweise und vorübergehend" überschreiten und ihre Gesamtverschuldungsquote über 60% des BIP liegt, aber „hinreichend rückläufig“ ist und eine „Nähe zum Referenzwert“ aufweist (Art. 104 c, Abs. 2. a und b EUV). Zugleich sind auch in vager Form **Sanktionen** für diejenigen Mitglieder der Währungsunion vorgesehen, die später die Konvergenzkriterien nicht mehr einhalten. Hierfür sind allerdings gem. Art. 104 c EUV vorab vier politische Beschlüsse des Europäischen Rates notwendig:

1. die Feststellung eines „übermäßigen Defizits“,
2. Empfehlungen zur Haushaltskonsolidierung,
3. die Feststellung, daß diese Empfehlungen nicht „wirksam“ befolgt wurden,
4. die Verurteilung zu einer Einlage und ggf. später zu einer Geldbuße.

14.3.3 Dauerhafte Stabilität

Zur Erzwingung einer dauerhaften Einhaltung der Konvergenzkriterien schlug der deutsche Finanzminister Theo Waigel einen **Stabilitätsplan** vor, der die zulässige Neuverschuldungsquote in konjunkturellen Normallagen auf 1% des BIP und bei Überschreiten dieses Wertes eine Geldbuße von 0,25% des BIP je angefangenen Prozentpunkt vorsehen sollte. Bei der Tagung des Europäischen Rates von Dublin am 13.12.1996 wurden dieseVorschläge jedoch in dem dort beschlossenen **„Stabilitäts- und Wachstumspakt“** erheblich aufgeweicht. Dieser Pakt wurde in der Tagung des Europäischen Rates von Amsterdam am 16./17.6.1997 weiter konkretisiert. Er strebt einen mittelfristig ausgeglichenen Staatshaushalt oder einen Budget-Überschuß an, läßt aber Ausnahmen bei einem „außergewöhnlichen Ereignis, das sich der Kontrolle des betreffenden Mitgliedstaates entzieht und erhebliche Auswirkungen auf die Finanzlage des Staates hat“ oder im Falle einer „ernsten Rezession“ zu. Diese Fälle werden definiert als ein Rückgang des realen BIP von mindestens 2% p.a. oder als ein realer Rückgang des BIP von 0,75 bis 2% p.a. bei begründeten Einlassungen des Mitgliedstaates.

Als **Sanktion** wurde eine Einlage von 0,2% des BIP plus ein Zehntel des Betrages, um den die Neuverschuldung die 3%-Quote übersteigt, maximal jedoch 0,5% des BIP, vereinbart. Diese Einlage wird aber erst nach zwei Jahren bei einer anhaltenden Überschreitung der 3%-Quote in eine Geldbuße umgewandelt. Dies muß allerdings durch den Europäischen Rat mit qualifizierter Mehrheit beschlossen werden.

Für die deutsche Regierung ist durch das **Urteil des Bundesverfassungsgerichtes** vom 12.10.1993 festgelegt worden, daß die Übertragung der Kompetenzen der Deutschen Bundesbank auf die Europäische Zentralbank nur dann rechtens ist, wenn die Währungsunion als Stabilitätsgemeinschaft in der Lage ist, „vorrangig die Preisstabilität zu gewährleisten“. In dem Urteil heißt es: „Dabei werden beim Übergang zur dritten Stufe der Wirtschafts- und Währungsunion die **Stabilitätskriterien eng und strikt auszulegen sein.** Die Entscheidung für den Übergang zur dritten Stufe kann nur auf der Grundlage erwiesener Stabilität, des Gleichlaufs bei den wirtschaftlichen Grunddaten und erwiesener dauerhafter haushalts- und finanzpolitischer Solidität der teilnehmenden Mitgliedstaaten getroffen werden.“ Vor ihrer Beitrittserklärung zur Währungsunion bedarf die Bundesregierung des zustimmenden Votums des Deutschen Bundestages, das inzwischen erteilt wurde.

Bereits **Ende 1997** vor der Verfügbarkeit und Prüfung der Daten des maßgeblichen Jahres 1997 haben die Regierungschefs und führende Politiker bekräftigt, daß sich **11** der 15 **EU-Mitgliedstaaten** für den Beitritt zur Währungsunion **qualifizieren** werden. Nur Dänemark, Großbritannien und Schweden, die vorerst nicht beitreten wollen, und Griechenland, das sämtliche Konvergenzkriterien erheblich verfehlt, bleiben außerhalb. Obwohl nach den jetzt für 1997 vorliegenden Daten von diesen 11 Ländern 8 Länder das Kriterium der gesamten Staatsschuldenquote von 60% des BIP überschreiten, darunter Belgien und Italien um mehr als das Doppelte, und Italien dem Wechselkursmechanismus des EWS erst seit November 1996 (also keine verlangten 2 Jahre) angehört, sollen alle diese Staaten die Währungsunion bilden. Dementsprechend wird also eine großzügige Interpretation der Konvergenzkriterien angelegt.

Diese Tatsache wie auch die von einzelnen Regierungen versuchten oder praktizierten Tricks einer **„kreativen volkswirtschaftlichen Buchführung“** zur Verringerung des Haushaltsdefizits lassen Zweifel über die Stabilität der künftigen Währungsunion aufkommen. Beispiele sind: Höherbewertung der Devisenreserven und der Goldreserven, Umstellung der Sozialversicherung auf das Kapitaldeckungsverfahren, Privatisierung öffentlicher Unternehmen mit ihren Schulden, Verkauf und Leasing von Infrastrukturanlagen durch den Staat, zusätzliche Umsatzsteuereinnahmen des italienischen Staates durch Rückkauf von 540 t Gold vom staatlichen „Ufficio Italiano dei Cambi“. Diese Manipulationen werden auch vom deutschen Sachverständigenrat als Verstoß gegen die geforderte Nachhaltigkeit der Budget-Kriterien verurteilt[273]. Hinzu kommt die fehlende Stabilitätskultur der Mittelmeerländer („Club Med“) und die Versuche der französischen Regierung, der Europäischen Zentralbank einen „Stabilitätsrat“ als politische Kontroll-Instanz gegenüberzustellen.

Die Erfüllung des Defizit-Kriteriums von 3% des BIP wird vielen Ländern nur durch das 1997 gegebene äußerst niedrige **Zinsniveau** und die dadurch bedingten relativ geringen staatlichen Zinsausgaben ermöglicht.

In seiner Tagung vom 1. bis 3. Mai 1998 in Brüssel beschloß der Europäische Rat, die **Wechselkurse** der 11 an der Währungsunion teilnehmenden Staaten endgültig und unwiderruflich **zu fixieren.** Somit wird vor Gründung der EZB bereits dieses wesentliche Element der Währungsunion eingeführt. Das bedeutet, daß keine Paritätsänderungen als Anpassungsmaßnahme bis zum Übergang zur dritten Stufe am 1.1.1999 mehr möglich sind. Es wird hierbei auch schwierig festzustellen sein, ob die vorzeitig festgelegten Leitkurse für die einzelnen nationalen Währungen zum Euro die fundamentalen makroökomischen Daten dieser Volkswirtschaften richtig widerspiegeln.

Es ist auch bedenklich, daß bei der Tagung des Europäischen Rates in Amsterdam in die Beschlüsse ein Kapitel über die **Beschäftigung** aufgenommen wurde, mit dem die Geldpolitik der EZB unter Druck gesetzt werden könnte, eine expansive Beschäftigungspolitik zu unterstützen. Dieser Gedanke klingt auch im Leitantrag des SPD-Parteivorstands für den Parteitag Anfang Dezember 1997 an, den Euro „als Instrument einer auf Beschäftigung orientierten Währungs- und Wirtschaftspolitik“ zu nutzen. Eine solche zur Förderung der Beschäftigung ausgerichtete expansive Geldpolitik wirkt erfahrungsgemäß inflationär und vermag nicht dauerhaft die Beschäftigung zu erhöhen.

Die vom Europäischen Rat am 2.5.1998 veröffentlichten unwiderruflich festen bilateralen Leitkurse, d.h. die offiziellen festen Wechselkurse zwischen den Währungen der EWU-Mitgliedsländer, die über ihre ECU-Parität als crossrates berechnet wurden, sind der **Tabelle 19** zu entnehmen. Entsprechend Art. 109j, Abs. 4 EGV, werden diese Wechselkurse mit der Errichtung der EWU am 1.1.1999 bei der Einführung des Euro vom Europäischen Rat auf Vorschlag der Kommission und nach Anhörung der EZB gelten. Der Euro ersetzt dann die ECU im Verhältnis 1 : 1.

Bilaterale WKM-Leitkurse, die zur Bestimmung der unwiderruflich festen Umrechnungskurse für den Euro zu verwenden sind

	DEM 100 =	BEF/ LUF 100 =	ESP 100 =	FRF 100 =	IEP 1 =	ITL 1000 =	NLG 100 =	ATS 100 =	PTE 100 =	FIM 100 =
Deutschland: DEM	-	-	-	-	-	-	-	-	-	-
Belgien/ Luxemburg: BEF/LUF	2062,55	-	-	-	-	-	-	-	-	-
Spanien: ESP	8507,22	412,462	-	-	-	-	-	-	-	-
Frankreich: FRF	335,386	16,2608	3,94237	-	-	-	-	-	-	-
Irland: IEP	40,2676	1,95232	0,473335	12,0063	-	-	-	-	-	-
Italien: ITL	99000,2	4799,90	1163,72	29518,3	2458,56	-	-	-	-	-
Niederlande: NLG	112,674	5,46285	1,32445	33,5953	2,79812	1,13812	-	-	-	-
Österreich: ATS	703,552	34,1108	8,27006	209,774	17,4719	7,10657	624,415	-	-	-
Portugal: PTE	10250,5	496,984	120,492	3056,34	254,560	103,541	9097,53	1456,97	-	-
Finnland: FIM	304,001	14,7391	3,57345	90,6420	7,54951	3,07071	269,806	43,2094	2,96571	-

Quelle: Deutsche Bundesbank: Devisenkursstatistik, Mai 1998, S. 74

Tabelle 19: Bilaterale Leitkurse als feste Umrechnungskurse in Euro in der EWU

Die Berechnung dieser bilateralen Leitkurse basiert auf den festen Beträgen der jeweiligen im ECU-Währungskorb enthaltenen nationalen Währungen (vgl. S. 327) und deren Wechselkurs zum US-Dollar in drei Schritten. Im ersten Schritt werden die Wechselkurse der nationalen Währungen zum US-Dollar am 31.12.1997 als Mittelkurs zwischen Geld- und Briefkurs festgestellt. Im zweiten Schritt wird der Gegenwert des festen Währungsbetrages der nationalen Währung im ECU-Währungskorb mit dem Wechselkurs des US-Dollar in US-Dollar ermittelt. Im dritten Schritt werden die ECU- = Euro-Wechselkurse der nationalen Währungen festgestellt. Die Berechnung der ECU- (Euro-) Wechselkurse erfolgt nicht nur für die im ECU-Währungskorb enthaltenen, sondern auch für die Währungen aller EU-Mitgliedsländer. Die Berechnungsmethode der ECU- (Euro-) Wechselkurse der nationalen Währungen der EU zeigt die nachfolgende **Tabelle 20**[277]. Diese unwiderruflich festen Wechselkurse (ohne Bandbreite) sind die Voraussetzung dafür, daß während der Übergangszeit vom 1.1.1999 bis zum 1.7.2002 die nationalen Währungen noch als Parallelwährungen mit fester Parität zum Euro als gesetzliche Zahlungsmittel im Umlauf sein können. In der ersten Zeit wird der Euro zunächst als Giralgeld eingeführt. Ab 1.1.2002 sollen Euro-Noten und -Münzen in allen EWU-Mitgliedstaaten ausgegeben werden und ab 1.7.2002 die nationalen Währungen endgültig ablösen.

	Schritt 1		Schritt 2	Schritt 3
	Betrag der im ECU-Währungskorb enthaltenen nationalen Währungen	Wechselkurs des US-Dollar am 31. Dezember 1997	Gegenwert des nationalen Währungsbetrages in US-Dollar	ECU-Wechselkurse
Position	(a)	(b)	(c) = (a) : (b)	(d) = (USD/ECU)* (b)
DEM	0,6242	1,7898	0,3487541	1,97632
BEF	3,301	36,92	0,0894095	40,7675
LUF	0,130	36,92	0,0035211	40,7675
NLG	0,2198	2,0172	0,1089629	2,22742
DKK	0,1976	6,8175	0,0289842	7,52797
GRD	1,440	282,59	0,0050957	312,039
ITL	151,8	1758,75	0,0863113	1942,03
ESP	6,885	151,59	0,0454186	167,388
PTE	1,393	183,06	0,0076095	202,137
FRF	1,332	5,9881	0,2224412	6,61214
GBP	0,08784	1,6561	0,1454718[1]	0,666755
IEP	0,008552	1,4304	0,0122328[1]	0,771961
			USD/ECU 1,1042128[2]	
FIM	-	5,4222	-	5,98726
ATS	-	12,59	-	13,9020
SEK	-	7,9082	-	8,73234

[1] Der Wechselkurs des US-Dollar gegenüber dem Pfund Sterling und dem irischen Pfund wird als US-Dollar-Gegenwert für jeweils eine Währungseinheit und nicht als Gegenwert in den jeweiligen Währungseinheiten pro US-Dollar angegeben. Der für diese beiden Währungen jeweils in Spalte (c) angegebene Betrag ergibt sich daher aus der Multiplikation des Betrags in Spalte (a) mit dem Kurs in Spalte (b), während sich der jeweils in Spalte (d) angegebene Kurs aus der Division des US-Dollar-Gegenwerts der ECU (d. h. USD/ECU) durch den in Spalte (b) angegebenen Kurs ergibt.

[2] Bei der letzten signifikanten Stelle besteht eine Differenz von eins (d. h. 1,1042128 statt 1,1042127), weil die US-Dollar-Gegenwerte der jeweiligen nationalen Währungsbeträge auf sieben Dezimalstellen gerundet sind, während die Berechnung selbst auf einer unbegrenzten Anzahl von Stellen beruht.

Tabelle 20: Berechnung der offiziellen festen ECU- (Euro-) Wechselkurse

14.3.4 Realwirtschaftliche Anpassungen

Da nach Errichtung der Währungsunion der **Anpassungsmechanismus** einer Veränderung der Wechselkurse (Leitkurse) bei unterschiedlicher Wirtschafts-, Lohn- und Preisentwicklung infolge der weiterhin national bestimmten Wirtschafts-, Finanz- und Lohnpolitiken in den Mitgliedstaaten entfällt, sind eine größere Flexibilität der Arbeitsmärkte, strukturelle Reformen und eine Konsolidierung der Finanzpolitik unabdingbar notwendig.

Denn die relativen Löhne und Güterpreise müssen nun die Anpassung bewirken. „Was bisher nominale Wechselkurse erledigten, haben in der Währungsunion reale Wechselkurse, also die Preise der international nicht handelbaren Güter (und der sie produzierenden Faktoren) relativ zu den international handelbaren Gütern zu leisten.“[274] Dadurch entstehen Änderungen der realen Wechselkurse. Sie können bedingt sein durch unterschiedliche Lohn- und Preiserhöhungen, unterschiedliche Wachstumsraten, asymmetrisch wirkende exogene Schocks und eine divergierende Entwicklung der Arbeitslosenquoten in den einzelnen Mitgliedstaaten. Eine Anpassung durch Mobilität und Wanderung der Arbeitskräfte im Gebiet der Währungsunion ist nicht zu erwarten.

Ob eine divergierende Entwicklung in den einzelnen Ländern **Transferzahlungen** notwendig machen wird, hängt von der Einhaltung des Haftungsausschlusses ab (Art. 104 b, Abs. 1 EUV: „Die Gemeinschaft haftet nicht für die Verbindlichkeiten ... von Mitgliedstaaten“). Bei Verschärfung der Divergenzen zwischen den Mitgliedstaaten, vor allem bei den Arbeitslosenquoten, sind aber solche Transferzahlungen von den stabilen zu den instabilen Ländern zu befürchten. In einem solchen Falle würden ebenfalls inflationäre Impulse ausgelöst.

Symmetrische Schocks (exogene Störungen, die etwa gleichmäßig alle Mitgliedstaaten treffen) können unterschiedliche Wirkungen auf diese ausüben. Gründe dafür können die Unterschiede des geldpolitischen Transmissionsmechanismus und unzureichend abgestimmte finanzpolitische Maßnahmen sein. **Asymmetrische Schocks** (wie z. B. die Ölkrise) wirken sich auf die einzelnen Mitgliedstaaten unterschiedlich aus. Sie könnten absorbiert werden durch eine höhere Flexibilität der internen Märkte, durch „automatische Stabilisatoren" und eine stabilisierende Finanzpolitik der einzelnen Mitgliedstaaten. Darüber hinaus würde auch eine stärkere Spezialisierung der Produktion in den Mitgliedstaaten zu einer Neutralisierung asymmetrischer Schocks führen.[275] Daher wird eine stärker koordinierte, stabilisierende Finanzpolitik eine maßgebliche Voraussetzung für den Erfolg der Währungsunion sein.

14.3.5 Erfolgsbedingungen der EWU

Der **Erfolg der Europäischen Währungsunion** wird davon abhängen, ob es ihr gelingt, eine **konvergente wirtschaftliche Entwicklung** mit einer sehr niedrigen Inflationsrate (IMF: „convergence of economic performance") herbeizuführen. Voraussetzung dafür ist die **Einhaltung der Stabilitätskriterien** entsprechend dem Geist und Inhalt des „Stabilitäts- und Wachstumspaktes" von Amsterdam. Einen wesentlichen Beitrag muß auch die EZB leisten, indem sie durch ihre Geldpolitik das **Vertrauen der internationalen Finanzmärkte** in ihre Stabilitätspolitik und in ihre Währung, nämlich einen „harten" Euro, begründet.

Wenn das gelingt, werden sich bald erhebliche **Wohlstandseffekte** einstellen. Durch die Verwendung des Euro werden **Transaktionskosten** in geschätzter Höhe von 0,5% des BIP der EU durch den Fortfall der Währungsumrechnung, des Währungsrisikos und der Kurssicherungskosten und eines erheblichen Teils der Bankgebühren eingespart. Zu diesem Zweck wurde bereits durch das EWI innerhalb der EU ein effizientes elektronisches Zahlungssystem **„Trans-European Real Time Gross Settlement System (TARGET)"** eingeführt.

Die **Zinsen** werden sich unmittelbar nach Errichtung der Währungsunion zwischen den Mitgliedstaaten im gesamten Währungsgebiet infolge der einheitlichen, gemeinsamen Geldpolitik der EZB und des Wettbewerbs der Banken angleichen und tendenziell sinken. Eine höhere **Transparenz der Preise** wird den Wettbewerb funktionsfähiger und den Gemeinsamen Binnenmarkt effizienter machen. Eine hohe Stabilität des Preisniveaus, eine Begünstigung der Investitionen und Beschäftigung und eine hohe Stabilität des Euro sind dann zu erwarten. Allerdings wird zunächst die **Arbeitslosigkeit** durch die höhere Wettbewerbsintensität, den Rationalisierungs- und strukturellen Anpassungsdruck wahrscheinlich zunehmen.

Es ist auch zu erwarten, daß der **Euro** nach dem US-Dollar zur **zweitwichtigsten Währung** der Welt werden wird und diesen vielleicht nach einer gewissen Zeit überholt. Während der Anteil der EU an den Weltexporten 14,7% leicht unter dem der USA mit 15,2% liegt, besitzen die internationalen Transaktionen in den Währungen der EU-Staaten einen Anteil von 35,5%, die der USA 41,5%. Internationale Währungsreserven werden zu 25,8% in EU-Währungen und zu

56,4% in US-$ gehalten.[276] Dies wird sich voraussichtlich nach Errichtung der Europäischen Währungsunion zugunsten des Euro ändern.

Die Eliminierung der Transaktionskosten in der EU und die erwartete größere Wechselkursstabilität des Euro gegenüber den Währungen außerhalb des US-Dollar-Raumes wird den Euro insbesondere für die osteuropäischen und asiatischen Staaten, aber auch für die Entwicklungsländer als internationale **Reservewährung** interessant machen. Als **Transaktionswährung** für den Güter- und Dienstleistungs-Außenhandel und für Finanztransaktionen (insbesondere als internationale Anleihe-Währung) wird der Euro zunehmend den US-Dollar substituieren. Schließlich werden Euros voraussichtlich auch immer mehr den US-Dollar als **Interventionswährung** für Interventionen der Zentralbanken an den Devisenmärkten ablösen. Dadurch wird der Euro in der Zukunft eine immer größere internationale Bedeutung erlangen.

Anhang: Finanzinnovationen

Geldmarkt

CP: Commercial Paper

Art: unbesicherte und auf dem Geldmarkt handelbare, kurzfristig laufende Inhaberschuldverschreibung.
Emittent: erstklassige Unternehmen oder Unternehmen geringerer Bonität mit Garantien anderer erstklassiger Unternehmen (meist Holdings oder Transnationale Unternehmen). Die Banken fungieren bei der Plazierung im Markt und beim Handel mit den Papieren nur als Makler.
Stückelung: min. 25000 US-$, meist 100000 US-$, auch min. 10000 Pfund Sterling.
Laufzeit: 7 Tage bis zu 365 Tagen.
Zins: Festzins, meist unterhalb der U.S. prime rate.
Markt: Euro-Märkte, U.S.A., Australien, Finnland, Frankreich, Großbritannien, Italien, Japan, Niederlande, Schweden, Schweiz; meistens in US-$, A-$, Yen und ECU.

CD: Certificate of Deposit (negociable)

Art: handelbares Einlagenzertifikat einer Bank.
Emittent: Banken.
Stückelung: min. 25000 US-$, meistens 1 Mill. US-$.
Laufzeit: 30 Tage bis 5 Jahre, meistens bis zu 1 Jahr.
Zins: Festzins, meistens liegen Euro-Dollar-CD mit einer Laufzeit von 3 Monaten leicht unter dem Zins von 3-Monats-US-Treasury Bills.
Markt: Euro-Märkte, B.R. Deutschland (seit 1.5.1985 mindestreservepflichtig gem. § 16 DBbkG bei Laufzeiten bis zu unter 2 Jahren), in allen bedeutenden Währungen.

NIF: Note Issuance Facility

Art: Absicherungsfazilität einer Bankengruppe (tender panel) unter Führung einer Bank (lead manager) gegenüber einem Unternehmen, einem Staat oder einer anderen Bank für deren Plazierung revolvierend emittierter kurzfristiger Notes (unbesicherter, handelbarer, nicht börsennotierter, kurzfristiger Inhaberschuldverschreibungen) im Geldmarkt im Rahmen einer langfristigen Kreditvereinbahrung. Die beteiligten Banken (underwriters) verpflichten sich, die Notes im Geldmarkt zu plazieren und die nicht absetzbaren Notes selbst zu übernehmen oder einen entsprechenden Stand-by Kredit bis zu einer vereinbarten Kreditlinie (back stop oder back-up Linie) zu gewähren.
Emittent der Notes: Erstklassige Unternehmen, Staaten, Banken.
Stückelung der Notes: min. 10000 US-$, meistens 500000 US-$ oder höhere Beträge. Der Betrag jeder einzelnen revolvierenden Emission, Laufzeit und Stückelung werden während des Zeitraums der langfristigen Vereinbarungen variiert.
Laufzeit: Die Rahmenkreditlinie (back up) der Banken als Eventualverbindlichkeit für die Plazierung der Notes wird meistens für einen Zeitraum von 5 bis 10

Jahren gegeben. Die revolvierend emittierten kurzfristigen Notes (zur flexiblen Finanzierung eines langfristigen Kreditbedarfs des Emittenten) haben eine Laufzeit von 1 bis 6 Monaten.
Zins: Festzins oder variabler Zins, leicht über oder unter LIBOR.
Markt: Euro-Märkte, meistens in US-$, in geringem Umfang auch in ECU.

RUF: Revolving Underwriting Facility

Anders als bei NIF wird die langfristige Absicherungsfazilität aufgeteilt in eine Plazierung der Notes im Geldmarkt durch nur eine Bank (sole placing agent) und die Übernahmegarantie nicht absetzbarer Notes durch ein Bankenkonsortium (tender panel) als „underwriters". Alle übrigen Konditionen wie bei NIF.

REIF: Revolving Euronote Facility

Die Inanspruchnahme der Rahmenkreditlinie (back up) kann durch revolvierende Emissionen von Euronotes wahlweise in mehreren vereinbarten Währungen oder als Bankkredit erfolgen. Alle übrigen Konditionen wie bei RUF.

TRUF: Transferable Revolving Underwriting Facility

Im Rahmen der Absicherungsfazilität wird vereinbart, daß die als „underwriters" fungierenden Banken alle ihre Rechte und Pflichten aus der Vereinbarung auf eine andere Bank übertragen dürfen. Alle übrigen Konditionen wie bei RUF.

BA: Bankers' Acceptances

Art: handelbare Finanzwechsel mit Bankakzept.
Emittent: erstklassige Unternehmen.
Stückelung: min. 100000 US-$, meistens 500000 US-$.
Laufzeit: 3 bis 6 Monate, meistens 3 Monate.
Zins: Festzins, leicht über dem Zinssatz für Commercial Papers. Markt: U.S.A. und Euro-Märkte, meistens in US-$ und Pfund Sterling.

Credit Cards

Kreditkarten werden von besonderen Kreditkarten-Unternehmen, Banken und Unternehmen des Konsumgütersektors (z.B. Warenhausketten, Autovermietungen, Fluggesellschaften, Mineralölgesellschaften, Telefongesellschaften) an kreditwürdige Privatpersonen und Unternehmen vergeben. Die mit der Kreditkarte getätigten Umsätze werden üblicherweise am Monatsende verrechnet. Der Entgelt dieser Finanzdienstleistung erfolgt durch eine Jahresgebühr der Kunden und durch Rabatte der Mitgliedsfirmen. Das Zahlungsvolumen über Kreditkarten als Geldsurrogat stellt einen in den Geldmengenaggregaten statistisch nicht meßbaren sekundären Geldkreislauf dar.

Kapitalmarkt

ECU-Bonds

Art: Auf ECU lautende Anleihen.
Emittent: EG-Institutionen, internationale Organisationen, Unternehmen, Banken, Versicherungen.
Stückelung: min. 1000 ECU.
Laufzeit: 5 bis 15 Jahre, meistens 5 bis 7 Jahre.
Zins: meistens Festzins, dessen Höhe etwa dem gewogenen durchschnittlichen Kapitalmarktzins der am EWS beteiligten zur Zeit 10 EG-Länder entspricht. Die Gewichte der einzelnen Währungen sind identisch mit denen im Währungskorb der ECU. Da das britische Pfund Sterling nicht am Wechselkursmechanismus des EWS teilnimmt, liegt die Verzinsung der ECU-Bonds i.a. unter derjenigen der auf Pfund Sterling lautenden Bonds gleicher Laufzeit.

Zero Bonds

Art: Null-Kupon-Anleihen werden abgezinst über ihre Laufzeit mit einem Disagio unter pari emittiert und bei Fälligkeit mit ihrem Nominalwert (face value) zurückgezahlt.
Emittent: Erstklassige Unternehmen und Banken.
Stückelung: min. 1000 Einheiten bedeutender Währungen.
Laufzeit: 5 bis 15 Jahre, meistens 7 Jahre.
Zins: Kapitalmarktzins im Disagio.
Markt: Euro-Märkte, U.S.A., EG-Länder.

Floating Rate Notes

Art: Anleihen mit variablem Zinssatz, der alle 3 bis 6 Monate angepaßt wird.
Emittent: Unternehmen, Staaten, Banken
Stückelung: min. 1000 Einheiten bedeutender Währungen.
Laufzeit: 5 bis 15 Jahre, meistens 5 bis 7 Jahre.
Zins: variabler Zins, Aufschlag (spread) über LIBOR.
Markt: Euro-Märkte, U.S.A., EG-Länder.

Varianten:

Drop-Lock Floating Rate Notes: Bei variablem Zinssatz wird ein bestimmter Mindestzinssatz garantiert.

Convertible Floating Rate Notes: Dem Käufer der Anleihe mit variablem Zinssatz wird die Option eingeräumt, diese gegen eine andere Anleihe mit (niedrigerem) festen Zinssatz umzutauschen.

Minimax Floater: Die Anleihe mit variablem Zinssatz ist mit einem garantierten Höchst- und Mindestzins (Caps und Floor) ausgestattet.

Mismatch Floater: Der variable Zinssatz wird monatlich an LIBOR für 6-Monats-US-$ angepaßt.

Perpetual Floater: Ewige variabel verzinsliche Anleihe ohne Rückzahlungsdatum. Dem Käufer wird manchmal eine Flip-flop Option eingeräumt, die den Umtausch in eine andere Anleihe mit begrenzter Laufzeit mit einem niedrigeren variablen Zins ermöglicht. Die Bedeutung dieser Anleiheform ist jedoch sehr gering geblieben.

Dual Currency Bonds

Art: Doppelwährungsanleihen, die in einer bestimmten Währung emittiert und bei Fälligkeit in einer bestimmten anderen Währung zurückgezahlt werden. Die während der Laufzeit erwarteten Währungsrisiken durch mögliche Wechselkursänderungen werden im Emissionskurs berücksichtigt.
Emittent: Unternehmen, Banken.
Stückelung: min. 25000 US-$ und 10000 DM.
Laufzeit: 5 bis 15 Jahre, meistens 5 bis 7 Jahre.
Zins: Durchschnitt der Kapitalmarktzinsen des Landes der Emissionswährung und des Landes der Rückzahlungswährung.
Markt: Euro-Märkte, U.S.A., Schweiz.

Bond Warrants

Handelbare zinslose Optionsscheine, die zum Bezug einer bestimmten Anleihe in einer bestimmten Währung, zu bestimmten Konditionen und innerhalb einer bestimmten Laufzeit **oder** zum Bezug einer zweiten Anleihe desselben Emittenten mit anderen Konditionen und Laufzeiten, ggf. auch in einer anderen Währung, berechtigen. Sie verfallen am Ende der Optionsfrist und werden zusammen mit der Anleihe oder getrennt emittiert. Die Option kann auch für die Rückzahlung der Anleihe in einer anderen Währung zu einem festgelegten Wechselkurs gelten.
Emittent: Unternehmen, Banken.
Stückelung: min. 1000 US-$.
Laufzeit: Die Optionsfrist beträgt meistens 2 Wochen bis zu 2 Jahren.
Zins: Kapitalmarktzins, häufig leicht unter dem Kapitalmarktzins des Landes der Emissionswährung.
Markt: Euro-Märkte, U.S.A., EG-Länder, in allen bedeutenden Währungen.

Junk Bonds

Festverzinsliche Anleihen von Emittenten geringerer Bonität, die in den U.S.A. häufig zur Finanzierung von Aktienkäufen in Übernahmekämpfen zum Erwerb der Aktienmehrheit größerer Unternehmen emittiert werden. Das höhere Risiko des Anleihe-Käufers wird durch einen höheren Zins kompensiert.

Debt-Equity Swaps

Internationale Banken verkaufen ihre (meistens auf US-$ lautenden) notleidend gewordenen, an Entwicklungs- und Schwellenländer vergebenen Kredite an Unternehmen, die in dem jeweiligen Land Direktinvestitionen durchführen wollen, mit einem Abschlag (von 10% bis zu 90%) vom Kreditbetrag. Das investierende Unternehmen verkauft dann die von der Bank erworbene Dollar-Forderung meist mit einem weiteren Abschlag an die Zentralbank des Entwicklungslandes und erhält dafür Zahlung in Landeswährung, die es mit Genehmigung der Regierung in diesem Lande zur Finanzierung der geplanten Direktinvestition verwendet. Eine solche Transaktion ist allerdings für das investierende Unternehmen nur dann ökonomisch sinnvoll, wenn dadurch eine Ersparnis gegenüber dem direkten Transfer der Investitionssumme in das Entwicklungsland erzielt wird und die benötigten Investitionsgüter in diesem Lande beschafft werden können. Bisher wurden solche Swaps vor allem mit Argentinien, Brasilien, Chile, Mexiko, Philippinen und Venezuela durchgeführt.

Index Bonds

Index-Anleihen koppeln den Nominalwert der Rückzahlung und die Zinszahlungen an einen Index. Wird der Lebenshaltungskosten- oder Konsumgüterpreisindex verwendet, soll der Anleger vor Inflation geschützt werden. Wird ein anderer Index (z.B. Aktien-Index, Goldpreisindex, Rohstoffpreisindex) benutzt, so enthält die Anleihe spekulative Elemente, wobei der Zins meistens unter dem Marktzins liegt.

Futures

Futures sind Finanzterminkontrakte, die zum Kauf oder Verkauf einer standardisierten Art und Menge von Finanztiteln an einem fest vereinbarten künftigen Termin und Preis verpflichten und an einer offiziellen Terminbörse geschlossen bzw. gehandelt werden.

Interest Rate Futures

Das Zinstermingeschäft dient der Absicherung künftiger Zinsrisiken, die sich aus einer Veränderung des Zinsniveaus und der daraus resultierenden Veränderung des Börsenkurses dieser Finanztitel ergeben können. Eine Abrechnungsstelle (clearing house) garantiert als Selbstkontrahent die Ausführung und Abrechnung jedes Geschäftes.

Coupon Swap

Für einen bestimmten Kapitalbetrag und eine bestimmte Laufzeit werden die Festzinsen der Finanzanlage eines Partners mit den variablen Zinsen der Finanzanlage des anderen Partners unterschiedlicher Bonität getauscht (geswapt). Z.B. begibt eine Bank eine Festzinsanleihe und ein Industrieunternehmen als Swap-Partner geringerer Bonität eine Floating Rate Note über den gleichen Kapitalbetrag und die gleiche Laufzeit. Über die Laufzeit des Swaps verpflichtet sich die Bank, die Zinszahlung zum variablen Zinssatz für die Floating Rate Note des Industrieunternehmens und im Gegenzuge das Industrieunternehmen, die Zinszahlung zu festem Zinssatz der Bankanleihe zu übernehmen. Hierbei findet während der Laufzeit des Swaps keine Kapitalbewegung, sondern nur ein Ausgleich der Zinsdifferenzen zu den vereinbarten Terminen statt.

Cross Currency Swap

Zwei Unternehmen (oder Banken) in zwei Ländern haben einen gleich hohen Finanzierungsbedarf in der jeweils anderen Währung über die gleiche Laufzeit, wobei jedes Unternehmen einen Zinsvorteil gegenüber dem ausländischen Unternehmen bei der Kreditaufnahme in seiner Währung besitzt. Beide Partner tauschen dann die benötigten Währungsbeträge einschl. anfallender Zinsen über einen vereinbarten Zeitraum und gleichen zu vereinbarten Terminen die Zinsdifferenzen aus. Die in diesem Geschäft üblichen Beträge lauten auf min. 10 Mill. US-$ oder 20 Mill. DM. Die Laufzeiten erstrecken sich auf 3 bis 10 Jahre.

Cross Curency Interest Rate Swap

Der Währungs- und Zinsswap ist eine Kombination der beiden vorgenannten Swap-Arten.

Options

In einer Option wird zwischen zwei Partnern die Möglichkeit vereinbart, gegen Zahlung einer vereinbarten Prämie zu einem bestimmten künftigen Zeitpunkt bestimmte Finanztitel, Währungsbeträge, Edelmetalle oder Waren zu kaufen oder zu verkaufen. Am meisten verbreitet sind Effekten- und Währungsoptionen. In einer Kaufoption (Call) kann der Käufer innerhalb einer vereinbarten Optionsfrist gegen Zahlung eines vereinbarten Optionspreises jederzeit zu einem vorher vereinbarten Kurs vom Verkäufer die Auslieferung einer bestimmten Stückzahl Effekten bzw. bestimmter Fremdwährungsbeträge verlangen oder auf die Ausübung dieser Optionen verzichten, wenn sie ihm nicht lohnend erscheint. In einer Verkaufsoption (Put) ist es umgekehrt. Zu unterscheiden ist zwischen „American Style Options", die jederzeit und „European Style Options", die nur an einem bestimmten Tag ausgeübt werden dürfen.

Nur in den U.S.A. übliche Finanzinnovationen

MMA: Money Market Accounts

Mit Scheck verfügbare Bankeinlagen auf Konten, deren Gegenwert in hochliquiden Geldmarkttiteln in Geldmarktfonds angelegt werden, sind sowohl von den „Investment Banks" als auch von den „Commercial Banks" Ende der 70er Jahre entwickelt worden. Die Einlagen werden in Anlehnung an die Geldmarkt-Zinssätze variabel verzinst und i.a. monatlich gutgeschrieben. Entsprechend gesetzlicher Vorschrift muß ein Mindestbetrag von 2500 $ auf dem Konto gehalten, und es dürfen nicht mehr als 3 Schecks pro Monat ausgestellt werden.

NOW: Negotiable Order of Withdrawal

Mit Scheck verfügbare Einlagen auf Bankkonten mit festem Sparzins, die 1980 im gesamten Bundesgebiet legalisiert wurden. Eine zunächst noch vorgeschriebene Mindesteinlage von 2500 $ auf dem Konto und Höchstzinsen wurden 1986 aufgehoben.

ATS: Automatic Transfer Services

Eine automatische Übertragung von Beträgen für Zahlungen (Scheckeinlösungen) vom Sparkonto auf das Girokonto eines Kunden auf der Grundlage einer entsprechenden Vereinbarung mit der Bank wurde ab November 1978 zugelassen.

RP: Repurchase Agreement

In diesem privaten Wertpapierpensionsgeschäft verschafft sich ein Unternehmen (oder eine Bank) dadurch einen kurzfristigen Kredit, daß es eigene Finanztitel an ein anderes Unternehmen (oder eine Bank) zu einem bestimmten Kurswert verkauft und nach einem vereinbarten Zeitraum zum selben Kurswert mit einem geringen Risikoabschlag (von ca. 0,5%) zurückkauft. Die Zinsen während dieses Zeitraums erhält der temporäre Käufer der Finanztitel. Üblicherweise wird aber vereinbart, daß für den Zeitraum zwischen Verkauf und Rückkauf der Finanztitel deren Verkäufer weiterhin die Zinsen der Finanztitel erhält und dem Käufer einen höheren Zinssatz als den der Finanztitel vergütet.

Besondere Arten des CD

MMCD: Das Money Market CD verbrieft eine Bankeinlage, deren Gegenwert von der Bank in Geldmarktpapieren angelegt ist. Es wird variabel verzinst oder sein Festzinssatz in kurzen Abständen den Geldmarkt-Zinssätzen angepaßt.
Zero Coupon CD: Das Null-Kupon-CD verbrieft eine Bankeinlage, die über die vereinbarte Laufzeit abgezinst mit einem entsprechenden Disagio ausgegeben und am Verfalltag zu pari zurückbezahlt wird.
Variable Rate CD: CD mit variablem Zinssatz.

Literaturverzeichnis

1 B. Laum: Heiliges Geld. Eine historische Untersuchung über den sakralen Ursprung des Geldes, Tübingen 1924

2 W. Gerloff: Geld und Gesellschaft, Frankfurt/M. 1952

3 G. Schmölders: Geldpolitik, 2. Aufl., Tübingen – Zürich 1968

4 H. S. Frankel: Geld. Die Philosophie und die Psychologie des Geldes, Wiesbaden 1979

5 E. Samhaber: Das Geld. Eine Kulturgeschichte, Bayreuth 1976

6 G. Young: The Essence of Life. Salt. National Geographic, Vol. 152, No. 3, September 1977 (Washington, D. C.)

7 J. Conrad: Grundriß zum Studium der politischen Ökonomie, 1. Teil: Nationalökonomie, 7. Aufl., Jena 1910

8 A. Zottmann: Allgemeine Volkswirtschaftslehre IV, Geld und Kredit, Stuttgart 1972

9 L. Köllner: Chronik der deutschen Währungspolitik 1871 – 1971, Frankfurt/M. 1972

10 O. Veit: Reale Theorie des Geldes, Tübingen 1966

11 G. F. Knapp: Staatliche Theorie des Geldes, Leipzig 1905

12 G. Schmölders: Geldtheorie, in: Enzyklopädisches Lexikon für das Geld-, Bank- und Börsenwesen, Band 1, 3. Aufl. Frankfurt/M. 1967

13 A. Forstmann: Geld und Kredit, I. Teil, Göttingen 1952

14 O. Issing: Einführung in die Geldtheorie, 4. Aufl., München 1981

15 Deutsche Bundesbank: Geschäftsbericht für das Jahr 1978

16 Deutsche Bundesbank: Geschäftsbericht für das Jahr 1975

17 Banque de France: Bulletin Trimestriel, No. 30, Mars 1979

18 Handelsblatt vom 11.2.1980 und
Commerzbank: Bericht der Abt. Volkswirtschaft vom 4.8.1980: USA, Geldpolitik auf neuer Basis, Anlage: US-Geldmengenkonzepte, vom 1.8.1980

19 Deutsche Bundesbank: Geschäftsbericht für das Jahr 1977

20 Sachverständigenrat: Jahresgutachten 1979/80

21 Berechnet aus den Monatsberichten der Deutschen Bundesbank vom November 1977, Juli 1979 und Januar 1980, jeweils S. 4^+, 6^+ und 64^+

22 Zentralbankmenge und freie Liquiditätsreserven der Banken. Erläuterungen zur Liquiditätsrechnung des Bundesbank. Monatsberichte der Deutschen Bundesbank, Juli 1974

23 C. Köhler: Geldwirtschaft, 1. Band: Geldversorgung und Kreditpolitik, 2. Aufl., Berlin 1977

24 Sachverständigenrat: Jahresgutachten 1975/76

25 Monatsberichte der Deutschen Bundesbank, April 1973

26 C. Köhler: Probleme der Zentralbankgeldmengensteuerung, in: Probleme der Geldmengensteuerung, hrsg. von W. Ehrlicher und A. Oberhauser, Schriften des Vereins für Socialpolitik, N. F. Band 99, Berlin 1978

27 R. Waterkamp: Interventionsstaat und Planung. Raumordnung, Regional- und Strukturpolitik. Köln 1973

28 D. Robert: Makroökonomische Konzeptionen im Meinungsstreit, Baden-Baden 1978

29 M. Willms: Die Steuerung der Geldmenge in der Bundesrepublik Deutschland, in: Probleme der Geldmengensteuerung, hrsg. von W. Ehrlicher und A. Oberhauser, Schriften des Vereins für Socialpolitik, N. F. Band 99, Berlin 1978

30 A. Woll, G. Vogl: Geldpolitik, Stuttgart 1976

31 E. Streissler, G. Tichy: Die Transmission monetärer Impulse über den Kreditmarkt, in: Probleme der Geldmengensteuerung, hrsg. von W. Ehrlicher und A. Oberhauser, Schriften des Vereins für Socialpolitik, N. F. Band 99, Berlin 1978

32 Sachverständigenrat: Jahresgutachten 1978/79

33 A. Forstmann: Volkswirtschaftliche Theorie des Geldes, 2. Band, Monetäre Ökonomie, Berlin 1955

34 J. Schumpeter: Theorie der wirtschaftlichen Entwicklung, Berlin 1911, 6. Aufl. 1964

35 International Monetary Fund: Annual Report 1979, Washington, D. C. 1979

36 G. Schmölders: Goldwährung, in: Enzyklopädisches Lexikon für das Geld-, Bank- und Börsenwesen, 3. Aufl., Band I, Frankfurt/M. 1967

37 S. Wolff: Gold, in: Enzyklopädisches Lexikon für das Geld-, Bank- und Börsenwesen, 3. Aufl., Band I. Frankfurt 1967

38 E. Salin: Politische Ökonomie. Geschichte der wirtschaftspolitischen Ideen von Platon bis zur Gegenwart, Tübingen – Zürich 1967

39 E. Dürr, G. Neuhauser: Währungspolitik. Konjunktur- und Beschäftigungspolitik, Stuttgart 1975

40 A. Predöhl: Das Ende der Weltwirtschaftskrise, Reinbek 1962

41 Deutsche Bundesbank: Geschäftsbericht für das Jahr 1973

42 F. E. Aschinger: Das Währungssystem des Westens, 2. Aufl., Frankfurt/M. 1973

43 P. Schaal: Das Weltwährungssystem – Ursachen und Folgen seiner Krise sowie Reformpläne, in: Der Betriebswirt, Nr. 6/1974 (Teil I) und Nr. 1/1975 (Teil II)

44 J. Gold: The Fund's Concepts of Convertibility, International Monetary Fund, Washington, D. C. 1971

45 F. Machlup: Internationale Liquidität, in: Zur Neuordnung des internationalen Währungssystems, Beihefte zur Konjunkturpolitik, H. 20, Berlin 1973

46 Deutsche Bundesbank: Internationale Organisationen und Abkommen im Bereich von Währung und Wirtschaft, Frankfurt/M. 1978

47 H. Krägenau: Die Reform des Internationalen Währungssystems. Einführung und Dokumentation, Hamburg 1974

48 J. Rueff: La Réforme du Système Monétaire International, o. O. 1973

49 Deutsche Bundesbank: Geschäftsbericht für das Jahr 1979

50 Deutsche Bundesbank: Geschäftsbericht für das Jahr 1974

51 Reform of the International Monetary System. A Report by the Executive Directors of the Board of Governors. International Monetary Fund. Washington, D. C. 1972

52 H. G. Johnson: The optimal Solution for the Adjustment Problem, in: Beihefte der Konjunkturpolitik, H. 20, Zur Neuordnung des internationalen Währungssystems, Berlin 1973

53 P. Schaal: Stabilität und Konjunktur. Theoretische Grundlagen der Stabilitätspolitik, Stuttgart 1977

54 M. Teschner: Die Rolle der Sonderziehungsrechte in einem reformierten Weltwäh-

rungssystem, in: Beihefte der Konjunkturpolitik, H. 20, Zur Neuordnung des internationalen Währungssystems, Berlin 1973

55 Zu den Offshore-Plätzen gehören: Bahamas, Barbados, Bermuda, Hongkong, Kaimaninseln, Libanon, Liberia, Neue Hebriden, Niederländische Antillen, Panama, Singapur, Angaben gem.: Bank für Internationalen Zahlungsausgleich, 50. Jahresbericht 1979/80 (Basel), S. 135

56 W. Jahn: Euromarkt – Segen oder Gefahr. Kontrollen würden nur am Symptom kurieren. Die Krankheit selbst sitzt tiefer. Handelsblatt vom 26.3.1979, S. 13

57 M. v. Brentano: The Outlook for the Eurobond Market. Financial Times Conference, London, February 23 and 24, 1977, Veröffentlichung der Deutschen Bank AG (o. J.)

58 Bank für Internationalen Zahlungsausgleich, 50. Jahresbericht 1979/80, Basel 1980

59 N. Walter: Europäische Währungsintegration, in: Beihefte der Konjunkturpolitik, H. 20, Zur Neuordnung des internationalen Währungssystems, Berlin 1973

60 H. Willgerodt, A. Domsch, R. Hasse, V. Merx: Wege und Irrwege zur europäischen Währungsunion, Freiburg/Br. 1972

61 R. A. Mundell: A Theory of Optimum Currency Areas, in: M. B. Krauss (ed.): The Economics of Integration, London 1973

62 A. Lamfalussy: Monetary and Fiscal Integration, in: F. Machlup (ed.): Economic Integration. Worldwide, Regional, Sectoral. London 1976

63 H. G. Grubel: The Theory of Optimum Regional Associations, in: H. G. Johnson, A. K. Swoboda (ed.): The Economics of Common Currencies, London 1973

64 B. Balassa: The Theory of Economic Integration, London 1962

65 M. v. Neumann Whitman: Opening Statement for Group Discussion, in: F. Machlup (ed.): Economic Integration, London 1976

66 Le Système Monétaire Européen, in: Banque de France, Bulletin Trimestriel, No. 30, Mars 1979

67 Das Europäische Währungssystem, in: Monatsberichte der Deutschen Bundesbank, März 1979

68 Europäisches Währungssystem. B. Geplante Maßnahmen zur Stärkung der Wirtschaft der weniger wohlhabenden Mitgliedstaaten des Europäischen Währungssystems, in: Bulletin der EG 12/1978

69 Europäisches Parlament: Sitzungsdokumente 1980–81, Bericht im Namen des Ausschusses für Wirtschaft und Währung über das Europäische Währungssystem. Dok. 1-63/80 vom 11.4.1980

70 G. Basevi, P. Salin, H. E. Scharrer, N. Thygesen: Optica Report 1976, Inflation and Exchange Rates: Evidence and Policy Guidelines for the European Community. Commission of the European Communities, Brussels 10.2.1977

71 C. Köhler: Probleme der Zentralbankgeldmengensteuerung, in: Probleme der Geldmengensteuerung, Schriften des Vereins für Socialpolitik, N. F. Band 99, Berlin 1978

72 J. H. David: Un modéle de l'économie française inspiré des théses monétaristes, in: Banque de France, Bulletin Trimestriel, Novembre 1972

73 A. Woll: Allgemeine Volkswirtschaftslehre, 6. Aufl., München 1978

74 K. Brunner: Die Rolle des Geldes und der Geldpolitik, in: Geldtheorie, hrsg. von K. Brunner, H. G. Monissen, M. J. M. Neumann, Köln 1974

75 D. Duwendag: Geldtheoretische Konzeptionen zwischen Keynes und Friedman, in: Sta-

bilisierungspolitik in der Marktwirtschaft, hrsg. von H. K. Schneider, W. Wittmann, H. Würgler, Schriften des Vereins für Sozialpolitik, N. F. Band 85/II, Berlin 1975

76 V. Weiß: Kapitalmarkt, Bankenliquidität und Geldmenge, Frankfurt/M. 1976

77 G. H. Milbradt: Ziele und Strategien des debt management, Baden-Baden 1975

78 P. Signorell: Die Wechselwirkungen zwischen der Geldpolitik und der öffentlichen Verschuldung seit Einführung flexibler Wechselkurse, Zürich 1979

79 F. A. Lutz: Die Liquidität des Bankensystems und die Zinssätze, in: Weltwirtschaftliches Archiv, Band 87 (1961), wiederabgedruckt in: E. Dürr (Hrsg.): Geld- und Bankpolitik, Köln – Berlin, 2. Aufl., 1971

80 Enzyklopädisches Lexikon für das Geld-, Bank- und Börsenwesen, hrsg. von B. Benning u. a., Band I, 3. Aufl., Frankfurt/M. 1967

81 E. Schneider: Einführung in die Wirtschaftstheorie, III. Teil: Geld, Kredit, Volkseinkommen und Beschäftigung, Tübingen 1969

82 G. Stegner: Geld, in: Grundriß der Volkswirtschaftslehre, Band 1, hrsg. von H. Frisch, U. Müller, R. Olten, G. Stegner, Baden-Baden und Bad Homburg v. d. H. 1972

83 J. Ahrensdorf, F. Kanesathan: Variations of the Money Multiplier and Their Implications for Central Banking, in: International Monetary Fund, Staff Papers, Vol. VIII (1960), wiederabgedruckt in: E. Dürr (Hrsg.): Geld- und Bankpolitik, 2. Aufl., Köln – Berlin 1971

84 J. Tobin: Geschäftsbanken als „Geld"-Schöpfer, in: K. Brunner, H. G. Monissen, M. J. M. Neumann (Hrsg.): Geldtheorie, Köln 1974

85 Sachverständigenrat: Jahresgutachten 1971/72

86 Sachverständigenrat: Jahresgutachten 1973/74

87 J. M. Keynes: The General Theory of Employment, Interest and Money, London (1936) 1960

88 H. J. Thieme: Inflation in westlichen Marktwirtschaften und östlichen Planwirtschaften, in: List-Forum, Band 9 (1977/78), H. 6

89 M. Friedman: Die optimale Geldmenge und andere Essays, München 1970

90 M. Friedman: Geldangebot, Preis- und Produktionsänderungen, in: E. Dürr (Hrsg.): Geld- und Bankpolitik, 2. Aufl., Köln – Berlin 1971

91 J. Siebke, M. Willms: Das Geldangebot in der Bundesrepublik Deutschland, Zeitschrift für die gesamte Staatswissenschaft, Band 126 (1970), S. 55 – 74

92 E. Foster: Costs and Benefits of Inflation, in: Studies in Monetary Economics, Federal Reserve Bank of Minneapolis 1972, 2. Aufl. 1975

93 H. G. Johnson: Essays in Monetary Economics, London 1967

94 D. E. W. Laidler: Information, Geld und die makroökonomische Theorie der Inflation, Kieler Vorträge, N. F., Tübingen 1975

95 D. C. Rowan: Output, Inflation and Growth. An Introduction to Macro-Economics. London 1970

96 J. Tobin: Essays in Economics. Vol. 1: Macroeconomics. Amsterdam – Oxford 1971

97 H. J. Jarchow: Theorie und Politik des Geldes, I. Geldtheorie, Göttingen 1976

98 Report of the Committee on the Working of the Monetary System (Radcliffe Report), London 1959

99 G. Schmölders: The Liquidity Theory of Money, in: Kyklos, Vol. VIII (1960), S. 346 ff.

100 Bank für Internationalen Zahlungsausgleich: 24. Jahresbericht 1973/74, Basel 1974

101 Band für Internationalen Zahlungsausgleich, 47. Jahresbericht 1976/77, Basel 1977

102 Deutsche Bundesbank: Die Geldpolitik der Bundesbank, Frankfurt/Main Okt. 1995, S. 63

102a Deutsche Bundesbank: Geldnachfrage und Währungssubstitution in Europa, Monatsbericht Januar 1995, S. 33 ff.

102b The Federal Reserve Bank of St. Louis, Monetary Trends, October 1997, S. 1

103 H. Müller: Die Bedeutung der time-lags für die Wirksamkeit der Geld- und Kreditpolitik in der Bundesrepublik Deutschland, in: Weltwirtschaftliches Archiv, Band 100 (1968)

104 Carta orgánica del Banco Central de la Republica Argentina. Ley no. 20.539 vom 11.9.1973

105 H. Giersch: Allgemeine Wirtschaftspolitik. Grundlagen. Wiesbaden 1961

106 Código Comercial Brasileiro. Lei no. 4.595 vom 31.12.1964, in der Fassung von 1975, Art. 11 (I)

107 Les Nouveaux Status de la Banque de France, Loi no. 73-7 vom 3.1.1973, Art. 4, in: Banque de France, Bulletin Trimestriel, Février 1973

108 A. Glöggler: Die Liquiditätstheorie des Geldes, Freiburg/Br. 1972

109 G. Schmölders: Geldpolitik, 2. Aufl., Tübingen – Zürich 1968

110 Sachverständigenrat: Jahresgutachten 1980/81; im Jahre 1979 betrug der Staatsanteil einschließlich Sozialversicherung 48,96 %

111 M. Borchert: Die Zinsabhängigkeit der Geldnachfrage, Göttingen 1973

112 V. Bergen: Theoretische und empirische Untersuchungen zur längerfristigen Geldnachfrage in der Bundesrepublik Deutschland (1950 – 1967), Tübingen 1970

113 A. Coutière: Un modèle du système monétaire français, in: Ministère de l'Economie et des Finances, Statistiques et Etudes Financiéres 17/1975, Paris 1975

114 P. Fröchen, S. Roubine: La demande de monnaie, Quelques résultats économétriques. Banque de France, Bulletin Trimestriel, no. 31, Juin 1979

115 G. Schmölders: Zinstheorie, in: Enzyklopädisches Lexikon für das Geld-, Bank- und Börsenwesen, Band 2, 3. Aufl., Frankfurt/M. 1968

116 K. Marx: Das Kapital. Kritik der politischen Ökonomie, 2. Band, Buch II: Der Zirkulationsprozeß des Kapitals, Berlin 1970

117 Beschluß des Rates vom 21.4.1975 über die Definition und die Umrechnung der Europäischen Rechnungseinheit. Amtblatt der Europäischen Gemeinschaften, Nr. L 104/35 vom 24.4.1975

118 J. M. Culbertson: Macroeconomic Theory and Stabilization Policy, London 1971

119 Deutsche Bundesbank: Monatsberichte, November 1980, S. 16 f.

120 Bank für Internationalen Zahlungsausgleich, 50. Jahresbericht 1979/80, Basel 1980

121 C. Köhler: Geldwirtschaft, 2. Band: Zahlungsbilanz und Wechselkurs, Berlin 1979

122 Commerzbank: Außenhandelsblätter Nr. 6/1977, Der Euromarkt: Aufbau, Entwicklung und Zukunfts-Chancen

123 Commerzbank: Bericht der Abteilung Volkswirtschaft: Eurofinanzmärkte: Stärkeres Wachstum im 2. Halbjahr 1980, 13.8.1980

124 Handelsblatt vom 28.1.1981: Euro-Kapitalmarkt. Erste Anleihe in Gold, S. 25

[125] M. v. Brentano: The Outlook for the Eurobond Market, Financial Times Conference, London, 23./24.2.1977, Manuskript der Deutschen Bank AG

[126] International Monetary Fund: International Financial Statistics, May 1976 (Annual Data 1951 – 1975)

[127] J. Métais: Le marché des Euro-Dollars et des Euro-Obligations. Notes et études documentaires. La Documentation Française, Paris 27.10.1975

[128] J. Rueff: La réforme du Système Monétaire International. Paris 1973

[129] G. Hanselmann: Die Herausforderung des Petrodollar-Recycling. Schweizerische Bankgesellschaft: Schriften zu Wirtschafts-, Bank- und Währungsfragen, Nr. 72, Zürich 1980

[130] International Monetary Fund: International Financial Statistics, December 1980

[131] R. Dhom (Commerzbank): Recycling ist quantitativ leichter, aber qualitativ schwerer. Handelblatt vom 31.12.1980, S. 15

[132] M. Friedman: The Euro-Dollar Market: Some First Principles, Morgan Guaranty Survey, October 1969

[133] F. H. Kopstock: The Euro-Dollar Market: Some Unresolved Issues, Essays in International Finance, no. 65, Princeton University Press, March 1968

[134] J. Hewson, E. Sakakibara: The Euro-Dollar Deposit Multiplier: A Portfolio Approach, International Monetary Fund, Staff Papers, July 1974, S. 307 ff.

[135] W. Jahn (Commerzbank): Kontrollen würden nur am Symptom kurieren. Die Krankheit selbst sitzt tiefer. Handelblatt vom 26.3.1979, S. 13

[136] J. Fisher: Die Kaufkraft des Geldes, Berlin 1916

[137] M. Friedman: Geldangebot, Preis- und Produktionsänderungen, in: Geld- und Bankpolitik, hrsg. von E. Dürr, 2. Aufl., Köln – Berlin 1971

[138] G. Schmölders: Von der „Quantitätstheorie" zur „Liquiditätstheorie" des Geldes, in: Geld- und Bankpolitik, hrsg. von E. Dürr, 2. Aufl., Berlin – Köln 1971

[139] O. Veit: Volkswirtschaftliche Theorie der Liquidität, Frankfurt/M. 1948

[140] A. Aftalion: Die Einkommenstheorie des Geldes und ihre Bestätigung durch die gegenwärtigen Phänomene, in: Die Wirtschaftstheorie der Gegenwart, Wien 1932

[141] L. v. Mises: Theorie des Geldes und der Umlaufmittel, München 1932

[142] O. v. Zwiedineck-Südenhorst: Die Einkommengestaltung als Geldwertbestimmungsgrund, in: Schmollers Jahrbuch 1909

[143] A. H. Hansen: Monetary Theory and Fiscal Policy, New York 1949

[144] A. H. Hansen: Business Cycles and National Income, London 1968

[145] W. Ehrlicher: Geldtheorie, in: Handwörterbuch der Sozialwissenschaften, 4. Aufl., Stuttgart – Tübingen – Göttingen 1973

[146] P. S. Samuelson: Economics, 10th edition, New York 1976

[147] K. Brunner, M. Fratianni, J. L. Jordan, A. H. Meltzer, M. J. M. Neumann: Fiscal and Monetary Policies in Moderate Inflation. Case studies of Three Countries, in: Journal of Money, Credit and Banking, February 1973, Vol. V, No. 1, Part II, Ohio State University

[148] A. Woll (Hrsg.): Inflation. Definition, Ursachen, Wirkungen und Bekämpfungsmöglichkeiten, München 1979

[149] H. R. Heller: International Reserves and World-Wide Inflation, in: International Monetary Fund, Staff Papers, Vol. XXIII, No. 1, March 1976

150 E. M. Claassen: Weltinflation bei flexiblen Wechselkursen, in: E. M. Claassen (Hrsg.): Kompendium der Währungstheorie, München 1977

151 International Monetary Fund: Annual Report 1978, Washington, D. C. 1978

152 International Monetary Fund: International Financial Statistics, Washington, D. C. May 1978

153 Bank für Internationalen Zahlungsausgleich: 48. Jahresbericht 1977/78, Basel 1978

154 Commerzbank AG: Geschäftsbericht 1978

155 A. W. Phillips: The Relation between Unemployment and the Rate of Change of Money Wage Rates in the United Kingdom, 1862 – 1957, in: Economica, Vol. XXV, No. 100, November 1958

156 Deutsche Bundesbank: Geschäftsbericht für das Jahr 1977, Frankfurt/M. 1978

157 Th. Pütz: Kritische Bemerkungen zur These von der „nachfrageabhängigen" schleichenden Inflation, in: Studien zum Inflationsproblem, hrsg. von Th. Pütz, Schriften des Vereins für Socialpolitik, N. F. Band 80, Berlin 1975

158 Bundesministerium der Finanzen: Finanznachrichten 6/1976 vom 23.1.1976, S. 9

159 G. C. Means: Industrial Prices and their Relative Inflexibility, Senate Document No. 13, 74th Congress, First Session 1935

160 Sachverständigenrat: Jahresgutachten 1976/77

161 H. Bott: Der Anteil staatlich-administrierter Preise am Preisindex der Lebenshaltung, Göttingen 1976

162 Commerzbank AG, Zentrale Abteilung Volkswirtschaft und Information, Frankfurt/M., Dokumentation vom 14.11.1975

163 G. Ackley: Administered Prices and the Inflationary Process, in: The American Economic Review, Vol. XXVIX, May 1959

164 J. J. Jantur: Das Konzept der administrierten Preise – ein Beitrag zur Preis- und Inflationstheorie, Diss. Bochum 1972

165 H. Bartling: Wirtschaftliche Macht unter wettbewerbspolitischem Aspekt, Berlin 1971

166 H. Giersch: Aufgaben der Strukturpolitik, in: Hamburger Jahrbuch für Wirtschafts- und Gesellschaftspolitik, Hamburg 1964

167 P. M. Sweezy: Demand under Conditions of Oligopoly, in: Journal of Political Economy, Vol. LV, 1947

168 G. J. Stigler: The Kinky Oligopoly Demand Curve and Rigid Prices, in: The Journal of Political Economy, Vol. LV, 1947

169 F. U. Willeke: Marktmacht und Inflation, in: Studien zum Inflationsproblem, hrsg. von Th. Pütz, Schriften des Vereins für Socialpolitik, N. F. Band 80, Berlin 1975

170 Bericht des Bundeskartellamtes über seine Tätigkeit im Jahre 1974 sowie über die Lage und Entwicklung auf seinem Aufgabengebiet, Bundestagsdrucksache 7/3791

171 H. Schui: Inflation in der Krise, in: Wirtschaftswoche vom 18.3.1977

172 Th. Vajna: Konzentration und Preisentwicklung. Eine Untersuchung für die deutsche Industrie. Köln 1977

173 H. Besters: Stabilitätspolitik und Systemüberwindung, Sonderdruck des Vortrags, gehalten auf der 37. Arbeitstagung der Aktionsgemeinschaft Soziale Marktwirtschaft „25 Jahre voraus" am 25./26.6.1973 in Bonn-Bad Godesberg

174 K. Brunner: Alternative Erklärungen hartnäckiger Inflation und Anti-Inflationspolitik, in: Inflation, hrsg. von A. Woll, München 1979

[175] W. Zohlnhöfer: Eine politische Theorie der schleichenden Inflation, in: Stabilisierungspolitik in der Marktwirtschaft, hrsg. von H. K. Schneider, W. Wittmann, H. Würgler, Schriften des Vereins für Socialpolitik, N. F. Band 85/I, Berlin 1975

[176] R. Maury: La Societé d'Inflation, Paris 1953

[177] J. P. Daloz: Inflation et entropie du système économique, in: Economie Appliquée, Band 27 (1974)

[178] J. S. Friedman: Inflation – das weltweite Übel, München 1974

[179] Bulletin der Europäischen Gemeinschaften, Kommission, Heft 1 (1975), S. 11 ff.

[180] L. A. Dicks-Mireaux: The Interrelationship between Cost and Price Changes, 1946 – 1959, Oxford Exonomic Papers, Vol. 13, October 1961

[181] K. Young Chu, A. Feltenstein: Relative Price Distortions and Inflation: The Case of Argentina, 1963–76, in: International Monetary Fund, Staff Papers, September 1978

[182] Banque de France: Un modèle de l'économie francaise inspiré des theses monétaristes, in: Bulletin Trimestriel, No. 5, Novembre 1972, S. 23 ff.

[183] J. Boullé, R. Boyer, J. Mazier, G. Olive: Le modèle Star, in: Ministère de l'Economie et des Finances, Statistiques et Etudes Financières: Le modèle Star, No. 15 (1974)

[184] R. Boyer: Le modèle Star, in: Commissariat général du plan, Modèles Monétaires de l'Economie Française, Paris 1976

[185] E. Streissler: Inflationswirkungen, in: A. Woll (Hrsg.): Inflation, München 1979

[186] O. Issing: Einführung in die Geldtheorie, 4. Aufl., München 1981

[187] V. Galbis: Inflation and Interest Rate Policies in Latin America, 1967–76, International Monetary Fund, Staff Papers, Vol. 26, No. 2, June 1979

[188] Berücksichtigung der Geldentwertung bei der Besteuerung von Einkünften aus Kapitalvermögen. Gutachten der Deutschen Bundesbank vom 22.9.1977 für das Bundesverfassungsgericht. Monatsberichte, August 1979

[189] Ibero-Amerika-Verein e. V., Hamburg: Mitteilungen Nr. 1/1976 vom 12.4.1976, S. 4

[190] N. Kaldor: Economic Growth and the Problem of Inflation, in: Economica, N. S. Vol. XXVI (1959)

[191] G. Bombach: Preisstabilität, wirtschaftliches Wachstum und Einkommensverteilung, in: Schweizerische Zeitschrift für Volkswirtschaft und Statistik, 95. Jahrg. 1959

[192] International Monetary Fund: International Financial Statistics April 1976, Washington, D. C.

[193] Staff Report on Employment, Growth and Price Levels, prepared for Consideration by the Joint Economic Committee, Congress of the United States, Washington, D. C. 1959

[194] Deutsche Bundesbank: Geschäftsbericht für das Jahr 1974

[195] Bank für Internationalen Zahlungsausgleich: 49. Jahresbericht 1978/79, Basel 1979

[196] W. Kösters: Geldtheorie, in: Handwörterbuch der Volkswirtschaft, Wiesbaden 1978

[197] J. Siebke, M. Willms: Das Geldangebot in der Bundesrepublik Deutschland, Zeitschrift für die gesamte Staatswissenschaft, 1974, S. 55 ff.

[198] P. Schaal: Thesen zur Staatsverschuldung in der Bundesrepublik Deutschland, Betriebs-Berater, Heft 1 vom 10.1.1981

[199] R. A. Musgrave: The Theory of Public Finance, Tokio 1961

[200] U. Schirmer: Der Einfluß paramonetärer Institutionen auf die Vermögensbildung, das Kreditangebot und die Geldpolitik, Berlin 1971

201 Kapitalbildung und Anlagepolitik der gesetzlichen Rentenversicherung, in: Monatsberichte der Deutschen Bundesbank, Juli 1964, S. 3 ff.

202 W. Eucken: Grundsätze der Wirtschaftspolitik, 2. Aufl., Tübingen – Zürich 1955

203 R. Eschenburg: Die Legitimation von Ordnungen, in: W. Dettling (Hrsg.): Die Zähmung des Leviathan, Baden-Baden 1980

204 Banque de France: Bulletin Trimestriel, No. 37, Décembre 1980: La situation économique, monétaire et financière

205 H. Gafafer: Die selektive Kreditpolitik als Mittel der Konjunktur- und Wachstumspolitik. Zürich – St. Gallen 1967

206 J. Niehans: The Theory of Money. Baltimore 1978

207 R. A. Young: Instruments of Monetary Policy in the United States. The Role of the Federal Reserve System, in: International Monetary Fund, Washington, D. C. 1973

208 Exportquoten berechnet als 3-Jahres-Durchschnitt 1977–79 aus: International Monetary Fund: International Financial Statistics, March 1981

209 K. Schiltknecht (Schweizerische Nationalbank): Hat die Schweizerische Nationalbank Milton Friedman „ad acta" gelegt? Handelsblatt vom 26.3.1979

210 K. O. Faxen: Ein Makromodell zur Bestimmung der wirtschaftspolitischen Strategie unter Ungewißheit, in: Grundlagen der Wirtschaftspolitik, hrsg. von G. Gäfgen, 4. Aufl., Köln 1972

211 W. Güldner: Alternative Entwicklungsstrategien, in: Beiträge zur Beurteilung von Entwicklungsstrategien, hrsg. von H. Priebe, Schriften des Vereins für Socialpolitik, N. F. Band 77, Berlin 1974

212 M. Friedman: A Program for Monetary Stability, New York 1960

213 G. Honeck: Friedman-Plan und potentialorientierte Kreditpolitik, Berlin 1975

214 Sachverständigenrat: Jahresgutachten 1974/75

215 D. Robert: Makroökonomische Konzeptionen im Meinungsstreit, Baden-Baden 1978

216 D. Patinkin: Die Geldlehre von John M. Keynes, München 1979

217 A. Leijonhufvud: On Keynesian Economics and the Economics of Keynes, 3. Aufl., New York – London – Toronto 1972

218 H. Booms: Geldtheoretische und -politische Konzepte der Deutschen Bundesbank: Ermittlung und Kritik, Bochum 1980

219 Deutsche Bundesbank: Geschäftsbericht für das Jahr 1969

220 A. Oberhauser: Die Steuerung der Bankenliquidität als geldpolitische Aufgabe, in: Probleme der Geldmengensteuerung, hrsg. von W. Ehrlicher und A. Oberhauser, Schriften des Vereins für Socialpolitik, N. F. Band 99, Berlin 1978

221 Gemeinschaft zum Schutz der deutschen Sparer: Jahresbericht 1979/80, Bonn 1980, S. 35

222 Geschäftsbericht der Deutschen Bundesbank für das Jahr 1987, Frankfurt/M. 1988, S. 66

223 The Federal Reserve Bank of St. Louis: International Economic Conditions, August 1988, S. 6

224 Bank für Internationalen Zahlungsausgleich: 52. Jahresbericht, Basel 1982, S. 145 und 58. Jahresbericht, Basel 1988, S. 142

225 D. Kath: Die Bedeutung neuer Finanzierungsinstrumente für den Wandel der finanziellen Struktur in der Bundesrepublik Deutschland, in: A. Gutowski (Hrsg.): Neue Instru-

mente an den Finanzmärkten: Geldpolitische und bankenaufsichtliche Aspekte, Schriften des Vereins für Socialpolitik, N.F. Bd. 170, Berlin 1988, S. 65f.

226 D. Kath, a.a.O., S. 68

227 Bank für Internationalen Zahlungsausgleich: 58. Jahresbericht a.a.O., S. 134

228 Bank für Internationalen Zahlungsausgleich: 58. Jahresbericht a.a.O, S. 134 und 146

229 Bank for International Settlements, Study Group: Recent Innovations in International Banking, Basel, April 1986

230 H. E. Büschgen: Finanzinnovationen – Ein Überblick, in: A. Gutowski (Hrsg.): Neue Instrumente an den Finanzmärkten, a.a.O., S. 9ff.

231 o.V.: Innovationen im internationalen Bankgeschäft, Monatsberichte der Deutschen Bundesbank, April 1986, S. 32.

232 K. H. Ketterer: Finanzinnovationen und Geldpolitik. Einige Ergebnisse im Überblick, in: A. Gutowski (Hrsg.): Neue Instrumente an den Finanzmärkten, a.a.O., S. 95

233 H. H. Francke: Zur Wirkung von Finanzinnovationen auf den Transmissionsprozeß monetärer Impulse, in: A. Gutoswki (Hrsg.): Neue Instrumente an den Finanzmärkten, a.a.O., S. 121

234 W. Fuhrmann: Geld und Kredit. Prinzipien monetärer Makroökonomik, 2. Aufl., München – Wien 1987, S. 291ff.

235 o.V.: Der internationale Zinszusammenhang: Konsequenzen für den deutschen Rentenmarkt, in: FOCUS, Schröder, Münchmeyer, Hengst & Co, Frankfurt/M. Juni 1988, S. 5

236 H. Jager, E. de Jong: The Private ECU's Potential Impact on Global and European Exchange Rate Stability, in: Banca Nazionale del Lavoro, Quarterly Review, No. 164, März 1988, S. 56

237 G. Maier: ECU-Märkte stören die Stabilitätspolitik nicht, in: Handelsblatt vom 23.9.1985, S. 10

238 o.V.: Innovationen im internationalen Bankgeschäft, a.a.O., S. 31

239 K. O. Pöhl: Finanzinnovationen – Handikap für die Geldpolitik? in: Deutsche Bundesbank, Auszüge aus Presseartikeln, Nr. 69, Frankfurt/M. 16.10.1985, S. 1

240 o.V.: Neue, nicht bilanzwirksame Finanzinstrumente und ihre Bedeutung für die Kreditinstitute der Bundesrepublik, in: Monatsberichte der Deutschen Bundesbank, April 1987, S. 27

241 C. Köhler: Innovationen im Bankgeschäft als geld- und währungspolitisches Problem, in: Deutsche Bundesbank, Auszüge aus Presseartikeln, Nr. 9, Frankfurt/M. 3.2.1986, S. 7

242 P. Zdrahal: Auf viele wichtige Fragen bleibt die Theorie brauchbare Antworten schuldig, in: Handelsblatt vom 3.10.1988 S. 11

243 N. Kloten: Stabilisierungspolitik vor weltweiter Verantwortung? Volkswirtschaftliche Korrespondenz der Adolf-Weber-Stiftung, 27. Jg., Nr. 7/1988, S. 2

244 Geschäftsbericht der Deutschen Bundesbank für das Jahr 1987, Frankfurt/M. 1988, S. 38

245 Gemeinschaft zum Schutz der deutschen Sparer: Stabilitätspolitik beginnt zu Hause, Jahresbericht 1987/88, Bonn 1988, S. 56

246 H. R. Heller: Implementing Monetary Policy, in: Federal Reserve Bulletin, Vol. 74, No. 7, Juli 1988, S. 429

247 o.V.: Zur längerfristigen Entwicklung und Kontrolle des Geldvolumens, in: Monatsberichte der Deutschen Bundesbank, Januar 1985, S. 20

248 H. J. Dudler: Geldmengenpolitik und Finanzinnovationen, in: Kredit und Kapital, 19. Jg., 1986, Heft 4, S. 492

249 o.V.: Methodische Anmerkungen zur geldpolitischen Zielgröße „M 3", Monatsberichte der Deutschen Bundesbank, März 1988, S. 19

250 Geschäftsbericht der Deutschen Bundesbank für das Jahr 1987, a.a.O., S. 31

251 Geschäftsbericht der Deutschen Bundesbank für das Jahr 1987 a.a.O., S. 40

252 Gemeinschaft zum Schutz der deutschen Sparer, a.a.O., S. 20

253 K. W. Schatz und Mitarbeiter der Abt. Konjunktur: Aufschwung läßt nach – Konjunkturpolitischer Handlungsbedarf? Thesen zum 37. Kieler Konjunkturgespräch, Kieler Diskussionsbeiträge Nr. 138, Institut für Weltwirtschaft, Kiel, März 1988, S. 40

254 B. Herz, W. Röger: Wechsel des monetären Zwischenziels, Wirtschaftsdienst 1988/III, S. 166

255 P. Meek: U.S. Monetary Policy and Financial Markets, in: Federal Reserve Bank of New York, Annual Report 1981, New York, N.Y. 1982, S. 24

256 A. E. Burger: The Puzzling Growth of the Monetary Aggregates in the 1980s, in: The Federal Reserve Bank of St. Louis, Review, Vol. 70, No. 5, September/October 1988, S. 52f.

257 o.V.: EG-Kapitalmarkt. Die Schranken fallen. In: Institut der deutschen Wirtschaft, iwd Nr. 11 vom 12.3.1987, S. 4f.

258 Jahreswirtschaftsbericht 1988 der Bundesregierung, Stuttgart – Mainz, Januar 1988, Ziff. 39

259 o.V.: Europas Zukunft, Vollendung des Binnenmarktes 1992 – Argumente – Zusammengestellt auf der Grundlage des Weißbuches zur Vollendung des Binnenmarktes – von der EG-Kommission am 28.6.1985 dem Europäischen Rat vorgelegt, in: EG-Nachrichten Nr. 2 vom 15.3.1988, S. 10

260 P. Cecchini: Europa '92. Der Vorteil des Binnenmarktes, Baden-Baden 1988, S. 65

261 P. Cecchini, a.a.O., S. 74

262 Sachverständigenrat: Jahresgutachten 1988/89, Stuttgart – Mainz 1988, Ziff. 316

263 O. Emminger: D-Mark, Dollar, Währungskrisen, Stuttgart 1986, S. 362

264 O. Emminger, a.a.O., S. 361

265 P. Schaal: Perspektiven einer europäischen Geldpolitik in: V. Nienhaus, U. van Suntum (Hrsg.): Grundlagen und Erneuerung der Marktwirtschaft, Festschrift für Hans Besters, Baden-Baden 1988, S. 283ff.

266 Währungsunion. Apel: Die Weichen müssen jetzt gestellt werden – Sozialdemokraten fordern Verzahnung von Wirtschafts- und Finanzpolitik. In: Handelsblatt vom 7.4.1988, S. 13

267 Bank für Internationalen Zahlungsausgleich: 58. Jahresbericht a.a.O., S. 219

268 Gemeinschaft zum Schutz der deutschen Sparer: Mitteilungen und Kommentare zur Geldwertstabilität, Nr. 6/198 vom 7.6.1988 S. 5

269 H. D. Genscher: Diskussionsgrundlage. Memorandum für die Schaffung eines Europäischen Währungsraumes und einer Europäischen Zentralbank, Bonn 26.2.1988

270 G. Stoltenberg: Zur weiteren Entwicklung der währungspolitischen Zusammenarbeit in Europa, Bonn, 15.3.1988

[271] N. Kloten: Die monetäre Integration: Was steht im Wege? in: H. Besters (Hrsg.): Was trennt Europa? Gespräche der List-Gesellschaft e.V., N.F. Bd. 10, Baden-Baden 1986, S. 95f.

[272] M. Russo, G. Tullio: Monetary Coordination Within the European Monetary System: Ist There a Rule? in: International Monetary Fund: Policy Coordination in the European Monetary System, Occasional Paper No. 61, Washington, D.C., September 1988, S. 63f.

[273] Sachverständigenrat: Jahresgutachten 1997/98, Stuttgart 1997, Ziff. 403

[274] Sachverständigenrat: Jahresgutachten 1997/98, a.a.O., Ziff. 414

[275] International Monetary Fund: World Economic Outlook, October 1997, Washington, D.C. 1997, S. 61

[276] International Monetary Fund: World Economic Outlook, a.a.O., S. 71

[277] Deutsche Bundesbank: Monatsbericht Mai 1998, S. 25

Stichwortverzeichnis

www.ingramcontent.com/pod-product-compliance
Lightning Source LLC
LaVergne TN
LVHW010551300926
849162LV00002B/305